U0750798

全方位展现中国宰相的传奇人生

中国宰相传 上

展封建王朝的历史更迭·讲中国宰相的传奇故事

赵文彤◎编著

中国华侨出版社

图书在版编目（CIP）数据

中国宰相传：全二册 / 赵文彤编著. — 北京：中国华侨出
版社，2017.10

ISBN 978-7-5113-7039-6

Ⅰ. ①中… Ⅱ. ①赵… Ⅲ. ①宰相—列传—中国—古
代 Ⅳ. ①K827＝2

中国版本图书馆 CIP 数据核字（2017）第 218986 号

● **中国宰相传**

编　　著 / 赵文彤

责任编辑 / 千　寻

责任校对 / 孙　丽

装帧设计 / 环球互动

经　　销 / 新华书店

开　　本 / 710 毫米×1000 毫米　1/16　印张 /40.5　　字数 /752 千字

印　　刷 / 香河利华文化发展有限公司

版　　次 / 2018 年 1 月第 1 版　2018 年 1 月第 1 次印刷

书　　号 / ISBN 978-7-5113-7039-6

定　　价 / 98.00 元（全二册）

中国华侨出版社　北京市朝阳区静安里 26 号通成达大厦 3 层　邮编：100028

法律顾问：陈鹰律师事务所　　　　　编辑部：(010) 64443056　　64443979

发行部：(010) 64443051　　　　　传　真：(010) 64439708

网　址：www. oveaschin. com　　E - mail：oveaschin@sina. com

前言

在中国长达 5000 年的封建史上，涌现出了许许多多的朝代，每朝每代的官制也始终处于不断的变化中。但不论如何变化，有一个称呼却是所有人都耳熟能详的——宰相。从字面意义来看，"宰"即主宰之意，"相"则包含着辅佐的意思。如果说古代历史上的皇帝令人敬仰，那么这些仅次于皇帝，堪称一人之下、万人之上的朝廷重臣，也同样无法令人小觑。

在帝制尚未确立的商周时代，就已经出现了主管祭祀的宫廷官员和家族主管，由于祭祀需要宰杀动物，人们便以"宰"来称呼这些人，这就是"宰相"一词的最早来源。及至皇权逐渐兴起并确立，那些南面称孤的君王，虽然无不将大权牢牢抓在手中，却大多无法凭借一人之力治理天下（明太祖朱元璋算是一个例外，也正是他废除了宰相制度，使得日后朝中只有宰相之实，而无宰相之名），因此宰相的重要性也就越来越突出。

由于每朝每代的官制并不相同，再加上统治者对于分走自己权力的人始终抱有猜忌，"宰相"作为一朝一国最为重要的官职，其名称、职权也都在不停地产生变化，如商周称太宰、尹、太师等，秦一统天下后，以左右丞相为宰相，正式确立宰相官制，魏、晋、隋时三省长官也成为实际意义上的宰相。五代大多延续唐时旧制，以本官职加"同平章事"者为宰相，宋、辽、金、元也多以同平章事为相。明朝建立后，朱元璋削弱相权、加强皇权，干脆在处死胡惟庸后，将宰相制度彻底废黜，但明成祖即位后，又不得不建立内阁、设立大学士来为自己分担政务。清朝入关后也很快延续了这一制度。需要指出的是，"丞相"和"宰相"虽然都是历史上出现过的官职，但两者之间并不完全等同。"丞相"更多的是一种具体官职，而"宰相"则是对那些辅佐君主、执掌国家最高权力之人的一种称呼。

所谓"卧榻之侧，岂容他人酣睡"，自古帝王大多心术深沉，不容他人冒犯；

而宰相又恰恰执掌国家部分权柄、参与国家机要事务，因此在真实的历史上，并非所有的君相之间，都有着像蜀主刘备与蜀相诸葛亮那样融洽的关系。即便是这对在后人心中推心置腹的君臣，两人关系也存在着许多微妙地方。自古以来没有完全相同的两个人，君相两者也难免在国家重大事务上各持己见、彼此对立，或者私下提防猜忌、互相算计；围绕着他们的观念对立和举措应对，国家和社会也会走向不同的发展方向。因此，对于想要了解古代历史的人来说，尽管国家大政方针最终要由皇帝决定，宰相虽屈居皇权之下，却依旧为社会的进步和时代的发展发挥了巨大的作用，绝不可等闲视之。

为了帮助读者了解这些曾经身居高位、一人之下、万人之上的风流人物，我们特意编著了这本《中国宰相传》。本书上起商周、下至清末，囊括包括中原割据时期的大多朝代，经过反复思虑和斟酌，按照一定的原则，精心选取了其间涌现出来的 1000 多位宰相。但对于那些民间有着宰相戏称，却并无宰相之实的名臣，本书并没有加以收录，其中是非就有待读者多多包涵了。除了记叙这些位极人臣之辈的生平事外，本书更结合他们所处的时代和个人风貌，对他们做出了一些"新颖"的评价，希望能够帮助读者更加全面、客观地了解、看待这些曾经在历史洪流中脱颖而出、虽然早已远离今世、却又声名依在的国柱基石。

目录

十六国与南北朝

下 册

五代十国

宋

西夏

清

商

伊尹：鼎羹启天子，尽忠辅五君

【人物简介】

伊尹，本名挚，小名阿衡，生于公元前 1649 年，卒于公元前 1549 年，享年 100 岁。商朝初年的著名政治家、思想家，早期道家人物之一，同时又被誉为"中华厨祖"。

【人物生平】

伊尹本名伊挚，"尹"指的是他后来所担任的职务右相。据说伊尹的母亲因在逃亡途中回头，而被汹涌的大水淹没，化为一株桑树，腹中所怀的伊尹也孕育在桑树中。后来伊尹又被厨子收养，成为一名精通厨艺的厨师。

伊尹虽然身份卑微，却对尧舜圣道十分向往，更在私下勤研治国之术。为了实现自己的政治理想，成年后的伊尹四处游历，后来更受到了有莘国国君的重用，不仅担任御厨，更以奴隶的身份负责教导国君的子女，这在当时是绝无仅有的。但伊尹认为有莘国与夏桀同源，况且国力弱小，无力肩负安定天下的大任，于是又趁着商汤迎娶有莘国公主的机会，以陪嫁媵臣的身份跟随了商汤。

最初商汤并未注意到伊尹，但伊尹却寻找机会，以烹调、五味的道理，为商汤论述天下大势，终于获得了商汤的重视。于是商汤重用伊尹为相，更拜他为师。此后，伊尹便以尧舜之道教导商汤，并建议他灭夏救民。为了刺探实情，首次意识到民心重要性的伊尹还亲自到夏朝任官，成为中国历史上最早的间谍。

公元前 1601 年左右，商汤第二次停止对夏桀纳贡，夏朝所属的九夷之师却并未响应夏桀号召，伊尹见时机已到，于是极力劝说商汤出兵，夏朝不久后灭亡。此后伊尹被封为右相，并成为当时商朝的最高权力掌握者之一。

伊尹据说活了 100 多岁，历经商朝五代君主，在商汤死后又接连辅佐了外丙、仲壬、太甲、沃丁四位君主。太甲据说是一位昏庸君主，在位之初曾屡屡抵触商汤的大政方针，伊尹为了引导太甲，便将他关押在成汤的陵寝之地，并编写了《伊训》《肆命》《徂后》等书加以规劝、教导，朝中大事则由自己与其余大臣共同执掌。直到3年以后太甲悔悟，伊尹这才迎回太甲、归政于他，并撰写《太甲》三篇作为歌颂，留下了历史上的一段佳话。但也有观点认为真实的历史是伊尹谋逆篡位，太甲伺机复国并诛杀了伊尹，对此学术界则众说纷纭，莫衷一是。

【人物评价】

伊尹是中国历史上的一位著名人物，不仅被誉为"烹调之圣"，同时也是一位杰出的政治家、思想家。伊尹最早意识到了民心与政治、战争的关系，对当时的天命思想造成了冲击，更进一步提出了影响中国后世千年的"德政"政治思想，意义可说极为重大。

仲虺：从仁而助帝业，论贤而定王德

【人物简介】

仲虺，姓任，又名莱朱、中垒，生卒年不详，是古薛国的君主，也是夏末商初的著名政治家之一。

【人物生平】

仲虺的祖上即著名的政治家、马车的发明者奚仲，据说是帝喾的后代。奚仲曾受封于薛地，成为古薛国的一代君主，仲虺则是奚仲的第十二世孙。

仲虺在24岁时即位为古薛国的君主，在他的励精图治下，古薛国不仅拥有发达的农业和畜牧业，手工业也取得了很大的发展，如铜器制造业、手工艺品制造业、皮革、酿酒、养蚕、织帛等技术也较为先进。古薛国因此成为当时实力较为强大的诸侯国之一。

此时的夏王朝在桀的统治下日益衰落，商汤的势力开始崛起。政治嗅觉敏锐的仲虺当即意识到利害，决意跟随商汤，伐夏救民。而商汤也对仲虺十分重视，封其为左相（伊尹为右相）。在商汤灭夏的过程中，仲虺与伊尹共同为商汤出谋划策，为商朝取代夏朝立下了大功。

仲虺除了辅助商汤之外，还做了另外一件影响深远的大事，就是关于君主和政治原则的论述。为了平息商汤灭夏引发的民间争议，仲虺曾专门论述其中关窍，以此来为商汤辩护，指出商汤灭夏的合理性。这一举措实质上是在引导世人不要拘泥于过往旧事，而要以积极的眼光看待王朝更替的事实，把注意力放在国家的建设上。

【人物评价】

历史上关于仲虺的记载极其有限，因此今人很难全盘了解仲虺的生平，但从其与伊尹并列为相的资料来看，仲虺毫无疑问是商朝初年的一位重要政治家。

伊陟：王不废政，妖岂胜德

【人物简介】

伊陟，商朝重臣、著名政治家伊尹之子，生卒年不详，曾在商王太戊时期担任相国一职，为商朝的复兴做出过一定贡献。

【人物生平】

伊陟的父亲即商朝著名政治家伊尹。伊尹曾因商王太甲失德而将其暂时囚禁，直到其改过自新后方才归政，但也有学者认为真实的历史应该是伊尹篡位，太甲复国。但无论历史真相如何，伊陟这位伊尹后人显然没有受到任何负面影响，并被商王太戊任命为宰相，在商朝的政治舞台上占据了一席之地。

历史上关于伊陟的记载也极为有限，但这篇幅不长的事迹，却又极大地影响了后世。太戊即位之时，商朝已经开始衰落。有一次在庙堂之上突然长出一株桑楮共生的大树，太戊为此惊恐不已，于是请教伊陟。伊陟则向太戊表示，鬼神无法战胜有德之人，身为君王应该勤修德行。这就是著名的"妖不胜德"。此后太戊听从了伊陟的教导，励精图治，那株大树终于枯死，商朝也得以复兴，四方诸侯纷纷入朝参拜。太戊因此对伊陟十分重视，更将其视为一脉之人。

【人物评价】

历史上的伊陟只留给后人"妖不胜德"这四个字，但这四个字却对后世的政治思想产生了极大影响，伊陟本人因此也成为影响深远的政治家之一。

甘盘：隐者亦可治政，贤者能为帝师

【人物简介】

甘盘，生卒年不详，武丁时期的商代著名政治家，是武丁十臣之一，同时也是甘姓始祖之一。

【人物生平】

甘盘是商王武丁时期的商朝著名贤者，同时又是一名知识渊博的学者，年轻时的武丁甚至曾拜他为师。等到自己即位之后，武丁便将甘盘迎回宫中，以重礼聘其为商朝国相。武丁在统治期间大力举贤用贤，著名的大臣有十人，史书中留有记载的就只有两人，一者为傅说，另一者即甘盘。

【人物评价】

史书中关于甘盘的记载极其有限且零散，较多的是甘盘奉命领军的记载，但从中也能略微窥出甘盘的备受重用。

傅说：知之不艰唯行艰，王能从谏方称贤

【人物简介】

傅说，生卒年不详，武丁时期的著名政治家，同时又是傅氏的始祖。傅说曾在武丁时期担任丞相，为"武丁中兴"做出了巨大贡献。

【人物生平】

傅说与商初的贤臣伊尹一样，出身都十分卑微，最初时为了谋生糊口，不得不以奴隶的身份做苦役，在傅岩一带地区做建筑工人。在从事劳役的过程中，傅说还别出心裁地发明了版筑术。这一技术在后世也得以沿用。

傅说虽然身份卑贱却十分好学，并对国家大事十分关注。此时的商朝君主乃是武丁，是一位雄心勃勃的君主。为了考察国中贤人，武丁曾三年不开口说话，并将国中大事全数交由大臣处理。有一次武丁梦到傅说自荐（一说为外出游历途中遇到），于是下令在全国范围内寻找傅说，并将他任命为宰相。

傅说进入庙堂之后，竭尽心力地辅佐武丁，在他们二人的努力之下，商朝终于再次强盛。在傅说的建议下，武丁果断地从商王室内部进行整顿、改革，并推行了一系列全新的政策，如整饬朝纲、勤俭节约等。对外方面，傅说建议武丁积极搞好与周边邻邦的关系，并对敢于冒犯者坚决讨伐、极力镇压，使得商朝的权威再次树立起来。这一时期的商朝再次成为东方强国，国内也出现了"武丁盛世"的局面，傅说可说是功不可没。在辅佐武丁期间，傅说还提出了"非知之艰，行之惟艰""惟木从绳则正，后从谏则圣"" 惟后非贤不义，惟贤非后不食"等许多著名的政治观点，对后世的为政者具有重大的借鉴意义。

【人物评价】

鲜有人知的是，傅说才是中国历史上最早被称为"圣人"的贤者，比儒门大圣贤孔子还要早 800 余年。由于时代久远，史料中关于傅说的记载极为稀少、零散，但傅说却深得孔子、庄子等春秋名家的敬仰、推崇，由此也可见其非凡。

周

西周

姜尚：渭水秋风拂钓客，圣王巡猎狩飞熊

【人物简介】

姜尚，姜姓，吕氏，名尚，又名望，字子牙，号飞熊，生于约公元前 1156 年，卒于约公元前 1017 年，是商末周初的著名政治家、军事家、韬略家，也是春秋齐国的开国始祖。

【人物生平】

姜尚的祖上曾经跟随大禹治水有功，被封为四岳之官，但等到姜尚出生时，家境却早已衰落。姜尚从小就勤学天文地理、兵法韬略、治国理政之道，但由于家境贫困不得不上门入赘，并先后从事了开店、屠宰、贩卖等各种卑微行业。然而直到 70 岁时，姜尚仍然一事无成，后来更被自己的妻子赶出了家门，不得不四处游历。

姜尚也曾在朝歌做官，后来目睹了商纣王的种种暴行，于是又辞官离去。他听说西伯侯姬昌为人贤明，并且尊重、体恤老者，于是便前往周地，并在渭水之畔隐居垂钓。有一次姬昌梦见飞熊，认为这是遇贤之兆，后来就在渭水之畔与姜尚相遇。二人先是一番畅谈，随后姜尚就被姬昌迎回，并尊为太师。

此后姜尚便尽心尽力辅佐姬昌，等到姬昌死后又继续辅佐其子姬发，并积极谋求取代商朝。公元前 1046 年，姬发在姜尚的辅佐下成功灭掉商纣王，并建立了周朝。姜尚因功受封于营丘，也就是后来的齐国。

公元前 1045 年，姜尚率兵抵达营丘，随后便开始建国。他采取以法治国的策略，将治下的诸多异见分子全数处死，以此确立了自己的权威，随后便开始推行

各种政策。鉴于当地特有的风俗习惯，姜尚为了缓和民族矛盾，推行"因其俗，简其礼"的新制，以此使得国内百姓安居乐业。为了获取治国贤才，姜尚还打破了当时以血缘为基础的正统思想，大力推行"唯才是用"的用人政策，为后来齐国的强盛奠定了基础。

姜尚在建立齐国之后的大部分时间里，都在京城留任治政，更在周公辅佐周成王期间帮助周公，平定了三监之乱，再次为周王朝的统一、巩固立下了赫赫大功。等到周成王去世之后，姜尚又受命辅佐周康王，直到六年后病逝为止，享年长达139岁。

【人物评价】

姜尚一直以来都是一位充满神秘色彩的智者，真实的姜尚更是中国历史上难得一见的杰出军事家、韬略家、政治家，堪称"兵家之祖"。正是在姜尚的辅佐和治理下，周朝最终取代商朝而自立，封地齐国也在后来成为著名的"春秋五霸"之一，这些都强有力地佐证了姜尚的超凡才能。

周公：吐哺唯恐贤者去，忠义不辞圣朝来

【人物简介】

周公，姓姬，名旦，生卒年不详，为周文王姬昌之子，周武王姬发之弟。周公是西周初年的著名政治家、军事家，同时也是儒学的奠基人。周公曾受周武王遗命辅助周成王，进一步确立了周朝的政治制度，为周朝八百年的基业奠定了坚实的基础。

【人物生平】

姬旦是周武王姬发的胞弟，也是文王诸子当中最为孝悌、仁厚之人，因此等到周文王病逝、周武王即位之后，便对姬旦十分信任。当时周武王身边主要有两大助力，一是姜太公姜尚，二是姬旦。

周武王即位之后便积极谋求灭商，但又忌惮商朝的实力，为此多次犹疑。但姬旦却从"德"的角度出发，鼓励周武王勤修仁德、顺德而动。后来，姬旦又与召公、毕公等人共同帮助周武王，在孟津之地大会诸侯，进一步坚定了周武王伐纣的信心。公元前1122年时，姬旦又协助周武王统率军队，在逐鹿一役中将商纣王临时组建起来的数十万大军彻底击败，不久就灭亡了商朝。在周武王举行祭社大礼的仪式上，姬旦又与召公分别手执大钺、小钺，立于周武王左右两侧，共同宣示周朝的权威。此时的姬旦在国内地位极高，可说是周武王之下第一人。

周武王虽然以周代商却享国不久，在第二年就因病去世，死后其子姬诵即位，

即是周成王。由于周成王太过年幼，周武王便遗命由姬旦辅政。此时国内的殷商贵族依然蠢蠢欲动，王室内部也纷争起伏，周朝的领土也极其有限，因此压在姬旦身上的担子十分沉重。后来姬旦的弟弟管叔、蔡叔等人又在朝中散布流言，污蔑姬旦，更与纣王之子武庚勾结作乱。原本猜疑不断的周成王这才意识到姬旦的忠心，于是重用姬旦平定了叛乱。随后姬旦又进行了长达 3 年的东征，终于将商朝的残余势力镇压下去，并将周朝变为了一个疆域广阔的大国。

姬旦不仅武功显赫，治政也极为高明。鉴于西周初期社会环境不稳的实情，他先是与弟弟召公分陕而治，随后又建议周成王迁都洛阳，并在此后确立了周朝的一系列政治制度，如封建制、宗法制、井田制、嫡长制等。在姬旦的努力下，以宗法血缘为纽带的统治系统在中国正式出现。此外，姬旦还在文化方面做出了重大贡献。姬旦不仅建立了完善的礼仪制度，同时还提出了"明德慎罚""敬德保民"等重要政治原则，不仅为后世的统治者确立了治政规范，更对儒学思想的产生起到了积极的作用。

姬旦在武王灭商之后就受封于鲁国，但由于自己身负重任无法就藩，只得由自己的儿子伯禽前往封国治理。姬旦对此十分不放心，于是多次嘱咐儿子要修德谦恭，并以自己过往握发吐哺的故事为鉴，教导伯禽一定要尊重贤士、不得轻慢。伯禽也听从了这一教诲，成为鲁国的开国贤君。

姬旦辅政 6 年之后周成王长大，于是姬旦正式归政于周成王。此后姬旦仍然关心国事，即便是在封地养老也经常会对周成王进行劝谏。姬旦死后，周成王为了表示尊重姬旦、不敢视姬旦为臣之意，更特意下令将姬旦葬于文王墓地。

【人物评价】

周公姬旦历来都被儒家视为圣人，其中也寄托着儒家的政治理想和情怀。正是在姬旦的努力下，西周才从立国之初的一个小邦，逐渐衍变为一个疆域广阔、政权巩固的国家，并建立起了完善的政治制度，奠定了自身八百年的基业。姬旦的种种政治举措更是深刻地影响了后世几千年，儒门先师孔子就对姬旦及其礼乐制度推崇至极。

召公：甘棠曾荫贤士，圣治不起刑罚

【人物简介】

召公，姓姬，名奭，生卒年不详，又称召公、邵公、召康公、召伯、召公奭，为周文王姬昌之子，周武王姬发、周公姬旦之弟，也是西周初年的著名政治家，与周公旦、姜太公、史佚并称为"周初四圣"。

【人物生平】

姬奭与周公姬旦俱为周武王姬发之弟，并且深得周武王的倚重。公元前1122年周武王灭商后，姬奭就与周公分执小钺、大钺，立于周武王两侧，共同拥护周武王举行祭社大礼，成为西周王朝当时的最高决策人之一。

周武王在灭商之后为了巩固周朝形势，便对王室贵族、功臣贤裔大肆分封，姬奭也受封于蓟地，也就是后来战国七雄之一的燕国。与周公一样，姬奭在受封之后并没有亲自前往封国，而是由其子姬克负责治理，自己则继续留在京城，与周公一起辅佐周成王，更接受周成王的委派建造洛阳京城，后来更与周公分陕而治，共同捍卫西周王朝。在治理陕西期间，姬奭经常在一株棠梨树下办公，因此受到国人称誉，《诗经·甘棠》即是当时国人对召公的称赞之篇。

周公由于位高权重而受到管叔、蔡叔等人嫉恨、污蔑，姬奭也对周公产生了怀疑，但在周公的辩解下，姬奭最终选择了信任周公。后来周公、周成王先后去世，姬奭又奉成王遗命，与毕公等人共同辅佐周康王，由此开创了四十多年没有动用刑罚的"成康之治"。

【人物评价】

西周建国之初国势有限，召公姬奭与周公姬旦二人共同执政，分地而统、勤恳以治，终于使得西周王朝进一步巩固、壮大，可以说是功不可没。等到周成王病逝后，召公又继续辅佐周康王，开创了"成康之治"，是一位影响深远的政治家。

毕公：王欲无贪，唯诚而治

【人物简介】

毕公，姓姬，名高，生卒年不详，为周文王姬昌之子，周武王姬发之异母弟，曾与召公共同辅佐周康王，同时也是毕姓始祖。

【人物生平】

姬高是周文王的第十五个儿子，也是周武王姬发的异母弟。公元前1122年武王灭商之时，姬高也与周公、召公等人一道护卫周武王进入朝歌，并参与了周武王的祭天大典，此后主要负责处理商朝监狱中的犯人。在处理狱事的过程中，姬高秉持着宽厚仁慈的作风，对各种冤狱进行平反，同时又大力表彰直谏之臣，因此受到国人的称赞。随后周武王大肆分封王室贵族、功臣贤裔，姬高也被封为公爵，并受封于毕地。因此姬高又被称为毕公、毕公高。

姬高在周武王死后也成为辅政重臣，等到周公、周成王先后去世后，又与召公姬奭一同辅佐周康王。辅政期间，姬高与召公姬奭对周康王多次进行劝勉、告诫，教导周康王要不逞贪欲、诚信治国。周康王也听取了这些建议，因此在周康王统治时期，国家安定、社会发展、经济繁荣，出现了著名的"成康之治"。

【人物评价】

周王朝之所以能有800年基业，"成康之治"功不可没，而促成"成康之治"的召公姬奭、毕公姬高同样可以说是居功至伟。

祭公谋父：君王无德，夷狄有胜

【人物简介】

祭公谋父，姓姬，为周公姬旦之后人，生卒年不详，周穆王时期的西周大臣。

【人物生平】

祭公谋父是西周穆王时期的大臣，这位穆王也就是传说曾"八骏游昆仑"、邂逅西王母的周穆王姬满。在神话传说中，周穆王是一位极富传奇色彩的帝王；在西周的历史上，周穆王也同样十分显耀。但周穆王也曾为了追求显赫武功，而对犬戎部落大肆用兵，祭公谋父则扮演了反对者的角色。

犬戎是西周北方的少数民族，长期以来一直向西周进贡，但周穆王仍然不满。公元前964年，犬戎部落没能及时进贡，周穆王当即以此为借口进行讨伐。祭公谋父则以西周历代先王"耀德不观兵"的举措为例，力劝周穆王不要兴兵。祭公谋父一针见血地指出：德政，才是西周王朝的治国纲领；敦厚循善、固守善德，是犬戎一直以来的宗旨。因此，犬戎内部有着巨大的凝聚力和战斗力，此时对他们用兵显然不是明智之举。但周穆王最终没有听从，一意孤行大肆用兵。最终这一战仅仅获得了"四白狼、四白鹿"的战果，代价却是犬戎等少数民族从此离心，使西周王朝就此在异族中失去了威信。

【人物评价】

从劝说周穆王一事来看，祭公谋父不仅为人仁厚、深谙德政之要，同时又眼力敏锐、目光长远，的确称得上是一位睿智的政治家。

芮良夫：天衍万物非独有，王者专擅败自求

【人物简介】

芮良夫，姓姬，字良夫，生卒年不详，周厉王时期的西周大臣。

【人物生平】

芮良夫是厉王时期的大臣，这位厉王，也就是那位因"国人暴动"而被赶下

台、最终死在彘地的周厉王。周厉王为人昏庸、残暴，重用暴敛无度的宠臣荣夷公，更接受其建议，将山川大泽全数归为自己的私人财产，对国民横征暴敛，芮良夫因此深感忧虑。

有一次芮良夫趁机宴会的机会主动劝谏周厉王，并明确指出：天地衍化万物资源，就是要由全天下的人共同享用，而不是归为一人独有，倘若一个人独占天下资源，必然会引发上天的震怒，降下惩罚。作为国君应该心心念念以国民福祉为先，如果倚仗权力欺压国民，掠夺民财，就必然会失去民心，招致祸患。但是周厉王却并未将这一番话放在心上。最终周厉王因暴虐无道而被国人赶出国门，死在了彘地一带。

【人物评价】

芮良夫的告诫可谓是逆耳忠言，然而昏庸的周厉王却丝毫不知反省，最终为自己招来了败亡的命运。

东周

齐

管仲：死生各尽其分，齐桓仰赖功成

【人物简介】

管仲，姓姬，管氏，名夷吾，字仲，生于约公元前 723 年，卒于公元前 645 年，是春秋时期中国著名的政治家、经济家、军事家，也是法家的代表人物。

【人物生平】

管仲姓姬，祖上出自周王室，但等到管仲这一代时，家中早已衰落。早年的管仲经商而贪小利、作战而当逃兵，时人都十分不齿其为人，只有鲍叔牙与之交好，并称赞他的才能。后来管仲又辅佐齐僖公之子公子纠，并在后来与召忽共同护送公子纠逃往鲁国。

公元前 686 年齐国内乱，公子纠与公子小白争夺王位，管仲为了阻止小白，曾率军于半路上进行劫杀，并差点将小白射死。后来小白假死入城登上王位，是为齐桓公。齐桓公胁迫鲁国交出公子纠、召忽和管仲等人，最终召忽自杀，并劝

说管仲"死生有命，各尽其分"，齐桓公也在鲍叔牙的劝说下摒弃前仇，以隆重的礼仪迎回管仲。随后齐桓公任其为相并拜为仲父，诚恳地表示希望借助管仲的辅佐，来实现称霸天下的大业。

事实证明鲍叔牙没有看错人，齐桓公也没有用错人。管仲执政之后，便在政治、经济、军事等方面推行了一系列改革，使得齐国逐步走向了强盛。在政治上，管仲推行行政改革，对齐国的领土进行划分，并根据实际政绩来选拔、任用官员，反对空谈和弄虚作假，还总结了奖惩官员的具体准则。管仲更是独具慧眼地提出了"尊王攘夷""华夷之辨"等政治思想，对后世产生了深远影响，就连孔子都对管仲极为赞赏。

管仲最突出的改革主要集中在经济上。管仲不仅对齐国的贵族进行限制，同时又积极鼓励发展盐铁业，还巧妙地利用经济手段实现对外战争的胜利。管仲下令根据全国土地的好坏来征收不同的税赋，并且倡导伐猎循时。这一时期齐国设立了专门的铸币机构，为齐国的经济发展、国力强盛起了巨大的作用。

军事方面，管仲在划分全国领土的基础上，进一步将全国分为21乡，其中工商之乡有6个，士乡有15个。管仲规定工商之乡不必参与战事，可以专心于发展经济，其余15乡则必须参与作战。其中一乡有十连，一连有四里，一里有十轨，一轨有五家，五家之间世代相交、利害相通，因此能够协同作战，使得齐国的军队战斗力更加强大。

在管仲的治理之下，齐国逐渐从诸国中脱颖而出，成为不可抗衡的强国。公元前681年，齐桓公接受管仲的建议，于北杏之地大会诸侯，使得齐国威名更盛。公元前680年管仲又建议齐桓公邀请周王室参与会盟。公元前679年，齐桓公在管仲的建议下，开始以自己的名义召集诸侯，终于成为当时公认的一代霸主。此后管仲又建议齐桓公对周王室恪守礼仪，并奉命平定周王室的内乱，使得齐国和自己的声誉更加显赫。

公元前645年管仲病重，死前还向齐桓公推荐了贤臣公孙隰朋，并劝谏齐桓公疏远开方易牙、竖刁等佞臣，但齐桓公最终没有听从，以致后来在内乱中饿死。管仲死后，其子孙受到了齐国统治者的优厚礼遇。

【人物评价】

孔子曾满怀热情地称赞管仲说："微管仲，吾其被发左衽矣。"由此可见管仲对于华夏子孙的重要意义。管仲虽然是一位生在几千年前的古人，但其经济头脑却十分发达，远超于自己同时代的人，因此不仅是一位杰出的政治家，更是一名当之无愧的经济学家。

崔杼：史官虽死犹持正，不容佞臣掩恶行

【人物简介】

崔杼，又称崔子、崔武子，生年不详，卒于公元前546年，为春秋时期齐国的执政右相，曾犯下弑君的恶行，后因家族内讧，最终家破人亡自缢而死。

【人物生平】

崔杼是齐灵公时期的大臣，曾奉命对郑、秦、鲁、莒等国用兵，后又迎立太子吕光即位，也就是齐庄公。

崔杼的家臣东郭偃之姐名叫东郭姜，是一位十分貌美的女子，于是崔杼便在其丈夫死后，将其娶为自己的妻子。然而齐庄公却在暗地里与东郭姜私通，并将崔杼的帽子擅自赠送给他人，崔杼一怒之下便趁着齐庄公来家的机会，命令士兵将其包围。齐庄公请求和解、结盟和自杀都不被允许，最终遭弑杀。大臣晏子听说齐庄公的死讯后曾登门哭丧，崔杼为了笼络民心，最终打消了杀死晏子的念头。

为了掩盖自己的弑君恶行，崔杼命令史官太史公将齐庄公记录为病死，太史公却如实写下"崔杼弑其君"几个大字，因此遭到杀害。随后崔杼又命令太史公之弟太史仲、太史叔掩饰实情，二人都不肯听从遭到杀害。崔杼进而逼迫太史公的小弟太史季掩盖历史，太史季依旧如实记录。崔杼最终无可奈何，只好将其释放。

崔杼虽然奈何不了史官，却依然十分嚣张跋扈，因此遭到了另一名佞臣庆封的忌妒。庆封为了取代崔杼，便挑唆崔杼的儿子内讧，又骗取了崔杼的信任，率兵将崔杼的两个儿子全数杀死，并将其家财全数掠夺。崔杼这才得知自己受骗，但却已经家破人亡，最终只好自缢而死。从此庆封取代了崔杼，成为齐国最具权势之人。

【人物评价】

崔杼虽然是齐国重臣，但最终却以弑君杀史的恶行为世人所知，其为政举措则被其恶行彻底掩盖，这不得不说是一种讽刺。

庆封：算计到头终不免，父子同命齐受戮

【人物简介】

庆封，姓姜，庆氏，字子家，又字季，生年不详，卒于公元前538年，为春秋时期齐国的执政左相。

【人物生平】

公元前548年崔杼弑杀齐庄公，后又迎立齐景公即位，担任右相之职，左相

之位则由庆封担任。彼时崔杼权势滔天，庆封心中十分忌妒，于是便在暗中谋划取代崔杼。

恰好此时，崔杼的两个儿子因为立嫡立长的问题而互相争斗，庆封趁机在暗中挑拨，唆使崔杼之子杀死崔杼的家臣东郭偃等人，不知情的崔杼为此十分震怒，于是便前往拜访庆封，向其诉苦。庆封当即表示愿意帮助崔杼平乱，却在私下命令士兵杀掉崔杼的全部家人，更是一不做、二不休地将崔杼的全部家财也都搬进了自己的府邸，最后干脆又将崔杼的家焚毁。等到崔杼见到儿子的人头，这才意识到自己上当，回家之后又发现家已经彻底败亡，于是只得自缢而死。庆封于是接替崔杼，成为齐国的权臣。

庆封不久后就看上了家臣卢蒲嫳的妻子，干脆带着家财搬到了卢蒲嫳的家中与其私通，而将国事全数交由儿子庆舍处理。卢蒲嫳的兄长卢蒲癸本是齐庄公的侍卫，趁着这一机会取得了庆封的信任，成为庆舍的贴身护卫。后来又将齐庄公另一名侍卫王何召到身边。卢蒲癸眼见时机成熟，便与王何合谋杀死庆舍，并联合高氏、栾氏将庆封驱逐到鲁国。公元前545年，鲁国又受到齐国责难，庆封不得已只好逃往吴国。庆封在吴国受到吴王礼遇，得以继续享受在齐国时一样的优厚待遇。

公元前538年楚国联合诸侯伐吴，庆封的好日子也走到了尽头。同年八月吴国就被诸侯攻破，庆封及其全部族人也都死于楚人之手，全族就此覆灭。

【人物评价】

庆封虽然没有犯下弑君恶行，但观其所作所为，仍然是一派佞臣作风，最后父子同死、家族覆灭的下场也就不值得奇怪了。

晏婴：遂志何必死君难，治国有道怠崇儒

【人物简介】

晏婴，名婴，字仲，生于公元前578年，卒于公元前500年，享年79岁。晏婴辅政齐国50余年，先后经历齐灵公、齐庄公、齐景公三朝，是春秋时期齐国最负盛名的政治家之一。

【人物生平】

晏婴的父亲晏弱是齐国的上大夫，晏弱死后晏婴继承了父亲的职位，成为齐灵公麾下的大臣。公元前552年，晏婴又劝说齐庄公参与诸侯会盟，承认晋国的霸主地位。但此后齐庄公就开始疏远晏婴，一意孤行对外用兵，晏婴于是散尽家财于周围百姓，随后带领全家隐居。

公元前548年齐庄公被崔杼弑杀，晏婴得知之后不顾危险，亲自前往崔杼家中哭丧，崔杼为了笼络民心，没有杀晏婴。公元前547年，崔杼、庆封迎立齐景公即位，分别担任右相、左相，随后又在朝中举行结盟，威胁群臣不结盟者死。但晏婴依然不愿顺从。庆封本想杀掉晏婴，但在崔杼的劝阻下没有实行。

公元前545年崔杼自杀，晏婴得到齐景公的重用。这一时期晏婴利用自己的才智，多次完成出使外国的重大使命，同时又巧妙地劝阻齐景公尽心国事、减少享乐。公元前531年时，晏婴奉命出使楚国，由于身材矮小而被楚王数次羞辱，最终都凭借自己的才智和高超的辩才，令楚王君臣折服。

齐景公虽然是一位雄才大略的君主，但同时也贪图享乐，晏婴也曾多次为此旁敲侧击。有一年天降大雪，齐景公身披狐裘在宫中赏雪，还为天气不冷而惊讶，晏婴当即劝他要向历代先贤学习，体谅国民苦处留下"推己及人"这一著名成语。有一次齐景公感念人之必死，为此哭泣，晏婴却毫不留情地当面耻笑，并表示倘若人人不死，齐国又怎会轮到齐景公登基治理。这一番话虽然刺耳，但齐景公最终还是听从，并且责罚了身边两名阿谀讨好的佞臣。又有一次齐景公的爱妾病死，齐景公为此罢朝三日，群臣纷纷劝说无效，只好又由晏婴出面。晏婴于是哄骗齐景公说有人能够起死回生，等到齐景公离开之后当即下令将死者下葬，齐景公为此十分不快。晏婴却直率地表示逝者已矣，齐景公因死废生已经违背了君道，必须加以改变。齐景公也听从了这一劝说。

晏婴的的确确是一位精于治国的有道贤臣，但与此同时他也是一位"实用主义者"，对儒家思想明确表示排斥。孔子周游列国之时曾以"仁政"思想劝说齐景公，深得齐景公重视，但晏婴却向齐景公指出：儒者只知空谈而不知实际，孔子本人的思想和为政举措又过于深奥、烦琐，并不是当下治理齐国所需的学问。齐景公听后虽然继续礼遇孔子，但也放弃了重用孔子的打算。后来孔子便离开了齐国。

公元前500年晏婴病重，不久后就死去，享年79岁，齐景公为此痛哭不已，更不惜用超出礼制的方式，来纪念这位机智聪慧、忠心耿耿的大臣，由此可见，晏婴在齐景公心中的重要性。

【人物评价】

齐国历史上最著名的宰相有两位，一位是管仲，另一位是晏婴。其中管仲是一位不折不扣的实干家，执政期间推行了一系列的改革，而晏婴则更多的是用语言从思想上引导国君。晏婴在历史上留下了许多著名的典故，从这些故事中很容易就能了解到这位富有才智、忠心耿耿的一代贤相。

国夏：先君遗命难遂，孤臣忠义难全

【人物简介】

国夏，姓姜，国氏，名夏，又称国惠子，生卒年不详，为齐景公重臣，与高张并列为二相。

【人物生平】

国夏是齐景公时期的大臣，曾于公元前502年与另一名大臣高张一起，率军攻打鲁国，公元前491年又率军攻打晋国，占领了晋国的大片土地。公元前490年景公病逝，国夏又与高张一同接受齐景公遗命，迎立齐景公之子公子荼即位，也就是齐晏孺子。

然而齐国的大臣田乞却对这一结果十分不满，于是暗中勾结大臣鲍牧，想要改立公子阳生为君。公元前489年田乞故意挑拨国、高二人与齐国群臣的关系，随后便发动了政变。国夏、高张二人很快就被田乞击败，只得各自出逃外国，齐晏孺子也被新君杀害。

【人物评价】

国夏虽然谨记先王之命，却无法捍卫新君的权威，是一位忠义孤臣。

高张：先王之令难遂，新君之命难保

【人物简介】

高张，姜姓，高氏，生卒年不详，为齐景公重臣，与国夏并列为二相。

【人物生平】

高张是齐国的一位大夫，祖上曾经是齐国的上卿、大夫。公元前513年，高张曾奉齐景公之命出使鲁国，拜见鲁国国君昭公，公元前510年又代表齐国参与诸侯会盟。公元前502年，高张又与国夏共同率兵攻打鲁国。

公元前490年齐景公病逝，高张与国夏共同受命，迎立公子荼即位，也就是齐晏孺子。然而大臣田乞却在暗中谋划政变，一再挑拨国、高二人与其他大臣的关系。公元前489年，齐晏孺子的军队镇压叛乱失败，国、高二人各自逃亡（一说为高张被叛军杀害），齐晏孺子也被新君杀害。

【人物评价】

高张与国夏是当时齐国并称的大臣，所谓一荣俱荣、一损俱损，最终也同样落得了失败的下场，也是一位忠义孤臣。

田乞：以公权私，田终代齐

【人物简介】

田乞，姓妫，田氏，名乞，生年不详，卒于公元前 485 年，为齐景公时期重臣，执政期间以公谋私，为后来的田氏代齐埋下了伏笔。

【人物生平】

田乞的祖上原本姓陈，是春秋时期的陈国贵族陈完的第五世孙。公元前 672 年，陈完因为国内政局混乱而不得不逃亡齐国，未料从此得到齐王重用，田氏家族就此在齐国立稳脚跟，逐步掌握齐国大权，等到第五代田开、田乞时，已经开始盖过齐国姜氏王室的风头。

田乞在得到齐景公的重用之后，便开始借助王室的力量来为自己争取美名。他特意用小斗向齐国国民征收粮税，却用大斗借粮于民，因此得到国人称赞。齐国贤相晏婴早早就看出田氏的威胁，劝阻齐景公提防田氏，齐景公却毫不在意。晏婴为此摇头叹息，并且明确表示将来田氏一定会取代姜氏，成为齐国之主。

公元前 490 年，齐景公的太子病逝，此后齐景公有意册立幼子公子茶为继承人，但朝中大臣纷纷反对。最终齐景公力排众议，下令由国夏、高张两位大臣辅佐公子茶，并将其余公子驱逐。同年齐景公病逝，公子茶即位为君，也就是齐晏孺子，然而田乞却对此十分不满，于是暗中谋划政变。

公元前 489 年田乞趁机发动政变，随后便迎立公子阳生即位，也就是齐悼公。不久后齐晏孺子就被杀害，齐悼公以田乞为相，于是田乞掌握了齐国的大权。

公元前 485 年田乞去世，谥号釐子，死后其子田常继承了相国之位，齐国大权继续牢牢掌握在田氏手中。

【人物评价】

田乞本人为臣操守不佳，最终却凭借着小恩小惠笼络了国人，为自己及背后的田氏家族赢取了超过国君的美誉，由此可见佞臣之深沉，也可见人心之凶险。

田常：诸侯沦盗，窃国而侯

【人物简介】

田常，姓妫，田氏，名恒，又称田成子，生卒年不详，为齐国相国田乞之子，曾唆使他人弑杀齐悼公，后来又亲自弑杀齐简公，独霸齐国大权。

【人物生平】

田常之父即齐悼公时期的齐国相国田乞。公元前 485 年田乞病逝，死后田常继承了父亲的职位，继续将齐国的大权牢牢握在田氏手中。不久后田常就唆使大夫鲍息弑杀悼公，改立公子壬为王，也就是齐简公。

当时田常与另一名大臣监止不和，然而监止又深得齐简公倚重，因此田常无可奈何。监止在暗中谋划除掉田氏，田常兄弟得知消息之后便率先动手，带领士兵攻入皇宫诛杀监止。最终监止抵抗失败被杀，齐简公也被迫出逃。

不久之后田常便抓获了齐简公，为了防止被追究，田常便将齐简公弑杀，随后又迎立简公之弟吕骜即位，也就是齐平公。此后田常继续担任相国一职。为了避免诸侯国以此为借口讨伐自己，田常又将之前齐国侵占各国的领土归还，并积极搞好对外关系，对内严明赏罚、体恤国民，保证了齐国的安宁。

等到自己的地位彻底稳固之后，田常又大肆诛杀鲍氏、晏氏等族，并从齐国的领土中划分了一大片作为自己的封地，封地领土面积甚至超过了齐王的领地。这就是庄子口中的"窃钩者诛，窃国者侯"之事。田常又在国中挑选了100多名女子为妾，放纵享乐欲望，生下的子嗣有70多名。

等到田常死后，其子田盘又接替了他的职位，继续掌握齐国大权。

【人物评价】

田常执政期间继续奉行乃父田乞笼络人心的政策，并不失时机地铲除了政敌，终于进一步消除了田氏代齐的阻碍，加速推动了田氏夺取齐国最高权力的行动。

监止：用人轻信失当，事败难免身亡

【人物简介】

监止，又名阚止，字子我，是春秋时期的齐国大臣，为齐简公的右相。

【人物生平】

齐简公成为国君之后，田常与监止分别担任左相、右相，但两人之间却并不和睦。监止由于受到齐简公的重用而招致田常猜忌，监止也在暗中谋划削弱田氏的势力。

公元前481年，监止秉公执法抓捕了田氏子弟田逆，但田氏却在暗中杀死监狱看守，将田逆解救出来。此后监止表面上与田氏和解，却在暗中积极准备灭田。监止特地将田氏远亲田豹作为自己的心腹，打算灭掉田氏直裔改立田豹，但田豹却将这一消息泄露给田常等人。田常在兄弟的劝说下，决定先行下手。

不久后田氏便发起政变，监止当即组织人马反击，却无法抵御田氏，只得仓皇出逃，却在半路上被抓获并处死。此后田氏消除了大患，权位更加稳固。

【人物评价】

监止虽然用人不疑，无奈却所用非人，这是他败亡的重要原因之一。

田盘：通三晋以友好，任宗族以代齐

【人物简介】

田盘，姓妫，田氏，名盘，生卒年不详，为齐相国田常之子。在田常死后接替父亲，成为齐国国相。

【人物生平】

田盘是继田常之后，田氏代齐的又一重要人物。

公元前453年，中国历史上爆发了著名的"三家分晋"，晋国智氏被韩、赵、魏三家联合攻灭，晋国土地也被三家瓜分。这一举动也标志着春秋时代的结束及战国时代的兴起。面对这一动荡局势，田盘当即派出田氏宗族子弟，分别担任齐国要地的重要职位，同时又积极与韩、赵、魏三国交好。这一举动使得田氏在齐国声威更盛，进一步推动了田氏代齐的历史进程。

【人物评价】

三家分晋于晋国来说是一出悲剧，但对齐国田氏来说却是一个大好时机。最终田盘准确地抓住这一机会，将齐国牢牢地掌握在田氏手中，为后来的田氏代齐奠定了基础。

田和：迁旧主而自立，终吕氏而行篡

【人物简介】

田和，姓妫，田氏，名和，生年不详，卒于公元前384年，为田盘之孙，其父为田白。田和不仅是齐国田氏的又一位领导者，同时也是最终完成田氏代齐之人。

【人物生平】

田和的祖父即田盘。田盘死后其子田白继承父位，公元前405年田白死后，田和又接替了父亲，成为齐国的国相。

此时的齐国国君齐康公已经完全沦为田氏的傀儡，齐康公为人又荒淫、酗酒、怠于政事，因此田氏代齐的天时、地利、人和都已经完全具备。公元前391年，田和下令将齐康公迁到一处岛上，赐予其一城之地食邑，同年自立为齐国国君。但此时的齐国名义上仍然是周天子的臣下，因此田和又积极谋求周王室的认可。公元前390年齐国伐魏，随后田和又与魏文侯等人会盟，因此魏文侯等人便向周王室请示。公元前386年，周安王正式承认田和的诸侯之位，田齐自此正式取代姜齐。

【人物评价】

田氏代齐正是庄子笔下"窃国者侯"的真实写照，而田和则是这个故事的最后一位主角。等到齐康公死后，齐国就此落入田氏手中。

邹忌：琴艺可通君道，忠臣亦有奸谋

【人物简介】

邹忌，生卒年不详，为战国时期的齐国重臣，在齐威王时期担任齐国的国相。邹忌曾多次劝说齐王勤修政事，并使齐国走向强盛。

【人物生平】

齐桓公死后，齐威王成为齐国的国君。齐威王为人喜好音律，经常躲在宫中弹琴却不理政事，齐国大臣因此十分担忧。邹忌得知之后便自称琴艺高明，于是进入宫中以琴道劝说齐威王。最终齐威王醒悟，并对邹忌委以重任。

邹忌为人相貌俊朗，有心与当时的齐国美男子徐公一比高下，而他的客人、妻子、小妾都说他比徐公更俊美。然而后来邹忌却发现自己远不如徐公美貌，感慨之下便以其中的道理劝说齐威王，提醒齐威王善于纳谏。此后，齐威王借助臣下的谏言大力革弊，最终使得齐国强大，燕、赵、韩、魏等国得知之后更是纷纷遣使入齐拜见，表示臣服。

然而邹忌同时也有一些不光彩的地方。当时的齐国大将田忌与邹忌不和，邹忌为了排挤田忌，便采纳门客公孙闬的建议，劝说田忌率兵伐魏，倘若田忌得胜则可居功，倘若田忌战败则可问罪。结果田忌三战三胜，于是公孙闬又派人谎称田忌部下在齐国内占卜问卦，有谋逆之意。这一消息很快就传到齐威王耳中，田忌恐惧之下不得不逃往楚国避祸。

当时齐国有一名著名的学者叫淳于髡，他认为邹忌有名无实，于是决意进行试探。他带领着包括自己在内的 72 人共同拜见邹忌，向其询问治国之道，邹忌很快就一一回答出来。淳于髡这才心服口服，谦卑离去。

在齐威王的重用下，邹忌推行"谨修法律而督奸吏"的政策，使得齐国国力更加强盛。邹忌因此也成为齐国历史上十分重要的一位国相。

【人物评价】

《邹忌讽齐王纳谏》的故事家喻户晓，但历史上真实的邹忌却并不是一个道德完备的贤臣，而是一位精晓权谋诡计、善于营私之人。但总体而言，邹忌还是一位忠臣，为国家更多的是做出了积极的贡献。

田婴：巨鱼离水无所处，为臣何必私一城

【人物简介】

田婴，姓妫，田氏，名婴，亦称婴子，为齐威王田因齐之子，孟尝君田文之父，曾受封为靖郭君。

【人物生平】

田婴据说是齐威王的幼子，对此史学家莫衷一是，无论如何，田婴都是当时齐国的一大权臣，地位、权势都十分显赫。公元前341年的马陵之战中，田婴曾与孙膑、田忌等人共同率军伐魏，将魏军打得大败，并杀死了魏将庞涓。

公元前321年齐威王打算将薛地封给田婴，然而楚威王却对此十分不满，打算进攻齐国。后来在公孙闬的出使下，楚威王才改变心意，田婴得以顺利受封。此后，田婴本打算在薛地修建高大的防御工事，但他麾下的门客却以"海鱼虽大，离水不活"为例，最终劝说其改变心意，避免了被齐威王猜疑的后果。

公元前320年齐威王病逝，齐宣王即位，田婴因与齐宣王不和一度遭到疏远，但最终在门客齐貌辨的协助下，成为齐宣王倚重的大臣。公元前313年田婴奉命出使韩、魏两国，迫使韩、魏臣服齐国并与齐国会盟。公元前311年田婴正式担任齐国国相，同年又促成齐宣王与魏襄王互尊为王。这一举动后来也引发了楚威王的不满，并引发了齐楚之战。齐国战败之后，楚威王极力追捕田婴，但田婴却派遣张丑成功地劝阻了楚威王，以此保全了自己。

此后，田婴继续担任齐国国相，并大力发展国内的农业、商业，使得齐国经济繁荣，田婴本人也因此积累起庞大的财富。后来田婴又立其子田文为太子，田文即著名的战国四君子之一——孟尝君。

【人物评价】

田婴的名声比起儿子田文要差许多，但这并不影响他成为齐国历史上的一代重臣。在他的努力下，齐国的声望有所扩大，国力也有所增强，这些都是他无法抹去的功勋。

田文：鸡鸣狗盗辟生路，焚债贩义筑三窟

【人物简介】

田文，姓妫，田氏，名文，生年不详，卒于公元前279年，也就是战国四君子之一的孟尝君，曾在齐湣王时期担任齐国国相一职。

【人物生平】

田文的父亲即靖郭君田婴，也是齐国的国相。古人认为五月五日生的孩子长

大后会比门还高，并且会妨害父母，而田文恰恰出生于这一天，因此其父对田文十分厌恶，并打算将其丢弃。然而其母却偷偷将田文养大，使得田婴十分不满。于是田文便对父亲表示说，人命如果由天便不需畏惧，如果由门决定便大不了加高门户，其中有何可怕之处？这一席话说得田婴无话可说。

长大后的田文不仅聪颖，同时富有政治眼光。当时的齐国国势已经大不如前，而田婴却聚集起丰厚的财富，田文为此感到忧虑，便巧言劝谏其父。最终田婴意识到自己的疏忽，并为田文的才智感到震撼，于是便将其立为太子。等到田婴去世之后，田文便继承了田婴的爵位和封地。在薛地期间田文礼贤下士、广招宾客，一时麾下人才济济，贤名远播诸国。

田文的贤名传到秦昭王那里，秦昭王决定聘他为相，田文便到了秦国。不久后秦昭王意识到田文可能会损害秦国利益，于是便将其免职并扣押。田文无奈之下，只好利用一名门客从狗洞进入秦国国库，盗取到之前献给秦王的白狐皮袄，献给秦王的宠妾，这才得到解救。在逃离的路上田文又借助另一名门客假作鸡鸣，以此骗取秦国守卫开城，这才顺利逃回了齐国。

田文回到齐国之后，就被齐湣王拜为国相，处理齐国政务。田文对之前秦王的举动十分憎恨，于是便积极准备联合韩、魏攻秦。公元前298年齐国、韩国、魏国正式出兵伐秦，最终秦国请求议和，并将之前侵占韩、魏两国的领土归还。

从此田文的声望更重，依附他的门客也越来越多，冯谖即其中之一。冯谖最初因为贫穷而投奔田文，田文因此轻视冯谖，但冯谖却"弹铗而歌"，对田文极尽试探，最终确信田文礼贤下士，值得效忠。有一次田文派人回封地收租，冯谖自愿前往，却私自以田文的名义焚烧所有债券，为田文赢得了当地民心。最初田文曾对此十分不满，但等到自己被齐湣王罢免、返回封地之后，却发现封地百姓无不夹道欢迎，这才意识到冯谖的苦心，对冯谖更加倚重。

在冯谖的出谋划策之下，田文再次成为齐国国相，并且声望更加浓厚，甚至盖过了齐湣王。后来齐国发生田甲叛乱，田文也因遭到牵连而逃到魏国，继续担任魏国国相。公元前284年田文协助魏国联合秦、赵击败齐国，随后以中立的地位超然于诸侯之间，直到自己去世。但等到他死后，他的几个儿子为了争夺爵位而发生内讧，于是齐、魏又联合将田文的封地攻破，田文一脉就此绝嗣。

【人物评价】

孟尝君田文睿智聪颖、礼贤下士而又手腕灵活，因此能够成为当时首屈一指的政治家。但田文同时也过于专权，因此招致功高震主之嫌，为自己和后嗣带来了诸多波折，这也不得不说是一种重大的失误。

淖齿：食君不能忠君，弑主难免杀身

【人物简介】

淖齿，又作卓齿、踔齿、悼齿，生年不详，卒于公元前283年，本为楚将，后来成为齐国国相。

【人物生平】

淖齿是楚顷襄王麾下的将领。公元前284年，燕国将领乐毅统率燕、秦、赵、韩、魏五国联军攻破齐国，齐湣王被迫出逃并向楚国求援。于是淖齿便奉楚顷襄王之令，率兵援助齐湣公。齐湣王为了拉拢淖齿，便拜其为齐国的国相。

然而淖齿眼见五国联军势大，不仅不愿援助齐国，反而有心与燕国平分齐国领地。不久之后淖齿便忘恩负义，将齐湣王杀死。

得知齐湣王的死讯后，齐国大夫王孙贾当即组织人马讨伐。他走到市集上高呼道："淖齿犯上作乱，弑杀国君，如有愿意随我讨伐者，便脱下右边的衣袖！"结果当场就有400多人云集响应。淖齿最终无法抵挡暴怒的齐国人，被王孙贾等人杀死。

【人物评价】

食君之禄本当忠君之事，然而淖齿却接连辜负两位国君的重望，更犯下以下弑上的恶行，最终的结果可说是咎由自取。

田单：巧计强敌败退，解裘万民归心

【人物简介】

田单，姓妫，田氏，名单，生卒年不详，为齐国田氏远亲宗室子弟，最初时担任小官，后因率领齐国收复70城而名声大振，并被任命为齐国国相。

【人物生平】

公元前286年，齐国派兵将殷商之后的宋国灭亡，这一举动引发了其余六大国的强烈仇视，再加上彼时齐国逐渐强大，秦国为了扭转局势，便挑拨其余五国对齐国用兵。最终燕国名将乐毅率领五国联军连克齐国70余城，齐国的领土只剩下莒和即墨两座城池。即墨城内的军民在田单的带领下，坚守城池五年，迫使乐毅改攻打为包围。

田单趁着燕昭王病逝、燕惠王新立的机会，在燕国内部散布谣言，迫使乐毅因受到猜忌而出逃赵国，燕国改以骑劫代替乐毅统兵。随后田单又在燕军内部散布谣言，蛊惑敌军犯下砍割俘虏鼻子、挖掘齐人祖坟的恶行，使得即墨城内人人愤怒、同仇敌忾。等到燕军的士气开始衰竭之后，田单便利用火牛阵大破燕军，接连收复齐国之前丢失的 70 余城，恢复了齐国的统治。等到齐国复国之后，田单便率人迎立齐襄公即位，自己也被封为安平侯，并担任了齐国国相。

田单成为国相之后治政十分勤勉，同时又对国民十分体恤。一年冬天田单处理完政事，夜晚乘车回家之时，无意间发现一名老人冻倒在路边，就命令仆人将老者救起，解下自己的皮裘为老人保暖，更将老人带回家中救治。这一仁慈举动为田单赢得了国人的更多尊重。

由于田单威名在外，赵国平原君还曾特意以三座城池作为交换，邀请田单入赵为相，希望借助他的力量来攻打燕国。此后田单又去到赵国，但也只取得了一些微小的胜利。

【人物评价】

原本田单血脉疏远、官位卑微，并不受人重视，但他最终却能够趁势而起，以杰出的军事才能证明自己，不仅解救了国家之危，也成就了自己的人生，更以仁慈爱民的作风留下美誉，无愧为豪杰大丈夫。

后胜：矫饰欺君，亡建终胜

【人物简介】

后胜，生卒年不详，为战国末期的齐国国相，也是齐国灭亡的推手罪臣之一。

【人物生平】

后胜是齐王建时期的大臣，在齐国担任国相之职。后胜虽然位高权重，却又是一位奸佞小人，在他的蛊惑下，齐国最终走向了灭亡。

当时秦国奉行"远交近攻"的战略，为了阻止齐国出兵援助其余国家，便向齐国假意示好。秦国知晓齐王建信任后胜，便积极笼络后胜，并以丰厚的珠宝金银作为贿赂。贪婪的后胜收下了礼物，便在齐王建面前极力劝阻其修兵备武、援助他国，终于使得齐国陷入了孤立无援的境地。

公元前 221 年秦国终于开始伐齐，齐国当即陷入一片恐慌。在后胜的蛊惑下，齐王建最终没有选择抵抗，而是直接向秦国投降，齐国就此宣告灭亡。此后齐王建也在秦国被活活饿死，齐国遗民更为此作歌谣痛斥："悲耶，哀耶，亡建者胜也！"

【人物评价】

身受本国厚待，反为敌国谋利，最终招来本国灭亡的命运，后胜此种行径可谓卑劣至极。

楚

子元：为臣却忘战事，处下岂擅王宫

【人物简介】

子元，名子善，字子元，生年不详，卒于公元前 664 年，为楚国王室宗亲，在楚成王时期担任楚国令尹。

【人物生平】

子元曾在楚成王时担任令尹一职。令尹是楚国在春秋战国时一人之下、万人之上的最高官衔，掌管国中一切大小军政事务，相当于宰相。然而子元为人失德骄纵，最终因此丢掉了自己的性命。

子元是楚文王的弟弟，但为人却鲜廉寡耻，竟然对楚文王的遗孀、自己的嫂子息妫产生歹意，想尽一切办法勾引息妫。公元前 666 年，子元特意将馆舍修建在息妫的宫殿旁，每天都要跳舞歌唱，以此骚扰息妫。最后还是息妫流泪痛斥其不知国事、战事，子元这才收敛心思，并带领着大军讨伐郑国，但却无功而返。

后来子元又倚仗权势，擅自搬入王宫之中居住，这一举动引发了许多人的不满。公元前 664 年，对楚王室十分忠诚的申公斗班突然发难，将子元刺死，子元就这样结束了自己荒唐的一生。

【人物评价】

子元虽然是一国的统帅之臣，但论见识比之一位妇女尚且不如，更不懂得君臣本分，最终只能咎由自取，沦为笑柄。

斗谷于菟：高堂无情育亲子，梦泽有虎哺明臣

【人物简介】

斗谷于菟，姓芈，斗氏，字子文，生卒年不详，楚国令尹，是春秋时期楚国一位贤明而又勤政的政治家。

【人物生平】

斗谷于菟与孟尝君田文一样，都生于五月五日，因此一出生就受到父母的嫌弃。再加上他乃是其母郧夫人与表兄斗伯比私通而生，郧夫人为了掩盖丑事，便将刚出生不久的斗谷于菟丢弃在楚国的云梦大泽中，不料却被老虎衔去哺育。后来斗谷于菟又被郧国之人发现，并交给国君，这才被抚养长大成人。

公元前 664 年令尹子元擅权被杀，斗谷于菟也成长为干练之才，因此楚成王

便拜其为令尹。斗谷于菟担任令尹之后，一方面勤于政事、奉公守法，一方面清廉自律、为国举贤，成为楚国的一代贤相。

有一次斗谷于菟的族人犯了法，刑官得知之后便将这位族人释放，斗谷于菟得知之后当即反对，表示法不容情，并要求这名族人自首。斗谷于菟虽然身居高位，却没有攒下任何家财，楚王每次要对他封赏，他都避而不受。他认为国民贫穷而官员富有必然招来灾祸，自己这样做并非畏惧钱财，只是畏惧灾祸而已。

斗谷于菟担任令尹长达27年，其间却三次辞官，为的是防止自己长年掌权而漏掉其余贤才。这一举动充分表明了他的高风亮节。直到公元前637年，斗谷于菟自感年事已高、无力问政，这才再次向楚王请辞，卸去令尹一职养老直到病终。

【人物评价】

斗谷于菟虽然是一位年代久远的古人，但其为人却十分开明、贤良，他身上也体现出了贤臣的许多光辉点，值得后人称颂、效仿。

成得臣：三百骑乘犹难统，可笑国民不知忧

【人物简介】

成得臣，芈姓，成氏，名得臣，字子玉，是楚国令尹斗谷于菟的弟弟，在斗谷于菟之后继任令尹一职，立有诸多战功，后因晋楚城濮之战失败而自杀谢罪。

【人物生平】

成得臣也是楚成王时期极富才干的大臣，同时又是楚国大族之后、令尹斗谷于菟的弟弟，因此公元前637年斗谷于菟年高之后，便将成得臣举荐给楚成王。随后楚成王便拜成得臣为令尹。

公元前635年，秦人用挑拨离间之计，迫使靠近楚国的都国投降，随后突发奇兵攻打楚国军队，成得臣一时不察导致楚军战败，部下申公、息公也被俘虏。成得臣追赶秦军不及，只好攻打陈国以弥补过错，随后又决定攻打楚国的属国夔，以及齐、宋两国。

公元前634年成得臣派兵灭亡夔国，夔国国君也被押送到楚国国都。随后成得臣又积极准备伐齐、征宋。同年冬天成得臣先是派兵包围宋国数日以示警告，后又扶植齐国王室子弟建立傀儡政权，并派遣一支军队护卫，开创了建立伪国政权的先河。

成得臣虽然统兵有道，但为人却好胜、严苛，曾花费整整一天时间阅兵，并惩罚了士兵10人。当时国中都对他十分推崇，只有一人指出他并非将才，恐怕连300乘的军队都无法统领。成得臣听后十分愤怒，恰好此时楚国与晋国因宋国而爆

发战争，成得臣便积极请求出兵伐晋。

此时的楚成王对成得臣已经十分不满，但还是派遣了少量军队援助。结果在城濮之战中，晋军抓住楚军右翼薄弱的机会，在战斗中取得了微小胜利，成得臣为了防止被包围，于是撤军返回。此时楚成王却遣使前来问责，成得臣不得已下只好自杀谢罪。

【人物评价】

成得臣虽然颇具将才，但为人好胜冲动，又不知团结众心，这是他失败的最主要原因。但即便如此，成得臣仍然是楚国当时一位较有才干的重臣，他的能力并不能被全盘抹杀。

斗勃：晋人狡诈不可信，败兵亦可杀胜军

【人物简介】

斗勃，芈姓，斗氏，名勃，字子上，生年不详，卒于公元前 627 年。

【人物生平】

斗勃与成得臣等人俱为若敖氏后裔，在当时的楚国具有很大的权势，因此楚国王室对若敖氏并不信任，成得臣的被迫自杀就很好地说明了这一点。成得臣死后，楚王曾任命芳吕臣为令尹，然而芳吕臣仅在一年后便死去，于是斗勃成为新一任令尹。

斗勃曾在城濮之战中担任楚国右军统帅，但却被晋军趁机击败，后来又因为反对楚成王立商臣为太子，而遭到商臣的记恨。斗勃掌政之后曾率领楚军讨伐陈国、蔡国和郑国等小国，公元前 627 年又再次与晋国爆发战争。

晋国统帅阳处父因辎重不足而想要退兵，又畏惧遭人耻笑，便派人对斗勃表示，倘若他想要决战，自己愿意撤退 30 里等楚军过河，或者楚军后退 30 里等待自己渡河。斗勃听信麾下的建议，认为晋人狡诈不可轻信，为了防止渡河时遭到攻击，就主动后撤 30 里待敌。不料阳处父却趁机四处宣扬楚军畏战逃跑，随后退兵并派人在楚国太子商臣面前诬陷斗勃。楚成王在接到商臣的报告后大怒，于是下令将斗勃处死。

【人物评价】

斗勃虽然身居高位却不知慎言谨行，以至对内结怨于王室，对外受欺于敌国，最终将自己陷入死地，徒令后人摇头唏嘘。

斗般：直臣大义不畏死，岂因护己害他人

【人物简介】

斗般，姓芈，斗氏，名般，字子扬，生卒年不详，其父为楚国令尹斗谷于菟。

【人物生平】

斗般的父亲即楚国的著名令尹斗谷于菟，成得臣则是斗般的兄长。公元前632年，成得臣在城濮之战中统率楚军战败，斗谷于菟得知后哀叹不已，吐血数斗，很快就病重而死。死前他特意嘱咐斗般说，自己的弟弟、斗般的叔叔斗椒绝非善类，只要斗椒在楚国得宠，斗般一定要出国避祸。

斗般担任楚国令尹之后，其叔父斗椒果然极不安分，在暗中构陷斗般。他特意在楚庄王面前污蔑斗般，说他与公子职私下勾结，对楚庄王有不臣之心。楚庄王怀疑之下便逼迫斗般杀死公子职。斗般为人忠厚不肯因己害人，楚庄王便以铜锤将斗般击杀。

【人物评价】

斗般为人虽然忠厚却不知变通，更不知谨从先父教诲，这才为自己招来了杀身之祸。

子椒：逞恶不知克己，罪罚终究难逃

【人物简介】

斗椒，姓芈，字子越，春秋时期的楚国斗氏后裔，曾担任令尹一职，后因谋逆而被楚庄王杀死。

【人物生平】

斗椒出自楚国大族斗氏，斗氏很早以前就在楚国担任各种要职，如斗谷于菟、成得臣、斗勃、斗般等人皆出自斗氏。然而由于斗氏势大，楚王室与斗氏之间并不是十分和睦，楚国最高统治者也一直致力于平衡、削弱斗氏的权力。

斗椒是楚国著名令尹斗谷于菟的弟弟，为人狡诈凶恶，很早就觊觎侄子斗般的令尹之位，于是多次在楚庄王面前构陷斗般。最终斗般被楚庄王处死，斗椒成功当上令尹，但他却并未因此满足，反而更加咄咄逼人。

不久后斗椒就擅权杀死了楚庄王的心腹重臣芳贾，从此斗氏与楚王室的矛盾公开化。楚庄王本欲息事宁人，然而斗椒却迅速发起叛乱，楚庄王只好率兵亲征。

楚庄王在战场上接连两次险被斗椒射中，军心一时慌乱。于是楚庄王临场编造故事，谎称斗椒刚刚射出的是他仅有的两支神箭，现在已经不足为惧，于是楚

军士气大振。斗椒很快就在楚庄王面前败下阵来，最终被楚庄王处死，斗氏叛乱也被平息。

【人物评价】

斗椒为人嚣张跋扈而又不知进退，只知道欺君罔上以谋私，却不知自己所得本就源自于楚王，最后的叛乱根本就是自绝生路，因此失败也是必然。

虞邱子：宫妇犹能良淑，老臣岂敢忘贤

【人物简介】

虞邱子，生卒年不详，为楚庄王时期的楚国令尹，深得楚庄王信任，后来更向楚庄王推荐了贤臣孙叔敖。

【人物生平】

虞邱子是楚庄王十分倚重的一位大臣，在他担任令尹期间，其多次与楚庄王议论国家大事。然而虞邱子任职数十年却从不举荐家族子弟以外的贤人，也不纠察、惩处国中的佞臣。楚庄王的爱妻樊姬是一位淑德之女，对此十分担忧。

有一次楚庄王又在樊姬面前称赞虞邱子忠诚，樊姬听说后便告诉楚庄王说，自己入宫服侍庄王已有11年，其间后宫中也出现了好几位深得宠幸的忌妃，自己却从不忌妒、构陷，这是因为自己忠于楚庄王、为楚庄王考虑之故。然而虞邱子任职数年都不知举贤、惩恶，这样恐怕不能说是做到了忠。楚庄王第二天便将这番话说给虞邱子。虞邱子得知之后既害怕又惭愧，于是躲在家中不肯上朝，四处派人在国中访贤，终于寻访到了孙叔敖这位贤人，并亲自推荐给楚庄王。后来孙叔敖果然帮助楚庄王建立起春秋霸业。

【人物评价】

虞邱子为臣尽忠、过而能改，更能心胸坦荡举贤于上，可说是善莫大焉。

孙叔敖：除恶必有善报，未治已能服人

【人物简介】

孙叔敖，姓芳，名敖，字孙叔，生于约公元前630年，卒于约公元前593年，享年38岁，是春秋时期楚国著名的政治家，也是当时的一位贤人。在孙叔敖的辅佐下，楚庄王成功建立起自己的霸业，成为当时的天下霸主。

【人物生平】

孙叔敖的父亲即楚庄王心腹重臣芳贾。芳贾后来被斗椒陷害而死，孙叔敖则在他人的帮助下与母亲逃到外地，后来又因贤名而被楚国令尹虞邱子举荐给楚庄

王，成为楚庄王倚重的大臣。

孙叔敖少时曾见到一条两头蛇。当时人们认为遇到此物必死无疑，孙叔敖为了防止别人也看到，就将这条蛇击毙掩埋，其母得知后宽慰他为人仁厚，上天必然会暗中保佑。等到孙叔敖得到重用，依然不改自己的仁德作风，以至尚未施政，国人就已经深信不疑。任职期间更推行了诸多有益于国计民生的政策，使得楚国逐渐强盛。

孙叔敖最大的贡献就是在水利方面。公元前 605 年左右，孙叔敖主持修建了中国历史上第一座大型渠系水利工程期思陂，后来又历时三年，耗尽家资，修建了我国古代四大水利工程之一的芍陂。此外，孙叔敖又在湖北江陵一带兴修水利，是一位当之无愧的水利专家。

孙叔敖不仅精通水利之事，在经济、军事等方面也做出了杰出贡献。当时的楚国因币制改动而经济萧条，孙叔敖当即请示楚庄王废除改币，并教导国民因势利导，发展畜牧业和渔业。公元前 597 年楚国与晋国交战，孙叔敖辅佐楚庄王迅速出击，很快就将晋军击败，不仅取得了战争的胜利，更进一步促成了楚庄王的霸业。

孙叔敖不仅治政有道，同时也为官有德，因此虽然身居高位多年，却能够避开国民的忌恨和君王的猜疑。孙叔敖曾经坦白说，自己官位越是提高，为人就越是谦卑；权力越是扩大，欲望就越是稀少；俸禄越是增加，散财就更加丰厚，这样一来，"人之三怨"也就不能加于自身。孙叔敖不仅是这样说的，更在生活中这样践行，因此国人都对他十分爱戴，楚王也对他十分信任。

由于长年勤于政事，孙叔敖的身体变得十分衰弱，38 岁时就因病去世，死时家徒四壁，与他的显赫权势形成鲜明对比。死前他还特意嘱咐儿子千万要推辞楚王的厚赐。他的儿子也听从了这一诚言，一直以打柴为生，直到后来才又被楚庄王优待。

【人物评价】

据说孙叔敖为官之后，连着三年都不知道自己所乘的马是公是母，可见其对自己的利益得失确实是全然不计，一心一意为国家民生而操劳。如此鞠躬尽瘁，真可说得上是为官表率。

子重：胜败从来难定，责人不免忘己

【人物简介】

子重，姓芈，熊氏，名婴齐，字子重，生年不详，卒于公元前 570 年，其父为楚穆王。

【人物生平】

子重是楚穆王的儿子，最初时担任左尹，这是楚国当时仅次于令尹的职位。其间子重多次参与战事，并在公元前597年的晋楚之战中取得胜利。

公元前590年子重开始担任楚国令尹，颁布了一系列清查人口、免除赋税、赈济国民的政策，同时又积极对外用兵或联合，为楚国拉拢各路诸侯。由于他与晋国几位重臣的关系较好，这一时期他还以和平方式平息了晋楚两国之间的一次战事。

公元前575年晋楚又爆发了鄢陵之战，楚国在这次战争中失败。子重与当时的楚军统帅子反不和，于是当即以此前成得臣兵败自杀之事责问，迫使子反自杀。楚共王虽然有心阻止，却也已经来不及了。

公元前570年率兵抵御吴国，虽然自己取得胜利，但另一路麾下士兵却被吴军击败，损失十分惨重。子重得知之后当即心疾发作，很快就因病而死。

【人物评价】

胜败乃兵家常事，子重以此责人、杀人却不知自我警惕，最终也自食失败战果，更因此病发而亡，实在是一种讽刺。

子辛：贪索孰料盟破，王怒终究害身

【人物简介】

子辛，姓芈，名壬夫，字子辛，生年不详，卒于公元前568年，其父为楚穆王。

【人物生平】

子辛与子重俱为楚穆王之子，公元前575年晋楚鄢陵之战爆发时，子辛也受命统率楚国右军，但这场战争最终以楚国的失败宣告结束。此后，子重迫使子反自杀谢罪，但子重、子辛仍然遭到了楚国贵族内部的问责、刁难。

最终子重与子辛共同诛杀了企图夺权的公子申，公元前570年子重又因战事不利而病死，于是子辛接替子重，担任令尹一职。子辛为人贪婪好财、索取无度，以至依附楚国的陈国也投向了晋国。楚王得知之后十分愤怒，于是下令将子辛处死。

【人物评价】

子辛身居高位却只知争权夺利，毫无半分于家国有益之事，反而将楚国陷入了更加孤立的境地，最终的结果也只是死有余辜罢了。

子囊：背盟用兵非善，国主自责可称

【人物简介】

子囊，姓芈，熊氏，名贞，字子囊，生年不详，卒于公元前 559 年，其父为楚庄王。

【人物生平】

子囊于公元前 568 年被任命为楚国令尹，鉴于此前的晋楚之盟，子囊曾明确反对楚共王对中原用兵，但楚共王没有听从。

担任令尹之后，子囊逐渐意识到晋、楚双方实力相当，晋国内部又极为团结，因此楚国不宜与之作战。为此，他在主政期间多次避免与晋国冲突，但也采取各种军事手段来维护楚国利益，如对陈国、郑国用兵，迫使两国再次归附楚国，后来更对宋国用兵。

公元前 560 年楚共王病死，死前自认为犯下诸多过错，遗命群臣为自己上恶谥，群臣为此议论不休。此时子囊明确指出，楚王既有平定南夷之战功，又能认识到自己的错误，这一点还是值得肯定的，于是为其上谥号为"共"。

公元前 559 年子囊率兵抵御吴国失败，不久后就病重而死，死前认为日后吴国必成楚国大患，于是特意嘱咐国人一定要加以提防。

【人物评价】

子囊任职期间能够明辨形势，趋利避害，虽然最终还是败于吴国，但也为楚国立下了显赫战功，是一位合格的臣子。

子庚：国君徒羡霸业，名臣无奈饮败

【人物简介】

子庚，姓芈，熊氏，名午，字子庚，生年不详，卒于公元前 552 年，其父为楚庄王。

【人物生平】

子庚最初曾经担任楚国的司马，后来才被任命为令尹。公元前 561 年子庚护送楚共王的夫人、秦景公的妹妹回秦国，由于自己在楚国声望很高，秦景公便趁机将子庚扣押。后来子庚借助晋国的力量，才迫使秦国将自己放回，楚国又以 300 车重礼答谢晋国，可见子庚在当时的威望。

公元前 558 年子庚开始担任令尹一职。公元前 555 年，郑国大夫子孔采用借刀杀人之计，打算利用楚国的力量铲除异己，却被子庚识破。然而楚康王却认为这是个兴兵建功的大好时机，于是命令子庚统兵。子庚为此叹息却不得不听从，于是请示楚王允许自己先带兵试探。最终楚军由于郑人猜疑而未能入城，班师途中又因天寒而损失不少。楚王见此情景只好作罢。

公元前552年子庚病逝，子南接替子庚继任令尹之职。

【人物评价】

子庚不仅声望显赫，同时也能够明辨形势，虽然最终军事失利，却为楚国保住了元气，间接为楚国立下了大功。

子南：欺上纵下，败亡自到

【人物简介】

子南，姓芈，熊氏，名追舒，字子南，生年不详，卒于公元前551年，其父为楚庄王。

【人物生平】

公元前552年，楚国的名臣子庚病逝，子南被楚康王任命为令尹。然而子南却对没有爵禄的观起十分纵容。按照当时的规定，没有爵禄的人最多只能乘坐木车，拥有一辆马匹，然而观起却通过不法手段，侵占了数十匹骏马。楚康王为此震怒，于次年将观起车裂，子南也因纵容不法而被处死。

【人物评价】

子南身居高位，殊荣已极，最后却因纵容下属、违背礼制而招来杀身之祸，虽然看似荒谬，却也令人深思。

王子围：杀侄不顾血脉，独夫难容于民

【人物简介】

王子围，姓芈，熊氏，初名围，又名虔，生年不详，卒于公元前529年，其父为楚共王。王子围担任令尹后，又弑杀了侄儿自立为楚王，也就是楚灵王。最后因被国民驱逐而自缢。

【人物生平】

王子围与楚康王俱为楚共王之子，楚康王死后，其子郏敖继承了王位，王子围则是楚国的令尹。公元前541年郏敖生病，王子围以探病的名义进入宫中，将郏敖杀死，随后自立为楚君，即楚灵王。

王子围为人昏庸残暴，屡屡犯下失德之行，不仅使得各国诸侯离心，国内臣民也对他十分不满。当时正是晋、楚两国争霸之时，王子围也于公元前537年再

次大会诸侯。然而晋国和宋国都没有派人参加，王子围大怒之下，便肆意辱骂各国使臣，残杀本国官员，使得诸侯都对他产生了不满。

眼见自己不受诸侯欢迎，王子围不仅没有反思修德，反而更加跋扈。为了博取名声，他曾派兵从吴国抓走了弑杀齐军的佞臣庆封，然而却被庆封以同样的理由嘲笑，因此再度恼怒杀人。此后，他又接连攻灭了陈国、蔡国，又在国中大兴土木、贪图享乐，以至国内百姓怨声载道。由于他为人残暴，国中群臣大多也只得小心翼翼，曲意逢迎，"楚王好细腰"这一典故就是自他而来。

公元前 529 年王子围又对徐国用兵，不料其弟弃疾却趁机在国中作乱，更将王子围的儿子全数杀死。王子围得知之后号啕大哭，士兵纷纷离散，他的侍卫也嘲讽他平时喜好杀人子女，今日才会有此报应。走投无路的王子围不论身到何处，都得不到百姓的接济，只好选择自缢而亡。

【人物评价】

王子围虽然也曾提拔贤士、宽恕俘虏，但却没有选择倚仗他们，而是放纵自己的欲望和残暴本性，最终给自己带来了灭亡的命运。再加上弑君的恶行无法抹去，他的历史名声自然不佳。

公子黑肱：逃亡反击两难保，死君竟能杀活臣

【人物简介】

公子黑肱，字子皙，生年不详，卒于公元前 529 年，其父为楚共王。

【人物生平】

公子黑肱与楚灵王围都是楚共王之子，但王子围掌握国政之后，却对公子黑肱等人并不十分信任。公元前 541 年王子围派兵伐郑，公子黑肱也奉命在郑国边境修筑城池，使郑国君民一时人心惶惶。然而不久之后王子围就以探病为借口，入宫杀死了当时的楚国国君郏敖，随后自立为楚君。公子黑肱得知消息后十分惊恐，于是便投奔了郑国。

公元前 529 年楚灵王率军伐徐，此时其弟蔡公弃疾勾结蔡国旧臣，同时又私下联合公子黑肱等人，趁机发动叛乱并杀死了楚灵王的儿子。楚灵王在走投无路之下自杀，死讯则被忠于自己的大臣申亥暂时压下。此后子干登基为王，即是楚初王，公子黑肱则被任命为令尹。蔡公弃疾为了进一步扫除障碍，便谎称楚灵王已经回到国都，公子黑肱误以为真，又担心自己遭到清算，只好选择自杀，此后蔡公弃疾便登上了楚国王位，即楚平王。

【人物评价】

公子黑肱无论能力还是见识，都比不过楚灵王、楚平王等人，因此一旦卷入

权力斗争中，就难免败亡。

斗成然：尽忠得以重任，辜君遭逢弃杀

【人物简介】

斗成然，姓芈，斗氏，名成然，字子旗，生年不详，卒于公元前 528 年，为楚国著名令尹斗谷于菟的后人。

【人物生平】

斗成然在很早的时候，就是蔡公弃疾的心腹之臣，蔡公弃疾即后来的楚平王。公元前 540 年王子围弑君自立，为楚灵王，斗成然的封地也被楚灵王剥夺，同时又被任命为郊尹，负责治理楚国郊区。

公元前 531 年，穷兵黩武的楚灵王将蔡国攻灭，为了管理蔡国故地，便将弟弟弃疾封为蔡公，斗成然也一同跟随前往蔡地。然而蔡公弃疾却在暗中与蔡国旧臣勾结，暗中觊觎楚国王位。公元前 529 年楚灵王对徐国用兵，蔡公弃疾趁机杀入国都，斗成然也率领家族子弟参与了叛乱。随后又骗得楚初王和公子黑肱等人自杀，自立为楚国国君，即楚平王。

斗成然也因拥立之功而被封为令尹。然而斗成然为人贪婪，更在私下勾结其余贵族，遭到楚平王的不满、猜忌。因此，仅仅一年之后，楚平王便正式下令，将斗成然处死。

【人物评价】

斗成然终其一生都尽忠于主上，为主上的王业而奔走，看来颇有忠臣之风，然而一旦得势却忘乎所以，犯下种种招人猜忌的错误，以至因此身死，既是咎由自取，也是糊涂透顶。

囊瓦：围人岂敢慢国柱，佞骨犬彘亦轻忽

【人物简介】

囊瓦，字子常，生卒年不详，为楚庄王之后。

【人物生平】

囊瓦出身于楚国王室。公元前 541 年王子围弑君自立，即楚灵王，囊瓦则被楚灵王调任为车右，相当于楚灵王的马夫。

囊瓦为人骄纵傲慢，处处阿谀楚灵王。这一时期正好发生了"晏子使楚"的著名故事，囊瓦也在楚灵王的授意下，对晏子的身高百般嘲讽。然而晏子却义正词严地表示，自己虽然身形有缺，却是一国之基石；囊瓦虽然身形魁梧，却只能

沦为车夫。囊瓦因此自讨没趣。

楚平王即位之后，囊瓦成为了楚国令尹。这一时期他主持扩建了楚国国都，并在楚平王死前受命托孤，辅佐太子珍。然而囊瓦却有意迎立平王庶子王子申即位，但却遭到王子申的怒斥，这才改变了心意。

太子珍即位之后，即楚昭王。不久之后囊瓦又听信奸臣费无极、鄢将师之言，将深得楚昭王信任的司马郤宛处死，因此遭到国人痛恨。后来囊瓦为了平息国人之怒，这才将费、鄢二人全数处死。

此后囊瓦继续掌握大权，并且日益骄纵，甚至为了索取重宝，而将出使楚国的唐成公和蔡昭侯扣押三年，直到其交出宝物。这一举动直接导致了后来晋国集结17国联军伐楚。战事出于种种原因未能爆发，蔡昭侯便又向吴国求助。恰好郤宛的儿子伯嚭也逃到了吴国，于是吴楚爆发柏举之战，时为公元前506年。由于囊瓦固执己见，楚国在这一战中惨败，他只好逃往郑国，楚昭王得知之后痛骂囊瓦奸臣误国，恨恨地表示就连狗都不会吃他死后的肉。

吴国国相伍子胥本就憎恨郑国，又得知囊瓦在郑国，便误以为楚昭王也在郑国（此时楚国国都已被攻破），于是率领大军伐郑。郑国无力抵挡吴国，便将战责归咎于囊瓦，囊瓦不得已之下只好自杀。

【人物评价】

囊瓦身居楚国高位，掌管楚国大小军政，但无论是品德、见识还是能力都十分低下，根本就是不堪其任。在他的昏聩治理下，强大的楚国竟败于吴国，其中相当一部分责任都得归咎于他。

子西：庶子亦知义，耿耿护国基

【人物简介】

子西，姓芈，熊氏，名申，字子西，生年不详，卒于公元前479年，为楚平王之子，一说为楚平王庶弟。

【人物生平】

公元前516年楚平王病逝，死前将太子珍托付给令尹囊瓦和公子申，公子申即子西。由于子西年长，囊瓦最初时曾打算改迎子西为君，然而子西却严词拒绝。太子珍这才得以顺利即位，即楚昭王。

当时囊瓦继续担任楚国令尹，轻信奸臣费无极等人之言，将司马郤宛处死，因此遭到国人痛恨。子西得知之后便将实情告知囊瓦，替郤宛等人申冤。囊瓦于是将费无极等人处死，但自己仍然骄纵傲慢，以至公元前506年时，又引发了吴楚柏举之战，楚国国都因此被攻破。

公元前505年楚国大夫申包胥借助秦国之力复国，子西也在战争中立下赫赫战功，并将出逃在外的弟弟楚昭王迎回复位。吴王夫差即位之后，又对陈国用兵，然而子西却指出夫差为人荒淫奢靡，无法与吴国先君阖闾相比，根本无须担心。公元前489年楚昭王在出征途中病逝，死前意欲传位于子西，子西再次拒绝并迎立了楚惠王。

公元前479年，子西的侄子白公胜以献俘为名杀入国都，楚国爆发内乱，子西也不幸在内乱中被乱兵所杀。

【人物评价】

子西为人恪守本分、尽忠王室，可说是一位高风亮节的王室子弟，并且眼光敏锐，见识精准，因此十分难得。但子西虽然能够明辨外患，却不能防备内忧，可说是一种遗憾。

叶公：后儒空笑好龙事，未知蛮楚亦高贤

【人物简介】

叶公，姓芈，沈尹氏，名诸梁，字子高，为楚庄王后人，也是叶姓始祖。他因封于叶地而被称为"叶公"，也就是著名成语"叶公好龙"的主人公。

【人物生平】

叶公出自楚国王室，其父沈尹戌曾在吴楚之战中屡立战功，后来不幸战死。沈尹戌死后，叶公便被楚王封到叶地，成为当地的最高行政长官，因此被时人称为"叶公"。

彼时的叶地连年遭受水患，民不聊生，叶公得知之后便积极准备治理水患。限于当时的生产条件，叶公只得将水利图画在屋内墙上，并以龙头为标志，却被不知其意的时人误认为他喜欢龙，以至后世以讹传讹，留下"叶公好龙"这一被后儒嘲笑的故事。

叶公在叶地励精图治49年，不仅修建东西二陂，平息了叶地的水患，同时又带领叶地之民积极开垦，使得叶地经济繁荣，成为当时楚国的边防重地。就连孔子得知之后都对叶公十分敬仰，不惜远道千里拜访，甚至还与他进行了"父子相隐"与"大义灭亲"的辩论。

公元前479年楚国内乱，就连令尹子西也被白公胜所杀，叶公得知之后当即从叶地起兵平叛。叶公的士兵英勇善战，叛乱很快就被平息，楚惠王也在叶公的帮助下再次复位。此后叶公被同时任命为令尹和司马，这在楚国历史上还是第

一次。

叶公虽然身居高位却为人谦逊，他认为自己年事已高，楚国朝中年轻一辈也有贤才，于是果断将令尹和司马的职位全数辞去，留下让贤的千古佳话。此后，叶公回到封地安度晚年，直到去世。他的一部分后人也改姓为叶，以此纪念这位高风亮节、勤政爱民的贤人。

【人物评价】

叶公因好龙一事而遭到后人无尽耻笑，其实这不过是后世儒生出于政治理念不同而做出的抹黑行径。真实的叶公无论品德还是才干都堪称高贤，就连儒门先师孔子都发自内心地崇敬，对于今人而言也同样值得敬仰。

吴起：杀妻竟为虚事，兴国乃是真才

【人物简介】

吴起，生于公元前440年，卒于公元前381年，享年60岁，战国时期卫国人，为中国历史上著名的军事家、政治家，同时也是兵家代表人物之一。

【人物生平】

吴起本是卫国人，后来又跑到鲁国求官。公元前412年齐国伐鲁，据说鲁穆公虽欲起用吴起，但又因吴起之妻出自齐国而担忧，吴起于是杀妻自证清白。但事实上，这一故事在当时并没有任何记载，所有的仅仅是吴起因妻子不愿听话，而将妻子休掉的故事。

吴起带领鲁国击退齐国后，反而遭到了鲁国君臣的猜忌，不得已只好又投奔了魏国。得到重用之后吴起数次统率魏军击败秦军，甚至将河西之地全部攻占。吴起也因此被任命为西河郡守。吴起在任期间拜师于孔子弟子子夏，勤研儒家学说，还对魏国进行军事改革，推行武卒制。这一时期吴起又先后击败秦、齐两国。

后来吴起又在魏国受到冷遇，只好投奔了楚国，一年后即被楚悼王任命为令尹。吴起在楚国积极推行政治改革，使得楚国一时强盛。他的改革政策主要有明确法令、限制贵族、裁撤冗官、打击谋私等。这些举措使楚国国力大盛，对外震慑各国诸侯。

但吴起的这些改革也触怒了楚国贵族，因此当公元前381年楚悼王死后，楚国贵族当即叛乱，并趁机将吴起射杀。吴起死前为了报仇，故意跑到楚悼王尸体旁边，使得楚悼王尸体一同被射中，射箭之人也在后来被处死。

【人物评价】

吴起因杀妻求官而饱受诟病，然而这一事件在当时却无任何记载，真实性值得商榷。但值得肯定的是，吴起的确是当时中国最负盛名的伟大军事家之一，其影响力直到后世宋朝年间仍在。

昭奚恤：强国以贤为宝，受迫岂肯折腰

【人物简介】

昭奚恤，昭氏，名奚恤，生卒年不详，为战国时楚宣王麾下重臣。

【人物生平】

昭奚恤在楚宣王时期担任楚国令尹一职，深得楚宣王信任，并且屡次直谏君王之过，因此在诸侯各国都享有美名。另一名大臣江乙出于忌妒，曾以"狐假虎威"的故事在楚宣王面前诋毁昭奚恤，然而昭奚恤却丝毫不以为意。

昭奚恤不仅为人耿直，不避谗言，同时又积极维护国家尊严。有一次秦国意欲攻楚，便派出使者表示要观看楚国的国宝，希望以此来增长自己的威严，或是借机兴兵。楚王明知秦国狼子野心，却又不知如何应对，于是昭奚恤灵机一动，提出了一个绝妙办法。等到秦国使者到来之后，他先是将使者请到西边的一座高台上，又将当时楚国的四名贤臣子西、太宗子敖、叶公子高、司马子反请上南面高台，自己则登上东边高台，表示子西等四人即楚国的国宝。使者由此得知楚国国力强大、团结一心，回国后便劝说秦王打消了兴兵之念。

昭奚恤精于政务但疏于军务，也犯下过错误。当时魏国强大赵国弱小，魏国对赵国兴兵，昭奚恤则反对楚国援助赵国。另一名大臣则提出异见，痛陈楚国援助之利，楚王这才改变了心意。

【人物评价】

昭奚恤虽然缺乏军事远见，但为臣既有忠心，又有才干，仍是一位股肱之臣。尤其是他"国以贤为宝，不以物为宝"的政治观点，更是值得百世称颂。

昭鱼：进退有时得众信，诸侯蒙誉周室倾

【人物简介】

昭鱼，生卒年不详，曾先后两次担任楚国令尹。

【人物生平】

昭鱼是楚怀王时期的楚国重臣，这位楚怀王即听信谗言、贬谪屈原、身死秦国的那位楚国著名昏君。彼时昭鱼虽然位高权重，但鉴于楚国形势混乱，于是抓住机会辞去令尹一职，以此保全了自己。

楚怀王因受张仪欺骗而与秦国交恶，这一时期昭鱼再次担任令尹，并趁着两

国关系并未彻底破裂的机会，积极挽回两国关系。昭鱼此后一直担任令尹，后来又凭借着与韩国重臣公叔的关系，而当上了韩国国相。

公元前229年，韩国的公子几瑟因夺位失败而被驱逐，昭鱼又奉楚王之令护卫几瑟，暗中打算卷土重来。此时的昭鱼已经享誉于各国诸侯，甚至连东周王室都对他十分礼遇，规格甚至还要高于楚国国君。

【人物评价】

昭鱼知晓进退之道，因此不但忠君，更能明哲保身，还成就了自己的美名，可见其智慧练达。

昭阳：率师本可建业，画蛇未肯添足

【人物简介】

昭阳，姓芈，熊氏，名云，字阳，生卒年不详。

【人物生平】

昭阳是楚怀王时期的楚国重臣，最初担任上柱国一职，这是当时楚国令尹之下最高的武官职位。昭阳在任期间对外兴兵，震慑六国。

公元前334年昭阳率领楚军伐越，越国的大片国土都被楚国占领，越国国君无疆也被杀死。公元前323年，楚国为了拥立流亡在外的魏公子高返国登位，又派昭阳领兵沿途护送。结果昭阳于同年大败魏军，更攻占了襄陵八郡，史称"襄陵之战"。此战过后六国无不震恐。昭阳原本打算继续攻打齐国，但在秦国使者陈轸的劝说下，认为画蛇不必添足，于是率军返回。

班师之后，楚怀王便将昭阳封为令尹，又将之前攻占越国的领土封给昭阳，更以楚国重宝和氏璧作为赏赐。不久之后昭阳病死，楚怀王便以当年周穆王的八骏之一为其上谥，谥曰"山子"。

【人物评价】

昭阳虽然声名不显，但却是楚国当之无愧的一位将才，只是最终没能继续对外用兵，因此未能统率楚国建立更大的霸业。

子兰：为子失孝，为臣亏德

【人物简介】

子兰，姓芈，熊氏，名子兰，又名子阑，生卒年不详，其父为楚怀王。

【人物生平】

子兰是楚怀王十分宠信的儿子，因此楚怀王登位之后，便将子兰封为令尹。

然而子兰却是一位嫉贤妒能之人，更多次蛊惑楚怀王犯下错误。

当时楚国历史上还有一名著名的文化名人，也就是今人熟知的屈原。屈原在当时担任三间大夫，深得怀王倚重，多次参与国家大政，提出了一系列改革政策。然而子兰却与其余几名奸佞子椒、靳尚勾结，联合怀王宠妾郑袖共同诋毁屈原，致使楚怀王逐渐疏远了屈原。

公元前 229 年，楚怀王受到秦昭王的邀请参与结盟，屈原等人都认为不可，子兰却极力劝说楚怀王前去。最终楚怀王没有听从屈原等人的劝阻，一意孤行前往秦国，随即被秦国扣押。等到楚顷襄王即位之后，子兰继续在他面前进谗言，致使屈原被免官流放到江南一带。

等到楚怀王身死异国之后，屈原再次痛斥楚国统治者的偏安政策，并就楚怀王之死责问子兰，于是子兰再次进谗将屈原流放。但不久后子兰也因国人痛恨，而被免去了令尹一职。

【人物评价】

子兰生平诸多事迹不详，但仅是构陷屈原一事，就足以使他遭受后人千古唾弃。

春申君：纳贤未料纳垢，悼君未料死君

【人物简介】

春申君，名黄歇，生年不详，卒于公元前 238 年，为战国时黄国人，一说为楚顷襄王之弟，楚国著名政治家，为战国四君子之一。

【人物生平】

黄歇在年少时曾经周游列国，四处求学，因此为人富有才智，精于言辞。到公元前 272 年时，秦国先是攻破楚国都城，迫使楚顷襄王迁都，随后又迫使韩、魏两国屈服，共同讨伐楚国。于是黄歇奉命出使秦国，劝说秦昭王与楚国结盟，并与顷襄王的太子熊完一起到秦国为质。

公元前 263 年顷襄王病重，黄歇为了扶持熊完，便劝说秦昭王释放熊完回国，随即偷偷将熊完送出秦国。秦昭王得知之后本欲杀掉黄歇，但在大臣的劝说下，决定利用黄歇来巩固秦、楚两国关系，于是将其也放回了楚国。

黄歇回国不久楚顷襄王就病逝，熊完即位，即楚考烈王。黄歇很快得到重用，不仅被任命为令尹，还被赐予 12 邑封地，受封春申君。公元前 260 年赵国在长平之战中战败，黄歇又奉命撕毁秦楚盟约，率兵援助赵国，解除了赵国之危机。公元前 255 年黄歇又灭掉周王室的同族鲁国，使得楚国威望再次提高。此后，黄歇

又与齐国孟尝君、赵国平原君、魏国信陵君各自招揽门客，享誉一时。黄歇在治理封地期间，多次组织百姓兴修水利，为当地的生产发展做出了巨大贡献。

从公元前256年开始，秦国先后灭掉西周国和东周国，其余六国于是缔结同盟，以楚考烈王为六国之首，黄歇则担任六国军队统帅。然而此时秦国国力强盛，竟以一国之力击退六国联军，此后黄歇虽然位高权重，但却被楚王疏远。

黄歇麾下有一个名叫李园的门客，他的妹妹李嫣嫣则是黄歇的宠妾。当时考烈王没有子嗣，因此等到李嫣嫣怀孕之后，李园便与她一同劝说黄歇，将李嫣嫣献给考烈王为妃，孩子出生后也被当作王子抚养。此后，李园也得到楚王宠信，并在暗中豢养杀手。黄歇的另一位门客看出了李园的用心，苦劝黄歇无果，只得独自离去。公元前238年楚考烈王病逝，黄歇入宫奔丧，却被抢先埋伏在宫门后的刺客砍杀，家族子弟也全数被李园杀害。

【人物评价】

有人认为黄歇是战国四君子中唯一一个名实相符的；也有人认为战国四君子不过都是沽名钓誉之辈。无论哪一种观点正确，至少就种种为政举措来看，黄歇还是有勇有谋、有情有义的。只是多年的身居高位却使他在晚年变得迟钝、麻痹，犯了识人不明的错误，以至身死家灭，令人遗憾。

李园：献妹以求恩宠，弑主而擅朝权

【人物简介】

李园，生卒年不详，原为赵国人，后来成为楚国权臣。

【人物生平】

李园最初是赵国之人，后来又来到了楚国。当时楚考烈王因没有子嗣而发愁，李园便打算借助妹妹李嫣嫣来求取恩宠。然而楚王不育的根源却在于自身，于是李园又利用春申君来达成自己的野心。

李园先是想办法成为了春申君的心腹门客，又将妹妹献给春申君，不久妹妹就有了身孕。李园与妹妹共同劝说春申君，于是春申君便将李园之妹献给了楚王。孩子出生之后，不知情的楚王果然十分高兴，李园因此也成为楚国重臣。

但李园并未因此知足，更对春申君十分觊觎，于是暗中豢养杀手图谋不轨。春申君却对此浑然不察。公元前238年考烈王病逝，李园抢先一步派杀手埋伏在宫中，杀死了前来吊丧的春申君，就此掌握了楚国大权。

然而当初李园与妹妹、春申君共同欺骗楚王的事情，很快就被楚国王室得知，于是楚考烈王之弟负刍（一说为其子）的门客发动政变，将楚哀王杀死，李园全家也都被处死，此后负刍又登上了楚国王位。

【人物评价】

李园是一个实实在在的阴谋家、权术家，也是一个心狠手辣之人，无怪乎能够登上高位。但得位不正者往往下场不佳，李园最后的结局也恰恰证明了这一点。

燕

子之：国主空望三代事，妄行禅让乱家国

【人物简介】

子之，生年不详，卒于公元前 314 年，春秋时燕国国相。

【人物生平】

公元前 320 年燕王哙登基为王，重用子之为相国。子之为人善于决断，又有统御群臣之才，因此深得燕王哙的信任。子之又与当时著名的纵横家苏秦族弟苏代结为姻亲，更借此得到燕王哙的倚重。

燕王哙年老之后怠于政事，大臣鹿毛寿看出子之有野心，于是故意以尧舜禹三代时，君王以天下禅让贤人为例，劝说燕王哙禅位于子之。这一荒唐建议竟在当时被燕王哙采纳，子之从此成为燕国统治者，燕王哙反而以臣子自居。然而子之治国三年却导致国内大乱，燕王哙的太子平于是暗中准备政变。

公元前 314 年，太子平的部下政变失败，反而倒戈攻打太子平，却被太子平镇压。恰好此时齐宣王采纳孟子的建议，决定支持太子平。燕国守军既不迎战，也不关闭城门，于是子之与燕王哙一同被齐军杀死，太子平后来即位，即燕昭王。

【人物评价】

子之虽有辅君之才，却无统国之能，因此成为最高统治者之后，反而导致国中大乱，自己也死于敌手。而燕王哙虽然有心尚贤，做法却又不顾实际，十分迂腐可笑。

栗腹：兴兵逞战未肯休，身家性命亦东流

【人物简介】

栗腹，生卒年不详，本为齐国人，战国末期燕国丞相。

【人物生平】

栗腹本是齐国之人，曾在稷下学宫中求学，后来又离开齐国。公元前 271 年燕惠王被成安君弑杀，栗腹趁机游说成安君，使其拥立燕武成王即位，自己也得

到重用。栗腹后来又劝说燕武成王对胡人用兵，攻克大片领土，栗腹也被任命为丞相。

公元前251年栗腹出使赵国，认为赵国精锐已亡于长平，于是极力劝说燕王伐赵。名将乐毅之子乐间认为赵国连年与秦作战，不可小觑，然而燕王始终不听。不久燕王就派遣栗腹和卿秦各率大军出征。然而赵军却在老将廉颇的指挥下大败燕军，栗腹也在战乱中被斩杀。

【人物评价】

赵国因长平之战而元气大伤，但当时国中尚有名将廉颇，国民也熟悉战事，因此并不容人随意揉捏，栗腹只知贪图建功却不明辨军事，最终沦为笑柄。

将渠：祸来方悔背盟，当时枉踢贤臣

【人物简介】

将渠，生卒年不详，曾任燕国丞相一职。

【人物生平】

将渠是燕武成王时期的燕国大夫，是一位贤德而又睿智的大臣。公元前251年燕国丞相栗腹奉命出使赵国，与赵国缔结盟约，却在回国后力劝燕王伐赵。当时名将乐毅之子乐间从军事角度，力劝燕王伐赵，将渠则从道义角度指出，与人方结盟就背盟兴兵，乃是不义之举。燕王仍旧不听。将渠于是拉着燕王的衣袖阻止，反而被愤怒的燕王当场踢了一脚。

结果燕国不仅战败，还被赵军追击500余里，国都也被团团包围。燕王又惊又悔，于是向赵国遣使求和。赵国对此严词拒绝，并表示除非燕王派将渠前来和谈。于是将渠被任命为丞相，并以割取五城的条件换得赵国退兵，燕国得以解除危机。

【人物评价】

将渠不仅熟稔军事、明辨形势，更具有外交才能，因此尽管最初不受信任，最终却能担当重任、不辱使命，化解国家危机，颇有名臣风范。

晋

荀息：借道原是假意，殉国方见真诚

【人物简介】

荀息，本为原氏，后改氏为荀，名黯，字息，生年不详，卒于公元前651年，是春秋时期晋国的荀氏始祖。

【人物生平】

荀息本名为原氏黯，是春秋时期的晋国大夫。晋武公时期晋国灭亡了荀国，又将荀国旧地封给原氏黯，于是他改氏为荀，称为荀息。

荀息在晋武公死后继续侍奉晋献公，正是在他的献策下，晋献公实现了假道灭虢的胜利。此后晋献公对荀息更加重用，并在临终前任命他为相国，托孤于他。然而晋献公所立的继承人，却是宠妾骊姬的儿子，因此国中许多大臣并不信服。最初时荀息迎立骊姬长子奚齐即位，然而奚齐却被刺杀，于是荀息只好又迎立了卓子。然而不久后卓子也被杀死。荀息认为自己辜负先君重托，对此深感惭愧，于是自杀而亡。

【人物评价】

荀息不仅智谋过人，同时又忠于国家，为了尽忠不惜以身为殉，品德十分高尚。

赵衰：慧眼能识贤主，智虑能安家邦

【人物简介】

赵衰，姓嬴，赵氏，字子余，又字子馀，史称赵成子。生年不详，卒于公元前 622 年，春秋时期晋文公五贤之一，任上卿。

【人物生平】

赵衰的祖上曾在周幽王时任官，后因周幽王暴虐无道而逃到晋国，并逐渐建立起强盛的家族。赵衰继承父爵之后，通过占卜的方式决定奉公子重耳为主，重耳即后来著名的晋文公。

重耳的父亲晋献公宠幸骊姬，将太子申生逼迫致死，重耳与另一名公子夷吾也被迫各自流亡。赵衰就此与其余几名近臣共同跟随重耳，流亡国外长达 19 年之久。赵衰不仅为人忠心，同时又富有远见，一路上辅佐重耳做出了种种正确的决策。有一次赵衰等人于途中走散，尽管自己饿得饥肠辘辘，他还是没有私下进食，而是一直等到与重耳会合。最初时重耳在齐国受到优待，一连五年不肯离去，赵衰便将重耳灌醉，迫使重耳继续周游。到了楚国之后，赵衰又极力劝说重耳摆出诸侯威仪，接受楚王的厚待。公元前 637 年抵达秦国之后，赵衰又不失时机地见缝插针，劝说秦王答应护送重耳返国，又在私下联络晋国重臣，为重耳返国铺路。

公元前 637 年重耳等人在秦军的护送下回国，重耳于次年登上王位，即晋文公。次年周王室爆发子带之乱，周襄王被迫出逃，赵衰又劝说晋文公派遣军队平叛，并将周襄王护送回国，使晋国的地位进一步提高。

赵衰不仅富有谋略，同时又有识人之明，多次向晋文公推荐合适的人才担任统帅，使晋国屡次获得作战的胜利。公元前 632 年晋国在城濮之战中获胜，赵衰又随同晋文公大会诸侯，确立了晋国的霸主地位。公元前 627 年，赵衰又奉命执掌新下军，后来又参与了对秦国的作战。

公元前 622 年赵衰去世，死后谥号"成季"。

【人物评价】

赵衰不仅有头脑、智谋，更重要的是有极佳的口才，他一生能助君成就大业，安定家邦，凭的就是精准的眼光与过人的才智。

赵盾：弄权虽有专擅，庶几不失臣心

【人物简介】

赵盾，姓嬴，赵氏，名盾，生于公元前 655 年，卒于公元前 601 年，享年 55 岁，其父为晋国上卿赵衰。

【人物生平】

赵盾为晋国上卿赵衰之后，祖上据说为少昊，少昊即中国传说的五帝之一。赵盾之父赵衰曾跟随晋文公流亡国外 19 年，并在翟国时生下一子，即后来的赵盾。

赵盾自小便接受父亲的教导，直到后来晋文公等人再次被迫流亡，赵盾才与父亲分别。赵衰返回晋国后，又另娶妻室赵姬并育有三子，但赵姬仍旧劝说赵衰将赵盾母子接回，并立赵盾为继承人。

公元前 622 年赵衰病逝，其余晋国老臣也几乎于同时死去，晋国政坛一时萧条。晋襄公在大臣的劝说下，决定重用老臣之后，赵盾因此得到赏识，首次同时集晋国军政大权于己身，成为地位仅次于晋襄公的正卿。此后，赵盾在政治、经济、法律方面大力推行改革，进一步巩固了晋国霸权。

不久后晋襄公病死，死前托孤于赵盾，命其迎立公子夷皋即位。赵盾虽知夷皋年幼，但仍不得已奉其为君，即晋灵公。此前赵盾为了改立新君，已经将其余威胁自己的大臣纷纷逼走，更从秦国迎接了晋襄公的弟弟公子雍返国，因此引发了秦晋两国的战争。这一战最终晋国胜利，但也导致秦晋关系就此宣告破裂。

这一时期晋灵公年幼不理政事，赵盾成为国家的实际统治者，甚至以臣子身份代替晋灵公参与诸侯会盟，声望一时浩大。此外，赵盾又积极搞好对外关系，归还之前侵占别国的领土，使晋国霸权更加稳固。但赵盾的得势也招来忌妒，因此导致国中叛乱，等到叛乱被镇压后，长大成人、荒淫暴虐的晋灵公又对赵盾产生了不满。在派人刺杀赵盾失败之后，晋灵公也被赵盾的弟弟弑杀，赵盾因此也背上了弑君的恶名。

晋灵公死后即位的是晋成公。晋成公对赵盾十分倚重，因此这一时期赵盾能够全心全意地处理国家大事，并在国中设立公族大夫，使晋国君权进一步衰落。对外赵盾积极与楚争霸，又与其余诸侯国会盟，就连周王室也派人前来参加。

公元前 601 年赵盾病重，并在选定了继承人郤缺之后病逝，时年 55 岁，死后谥号为"宣"。

【人物评价】

赵盾掌权期间确实有擅权之嫌，也无法完全撇清晋灵公被弑的责任，但赵盾总体而言还是一位于国有功的大臣。正是在他的努力下，晋国才能在晋文公死后继续称霸中原，赵盾实在是功不可没。

郤缺：罪臣岂无贤子，家国自有良臣

【人物简介】

郤缺，姓姬，郤氏，名缺，生卒年不详，史称郤成子，也是冀姓始祖。

【人物生平】

郤缺之父曾因拥立晋惠公、反对晋文公而被杀，郤缺也因此被贬为庶人，直到后来晋文公之臣胥臣大力推荐，郤缺才得到晋文公的重用。

晋襄公即位后，郤缺因作战有功而被任命为卿，从此开始参与国家大政，权势开始显赫。等到晋灵公即位后，郤缺又率领晋军攻打蔡国，迫使蔡国向晋国屈服。郤缺的才能也得到了当时晋国实权人物赵盾的赏识，被赵盾视为可堪托付的重要人才。

公元前 601 年赵盾病逝，死前将郤缺召至身边，表明了托付之意，郤缺因此继任赵盾的职务，执掌晋国大权。郤缺一方面强调大国建立霸业要注重修德，一方面又认为修德也需要借助武力，这种"恩威并施"的政治思想对后世产生了深远的影响。

【人物评价】

郤缺执掌晋国大权多年，但据史书记载并未犯下任何过错，同时又没有太过显赫的名声。以此来看，郤缺当是一位十分成熟而又懂得韬光养晦的优秀政治家。

荀林父：仁善难能御下，知退可称豁达

【人物简介】

荀林父，姬姓，荀氏，名林父，又称中行氏，史称荀桓子、中行伯等。生年不详，卒于公元前593年。

【人物生平】

荀林父在晋文公时期就深得信任，曾担任晋文公的车驾，后又奉命统率中行。荀林父为人眼光敏锐，同时又十分仁厚。公元前620年晋襄公死后，权臣赵盾等人最初违背君命，派遣先蔑去秦国迎接公子雍即位，荀林父自知事情难成，于是极力劝说先蔑拒绝，但没有成功。后来先蔑果然被迫流亡，荀林父又派人将他的妻子家人和财富全数送出去，以保证他的生活。

荀林父于公元前600年得到晋成公的提拔，负责统率晋国大军。次年晋成公病逝，两年以后晋楚两国又围绕郑国爆发战争。荀林父率军出征之后，方才得知郑国已经与楚国讲和，于是决定班师。然而他麾下的将领却贪图战功，更有一些野心家趁机蛊惑，于是晋军不得已与楚军展开战斗。最终晋军因疏于防范而战败，导致楚庄王建立起霸权。

此后，荀林父向晋景公引咎，但晋景公听从大臣建议，赦免了荀林父的罪责。之后荀林父又统率晋军取得了几次战事的胜利，得到晋景公的赏赐。随后荀林父趁机请辞，从此不再参与晋国政事。

【人物评价】

荀林父能力平平、缺乏魄力，因此才会在后来导致了晋国在晋楚之战中的失败，以及楚国的崛起。但荀林父为人仁厚，同时又善于汲取教训，也是一位能臣。

郤克：身残犹有志业，权重不损亮节

【人物简介】

郤克，姓姬，郤氏，名克，生年不详，卒于公元前587年，其父为晋国执政郤缺。

【人物生平】

郤克的父亲郤缺曾担任晋国执政，并继赵盾之后，再次挫败楚国争霸的意图，维护了晋国的霸主地位。郤缺死后，郤克被任命为上军佐，晋国执政大权则落入了荀林父手中。

荀林父为人仁厚但缺乏威望、魄力，楚庄王趁此机会大举攻郑，意在逼战晋国。荀林父与郤克都认为此时晋国不宜出战，但晋国军中的主战分子却擅自迎敌，以至晋军最终失败。但由士会、郤克等人执掌的上军，则因为提前有准备而未受损失，此后郤克开始崭露头角，并被提升为上军将。等到荀林父退出政坛之后，郤克又以中军佐的身份辅政，成为晋国权臣。

几年之后郤克奉命出使齐国，然而齐国君臣却趁机羞辱郤克、季孙行父、孙良夫三位使臣。郤克为人驼背，季孙行父有腿疾，孙良夫则一眼失明，于是齐国国君故意找来同样残缺的三人迎接。此后郤克决定对齐国复仇。

郤克回国之后不久，执掌晋国的士会就宣布引退，于是郤克成为晋国执政。此后楚庄王也因病去世，晋国再次崛起。公元前589年晋、齐之间终于爆发战争，齐国大败，郤克也身负重伤。之后齐国向晋国求和，并归还之前侵占鲁国的土地。

郤克不仅统军有道，作战英勇，更难能可贵的是大公无私。当时晋国国内各族公卿彼此不睦，争权夺利极为严重，郤克执政之后却没有趁机壮大本家，而是煞费苦心地提拔别族，以此来维护庙堂平衡。但在对外作战中他又大力任用本族子弟，不畏流血牺牲，高风亮节令人钦佩。

公元前587年郤克病逝，死后谥号为"献"，史称"郤献子"。

【人物评价】

郤克身形有缺但志气高远，同时又富有政治、军事才干，因此在短时间内就再次引领晋国崛起，才能着实不凡。不仅如此，郤克还为臣至诚、一心为公，能够将国家利益置于家族之上，这在当时更显难能可贵。

栾书：韬光终能遂志，雄才亦有奸谋

【人物简介】

栾书，姓姬，栾氏，名书，又名傀，生年不详，卒于约公元前573年。

【人物生平】

栾书的祖上就是晋国六卿之一，但等到其父任职时，却并未掌握实权。公元前601年晋国执政赵盾病逝，栾书不久也接替了父亲的职位。鉴于自身势力弱小，栾书选择与赵氏结盟，并因此得到当时晋国执政郤缺的认可。公元前597年荀林父又成为晋国执政，栾书再次得到赏识。

荀林父主政时期，晋国与楚国围绕郑国展开争霸，时任下军佐的栾书就敏锐地意识到，晋国师出无名而楚军准备精良，一旦开战则晋国必败，但荀林父并未听从。晋国战败之后，六卿出现人事变动，但栾书则因低调而保持原来职位不变。

公元前590年左右，栾书被晋国执政郤克提拔为下军将，公元前589年又积极支持郤克对齐兴兵。公元前 587 年郤克病重，死前将军国大政托付于栾书，栾书就此一步登天，成为晋国执政。

栾书执掌政权之后，先是率领晋国讨伐郑国、制衡楚国，再造晋国霸主地位，随后又积极削弱赵氏，但也导致了郤氏的崛起和离心。公元前 578 年晋国击败秦国，时为国君的晋厉公又积极削弱栾书的权势。栾书为了维护自己的权势，先是借助晋厉公之手诛灭郤氏，公元前 573 年又将晋厉公弑杀，迎立孙周为君，即晋悼公。

晋悼公即位之初仅有 15 岁，但却是晋国历史上难得一见的雄才君主，栾书很快就被晋悼公限制并削弱权力，后来更被其子顶替职务，就此淡出了晋国政坛。栾书约于公元前 573 年之后死去，死后谥号"武"，史称"栾武子"。

【人物评价】

栾书工于心计，又能韬光养晦，因此最终从一干大臣中脱颖而出，成为一国最高执政，并领导国家再现霸业，政治才干可见一斑。但从弑君一事就能看出，栾书也绝不是一个传统意义上的忠臣，而是一位标准的权谋家。

韩厥：一身文武全智，千古为臣楷模

【人物简介】

韩厥，姓姬，韩氏，名厥，生卒年不详。

【人物生平】

韩厥出自晋国韩氏，韩氏则是在晋献公时期得以发迹。但在晋文公时期，韩氏由于支持晋献公而衰落，韩厥也是由文公重臣赵衰养大。

公元前 615 年，秦国因晋国执政赵盾出尔反尔，大肆兴兵讨伐晋国，赵盾当即率军反击。韩厥此时也得到破格提升，担任上军佐。韩厥治军严苛、不避权贵，曾当面处死赵盾的车驾，因此被赵盾赏识。

赵盾死后，郤缺、荀林父等人先后执政，此时韩厥担任司马一职，威信隆重。公元前 589 年韩厥再次奉公执法，斩杀执政郤克的将官，更在对齐国的作战中奋勇杀敌，一度将齐顷公俘虏，因此得到晋景公的重用。韩厥身处高位却独善其身，从不参与六卿争斗，因此晋景公对他更加倚重，并采纳其意见迁都。

后来晋国爆发下宫之难，其余六卿纷纷落井下石，赵氏家族遭到毁灭性打击，唯有韩厥拒不出兵伐赵，并在事后苦劝晋景公优待赵氏孤儿。当执政栾书等人意图弑杀晋厉公、联合韩厥共同行动时，韩厥又义正词严加以拒绝，丝毫不畏遭到报复。

晋厉公被弑后，即位的是晋悼公。晋悼公虽然年少却雄才大略，栾书很快就被疏远，从此淡出政坛。韩厥则被慧眼独具的晋悼公引为重臣，终于成为晋国的正卿。而韩厥也在接下来的时日里，努力报效晋悼公的知遇之恩，直到公元前566年时因老告退。

【人物评价】

韩厥为人刚正不阿、仁厚善德，同时又英勇善战、精于政务，凡事拿捏有度、不失其正，不愧是一位文武贤才，更是为臣表率。

荀偃：弑主曾有大恶，忠君又建大功

【人物简介】

荀偃，姓姬，中行氏，名偃，字伯游，生年不详，卒于公元前554年，史称中行献子。

【人物生平】

荀偃是晋国前执政荀林父之孙，其父为荀庚。公元前577年荀庚病逝，荀偃接替父亲并担任上军佐一职。

栾书执政之后，荀偃凭借着家族与栾氏的关系得到重用，成为当时地位仅次于栾书的二号人物。栾书后来为了巩固权力，于公元前574年将晋厉公囚禁，随后犯下弑君恶行，荀偃身为栾书的心腹，也参与了这一恶行。随后两人共同迎立晋悼公即位。

晋悼公即位之后，很快就疏远了栾书，荀偃也被暂时压制。此后，晋国执政由韩厥担任。公元前559年荀偃奉命统率17国联军伐秦，下达"唯余马首是瞻"的命令，却因威信不足而被晋国士兵嘲讽，联军无功而返。但晋悼公并未就此惩罚荀偃。

次年晋悼公病逝，荀偃以晋国执政的身份辅佐新君晋平公。同年齐国无视晋国霸权攻打鲁国，于是荀偃率领诸侯联军共伐齐国，连战连克，将齐国打得大败。但荀偃不久之后也在征战途中病重去世。

【人物评价】

荀偃曾经弑杀国君，可说是弑君恶徒；但他又在后来奉公为国，因此又是忠臣良将。

士匄：外不辱命，内正刑罚

【人物简介】

士匄，祁姓、士氏，生年不详，卒于公元前548年，为春秋时期法家先驱，史称范宣子。

【人物生平】

士匄的祖上自晋献公时期就已经显赫，等到晋悼公即位后，士匄也得到重用。

公元前 570 年士匄奉命出使齐国，成功迫使齐国参与结盟，承认晋国的霸主地位，表现出杰出的外交才能。公元 563 年士匄又率军攻灭小国逼阳，并将土地赠给宋国以巩固联盟，使其余诸侯对晋国更加信服。公元前 560 年士匄又主动让贤于荀偃，自居荀偃副手，表现出自己的高风亮节。

公元前 554 年荀偃病死，士匄开始执政。为了巩固政局，士匄于公元前 550 年尽灭栾氏，但也杀戮太过。此后士匄一方面听取建议，减少各国朝贡数量，以此来笼络各国诸侯；另一方面又鉴于当时社会的发展变化，制定出中国最早的一批成文法律。他的刑书更在后来影响其余各国，也促进了法家思想的发展。

【人物评价】

士匄不仅为晋国的强大做出许多贡献，他所著的《范宣子刑书》更是影响到了当时的中国，对法家思想的进一步发展产生了十分积极的影响。

赵武：少年曾蒙不幸，长成不负君国

【人物简介】

赵武，姓嬴，赵氏，名武，生年不详，卒于公元前 541 年，史称赵文子。

【人物生平】

赵武出自晋国赵氏，是晋国执政赵盾之后，也是著名的"赵氏孤儿"中的主人公。

赵氏在赵盾时期成为晋国大族，但赵氏后裔却与晋国王室通奸，因此遭到晋景公的反感。在其余家族的推波助澜下，晋景公决定讨伐赵氏，赵氏因此几乎灭绝。幸有忠臣韩厥大胆直谏，赵武这一点残存赵氏血脉才得以保全。

此后赵武逐渐长大，等到晋厉公即位之后，又成为了晋厉公抗衡六卿的力量。公元前 576 年赵武举行冠礼，晋国的几位老臣都对他耳提面命。等到晋悼公即位之后，赵武也跻身于六卿，从此崭露头角。

公元前 562 年赵武奉命与郑国结盟，两年后即被任命为上军将，成为当时地位仅次于荀偃、士匄的权臣。公元前 554 年赵武又升任中军佐，主管对外战事。公元前 548 年士匄病逝，赵武于是成为晋国的执政。

赵武执政后积极谋求晋国声望，对外结好各国诸侯，还对周王室十分恭敬。这一时期秦晋关系也重修于好。然而此时的晋国却开始走向衰落。赵武虽然有心革弊，但国君晋平公荒于政事，朝中六卿又相互倾轧，赵武尽管竭尽心力，仍然无法扭转局势，心中愈发焦虑，因此染上重病。公元前541年，赵武终于因病死去，一代贤臣就此撒手人寰。

【人物评价】

赵武自幼就遭逢灭族之祸，侥幸逃得性命，可以说十分坎坷。但最终赵武能够不负厚望，成长为有益于家国的贤才，正是自强不息的楷模，更是家国群臣的表率。

韩起：兴邦不堪重倚，分国岂料遗功

【人物简介】

韩起，姓姬，韩氏，名起，其父为韩厥，生年不详，卒于公元前514年。

【人物生平】

韩起是韩氏的庶出子弟，本来并没有资格执掌政务。然而公元前566年韩厥引退后，韩厥嫡子韩无忌以自身残疾为理由，向晋悼公举荐韩起，于是韩起从此位列六卿，并在接下来的时日里巩固了与赵氏的关系。

公元前541年赵武病逝，韩起开始执政。然而韩起执政期间以公谋私、中饱私囊，独以家族利益为重，却对晋国无所贡献，韩氏也在此时开始壮大。韩起执政直到公元前514年，中间持续长达27年。

【人物评价】

食君之禄而无兴国之志，更有损国家利益之行径，韩起纵然位高权重，却并不值得褒奖。

魏舒：晋国由吾分三氏，步战千古第一人

【人物简介】

魏舒，姓姬，魏氏，名舒，又名荼，生年不详，卒于公元前509年，春秋时期著名政治家、军事家，中国步战的创始人。

【人物生平】

魏舒的祖上魏犨曾追随晋文公流亡，此后魏氏便在晋国壮大起来。公元前514年晋国执政韩起病逝，魏舒于是执掌晋国大权。

魏舒执政之后充分展露了自己的才华智慧，最为突出的即对山戎的战争。公元前514年山戎进犯中原，魏舒鉴于晋国的车兵在山地无法作战，于是下令毁掉兵车，改以步兵方阵迎战，并处死了不肯下车的士兵。结果晋军在这次战斗中大

胜。这也是历史上首次出现步兵方阵。

与此同时，魏氏在晋国的势力也越发膨胀，奠定了后来"三家分晋"的基础。公元前 509 年魏舒外出打猎，病死于归来的途中。

【人物评价】

有关魏舒的执政事迹并不多，但步兵作战这一具有划时代意义的伟大创举，却使他在中国军事史上留下了浓重一笔。

赵

公仲连：独力难劝国主，招贤可导明君

【人物简介】

公仲连，姓公仲，名连，生卒年不详，为赵烈侯时期的赵国相国。

【人物生平】

赵烈侯是三家分晋后，赵国的首任君主，公仲连则担任赵烈侯的国相，为人耿直。最初时赵烈侯想要赏赐两名歌者土地，便命公仲连去办理。公仲连表面答应，却毫无行动，但赵烈侯又屡次询问，公仲连为此苦恼。

于是有人建议公仲连为赵侯举贤，公仲连便将牛畜、荀欣、徐越三人引荐给赵侯。三人分别以仁义、选才、节俭劝导，赵侯十分高兴，并当即醒悟过来，下令停止为歌者赏赐。公仲连也因此得到赵侯嘉奖。

【人物评价】

公仲连为人耿直但不懂变通，最初时只知一味推脱君命，这种做法可说极其危险。但他最终能够听人善劝，举贤于君，不仅成就君主贤名，也为自己带来美誉，实在是聪明之举。

苏秦：一身兼配六国印，秦王不敢越函关

【人物简介】

苏秦，字季子，生年不详，卒于公元前 284 年，战国时著名的政治家、纵横家，曾担任六国之相。

【人物生平】

苏秦早年曾拜鬼谷子为师，然而学成后却处处碰壁，因此家人都对他十分轻视。后来苏秦深感耻辱，于是"悬梁刺股"彻夜苦读，之后再次踏上周游列国的行程。

此后苏秦仍旧处处碰壁，直到最后得到燕文侯的赏识，并帮助燕国与赵国结成同盟。随后苏秦又先后出使了韩国、魏国、齐国、楚国，六国因此结成合纵联盟。苏秦摇身一变成为从约长，一身兼配六国相印，成为当时六国共同的国相。这一举动使得当时的秦国十分忌惮，在此后的15年间都不敢越过函谷关，苏秦也被赵王封为武安君。

后来齐国、魏国撕毁盟约伐赵，苏秦受到赵王责备，于是离开赵国投奔燕国。此后齐国又对燕国用兵，苏秦又奉燕易王之命出使齐国，成功劝说齐国罢兵，并将之前侵占的土地归还。此后苏秦在燕国的待遇更加优厚。

然而苏秦却在后来与燕易王的母亲私通，事发之后出于畏惧，便请求以逃亡的名义前往齐国，暗中为燕国谋利。抵达齐国之后，苏秦又被齐宣王任为客卿。苏秦在齐国得到重用，但也因此被齐国群臣忌妒，于是群臣暗中策划，派人将苏秦刺杀。此后齐王采用苏秦死前的计策，成功地将凶手抓获并处死，但苏秦为燕国谋私、损害齐国利益的阴谋也逐步暴露，因此齐王的这一举动，最终也只是被苏秦所利用，成为自己死后报仇的工具而已。

【人物评价】

苏秦的合纵思想，是在对当时诸国林立、彼此攻伐这一现实进行深入反思后得来的，因此苏秦能够无往而不利，成功说服各诸侯国，建立起强大的统一战线。苏秦的合纵智慧在某种意义上也正是当今地缘政治论的起源，意义极为深远。

肥义：忠臣不求自保，当以君志为先

【人物简介】

肥义，生年不详，卒于公元前295年，赵武灵王时担任赵国相国。

【人物生平】

肥义是赵武灵王时期的大臣，深得赵武灵王倚重，赵武灵王推行"胡服骑射"的改革时，就曾向肥义征求意见。最终肥义积极支持赵武灵王，使他下定了改革决心。

公元前299年，赵武灵王传位于太子何，即赵惠文王。赵惠文王年幼，于是赵武灵王自称主父继续问政，并以肥义为相国。当时赵国国内政局不稳，有人劝肥义急流勇退、独善其身，肥义断然拒绝。公元前295年时，赵国爆发沙丘宫变，赵章、田不礼等人矫诏召见赵惠文王，肥义先行一步入宫，却被叛军杀害。但他的死也使赵惠文王等人有所防备，最终镇压了叛乱。

【人物评价】

肥义不畏个人生死，秉承先王之志，这份心意难能可贵。但肥义也缺乏拨乱反正的魄力，因此最终不能稳定政局，只能牺牲个人来成全忠义，可以说是美中不足。

赵成：胡服千载功绩，沙丘一朝毁名

【人物简介】

赵成，嬴姓，赵氏，名成，生卒年不详，出身赵国王室贵族，其父为赵成侯。

【人物生平】

赵成之父为赵成侯，其兄则是赵肃侯。赵成在赵肃侯时被封为安平君，参与国家重大决策，为赵国立下大功。

赵肃侯死后其子即位，即赵武灵王。赵武灵王最初发动"胡服骑射"改革时，赵成这位叔叔并不赞成，但最终他还是被侄子折服，并且带头穿着胡服以示支持。公元前299年赵武灵王废去太子章，改立太子何，赵成于是暗中防备太子章作乱。

公元前295年太子章果然叛乱，被赵成击败，于是逃到赵武灵王行宫中，被赵成包围，逼迫宫人交出并处死。为了防止赵武灵王追究围宫罪责，赵成干脆包围行宫，将赵武灵王活活饿死，继续扶持太子何（即赵惠文王）。

此后赵成担任相国一职，但不久后就年老去世。

【人物评价】

赵成尽忠国事、明辨形势，支持赵武灵王军事改革，可说是功勋卓著。但晚年的沙丘一事也使他背上了弑君污点。

李兑：劝人不成先自保，弑君护国功过交

【人物简介】

李兑，生卒年不详，战国时期赵国相国。

【人物生平】

李兑是赵武灵王时期的赵国大臣。公元前299年赵武灵王退位之后，李兑曾劝说肥义急流勇退，但却被肥义拒绝，李兑无奈之下只好与赵成合谋，共同防御内乱。公元前295年赵国爆发沙丘宫变，赵成、李兑早有准备，因此得以保全，并将作乱的赵章处死。

李兑与赵成为维护赵国稳定立下了大功，但其间却因平叛而包围了赵武灵王的行宫。为了防止被问罪，李兑便与赵成合力困死赵武灵王。赵成此后担任相国一职，不久后年老死去，于是李兑接替了相国一职。

李兑就任相国之后，积极与各诸侯国搞好关系，并与苏秦一起合纵连横，于

公元前287年联合其余五国一同伐秦，为保全赵国做出了重要贡献。

【人物评价】

李兑与赵成一同犯下弑君之罪，这是难以洗刷的污点，但他执政后也积极为赵国奔走，成功维护了赵国的政权，既有大过，也有大功。

乐毅：贤臣岂以幸为利，义之所在必不出

【人物简介】

乐毅，姓子，乐氏，名毅，字永霸，生卒年不详，战国时著名的军事家。

【人物生平】

乐毅本是中山国人，后因国家被灭而成为赵国之人。乐毅自幼熟稔兵法，曾在赵国担任官职，等到赵武灵王死后，他先是投奔了魏国，后又趁着出使燕国的机会，成为燕昭王的大臣。

燕昭王因被齐国击败而心怀怨恨，于是向乐毅询问。在乐毅的建议下，燕昭王联合赵、楚、韩、魏，组成五国联军，以乐毅为相国，统率联军共伐齐国。乐毅指挥着五国联军连克齐国70余城，威震中原。

后来燕昭王病逝，燕惠王即位。齐将田单趁机挑拨燕惠王与乐毅的关系，于是乐毅被调离了前线。乐毅担心自己被杀，于是投奔赵国，得到赵王的重用。后来燕军果然大败，燕惠王又怒又惧，于是想请乐毅回国。乐毅对此断然拒绝，燕惠王于是封赏他的儿子以示安抚。乐毅知晓燕惠王是担心他引赵伐燕，也特地写信表明自己绝不会对燕国不利。此后乐毅积极争取燕、赵两国和平，最后死在赵国。

【人物评价】

乐毅是中国历史上著名的军事家，他的军事才能也得到了后世许多人的敬仰。三国时期的蜀汉名臣诸葛亮就常常以乐毅自比，可见乐毅在古人心中的地位。

赵胜：知义理不辨利害，重贤士不轻自身

【人物简介】

赵胜，生于约公元前308年，卒于公元前251年，为战国时期著名政治家，战国四君子之一的平原君。

【人物生平】

赵胜在赵惠文王时期就担任赵国相国，等到赵惠文王病逝、赵孝成王登位之后，赵胜继续担任相国一职。公元前265年，赵胜因接纳秦相范雎的仇人魏齐，

而在出使秦国时被秦国扣押，直到后来魏齐被迫自杀，这才被秦国释放。

公元前262年秦国伐韩，韩国上党郡的守将为了获取赵国援助，便以上党郡献给赵国。赵胜在利令智昏之下竟然劝说赵王接受上党郡，因此招来秦国的大举进攻。最终赵军在长平之战中惨败，都城邯郸也被秦国围困。赵胜为此散尽家财，又将自己的家眷编入行伍之中，率兵抵御秦国3年。而后赵胜又借助门客毛遂的力量，成功迫使楚国答应结盟，这才解救了邯郸之围。

赵胜为人礼贤下士、广召门客，因此门下拥有食客数千人。赵胜也因此在诸侯国中享有声誉，与孟尝君、信陵君、春申君并称。赵胜不仅优待名士，同时又不计前嫌，积极为国举贤。有一次赵胜因拒绝纳税而被小官吏赵奢杀掉9名奴仆，一怒之下便欲杀掉赵奢。但最终赵奢义正词严地呵斥了他，赵胜认为赵奢是贤才，于是便将他推荐给赵王。后来赵奢负责主管全国税收，果然使得赵国国库充盈。

公元前251年，赵胜因病去世。

【人物评价】

平原君赵胜为人宽厚，信守义理，因此贤名广博当时天下，可说是翩翩浊世佳公子，但赵胜也有许多缺陷，比如目光短浅、带头犯法、治家失德等，因此也有人指出赵胜为人名不副实，过错远大于功劳。

廉颇：老将犹能饭，君王惜不知

【人物简介】

廉颇，嬴姓，廉氏，名颇，生卒年不详，战国末期著名的将领，为战国四大名将之一。

【人物生平】

廉颇是赵惠文王时期的赵国将领，曾多次统率赵国军队，抵御住了秦国的入侵。公元前283年廉颇又带兵大败齐军，因此被封为上卿。

后来蔺相如在渑池之会上力捍赵王威严，得到重用，地位甚至超过了廉颇。廉颇因此与蔺相如结怨。蔺相如本着国家利益，力避与廉颇的冲突，廉颇惭愧之余负荆请罪，两人从此结为至交。

公元前279年廉颇再次击败齐国，两年后又击败魏国。公元前269年廉颇再次击败秦军的入侵，秦国因此心生畏惧。但在公元前266年的长平之战中，赵孝成王听信秦国挑拨，改以纸上谈兵的赵括取代廉颇，因此导致赵军40万精锐损失殆尽，公元前251年燕国更趁机进攻。此时廉颇再次得到重用，率领赵国士兵奋勇杀敌，燕国丞相栗腹也被赵军击杀。廉颇因功被封为信平君，并代理相国之职。

公元前 245 年赵孝成王死后，即位的赵悼襄王再次听信谗言罢免廉颇，廉颇一怒之下离开赵国，投奔魏国，但并没有得到重用。赵王曾有意派使者迎回廉颇，但使者却因接受了廉颇仇人的贿赂，而在赵王面前诋毁廉颇，廉颇最终没能接受赵王召见。廉颇后来又投奔了楚国，但却再也没有得到重用，就在楚国生活直到去世。

【人物评价】

廉颇身怀将才，然而国君却无识人之明，终使老将不得其用，国家也走向灭亡。

虞卿：君王不识才智，挥笔愤著春秋

【人物简介】

虞卿，名信，生卒年不详，为卿姓始祖。

【人物生平】

虞卿因善于游说而被赵孝成王重用，第二次见面时就成为了赵国的上卿。

赵孝成王虽然重用虞卿，却又不听从他的意见，最终导致与秦国求和失败，使赵军在长平之战中损失殆尽。后来赵孝成王又被臣下蛊惑，打算割地换取和平，但被虞卿劝阻。虞卿因此得到封赏。此后虞卿再次劝说赵王与魏国结盟。

后来虞卿又从赵国前往魏国，但却没能得到重用。此后，虞卿便开始著书立说，写下了著名的《虞氏春秋》。

【人物评价】

虞卿怀有大才而不为君王所识，可说生不逢时，但他弃政从文之后，另辟蹊径，最终仍旧为后世留下了宝贵的文化财富。

韩

韩傀：佞臣善妒贤者远，义士一怒命途终

【人物简介】

韩傀，姓姬，韩氏，名傀，字侠累，生年不详，卒于公元前 397 年，春秋时期韩国相国。

【人物生平】

韩傀出自韩国王室，但为人心胸狭隘，忌妒贤良。当时韩国有一名大臣叫严仲子，为人刚正不阿、敢于直谏，深得韩哀侯的信任，韩傀因此十分忌妒。

后来严仲子为了保全自己只得逃亡国外，并与武功高强的聂政结识。严仲子对聂政一家十分优待，因此聂政将严仲子视为至交。公元前 397 年聂政为母亲守丧 3 年期满后，便主动来到韩国，潜入韩傀的府邸将韩傀刺死，随后自毁面容而死。史书中也因此留下"聂政之刺韩傀也，白虹贯日"的记载。

【人物评价】

身负国之大任而不能行政道，更逼迫国之贤才反目，韩傀之死罪不在他人，而在自己。

申不害：陈智见以救国，崇权术而强君

【人物简介】

申不害，生于公元前 385 年，卒于公元前 337 年，享年 48 岁，是战国时期韩国著名政治家，也是法家创始人之一。

【人物生平】

公元前 375 年韩国灭郑，原本是郑国人的申不害国籍就此改变，成为了韩国人，并成为了一名微小的官吏。

公元前 354 年魏国伐韩，韩国君臣上下一片紧张，申不害及时站出来，劝说韩侯以臣礼去觐见魏王，以此向魏国示弱，从而保全自己。事后申不害开始得到韩侯的重用。次年魏国伐赵时，申不害又察言观色，摸透了韩侯的真实心理，积极劝说韩侯出兵伐魏援赵，也就是著名的围魏救赵之战。此后申不害被韩侯拜任为相，推行变法以求富强，时为公元前 351 年。

申不害的变法主要集中在政治、军事两方面。他在主政之初，就积极向韩国当时的几大强族下手，迫使他们毁掉城堡、交出特权，并将他们的财富归于国有。这一举动进一步加强了韩国君主的权力。接着他又大力整顿吏治，制定各种官员监督和考核政策，提高了行政效率。在军事上，申不害主动请求担任韩国的上将军，并从削弱贵族势力的角度出发，将贵族私兵与国家军队编在一起，变相加强了君权、削弱了臣权。同时，他又十分严苛地训练士兵，使得韩国军队的战斗力显著提高。此外，申不害为了加强政治、军事改革，还大力鼓励农业生产和手工业的发展。当时韩国出产的兵器，在诸侯各国都享有盛誉，也正是在他的改革下，韩国能够与其余各国分庭抗礼，无人敢侵，成为"战国七雄"之一。

然而申不害的改革也有一个特点，就是重"术"而轻"法"，国家富强与否，在很大程度上全系于君主一人之手，事实上，他的主要思想观点也正是君王权术。因此在公元前 333 年，时任君主的韩昭侯去世后，韩国很快就再次衰落下来。

【人物评价】

申不害过于重"术"而轻法，这就在根本上决定了一国强盛无法持久，这是一种很大的不足。但对于当时来说，他的改革和思想仍旧具有十分积极的作用。此外，申不害的重"术"思想也为后世帝王心术的发展起到了启发性的作用，影响了后世的封建社会。

魏

魏成子：臣下难以相比，贤相可识帝师

【人物简介】

魏成子，姓姬，魏氏，又称季成，生卒年不详，战国时期魏国国相。

【人物生平】

魏成子是魏文侯的弟弟，其父魏桓子即是三家分晋的魏氏主导者。

魏文侯即位之后，曾就国相的人选而为难，便问大臣李克如何选择。李悝便劝谏魏文侯说，只要考察一个人生活中亲近的人、富裕后结交的人、腾达后所做的事、落魄时坚守的德、贫困时不做的事，就可以顺利做出抉择了。于是魏文侯恍然大悟，将魏成子拜为国相。

另一名候选人翟璜因此不服，并质问李悝自己曾引荐了吴起、西门豹、乐羊、屈侯鲋给魏文侯，甚至李悝本人也是自己所引荐，哪里比不上魏成子。李悝于是解释说，魏成子虽然只举荐了卜子夏、田子方、段干木三人，但这三人都是能够担任帝王师的高贤，而自己等五人只不过是君主的臣子罢了，又如何能够比得上呢？翟璜听后心服口服。

【人物评价】

魏成子不论身居高位还是低位、富贵还是落魄，都能谨守德行本分，可见其贤。不仅如此，魏成子更能慧眼识英才，多次举荐高贤之才，这样的人若是不当国相，又有谁来当呢？

翟璜：慧眼曾识忠义，巧舌妙断贤愚

【人物简介】

翟璜，一名翟触，生卒年不详，战国时期魏国国相。

【人物生平】

翟璜是战国时期魏国的一位名臣，虽然比不上前任国相魏成子的慧眼如炬，

但也先后为魏国举荐了西门豹、乐羊、吴起、李悝等贤臣良将。最初时翟璜曾因魏成子为相而十分不服气，但最终被李悝说服。

翟璜不仅善于举贤，同时也精擅言辞，能够巧妙劝说君主。有一次魏文侯与几位大臣宴饮，其间询问大臣如何评价自己，却被直言进谏的大臣任座指责为"不贤"，因此大发雷霆。翟璜见到后表示臣下敢于直谏，正说明魏文侯贤良。这一番话使震怒的魏文侯当即转喜，任座也因此得到提拔。

后来翟璜又向魏文侯推荐了李悝，全力支持其改革变法，为魏国的兴盛做出了巨大贡献。

【人物评价】

但凡能助君王成就霸业者，必有一双慧眼，另外还要有绝佳的善辩口才。这样才不会因空怀绝学而不得重用，因极富才智而郁郁终老，才能在乱世之中做一颗耀眼的明星，而翟横就是这样的人。

李悝：论五德以定相，推变革而富国

【人物简介】

李悝，生于公元前 455 年，卒于公元前 395 年，享年 60 岁，战国时期魏国政治家，法家著名代表人物之一。

【人物生平】

李悝最初因翟璜的举荐而得到魏王重用，负责镇守中山国的故地。当魏文侯因立相一事犹疑不决时，又是李悝向他提出"居视其所亲，富视其所与，达视其所举，穷视其所不为，贫视其所不取"这五项标准，使得魏成子成功当上国相。接着李悝又用语言折服了当初举荐自己的翟璜。

待到魏成子、翟璜先后病逝之后，李悝接替他们的职位，成为魏国的国相。李悝主政后积极推行变法，在政治、经济、法律等方面做出了一系列变革。在政治上，李悝提出废止贵族世袭特权的激烈建议，这是中国历史上首次对世袭制度发起的挑战。这一政治举措使得当时魏国的政局面貌焕然一新，吏治风气也有所好转。

在经济上，李悝主要推行了"尽地力""平籴法"两大举措，前者是统一组织国内农民进行耕种；后者则是丰年平价收购余粮，灾年平价出售余粮。这些政策有利于魏国进一步促进农业生产，国家进一步富强。这种政策实际上是一种重农政策，后来更被秦国的商鞅继承并推到了顶点。

在法律上，李悝为了巩固改革成果，特意吸纳了当时各国的法典，编著了中国历史上第一部比较完整的法典——《法经》。这一法典实质上是对封建制度的巩固和保障，后来的法家代表人物韩非即继承了其"法治"思想。这一法典也在后来成为秦律的源头，因此对古代中国产生了极为深远的影响。

这一时期魏国在李悝的主政下，逐渐走向了富强。不仅如此，他的变法思想还影响到了其余诸侯国，使当时的中国开始出现全国范围的变法，为社会的进步、发展起了巨大的推动作用。

【人物评价】

李悝的变革所影响的绝非当时一国一地一时，而是此后长达 2000 多年的封建社会，因此意义极为深远。作为法家的先驱人物，李悝也对他的后辈如商鞅、吴起等人起到了启发性的作用，促进了法家思想的进步、发展。

田文：才智不足比功，声望可堪辅国

【人物简介】

田文，又作商文，生年不详，卒于公元前 387 年。

【人物生平】

魏武侯即位第二年，著名的政治家、改革家李悝便因病去世，国相一职也就此空缺下来。经过几番思虑，魏武侯最终选择以田文为相。

当时吴起为魏国立下赫赫战功，因此心中十分不服，便与田文比功。他质问田文说，若论统率三军、治理百官、抵御秦国，田文能否比过自己？田文都回答不能。于是吴起又问，既然如此，为何国相不是由自己担任？田文于是反问说，如今国军年幼、人心浮动，谁更适合稳定人心、政局？吴起听后沉默许久，最终自愧不如。

【人物评价】

田文为人才能相对一般，并不能完胜当时的诸多贤臣，但他却有着诸人所不及的声望，因此能够胜过众人，成为当时魏国的真正基石。

公孙痤：为臣不能尽臣义，知贤岂料逐贤才

【人物简介】

公孙痤，生年不详，卒于公元前 361 年。

【人物生平】

公孙痤是魏武侯时期的大臣。公元前 387 年魏相田文死后，公孙痤接替田文的职务，成为魏国新一任国相。

公孙痤虽然明辨国中贤愚，但却怀有一定的私心，因此在为国举贤一事上，做得并不合格。最初时吴起率领魏军抵御秦国，更攻克了秦国的 5 座城池，为魏国立下大功，但公孙痤得知之后反而担心其会取代自己。最终公孙痤采取仆人的建议，在魏武侯面前挑拨他与吴起的关系，使吴起畏惧出逃。此后公孙痤就一直担任相位直到去世。

公孙痤虽然忌妒贤良，但也并不是彻头彻尾的佞臣。公元前 362 年公孙痤率军大破韩、赵联军，就连赵将也被俘虏。当时魏武侯想要封赏公孙痤，公孙痤却表示胜利非自己的功劳，而在于吴起以往的治军严格。于是魏武侯便封赏吴起后人，并对公孙痤十分赞赏。

当时公孙鞅（即后来的商鞅）深得公孙痤倚重，但为了保住自己的相位，公孙痤直到病逝前才向魏武侯推荐，却被魏武侯拒绝。于是公孙痤又劝说魏武侯杀掉公孙鞅，魏武侯再次拒绝。于是公孙痤又将自己的话坦白告诉公孙鞅，并劝其立即离开魏国。公孙痤于公元前 361 年去世。

【人物评价】

公孙痤虽能知人，却不能善任，因此执掌大政期间，名臣如吴起、商鞅要么被迫逃亡，要么不得重用，公孙痤对此负有重大责任。尽管自己也曾有功于国，并非完全的奸佞之臣，但从长远来看，他的做法仍旧严重损害了本国利益，罪责难逃。

白圭：治生自有妙道，乱世不恋政坛

【人物简介】

白圭，名丹，字圭，生卒年不详，战国时期魏国国相，有"商祖"之誉。

【人物生平】

白圭曾经拜在鬼谷子门下，学习经济之道，后来又到魏国做官。担任国相期间，魏国都城大梁正因靠近水患之地而屡遭困扰，白圭得知之后便开始积极治水。他指出"千里之堤溃于蚁穴"的道理，并下令堵塞河堤内的所有蚂蚁窝，最终成功消弭了水患。白圭也因此名声大震。

但白圭在历史上出名却不是因为治水，而是源自他后来的经历。白圭担任魏相期间，西方秦国逐渐崛起，东方六国逐渐衰落，白圭眼见魏国政局腐败，于是毅然决然离开魏国，游历诸侯各国。最终他认为秦国最为强盛，但却对当时商鞅重农抑商的政策十分反感，于是干脆弃政从商，成为一位著名的商人。

白圭的经商之道是"人弃我取，人取我与"，同时与其他商人不同的是，他特别注重经营农副产品，而非当时商人喜爱的珠宝行业。他认为自己的做法既能够为自己谋取丰厚财富，同时又能实现对一定区域内商品价格的调节，保证人民乃至国家的利益，因此将自己的经商之道看作是"仁术"。

当时社会普遍轻视商业，但白圭却对自己和弟子有着极为严格的要求。他认为唯有大智大勇、大仁大义、大强大毅之人才能成为成功的商人，不仅如此，商人还必须做到知识渊博、善于决断。白圭凭借着自己的商业头脑，很快就积累起巨大的财富，他更骄傲地宣称：自己在商业方面的才能，完全可以与伊尹、姜尚的政才，孙子、吴起的韬略相比较。这一宣言显然不是夸口，而是符合实情的论述。

【人物评价】

白圭的名字或许不为大众所知，但在中国的商人眼中，白圭却是一位相当了不得的商业前辈，司马迁就曾评价说"天下言治生祖白圭"，将其视为商业鼻祖。白圭的经商之道也影响后世长达 2000 多年，由此可见其在中国商业史上的重要地位。

惠施：濠梁之上曾有辩，身后对手更无逢

【人物简介】

惠施，生于公元前 390 年，卒于公元前 317 年，享年 73 岁，战国时期著名政治家，同时也是名家学派的创始人之一。

【人物生平】

惠施出生于战国时期的宋国，是当时著名的哲学家，就连道家先贤庄子也对惠施的学问十分称赞，魏王更是拜他为师，向他请教学问。魏国的宰相死后，魏王便聘请惠施担任国相，惠施于是登上了当时的政治舞台。

惠施不仅是一位学问精深的哲学家，也是一位眼光睿智的政治家，他一上台就确立了联六国以抗秦的对外方针，成为当时著名的纵横家之一。在他的倡议下，魏、齐两国互尊为王，并与楚国缔结了同盟。

后来六国同盟因张仪而遭到破坏，惠施也因此遭到驱逐。也正是在这一时期，惠施遇到了道家先贤庄子，与之多次争论学问，结为莫逆之交。等到张仪的企图暴露、遭到魏国驱逐之后，惠施才再次回到魏国。

此时东方六国已经走向衰落，因此在自己当政期间，惠施并没能做出什么大的政绩，反倒是在哲学方面做出了重大贡献。他的名家学说不仅对于解释哲学中形而上学的思维有所助益，对于理解当时其余学派如道家、法家的思想，也有着

一定的作用。

惠施于公元前 317 年病逝，尽管生前庄子对他的做法并不十分赞同，却也为之深深遗憾。据说庄子后来更是长达 20 年不开口，以此纪念这位学术对手和好友。

【人物评价】

限于当时的天下形势，惠施当政期间并没有太过显眼的政绩，但从一系列举措来看，他还是一位比较优秀的政治家。何况功业本就容易消逝，因此也不足为憾。此外，惠施更为中国古代哲学、思想的发展起到了巨大的推动作用，不仅意义重大，影响也十分深远。

公孙衍：合纵六国威向西，可恨人心各不齐

【人物简介】

公孙衍，生卒年不详，战国时期魏国著名政治家、纵横家。

【人物生平】

公孙衍虽然是魏国人，但一开始时却是在秦国为官。秦惠文王登基并处死商鞅之后，商鞅的政策得以继续施行，公孙衍也接替了商鞅的官职，带领秦军攻打魏国。公元前 333 年秦军大败魏军，占据了河西之地的一部分。随后公孙衍继续带兵伐魏，并使河西之地彻底成为秦国掌控下的领土。

就在此时，魏王遣使以重金来贿赂公孙衍，公孙衍于是劝说秦王改变战略，攻打其他诸侯国。但这一心思却被张仪看破。张仪因此得到秦王的重用，公孙衍则受到贬斥，不得不离开秦国。此后，公孙衍转投魏国，并帮助魏国积极与其余诸侯国建立同盟，共同抵御秦国。

在公孙衍的倡导下，魏国先是与齐国缔盟，在遭到张仪的破坏后，又与韩、赵、燕、中山缔结了盟约。但在秦国的武力逼迫下，这一联盟最终也遭到破坏。支持公孙衍的魏国国相惠施也因此被罢免，张仪当上了魏国国相。

张仪曾借助魏韩两国攻打齐国，却被齐国成功抵御，张仪因此受挫。此后，魏国国内的抗秦派再次兴起，张仪于公元前 319 年遭到驱逐，公孙衍也因主张联合伐秦而受到五国一致认可，成为魏国的国相。这一时期公孙衍甚至还将西戎义渠国也拉入了联盟。在后来秦国攻打五国时，曾特意以重礼贿赂义渠国君，但却被义渠国君一眼识破，并趁机攻打秦国后方。最终秦国因后方失败不得不暂缓兴兵，五国得以再次保全。

公孙衍建立五国同盟后，曾积极伐秦，但由于五国各怀异心，这一次军事行

动最终无功而返，五国联盟也宣告破裂。公孙衍于是向魏王推荐了齐国的田文（即后来的孟尝君）为相，自己则去往韩国任相。到了韩国之后，公孙衍再次发起合纵的提议，然而此时的诸侯各国却并不响应，韩国也因秦国的进攻而大败。公孙衍眼见大势已去，只得无奈逃离了韩国。

【人物评价】

说起合纵连横，人们往往想到的是苏秦、张仪，但不为众人所知的公孙衍，其实也是当时一位十分优秀的纵横家。只是公孙衍所面对的对手本就极为强大，而自身所处的形势又远远比不过对方，因此最终在几番较量中败下阵来。

魏齐：不辨忠良是非，祸来无路可退

【人物简介】

魏齐，生卒年不详，战国时期魏国国相。

【人物生平】

魏齐虽然身处高位，但为人不辨是非，十分昏聩。当时，魏国中大夫须贾曾经奉命出使齐国，却被齐襄公质问得无言以对，幸亏门客范雎解围，这才顺利完成了使命。事后范雎也得到齐襄公的赏识。然而须贾却因此怀疑范雎与齐国勾结，于是回国后将此事上报给魏齐。

魏齐得知此事后当即震怒，不分是非黑白就下令将范雎抓捕起来，并对其严刑拷打。范雎最终还诈死并化名为张禄，这才逃过一劫。后来范雎逃到秦国并得到秦昭王的赏识，担任丞相一职。

公元前276年秦国伐魏，魏王得知后只得再次派遣须贾出使。范雎于是装成穷人的样子，前来拜见须贾（须贾尚不知范雎在秦为相）。须贾见范雎穿着单薄，便以一袭绨袍相赠。第二天须贾得知真相后大为惊恐，范雎看在他还念旧情分上，饶恕了须贾，但表示魏国必须处死魏齐，否则绝不退兵。魏齐得知消息后大为惊恐，只得连夜挂印逃到赵国平原君那里。

后来平原君在出使秦国时，也因魏齐之故而被扣押；但平原君出于大义不愿交出魏齐，秦王便写信胁迫赵王，赵王只得派兵包围平原君府邸。魏齐迫不得已再次逃往魏国，打算向信陵君魏无忌求救。然而信陵君出于对秦国的畏惧，心中一时犹豫是否要救助魏齐。魏齐得知后深感愤怒，但又无路可去，于是在绝望和愤怒之下拔剑自刎而死。

【人物评价】

魏齐身为一国之相，却因为些许怀疑而使贤才忠良蒙冤，更使国家损失了重要的人才，罪责不可说不大。更没想到的是，自己一时不察迫害的人，却在日后卷土重来，最终使自己无路可去。

范座：吾身岂低百里地，他日合纵未可期

【人物简介】

范座，生卒年不详，战国时期魏国国相。

【人物生平】

范座与信陵君魏无忌是同一时期的人物，魏安僖王时期担任魏国的国相一职。

公元前 266 年，赵孝成王采纳了相国虞卿的建议，特意发信一封于魏安僖王，表示愿意以 100 里土地作为交换，请魏王杀死国相范座。魏王在利令智昏之下，当即下令将范座抓捕入狱，打算将其处死。范座于是上书为自己辩护，指出：自己虽然才能有限，却也是魏国的国相，如今魏王为百里土地诛杀自己，可要是事后赵国背信，魏国没能得到土地，魏王岂不是要沦为诸侯笑柄？所以自己活着比死了更加有利。

上书之后，范座又立即写信给信陵君魏无忌，向他表示说：自己身为魏国国相，曾为魏国利益得罪赵国。如今魏王为了百里土地而要处死自己，只怕就算得到了土地，诛杀臣下的恶名一旦流传出去，也会无人愿意效忠，也就无法保全得到的领土。何况到时候秦国一定会采用与赵国相同的办法，一再迫使魏国割让领土，到时候就再难阻止魏国的衰落了。

信陵君看到之后深以为然，于是当即前来拜见魏王，向范座求情，魏王于是应允。此后范座继续为国效力，一度联合其余诸侯国，使魏国成为当时的合纵首领。

【人物评价】

范座因故入狱之后，并没有一味地哭诉冤情、请求饶恕，而是针对不同的人，从他们各自的利益角度出发，痛陈利害，为自己谋得生路，可见其人情练达。

魏无忌：窃符退秦雄才志，一夕黜用尽消磨

【人物简介】

魏无忌，姓姬，魏氏，生年不详，卒于公元前 243 年，战国时期著名政治家，也就是战国四君子之一的信陵君。

【人物生平】

魏无忌是魏昭王之子，魏安僖王之弟。公元前 277 年魏昭王病逝后，魏无忌

被封为信陵君，开始效仿赵国平原君、齐国孟尝君等人礼贤下士，为魏国招揽贤才。这一举动使得他在当时威名远播，诸侯各国无一敢入侵魏国。但很快魏无忌也因此遭到魏安僖王的猜忌，逐渐被冷落。

此后魏无忌继续招揽贤士，并赢得了许多人的归心。有一次他在举行宴会前，特意拜访一位名叫侯赢的隐士，结果侯赢先是要求魏无忌亲自为自己驾车，随后又去集市拜访一个名叫朱亥的屠户朋友，故意让魏无忌长久地等待。然而魏无忌始终面不改色，因此得到国人的称赞。

公元前260年时，赵国在长平之战中惨败，不得已向魏国求援。魏安僖王迫于秦国的压力不敢援助，魏无忌决定自发救援。他采纳了侯赢的建议，先是利用魏王宠幸的如姬盗取了虎符，随后又利用朱亥击杀了不肯听命的大将晋鄙，顺利解救了赵国之围。此后，魏无忌为了防止被魏王问责，避居于赵国长达十几年。其间信陵君又礼贤下士，从赌坊和酒店中寻访到两位贤士，却被平原君赵胜耻笑。事后平原君的半数门客都离开了平原君，转投到魏无忌门下。

后来秦国一再侵扰魏国，魏安僖王急迫地请求魏无忌归国，在那两位贤士的劝说下，魏无忌终于回归，并担任了上将军。公元前247年魏无忌统率五国联军，大破秦军并一直追到函谷关下，威震天下。

但就在此时，秦王再次在魏安僖王面前挑拨他与魏无忌的关系，魏安僖王的疑心病再次发作，便改以他人统率联军。魏无忌对此深感失望，从此一味沉湎于酒色，不再过问政事，并在4年后死去。

【人物评价】

信陵君魏无忌出身贵族，却能真正做到礼贤下士、任用贤才，这一点在战国四公子当中也是极为突出的。在当时六国将倾的背景下，他一度能够力挽狂澜、击退秦国，也可见其能力不凡。然而就是这样一位国之栋梁却不得其用，以致最后心灰意懒、消沉颓废，既是国家的一种悲剧，也是个人的一种不幸。

孔斌：国将亡伊吕何用，势将颓回天已难

【人物简介】

孔斌，生卒年不详，孔子六世孙，战国末期魏国国相。

【人物生平】

孔斌是儒门大圣贤孔子的后裔，一直以来都贤名远播，因此魏王特意派出使者，携带着黄金绸缎拜访孔斌，打算聘请他担任国相。孔斌对此明确表示说，如果自己能够得到魏王的重用，即便是没有优厚的俸禄也没有关系；但如果自己得

不到重用，就算身居高位、待遇丰厚也没有任何意义可言。

出仕之后，孔斌当即颁行了一系列举措，把魏国庙堂上的奸佞之臣全部撤去，并将他们的封赏剥夺，重新赏赐给于国有功的大臣。这一举动导致了许多人的不满，因此他们纷纷在暗地里诋毁孔斌，魏王也因此疏远孔斌，不再采纳他的建议。孔斌得知后便当即辞去了职务。

后来秦国攻打赵国，魏国君臣上下无不高兴，孔斌却表示反对。他认为当时的秦国强盛已极，赵国断然没有胜利的可能，因此魏国绝对没有可乘之机；而秦国一旦取得胜利，魏国也必然首当其冲，陷入危亡当中。

有人问孔斌为何不愿离开魏国，孔斌则坦然告知他说，眼下秦国有横扫六合之志，而各诸侯国却已经疲敝不堪，根本无力抵挡，再过 20 年秦只怕就能统一全国。自己虽然有治国之才，但就像伊尹事夏、太公事商一样，都没有什么用了。而自己之所以不离开魏国投奔秦国，是因为自己认为秦国不仁不义，所以才一直留在这里。后来秦国果然统一了天下，魏国也成为继韩国之后第二个被秦国灭亡的国家。

【人物评价】

孔斌身处战国末世，于众人昏昏中明晰天下大势，无愧于圣人之后。然而孔斌最终不得其用，这是时势所然，而非孔斌无才。

鲁

庆父：奸佞不死，国难不休

【人物简介】

庆父，姓姬，名庆父，生卒年不详。

【人物生平】

庆父是鲁庄公的异母弟弟，为人十分蛮横、残暴。不仅如此，他还私下与另一个弟弟叔牙勾结，打算在鲁庄公死后，由自己接替国君之位（鲁庄公无嫡嗣）。

鲁庄公病重之后，叔牙果然在鲁庄公面前议立庆父，贤臣季友对此全力反对，并劝说鲁庄公将叔牙赐死，更在死后拥立公子般为君。然而庆父却发动政变将公子般弑杀，随后拥立鲁闵公即位。

鲁闵公即位第二年，庆父又派人将其弑杀，然而这一举动却招致了全国国民的愤怒，庆父不得已之下，只好携带国家重宝，逃往莒国。继位的鲁僖公得知庆父是个祸害，便要求莒国将庆父押送回国。庆父最初时心存侥幸，以公子鱼向国君求情，但最终公子鱼却哭着回来。庆父一听到公子鱼的哭声，就得知自己难以幸免，于是在回国的途中趁机自缢而死。

【人物评价】

庆父在执政期间先后两次弑杀国君，恶行累累、人神共愤，因此最终自绝于天下，可以说是咎由自取。也正是由于自己的恶行，庆父在后来成为乱臣贼子的代称，遗臭万年。

季友：义灭亲扶持公室，立三桓未料乱国

【人物简介】

季友，姓姬，名友，生年不详，卒于公元前 644 年。

【人物生平】

季友是鲁庄公的弟弟，刚出生之时，手中便有一个"友"字，因此便以"友"为名。鲁庄公虽然还有别的弟弟，但季友却是其中最为贤良之人，因此鲁庄公对季友十分看重。

鲁庄公病重之后，曾召见大臣叔牙，叔牙因私下与庆父勾结，便极力劝说由庆父继承君位，鲁庄公对此心中疑虑，于是再次召见季友。季友得知庆父为人凶残，当即表示反对。在征得鲁庄公同意后，季友便以毒酒将叔牙赐死。

然而庆父并没有就此打消野心，很快就指使他人将鲁庄公的继承人公子般刺杀。季友得知之后便逃往陈国，庆父拥立鲁闵公即位。在齐桓公的斡旋下，季友才得以安然返回鲁国，并担任国相之职。但不久之后庆父又杀死了鲁闵公，季友得知后当晚就敲开公子申的大门，并保护着他逃离了鲁国。

此后庆父因弑君暴行激怒了全体国人，迫不得已之下只好出逃到莒国，齐侯在大臣的建议下，帮助公子申返国即位，即鲁僖公。季友也随同鲁僖公一同返国，随后在战场上与莒国统帅嬴拿约定"单挑"，并伺机将嬴拿斩杀，莒国因此大败。季友取胜之后，僖公亲自前来迎接，并将季友拜为上相。

鲁僖公本欲独封季友，但季友认为自己当年大义灭亲，诛杀叔牙、庆父，现在却独享荣华，心中十分不安。在他的建议下，鲁僖公又以他人分别为叔牙、庆父后嗣，这就是后来的鲁国"三桓"。

【人物评价】

季友为人耿直刚正，凡事以家国为重，同时又机警善变，因此能够趋吉避凶、保护王室苗裔，更成功地实现拨乱反正，稳定国家大局。但也正是在他的提议下，日后凌驾国君的"三桓"势力开始在鲁国崛起，这可说是一项重大失误了。

臧文仲：国民有重财货，上天岂恶巫尪

【人物简介】

臧文仲，姓姬，臧氏，名辰，生年不详，卒于公元前 617 年。

【人物生平】

早在鲁庄公时期，臧文仲就已经得到重用，并且素有贤名。公元前 666 年时鲁国发生饥荒，心忧国民的臧文仲毛遂自荐、出使齐国，并以鲁国国宝重器为贺礼，向齐国请求借粮。最终齐国不仅没有收下重宝，反而无偿为鲁国提供了援助。臧文仲因此声望更重。

庆父作乱时期臧文仲相对低调，因此得以避过一劫，等到季友拥立鲁僖公即位后，臧文仲也开始登上历史舞台。这一时期的臧文仲不仅勤于国事，同时又以人为本，曾劝说鲁僖公不要焚烧巫者、残疾人祭祀雨神。在他的积极斡旋下，鲁国不仅成功取得了抵御齐国的胜利，更帮助卫国抵御了晋国的进攻，还与陈国建立了联姻关系，因此使鲁国地位进一步提高。

臧文仲不仅精于政务，同时也采取了一系列政策，发展鲁国的经济、军事。正是在他的倡导下，鲁国废除了"禁绝末游"的税商关卡，这一举动进一步打破了当时鲁国对工商业经济的限制，对于鲁国的富强起到了积极的作用。在鲁国因故与弱小的邾国开战时，他又积极劝说鲁僖公重视军事，不因敌军势力弱而轻视，但没有被采纳。最终鲁国果然被邾国击败，臧文仲的正确意见也被证实。

臧文仲既有治国之才，又能够虚心纳谏，因此在他执政时期，鲁国的大小国事都被处理得井井有条，国家相对稳定。臧文仲本人也因此得到当时人的推崇。

【人物评价】

儒门圣人孔子笔下对臧文仲多有贬抑，但这一贬抑多少包含个人情感因素，今人并不能单纯以圣人之见来评价他。臧文仲的某些做法或许有悖于儒家观点，但总体上他还是为鲁国做出了积极的贡献，对此还是应当予以承认的。

季文子：私土地以划时代，俭家居而兴国邦

【人物简介】

季文子，姓姬，季氏，生年不详，卒于公元前 568 年，祖上为季友。季文子于公元前 601 年至公元前 568 年间，担任鲁国执政。

【人物生平】

季文子的祖父便是曾大义灭亲诛杀胞弟、扶持鲁僖公即位的上相季友。最初

鲁宣公即位时，朝政都被庄公子遂所掌控，甚至鲁宣公本人也是由庄公子遂亲自拥立。当时的三桓也都被庄公子遂压制，季文子也只得依附于其。

这一时期季文子虽然不是鲁国最高执政大臣，但却主导了历史上一件意义十分深远的大事——推行"初税亩"改革。初税亩在实质上是承认土地私有化，这一政策的推行对奴隶制度可以说是致命一击。从长远来看，这一政策使得我国就此从奴隶社会走向封建社会；而从当时来看，这一举措也在很大程度上影响到了鲁国的政局。正是通过这一举措，以季文子为首的三桓家族占据了更多的私田和隐民（依附于地主势力的隐蔽人口），势力愈发壮大。

三桓的强大也使得鲁宣公心中不安，于是他便通过继任执政公孙归父，来向晋国求取救兵。但还没等到晋国发兵援助，鲁宣公就已经病死，因此三桓势力的崛起再难压制。此后季文子成为鲁国执政，开始主导鲁国军政大事。

季文子虽然位高权重却十分谦恭、勤恳，同时又注重勤俭节约，与日后被孔子看不惯的子孙不同，是一位堂堂正正的正人君子。据说在他的家中，就连妻女都只能穿平常的衣服，他的马也只能喂青草，而非当时贵族喂马所用的粟米。孟孙氏宗主孟献子的儿子名叫仲孙，对此十分不屑，于是便好奇地问季文子为何不觉得耻辱。季文子则表示鲁国民间多有贫困，自己确实没有理由让子女过于奢靡，何况君子品德高尚，远比生活富裕更加重要。后来仲孙被孟献子囚禁 7 日而醒悟，也开始效仿季文子的做法，鲁国全国上下也因此出现节俭之风。

季文子还有一个特点，就是特别小心翼翼，做事特别周全。有一次他奉命出使晋国，先是费尽心思准备了重礼，临行前又特意让下属准备好遇到丧事时的礼仪，并解释说这是为了有备无患，就连孔子都认为他过于迟缓、犹豫。

公元前 568 年季文子病逝，谥号为"文"。季文子死时特意要求后人薄葬，由于生前节俭，家中只能以他生前用过的器物下葬。鲁襄公都对此十分感动，并感叹季文子"廉忠矣"！

【人物评价】

在孔圣人眼中，鲁国三桓一直都扮演着犯上凌下的反派角色，然而三桓中偏偏又出现了季文子这样一位高风亮节、一心为公的忠廉之臣。季文子虽然行事过于谨慎，但却为鲁国的政局稳定做出了重要贡献，他的土地私有化改革更是起到了划时代的意义。

季武子：振三军以分公室，御外侮而主三桓

【人物简介】

季武子，姓姬，季氏，名宿，又名夙，生年不详，卒于公元前 535 年，其父

为鲁国正卿季文子。

【人物生平】

公元前 568 年，一代高风亮节、勤俭奉国的贤臣季文子病逝，死后其子季宿继承了父位，即后来的季武子。季武子在父亲多年为政的基础上，进一步巩固了家族势力，推动了三桓的强大。

原本鲁国作为周公的封国，享有三军的礼仪，然而鲁国后期鉴于国力衰落，便将其中的中军裁去，遇到战事时则由三卿轮流统率。但季武子执政之后，为了更好地掌控军队，便以周礼作为借口，再次恢复中军并与孟孙氏、叔孙氏分别统率三军。借此三桓又掌握了属于三军的赋税，从此之后鲁国公室愈发衰落，而三桓的势力则不可遏制地成长起来。后来，季武子又不顾其余两桓的反对，坚决迎立鲁昭公为君，进一步将国家大权掌握在自己手中。

季武子对内十分强硬，对外却不失机警灵活，善于应变。当时鲁国夹在齐、楚、晋三大强国的包围中，处境十分不利，季武子多次利用三大国之间的敌对关系来保全鲁国的利益，为国家安全做出了重要贡献。也正是因这一缘故，季武子在国中的威望日渐提高，季孙氏也因此逐渐成为三桓之首。

【人物评价】

相比于一心奉公的父亲季文子，季武子更多的是一个权术家、政治野心家，尽管有功于国，同时也做出了一系列损公肥私的举动。正是在他主政时期，三桓开始凌驾于公室之上，季孙氏更是成为三桓中的主导者。

季平子：逐国君以专政，启家臣而乱朝

【人物简介】

季平子，姓姬，季氏，名意如，生年不详，卒于公元前 505 年，为季武子之孙。

【人物生平】

季平子的父亲季悼子曾被季武子立为继承人，然而季悼子却过早去世，于是季平子被祖父季武子立为继承人。公元前 535 年季武子去世后，季平子便成为季孙氏的领袖，同时也成为鲁国的执政大臣。

当时在位的鲁国国君是鲁昭公。由于季平子为人过于张扬跋扈，引得当时国中许多大臣不满，于是鲁昭公便于公元前 517 年联合其余公卿贵族共同讨伐季平子。季平子独力难支，鲁昭公又不肯罢兵，季平子只得硬着头皮迎战。然而三桓的另外两支孟孙氏、叔孙氏却在此时发兵援助，战局因此得以扭转。此后鲁昭公

被迫逃到齐国，后来又逃到晋国，不可一世的季平子就此彻底掌握鲁国大权，成为无冕之君，直到公元前505年病逝。季平子死后，家臣阳虎也效仿他犯上作乱，鲁国政坛开始走向混乱。

【人物评价】

在鲁国三桓乱政的历史上，季平子驱逐鲁君可说是一出重头戏。他的这一举动不仅标志着三桓彻底凌驾于公室之上，更为后来的阳虎乱政埋下了祸根。

阳虎：凌主何惧欺圣，乱国而后治邦

【人物简介】

阳虎，姓姬，阳氏，名虎，又名货，生卒年不详，春秋时期鲁国执政大臣。

【人物生平】

阳虎出身一般，最初是以家臣的身份追随在季孙氏身边。公元前517年鲁昭公讨伐季平子时，阳虎就得到季平子的重用，负责掌握季孙氏的军权。

公元前505年季平子病逝，死后幼子季桓子继承了父位。恰好此时叔孙氏、孟孙氏的家主也都年幼，阳虎的野心便开始膨胀。同年阳虎便趁着子泄请求帮助的机会，率兵将季平子生前的宠臣仲梁怀赶走，并杀死季桓子的堂兄弟，以此威吓季桓子承认自己为季孙氏的代理人。此后阳虎凌驾于三桓之上，成为鲁国的执政大臣。

此时三桓的势力依旧存在，阳虎不敢轻忽，于是便极力招揽国中名士入朝，壮大自己的势力。儒门先圣孔子也于此时被迫入仕。早年阳虎曾故意羞辱孔子，又与孔子政见不合，因此孔子处处躲避阳虎。阳虎为了见到孔子，便故意送礼给孔子，孔子则故意挑了阳虎不在家时登门感谢。然而不巧的是孔子却与阳虎在路上遇见。在阳虎"日月逝矣，岁不我与"的说辞下，圣人如孔子也不由得慨然生叹，答应入仕。

公元前502年，阳虎阴谋废掉季桓子，于是命令军队挟持季桓子赴宴，但季桓子的车驾却被策反。在孟孙氏的帮助下，季桓子成功摆脱了阳虎，阳虎的弟弟阳越也被孟孙氏击杀。阳虎大怒之下想要挟持鲁定公讨伐孟孙氏，却又慢了一步，只得无奈退守阳关。

次年三桓终于稳定了内部，开始对阳虎发起反击，阳虎无法抵御，只得逃往齐国。在齐国阳虎得到重用，并积极建议齐景公伐鲁国。但齐景公在大臣的劝说下，对阳虎产生怀疑，阳虎于是又逃到晋国。晋国执政赵简子虽知阳虎奸诈，却有充分的自信进行掌握，于是对阳虎委以重任。最初时阳虎有些得意忘形，但很快就收到了赵简子记录其种种不法行径的密折，从此再也不敢胡来。在他的辅佐下，赵氏终于在晋国壮大。

【人物评价】

阳虎的主上季平子就曾有过犯上的悖行，因此阳虎的所作所为，可说是上梁不正下梁歪。但不能否认的是，阳虎能以一介家臣凌驾主上、掌控国政，本身才能确实非凡，不愧为春秋时期一大反派人物。

孔子：圣者怀才时不再，此生难见仁政来

【人物简介】

孔子，子姓，孔氏，名丘，字仲尼，生于公元前551年9月28日，卒于公元前478年4月11日，享年73岁，中国历史上著名的思想家、教育家，被誉为"至圣先师、万世师表"。孔子曾在鲁国担任司寇，主持鲁国军政。

【人物生平】

孔子原本是宋国人，为殷商之后，祖上孔父嘉曾是宋殇公的辅政大臣，后因大肆兴兵而被诛杀，孔子家族于是迁居鲁国。公元前551年孔子诞生，等到父亲死后，又跟随母亲在山东曲阜一带居住。孔子虽然家贫却勤于学问，因此成为一名博学之才。

长大后的孔子开始关心国家政事，并担任了一些微小的官职。这一时期孔子不仅开办了私学，还向道家先贤老子请教了关于礼的学问。当鲁国爆发内乱之后，孔子也被迫逃到齐国避祸。

公元前504年鲁国阳虎操控三桓，成为鲁国的实际执政者。孔子与阳虎素有嫌隙，因此不愿出仕。然而阳虎却故意逼迫孔子，孔子不得已只好模糊应允，随即被任命为小司空。直到公元前499年阳虎被驱逐之后，孔子才被鲁国国君任命为大司寇，成为鲁国的执政大臣。

据说孔子执政第七天，就诛杀了与自己政见不合的少正卯，并将其曝尸三日，以此端正名分，确立了自己的权威。在接下来的3个月里，鲁国的风气为之焕然一新，齐国君臣因此感到恐惧。为了防止鲁国壮大，齐国后来特意给鲁定公送来几十名美女。果然鲁定公从此沉湎于美色之中，就此疏远了孔子。

另外，孔子与三桓的矛盾也开始逐渐暴露。公元前498年，孔子为了削弱三桓的势力，提出拆毁三桓城堡的要求，三桓察觉出孔子的意图而坚决拒绝，双方矛盾就此激化。同年鲁定公在祭祀之后，也没有按照规定给孔子分赐祭肉，借此表明排斥之意，孔子于是再次离开了鲁国。

此后孔子开始了长达 14 年的周游列国，其间到过卫国、宋国、郑国、陈国、蔡国、楚国等诸多国家，但都没有受到重用，更几次遭遇重大危险。直到公元前 484 年，孔子的弟子冉求、樊迟等人率领鲁军击败齐国，趁机向季孙氏请求，孔子才得以被重礼迎回鲁国。此后三桓对孔子虽然礼遇有加，却仍旧不予重用，孔子便把自己的全部精力都投到教育和古籍的整理中。从公元 483 年开始，孔子的儿子孔鲤和弟子颜回、子路先后死去，孔子因此深受打击。公元前 478 年孔子因病逝世，时年 73 岁。孔子死后葬于泗水岸边，鲁国许多国民都为他进行祭祀。

【人物评价】

孔子由于生不逢时而不得其用，因此今人很难定论其政治才能，但从其治鲁三月而风气一新的结果来看，孔子并非是迂腐不通政才之人。但孔子所身处的时代，决定了他的政治理念没有实现的土壤，这实实在在是一种巨大的遗憾。

季康子：严辞令而抵外辱，迎圣人而顺潮流

【人物简介】

季康子，姓姬，季氏，名肥，生年不详，卒于公元前 468 年，其父为季桓子。

【人物生平】

季康子的父亲季桓子最初即位时，由于年龄幼小而被家臣阳虎挟持，三桓的地位也一落千丈，直到阳虎被逐之后才再次强盛。公元前 492 年季桓子也因病去世，季康子成为鲁国执政。

据说季桓子病重时，曾嘱托家臣如果夫人生下男孩，就请求国君立其为家主，然而男孩出生不久就被害死，季康子得以顺利成为家主。这一时期鲁国处处受到齐、吴两国的欺辱，三桓内部关系也不是很和睦，因此季康子十分小心谨慎。

最初吴国胁迫鲁国贡献礼物，后来又要求季康子前去拜见，季康子洞悉局势，认为吴国必然不能称霸，于是坚决予以拒绝，并派出使者指责吴国失礼。鲁哀公十一年时，齐国又派遣大军攻鲁。季康子对此积极备战，并重用冉有、樊迟等孔子弟子，最终击败了齐国，冉有等人也立下大功。此时孔子已经被三桓赶出鲁国，季康子想到当年旧事，心中十分感慨，再加上冉有等人趁机请求，于是季康子便以重礼邀请孔子回国。正是在归国之后，孔子才得以在日后完成自己修书的大业，季康子可说是功不可没。

季康子迎回孔子之后，也曾虚心向孔子问政，孔子则以"子帅以正，孰敢不正"回答，又劝说季康子不要贪求财宝。由于政见不和，孔子始终没能得到重用，但季康子依旧对孔子十分礼遇。

哀公十二年时，季康子顺应时代发展改革赋税，孔子心中不愿见到，但也无力阻止。季康子于公元前468年病逝。

【人物评价】

季康子时代三桓继续凌驾公室，专擅朝政，但季康子多少却与阳虎等人不同。季康子虽然也有私心，但总体上还是做到了抵御外辱、顺应时代，尽管与孔子政见不合，他的政绩却不容抹杀。

公仪休：废葵织不争民利，拒鲜鱼岂伤清名

【人物简介】

公仪休，生卒年不详，春秋时期鲁国宰相。

【人物生平】

公仪休是春秋时期鲁国的一位博学之士，因此得到鲁国国君的重视，担任鲁国的国相。关于公仪休的生平事迹史料记载有限，最著名的就是"公仪休嗜鱼"的故事。

公仪休不仅刚正不阿、奉行律令，同时又生活恬淡，追求极为简单。公仪休特别喜爱吃鱼，甚至曾经感叹平生能吃鱼就足够了，因此当时国中有不少人都以鱼来贿赂公仪休。但令他的弟子奇怪的是，公仪休却从来不肯收下别人的鱼。公仪休对此解释说，正因为自己嗜鱼，才更是不能接受别人的鱼。如果今日因贪食鱼而接受贿赂，日后就很可能因犯法而再也吃不上鱼。他的弟子这才心服。

但公仪休也有一些举动显得过于极端。比如当他发现自家栽种的蔬菜可口、妻子织的布质量上乘时，就下令毁掉菜地，更将妻子赶出家门，理由是国中耕种、织布之人会因此卖不出产品。但在他为政期间，官员不敢与民争利，小心谨慎地奉行法律，因此公仪休也并不仅仅是一个迂腐之人。

【人物评价】

就今时今日的观念来看，公仪休拔葵去织的行动确实过于不近人情，但其中蕴含的"不与民争利"的观点，却对今日的从政者依旧有着重大的参考意义。公仪休嗜鱼而不贿鱼的故事，也充分地体现了他的智慧和品德，这也是值得今日为政者反思的地方。

宋

华督：弑君亦曾为君死，理政不失治政心

【人物简介】

华督，姓子，华氏，名督，字华父，生年不详，卒于公元前682年，春秋时期宋国太宰，也是华姓的始祖。

【人物生平】

华督是宋国公室后裔，在宋殇公时已经担任了太宰一职。当时宋国的邻国郑国日益强大，华督为此深感忧虑，于是积极谋求缓和两国关系，但却得不到宋殇公及托孤大臣孔父嘉的支持（同时又垂涎孔父嘉妻子的美色）。于是他便召集士卒，以宋国连年战败为理由将孔父嘉诛杀，后又将宋殇公弑杀以摆脱罪责。

宋殇公死后，华督便将宋穆公的儿子公子冯迎回即位，即宋庄公。宋庄公对华督十分感激，因此华督得以继续担任太宰。华督此前虽然犯下弑君之罪，但对国事仍十分勤勉，此后更是积极搞好与鲁国、郑国的关系，宋国因此得以实现边境和平。

公元前682年，宋国时任国君宋闵公因下棋的缘故，与曾经沦为俘虏的大力士南宫万产生争执，南宫万一怒之下竟将宋闵公和大臣仇牧杀死。华督得知消息后当即率军平叛，也因不敌南宫万而被杀。

【人物评价】

华督虽然诛杀了孔父嘉这一乱臣，但自己的出发点也并不光明，弑君更是成为无法抹去的恶行。但华督任相期间协调外交、稳定政局，还是做出了不小的贡献。最后华督更以弑君之身为君而死，也算是死得其所。

目夷：小国何来大业，迂腐不是真仁

【人物简介】

目夷，子姓，名目夷，字子鱼，生卒年不详，春秋时期宋国执政大臣，也是鱼姓的始祖。

【人物生平】

目夷是宋桓公的长子，素来就有仁爱之名，但因身份是庶出而无法继承君位。宋桓公临终前，目夷的弟弟太子兹甫曾以目夷仁爱之故，请求改立目夷为继承人，目夷以嫡庶之别坚辞不受，宋桓公最终也没有应允。等到宋襄公即位之后，目夷

也担任了左师一职。此后在目夷的主持下，宋国的局势开始好转。

宋国是周灭商后，为殷商后人分封的国家，因此宋襄公一直自视甚高，一心想要建立齐桓、晋文那样的霸业。公元前639年，宋襄公宣布在鹿台举行会盟，并要求楚国代表诸侯承认自己的霸主地位，目夷以宋国弱小为理由苦劝，宋襄公不听。于是目夷又劝他带上军队，宋襄公再次拒绝。结果宋襄公果然在会盟时被埋伏的楚军俘虏，并被抓到楚国当人质。

次年宋襄公得知郑国拥护楚国争霸，便对郑国发起攻击，楚国于是派兵援助。目夷心知难以取胜，便再次劝说襄公，然而宋襄公再次拒绝。在两军交战之前，目夷先后劝说宋襄公趁楚军渡河摆阵时发起攻击，宋襄公都以"仁义"为名拒绝。最终宋军被楚军击败，宋襄公也在战争中受到重伤，事后更被国人埋怨。

宋襄公得知之后，便以"仁义"为自己做辩解，然而目夷却对此表示明确反对，并论述了自己的看法。目夷认为，如果国君要讲仁义，一开始就不应该对敌人用兵，而是应该干干脆脆地投降，以避免士兵伤亡；否则就要抓住一切战机，确保战争的胜利。因此，宋襄公所谓的仁义，不过是不懂战争罢了。然而此时宋国的战败已是不争的事实，宋襄公也在第二年因伤重而去世。

【人物评价】

宋襄公所谓的仁义不仅迂腐，实质上更是牺牲自家士卒的性命，来成全自己的美名，如此看来反而离仁义更远；反倒是目夷虽然讲究抓住时机，却是从体恤将士的角度出发的大仁义。然而他的意见最终不能被采纳，导致宋国一败涂地，屡屡受辱，宋襄公对此负有不可推卸的责任。

华元：一时战败岂吾罪，烽火弭平自我出

【人物简介】

华元，子姓，华氏，名元，生卒年不详，春秋时期宋国著名权臣。

【人物生平】

华元是宋国太宰华督的孙子，位列六卿之一的右师，长期掌管宋国军政大事，也是当时宋国一位重量级的大臣。

公元前611年宋国发生政变，宋昭公在叛乱中被杀，深得国人拥护的公子鲍于是登基，即宋文公。当时晋国的执政大臣正是赵盾，他认为公子鲍得位不正，于是派出大军讨伐。此时华元奉命以使者的身份，拜见晋军统帅荀林父，将国中的实情告知晋国，同时又奉上重金作为贺礼，于是晋国罢兵，并与宋国缔结了盟约。

公元前 606 年，郑国在楚国的指示下与宋国交兵，华元奉命率军抵挡。然而就在开战的前一天，华元的车夫羊斟因没有分到羊肉汤而怀恨，便在两军决战之时，故意驾着马车直冲郑军大营，宋国因此大败，华元本人也沦为俘虏，后来想办法逃回，却也因此遭到国人讥讽，不得不灰溜溜地躲开。

公元前 596 年宋国因恨扣押楚国使者，结果招致楚庄王大举攻宋，宋国都城因此被围 5 个月，城中岌岌可危。此时华元又奉命拜见楚庄王，并如实回答城中缺粮的现状，楚庄王认为华元诚实，于是罢兵。接下来的日子里，华元又以人质的身份滞留楚国 6 年，其间结交了楚国许多贵族，并常常为天下乱世感叹。直到公元前 589 年宋文公病逝，华元才再度返回宋国，随后又促成了宋、鲁两国的联姻。

公元前 579 年，连年交战的晋、楚两国终于不堪战事疲敝，华元不失时机地提出结盟，希望能够促成晋、楚两国的和平，最终晋楚在宋国的西门外结盟"弭兵"，华元也因此被载入史册，史称"华元弭兵"。但遗憾的是，由于晋楚两国野心勃勃，这次的和平仅仅维持了 3 年时间。

等到公元前 576 年宋共公死后，宋国再次爆发内乱，司马荡泽杀死公子肥，华元无力平叛，只好逃到晋国。不久之后左师鱼石担心华元借助晋国平叛，便邀请华元回国。华元见自己威望仍在，便趁机发起讨逆号召，不仅诛杀了荡泽，更将鱼、向、鳞三族驱逐。随后华元又在国中大力选拔贤才治理国家，使得宋国政局逐渐走向稳定。

【人物评价】

华元曾因战败而饱受国人讥讽，但最终他以实际行动，多次力挽狂澜、救国于危亡，充分展现了自己的才干与人格魅力，不愧为一代重臣、国之基石。也正是因为有他，弱小的宋国才能保全于乱世，华元可谓劳苦功高。

乐喜：美誉重宝非吾羡，屈身当以国民先

【人物简介】

乐喜，姓子，乐氏，字子罕，生卒年不详，春秋时期宋国著名的贤臣。

【人物生平】

乐喜是宋平公时期的宋国六卿之一，曾担任司城（即司空）一职。乐喜为官期间一心奉公，不谋私利，同时又体恤民情，因此深得时人称赞。

公元前 556 年皇国父成为宋国太宰，要为宋平公修筑一座高台，因此导致农时耽搁，乐喜为此向宋平公请求暂缓筑台，却遭到拒绝。宋国人因此歌颂乐喜而

抱怨平公，乐喜得知后便故意鞭打工人加速筑台，成全宋平公的名誉。两年后宋国爆发饥荒，乐喜一边上书宋平公，劝他拿出公室的粮食借给国中百姓，一边又要求其余土大夫借粮。乐喜自己在借粮时却主动免去借据，同时还假冒那些无粮土大夫的名义，为百姓借粮。因此，当年灾情虽然严重，宋国国民却没有因此挨饿。乐喜也因此得到晋国名臣叔向的赞赏。

乐喜为官十分清廉，曾留下不受玉的著名佳话。当时宋国有人得到了一块宝玉，出于仰慕便打算将他献给乐喜，却被乐喜拒绝。最初时他以为乐喜怀疑宝玉真假，但乐喜却表示说，自己是以不贪作为宝，而他则是以美玉为宝。倘若自己收下美玉，两人岂不是都要丢失宝物？送玉之人这才被折服，但又因身怀重宝、来往不便而为难。于是乐喜又指点他卖掉美玉换成钱财，使他能够带着大量财富荣归乡里。

【人物评价】

乐喜不仅端正其身，能够奉公恤民，更难能可贵的是心思通明，不重外物而重内德。这也是他能够得到时人一致赞誉的原因。

仇液：使外邦而拜相，纳善谏而事成

【人物简介】

仇液，又名仇郝，生卒年不详，战国时期宋国国相。

【人物生平】

仇液原本是赵国人，是赵武灵王麾下的大臣。

公元前298年时，楚国被秦国击败，齐、魏、韩三国为了防止秦国入侵，便联合攻向函谷关，赵国也在魏国的劝说下，加入了伐秦的大联盟。

为了进一步壮大力量，赵武灵王便想到拉拢宋国，仇液正是在这一时期作为赵国的使者出使宋国，并到宋国担任国相。公元前295年时，赵人楼缓成为秦国国相，赵王对此十分忌惮，于是仇液又被派往秦国，负责劝说秦王罢免楼缓，改用魏冉。仇液在临行前采纳了门客的建议，先将自己的任务告知楼缓，而后才向秦王劝谏。最终秦王果然罢免了楼缓，而仇液也没有因此被楼缓忌恨，更得到了魏冉的感激。此后仇液也被宋国君主免去相位。

【人物评价】

仇液之所以能够不辱使命，主要原因即在于他能够听取正确意见。

唐鞅：惑上未料先死，掘墓终究难逃

【人物简介】

唐鞅，生卒年不详，宋康王时担任宋国国相。

【人物生平】

宋康王是战国时期，宋国最后一位国君，唐鞅则是他的宠臣，担任国相一职。宋康王为人雄心勃勃、崇尚武力，因此在位期间处死了许多有罪之人，但他还是觉得自己不被臣民畏惧，因此十分疑惑。

有一次闲聊时，他便问唐鞅为何群臣不怕自己。唐鞅为人心术不正，一心阿谀宋康王，于是便对宋康王说，他虽然杀人众多，但所杀尽是该死之人，因此大多数无罪的人自然不会心生畏惧。想要让他们都畏惧也很简单，只要时不时地滥杀无辜就可以了。这番丧心病狂的话说出来后，宋康王不仅没有严厉斥责，反而认为很有道理。

唐鞅私下也为此自鸣得意，认为自己很快就能以此排除异己，在国中树立权威。然而没想到的是，还没等他的政敌倒霉，他自己反而迎来了大祸。原来宋康王为了树立权威，首先就想到了唐鞅这位位高权重、深得信任的宠臣，于是就找了个借口将他处死。朝中其余大臣对此噤若寒蝉，不敢发声，最终唐鞅自食恶果，沦为千古笑柄。

【人物评价】

所谓"举头三尺有神明"，嗜杀者也很少没有不被人杀的，唐鞅正是这样一个活生生的例子。由于自己心术不正，唐鞅最终沦为暴君刀下之魂，实在是天理昭彰，报应不爽。

郑

祭足：奉英主以谋划，立四君而辅国

【人物简介】

祭足，字仲，又名祭仲，生年不详，卒于公元前 682 年，春秋时期郑国著名政治家，先后侍奉过郑国五代国君。

【人物生平】

祭足最初时侍奉郑庄公，郑庄公即是《郑伯克段于鄢》故事中的那位郑伯。庄公之弟共叔段仗着母亲，曾多次做出违背礼制的事情，祭足为此几次告诫郑庄公，但都被胸有成竹的郑庄公劝阻。

公元前 720 年，郑庄公因与周王室交恶，而派遣祭足进入周王室领地割取谷子，两年后祭足又统率郑军击败了燕国。公元前 707 年周天子讨伐郑国，却在战场上被射中肩膀，祭足又奉命觐见周天子，问候伤势。

公元前 701 年郑庄公病逝，祭足于是迎立公子忽即位，即郑昭公。但当时郑庄公另一公子突的母亲，却受到宋庄公的喜爱，宋庄公便趁机将祭足扣押，逼迫其拥立公子突即位。等到郑昭公出逃之后，祭足便迎立公子图，即郑厉公。

祭足凭借着拥立之功，而成为郑国炙手可热的权臣，郑厉公想要利用祭足的女婿杀掉祭足，却被祭足抢先一步下手，郑厉公因此仓皇出逃。于是祭足再次迎回郑昭公即位。然而第二年郑昭公就被自己的臣下高渠弥弑杀，祭足迫不得已之下，只好又拥立公子亹即位。

公元前 694 年齐襄公大会诸侯，郑国也被邀请参加。由于公子亹早年曾与齐襄公斗殴，因此祭足力劝公子亹不要亲自参与，但公子亹不听。两国君主会面之后，齐襄公果然因公子亹不肯道歉而恼怒，当场派人将公子亹杀死。眼见又一位国君横死，祭足只得从陈国迎回公子婴即位。

此后祭足继续执掌郑国大权，直到公元前 682 年因病去世。

【人物评价】

祭足在郑庄公时期就为之出谋划策、深得倚重，此后更接连废立君主，可说是郑国第一权臣。正是因为祭足的存在，郑国才能在当时迅速稳定乱局，保证国内安稳。但从某种意义上来看，郑国的混乱多少也与祭足个人有关，因此他也要为此承担一部分责任。

子驷：弑君不知大义，背盟唯奉强权

【人物简介】

子驷，姓姬，郑氏，名騑，生年不详，卒于公元前 563 年，其父为郑穆公。

【人物生平】

子驷是郑穆公之子，曾担任郑国的正卿，为人反复无常，素来怀有野心。当时郑国国君郑僖公一直与子驷不和，因此公元前 566 年时，子驷悍然发动政变，弑杀郑僖公，随后又迎立郑简公即位，大肆诛杀异己。为了安定郑国疆界，整顿国内土地，子驷采取了一系列政策，损害其余贵族的土地利益，因此遭到贵族记恨。

最初时郑国曾与晋国结盟，后来却又遭到楚国的进攻。国中对此莫衷一是，子驷则坦然表示郑国唯强者是从，何况当时晋国是以武力逼迫，于是撕毁与晋之盟约，然后与楚国结成盟约。

公元前 563 年，司氏、侯氏、堵氏、子师氏等贵族发起叛乱，子驷无法抵挡，最终被叛军杀死，其余同党也一同被杀。

【人物评价】

子驷不守君臣大义，犯下弑君恶行，当政后又因专横而失去人心，最终为自己招来败亡命运，咎由自取，罪不在他人。

子皮：仁者与民同在，明臣共贤治国

【人物简介】

子皮，姓姬，罕氏，名虎，字子皮，生年不详，卒于公元前 529 年，春秋时期担任郑国当国。

【人物生平】

子皮的父亲子展（即公孙舍之）也曾担任当国一职，公元前 544 年子展病逝，子皮接替父亲成为郑国上卿。

就在同一年，郑国突然爆发饥荒，而当年郑国土地上的庄稼还没成熟，因此国中百姓生活十分困苦。子皮得知之后便下令分粮于全国百姓，郑国因此得以度过饥荒。这一举动也得到了宋国贤臣乐喜的称赞，后来宋国发生饥荒，乐喜也效仿子皮的做法赈灾济民。

当时郑国政局不稳，几大贵族之间争斗不休，子皮虽为当国却两面为难，因此只能任其互相倾轧。后来这些贵族之间发生火并，其后子产开始崭露头角。

子产是当时郑国贤名远播的一位政治家，就连子皮也对他的才能十分欣赏，于是重用子产进行改革。当改革受到其余贵族的阻力和反扑时，子皮又不惜动用雷霆手段，进行彻底的镇压。在子皮的支持和子产的努力下，郑国局势日益安稳，国力也开始强盛。

公元前 529 年，子皮病逝，死后其子继承上卿之位。

【人物评价】

郑国诸相中，子产几乎是最负盛名的一位，而子皮作为子产的伯乐，也可称得上贤明。尽管由于人情关系而坐视内乱，但子皮最终能够为国举贤，不遗余力地支持改革，这一做法也值得称道。

子产：忠义岂惧国乱，贤明不畏民谗

【人物简介】

子产，姬姓，公孙氏，名侨，字子产，又字子美，号成子，生年不详，卒于公元前 522 年，春秋时期杰出的政治家、思想家。

【人物生平】

子产出身郑国公室，是郑穆公的孙子，自小就对国家军政大事看得十分透彻。公元前 565 年郑国击败蔡国，并俘虏了蔡国司马，国人一片欢呼，只有子产一个人唱反调，提出"小国无文治而又武功，祸患必大"，并表示此后郑国必然受到晋、楚两国的侵扰。

公元前 563 年郑国发生内乱，子产有条不紊地指挥士兵作战，最终平定了叛乱。公子嘉在平叛后掌握实权，打算杀掉所有不肯屈服自己的人，子产再次劝阻，这才使得郑国人心逐渐稳定。

公元前 554 年子产担任郑国的卿，公元前 543 年正式成为郑国执政。为了维护郑国公室的利益，限制贵族特权，在子皮、子大叔等人的支持下，子产推行了一系列改革措施。在子产的倡导下，郑国对贵族大臣的土地进行了严格的划分、整顿，同时又对国中农民进行编制，按照土地收取赋税。为了更好地治理国家，子产还特意颁布了成文法律条款，并铸造大鼎来刻录刑文，又在国中推行学而优则仕的人才选拔制度。尽管这些制度是从维护公室的角度出发，存在着许多不足，但仍旧进一步推动了郑国的封建化。

当时郑国建有乡校，国民干完活后经常会在这里议论政事，甚至抱怨国家政策，因此有人建议子产毁掉乡校。子产则英明地表示，执政者恰恰是通过民间的这些议论，才得以知晓民之好恶，推行有利于民的政策，毁掉乡校等于自断路途。何况防民之口就像堵塞河流，最终结果必然是洪峰暴涨，吞没国家。子产出使晋国之时，又趁机劝说晋国执政范宣子减少诸侯纳贡，勤修德业，范宣子也采纳了这一建议。

子产的改革最初就连国中百姓也十分不满，因此他们经常唱着反对子产的歌谣，歌曰："取我衣冠而褚之，取我田畴而伍之，孰杀子产，吾其与之。"然而最终事实证明了子产的正确。子产推行改革不到三年，郑国百姓的生活水平就大为提高，他们于是又纷纷唱道："我有子弟，子产诲之。我有田畴，子产殖之。子产而死，谁其嗣之？"

公元前 522 年子产病逝，死前还特意嘱咐继任者子大叔，为政一定要宽猛相济。由于自己为官清廉，子产一生并没有留下什么财富，更要求子女一定要薄葬自己。国人得知后十分哀痛，纷纷献出金银做陪葬品，就连孔子也称赞他是"古之遗爱也"。

【人物评价】

子产是春秋时期最为著名的改革家之一。尽管由于时代的局限性，子产的许多改革都是为了公室利益，却依然极大地推动了社会的发展。他对于百姓议政论政的开明观点，更是在当时显得难能可贵，时至今日仍旧值得肯定、效仿。

子大叔：宽政难以御下，刚柔并立久长

【人物简介】

子大叔，姓姬，游氏，名吉，字大叔，生年不详，卒于公元前507年，春秋时期继子产后，郑国又一位杰出的政治家。

【人物生平】

子大叔是郑国的正卿之一，为人十分宽厚笃直。子大叔对郑国贤相子产的改革大力支持，因此得到时人的重视。

公元前522年子产病逝，死前特意嘱咐子大叔说，自己死后，郑国执政必然会由他来担任。但以宽厚服人是唯有圣贤才能做到的，大部分执政者都应该效仿火的猛烈来治民，而不能像水一样柔顺。子大叔虽然知道这是对他的告诫，却没有放在心上。

子产死后，子大叔果然继任执政大臣，也采取了柔顺的态度治理百姓。不久之后国民就对子大叔心生轻蔑，更有许多人沦为盗贼，啸聚山林。子大叔这时才意识到自己的错误，于是当即派兵将全部盗贼诛杀，郑国因此得以安宁。此后子大叔又多次奉命出使各诸侯国，以自己的端正作风赢得了时人的尊崇。

【人物评价】

孔子曾就子大叔一事，专门指出"宽以济猛，猛以济宽，政是以和"的道理，只是子大叔本人最初并没有想到这一点。但子大叔最终还是意识到了自己的错误，因此及时纠治弊政，虽不完美，却也值得褒奖。

驷歂：杀人用道，对错昭昭

【人物简介】

驷歂，姓姬，名驷歂，字子然，生卒年不详，春秋时期郑国执政。

【人物生平】

驷歂出自郑国公室，在子大叔之后继任郑国执政。驷歂当政后做的最著名的

一件事，就是诛杀了著名的思想家邓析。

邓析的思想属于名家学派，同时也是奴隶制的坚决反对者，甚至对当时郑国执政子产的一些政策也有着许多不满。激进的邓析为此甚至自行编写了一套法律，刻在竹简上，并积极推行刑法公开化。邓析为人善于辩论，因此郑国百姓纷纷向他学习法律，为此对郑国贵族统治者，以及当时的国家制度都造成巨大冲击。

驷歂虽然是子产、子大叔之后的继任执政，但无论能力还是声望都有所不及，对于邓析造成的影响难以应付，于是只好下令将邓析杀死。但在邓析死后，驷歂等郑国执政者又继续采取邓析的竹刑，变相地承认了邓析所编写的刑律的正确性和合理性。

【人物评价】

驷歂杀邓析其人而用邓析之刑，由此不难看出邓析的主张正确。但为了巩固统治地位和自身利益，作为政客的驷歂还是采取雷霆手段，这也正体现了守旧势力与新兴势力之间的激烈矛盾和斗争。

驷子阳：苛政民畏，刚猛易折

【人物简介】

驷子阳，姓姬，驷氏，字子阳，生年不详，卒于公元前398年，春秋末期郑国执政。

【人物生平】

驷子阳在郑缥公时期担任郑国相邦，与列子是同一时期的人物。当时列子在郑国生活十分贫困，驷子阳从别人口中得知列子贤良，于是便以重礼相赠。

列子得知后当即拒绝了使者，其妻心中十分疑惑。列子解释说，驷子阳既然只因别人的言辞就轻易相信自己，那么日后也同样会因为别人的话而怀疑自己。侍奉这样的无道之人，如果不尽忠就不义，但尽忠又显得十分不值。

这一番话不久就得到了验证。由于驷子阳平日里执政严苛，从来不肯宽赦别人的罪责，因此他的下属都十分畏惧。有一次他的下属毁坏了一张弓，十分害怕被诛杀，于是便作乱将驷子阳杀死（一说为郑缥公杀子阳）。

【人物评价】

以毁坏一张弓就担心伏诛一事来看，驷子阳治政确实太过严苛，这一点与宽厚的子大叔正好形成鲜明对比，都是失之偏颇的做法。驷子阳的苛刻最终为他带来祸患，这一点对于历代执政者都是一种教训。

吴

伍子胥：可叹忠心不得用，沉入江海化东流

【人物简介】

伍子胥，名员，字子胥，生于公元前559年，卒于公元前484年，享年75岁，春秋时期著名的军事家、政治家。

【人物生平】

伍子胥原本是楚国人，其父伍奢曾担任太傅一职，后因奸臣费无忌等人诬告，而被令尹囊瓦处死。伍奢被捕之后，伍子胥的兄长伍尚劝说伍子胥独自逃难，自己则与父亲一同遇害。

伍子胥最先逃到宋国投奔太子建，后又与太子建一同奔郑。太子建在郑国时阴谋颠覆郑国政权，却因事败被杀，伍子胥只得独自逃到吴国。

伍子胥逃到吴国后结识了公子光，也就是后来的吴王阖闾。他向阖闾引荐了勇士专诸，最终专诸于公元前515年刺杀吴王僚，阖闾得以登上王位。此后伍子胥也得到阖闾的重用，并在3年后与孙武、伯嚭等人一同率军伐楚，报了当年的杀父之仇。公元前506年伍子胥再次统率吴军攻破楚国都城，而且掘开楚平王的坟墓鞭尸以泄恨。

吴国击败楚国之后，顿时扬名于当时各诸侯国，在伍子胥等人的辅佐下，不仅是楚国，就连齐国、晋国等中原大国也对吴国十分畏惧。公元前496年吴王阖闾在攻打越国时兵败受伤，不久后就死去，死前封伍子胥为相国公，辅佐年少的吴王夫差。

最初夫差谨记父仇、励精图治，并击败了抢先兴兵的越王勾践，使得吴国愈发强大，但此时夫差却听信太宰伯嚭之言，放过了越王勾践，伍子胥苦劝无果。经过20年的休养生息，越国国力终于恢复，此时夫差却再次听信伯嚭之言，将伍子胥赐死，伍子胥无奈地感叹道，吴国必然会亡于勾践，希望他死后家人可以挖出他的眼睛挂在城门上，他要亲眼看着吴国灭亡。

夫差得知这一番话后更加愤怒，便下令将伍子胥的尸首装在袋子里投入江中，国人因此为其哀痛，偷偷立祠祭祀。9年以后，吴国果然被越国攻灭。

【人物评价】

伍子胥历来因掘墓鞭尸的"倒行逆施"而饱受争议，但谁都不能否认他是一位杰出的军事家、谋略家。何况在当时的时代观念下，伍子胥为父报仇也在情理

之中，因此不能完全以今日的价值观来评价。伍子胥虽有忠心和才智，却偏偏不敌奸佞的巧言令色，以至最终受人讥谗、身遭伐戮，实在令人叹惋。

伯嚭：承恩而叛恩主，受君而负君托

【人物简介】

伯嚭，又名伯否，生卒年不详，春秋时期吴国太宰。

【人物生平】

伯嚭祖上曾是晋国公室，其父伯郤宛曾在楚国为官，后被楚国令尹囊瓦诬陷而死，伯嚭侥幸出逃。后来伯嚭得知楚国太傅伍奢之子伍子胥出逃至吴国，并且得到吴王的重用，于是便前来投奔伍子胥。

此时的伯嚭只是一介落魄之人，更与伍子胥同病相怜，因此伍子胥将伯嚭引荐给吴王阖闾，两人一同负责训练吴国军马。公元前506年，吴王阖闾在伍子胥和伯嚭的一致请求下，终于派遣大军伐楚，最后将楚国的都城攻克，楚国不得不向秦国求援。最初孙武、伍子胥等人都劝说阖闾班师，但伯嚭却为了争功，主动表示愿意率军攻秦。最后伯嚭被秦军围困，在伍子胥的解救下才得以突围。

公元前496年阖闾在伐越时伤重而死，死后夫差即位，伯嚭被任命为太宰，得到夫差的信任。两年后夫差大败越国，伯嚭却在此时接受越王勾践的贿赂，极力劝说夫差罢兵。伍子胥尽管苦劝夫差，却不被夫差采纳，勾践最终在做了三年奴仆后，得以安然回国，暗中积极备战。在伯嚭的挑拨离间之下，夫差对伍子胥愈发不信任，最终更派人将伍子胥赐死，据说同一时期被赐死的还有著名兵法家孙武。

公元前482年夫差带领吴国精锐参加黄池之会，勾践趁机率兵来攻，吴国因此元气大伤。此时夫差才醒悟到自己受骗，于是斥责伯嚭并命令他出使越国求和。勾践鉴于吴国一时难克，便暂时应允了。

公元前476年勾践再次伐吴，伯嚭却托病不出，最终越国于公元前463年进入吴国都城，吴国就此灭亡。伯嚭也被勾践下令处死，结束了自己罪恶的一生。

【人物评价】

伯嚭为人贪功好色，而又忘恩负义，先是辜负同僚伍子胥的恩情，后又罔顾先王对他的重托，接连做出许多损害吴国利益的事情。吴国的灭亡固然是因夫差骄横而起，但伯嚭也是推波助澜的幕后黑手之一。

秦

百里奚：卑寒何德劳君请，五羖换得霸业成

【人物简介】

百里奚，姜姓，百里氏，名奚，字子明，生于约公元前 726 年，卒于公元前 621 年，享年 105 岁，春秋时期秦国名相，为秦国后来的统一做出了杰出贡献。

【人物生平】

百里奚最初在虞国担任大夫，也就是"借虢灭虞"故事中的虞国。公元前 655 年，晋献公采取假道伐虢之计，先后灭掉虢国、虞国，百里奚曾经劝说虞国国君不要借道，无奈国君不听。后来百里奚就与国君一同被俘。当时的晋国与秦国互通婚姻，百里奚于是作为晋国的陪嫁奴仆被送往秦国。百里奚在半途中逃跑，却被楚人抓住。

楚王听说百里奚善于养牛，便委派其为自己养牛，秦穆公得知百里奚是位贤才，最初打算以重金将其换回，但为了防止被楚国君臣察觉，又改为以五张羊皮换回，因此时人又称其为"五羖大夫"。此后秦穆公对百里奚十分礼遇，与其畅谈三天三夜，随后更让他担任了上卿。

百里奚当政之后，不仅向秦穆公推荐了另一位贤臣蹇叔，还积极倡导文明教化，为秦国百姓谋求利益，同时又对外谋求霸业。这一时期秦国不仅学到了周室先进的生产技术，又先后占有了甘肃、宁夏等地，领土疆域不断扩大，国力也越发强盛。百里奚又积极修复秦、晋两国的关系，最终使得秦国成为当时一大强国，后来更成为春秋五霸之一。

公元前 627 年秦穆公决意伐郑，并以百里奚之子孟视明、蹇叔之子白乙丙、西乞术为统帅，大夫蹇叔苦劝无果，百里奚和蹇叔因此抱头大哭，秦穆公为此大怒。最终秦军果然因轻敌而战败，孟视明等人也被晋国俘虏，秦穆公这才后悔，于是在后来宽恕了孟视明等人的罪过。

【人物评价】

百里奚入秦之前，秦国还只是当时西方的一个偏僻小国，并不具备争霸的实力，但百里奚的到来却使这一切从此改变。正是在百里奚的努力下，秦国学到了东方的先进技术，逐步增强了综合国力，一跃成为当时能够与其余诸侯国分庭抗礼的巨大势力。可以说，秦国之所以能在后来建立起春秋霸业、一统大业，百里奚的功劳是不容小觑的。

蹇叔：秦公何必恨中寿，须知老马识正途

【人物简介】

蹇叔，生于约公元前 690 年，卒于公元前 610 年，享年 80 岁，春秋时期秦国著名的政治家。

【人物生平】

蹇叔本为宋国人，为人甘于淡泊、不慕名利，因此做了一名隐士。也正是在这一时期，蹇叔遇到了流落各国的百里奚，并与他成为至交。百里奚为了出人头地，曾先后打算投奔齐国的公子无知和周厉王之弟王子颓，但都被蹇叔劝阻。

后来蹇叔又带着百里奚来到虞国。蹇叔认为虞国君主不值得投奔，但这次百里奚没有听从。后来虞国果然亡于晋国，百里奚也沦为俘虏，后辗转得到秦穆公的重用。于是百里奚便将蹇叔引荐给秦穆公。

秦穆公一心想要争霸中原，为此向蹇叔询问方法，蹇叔于是教导秦穆公以德义为根本，在国中倡导文明开化，摒弃蛮夷陋习，同时还要做到"毋贪，毋忿，毋急"。在对外方面，蹇叔又建议秦穆公先消除西戎之患，平定后方之后再谋求中原。这一番建议使得秦穆公豁然开朗，于是将百里奚、蹇叔同时拜为上卿。

公元前 627 年时，秦国已经开始走向强盛，秦穆公一时失策，决定对郑国用兵。蹇叔从当时晋、秦、郑三国的形势和地理分析，认为秦军必然失败，但秦穆公不愿听从，并以孟视明（百里奚之子）和白乙丙、西乞术（蹇叔两子）为将，率领大军远征郑国。蹇叔与百里奚得知后，在送别仪式上抱头痛哭，气得秦穆公大骂他们"中寿，尔墓之木拱矣"（如果早死一点，坟墓上的树木都已经有合抱那么粗了）。

尽管秦穆公信心十足，但最终事实还是证明了蹇叔的正确性：由于轻敌大意，秦军不仅被晋军大败，孟视明等三人也被俘虏。秦穆公得知之后这才后悔当时没有听从蹇叔之言。

【人物评价】

蹇叔不仅有着不下于百里奚的谋略，同时又有知人之明，这从他屡次劝阻百里奚入仕、劝阻穆公用兵一事上就能看得出来。正是在蹇叔和百里奚的辅助下，秦穆公最终确定了称霸的正确道路，也为秦国后来的强盛和一统六国奠定了基础。

樛斿：天子分胙臣有幸，内外连横兴秦邦

【人物简介】

樛斿，姓樛，名斿，一作樛游，生卒年不详，战国时期秦国首任相邦。

【人物生平】

樛斿是秦惠文王时期人。公元前 334 年周天子赠秦王胙肉，承认了秦国在各诸侯国之间的地位，秦国于是设立新官职相邦，樛斿有幸成为首任任职者。

公元前 328 年张仪得到秦王赏识，接替樛斿的相邦一职，但 6 年后为了达成连横的目的，张仪又不得不去往魏国任相，樛斿因此再次担任相邦。此后张仪与樛斿一外一内，共同配合，成功地实现了秦国与魏国的联合。

公元前 318 年时，乐池又接替了樛斿的相位，此后关于樛斿的事迹不详。

【人物评价】

樛斿的生平事迹不详，但从其与张仪互相配合一事来看，他能够出任秦国相邦绝非一时之幸，而是与他的政治才能密切相关。

张仪：纵横独凭一张嘴，缔盟只需三寸舌

【人物简介】

张仪，生年不详，卒于公元前 309 年，战国时期秦国著名的纵横家、政治家。

【人物生平】

张仪原本是魏国人，据说最初时曾拜在奇人鬼谷子门下，学习游说之术。学成之后张仪便到了秦国，得到秦惠文王的重用。

纵横家往往都是凭借三寸不烂之舌来游说诸侯，达成自己的目标，张仪自然也精于此道。公元前 328 年秦国攻占了魏国的蒲阳后，张仪先是劝说秦惠文王归还蒲阳、派出人质，接着又成功说服魏王，使其献出上郡十五县和少梁，张仪因此得到秦惠文王的赏识，并担任了秦国相邦。

公元前 325 年魏国与秦国翻脸，张仪又奉命率军击败魏国，并攻占了魏国的陕地。公元前 324 年张仪正式拥立秦惠文王为王（此前称公），次年又参加与齐、楚两国的会盟并缔结了盟约。随后又被免去相位。

当时东方六国在公孙衍的倡导下建立合纵同盟，张仪于是前往魏国担任国相，为秦国谋取利益。公元前 317 年时，魏襄王鉴于六国联军之败，终于答应退出合纵，改与秦国缔盟。张仪也凭借着这一功劳再次出任秦国国相，公元前 316 年又统率秦军攻克巴国，再次为秦国扩大了版图。

公元前 316 年张仪出使楚国，暗中挑拨齐、楚两国关系，欺骗楚怀王以商於 600 里土地作为交换，换取秦、楚缔盟，事后却又出尔反尔，将 600 里土地改为 6 里，楚国因此发兵攻秦，却被秦、齐两国击败。此后楚国不得不割让领土以求和。

公元前 311 年楚怀王主动要求以土地换取张仪，打算杀掉张仪泄恨，但张仪

却收买了楚国大夫靳尚和楚怀王宠姬郑袖，借此保全了性命。此后张仪又先后游说楚王、韩王、齐王、赵王和燕王，将合纵联盟彻底破坏。此时秦惠文王因病去世，秦武王素来厌恶张仪，因此张仪的连横也遭到破坏。为了保全自己，张仪利用齐王的怨恨，主动要求秦武王将自己送到魏国，以此挑拨齐、魏两国关系，破坏合纵联盟。此后齐湣公果然派兵攻打魏国，张仪于是又派遣门客劝说齐湣王，使得齐湣王罢兵，自己则安心在魏国任相，1年后因病去世。

【人物评价】

张仪一无显赫出身，二无勇武之能，仅仅凭借三寸不烂之舌，就成功使得当时天下最为强大的国家君主纷纷听从，因此改变天下局势。纵横家的智慧韬略，在他身上得到了完美的体现。

樗里疾：侍君曾历三世，雄韬堪辅一国

【人物简介】

樗里疾，又称樗里子、严君疾，生年不详，卒于公元前300年，为秦孝公之子，也被后世堪舆家尊为先师。

【人物生平】

樗里疾与秦惠文王是同父异母的兄弟，为人精擅辞令、足智多谋，在当时被人们誉为"智囊"，秦惠文王也对自己的这位弟弟十分倚重。公元前330年，秦惠文王以樗里疾为右更攻打魏国，曲沃之地全部被纳入秦国的版图。此后樗里疾又先后击败赵国、楚国，并攻占了蔺邑、汉中等地，因此被封为严君。

公元前311年秦惠文王病逝，秦武王即位。秦武王对樗里疾这位叔父愈发看重，于是将其封为右丞相，又以甘茂为左丞相，共同辅佐自己治理秦国。不久之后樗里疾又奉命出使周王室，还统率着100多辆战车，威势十分浩大。周王室对此十分忌惮，于是派遣士兵手执武器沿途迎护。

公元307年秦武王病逝，秦昭襄王即位，此时樗里疾的地位更加尊崇，并于次年奉命统率大军攻打卫国蒲城。蒲城大小官员十分惊慌，于是便求助于义士胡衍。胡衍于是进入秦军大营，告知樗里疾说，一旦卫国失去蒲城，必然会倒向魏国；而魏国一旦崛起，就可能从秦手中夺回河西之地。因此，攻打蒲城有害无利，一旦失败更会给自己带来罪责。樗里疾采纳了这一建议，于是退兵攻打魏国。但最终樗里疾也没能攻下魏国城池，只好下令撤军。

公元前300年樗里疾因病逝世，死前曾预言百年之后，自己坟墓旁必然会有天子宫殿，后来西汉果然于此地修建长乐宫，樗里疾因此被后世堪舆家推崇为

先师。

【人物评价】

樗里疾历经秦国四代君王，辅助秦惠文王、秦武王、秦昭王三代，其间多次取得对外战争的胜利，为后来的秦一统六国奠定了基础，可说是功勋卓著。

甘茂：通百家足以事君，受讥谗难能辅国

【人物简介】

甘茂，姓姬，甘氏，名茂，生卒年不详，战国时期担任秦国左丞相。

【人物生平】

战国时期有一位名叫史举的学者，是史书所载的第一位精通百家学说之人，而甘茂正是史举的弟子。甘茂学习有成之后，又通过张仪、樗里疾等人的关系，受到秦惠文王的重用。

公元前311年秦惠文王病逝，甘茂又得到秦武王的重用，与樗里疾分别担任秦国的左右丞相。公元前308年，秦武王对甘茂表示希望前往周室参观，但路途上却隔着韩国的三川之地，甘茂于是请求联魏伐韩，秦武王也应允了。与魏国成功结盟后，甘茂又劝说秦武王不要立即发兵，秦武王十分惊讶。甘茂则解释说，自己出身卑微，倘若秦武王出兵后又不信任自己而罢兵，必然会导致魏国愤怒、韩国仇视，因此自己希望得到秦武王的完全信任。秦武王再次应允。后来战事果然僵持不下，武王于是力排众议，坚决援助甘茂。最终秦军击败韩国，秦武王得以通过三川之地谒见周室。

秦武王于公元前307年举鼎力竭而死，死后秦昭王即位。当时楚国攻打韩国，秦国上下都不愿援助，于是甘茂向秦昭王进谏，表示韩国一旦失利，六国必然形成联盟，到时候秦国就会面临六国联合讨伐。秦昭王因此被说动，派兵解救了韩国之危。

后来樗里疾奉命攻打魏国，甘茂也一同随行。在甘茂的建议下，秦国将武遂一地归还给韩国，但这一举动却导致了向寿和公孙奭两人的不满。两人多次在秦昭王面前讲甘茂的坏话，甘茂因此心中畏惧，逃到了齐国。

甘茂逃到齐国之后，担心自己的家人被迫害，于是求助于齐国的苏代。在苏代的劝说之下，秦王当即派人赶赴齐国迎接甘茂，苏代又趁机劝说齐王，将甘茂拜为上卿。眼见甘茂在齐国得到重用，秦国于是厚待甘茂的家人，以此来争取甘茂。

后来甘茂又奉命出使楚国，秦国趁机向楚国请求送回甘茂，但楚王担心秦国

一旦得到甘茂就会壮大，因此最终拒绝了这一请求。此后甘茂再也没有回到秦国，最后死在了魏国。

【人物评价】

甘茂为秦国立下汗马功劳，却因受到排挤而见谗于君王，最终只好奔逃外国，流落他乡，可谓明珠暗投、生不逢时。甘茂出逃也对当时的秦国造成了很大冲击，这不得不说是秦国统治者的一大失误。

魏冉：幸赖功勋成众望，却因私心毁政途

【人物简介】

魏冉，又名魏厓、魏焻，生卒年不详，战国时期秦国丞相。

【人物生平】

魏冉的姐姐即秦昭王之母宣太后，魏冉在秦惠文王时期，就已经开始参与国政。公元前307年，好战的秦武王举鼎力竭而死，死后没有子嗣，魏冉于是发动群臣，迎立秦昭王登上君位。魏冉也因此被任命为将军。

后来秦国一度发生贵族叛乱，都被魏冉镇压。公元前300年赵人楼缓来到秦国，赵国为防止其当上秦相，便以仇液出使秦国。最终仇液不辱使命，成功劝说秦王疏远楼缓，魏冉当上了秦国丞相。

公元前293年，魏冉独具慧眼地挑选白起为将，最终白起不负重托，成功击败韩、魏两国，次年又从楚国那里夺得了两座城池。这一时期魏冉一度以病免职，但第二年就再次被拜为相，并被封为穰侯。此后魏冉统率秦军，从魏国夺得了河东方圆400多里的土地，又攻占了魏国河内地区的60余座城池。

公元前288年魏冉又积极建立秦、齐两国的友好关系，促使秦齐两国互尊为帝。魏冉当了6年的丞相，又被秦君罢免，不久后又第三次出任丞相。在他的建议下，秦国再次以白起为将，最终秦军攻下楚国都城，魏冉因此进一步提高了声望。

公元前275年魏冉亲自统兵攻打魏国，魏国无法抵挡，情势一时危急。于是魏国大夫便主动拜见魏冉，告诉他秦军远来疲敝，魏国一旦被逼急了必然举全国之力并联合诸侯，到时候胜败难论，不如趁此时逼迫魏国割让领土。魏冉答应了。

公元前274年魏国背盟，魏冉再次偕同白起等人率军出击，连克魏国土地。后来魏冉又击败了赵国，打算为赵国增加兵力去攻打齐国，但被齐国的使者劝阻。

公元前271年魏冉又打算攻打齐国，以便邀取封赏，范雎得知后便嘲笑魏冉，并在秦昭王面前痛陈利害，最终秦昭王罢免了魏冉，并命令其迁到封地。此后魏

冉便远离了秦国庙堂，在封地忧愤而死。

【人物评价】

魏冉掌权期间为秦国立下赫赫战功，因此获得了巨大的声望和财富，但他的出发点并不全然是为了国家，也没能摆正君臣位置、做好谦冲之道，因此使得自己受到君王猜疑，最终遭到罢免。

范雎：昔日堂下尿溺客，今朝奋起匡诸侯

【人物简介】

范雎，生年不详，卒于公元前255年，战国时期著名政治家，曾在秦昭王时任相。

【人物生平】

范雎最初时是魏国大夫须贾的门客，曾与须贾一同奉命出使齐国。范雎因帮助须贾解围而得到齐襄公的赏赐，却被须贾怀疑为私通齐国，因此回国之后便向宰相魏齐上报。魏齐得知后也不调查，当即对范雎施以重刑，还命人公然在其身上撒尿以示羞辱。范雎最后通过装死才得以逃脱。

为了躲避搜捕，范雎不得不化名张禄，后来又得到出使魏国的秦国使臣王稽赏识，王稽于是带着范雎回到秦国，并将他引荐给秦昭王。然而秦昭王见多了当时的游说之客，于是只是把范雎安排在客舍，整整一年没有接见他。范雎于是主动上书给秦昭王，陈述圣明君主重视贤才的道理，秦昭王这才接见了他。

接受秦昭王接见时，范雎先是故意冲撞内宫，激怒秦昭王，接着又在秦昭王询问时含糊其词。秦昭王感到好奇，便问范雎原因。范雎于是趁机说道，自己虽然有心进言，但毕竟出身微寒，万一因言获罪或不得信任，最终也难免一死。秦昭王于是长跪着表示自己绝不因言治罪，范雎这才把自己的策略全数告知秦昭王。

在范雎的建议下，秦昭王采取了远交近攻的对外方针，不久后就降服了魏国，随后又迫使韩国臣服。此时秦国的政权仍旧由魏冉掌控，秦昭王私下也对此十分顾忌，范雎于是力劝秦昭王亲自主政。在范雎的劝说下，秦昭王先是夺取太后专政之权，又将魏冉等人驱逐至封地，随后又封范雎为国相，并将应城赏赐给他。

范雎虽然精于政治权谋，但为人心眼较小，睚眦必报。后来须贾又奉命出使秦国，范雎便故意穿得破破烂烂去拜见他，须贾大吃一惊，于是便请范雎吃饭，并赠给他一件衣袍。范雎谎称自己能带着他拜见国相张禄，等到了府邸须贾才得知真相，吓得立即跪地请罪。范雎念在须贾之前赠衣的旧日情分上，饶恕了须贾，并责令魏国杀掉宰相魏齐。此后范雎又劝说秦昭王，将当时维护、引荐自己的郑安平、王稽等人分别重用，并大肆报复对自己有过哪怕一丁点冒犯的人。而魏齐

也因为被秦国逼迫走投无路，不得不自杀而死。

当时东方六国为了抗秦而结成合纵联盟，范雎便建议秦昭王以重金为诱，瓦解了六国同盟。后来范雎因与白起结怨，便进谗言诛杀了白起，但自己之前所举荐的郑安平却因战败而降赵，王稽也因犯罪被杀，范雎因此感到惊恐。尽管秦昭王对范雎依旧礼遇，范雎却十分忧虑，于是接受了燕人蔡泽的建议，以病辞去相位，由蔡泽来接替自己任职。不久后范雎便病死在封地。

【人物评价】

范雎早年不逢明主，因此无辜受刑，最终辗转得到秦王的赏识，成功帮助其建立霸业，也成就了自己的威名，尽管心胸有些狭窄，仍然无损于他的功绩。更难能可贵的是范雎能够懂得进退之道，既立功而又能全身，实在是一种人生大智慧。

蔡泽：处困厄不损达志，居高位不忘谦冲

【人物简介】

蔡泽，生卒年不详，战国末期著名政治家。

【人物生平】

蔡泽在很早的时候就周游列国，并拜许多博学之人为师，但却一直没有得到各诸侯国的任用。然而蔡泽却一直都十分豁达，并信誓旦旦地表示自己将来一定会飞黄腾达，但不久就被赵王驱逐。

公元前264年，秦国丞相范雎因私人恩怨杀死名将白起，但自己所举荐的人又都犯下大错，蔡泽得知之后便来到秦国，并故意放出风声，说自己要取代范雎为相。范雎便将蔡泽召至面前质问。蔡泽趁机对范雎进行了一番劝说。

蔡泽首先对范雎说，四季的更替、五体的协调都是自然之道，而人们渴望辅佐君主、建功立业，以此扬名于后世也是自然之理。至于商鞅、吴起、文种这些人的悲惨下场则不值得羡慕。而微子、孔子、管仲都不曾为君而死，并成就了自己的贤名，可见立功而身全才是第一等，立功而身死则是低一等的选择。如今范雎的功劳远远不能和商鞅、文种、伍子胥这些人相比，而秦昭王对忠臣的信任更比不上秦孝公、楚悼王、越王勾践，然而范雎却位极人臣，享尽荣华富贵，但却不知节制、不知功成身退，只怕将来难免会落得一样悲惨的结局。范雎听后恍然大悟，于是以礼邀请蔡泽，将其视为自己最尊贵的客人。

不久之后范雎便入朝，将蔡泽引荐给秦昭王。秦昭王与蔡泽经过一番畅谈，也对蔡泽十分欣赏，于是范雎趁机以病请辞，蔡泽得以拜相，不久之后就帮助秦昭王灭掉了东周。几个月后蔡泽因遭人中伤，便辞去相国之位，随后又辅佐了秦

孝文王、秦庄襄王、秦王嬴政三代君主，并在秦王嬴政时出使燕国，成功地使燕国太子丹入秦为质。

【人物评价】

蔡泽初时不得信任，更曾遭到君王驱逐，但最终能够抓住机会，成就自己的盛名，正是所谓的"功夫不负有心人"。此外，蔡泽还是一位精通辩论之人，善于抓住利害关系进行劝说，为自己谋得利益。这是他成功的又一大原因。

吕不韦：居奇货以执天下，背谦冲而亡身家

【人物简介】

吕不韦，姜姓，吕氏，名不韦，生于公元前292年，卒于公元前235年，享年57岁，战国时期著名商人、政治家、思想家，曾担任秦国丞相。

【人物生平】

吕不韦原本是一位商人，凭借着自己的商业头脑积攒了大量的财富，但他却不满足于此，而是想尽一切办法从政。当时秦昭王之孙子楚正在赵国为质，生活十分落魄，吕不韦见到后便将其视为"奇货"。

吕不韦于是想尽办法与子楚结交，表示自己的门庭全靠子楚而兴盛，并花费重金为他在赵国收买人心。随后吕不韦又前往秦国，收买子楚父亲安国君的宠姬华阳夫人。华阳夫人正因无子而担心日后失宠，于是便采纳吕不韦的建议，将子楚收为义子，并在安国君面前盛赞子楚，子楚因此被安国君立为继承人。

吕不韦又将自己的宠姬赵姬送给子楚，赵姬后来生下一子，即秦王嬴政。公元前257年秦赵交战，吕不韦花费重金买通守关士卒，带着子楚回返楚国，等到秦昭王病逝、安国君即位后，子楚也被立为太子。公元前249年子楚即位，即秦庄襄王，吕不韦于是成为秦国丞相。

子楚当了三年国君就因病去世，秦王嬴政即位。吕不韦成为嬴政的"仲父"，与嬴政生母赵姬旧情不断，又在暗地里私通。为了教导秦王嬴政，同时也是为了与战国四君子争夺名望，吕不韦又在国中广泛征召当时名士，编修了著名的《吕氏春秋》。《吕氏春秋》实际上是一部以黄老思想为核心、讲究无为而治的治国纲领。

等到秦王渐渐长大，吕不韦担心私通赵姬之事被发现，便另外找了一名叫嫪毐的人来侍奉赵姬，嫪毐因此受宠，并且成为当时的一大权贵，甚至就连吕不韦都要顾忌三分。等到嫪毐私通太后的事情被揭露后，嫪毐又趁着嬴政外出加冠的时机发动叛乱，却被嬴政领兵镇压。吕不韦此前是引荐嫪毐之人，在嫪毐平叛时

又没有主动出面，因此被嬴政厌恶、疏远。

公元前 237 年，嬴政念在吕不韦往昔的功劳，下令免去其丞相职务，并要求其迁居封地河南，吕不韦于是淡出了秦国政坛。但在接下来的一年多时间里，吕不韦仍在封地大会宾客，因此遭到嬴政的忌惮。于是嬴政又下诏责问吕不韦，并命令其迁到更加偏远的蜀地。吕不韦担心自己日后被害，于是服毒自杀。

【人物评价】

吕不韦凭借着商人的精准眼光、投机取巧，巧妙地利用子楚登上秦国相位，由商转政，成为当时天下最具权势的政坛人物，其智慧和能力不可不说杰出。但吕不韦虽有才智，却又不懂得政治无情、不知谦冲低调，因此最终为自己带来大祸，实在是一种严重的错误。

甘罗：七岁孺子犹训圣，吾今更有十六城

【人物简介】

甘罗，生于约公元前 256 年，卒年不详，战国时期著名的神童，12 岁时就被拜为秦国上卿。

【人物生平】

甘罗的祖父即秦国的左丞相甘茂。甘茂曾因畏惧谗言而出逃秦国，此后终身不曾回返，而他的子女家人则受到秦王的厚待，就此继续定居秦国。甘罗在 12 岁时就做了当时秦国丞相吕不韦的家臣。

吕不韦为了占据赵国领土，便打算派遣将领张唐前往燕国联合出兵，但要抵达燕国就必须经过赵国。此前张唐曾与赵王有仇，因此张唐畏惧而屡次推脱，吕不韦为此十分气愤。甘罗得知之后，便主动表示自己有办法劝说张唐，吕不韦则怒斥他说，连自己都没有办法，他一个 12 岁小儿又有何才能。甘罗反驳说，7 岁的项橐都能给孔子当老师，何况自己更比项橐年长呢？于是吕不韦便派他前去一试。

甘罗见到张唐后便问他，他的功劳能否与名将白起相比？张唐表示自己不如白起。甘罗又问他名相范雎的权势能否与吕不韦相比？张唐表示范雎不如吕不韦。于是甘罗便说，当年白起都因忤逆而被范雎所杀，现在张唐敢于违逆吕不韦，只怕前途凶险。张唐于是答应前往燕国。

接着甘罗又说服吕不韦，以使者的身份前往赵国，为赵王分析其中利害。他劝赵王说，与其等到秦、燕两国联合攻赵，不如由赵国自行奉上城池，再联合秦国一起攻燕，赵王应允并献出 5 座城池。此后赵国便趁机攻打燕国，夺得 30 余座

99

城池，并将其中 11 座分给秦国。

甘罗仅仅凭借三寸不烂之舌，不费一兵一卒就为秦国夺得十几座城池，秦王嬴政大喜之下，就将此前甘茂的土地财产全数赐给甘罗，并封他为上卿。

【人物评价】

甘罗虽然年龄幼小，心智却极为深沉，可说是一代少年权谋术士。

秦

李斯：曾辅君王成帝业，却死名利负君身

【人物简介】

李斯，李氏，名斯，字通古，生于约公元前 284 年，卒于公元前 208 年，秦朝政坛一代著名人物。

【人物生平】

李斯最初曾在楚国担任管粮仓的小官吏，生活十分清贫。后来他无意间看到厕所的老鼠身形瘦弱，粮仓的硕鼠却身形肥大，于是愤而离开楚国，向荀子学习帝王之术。学成之后，李斯经过一番分析，最终选择到秦国求官。

李斯很快就得到秦国丞相吕不韦的赏识，成为秦王身边的大臣。在李斯的劝说下，秦王确定了先灭韩的对外战略方针，又采取各种手段，离间东方六国的关系，果然取得了成功。因此李氏又被封为客卿。然而就在此时，秦王因为韩国间谍郑国一事，下令驱逐所有秦国以外的来客，李斯于是又写了《谏逐客令》一书，力劝秦王海纳百川，收拢天下贤士。最终秦王接受了这一建议，并将李斯升为廷尉。其间李斯也曾引荐同门师兄弟韩非，但后来却又因忌妒韩非而将他陷害致死（一说为李斯是替秦始皇背负罪名）。

公元前 221 年秦国终于灭掉六国，统一了全中国，李斯也因功被任命为丞相。在李斯的建议下，秦始皇废黜分封制、采用郡县制，这一政治举措此后影响中国长达 2000 余年。为了进一步巩固中央集权、加强君主专制，李斯又建议秦始皇"书同文、车同轨"，统一全国的度量衡和货币，极大地促进了社会经济的发展。在秦始皇的命令下，李斯还创制了隶书这一字体，并代替秦始皇在传国玉玺上刻下"受命于天，既寿永昌"八字。

公元前 210 年秦始皇驾崩，死前遗令由长子扶苏继位，然而李斯为了巩固自己的地位，竟与赵高私下合谋，矫诏赐死扶苏和大将蒙恬，拥立昏聩的胡亥继位，

即秦二世。秦二世只知贪图享乐，更对赵高十分信任，于是赵高趁机在暗中陷害李斯。李斯因此被捕下狱，大将冯劫和另一名老臣冯去疾也自杀身亡。不久后李斯被腰斩而死，死后夷灭三族。

【人物评价】

早年的李斯因仓中老鼠而发愤，最终学有所成，并辅助千古一帝秦始皇成就一统天下的大业，可说是秦王朝第一功臣。但李斯后期却为了个人利益而违背先帝之托，为此也成为了秦王朝的大罪人。李斯因追逐名利而显赫，又因贪求名利而身死，不可不令人警醒。

赵高：指鹿作马陷忠义，欺君弑主倾帝基

【人物简介】

赵高，嬴姓，赵氏，名高，生年不详，卒于公元前 207 年，为秦朝历史上的著名奸臣。

【人物生平】

赵高出身秦国宗室，其父赵升曾是子楚（即秦庄襄王）在赵国为人质时身边仅有的一名仆人。赵高曾因精于书法和刑律，而担任公子胡亥的老师，后因事犯罪而被判处死刑。由于秦始皇嬴政的赏识，赵高后来又被赦免，并继续担任中书令一职。

公元前 210 年秦始皇驾崩于沙丘，死前遗诏由长子扶苏继位，然而赵高却蛊惑了公子胡亥，又威胁逼迫丞相李斯与自己合谋，矫诏赐死扶苏，拥立胡亥继位，即秦二世。此后赵高被封为郎中令，成为秦二世最信任的心腹大臣。

赵高为了巩固自己的利益，便极力劝说秦二世沉溺于享乐，更建议二世杀掉自己的所有兄弟姐妹，以绝后患。昏聩的秦二世接受了这一建议，于是秦始皇的其余十几位子女全数因迫害而死。为了进一步掌握大权，赵高又把眼光对准了秦国的丞相李斯。

李斯虽然曾与赵高合谋，却仍然忧心国家大事，因此对秦二世十分担心，赵高趁机劝说李斯向秦二世进谏，同时又偷偷地在秦二世面前说李斯的坏话，因此秦二世对李斯更加疏远。李斯后来又联合将军冯劫和老臣冯去疾一同上书，却被愤怒的二世关入监狱。冯劫和冯去疾不久就在狱中自杀，李斯随后也被判处腰斩而死。

李斯死后，赵高成为秦朝的丞相，权势、地位更加显赫。有一次他故意在上朝时命人牵来一只鹿，当着文武百官的面说这是一匹马，群臣对此众口不一。事

后赵高将所有说是鹿的人全数杀死，群臣从此噤若寒蝉。

　　由于秦二世继续推行严酷的暴政，全国百姓不堪忍受，终于爆发了反抗。尽管最初起义的陈胜、吴广遭到镇压，其余起义势力如项羽、刘邦等却日益壮大。秦二世最初时仍被蒙在鼓里，后来才得知情势危急，于是责问赵高。赵高担心被秦二世问罪，于是命令女婿阎乐弑杀秦二世，秦二世苦求做郡王、万户侯、平民百姓皆不获准许，只得拔剑自杀，赵高随即拥立子婴为王。子婴知道赵高是祸国奸臣，于是在登基不久后就将赵高处死。

【人物评价】

　　今人熟知的赵高是一位手段狠毒、遗臭万年的宦官，但根据学者考证，赵高不仅不是宦官，甚至还是当时秦王朝最具能力的官员之一。但不论真相为何，赵高都是一个心胸险恶、人品低劣、残害忠良的无道佞臣，更是秦王朝灭亡的推手之一。

汉

西汉

郦商：早岁从龙征沙场，晚年顺势安庙堂

【人物简介】

郦商，生年不详，卒于公元前180年，汉初时担任右丞相。

【人物生平】

公元前209年陈胜吴广起义反秦，郦商趁机也纠集了一支独立的队伍。等到汉高祖刘邦来到，郦商便率领部队尽数投靠了刘邦。此后郦商多次跟随刘邦外出作战，先后攻取数座城池，因此被封为信成君。

公元前206年楚汉相争，郦商带领着一支汉军四处征战，先后夺得了北地和上郡，并击败了章邯、周类、苏驵等人，因功被封为梁国国相。此后郦商连续两年与项羽作战，并夺得了胡陵一地。

公元前202年项羽自刎于乌江畔，楚汉战争结束，但同年燕王臧荼又发起叛乱。郦商再次跟随刘邦出征，并因为骁勇善战而在事后被任命为右丞相，受封涿侯。此后郦商又多次带兵，先后平定了代国、陈豨和英布的叛乱，其间还担任太上皇刘太公的护卫，可以说是功勋卓著。

等到高祖驾崩、吕后专政，郦商的儿子郦寄与吕氏交好，因此周勃等人平定诸吕时，首先想到的便是郦商。周勃为了夺取吕禄的北军大权，便派人胁迫郦商，使其派出儿子游说吕禄，最终夺得兵权并将诸吕一网打尽。同年郦商也因病去世，谥号"景侯"。

【人物评价】

比起"汉初三杰"等风流人物，郦商显得并不突出，但在汉高祖征战天下的

过程中，郦商也是一位很重要的人物。晚年的郦商虽然是在胁迫之下，才参与了镇压诸吕的政治斗争，但仍旧为巩固刘氏江山做出了巨大贡献。

萧何：月下曾追无双将，他年辅得赤帝成

【人物简介】

萧何，生于公元前 257 年，卒于公元前 193 年，享年 64 岁，为汉初著名丞相，也是"汉初三杰"之一。

【人物生平】

萧何最初时曾在沛县担任秦国的小官吏，对法律十分精通，更与刘邦、樊哙、周勃等人结识。萧何虽然博学多才，却对作风无赖的刘邦十分敬佩，更多次利用职权来维护刘邦。后来刘邦之妻吕雉因刘邦私放囚犯而被捕入狱，又是萧何等人想办法将她救出。

公元前 209 年陈胜吴广起义爆发，萧何等人也暗中与刘邦联络，并劝说沛县县令召回刘邦共同举事。后来县令反悔而将刘邦拒于城外，萧何等人又发动城内百姓杀死县令，拥立刘邦为首领。

后来刘邦四处率领士兵征战，萧何都负责镇守后方协调军事，调度十分得宜。公元前 206 年刘邦攻入咸阳城，麾下大部分士兵都进入皇宫之中，抢夺金银珠宝美女，只有萧何率领士兵直接包围了丞相御史府，将藏于其中的国家户籍、地形、法令等各种档案，全数完好无损地收藏了起来。后来刘邦阵营也正是因此得以知晓全国各地的情况，为拟定正确的战略夺取天下奠定了重要的基础。

不久后刘邦因项羽逼迫而退出咸阳，随后被改封为汉王，迁到偏远的巴蜀一带。抵达巴蜀之后，刘邦的士兵纷纷因思念家乡而逃亡，此前投奔到刘邦帐下的韩信，也因得不到刘邦重用而逃走。萧何是最初引荐韩信的人，得知这一消息后慌忙骑马追赶，刘邦以为萧何也要逃跑，愤怒地派人前去寻找。最终萧何成功地追上韩信，劝说韩信回心转意，随后又与赶来的夏侯婴等人一同返回。

在萧何的建议下，刘邦以隆重的礼仪拜韩信为大将军，事实证明萧何果然没有看错。在接下来的征战当中，韩信多次统率汉军大破楚军，最终以十面埋伏之计击败项羽，迫使项羽自刎于乌江岸边。

刘邦登基之后，曾明确表示自己不如萧何、张良、韩信，因此三人也被称为"汉初三杰"。在接下来的论功封赏中，萧何因首功而被封为诸侯第一，接着又被刘邦排为第一位次，享有剑履上殿的特权。公元前 199 年，国都咸阳也在萧何的主持修建下竣工，随后刘邦改咸阳为长安。

后来刘邦为了巩固皇权，大肆诛杀异姓王，在萧何的帮助下，韩信也被骗入皇宫处死。此后萧何愈发得到刘邦的厚待，一时十分得意。就在此时，有人故意穿着丧服登门拜访，并对萧何痛陈利害，萧何这才警醒并入宫辞掉封邑，又拿出钱财补充国库。

此时汉朝仍未彻底平定天下，刘邦经常外出征战，萧何则在后方处理政务。刘邦屡次派遣使者询问萧何在做什么，萧何的门客便劝说萧何故意剥削百姓，博取骂名，以此打消刘邦的猜忌。萧何于是无奈答应。后来萧何又趁机劝说刘邦体恤百姓，刘邦果然大怒，并将萧何下狱。经此一事后，萧何终于感到畏惧，从此不再过问政事。

公元前 195 年刘邦驾崩，此后萧何又在约法三章的基础上，借鉴秦律来修订汉律。公元前 193 年萧何病重，同年逝世，死后谥号"文终侯"。

【人物评价】

萧何虽然是一名小吏出身，却有着杰出的治国之才和识人之明，刘邦后来之所以能击败项羽、一统天下，萧何是当之无愧的第一辅臣。

曹参：勇将不辞生死，贤相何必标新

【人物简介】

曹参，字敬伯，生年不详，卒于公元前 190 年，为萧何后汉初第二任丞相。

【人物生平】

曹参早年曾在沛县负责管理监狱，与萧何、刘邦、樊哙、周勃等人甚为熟识。公元前 209 年刘邦起义之后，曹参与萧何也跟随刘邦一同起事。当时萧何奉命镇守后方、统一调度，曹参则在前线带兵，奋力杀敌，屡次立下战功。

等到刘邦退出咸阳，受封汉王之后，曹参也被封为建成侯，跟随刘邦一同进入巴蜀。后来刘邦又率领军队进入中原，与项羽争夺天下，曹参也以将军的身份统率汉军，跟随刘邦一同攻下了咸阳。公元前 205 年，曹参以左丞相的身份进入关中，与韩信共同攻打魏王豹，魏地最终全部被汉军攻克。随后曹参又与韩信共同击败了齐国和龙且的军队，并留在齐国故地安抚局势。

公元前 201 年刘邦登基为帝，封赏麾下将士，萧何因功被排在第一，曹参紧随其后，位居第二，并被封为平阳侯。此时曹参与萧何因封赏而产生矛盾，但仍互相视对方为至交。等到刘邦的长子刘肥被封为齐王之后，曹参又被任命为齐国国相，后又改为丞相。曹参在齐国任相 9 年，其间采取清静无为的黄老思想治理当地，终于使得齐国安定。

公元前 193 年萧何病逝，死前向汉惠帝推荐曹参，于是曹参接替萧何为相。然而曹参上任后，整日里却只是饮酒作乐，没有推行任何新的大政方针。当汉惠帝对此表示疑问时，曹参则解释说，自己的才能不如萧何，而汉惠帝也不及汉高祖的神武，偏偏汉高祖与萧何已经订立下足够完善的制度，因此汉惠帝只需要垂拱而治即可，汉惠帝因此心悦诚服。这就是"萧规曹随"典故的由来。

曹参当了 3 年的丞相，直到公元前 190 年因病去世，死后谥号"懿侯"。

【人物评价】

曹参虽然比不上萧何的才智韬略，却又勇武善战，因此为汉王朝的建立立下赫赫大功，这一点从他仅次于萧何的排名就能看出。更可贵的是，曹参同时又能够看清自己、明辨局势，顺应形势、无为而治，这种治政方式可谓大智。

陈平：乡老何必赞分肉，他年治国亦不输

【人物简介】

陈平，生年不详，卒于公元前 178 年，汉初著名丞相。

【人物生平】

陈平自幼勤于读书，曾因分肉得宜而受到乡民称赞，却因家贫而一直没能娶妻。后来同乡的富户张负认为陈平面相不凡，便对儿子说：哪有仪表堂堂却始终卑微的人呢？于是便将孙女嫁给他，并拿出家财资助陈平。

公元前 209 年陈胜吴广起义爆发，陈平也辞别家人，辗转投到项羽麾下。陈平在鸿门宴上意识到刘邦不凡，于是暗中改变了心意。不久之后张良为了解救困在项羽身边的刘邦，冒险找到陈平求助，陈平于是慨然允诺，借机帮助刘邦脱困。

公元前 205 年陈平因故触怒项羽，于是转而投奔刘邦。刘邦也对陈平十分看重，让他担任自己的车驾，并负责监视三军。由于陈平资历浅薄，人们纷纷诬告他有偷盗金子、私通大嫂等不端行为，刘邦于是把陈平召到面前询问。陈平对此淡然解释，刘邦于是彻底相信了陈平。

公元前 203 年刘邦在楚汉之争中处于劣势，陈平于是劝说刘邦以反间计离间项羽和范增、钟离眜的关系，这一计策果然奏效，范增最终被项羽逼走。后来项羽猛攻刘邦，陈平再次派人假扮刘邦吸引楚军，使得刘邦成功逃离。

公元前 203 年汉军情势危急，此时韩信却要求刘邦封自己为王才肯出兵，刘邦愤而大骂韩信。陈平在桌下踢了刘邦一脚，刘邦这才及时醒悟，于是大肆封赏韩信。同年刘邦接受陈平的建议全力攻楚，最终项羽兵败自刎而死。

刘邦登基之后，有传言说韩信将要造反，刘邦当即打算率兵攻打，最终陈平

建议刘邦以巡游为名，不费一兵一卒就将韩信抓获。等到刘邦被困白登城，又是陈平用计买通冒顿单于的宠妾，为刘邦化解了危机。公元前195年刘邦听说吕后的妹夫樊哙也要造反，又派遣陈平前去诛杀樊哙。最终陈平选择将樊哙生擒带回长安，以此保全了自己日后不被吕后清算。吕后死后，陈平与周勃共同平定了诸吕之乱，事后将右丞相之位让与周勃，自己则担任了左丞相。

汉文帝登基之后，曾就国内经济之事询问周勃，周勃不能回答，而陈平却表示宰相重在辅君，不必事事清明，周勃因此认为自己不如陈平，于是辞去相位。此后陈平便担任右丞相一职，直到公元前178年因病去世。

【人物评价】

比起萧何，陈平的治国才能有所不及；比起韩信，陈平的统兵才能也几乎为零。然而陈平却凭借着自己那些看似上不得台面的计谋，多次帮助刘邦扭转局势、绝地反击，后来更一举平定诸吕之乱，再次恢复刘氏江山，功劳不可说不大。

王陵：憨直有余得倚幸，变通不足遭废黜

【人物简介】

王陵，生年不详，卒于公元前181年，汉高祖刘邦同乡，曾担任右丞相一职。

【人物生平】

王陵与汉高祖刘邦本是同乡，并且是当地豪强，因此刘邦对他十分恭敬，自视为"小弟"，但王陵却认为刘邦无赖，对他并不怎么看得起。等到刘邦起兵反秦之后，王陵也以自己的名义拉起一支队伍，但并未与刘邦会合，而是占据了南阳一带。

项羽为了迫使王陵归顺，便将王陵的母亲迎至军营，然而王母却自杀身亡，项羽一怒之下便将王母烹煮。王陵得知后满心悲愤，于是便投奔了刘邦。此后王陵数次为刘邦立下战功，但由于刘邦对早年的事情耿耿于怀，因此很晚的时候才封赏王陵。

等到刘邦驾崩之前，吕后问他谁可接替曹参，刘邦属意由王陵担任，但又担心他过于耿直，便又下令由陈平辅佐。公元前189年，王陵与陈平分别担任右丞相、左丞相。吕后在汉惠帝死后想要大封诸吕，但王陵却以刘邦的白马之盟为理由，坚决拒绝了吕后的要求。等到陈平等人迫于吕后压力而屈服时，王陵曾经质问陈平，但最终被陈平劝阻。

公元前187年吕后明升暗降，将王陵升为太傅，实际上却剥夺了他的相权，王陵一怒之下不再上朝，并于8年之后病逝，死后谥号"武侯"。

【人物评价】

　　王陵早年就明确地流露出看不起刘邦的态度，后来更是断然地拒绝吕后，可见其为人确实耿直、憨厚。但王陵虽然因这份憨直而得到汉高祖倚重，却也因这份憨直而被罢免。

审食其：受托曾护孤弱，无辜不得善终

【人物简介】

　　审食其，生年不详，卒于公元前 177 年，汉高祖刘邦同乡，曾担任左丞相一职。

【人物生平】

　　公元前 209 年刘邦起兵反秦，并自立为沛公，随后便将自己的妻子吕雉和儿女托付给了兄长和审食其。公元前 205 年刘邦为项羽所败，吕雉等人沦为俘虏，审食其在此期间亦尽力保全吕雉等人，因此得到吕雉的信任，后来被封为辟阳侯。

　　赵王张敖曾将一名小妾赵姬献给刘邦，并怀有身孕，但就在此时张敖却因谋反被捕，赵姬也一同入狱。由于吕后的忌妒，审食其尽管接到赵姬之弟的请求，却还是没能在吕后面前保住赵姬，最终赵姬在生下一子后自杀而亡。

　　刘邦驾崩之后，审食其曾与吕后密谋除掉诸将，但却被郦商劝阻。等到吕后专政，审食其又被封为左丞相，专门负责监察朝中百官。公元前 180 年吕后病逝，审食其被封为太傅，诸吕之乱后又再次出任丞相，但不久就被汉文帝免官。

　　公元前 177 年，赵姬生下的儿子已经长大成人，即淮南王刘长。刘长怨恨审食其在之前没有尽力救母，于是便假意登门拜访，趁机将审食其锤杀。

【人物评价】

　　审食其先是奉命照顾吕后，后来又得到吕后倚重，极力斡旋朝中大事，也算是颇有功劳。至于营救赵姬之事，审食其虽然没能完全尽力，但也同样付出了努力，因此刘长的报复行动也可谓是无理取闹。

吕产：掌大权而犹豫，临庙堂而无谋

【人物简介】

　　吕产，生年不详，卒于公元前 180 年，吕后之侄，曾担任汉朝相国一职。

【人物生平】

　　吕产的父亲吕泽很早就跟随刘邦起兵反秦，立有大功，因此公元前 199 年其父病逝后，吕产也被封为洨侯。吕后专政之后，吕产也于公元前 182 年被封为吕

王，次年又被改封为梁王，并留在朝中担任太傅一职。

吕后于公元前 180 年病逝，临终前任命吕产统率南军，后来又将吕产封为相国。吕后死后吕产等人有意作乱，但因慑于周勃、灌婴等人的势力而没能成功。等到齐王刘襄起兵之后，吕产曾命令灌婴带兵平叛，但灌婴却私下与刘襄达成协议并按兵不动，使得吕产等人更加被动。

不久之后吕产又计划在宫中发动叛乱，但此时由吕禄所掌控的北军却被周勃接管，于是周勃等人当即派遣士兵入宫，并与吕产发生激战。吕产因不敌而逃跑，却在厕所中被抓获并杀死。此后诸吕之乱也迅速得到平定。

【人物评价】

吕产等诸吕之人虽然掌握军权，但一来无吕后之威望、能力，二来犹疑不定，难以决断，更不得朝中群臣支持，因此败亡也就成为顺理成章之事。

周勃：刘氏无须多恐，得勃自然可安

【人物简介】

周勃，生年不详，卒于公元前 169 年，为汉初宰相。

【人物生平】

周勃与汉高祖刘邦等人俱为沛县同乡，自幼习武但生活贫困，不得不编织竹席、吹鼓奏乐以养家。等到刘邦起义之后，周勃也一同追随了刘邦。

与曹参等人一样，周勃在跟随刘邦出征期间屡立战功，并跟随刘邦一同进入咸阳。等到刘邦退出咸阳、受封汉王之后，周勃以威武侯的身份一同跟随刘邦入蜀，并以将军的身份统率汉军，随后又与刘邦一同进入关中，与项羽争夺天下。在刘邦讨伐燕王臧荼、韩王信、陈豨、燕王卢绾等人的战役中，周勃都跟随刘邦一同出征，并屡次立下战功。

等到燕国平定之后，刘邦已经驾崩，周勃则被汉惠帝任命为太尉，得到汉惠帝的重用。等到吕后去世之后，周勃为了平定诸吕之乱，便与丞相陈平合谋夺得北军兵权，随后将诸吕全数诛杀。事后陈平以自己不如周勃功高为理由，推举周勃担任了右丞相。

后来周勃因担心功高震主而辞相位，右丞相改由陈平接任。陈平一年后因病去世，于是周勃再次担任右丞相。同年汉文帝为了使诸侯各返封国，便下令周勃身做表率，免去了他的相位。

周勃前往封国后，每次都会穿着铠甲迎接中央巡查官员，因此被人诬告为谋反，汉文帝于是将周勃下狱。周勃在狱中受尽狱卒凌辱，最终以重金收买狱卒和朝中重臣，才换得自己的自由。此后周勃一直在封地养老直到去世。

【人物评价】

汉高祖刘邦临终前曾说，"安刘氏者必勃也"，最终周勃也确实不负所托，成功捍卫了刘氏江山，不愧为国之基石。

灌婴：疆场血战寻常事，位列臣极有何奇

【人物简介】

灌婴，生于公元前250年，卒于公元前176年，享年74岁，为汉文帝时丞相。

【人物生平】

灌婴原本是一个卖布的商人，后来又跟随刘邦一同起兵反秦。灌婴为人英勇善战，数次在战场上立下大功，因此被刘邦封为宣陵君，后来又改封为昌文君。

刘邦受封为汉王之后，灌婴也被任命为郎中，后来又担任中谒者一职。此后灌婴继续跟随刘邦南征北战，先后击败了司马欣、董翳、龙且等人，因功被封为昌文侯。刘邦曾想要任用秦人李必、骆甲来组建骑兵，但二人却以自己出身秦民、恐遭怀疑而请求刘邦挑选首领，于是刘邦便委派灌婴统率二人。灌婴后来又奉命单独带兵，击败了项羽麾下的大军，然后成功与韩信会师。事后灌婴因功被任命为御史大夫。

公元前204年，灌婴奉命偕同韩信出征齐国，齐军大败，将领周兰也被灌婴活捉。紧接着灌婴又率兵南下，接连攻克项羽的领土。公元前202年项羽兵败自刎之后，灌婴又跟随刘邦一同讨伐燕王臧荼，次年又参与了逮捕韩信一事。此后灌婴被封为颍阴侯。

在后来的韩王信、陈豨和英布之乱中，灌婴都曾奉命率兵征讨，后来诸吕打算反叛，灌婴又被命令统兵镇压齐王刘襄。但灌婴不愿屈服于诸吕，于是暗中与齐王刘襄达成协议，双方按兵不动。等到周勃、陈平平定诸吕之乱后，灌婴又被任命为太尉。

公元前177年丞相周勃被免去职务，灌婴于是接替周勃。同年匈奴大举入侵，灌婴又统率大军讨伐匈奴，匈奴不战而逃。次年灌婴因病去世，死后谥号"懿侯"。

【人物评价】

灌婴最初以商人身份跟随刘邦，却能够在战场上勇于冲锋、拼死作战，不仅为刘邦统一全国立下了赫赫战功，更为自己赢得了身前身后名，不愧为一时豪杰。

张苍：年高而历三代，智勇而固汉邦

【人物简介】

张苍，生于公元前 256 年，卒于公元前 152 年，享年 104 岁，为汉文帝时丞相。

【人物生平】

张苍出生于战国末期，直到汉景帝时才病逝，享寿长达 104 岁，这在现代也是一个足以令人惊讶的数字。早年的张苍甚至还曾拜在荀子门下，与李斯、韩非等人都是同门师兄弟，等到秦一统六国之后，又成为秦朝的一位御史。

后来张苍因为犯罪而不得不弃官逃跑，等到刘邦起义之后，张苍又投奔了刘邦。有一次张苍因罪而被判处死刑，却因身高八尺、肤色白皙而被王陵称奇，于是向刘邦求情赦免其罪。此后张苍便一直跟随刘邦南征北战，其间因功被封为北平侯。

等到刘邦击败项羽、一统天下之后，张苍又担任了主计。由于早年博览群书、精于计算、历法和乐律，张苍得到国相萧何的赏识，从此便一直留在相府中，负责管理全国各地上交的账本。公元前 196 年刘邦将儿子刘长封为淮南王，张苍奉命担任淮南国的相国，后来又调回朝廷担任御史大夫一职。

诸吕之乱平定之后，张苍与周勃、陈平等人共同迎立代王刘恒即位，即汉文帝。公元前 176 年丞相灌婴病逝，张苍于是接任丞相一职。张苍在任期间，主要致力于修订音律和历法等工作，倡导推行《颛顼历》，修订《九章算术》，同时又积极在法统上为汉王朝正名。此外张苍又对各种器物的度量制定出统一的标准，作为规范在全国范围内大力推行。张苍尽管位高权重，却依旧对有过救命之恩的王陵十分恭敬，直到王陵死后，张苍还经常登门拜见王陵的遗孀，不敢有丝毫失礼。

当时人们都信奉五德更替之说，张苍坚定地认为汉朝属于水德，但却有人提出反对，认为汉朝为土德，不久之后果然出现土德的祥瑞，因此张苍受到问责。张苍于是趁机以多病为理由拒绝上朝。与此同时，张苍所举荐的官员也犯下罪责，张苍再次受到问责。此后张苍干脆请辞相位。

张苍罢相之后便一直在家中养老，直到公元前 152 年去世，享年 104 岁，是古代历史上著名的寿星。

【人物评价】

张苍的寿命极为年长，因此一生履历也十分精彩，单凭此点就可说是"人生赢家"。张苍不仅为汉王朝立下武功，在社会文化建设方面更是起到了巨大的作用，是一位不可多得的相才。

申屠嘉：居高何必忌妒，刚正自有廉名

【人物简介】

申屠嘉，生年不详，卒于公元前 155 年，为汉文帝时丞相。

【人物生平】

申屠嘉也与萧何、韩信等人一样，为西汉王朝开国功臣，只是功勋相对较小，不如萧、韩等人显著。早年申屠嘉别无他长，只是因为力大能拉开强弓，而得以跟随在刘邦身边。

直到汉惠帝即位后，申屠嘉都仅仅是担任了郡守的职务，后来直到公元前 179 年，汉文帝再次论功封赏开国功臣，申屠嘉才得以被封为侯爵。等到张苍被任命为丞相后，申屠嘉也出任御史大夫，位列三公之一。

张苍罢相后，同一时期的汉高祖老臣也大多病逝，因此汉文帝左挑右选，都找不到合适的丞相人选，无奈之下只得以申屠嘉为相。申屠嘉为人刚正严明、不畏权贵、恪守礼节，因此群臣都对他十分畏惧。

有一次汉文帝的宠臣邓通在朝堂上轻浮失礼，申屠嘉认为他不恭敬，于是便当面向汉文帝抗议，认为君王即便宠幸臣下，也不应该在礼节上有所放松。汉文帝当即表示会在事后进行告诫。然而申屠嘉还是不满意，于是又在退朝之后，特意将邓通召至相府问罪，直到邓通磕头流血仍不肯赦免他。后来还是汉文帝派遣使者手持符诏，才保住了邓通的性命。

公元前 157 年汉文帝驾崩，汉景帝即位，对内史晁错十分信任，就连申屠嘉的一些建议也逐渐得不到采纳，申屠嘉因此心中气愤。恰好当时晁错因为进出内史府不便，而擅自凿开宫中之墙，却在无意间将先皇的宗庙外墙一并拆毁。申屠嘉得知之后，便决定以大不敬的罪名，奏请汉景帝诛杀晁错。

然而晁错却在事先得知了这一消息，当晚就跑进宫中向汉景帝请罪，汉景帝于是赦免了他。第二天申屠嘉入宫奏请，汉景帝自然没有准许。申屠嘉后悔自己没有先杀掉晁错再去奏请，因此气得吐血，不久后就因病死去。

【人物评价】

申屠嘉先有开国之功，后有刚廉之名，可说是汉朝一代名臣、名相。只是申屠嘉虽然治政严明，为人却又不通权谋、心胸狭窄，最后甚至因此气愤而死。

陶青：知心能读君意，奈何枉杀晁公

【人物简介】

陶青，生卒年不详，为汉景帝时丞相。

【人物生平】

陶青的父亲陶舍曾经跟随汉高祖刘邦起事，是西汉开国功臣之一，因功被封为侯爵。等到汉景帝即位之后，陶青也被任命为御史大夫，为三公之一。

公元前155年丞相申屠嘉病死于任上，陶青于是接替申屠嘉为相。公元前154年吴楚七国之乱爆发，吴王等人打出"清君侧、诛晁错"的旗号，情势一时危急。于是陶青偕同中尉陈嘉、廷尉张欧等人一同上书，请求汉景帝诛杀晁错，汉景帝应允。然而七国之乱并未就此平息，最终汉景帝通过任命周亚夫等人，才平定了这场叛乱。

公元前150年，汉景帝下令以周亚夫代替陶青，接任丞相一职。

【人物评价】

陶青主动上书奏请诛杀晁错，可见其善于揣摩君意，精于政治权术。

周亚夫：生前不曾亏汉室，君王何忧死后身

【人物简介】

周亚夫，生于公元前199年，卒于公元前143年，享年56岁，为丞相周勃之子，汉景帝时丞相。

【人物生平】

周亚夫是汉初丞相周勃的次子，最初时担任河内郡守一职，周勃死后，爵位也由周亚夫的兄长周胜之继承。然而后来周胜之却因犯罪而被剥夺侯爵，汉文帝于是下令由周亚夫接替兄长袭爵，并担任河内太守一职。

周亚夫为人谨慎，治军也十分严明。公元前158年匈奴入侵，周亚夫与另外两名将领各自统军镇守长安，其余两处军营汉文帝都能自由出入，唯有周亚夫一处只尊统帅之令，对汉文帝也坚决不肯放行。等到周亚夫亲自到来，依旧是穿着铠甲手执武器，不以臣礼而以军礼觐见，令汉文帝十分称奇。等到匈奴退兵之后，汉文帝便将周亚夫提升为中尉，奉命执掌京城兵权，护卫天子宫室。

公元前157年汉文帝驾崩，临终前嘱托汉景帝周亚夫是可用之才，于是汉景帝将周亚夫任命为将军。公元前154年吴楚七国之乱爆发，汉景帝便以周亚夫为太尉，命其带兵镇压叛乱。周亚夫于是提出暂不救援梁国、背后绕道攻打叛军后

方的建议，汉景帝应允。此后周亚夫数次拒绝梁王的援助请求，更连汉景帝的命令也丢在一边，坚决执行自己的战略方针，终于用 3 个月的时间平定了叛乱。但周亚夫也因此与梁王结怨，为后来的悲惨下场埋下了伏笔。

公元前 152 年周亚夫接替陶青为相，却在废立太子一事上与汉景帝产生分歧。再加上梁王屡次在窦太后面前进谗，最终导致汉景帝疏远了周亚夫。后来周亚夫又坚决反对汉景帝封皇后之兄为王、封匈奴降将为侯，因此遭到汉景帝训斥，此后周亚夫便以病辞去相位。

有一次汉景帝想要试探周亚夫，便请他入宫赴宴，却又故意不给他筷子，周亚夫于是向仆人索要，汉景帝因此不乐。汉景帝又见周亚夫谢罪时带有情绪，于是认定他难以辅佐少主。不久之后周亚夫的儿子为了准备殉葬器物，偷偷买了 500 副盔甲，却因拖欠工钱而被工匠告发有谋反行为。汉景帝下诏责问周亚夫，周亚夫却因毫不知情而难以回答，又被汉景帝认为态度倨傲，于是周亚夫被下狱问罪。

周亚夫在狱中受到廷尉羞辱，被刁难是"打算死后想要在地下谋反"，气愤之下便绝食五日，最终因饥饿吐血而死。

【人物评价】

周亚夫精于治军，曾为平定七国之乱立下大功，却偏偏不精权谋、不通帝王心术，因此虽然身居高位，最终却不免受辱死于牢狱之中。

卫绾：忠厚可堪辅业，平庸难能治成

【人物简介】

卫绾，生年不详，卒于公元前 131 年，为汉景帝时丞相。

【人物生平】

卫绾早年因善于驾车而成为汉文帝的近侍，担任郎官一职，后来逐渐得到升迁，出任中郎将。卫绾为人忠厚老实，没有私心，因此汉文帝对他十分称赞。

汉景帝还是太子的时候，曾经宴请汉文帝身边近臣，只有卫绾为了避嫌而谎称有病，没有参加宴会。汉文帝得知后，便在临终前嘱咐汉景帝厚待卫绾。汉景帝登基后，曾就当年宴请一事询问卫绾，卫绾再次表示自己确实患病。事后汉景帝得知卫绾依旧保存着当年汉文帝赐予的六柄宝剑，这才明白他的忠诚。

卫绾身居庙堂却不与人争，有功则推给他人，有过则尽力遮掩，因此汉景帝对他更加重视。吴楚七国之乱爆发后，卫绾也奉命领军镇压，立下大功，因此又担任了太尉，三年后又受封为建陵侯。汉景帝废掉太子刘荣时，卫绾也被赐予告老还乡。

等到汉武帝刘彻被立为太子后，汉景帝又下令由卫绾担任太子太傅，并出任御史大夫一职，后来卫绾又担任了丞相。由于老成持重、安守本分，卫绾任相期间并没有什么建树。

汉武帝登基后卫绾继续担任丞相，却逐渐因政见不合而遭到窦太后的不满，再加上当初自己并未能处理好一些冤狱，卫绾不久后就被免去相位。

【人物评价】

卫绾虽然出任相位，但并没有萧何、曹参等人那样的治国才干，仅仅是凭借战功和稳重的作风立于庙堂，因此几无可称道的善政，十分平庸。

窦婴：位高不知祸从小，身死岂因一矫诏

【人物简介】

窦婴，字王孙，生年不详，卒于公元前131年，为汉武帝时丞相。

【人物生平】

窦婴是窦太后的堂侄，也是当时窦氏外戚子弟中最具才干的一人。窦婴最初时曾在吴国为相，后来又在汉景帝时期担任詹事。

汉景帝曾在醉后表示要把弟弟梁王立为太子，窦太后私下也有此意，但窦婴却当众提出反对意见，因此窦太后十分不喜，此后窦婴便辞去了官职。等到吴楚七国之乱爆发后，汉景帝经过一番考察，最终以窦婴为大将军，率兵镇压叛乱。事后窦婴因功被封为魏其侯，成为与周亚夫同样显贵的大臣，许多人都投到他的门下当宾客。

公元前153年窦婴出任太子刘荣的太傅，后来刘荣遭到废黜，窦婴也以病辞官。窦太后曾打算以他为丞相，但汉景帝最终没有应允。直到汉武帝即位后，他的舅舅田蚡为了博取名声，便通过王太后劝说汉武帝以窦婴为相，于是窦婴开始出任丞相。

之后窦婴又因推崇儒术，而与信奉黄老之道的窦太后产生嫌隙，最终窦婴被免去相位，而田蚡却凭借着与汉武帝的舅甥关系，继续过问政事，于是窦婴的门客纷纷转投田蚡，窦婴因此十分苦闷，只与灌夫一人交好。然而灌夫却是个蛮横粗人，不久后便与田蚡结怨。田蚡最初时曾在窦婴门下，对窦婴十分恭敬，更曾帮助窦婴之子免去杀人罪行，发迹之后想要索取窦婴的一块土地，却被窦婴生气地拒绝，因此田蚡也感到十分生气。窦、田二人之间于是产生了嫌隙。

公元前131年窦婴与灌夫一同参与田蚡的婚宴，其间灌夫却因宾客小瞧自己与窦婴而发怒，再次当众顶撞田蚡，于是遭到扣押。事后窦婴为了营救灌夫，再

次与田蚡产生矛盾，事情甚至闹到了汉武帝那里。由于灌夫确实犯有种种不法行为，而知晓田蚡罪行的灌夫又被扣押，再加上王太后的维护，汉武帝最终判处灌夫死刑，窦婴也因此受到牵连而下狱。此时窦婴又上书称自己曾获得汉景帝遗诏，但这份遗诏的备份却不见于宫中，因此窦婴又被指责犯下矫诏之罪。

同年冬天灌夫全家被斩，窦婴最初打算绝食，后来听说汉武帝无意诛杀自己，于是又开始吃饭。然而就在此时流言又起，于是汉武帝最终下令将窦婴处斩。

【人物评价】

表面上看，窦婴之死似乎十分无辜，但仔细一想则不然。自古庙堂之上风波险恶，既已遭到免职，就应该趁机安养天年，这才是正确的保身之道，然而窦婴却明显犯下错误。窦婴一来因免官而心生不快，可见其心胸狭隘；二来与莽夫灌夫结交，可见其识人不明。至于后来因灌夫而与权臣交恶，就更是失智之举了。因此窦婴最终也可说是自食恶果。

许昌：处权争而上位，守淡泊以全身

【人物简介】

许昌，生卒年不详，为汉武帝时丞相。

【人物生平】

许昌的父亲曾跟随高祖刘邦起义，因功被封为柏至侯，后来许昌继承了这一爵位。

当时汉武帝与祖母窦太后在政见上不和，因此御史大夫赵绾便上书汉武帝，建议以后不要让太后过问政事，却被太后得知。窦太后一怒之下，将赵绾等人全数罢免，窦婴也被免去相位，而由许昌接任。时为公元前139年。

许昌因是窦太后提拔，因此也顺从窦太后的黄老治国政策，为相期间并没有什么突出政绩。公元前135年窦太后病逝，汉武帝彻底掌握大权之后，便将许昌免职。

【人物评价】

许昌虽为丞相，实则不过是当时汉武帝与窦太后权力争夺下暂时妥协的结果，因此他为人低调无为，并没能崭露头角，但这也不失为一种高明的保身之术。

田蚡：天恶不法自有报，临死何须畏鬼魂

【人物简介】

田蚡，生年不详，卒于公元前130年5月7日，为汉武帝舅舅，曾担任丞

相一职。

【人物生平】

田蚡的姐姐即汉武帝生母王太后，最初时担任郎官这样的卑微官职。这时的田蚡经常前往魏其侯窦婴家中，对窦婴毕恭毕敬、十分顺从。直到后来田蚡才逐渐发迹，担任了太中大夫一职。

等到汉武帝即位之后，田蚡的地位也随之水涨船高，受封为武安侯。在门客籍福的建议下，田蚡选择了暂时隐忍，向汉武帝推举魏其侯窦婴为相，自己则出任了同样尊贵的太尉一职。事后籍福又登门劝说窦婴宽厚待人，但窦婴没有听从。

窦婴和田蚡都支持汉武帝独尊儒术的做法，因此遭到窦太后的记恨而双双免职，但此后田蚡凭借着与汉武帝的密切关系，继续参与政事，公元前135年终于当上了丞相。此后田蚡利用自己的权势，多次在朝中安插心腹，并且大肆搜刮民财，做出种种不法之事。为了维护自己的田地，田蚡更屡次阻止朝廷治理黄河河道，致使黄河沿岸百姓遭受巨大苦难。

此时窦婴却因失势而门庭冷落，只有曾任太仆的灌夫与其往来。然而灌夫却因脾气横暴而与田蚡结怨，窦婴最终也卷入了其中。有一次，田蚡派籍福来向窦婴索取一块土地，却被窦婴气愤地拒绝，灌夫更是直接破口大骂。尽管籍福极力掩盖，田蚡最终还是得知了真相，因此感到十分不满。

公元前131年窦婴与灌夫一同参加田蚡的婚宴，其间灌夫又因宾客的轻视，而与田蚡当面顶撞，籍福竭力周旋未果，灌夫最终遭到关押。为了营救灌夫，窦婴在朝堂上与田蚡互相攻击，两人的矛盾随之激化。最终汉武帝经过查证，发现灌夫确有诸多不法行径，再加上王太后的维护，于是下令将窦婴与灌夫一同下狱。尽管灌夫也抓到了田蚡勾结淮南王的把柄，无奈却因身陷牢狱而无法陈述，田蚡得以保全自己。

同年灌夫全家被杀，窦婴也因"矫诏"之罪而被处死。次年田蚡就突然病倒，口出奇怪之言，巫者表示这是灌、窦二人的鬼魂作祟，不久后田蚡就病死于任上。死后他与淮南王结交的罪证被揭露，汉武帝这才慨叹田蚡如果还在世，必然遭到灭族的下场。

【人物评价】

坦白来说，田蚡虽然对灌夫、窦婴的死负有责任，但也并不能完全把罪责全数推在他的头上，灌夫、窦婴二人同样为此犯有过失。但就行事举措来看，田蚡任相后不仅大力排除异己，同时又中饱私囊，结交不法，犯下种种罪行，因此也是奸佞之臣。

薛泽：无功无过，趋平避祸

【人物简介】

薛泽，生卒年不详，为汉武帝时丞相。

【人物生平】

薛泽的父亲也是汉高祖刘邦的重臣，因功被封为广平侯。薛泽后来也在汉武帝朝中任官。

公元前130年丞相田蚡病死，御史大夫韩安国奉命代行丞相之事，汉武帝私下也打算寻找时机，正式任命其为丞相。然而韩安国代相执政没有多久，就不小心从车上摔下，因此导致无法行走，汉武帝无奈之下，只好将薛泽任命为丞相。

薛泽就此担任相位，直到公元前124年，在任一共6年，但任职期间政绩平平，无可称道之处。后来汉武帝便以公孙弘取代了薛泽。

【人物评价】

汉武帝御下严苛，因此终汉武帝一朝的丞相都十分难当，任职者亦多有被杀或自杀之人。薛泽虽然无所作为，但也因此没有什么明显的错误，最终得以安然卸任，倒也是一种意外之幸。

公孙弘：削竹为简勤不辍，汉皇封侯任相来

【人物简介】

公孙弘，姓公孙，名弘，字季，生于公元前200年，卒于公元前121年，享年79岁，为汉武帝时丞相。

【人物生平】

公孙弘年少时曾在家乡担任狱吏，后来因犯罪而被免官，不得不跑到其他地方养猪谋生，公孙弘虽然贫困却依然勤于学问，因为买不起书，他就在养猪的竹林中砍伐竹子，将书刻在竹片上苦读。

公元前159年公孙弘已经40多岁，这时的他依旧身份卑微，但却依然勤学不辍。经过反复的思虑，他最终选择以《公羊传》作为主要的攻读方向。直到公元前140年时，60岁的公孙弘才以贤良之名受到当地推举，得到汉武帝的起用。但不久之后公孙弘就因出使匈奴的工作没有做好，而使汉武帝心中不满，于是公孙弘又辞官回到老家。

公元前130年公孙弘已经70岁，这时他再次得到当地举荐，于是再次赶赴长安。在回答汉武帝所询问的"天人之道"时，公孙弘的建议得到汉武帝的重视，

于是汉武帝下令将他的对策列为第一名，并任命他为博士。

于是公孙弘抓住这一机会，主动向汉武帝上书论述自己的才能，汉武帝为此感到惊讶。后来公孙弘奉命视察西南夷，回来后极力反对通西南夷的国策，但汉武帝并没有采纳。此后公孙弘每逢上朝，都不与汉武帝争论辩驳，而是由汉武帝自行决定，因此汉武帝认为公孙弘为人忠厚，升任其为左内史。

公元前127年，公孙弘又上书反对在河南增设郡县，但汉武帝并未采纳。此后公孙弘又出任御史大夫。在任期间公孙弘多次劝说汉武帝采取严刑峻法，主父偃和游侠郭解都因此被杀。公元前124年丞相薛泽被免，汉武帝为了让公孙弘出任丞相，便先封他为平津侯，公孙弘因此成为历史上第一个因丞相而封侯之人。

公孙弘任相之后，便修建了多座馆舍接待天下贤人，自己也因此得到了时人的称赞，但也有人指责他虚伪矫饰、沽名钓誉。事实上，公孙弘也确实做了许多打击异己、陷害忠良的亏德之事。公元前121年公孙弘病死于丞相任上，死后谥号为"献"。

【人物评价】

公孙弘早年贫而好学，却直到60多岁才得以显贵，其间从不曾放弃苦读，可说是自强不息的典型。但客观来讲，公孙弘任职期间的做法却并不值得褒奖。为了维护自己的利益，公孙弘或是曲意逢迎汉武帝，或是陷害异己，尽管也曾提出过反对意见，但德行依旧有所亏损。

李蔡：敢为人先创功业，不守德法枉封侯

【人物简介】

李蔡，生年不详，卒于公元前118年，为飞将军李广堂弟，汉武帝时任丞相。

【人物生平】

李蔡是汉武帝时著名的飞将军李广的堂弟，很早的时候就跟随堂兄一同抵御匈奴，并担任汉文帝的侍从。公元前124年李蔡又担任了轻骑将军。

汉武帝时期西汉国力渐盛，最终对匈奴展开反击，李蔡也于此时跟随大将军卫青一同出兵，并击败了匈奴的右贤王，因功受封乐安侯，此后开始进入政坛，不久就担任了御史大夫，位列三公之一。丞相公孙弘病逝于任上后，李蔡便接替公孙弘为相。

或许是出身军旅之故，李蔡任相之后依旧作风强硬，因此政绩较为显著，尤其是在治吏、改币、统禁盐铁等方面，做出了重要贡献。但后来李蔡也做出了一些违法行为。

公元前 118 年有人上书，告发李蔡私自侵占汉景帝陵墓附近的一块空地，犯下大不敬之罪，李蔡因此被免职。李蔡不肯接受官吏审问，于是在不久后自杀身亡。

【人物评价】

李蔡为人勇武果断、敢为人先，因此不仅为汉朝立下赫赫战功，更成为汉武帝朝一代有为之相。但李蔡身居高位却不知守法律己，终因一时得意忘形而犯下大罪，以至最后下狱身死，这样的大起大落值得反思。

庄青翟：鹬蚌相斗两失利，先发后死枉争名

【人物简介】

庄青翟，生年不详，卒于公元前 115 年，为汉武帝时丞相。

【人物生平】

庄青翟的父亲曾被封为武强侯，后来爵位又由庄青翟继承。此后庄青翟先后在汉武帝时担任了御史大夫、太子少傅等职位。

公元前 118 年丞相李蔡因犯罪而下狱自杀，死后汉武帝便下令由庄青翟接替相位。御史大夫张汤素来深得汉武帝倚重，并且协助汉武帝推行多项重要国策，然而相位却没能由自己担任，因此心中十分不满。此后张汤便在暗中构陷庄青翟。

公元前 115 年汉文帝陵墓被盗，庄青翟与张汤约定上朝时一同请罪，然而张汤却出尔反尔，打算以此由庄青翟背负罪名，并在暗中指使他人上书构陷。但这一消息却被有心人泄露出去，于是庄青翟决定反击。

当时张汤结怨甚多，丞相府的三位长史也与张汤有仇，于是庄青翟便与他们合谋，共同诬陷张汤私通商人牟取私利，汉武帝于是震怒，并将张汤下狱。张汤得知无法幸免，于是在狱中自杀身死，死后所留财产尚不到 500 金。汉武帝这才感到后悔，并将之前构陷张汤的三位长史下狱处死，庄青翟也因此牵连下狱。为了避免遭到羞辱，庄青翟不久后就在狱中服毒自杀。

【人物评价】

庄青翟因身居高位而受忌妒、构陷，不得不采取同样的卑劣手段还击，最终却落得个两败俱伤的下场，这正体现了当时政治斗争中的黑暗一面。

赵周：凭父功而得位，因失职而亡身

【人物简介】

赵周，生卒年不详，为汉武帝时丞相。

【人物生平】

赵周的父亲赵夷吾在七国之乱时，因不肯听从楚王反叛而被杀害，赵周因此得到朝廷的封赏，受封为高陵侯，等到汉武帝即位之后，又担任了太子太傅一职。

公元前 115 年，赵周被汉武帝任命为丞相。不久之后汉武帝祭祀宗庙，按照制度，凡是侯爵都要为朝廷上贡黄金，并由内务府检验黄金的成色和重量。结果在检验时发现有 100 多人的黄金分量不足、成色不佳，这些人后来都被剥夺了爵位。赵周也被指控包庇这些人而被下狱，于是在狱中自杀身亡。

【人物评价】

只是因为一时失察，赵周便由丞相沦为阶下囚，最终更不得不自杀谢罪，这又是汉武帝朝丞相难当的一个例子。

石庆：无才无智唯忠厚，有孝有德奉君王

【人物简介】

石庆，生年不详，卒于公元前 103 年，为汉武帝时丞相。

【人物生平】

石庆的父亲名叫石奋，最初时是汉高祖刘邦身边的一名小官吏。后来刘邦因石奋为人恭敬守礼，而将石奋的姐姐娶为妃子，石奋也在汉景帝时因功被任命为太中大夫，后又被封为万石君。石庆等兄弟几人自小就受到石奋的严厉教导，为人谦恭严谨、品行端正，因此后来都入朝为官，石庆也担任了太仆一职。

石庆为人谨小慎微，就连车驾的马有几匹，都要一一数过才肯回答，这全都是万石君的教导所致。有一次石庆醉酒归家，没能及时下车，万石君干脆绝食以示愤怒。最终石庆和几名兄长一起脱掉衣服请罪，万石君才原谅了他。

公元前 122 年汉武帝立刘据为太子，石庆此时担任沛郡太守，汉武帝于是下诏任其为太子太傅，7 年之后石庆又担任了御史大夫。等到丞相赵周因罪自杀后，汉武帝又下诏由石庆出任丞相一职。

公元前 107 年发生旱灾，有近 200 万百姓沦为流民，许多大臣都在私下议论，认为应该将这些人流放问罪。汉武帝认为石庆忠厚、严谨，断然不会参与议论，于是便下令自丞相以下进行问罪。石庆因此认为自己失职，于是请求辞去相位，汉武帝不允。但石庆任相时期并没有能够提出什么有用的建议，也没有什么显著的功绩，仅有的一次惩办罪犯，最终也以自己获罪、不得不出钱赎罪而告终。

公元前 103 年，石庆在担任了 9 年丞相后因病去世，谥号为"恬侯"，爵位由其子石德继承。

【人物评价】

石氏家族既无显赫功勋，也无丰厚财富，仅仅凭借着恭谨老实的态度得到提拔、孝顺忠厚的性情得到重用，看似不可思议，却又是如此简单自然。在当今人心浮躁的社会里，这种态度也值得人学习、效仿。

卜式：平民有志为国事，贤臣无私担君忧

【人物简介】

卜式，生卒年不详，为汉武帝时丞相。

【人物生平】

与西汉其余丞相不同，卜式不仅没有开国之功，也没有任何官爵在身，最初时只是一介彻头彻尾的平民百姓，以耕田、放牧为生。卜式为人甘于淡泊，又不慕名利，长大后分家之时，他只要了百余只山羊，其余土地房屋则全数留给了弟弟。经过几十年的放牧，卜式的羊已经多达千只，而他的弟弟却因挥霍家财而衰败。于是卜式又多次接济他的弟弟，被人称为贤明。

此时西汉王朝在汉武帝的统治下逐渐强盛，终于开始对匈奴进行反击，此时卜式主动上书，表示愿意捐出半数家财。当汉武帝的使者问他是否有意做官时，卜式表示自己不通政务，不愿为官；使者又问他是否有什么仇家或冤情，卜式又表示自己为人豁达，并无冤仇，只是觉得身为平民，也应为国家大事而尽力。但丞相公孙弘认为卜式的做法不合常情，于是汉武帝便没有答应。

一年之后汉朝因开支过大导致国库空虚，卜式又主动捐出家财，汉武帝得知后便赏赐他钱财，卜式得到后又全数捐了出去。为了表示嘉奖，也为了给其余富人树立榜样，武帝下令尊卜式为长者，并下令由他担任中郎，又赐予他土地和爵位。

然而卜式并无意参与政事，于是汉武帝便请他为自己放羊。后来汉武帝偶尔与卜式谈论治政，认为卜式颇有才干，便让他去治理百姓。卜式每到一地，都使当地风气焕然一新，各项政务也处理得十分得宜。于是卜式又先后被任命为齐王太傅、丞相。后来卜式又主动上书请求平叛，汉武帝赞赏他的忠义，于是再次赐予他土地、黄金，并封他为关内侯。

此后卜式又接任御史大夫一职，但却因反对盐铁专利而与汉武帝产生分歧，此后汉武帝对他逐渐疏远，公元前110年又因他不通封禅典章，而将他降为太子太傅。

【人物评价】

卜式一无卓著功勋，二无显赫出身，仅凭一己贤名和一腔忠义而得到皇帝倚

重，得以庙堂任相，虽然没有跌宕的故事，却也充满了传奇色彩。最终卜式虽因不通政务而遭到罢免，却依然保住了自己的性命，得以寿终正寝，这也可看作是对他的贤德的回报。

公孙贺：哭请辞而终受，知祸患而不保

【人物简介】

公孙贺，字子叔，生年不详，卒于公元前92年，为汉武帝时丞相。

【人物生平】

公孙贺的祖上并非汉人，而是胡人，但其父曾在汉景帝时担任汉朝官员。后来吴楚七国之乱爆发，公孙贺因平叛有功而被封为平曲侯，等到汉武帝刘彻被册立为太子后，公孙贺又担任了太子舍人。

公元前141年汉景帝驾崩，汉武帝即位，公孙贺也随之受到提拔，出任太仆一职，位列九卿之一。后来公孙贺又得到汉武帝赐婚，迎娶卫子夫（即后来的卫皇后）的姐姐为妻，从此成为汉武帝的连襟，身份更加尊贵。

公元前134年时，汉武帝接受臣下的建议，积极备兵征讨匈奴，公孙贺也以轻车将军的身份随军出征，但却无功而返。公元前130年匈奴主动入侵，公孙贺等人再次奉命迎击，但也没有立下功劳。直到公元前124年，公孙贺跟随大将军卫青等人一同北伐，这才在战场上生擒了匈奴王，立下赫赫战功。事后公孙贺也因功被封为南奅侯。此后公孙贺又几次跟随卫青出征，但再也没有立下过功劳。

公元前112年汉武帝命令列侯贡献黄金以祭祀宗庙，公孙贺因黄金成色和分量不足而被剥夺侯爵，次年又在汉武帝的支持下北击匈奴，却依旧无功而返。公元前103年，汉武帝打算重用公孙贺，便先将他封为葛绎侯，后又下诏由其接替丞相之位。汉武帝一朝御下严苛，历代丞相多有自杀、被杀者，因此公孙贺万分惶恐，最后甚至发展为跪在地上痛哭流涕，死活不肯接任丞相。汉武帝为此勃然大怒、拂袖而去，公孙贺这才不得已接受了相位。事后曾有人问公孙贺为何如此畏惧，公孙贺表示自己才能有限而汉武帝神武，自己日后必然因不能胜任而遭逢大祸。

公孙贺出任丞相之后，其子公孙敬声继任太仆一职，然而公孙敬声恃宠而骄、违背法令，最终因贪污而下狱。公孙贺为此曾请求汉武帝，以抓捕犯人朱安世为条件来换取公孙敬声免罪，汉武帝也应允了。然而朱安世为了报复公孙贺，竟然诬告公孙敬声与阳石公主私通、以巫蛊之术诅咒汉武帝。就这样，一个犯人的空口无凭之辞，最终竟然导致公孙贺于公元前92年牵连下狱，不久后就被杀，同时

死的还有其子公孙敬声以及两位公主。事后公孙氏更遭灭族之祸。

【人物评价】

公孙贺曾有大功于江山社稷，更非不通政治之人，但最终却不能避免灾祸，实在令人叹惋。但公孙贺的悲惨下场并不全然是无辜，其中也有很大一部分原因在于他不够坚决、教子无方。

刘屈氂：无相才而居高位，有异心而陷沦亡

【人物简介】

刘屈氂，生年不详，卒于公元前90年，为汉室宗室，汉武帝时担任左丞相。

【人物生平】

刘屈氂之父即著名的中山靖王刘胜（汉昭烈帝刘备之祖），汉武帝刘彻则是刘屈氂的叔父。早年刘屈氂曾担任涿郡太守，等到丞相公孙贺因诬告而死后，汉武帝便下令由刘屈氂接任左丞相，并封其为澎侯。

公元前91年太子刘据因诬告而被迫起兵，时任丞相的刘屈氂不仅没有果断应变，反而丢掉丞相大印仓皇出逃，汉武帝得知后怒斥刘屈氂没有魄力，并下诏命令他立即组织军队镇压。最终刘据因势单力孤而兵败逃亡，刘屈氂则在其余人的劝说下，暂缓执行私放太子出城之人的死刑。事后汉武帝又因此责骂。

公元前90年贰师将军李广利出征匈奴，李广利与刘屈氂因是姻亲关系，私下十分亲密。因此李广利在出征前，极力劝说刘屈氂帮助自己的妹妹李夫人，立其子昌邑王刘髆为太子，刘屈氂私下应允。然而不久之后，刘屈氂就被巫蛊之案所牵连，因此又扯出了他与李广利的密谋。汉武帝为此十分震怒，于是下令将刘屈氂处以腰斩之刑，其妻则因咒骂汉武帝而被斩首示众。

【人物评价】

刘屈氂身居相位，却没有为相的能力和魄力，更在私下参与皇储废立这样的禁忌之事，最终结局也就丝毫不令人意外了。

田千秋：直言有幸受帝宠，不争无咎有善名

【人物简介】

田千秋，又名车千秋，生年不详，卒于公元前77年，祖上为战国时期齐国宗室，汉武帝时担任丞相。

【人物生平】

田千秋最初时负责管理、护卫汉高祖陵寝，地位十分卑微。直到公元前91年

巫蛊之祸爆发，太子刘据因此身死之后，田千秋主动上书为太子申冤，正好说中了汉武帝的心事，武帝因此召见田千秋，并封其为大鸿胪。

公元前 90 年丞相刘屈氂因故被杀，死后田千秋接任相位，受封富民侯，田千秋为人才干平平但老成持重，再加上汉武帝晚年醒悟，因此这一时期朝廷局势相对平稳。田千秋曾与众多大臣联名为汉武帝祝寿，希望汉武帝能够开怀放松，但汉武帝最终因愧疚、后悔而没有接受。

公元前 87 年武帝病重，此前下诏由田千秋和霍光等人一同辅政，等到汉昭帝即位后，田千秋继续担任丞相。此时朝政大权见由霍光一人掌控，田千秋对此没有任何异见，而是大力支持霍光，因此被霍光倚重，就连汉昭帝也对他十分敬重。由于田千秋年高老迈，当时汉昭帝还特准他乘坐小车入宫，因此时人又称他为"车丞相"。

后来田千秋的女婿因为执法宽松而被霍光治以重罪，田千秋为此召集群臣，企图挽救女婿的性命，但所有人都迫于势力支持霍光，事后田千秋也被霍光问责。公元前 77 年，田千秋病逝于任上。

【人物评价】

田千秋本人并无杰出才干，但为人正直、敦厚，并且善于隐忍，因此仅仅因为一时的仗义执言而得到重用，并先后侍奉两位君主，都受到优厚的待遇，实在称得上是一种幸运。

杨敞：谨慎可堪成用，犹豫难能应变

【人物简介】

杨敞，字子明，号君平，生年不详，卒于公元前 74 年 9 月 20 日，为汉昭帝时丞相，也是弘农杨氏之先祖。

【人物生平】

杨敞是太史公司马迁的女婿，最初是辅政大臣霍光麾下的官吏，后因谨言慎行而被霍光起用。最初时杨敞担任的都是一些幕僚小官或临时官职，但从公元前 81 年开始，杨敞一跃而成为大司农，成为专掌全国农事的朝廷重臣，位列九卿之一。此后杨敞继续不改谨慎的作风，因此能够安于其位，但也因此在公元前 80 年的上官桀谋反案中，因畏惧而不敢出面告发，以至错过了封侯的良机。

公元前 75 年，杨敞由御史大夫升任丞相，次年汉昭帝逝世，群臣在霍光的率领下迎立昌邑王刘贺即位。然而刘贺为人狂悖无礼，因此霍光等人决定废掉刘贺另立明主，并派人前去通知杨敞一同上疏。向来谨慎的杨敞当即吓出一身冷汗，犹豫不决，其妻趁着使者更衣的机会，当即走上前来劝其决断，随后又主动接见使者，表示杨敞愿意听从，使者于是满意离去。次日杨敞便与霍光等人一同请求皇太后，废掉刘贺改立刘询（即汉宣帝）为君。

宣帝即位一个多月后，杨敞便因病去世，死后其子继承父爵，并因杨敞的拥立之功而得到加封。

【人物评价】

杨敞因谨小慎微而得到重用，但也因此错过良机，若不是其妻司马迁之女善于决断，恐怕日后更不免招致灾祸。以此来看，杨敞不如其妻远矣。

韦贤：入仕未若致学，授财未若授经

【人物简介】

韦贤，字长孺，生于约公元前148年，卒于约公元前67年，为西汉时著名大儒，汉宣帝时担任丞相。

【人物生平】

韦贤为人淡泊名利而勤于学问，精通《诗》《礼》《尚书》等儒家经典，更开创出自己的学派，因此时人对他评价甚高，尊其为"邹鲁大儒"。后来就连西汉统治者也对韦贤十分欣赏，还特意将他召入宫中，授为博士，专门负责给汉昭帝讲说《诗》。韦贤后来又出任大夫詹事、大鸿胪等官职。

汉宣帝即位之后，韦贤受封为关内侯，并因为曾担任帝师而得到朝野的一致敬重。公元前71年，年逾古稀的韦贤接任丞相，并受封为扶阳侯。公元前67年韦贤因年老而请辞，汉宣帝见其年高便予以准奏。等到韦贤逝世后，汉宣帝又特意为其赐谥"节侯"，以示对韦贤的尊崇。韦贤的几个儿子后来大多得到朝廷重用，幼子韦玄成更是再次出任丞相，留下当时的一段佳话。

【人物评价】

韦贤为官时期并没有显著的政绩，最初也只是因为学问精深而任相，再加上年龄老迈，很快就辞去官职。但这却在无意间开启了汉代丞相致仕的先例，这也是他本人所始料未及的。

魏相：刚正不因权贵改，直率幸有明君裁

【人物简介】

魏相，字弱翁，生年不详，卒于公元前59年4月20日，汉宣帝时任相。

【人物生平】

魏相早年官位卑微却精于《易》学，因此被举为贤良，出任茂陵县令一职。

魏相任职期间执法严明、不畏权贵，因此当地人都对他十分畏惧。有一次，御史大夫桑弘羊的亲戚倚仗权势、欺辱官员，魏相得知后当即将其下狱问罪处死，一时县中人心惶恐，再无犯禁之徒。魏相也因此升任太守。

魏相当上太守没多久，前任丞相田千秋的儿子就因畏惧魏相而出走，魏相因此断言自己必受问责，果然不久后霍光就责备他过于严苛。接着又有人举报魏相滥杀无辜，魏相因此被下狱，直到大赦之后才被放出来。在同僚丙吉的劝说下，魏相暂时收敛自我低调度日，很快就官复原职。

公元前74年汉宣帝征召魏相入朝，任命其为大司农，后来又改任其为御史大夫。等到霍光死后，魏相见霍氏一族仍旧把持朝政，便上书痛陈利弊，请求汉宣帝削弱霍氏。此后魏相被改任为给事中，从霍氏一族手中夺取了兵权，公元前66年又出任丞相，受封为高平侯。霍氏宗族子弟最初曾打算阴谋发起政变，事败后纷纷自杀而死，此后汉宣帝独揽大权，魏相则精心辅佐宣帝，处理朝中政务。

后来汉宣帝曾打算出兵匈奴、抵御边境小规模的骚扰，魏相得知后力劝宣帝罢兵息战，汉宣帝最终应允。此后魏相又多次上书汉宣帝，建议其体恤百姓、推行教化、汉宣帝也屡次采纳了他的建议。魏相任相一直到公元前59年，才在任上病死，死后被追谥为"宪侯"。

【人物评价】

魏相为人刚正有余，宽厚不足，所幸的是身处盛世，遇得明君，因此没为自己招来灾祸，反而成就了自己的贤名。

丙吉：有恩何必居君上，贤臣所系唯本职

【人物简介】

丙吉，又名邴吉，字少卿，生年不详，卒于公元前55年，汉宣帝时任相。

【人物生平】

丙吉最初时担任狱官，精通条文法律，因此逐渐升任廷尉右监，后又因罪免职。巫蛊之祸爆发后，丙吉奉命治理郡邸狱，对卫太子刘据的孙子刘询（即汉宣帝）十分照顾，更曾不惜触怒汉武帝，帮助其化解了一场死劫。

后来丙吉又得到升迁，先后担任车骑将军市令、大将军长史、光禄大夫、给事中等职务。等到昌邑王刘贺被废之后，丙吉又主动建议霍光迎立刘询为君。刘询登基之后，丙吉因功被封为关内侯，但却从不提起自己对刘询的恩情。

公元前67年丙吉担任太子刘奭的太傅，不久后升任御史大夫。后来有一名曾经抚育汉宣帝的宫女上书邀功，汉宣帝下令彻查此事，这才知晓丙吉早年对自己

的恩情，于是下诏封其为博阳侯。此后丙吉与好友魏相共同辅佐汉宣帝，成为汉宣帝的股肱大臣。

公元前 59 年魏相病逝，丙吉接任相位。与刚正严明的魏相不同，丙吉为人宽厚仁慈，即便下属犯了错也只是让其休长假，让其主动离去，因此有人认为他过于宽厚，丙吉对此也不以为意。

公元前 56 年丙吉病重，临终前向汉宣帝举荐了杜延年、于定国、陈万年等许多名臣，后来这些大臣果然都很称职，刘询因此称赞丙吉有识人之明。

【人物评价】

丙吉对汉宣帝刘询可谓是恩深义重，但他后来却对此绝口不提、不愿承认，始终对汉宣帝忠心耿耿、不忘为臣本分，如此德行操守实在令人感动、钦佩。

黄霸：执国虽有缺陷，治民仍为榜首

【人物简介】

黄霸，字次公，生于公元前 130 年，卒于公元前 51 年，享年 82 岁，为宣帝时丞相。

【人物生平】

黄霸自幼胸怀大志，勤研法律，后来更通过捐官的方式入朝为官，却因兄弟犯罪而受到牵连，被迫免官。此后黄霸再次捐官，并因为官公正无私而受到升迁。

公元前 97 年黄霸被举荐为太守丞，任职后深得当地百姓爱戴。公元前 87 年汉武帝驾崩、汉昭帝即位，推行严苛的法律条文，唯有黄霸依旧宽仁治政，因此声名更加远扬。等到公元前 74 年，久在民间、深知民生疾苦的汉宣帝即位后，黄霸也因仁厚之名而得到升迁，出任廷尉正一职。

公元前 72 年，黄霸因支持夏侯胜、反对汉宣帝为汉武帝立庙而下狱，并在狱中秉持"朝闻道，夕死可"的精神，继续学习《尚书》。两年后汉宣帝大赦天下，黄霸也在出狱后担任了扬州刺史。公元前 67 年黄霸升任颍川太守，等到公元前 56 年时，又因政绩突出而被封为关内侯，随后接连担任太子太傅、御史大夫。

公元前 55 年黄霸接替丙吉为相，但由于不善治政而屡次犯下一些失误，因此黄霸十分惭愧。公元前 51 年黄霸病死于任上，享年 82 岁，死后谥号"定侯"。

【人物评价】

黄霸虽然欠缺为相的智慧，但总的来说能够做到宽仁待民，恪尽职守，因此仍然是当时西汉朝廷颇负盛名的一代名相。

于定国：豪饮数十石，何损公平断

【人物简介】

于定国，字曼倩，生卒年不详，为汉宣帝时丞相。

【人物生平】

于定国的父亲为县狱史，熟悉法律条文并断案严明，受到时人称赞，于定国也自幼便跟从父亲，学习刑律之事，后来逐渐得到提升，直至担任御史中丞。

公元前74年汉宣帝刘询即位，于定国主动上疏，建议赏赐之前曾规劝昌邑王刘贺的大臣，因此得到汉宣帝的赏识，并升任光禄大夫。于定国在任期间恪尽职守，受到汉宣帝重视，后来又担任了廷尉，专掌刑狱之事。

于定国虽然熟稔法律，对此却丝毫不敢轻忽，上任后更是不耻下问、谦卑求教，同时谨慎、公正地判案决断，又对有困难者施以宽刑，甚至就连酒后断案都十分清醒、条理清晰，因此人人无不信服，于定国也受到朝野上下的一致称赞。

公元前51年丞相黄霸病逝，于定国接任相位，受封为西平侯，汉元帝登基后，对于定国更加敬重。然而当时由于灾害频频，汉元帝不得不屡次下诏责备群臣，于定国又主动上书请罪。汉元帝对于定国多番宽慰，但见其态度坚决，于是便准许了他的致仕请求，并赐给他马车、黄金。于定国在几年后逝世。

【人物评价】

于定国有大智、识大体、明大势，身居高位却能不愧于君、不负于民、不损于己，可说是官场中的仁者、智者。

韦玄成：孝子无心夺位，先父有智传经

【人物简介】

韦玄成，字少翁，生年不详，卒于公元前36年8月5日，其父为宣帝时丞相韦贤，汉元帝时任相。

【人物生平】

韦玄成是丞相韦贤最小的儿子，自幼便在父亲的教导下，勤研儒家经典，同时为人又极其谦恭，因此受到时人的称赞，并担任了朝中官职。

韦玄成的长兄早逝，担任太常丞的二哥韦弘，因此成为父爵的第一继承人。但韦弘为人谦逊，不愿听从父命辞官袭爵，最终反而因政务疏忽而下狱。韦贤得知后十分气愤，至死不肯说出继承人选，于是便有人打算拥立韦玄成袭爵。韦玄成知晓父亲只是与兄长赌气，便打算装疯来推辞爵位，却被众人识破并受到弹劾。

迫不得已之下，韦玄成只好继承了父爵。

后来韦玄成因受杨恽牵连而丢失官职，不久后又因在祭祀先帝太庙时失礼，而被削去封国。但随后汉宣帝为了教育幼子，又再次起用韦玄成，并让他参与了确定当时统治思想的石渠阁会议。等到汉元帝即位后，韦玄成接连担任太子少傅、太子太傅、御史大夫，成为三公之一。公元前42年韦玄成正式接替于定国为相，直到7年后病逝。

【人物评价】

韦玄成与乃父韦贤并没有杰出的政治才干，却因精于经学而得到统治者的赏识，最终出任相位，可以说是历史上的一段佳话。

匡衡：偷光犹可凿壁，逐利不容损国

【人物简介】

匡衡，字稚圭，生卒年不详，西汉著名经学家，为汉元帝时丞相。

【人物生平】

匡衡早年喜好读书而家贫，甚至无钱购买蜡烛，于是匡衡只得凿开墙壁，借助邻居的烛光来读书，这就是著名的"凿壁偷光"典故的由来。正是在这份勤学之下，匡衡成为当时著名的经学家。

后来京城一带出现日食，匡衡趁机上疏劝谏汉元帝，因此得到汉元帝的赏识，被任命为光禄大夫、太子少傅，就连汉元帝本人也经常听他讲解《诗经》，后来又改任他为御史大夫。公元前36年丞相韦玄成病逝，匡衡正式接任相位，并受封为乐安侯。

出任相位之后，匡衡多次通过《诗经》的道理来为汉元帝讲述统治之道，等到汉成帝即位后，他又不避权贵、仗义执言，弹劾了贪污枉法的宦官石显。但同时匡衡本人也曾利用地图的失误，为自己私下扩充封国领土，犯下不法的行为。

在弹劾实现之后，匡衡与朝中大臣的矛盾逐渐激化，一些有心人便开始搜罗其罪证，最终匡衡私扩土地之事东窗事发，汉成帝因此下令免去他的官职，并将他贬为庶人。几年之后匡衡病死于老家。

【人物评价】

匡衡因"凿壁偷光"一典而家喻户晓，成为几千年来勤学好读的榜样，然而长大入仕之后的匡衡，也因一时利欲熏心而犯下错误。这也启示人们在生活中，一定要做到防微杜渐、严格自我约束，避免因微小的失误而行差踏错，以至酿成重大恶果。

王商：有威服夷真汉相，无力慑奸假失德

【人物简介】

王商，字子威，生年不详，卒于公元前 25 年，为西汉外戚，也是汉成帝时丞相。

【人物生平】

王商的姑姑是汉宣帝的生母，其父则是汉宣帝的舅父。王商在少年时即凭借着这一层外戚关系，而担任了太子中庶子，负责辅助自己的侄子刘奭（即后来的汉元帝）处理东宫事务。

王商为人敦厚稳重，但又不失威严，因此当时在朝中享有很高的声誉，并在父亲死后承袭了爵位。这一时期王商又担任了许多亲近皇帝的职位。及至汉元帝登基之后，王商又升任右将军、御史大夫。

汉成帝即位之前，其父汉元帝一度有意改立太子，然而王商屡次直言劝阻，这才没能成行，因此成帝登基后对王商十分信任，并升任他为左将军。但此时王商却与另一名王氏外戚王凤产生了矛盾。公元前 30 年京中谣传将有大水，王凤等人极力劝阻汉成帝修船逃跑，唯有王商直斥妖言惑众，事后果然证明这是无稽之谈。后来匈奴单于曾入朝拜见皇帝，见到王商后心生敬畏，汉成帝因此夸赞王商为"真汉相"。

王凤与王商虽俱为外戚，却并非同出一室，而是汉成帝的舅舅，王凤与王商背后的两支王氏外戚，也分别以二人为中心进行了激烈的权力争夺。公元前 29 年王商出任丞相，但与王凤的斗争也更加激烈。公元前 25 年王商依法办事，上书请求罢免王凤姻亲杨肜的官职，因此遭到王凤的记恨，王凤随即上疏汉成帝，诬告王商犯有生活作风不检等错误。汉成帝对此心知肚明，于是没有理会。

但不久之后就发生日食，朝中人心震荡，一些政治投机分子为了讨好王凤，当即上疏表示丞相治政不当，需要为此负责，王凤也在一旁压迫汉成帝，汉成帝无奈应允，下令免去王商的职位。王商因此忧愤成疾，3 日后就吐血而死。

【人物评价】

自古以来，外戚一直是威胁皇权、祸乱朝纲的一大罪恶势力渊薮，但王商的为人却正好相反。但遗憾的是，王商虽然为人正直，却无法与朝中的奸佞势力相抗衡，最终落得个忧愤而死的结局，颇有几分悲壮。

张禹：平生所志唯学问，帝师相位两成谋

【人物简介】

张禹，字子文，生年不详，卒于公元前 5 年，汉成帝时任相。

【人物生平】

张禹自幼勤学经学，学有所成后便受人举荐入朝为官，公元前 48 年又负责为太子讲授《论语》。随后张禹又被任命为光禄大夫，后来又出任内史一职。

公元前 33 年汉元帝驾崩，汉成帝即位，张禹因帝师的身份受封为关内侯。公元前 25 年张禹又受到汉成帝垂青，接替王商任相，受封为安昌侯。

公元前 20 年张禹因年老请辞，汉成帝几番挽留不住，于是只得答应。此后张禹便留在京城，享受各种朝廷礼节，汉成帝还不时对其进行额外的封赏。张禹也利用自己的财富享尽天年，但也不免因此而奢华。

公元前 5 年张禹病逝，死后谥号"节侯"。

【人物评价】

张禹因学问精深而担任帝师，又以帝师的身份得到皇帝重视，最终担任相位，这也正是学问可贵、勤学可贵的体现。

薛宣：治事不失明睿，教子多有偏失

【人物简介】

薛宣，字赣君，生卒年不详，汉成帝时任相。

【人物生平】

薛宣初任狱吏，后因为官清廉而得到太守赵贡的赏识，后又得到大将军王凤的重视，被提拔为长安令。薛宣在任上治事分明，得到汉元帝的称赞，因此又升任御史中丞。

公元前 33 年汉成帝即位后，薛宣屡次上疏建议汉成帝废除苛法、推行仁政，都被汉成帝所采纳，薛宣也因此声名远扬。后来薛宣又外出担任陈留太守，当地盗贼不久就销声匿迹，因此当地官民无不信服。

高陵县令杨湛、栎阳县令谢游两人都犯有不法之事，薛宣也根据实情分别私下劝说或公开驳斥，使得两人一者改过，一者免官。薛宣对自己麾下的官吏也极为体贴，多次下令他们不要一味耽于公事，而是要体恤家人，因此下属都对他十分感激。等到御史大夫于永死后，薛宣又被大臣举荐，接替了御史大夫一职。

几个月后丞相张禹请辞，薛宣于是接任相位，并受封为高阳侯。但由于不通

经学，薛宣受到官员的指责，汉成帝也对他有些不满。不久之后薛宣因下属的失误而受牵连，相位、侯爵一同被免，直到好友翟方进任相后，才再次得到举荐，得以恢复爵位并担任尚书，直到后来再次因罪牵连而免官。

公元前7年薛宣受到弹劾，其子私下派人于宫门处埋伏并砍伤上疏之人，薛宣因此再次受到牵连，并被免为庶人，不久后死去。

【人物评价】

薛宣本人接连得到地方大员、朝中大员乃至皇帝的重视，可见其才干不凡，但从父亲的身份来看，薛宣又不免失职，薛宣入仕后几经沉浮，最终因教子无方而受到牵连，可说是祸起萧墙，不在外人了。

翟方进：卑而知耻能勇，达则忘义失德

【人物简介】

翟方进，字子威，生于公元前53年，卒于公元前7年，享年46岁，汉成帝时任相。

【人物生平】

翟方进为人反应迟钝，做事缓慢，因此最初担任小官吏时，常常受到上级的欺侮。翟方进一怒之下愤然辞官，苦研经学10多年，后来终于学有所成，并考中明经科入朝为官。

翟方进虽然入朝为官，却依旧表现得十分谦卑，对于不满自己的人也虚心请教，因此得到称赞。再加上他处理政事不避琐碎，尽心尽责，因此在任上也享有盛望，后来又升任丞相司直。升官之后，翟方进更是严厉执法、不避权贵，短短一年就接连弹劾两位大员，因此百官无不敬畏，就连丞相薛宣也对他十分赏识。

等到薛宣被免职后，群臣都向汉成帝举荐翟方进，汉成帝于是任命翟方进为相，并封其为高陵侯。翟方进任相之后，对群臣进行严肃的整顿，并且屡次打出儒学正道的旗号来标榜自己，时人无法反驳，于是便称其为"通明相"。后来外戚淳于长因羞辱许皇后之妹而被问罪，许多与他交好的官员都被罢免，唯有翟方进没有受到丝毫影响，翟让进为此感到惶恐，于是主动上书请罪。等到汉成帝赦免他后，他又积极检举其余与淳于长有关的官员，一次就罢免了20多人。

公元前7年全国各种自然灾害不断，翟方进的政敌趁机弹劾，于是汉成帝将其召入宫中问责，并将翟方进赐死。死后为了掩人耳目，汉成帝对外宣称翟方进是病死的，并为其赐谥号"恭侯"。

【人物评价】

翟方进因受辱而奋起，可说是知耻而后勇的榜样；但一旦得志却改变嘴脸，

成为翻脸无情的投机政客典型。翟方进最终因得罪人太多而被构陷，以至身死人灭，正是所谓的害人者人恒害之。

孔光：明君当世可谏，奸雄篡朝可隐

【人物简介】

孔光，字子夏，生于公元前65年，卒于5年4月28日，享年70岁，为圣人孔子第十四世孙，为成帝、哀帝时丞相。

【人物生平】

孔光乃是孔圣人苗裔，很早就因品行端正而被匡衡举荐入朝，后来又因政见不合而被贬官。事后孔光辞去官职、专心教授，直到后来又被征召为博士。孔光每次处理公务十分得宜，因此名声逐渐传于庙堂。

后来孔光又因学问精深而担任尚书，随后又升任仆射、尚书令。就连他的儿子也得到汉成帝的提拔，入朝担任侍郎。任官期间，孔光屡次直言，但也不与汉成帝据理力争，因此很长时间都没有被问罪。同时孔光在生活中，也对宫中之事讳莫如深，因此被认为可靠。

公元前8年朝廷因立储一事展开纷争，孔光站在汉成帝的对立面，坚持认为皇位应由中山王来继承，因此汉成帝不满。孔光于是被降为廷尉。此后，孔光再次直言上疏，劝谏汉成帝对淳于长等人网开一面，因此得到夸赞。

公元前7年汉成帝以孔光为相，不久后驾崩，孔光又劝说汉哀帝迁移傅太后的寝宫，避免其干预政事，汉哀帝采纳了。不久后傅太后的心腹朱博等人弹劾孔光，孔光于是又被免去了相位。但此后继任的朱博、平当、王嘉等人要么自杀、要么病逝、要么触怒汉哀帝，因此最终孔光再次出任丞相。

公元前1年孔光又改任大司徒，并担任汉平帝的太傅、太师。此时王莽势大，孔光经常称病以躲避王莽。5年孔光病逝，享年70岁，死后王莽下令将其以重礼安葬。

【人物评价】

孔光身为圣人之后，为人也确实刚正不阿，而又能够善于自保，可说是不负圣人后裔之名。

朱博：因奉义而享誉，因失义而亡身

【人物简介】

朱博，字子元，生卒年不详，为汉哀帝时丞相。

【人物生平】

朱博最初时也与汉高祖刘邦一样，担任家乡的亭长一职，并且为人任侠放浪，与刘邦颇有几分类似。但与刘邦的经历不同，朱博最终没有弃官、造反，而是老老实实地做自己的本职工作，因此逐步得到提升。

当时御史大夫陈万年的儿子陈咸，因为无意中泄露了宫中秘密而被关押，在狱中受到严刑拷打，情况十分凶险。当时朱博也与陈咸交好，于是干脆辞去官职，假扮成医生进入狱中，向陈咸了解事情的始末。最终朱博成功地为陈咸申冤，自己也受到了时人的称赞。此后，朱博的仕途不仅没有断绝，反而愈发平步青云。在汉成帝时期，朱博先后担任过多地太守、大夫、廷尉、后将军等职，等到汉哀帝即位后，又担任了大司空、御史大夫等职位。

公元前5年，丞相孔光因曾与汉哀帝意见不合、违背傅太后意愿而遭到诬陷，朱博因为素来依附于傅太后，也上书对孔光进行了弹劾。此后，孔光被朝廷罢免，朱博出任丞相，并受封为阳乡侯。朱博虽然在弹劾孔光一事上不甚光彩，但为人清正廉洁、不避权贵，因此在朝中声望甚高。

后来朱博又在傅太后的授意下，弹劾大将军傅喜，汉哀帝因此怀疑，其余大臣也趁机上书弹劾，于是朱博被下狱审问，不久后就在狱中自杀。

【人物评价】

朱博看似义薄云天，敢于为朋友出头，但同时也是一个富于权谋、排斥异己的政客。朱博因替人出头而得到起用，最终也因受他人驱策而身死，但两者之间的意义却全然不同。

平当：无功享禄岂善事，为子多计不受封

【人物简介】

平当，字子思，生年不详，卒于公元前4年4月23日，汉哀帝时任相。

【人物生平】

平当在汉元帝时就入朝为官，及至汉成帝即位后，又先后担任了行治礼丞、丞相司直、刺史等职。等到汉哀帝登基，平当先后出任太守、光禄大夫等职，公元前5年又接任了丞相，受封为关内侯。

平当任相第二年就病情加重，汉哀帝派遣使者前来赏赐，平当也坚辞不受。他的儿子问他为什么不接受赏赐以留给子孙，平当表示自己本就难当大任，现在又以病躯接受封赏，必然不是好事，拒绝才是为子孙考虑的做法。汉哀帝见平当不愿接受赏赐，于是再次下诏安抚，平当在一个多月后因病逝世。

【人物评价】

平当虽然身居高位，却没有因年老多病而失去理智，能在功名和利益面前保持冷静和理智，可说难能可贵。

王嘉：天子昏而不纳，诤臣死而不屈

【人物简介】

王嘉，字公仲，生年不详，卒于公元前 2 年，为汉哀帝时丞相。

【人物生平】

王嘉最初因考中明经科而入朝为官，先后担任过光禄掾、御史大夫等职，后来又当上了丞相，并受封为新甫侯。

当时正是汉哀帝时期，汉哀帝即是那位留下"断袖之癖"这一典故的西汉君主。当时汉哀帝有意封自己所宠爱的男宠董贤为侯，王嘉以丞相的身份上书制止，却因此触怒了汉哀帝，被关进了监狱之中。王嘉因此愤而绝食 20 多天，最终在狱中吐血而死。

【人物评价】

王嘉为人正直、敢于直谏，但所遇到的却不是有道明君，因此最终只能抱憾而亡。

东汉

邓禹：慧眼幸识铜马帝，铩羽无损第一勋

【人物简介】

邓禹，字仲华，生于 2 年，卒于 58 年，享年 57 岁，光武帝时出任大司徒，名列云台二十八将第一人。

【人物生平】

邓禹与汉光武帝刘秀少年时，就结识于京城，彼时邓禹就一眼认定刘秀不凡。等到新朝末年反叛四起之后，邓禹最终拒绝了更始帝刘玄的征召，投奔了刘秀。

邓禹投奔之后，便为刘秀分析当前局势，表明刘秀的优势所在，刘秀十分欣喜。而邓禹所举荐的人也都十分称职，刘秀因此对邓禹愈发看重。后来邓禹又指

挥军队击败铜马军，这支军队后来成为刘秀的精锐主力，邓禹的功勋可见一斑。

24年刘秀以邓禹为将，图谋争夺关中，次年邓禹就攻破河东，继而又连败更始帝大军。同年刘秀宣布登基，拜邓禹为大司徒，并封其为酂侯。此后邓禹又多次击败更始帝的军队，赤眉军则趁机取得了长安城。邓禹力排众议，劝说麾下暂时停止讨伐赤眉，并通过向刘秀问计，最终平定了内部的叛乱。

26年邓禹又被改封为梁侯，同年又与赤眉军展开激战，但此时邓禹的威望因之前的叛乱而下降，因此军队一再战败，最终刘秀不得不下令其班师，但邓禹因惭愧而继续与赤眉军交战。次年邓禹因贪功冒进而惨败，仅仅带领着24人仓皇逃回，事后主动上缴大司徒和梁侯印绶，改任右将军一职。

37年刘秀开始分封功臣，邓禹因功被封为高密侯，对自己的子女要求十分严厉，并且恪守朝廷法度，因此刘秀对他十分信任。56年邓禹又代理司徒之职。58年邓禹病逝，享年57岁，死后谥号"元侯"。

【人物评价】

邓禹的征战生涯多有失利，并不是所谓的常胜将军，但单凭击败铜马军一役，就足以奠定他的战功。邓禹后来更是谨守臣子本分，毫不逾矩，这一点更显其忠义。

伏湛：威名曾降叛逆，贤才又辅明君

【人物简介】

伏湛，字惠公，生年不详，卒于37年，光武帝时出任大司徒。

【人物生平】

伏湛的祖上是著名经学家伏生，也就是那位壁中藏《尚书》的著名老者。在家学渊源的熏陶下，伏湛也继承了先祖学业，成为当时著名的经学大家。

23年更始帝刘玄称帝，伏湛出任平原太守后，不仅丝毫不为战事慌乱，反而主动分出粮食给城内居民，并诛杀打算拥立自己起事的仆人，以此来安定城内民心。25年刘秀登基后，又征召伏湛为尚书。当时大司徒邓禹经常在外征战，因此刘秀又以伏湛坐镇后方，代行大司徒事，直到27年又正式接任大司徒，可说是极为信任。

后来伏湛又极力劝说刘秀不要亲征渔阳叛乱，并以自己的威望降服了富平割据势力。27年伏湛因故受到牵连，被免去官职，几年后又改封为不其侯，并前往封地就任。有人曾上书推荐伏湛，但刘秀因故没有采纳。

37年刘秀再次征召伏湛，此时伏湛年事已高，又在宴会时中暑，不久就因病去世，因此未能顺利任职。死后刘茜对其极尽礼遇，不仅亲自吊唁，更特意派遣使者为其修建坟墓，以示尊重。

【人物评价】

伏湛不仅精于学问，同时也深谙治民之道，绝非只会空谈的迂腐儒生，这才是他能够高居庙堂、成为皇帝股肱之臣的重要原因。

侯霸：有财能知才贵，奉君能成君德

【人物简介】

侯霸，字君房，生年不详，卒于37年，光武帝时出任大司徒。

【人物生平】

侯霸出生富裕之家却不好经营，只对学问十分倾慕，早年曾精研《谷梁传》，后来被汉成帝选为太子舍人。等到王莽篡汉之后，侯霸又受到举荐，出任随县县令。侯霸在任期间大力诛杀强盗、山贼，升任淮平郡太守之后更是刚正执法，因此受到当地人民的爱戴。

更始帝刘玄曾征召侯霸入朝，但侯霸尚未动身就已经兵败，直到28年光武帝刘秀建立政权，侯霸才再次受到征召，出任尚书令。侯霸精熟典律，任职期间多次建议刘秀推行仁政，因此受到刘秀的倚重。

29年侯霸正式接任大司徒一职，受封为关内侯，继续勤勉为政，辅助刘秀。37年侯霸因病逝世，刘秀得知后十分悲恸，不仅亲自前往吊唁，又为侯霸追赠谥号，谥为"则乡哀侯"。随后刘秀又下令由侯霸之子继承父爵。

【人物评价】

侯霸出身富贵却不为富贵所惑，最终通过勤学成就一番大事，位极人臣，真正称得上是富贵不淫的大丈夫。

韩歆：南阳名士本持正，未料直言亦杀身

【人物简介】

韩歆，字翁君，生年不详，卒于39年，光武帝时出任大司徒。

【人物生平】

韩歆是南阳地区的一位名士，最初时曾在更始帝麾下担任太守，并且屡次拒绝投降光武帝刘秀，直到后来大势已去，这才不得已开门投降。刘秀本打算杀掉韩歆，但最终听取臣下建议，赦免了他的罪过，以此来安抚当地民心。

刘秀为了夺取长安，于24年发起西征，韩歆也跟随邓禹出征，不料最终西征

失败，只有韩歆等24人逃回。此后韩歆便跟随在刘秀身边南征北战，因功受封为扶阳侯，并先后出任尚书令和太守等职。

37年大司徒侯霸病逝，韩歆奉命接任相位。韩歆为人耿直，因此屡次与刘秀相抵触，刘秀因此不满。39年韩歆又上疏断言汉朝将出现天灾和饥荒，言辞十分激烈，刘秀一怒之下便下令免去其官职，将韩歆贬回老家。余怒未消之下，刘秀又下令派使者追赶韩歆问责。

按照当时的官场惯例，官员如果在贬谪的路上继续被问责，就表示皇帝要将其赐死，因此韩歆接到诏书后便自杀而死，其子一同自杀。事后刘秀才感到后悔，于是下令以重礼将韩歆安葬，又抚恤韩歆的家人。

【人物评价】

韩歆为人正派但不知变通，多次与光武帝刘秀抵牾，以至刘秀竟然无法抑制怒气对其追责，可见韩歆态度、言辞之激烈。但这种做法到头来也只是害了自己，于大事并无益处，实在不值得效仿。

欧阳歙：廉洁守法为皮，贪污腐化为骨

【人物简介】

欧阳歙，字正思，生卒年不详，光武帝时担任大司徒。

【人物生平】

欧阳歙最初时担任西汉博士一职，等到王莽篡权、建立新朝之后，又改任了长社宰。但欧阳歙的政治生涯并没有就此走向平稳。后来欧阳歙又改投到更始帝刘玄麾下，等到光武帝刘秀建立东汉之后，欧阳歙又担任了河南尹，并受封为鄱阳侯。随后欧阳歙又改任汝南太守，正式成为一方大员。

这一时期欧阳歙为人守礼、守法，并且勤于政务，在当地名声颇佳。因此40年时，欧阳歙又被光武帝刘秀召入京城，担任大司徒一职。然而此时欧阳歙身居高位，却开始逐渐放纵骄横，贪污受贿。后来刘秀派人清查朝中所有大员的土地，震惊地发现欧阳歙早在调任大司徒之前，就已经在汝南之地营私舞弊，贪污钱财多达千万以上。欧阳歙于是被下狱问罪。

欧阳歙下狱之后，曾有学生上书请求代他而死，但刘秀不为所动，依旧处死了欧阳歙这位朝中大员，以此来震慑其余朝官，也表明了自己绝不纵容贪官污吏的决心。

【人物评价】

欧阳歙因政绩颇显而得到倚重，然而一旦东窗事发，人们就发现，原来他也

只是一个藏得更深的不法官吏而已。自古以来身居高处、地位显赫之后，多有得意忘形、招来祸患之人，欧阳歙的最终下场值得后人警醒。

冯勤：四世辅君逾两代，三公尽职得善终

【人物简介】

冯勤，字伟伯，生年不详，卒于 56 年 7 月 29 日，光武帝时担任司徒。

【人物生平】

冯勤一族自曾祖父时开始，就在东汉朝廷担任官职，其曾祖父冯扬曾官至太守。不仅如此，冯扬的 8 个儿子也分别担任俸禄 2000 石的大官，甚至超过了西汉武帝时期的丞相石庆家族，因此也被称为"万石君"。后来冯扬又生下冯偃，冯偃又生下冯伉，冯勤即冯伉之子。

冯勤自幼聪明好学，长大后身高八尺有余，形貌十分俊伟。当时冯勤为魏郡太守铫期麾下，铫期因经常跟随刘秀出征，便将一郡事务全数托付给冯勤。冯勤曾打算鼓动全县之人追随刘秀，但当地豪强势力却趁机反叛，冯勤不得已之下，只好带领母亲兄弟等人再次投奔铫期。此后冯勤就追随在刘秀身边，并因为调度军需物资有功而得到赏识，于是逐渐得到提拔，后来甚至让他主持封赏诸侯一事。最终冯勤的封赏赢得了所有受封者的一致满意，因此刘秀对冯勤更加倚重，命其主持尚书省大小事务。

后来刘秀因故怀疑司徒侯霸，便派冯勤手持诏书前去责备，冯勤回来后积极为侯霸解释缘由，刘秀因此才打消了怀疑，事后冯勤又被任命为尚书仆射。此后冯勤又被封为关内侯，并先后担任了尚书令、大司农。56 年 5 月，冯勤终于升任司徒，位列三公之一。当时三公多有因不法而横死者，因此冯勤上任之后牢记刘秀的告诫，更加小心谨慎、兢兢业业地处理公事，受到时人的一致称赞。

但此时冯勤年事已高，因此在升任司徒仅一个多月后就因病去世，死后刘秀不仅派出使者吊唁，还下令以超出规格的礼节为其下葬，以示对冯勤的追念。

【人物评价】

冯勤身居高位而能安然无恙度过一生，与其说是凭借自身的才能和皇帝的倚重，倒不如说是靠着自身的律己、谨慎。

虞延：行刚正不畏权势，守耿直难避佞臣

【人物简介】

虞延，字子大，生卒年不详，汉明帝时担任司徒。

【人物生平】

虞延出生之时便有吉兆，因此周围的人都说他不凡。虞延长大之后身长八尺有余，又有霸王举鼎之力，但因出生贫寒之故，最初时只在当地当了一名小小的亭长。恰好此时王莽妃子的亲戚仗势欺人、横行不法，虞延执法不避权贵，当即带领麾下将这名亲戚逮捕并问罪，因此得罪了朝中权贵，一直以来都无法得到提拔。

新朝末年天下流民四起，许多人沦为盗贼，虞延为了保护族人，经常身穿铠甲与盗贼搏斗，并成功保卫了乡民，此时那些原本看不起他的乡民才对他另眼相看。当他的远房表妹因故被抛弃后，虞延又亲自将她收养，直至其长大成人。

光武帝刘秀即位后，虞延开始得到重用，成为一地县令。虞延为人宽仁体恤，每逢节日都要将囚徒暂时释放回家，使其与亲人团聚，因此得到囚犯的爱戴。甚至有一位囚犯在家中得病后，都要家人用车将其送回，病死后虞延又将之厚葬。后来虞延辞官回乡，以晏子、季文子的故事劝说太守富宗节俭，富宗没有听从。不久之后富宗因贪污罪处斩，死前后悔不听虞延之言，刘秀得知后十分赏识虞延。刘秀曾在外出巡时几次召见虞延，此后对他更加看重。

后来虞延接受朝廷征召，入朝担任官职，刘秀当即任命他为公车令，次年又担任了洛阳令。当时洛阳是东汉都城，城中多有显赫权贵，虞延却对此丝毫不惧。有一次信阳侯的门客马成犯法被捕，虞延不仅不给面子，反而每收到一次求情就重责马成一次，最终刘秀也被惊动，不得不亲自前往查看。虞延又当着刘秀的面，怒斥马成的罪过，丝毫不畏刘秀贴身侍卫的呵斥，刘秀因此十分信任虞延。此后洛阳皇亲贵族无不胆战心惊，严格约束门下，洛阳治安一时好转。

汉明帝即位后，有一位名叫邓衍的外戚因姿貌雍容而得到汉明帝赏识，只有虞延认为他有表无实。邓衍的父亲去世后，他果然不守居丧之礼，汉明帝这才不得不佩服虞延有先见之明。此后虞延又先后升任太尉、司徒。

后来楚王刘英暗中谋划叛乱，信阳侯因马成一事记恨虞延，又知道虞延为人持重，便故意将这一消息透露给他。虞延果然不愿轻信，又打算举荐公孙弘。不久之后公孙弘与刘英合谋的事情败露，汉明帝因此气愤虞延事前有所隐瞒，下令责问虞延。虞延因此自杀谢罪。

【人物评价】

虞延为人耿直、刚正而不失宽厚仁慈，因此得到皇帝的信任和百姓的爱戴，但也为此得罪了许多小人，最终被人反过来利用自己的性格，无奈自杀谢罪，实在令人惋惜。虞延任官期间政绩并不突出，但这仍然丝毫无损于他的贤明。

郭丹：乱世男儿当有志，函关高车载贤臣

【人物简介】

郭丹，字少卿，生于公元前 14 年，卒于 62 年，享年 87 岁，汉明帝时担任司徒。

【人物生平】

郭丹的父亲郭稚曾在西汉成帝时担任庐江太守，并因清正廉洁而受到当地人的好评。但在郭丹 7 岁那年，郭稚就因故去世，此后郭丹便由继母细心抚育长大。长大后的郭丹为了求学，便辞别家人远赴京城。其间经过函谷关，郭丹于是慨然长叹道，将来若不能乘坐着高大的车子，就绝不迈出函谷关一步。

郭丹到了长安后，很快就因精于学问而成为当地名士，并经常为他人讲学，受到诸多大儒的敬重。当时司马严尤看重郭丹，打算请他任官，郭丹却屡次推辞；等到王莽征召他时，他又干脆逃到了北方。直到更始帝刘玄登基，朝中三公举荐郭丹，郭丹这才奉诏出任谏议大夫，乘坐着高车踏出关中，实现了自己少年时的梦想。

后来更始帝又被刘秀击败，朝中旧部大多数归降刘秀并受到封赏，只有郭丹谨守臣节，并在为更始帝发丧后归隐，途中还四处寻访更始帝的妻子，将其在老家供养起来。当地太守原本打算举荐郭丹，郭丹却请求以乡中其余贤者代替自己应召。

建武十三年时，郭丹得到大司马吴汉的举荐，出任并州牧，并与自己的父亲郭稚一样，因清正廉明而受到当地官民的一致拥戴。后来郭丹又先后改任中郎将、左冯翊，60 年时又被汉明帝任命为司徒，与侯霸等名臣并称享誉朝廷。

郭丹担任司徒一年后，因弹劾不当而被问责，因此被免去官职，回归家中。次年郭丹病逝于家中，享年 87 岁。

【人物评价】

郭丹不仅学问精深，为人也恪守忠义本分，这从他为更始帝守节、多年应召不就一事就可以看出来。退隐时谨守礼节，出仕后以贤称道，如此真可说是无愧于男儿大丈夫之名。

伏恭：儒生所志非限政，圣人教化亦吾求

【人物简介】

伏恭，字叔齐，生于公元前 5 年，卒于 84 年，享年 90 岁，

【人物生平】

伏恭与大司徒伏湛同出一族,其父伏黯即伏湛的侄子。伏湛因为没有子嗣,便将伏黯过继为自己的儿子,伏黯后来也担任了光禄勋。伏恭自幼丧母,但因受到良好的家教,对自己的继母也十分孝顺恭敬。28 年伏恭开始担任县令,并因为在任期间清廉勤政,而得到当地官民的一致称赞。

伏恭不仅勤政爱民,同时又精于经学,曾在考试中取得第一,因此又被任命为博士,担任太守。伏恭在当上太守之后,不仅开办学校推广教育,更是身体力行地进行授课、讲学,因此拥有很多门徒,伏氏的经学也得以广泛传播于当地。59 年伏恭升任太仆,61 年又改任司空。尽管东汉一朝是以大司徒(后改为司徒)代行宰相事,但司空也与之并列为三公之一,此时更是朝中最具权势的长官,成为实质上的宰相。

此后伏恭就一直担任司空,直到 70 年因病请辞,此后朝廷对伏恭依旧礼遇有加,后来又尊为三老。84 年伏恭以 90 岁高龄辞世,死后被赐葬于汉明帝的显节陵旁。

【人物评价】

伏恭自祖上开始,接连三代成为朝廷重臣,可说殊荣。伏恭不仅治政廉明,同时又注重教化,这一做法也正是孔门儒生注重文明开化、百姓教化的体现。

袁安:高贤当有困雪志,岂因强势扭初心

【人物简介】

袁安,字邵公,生年不详,卒于 92 年 4 月 9 日,汉章帝时担任司徒,为三国时期袁绍、袁术先祖。

【人物生平】

袁安的祖父就曾因考中明经科而入仕,袁安长大后也与祖父一样,因学问精深、为人庄重而得到赏识,在当地担任功曹。袁安为人刚正不阿,曾拒绝帮助其余官员为县令捎信,因此得到时人的敬畏。后来袁安又以孝廉而先后担任多地县令,都因执法严明而得到百姓称赞。

70 年楚王刘英谋反之事败露,事情牵涉多达前人,因此案件极为难办,再加上汉明帝问责心切,许多人都被无辜问罪处死,情势一时混乱。此时司徒、司空、太尉一致认为袁安可以胜任,于是袁安被升任为楚郡太守。袁安接手此案后首先赶赴狱中,把罪证不全的人全数释放,下属官员因此畏惧。袁安极力安抚他们,并表示愿意一人担责,汉明帝也因此醒悟并宽赦 400 多人。

72年袁安出任河南尹，为官奉公守法、不徇私情，并表示自己绝不身处太平之世却掩盖人才，因此下属和百姓都对他十分敬畏、爱戴。83年袁安又升任太仆。85年朝中围绕是否释放匈奴俘虏而产生争执，袁安对此据理力争，最终成功劝说汉章帝释放了俘虏。此后袁安先后接任了司空、司徒。

88年外戚窦宪想要北伐匈奴以居功，袁安等人多次上书表示反对，因此遭到窦宪的记恨。后来窦宪又执意立匈奴降将为单于，袁安再次表示反对，窦宪屡次当朝威胁都不为所动。后来被拥立的单于果然再次叛变。

当时汉和帝依旧年幼，袁安为人又刚正不阿，因此朝野上下都对他十分倚重。92年袁安病逝，朝中群臣都对此十分痛惜，汉和帝亲政后更将其子袁赏封为郎。此后袁安的后人多在朝中任官，及至三国袁绍时，袁氏一族已经四世三公，成为与弘农杨氏相比肩的大世族。

【人物评价】

袁安早年贫困时，宁可在家挨冻也不愿搅扰亲戚，可见其淳厚朴实。也正是因为这一份朴实的正直，袁安尽管在后来多次抵触权贵，却依旧不改自己的作风，最终成为国家股肱之臣，也使得家族在日后走向兴旺。

丁鸿：袭爵不忘谦让，为臣敢斗朝堂

【人物简介】

丁鸿，字孝公，生年不详，卒于94年2月24日，汉和帝时任司徒。

【人物生平】

丁鸿的父亲曾因从龙之功而受封侯爵，但彼时丁鸿尚且年幼，与其弟丁盛相依为命，因此其父死后丁鸿便打算放弃爵位，让给弟弟继承。但自己的请求却不被朝廷批准，丁鸿干脆放弃守丧逃走。后来他的朋友鲍骏责备他意气用事，丁鸿这才悔悟并返回封国。

早年丁鸿曾不远千里拜师学经，袭爵后便开始教授学问，再加上鲍骏的大力举荐，因此贤名远播。68年丁鸿被征召入朝，不久后就担任侍中。79年丁鸿参与白虎观会议，其间以精深的学问受到众人一致好评，从此向他求学的人更多。80年丁鸿改封为鲁阳乡侯，86年又改封马亭乡侯。

92年，丁鸿以太常的身份接替袁安，担任司徒一职。此时外戚窦氏专权，汉和帝受到极大的掣肘，于是丁鸿便趁着日食的机会上疏，劝说汉和帝铲除外戚势力。不久之后汉和帝就下诏由丁鸿代理太尉之事，于是丁鸿便趁机收缴了窦宪的印绶，随后又逼迫窦宪等人在封地自杀。此后丁鸿屡次在朝堂上进言，劝说汉和帝依据全国各地人口的多寡来选取孝廉，汉和帝也采纳了这些建议。

94 年丁鸿病逝于任上，汉和帝为了表示追念，特意为其追加了赏赐。

【人物评价】

丁鸿为人谦让、学问精深，但一旦遇到大事又坚守不变，并能抓准时机果断行事，因此才能铲除专权的外戚窦氏，巩固皇权威严，也以此赢得了皇帝的信任。

鲁恭：圣化非人而止，禽兽亦有驯听

【人物简介】

鲁恭，字仲康，生于 32 年，卒于 113 年，享年 81 岁，汉安帝时任司徒。

【人物生平】

鲁恭自幼为人孝悌知礼，12 岁时其父病逝，鲁恭与 7 岁的弟弟鲁丕悲恸号哭不已，但等到乡人送来财物，他们又一概不取。在父亲的丧礼上鲁恭比大人都更加遵循礼数，因此乡人对他十分称赞。后来鲁恭便与弟弟潜心学问、不问他事，许多人因此归附于他。

很快鲁恭与其弟就声名远扬，得到当朝太尉赵憙的赏识，赵憙为此经常派人赠送粮食，但都被鲁恭拒绝。后来鲁恭受到当地征召，但却为了成就弟弟的声望而屡次推脱，直到后来在母亲的压力下才不得入仕，但也只是做了一名教学官员。76 年鲁丕考中秀才，鲁恭这才在当地担任了官吏。

鲁恭升任为侍中之后，皇帝屡次向他询问政事，鲁恭都回答得十分合宜，因此经常得到赏赐，并被封为乐安相。后来鲁恭又出任中牟县令，任职期间以宽仁为重，多次劝说调解诉讼双方的矛盾，以高尚的道德引导他们各自反思、谦让，成功解决了许多难以决断的案件。如果有人拒不认错，鲁恭也不会因此用刑，而是以自己德行不够为名辞职，因此使得犯错之人惭愧自省。当时全国多地发生蝗灾，只有鲁恭的治下没有蝗虫侵扰，河南尹袁安得知之后，便专门派下属肥亲前去调查。

肥亲到达鲁恭辖县之后，与鲁恭在一棵树下交谈，正好一只雉鸟飞过，旁边的小孩却不为所动。肥亲好奇地问小孩为何不捉鸟为乐，小孩回答说现在正是雉鸟繁衍的时期，因此不能伤害。肥亲听后当即起身，称赞鲁恭治下蝗不入境、禽兽驯化、孺子仁爱的三大异象，随即便把这一情况报告给了上级。

后来鲁恭又入朝担任司徒，为朝廷征召全国贤士达数十人，也有许多望族因没能入围而生出抱怨。鲁恭则表示若能精于学问，乡间亦可举荐，此后再没人表示反对。109 年鲁恭因年老请求致仕，113 年以 81 岁高龄去世。

【人物评价】

鲁恭为人正直而不失转圜余地，因此为政以来不仅能够奉行臣子之道，更能够杜绝他人的忌恨、广播自己的贤名，这也无形中体现了他为政处世的大智慧。

张酺：曾与天子同门下，后世亦不弱先祖

【人物简介】

张酺，字孟伯，生年不详，卒于104年9月28日，汉和帝时任司徒。

【人物生平】

张酺的祖上即赵王张敖，后来封国因故被废，此后张氏子弟便一直居住于当地。张酺早年曾先后跟随祖父张充（与光武帝刘秀为同门）和名儒桓荣为师，学成后又亲自开馆授徒。66年张酺因观点符合汉明帝的心意，而被任命为太子刘炟（即汉章帝）的老师，并由于教授严肃认真而被太子敬重。

75年汉章帝即位，张酺随即被任命为虎贲中郎将，不久后又出任东郡太守。当时东郡治下盗贼四起，官府一旦抓住盗贼就处以死刑，张酺赴任后当即禁止。他认为官员身居高位而枉法尚能不死，百姓因贫困而做贼更不应该受死。同时，张酺又大力举荐当地忠义贤士，因此得到汉章帝的夸赞。有一次汉章帝巡游经过东郡，特意先以师生之礼拜见张酺，随后才以君臣之礼相见。

汉和帝登基后，张酺又升任魏郡太守，时任执金吾的外戚窦景想利用他来报复仇敌，便暗中授意下属夏猛诬告校尉郑据。张酺早就知道事情原委，因此不但没有上当，反而将夏猛关进狱中，并故意对执金吾府报告说夏猛与郑据有仇，使得窦景只能无奈作罢。张酺升任河南尹后，又屡次抵触窦景的心意，窦景尽管几次弄权构陷，却始终无可奈何。

等到大将军窦宪等人被迫死于封地后，张酺不仅没有趁机构陷窦氏，反而主动上书称赞窦宪之弟窦瑰贤明，建议汉和帝从轻发落，最终汉和帝赦免了窦瑰。

93年张酺生病，此时他又先后被任命为太仆、太尉，张酺屡次推辞都不获准许，最终只得上任。100年张酺私下与人论政，表示三府多有用人不当的情形，孰料对方却趁机上奏请求彻查三府，张酺因此不满并与其在宫中争吵。事后群臣都认为张酺失礼，汉和帝便暂时免除了他的官职。

104年张酺被任命为光禄勋，不久又接替鲁恭为司徒，然而此时张酺年老病重，仅仅过了一个多月便病逝。张酺死后，汉和帝身穿孝服亲自前往吊唁，并额外赏赐了许多器物为其陪葬。

【人物评价】

张酺凡事以公义为先，又能明辨是非、不徇私情，因此不仅政绩突出，更能

保持自己的为政操守，不愧为帝王之师、一代贤相。

陈宠：明法而废苛法，在职而称任职

【人物简介】

陈宠，生年不详，卒于 106 年，汉章帝时任司空。

【人物生平】

陈宠的先祖潜心研习律令，陈宠自幼耳濡目染，也对刑狱之事十分熟稔。因此陈宠在年轻时就担任郡中的官吏，后来又受到征召，进入司徒府中担任辞曹，专管刑狱决断之事。陈宠在任期间曾写下大篇幅的狱讼卷宗，其中的内容都在后来成为官府断案的法律依据。

陈宠精通法典，却对严刑苛法十分反对，因此在汉章帝即位出任司空之后，便上疏劝汉章帝废除苛刑，汉章帝于是采纳。后来外戚窦宪又举荐自己的门人张林担任尚书，陈宠坚决表示反对，后来张林果然因不法事而被问罪。陈宠的直言也受到窦宪的记恨，因此窦宪后来故意建议由陈宠主持章帝丧礼，打算趁机构陷。

窦宪的弟弟窦瑰却是一位尊贤重德之人，在他的斡旋下，陈宠又出任太守一职。当时他的治下贪官横行，狱中多有冤假错案，陈宠一到任就提拔刚正不阿的下属王涣、镡显等人，大力纠治各种案件，当地风气很快就为之转变。

后来窦宪因北击匈奴之功而被拜为大将军，全国各地的州郡长官无不备重礼以讨好，只有陈宠等三人毫不动容。后来陈宠就被汉和帝升任为大司农，另外两人也分别入朝担任要职。94 年陈宠又改任廷尉，专管刑狱之事，数次劝说汉和帝宽仁缓刑，都得到汉和帝的采纳，因此很多人都得以幸免死刑。

当时东汉的法律条文仍旧繁复、严苛，于是陈宠又上疏建议汉和帝整理条律，废除其中互相矛盾或过于严苛的部分，以此来弘扬德政、督促百姓，汉和帝再次应允。后来陈宠又先后改任上书、大鸿胪。

104 年陈宠担任司空。由于自己不仅精于法律，对经学也有着很深的研究，因此陈宠也时常参与朝廷大政，成为实际上的宰相，时人称为"任职相"。106 年陈宠在任职 3 年后病逝。

【人物评价】

东汉时人们往往以各种外号来评价官员，如西汉田千秋就被尊为"车丞相"，翟方进被戏称为"通明相"，而陈宠则被称为"任职相"。从这一称号中，今人也不难看出陈宠在当时享有的盛誉。

周章：处下无旁观之惑，居高有当局之迷

【人物简介】

周章，字次叔，又字次升，生年不详，卒于107年，汉殇帝时任司空。

【人物生平】

周章早年曾在南阳郡太守麾下，担任功曹一职。当时担任大将军的外戚窦宪因北击匈奴有功，而在私下阴谋篡位，却被汉和帝趁机剥夺兵权，改封为冠军侯并被迫迁居封地。

有一次，周章跟随太守巡行，恰巧抵达窦宪的封地，太守便想去拜谒窦宪。周章为人眼光长远、心机深沉，又深谙朝廷局势，便对太守劝道，窦宪身为外戚、权倾朝野，如今却被免去要职、贬谪封地，日后结局尚且难料；身为一郡要员却在此时私下与之会晤，实在是不明形势、不知进退。太守执意不肯听从，周章当即拔刀斩断缰绳，太守因此受到阻挠，未能顺利成行。不久之后，窦宪就在封地被迫自杀，公卿以下与窦宪私下往来的官员，也尽数被朝廷罢免，只有南阳太守得以幸免。事后太守才对周章刮目相看，并开始重用他。

此后周章又被举为孝廉，先后入朝担任中郎将、光禄勋、太常等位列九卿的重要官职，107年又改任为司空，成为群臣之首。

当时汉殇帝早夭，汉安帝在邓太后的扶持下登基为帝，周章认为不妥，于是暗中谋划铲除邓氏外戚、诛杀宦官、废黜汉安帝，但这一计划却被泄露，周章因此被朝廷下令免去官职。不久后周章就在家中自杀身亡。

【人物评价】

周章为人熟谙政事、思虑周全，因此身处下位时能够及时决断，阻止上级；但等到自己身居高位后，又不免误判形势、图谋不当，最终更因此事败身死，正是所谓的当局者迷。

刘恺：帝胄亦知谦逊，守道不羡侯爵

【人物简介】

刘恺，字伯豫，生年不详，卒于约124年，汉安帝时任司徒。

【人物生平】

刘恺为人谦逊知让，为汉室宗亲，是汉宣帝的三世孙，其父为居巢侯刘般。按照当时礼法，刘般死后本应由刘恺继承爵位，但刘般私下却更希望刘恺之弟刘宪袭爵，因此刘恺为了成全父亲的心意，便在父亲死后逃跑隐居。在汉章帝和汉

和帝时期，朝廷衙门曾先后两次为此上书，皇帝也亲自下诏褒奖刘恺，但刘恺依旧不肯露面。后来汉和帝终于下诏允许刘宪袭爵，并征召刘恺为侍中。

刘恺任官后不改淳厚作风，屡次为朝廷举荐贤良，并极力倡导风俗教化。当时朝中围绕着州郡地方长官是否要坚守礼节，为亡父亡母守丧三年而争论不休，刘恺当即指出地方长官身负教化之职，本就该为民表率，如果纵容长官不守丧礼，却要求百姓知书达理，无异于把源头的水搅浑，却要求支流清澈一样。这一建议后来也得到采纳。

此后刘恺接连得到朝廷升任，先后担任了步兵校尉、长水校尉、太常等职，106 年又出任司正式担任司徒。当时大将军邓骘的心腹任尚因故犯法，被依法下狱问罪，太尉马英和司空李郃畏于权势，便私下将任尚释放，唯有刘恺不肯听从。后来这一事情败露，马英和李郃都被问罪，只有刘恺得到朝廷的称赞。

刘恺一直做了 5 年的司徒，才以病为由提出请辞。后来刘恺又再次得到尚书陈忠的推荐，在汉安帝时出任太尉，任职 3 年后再次请辞，很久以后汉安帝才应允。一年之后刘恺病逝，死后汉安帝不仅派出使者吊唁，更下令以重器为刘恺陪葬。

【人物评价】

刘恺身为皇族子弟，自幼锦衣玉食、享尽荣华却能不失谦逊孝悌之风，不觊觎觎侯爵之位，心性称得上朴实、善良。刘恺为官后更是不畏权贵、刚正严明，不失贤臣之风。

杨震：为人岂不畏神鬼，须知天地皆有明

【人物简介】

杨震，字伯起，生年不详，卒于 124 年，出自弘农杨氏，汉安帝时任司徒。

【人物生平】

杨震的祖上杨喜曾在项羽自刎乌江时，夺得了项羽的部分尸身，因此被封为赤泉侯，但等到其父杨宝这一代时，家族已经没落。早年杨宝曾隐居，深山学习《欧阳尚书》，杨震也曾拜著名学者桓荣为师，学成后拥有“关西孔子”之称。

杨震屡次拒绝入仕的征召，直到 50 岁时才入朝为官，经过几次升迁，最终成为蓬莱太守。赴任途中，他曾举荐过的官员王密趁着夜晚送来黄金，并宽慰他无人可知，杨震则断然回答“天知地知，你知我知”。王密于是惭愧离去，这就是著名的“暮夜却金”典故。后来杨震又转任各地太守，但他的子孙却始终生活贫困。有人劝他置办产业留给子孙，杨震则表示留下清名足矣。

117年杨震先后担任太仆、太常，120年又接任司徒。次年杨震直言上疏指责汉安帝乳娘王圣等人目无王法，王圣等人因此记恨杨震。后来王圣的女儿又与朝阳侯的堂兄刘瑰通奸，汉安帝因此下令由刘瑰承袭朝阳侯之爵位，杨震再次上书据理力争。123年杨震改任太尉后，又先后拒绝了汉安帝舅舅、皇后兄长等人的不当请求，因此遭到更多贵族的记恨。此后杨震接连上书，反对汉安帝大兴土木、为乳娘王圣修建住宅、诛杀议论朝政的百姓，汉安帝都因为不满杨震而没有应允。

124年，怨恨杨震的中常侍樊丰等人趁假借星象变化，诬告杨震对朝廷心怀不满，汉安帝于是下令收回杨震的太尉印绶。此后樊丰等人又在汉安帝面前进谗，于是汉安帝又下令遣送杨震返回原籍。杨震在离开洛阳后便服毒自杀，死前表示自己没能铲除奸臣、有愧于天下，因此千万不可厚葬。杨震死后，樊丰等人又对他的棺椁和子孙反复羞辱、刁难。

直到125年汉顺帝即位，杨震的故人门生联合上书，这才将杨震以重礼改葬，两个儿子也被授予官职和钱财。此后汉顺帝鉴于当时的灾象，又下令以中牢之礼祭祀杨震。

【人物评价】

当今中国杨氏的一支，其堂号为"四知堂"，出处即在杨震暮夜却金时的"天知地知，你知我知"，四知堂正是杨震的后人。杨震的四知所体现的正是儒家"慎独"的高尚追求，杨震以自己的故事，完美地阐述了这一修德道理。

朱伥：台辅不为国分忧，身家之外更何求

【人物简介】

朱伥，生卒年不详，汉顺帝时任司徒。

【人物生平】

朱伥生平事迹不详，曾在汉顺帝时担任长乐少府一职，后来又代理了司徒一职。

汉顺帝是汉安帝的儿子，最初时因故被废，后来又在中黄门孙程等19名宦官的拥立下登基。最初时孙程等人也因此得到重赏，但后来却因为上殿争功触怒汉顺帝，因此被全数贬谪到外地。当时许多大臣都认为不妥，为此上疏劝谏汉顺帝，朱伥却因畏惧触怒汉顺帝而不肯发言。

朱伥有一位朋友叫周举，为此劝朱伥说，孙程等人的拥立之功，堪比韩信、彭越、吴汉的两代功臣，如果意外死在了贬谪路上，汉顺帝便要背负诛杀功臣的罪名。因此最好是趁现在上疏，劝汉顺帝及时改变心意。朱伥听后没有立即答应，而是将自己的顾虑说了出来。

周举听后十分不屑,于是又劝朱伥说,你如今已经 80 岁高龄,身居台辅之位,不趁着这个机会报效国家,还想干些什么呢?今日即使因直言而犯罪,那也会留下美名;如果袖手旁观、落井下石,就算保住地位又有什么用呢?朱伥听后恍然大悟,于是立即上疏劝谏,后来汉顺帝果然采纳了朱伥的意见。

【人物评价】

朱伥最初时虽然畏首畏尾,不肯出面仗义执言,但最终能够听取意见、力劝君王,倒也称得上是贤明。

黄尚:天灾不由人,枉罪老能臣

【人物简介】

黄尚,字伯河,生卒年不详,汉顺帝时任司徒。

【人物生平】

黄尚为人通晓农事,精于农业治理,因此得到汉顺帝的倚重,被任命为司空,位列三公之一。黄尚在任期间治政勤勉,多次领导、组织全国农业生产,并且取得了巨大的成就,因此顺帝又在 134 年时,将黄尚任命为司徒。

黄尚接任司徒之后,同样做出了许多政绩,因此得到众人称赞。然而 138 年时,全国突然出现蝗灾。在当时的迷信观点看来,天降灾祸就说明为政者有所谬误,于是黄尚因此受到问责,并被免去了司徒职务。

【人物评价】

古代的"天人感应"认为,人与自然有着密切的关系,自然界的种种现象,背后都表现出某种吉凶之兆。当时的从政者也常常把各种自然灾害归咎于他人,希望以此平息灾象,黄尚的遭遇即是如此。

胡广:历六代而侍主,屈横暴而失直

【人物简介】

胡广,字伯始,生于 91 年,卒于 172 年 4 月 17 日,享年 82 岁,汉安帝、汉桓帝时任司徒。

【人物生平】

胡广的祖上曾在王莽篡汉时,为了避祸而远逃交趾,孰料后来因祸得福,胡广的父亲在新朝灭亡后,有幸担任了交趾的都尉。胡广长大之后,被前来当地视察的太守之子一眼看中,将他举为孝廉,后来胡广果然取得殿试第一名,得到汉安帝的垂青。

不久之后胡广就接连得到提拔，最后官至尚书仆射。当时汉安帝打算选妃立后，胡广等人上疏建议汉安帝取贤，最终汉安帝采纳。此后胡广还曾就朝廷选贤设置年龄上限的做法提出过抗议，但没有被朝廷采纳。胡广还先后两次出任太守，最终又再次被征召入朝，担任了大司农。

142年胡广接任司徒，几年之后汉安帝去世，外戚大将军梁冀专权，汉冲帝、汉质帝先后病死、被杀，朝中大臣都感到十分畏惧。后来梁冀又打算迎立刘志（即汉桓帝）为帝，太尉李固对此十分气愤，便拉着胡广和司空赵戒一同上疏反对。最初时胡广虽然明确反对梁冀，但在梁冀的淫威胁迫之下，为人懦弱的胡广很快就败下阵来。只有李固因态度坚决而被杀害，死前还写下绝笔信怒斥胡广等人。胡广虽然流泪哀伤，但也依旧选择了妥协。

因为自己始终不敢违逆梁冀，胡广在朝中一直出任要职，甚至受封为安乐乡侯，但也因此遭到天下人的耻笑和鄙视。此后胡广先后改任太常、太尉司徒、太傅等职，其间也曾因天灾或疏失而被罢免，但总体上依旧官运亨通。直到自己80岁时，胡广依旧活跃在庙堂上，处理政务也十分得宜，其余人对此不得不叹服。

172年，胡广以82岁高龄病逝，死后受到空前礼遇，汉灵帝不仅赐予厚赏，甚至将其葬于光武帝陵寝旁，殊荣可说是东汉第一，就连他的一个儿子也在之后被拜为郎中。

【人物评价】

胡广先后经历汉安帝、汉顺帝、汉冲帝、汉质帝、汉桓帝、汉灵帝六朝，辈分极高、资历极老，长期以来官运一直亨通，但也不免有些谄媚、懦弱、妥协之态，圆滑有余而刚正不足。

赵戒：早岁奉行正道，晚来臣节不保

【人物简介】

赵戒，字志伯，生卒年不详，汉质帝、汉桓帝时任司徒。

【人物生平】

赵戒最初时因通晓明经而被举为孝廉，出任荆州刺史。当时大将军梁商之女被立为皇后，其子梁让因此骄纵不法、横行无忌，赵戒赴任后当即上书弹劾，丝毫不畏惧其权势。后来赵戒又转任他职，依旧对权贵子弟一视同仁、打击不法，因此得到朝廷赏识，被征召入朝先后担任太常、太仆，位列九卿。

141年赵戒又转任司空，任职直到146年，在当时三公更迭不断的情况下，堪称一个异数。但或许是长年在朝堂之上钩心斗角，此时的赵戒心态已经悄然变化。

同年，质帝被大将军梁冀毒杀，赵戒最初时也曾接受太尉李固之邀，与李固和司徒胡广等人共同反对梁冀，但不久就屈服于梁冀的淫威，改口同意迎立刘志（即汉桓帝）。李固被杀前曾写信指责赵戒等人有负重托，赵戒虽然惭愧流泪，但依旧选择了屈服。同年赵戒改任司徒。

次年太尉杜乔因天灾被免职，赵戒接任太尉，并因拥立之功被封为厨亭侯。然而很快赵戒也因为天灾而被免职，直到 152 年才再度出任司空。但次年灾害再次出现，赵戒再一次被迫免职。此后赵戒就告退还乡，并老死于家中。

【人物评价】

赵戒早年以刚正不阿、不畏权贵而享誉天下，孰料到头来晚节不保，屈服于梁冀淫威，为此遭到天下人耻笑和轻蔑，比起一贯懦弱的胡广更令人唏嘘慨叹。

种暠：圣王贤德后有继，庙堂忠正岂无臣

【人物简介】

种暠，字景伯，生于 103 年，卒于 163 年 4 月 2 日，享年 61 岁，桓帝时任司徒。

【人物生平】

种暠的父亲曾经担任县令，但他的出身却不止如此。种暠的祖上即大名鼎鼎的古公亶父，而这位古公亶父又称周太王，也就是周文王的祖父。或许是继承了这位圣王先祖的遗风之故，种暠在父亲死后，便将家中的千万财产全数分给宗族和当地穷人，并拒绝与势利之徒往来。

后来河南尹田歆为了避嫌，打算从平民之中推举孝廉，其侄王谌却表示贤人不一定必须在深山中。后来种暠果然表现十分优异，田歆于是当即推举他为孝廉。142 年种暠入朝担任侍御史，屡次上疏弹劾朝中的不法官吏，并上疏建议汉顺帝责令大臣，检举近亲中的不法分子，后来又成为太子刘炳的监护官员。有一次中常侍高梵独自出宫迎接太子，种暠当即拔剑阻拦，要求高梵拿出信物，高梵只得无奈回转。事后汉顺帝对种暠更是十分嘉奖。

后来种暠又出任益州刺史，在他的宣扬下，就连化外蛮夷之民也知晓汉朝的恩威，不敢有所冒犯并纷纷归降。同时种暠又极力打击阿谀大将军梁冀的地方官员，因此遭到梁冀记恨，梁冀便趁着种暠平叛失败的机会，对其进行弹劾，后来在太尉李固的斡旋下，梁太后才赦免了种暠。不久后种暠再度出任凉州太守，离任时当地百姓联名上书请求其留任，梁太后赞叹之下便予以应允。

直到一年后种暠再次离任，当地百姓沿途送别，心中都十分不舍。此后种暠

先后改任多地太守，158 年又凭借着自己的威望，平息匈奴的入侵，并使得羌胡、龟兹、乌孙等国纷纷归附，种暠也因此升任大司农。

161 年种暠改任司徒，成为一朝宰辅，其间多次为朝廷举贤，其中更有一些人在后来接任司徒。163 年种暠病逝于任上，享年 61 岁，不仅朝廷十分哀痛，就连之前辖地的百姓和匈奴单于得知之后，都为之十分悲恸。

【人物评价】

种暠祖上为一代圣王，从种暠本人的所作所为来看，其无愧于圣王之后。种暠任官期间不仅体恤下辖之民，就连化外之民也受其感召、得其教化，其身上颇有圣贤之风。

刘宠：为官所求皆民乐，耄耋一钱何其多

【人物简介】

刘宠，字祖荣，生卒年不详，为汉室宗亲，汉灵帝时任司徒。

【人物生平】

刘宠是汉高祖刘邦的后代，属于齐王刘肥一支。刘宠因为祖上的缘故，世代居于牟平县，他的父亲也因博学而享有"通儒"之誉。在父亲的熏陶下，刘宠也自幼就通晓经学，因此被举为孝廉，在地方上担任官职。和许多勤政爱民的官员一样，刘宠因施行仁政而得到当地官民的一致爱戴，以至后来辞官离任时，沿途送别的百姓竟然挡住了车子。最终刘宠只得换上布衣偷偷离去。

后来刘宠多次受到提拔，先后担任豫章、会稽太守，会稽当地自他到来之后，就鲜有官吏扰民之举，以至夜无犬吠、民不识官。等到朝廷征召刘宠时，有好几位老者托着钱币送别刘宠，刘宠也只是象征性地各取一枚最大钱币，然后挥别了当地百姓。

入朝之后刘宠先后担任宗正、大鸿胪、司空等职，其间也曾因天灾而被迫引退。168 年太尉陈蕃等人政变失败，朝中人事出现变动，刘宠也因此升任司徒。次年刘宠又改任太尉，但不久就再次因天灾而被免官，此后引退还乡直到病终。

【人物评价】

刘宠任职地方期间，严格约束当地官员，因此当地夜无犬吠、民不识官，真正做到了不扰民、不侵民，可说善治。

乔玄：岂因我子害公义，盗行不仁必以死

【人物简介】

乔玄，字公祖，生于 110 年，卒于 184 年 6 月 6 日，享年 75 岁，汉灵帝时任

司徒。

【人物生平】

乔玄是东汉末年的著名大臣，素来以刚正不阿、暴躁冲动而闻名。他的小儿子在 10 岁时被强盗绑架，脾气刚直的乔玄拒不答应盗贼胁迫，下令当场追捕盗贼，结果盗贼被捕，自己的儿子也因此身死。

当时陈国国相羊昌贪污不法，时任家乡小吏的乔玄便趁着豫州刺史巡视的机会，主动请求前往陈国调查，刺史认为他不凡，便准许了。后来乔玄果然顶住大将军梁冀的压力，彻查羊昌并以囚车将其押赴京城，京城一时震动。当时曹操曾经拜访乔玄，乔玄当即表示他日后必然能够安定天下，因此被曹操视为知己。

当时梁冀位高权重，自己的几位兄弟也分别出任各地要职。乔玄有一次自认为受到梁不疑（梁冀之兄）羞辱，当即辞去官职，后来又在齐国任相，却因犯错而被罚服役。此后乔玄又应召出任太守，继续严明执法。上邦县令皇甫祯因贪赃枉法被捕，乔玄当即下令将其头发拔掉、处以重刑而死，当地人为此畏惧。但乔玄有时候也会蛮不讲理、胁迫他人。当时有一位隐士拒不应召，乔玄一怒之下竟然胁迫其母改嫁，为此遭到时人耻笑。

后来乔玄借故生病辞官，此时恰逢边境战乱，朝廷三公和大将军共同推举乔玄，乔玄于是被拜为将军，更被授予专事征伐的黄钺。不久之后乔玄就击败边境入侵，并在当地任职三年，边境从此再无战事。

及至汉灵帝即位，乔玄接连得到重用，先后担任了河南尹、少府、大鸿胪、司空等官，171 年又升任司徒。由于当时天灾频频，乔玄一度将之归咎于自己并请辞，改任其他官职。这一时期乔玄曾上疏请求惩处贪污不法的官员，但汉灵帝出于私人关系反而重用这些人，乔玄于是请辞。

179 年乔玄再次以病请辞，此后一直在家中养老，直到 184 年因病去世，享年75 岁。乔玄死后，汉灵帝特意派使者前往吊唁，并下令以隆重的礼节将他安葬。

【人物评价】

乔玄虽然脾气刚硬、暴躁，不够通情达理，但总体而言，仍旧是一位刚正不阿、富有才干的能臣。

杨赐：博学不愧先祖，殊荣尤胜前人

【人物简介】

杨赐，字伯献，或字伯钦、子献，生年不详，卒于 185 年 11 月 4 日，汉灵帝时任司徒。

【人物生平】

杨赐出身东汉望族弘农杨氏，其祖父即暮夜却金的一代名臣杨震。在家学渊源的熏陶下，杨赐自小就勤研儒学，长大之后更是多次拒绝朝廷征召，在乡间教学授课。等到梁冀专权之后，也曾多次征召杨赐，但杨赐最终也没有屈从。

168年时，时任校尉的杨赐得到三公举荐，负责为汉灵帝讲授儒术，并先后担任司空、司徒，不久又改任光禄大夫，并受到格外的赏赐。鉴于当时经学历经漫长岁月、内容多有传讹谬误的事实，杨赐又与其余大臣一同上书，请求修订《六经》经文，这一建议被汉灵帝采纳。此外杨赐还劝汉灵帝不要大肆封赏、贪图游乐，但汉灵帝没有听从。

或许是东汉王朝气数将近，此时全国屡屡出现灾象、异象，每一次灾象都会让朝堂动荡，178年皇宫上空又出现明暗两道彩虹，汉灵帝及群臣都十分震惊。杨赐身为帝王之师、一代贤臣，对此自然是深有感触，大叹奸佞当道，并且上书请求汉灵帝驱逐宦官。但这一封奏疏却被宦官私下偷阅。鉴于杨赐的帝师身份，灵帝并没有处罚杨赐，反而对其进行了封赏。

182年杨赐改任太尉，两年后就因直言论述黄巾起义而触怒汉灵帝，汉灵帝于是将他罢免。此前杨赐曾将自己平定黄巾军的计策写成奏疏，却因免职而被扣留不发。直到后来汉灵帝移居其他宫殿，无意间翻到杨赐的奏疏，心中一时感慨，于是下令封杨赐为临晋侯。此后杨赐又上书汉灵帝，请求将封邑分给当年共同为汉灵帝授课的刘宽、张济。

185年杨赐升任司空，同年因病去世。杨赐死后，汉灵帝身披丧服、罢朝三日，并赐予杨家大量钱财，又以隆重的礼节将其厚葬。

【人物评价】

杨赐不仅博学多才，有帝师之才；同时又正直敢言，有帝师之德。汉灵帝素来昏聩，但却依然给予杨赐诸多礼遇，以此也可侧面探知杨赐之贤。

刘郃：权争从来险恶，亲近转眼沦仇

【人物简介】

刘郃，生卒年不详，为东汉宗室，汉灵帝时任司徒。

【人物生平】

刘郃的祖上是东汉河间王，其兄刘倏曾担任光禄大夫。169年刘倏因协助大将军窦武诛杀宦官、迎立汉灵帝，而被十常侍王甫等人害死，汉灵帝为了追念刘倏的功劳，便以刘郃入朝为官。

此后刘郃凭借着兄长的关系，以及老丈人中常侍程璜的影响力，接连得到升任，179 年终于接任了司徒。此时王甫因故被汉灵帝疏远，而其余几位朝中重臣也对王甫心怀不满，于是刘郃趁机联合他们上疏，最终将王甫等人下狱处死。

但刘郃的举动也引起了另一位宦官曹节的畏惧，为了自保，曹节便串通刘郃的老丈人程璜，一同陷害刘郃等人。结果刘郃等人都因此下狱，不久也被处死。

【人物评价】

东汉灵帝时，宦官势力已经膨胀并联合一气，刘郃虽然只是为兄报仇，但依旧对宦官势力造成了严重威胁。而他的岳父也为了自身利益出卖刘郃，可见当时朝政之昏暗。

崔烈：列三公可惜铜臭，辱声名不惧殉国

【人物简介】

崔烈，字威考，生年不详，卒于 192 年，灵帝时任司徒。

【人物生平】

崔烈世居幽州，是当时幽州有名的大望族，凭借着自己的名望，崔烈先后担任了太守和廷尉等官职。当时正是汉灵帝统治时期，东汉朝堂一片昏暗，国家财政入不敷出，因此汉灵帝便采取了卖官这一昏着。

当时东汉的所有官职都可以明码标价进行买卖，包括司徒、司空、太尉这样的三公大位，也可以通过 1000 万钱来购买。崔烈家本就有钱，更与汉灵帝身边的心腹关系密切，因此崔烈最终通过一番拉拢，花了一半的价钱就当上了司徒。

事后汉灵帝有些后悔出价太少，崔烈也因为买官而被天下人轻视，原本的美名都因此受损。崔烈因此心中不安，便向儿子询问。儿子则回答说："现在天下人都认为你有铜臭。"崔烈一怒之下拿起拐杖就打，儿子当即逃跑并搬出孔圣人的训言，崔烈这才羞愧停止。

不久后崔烈就因提议不当而被免去司徒，187 年改任太尉一职，但不久就被罢免。189 年董卓逼死十常侍，护送汉少帝等人返回，崔烈以向导的身份带领百官迎接，其间要求董卓避让，却被董卓呵斥。次年崔烈又因与袁绍等人联合而被下狱，直到 2 年后董卓被杀，这才出狱担任校尉。

同年董卓的麾下李傕攻入长安，崔烈等人一同因拒敌而被害。

【人物评价】

崔烈原本名望甚高，却因参与卖官鬻爵、得官不正而被天下人耻笑，不可不说是一个人生污点。但崔烈本人却不失为臣的忠直、正义，最终更为国殉身，仍

旧是一代忠烈贤士。

董卓：自绝于天必主丧，郿坞难见富贵郎

【人物简介】

董卓，字仲颖，生年不详，卒于 192 年 5 月 22 日，东汉末年著名奸臣，汉献帝时任太师。

【人物生平】

董卓少时为人任侠放荡，喜好交游，甚至与羌人的关系都十分密切。后来董卓在家乡耕种，曾无意间挖到一柄无名利刃，后来才得知这是楚霸王项羽的佩刀。

当时凉州位处边境，经常受到匈奴侵扰，董卓于是接到征召，带领士兵大败匈奴，因此得到重用，此后接连率兵平定羌人、鲜卑人的叛乱。董卓在平时还特别注重关心士兵，经常将自己的赏赐分给士卒，因此得到麾下将士的拥戴。

黄巾起义爆发后，董卓也奉命参与平叛，但却久攻不下，因此被问罪下狱，后来又因大赦出狱，继续带兵平叛。经过长时间的相持，董卓终于抓住机会取得胜利，后来又因功受封鳌乡侯。

汉灵帝病重之后，为了削弱董卓的势力，便封董卓为州牧，要求其交出兵权，董卓却假意推脱。等到汉灵帝驾崩、何进掌权后，董卓又奉何进密召，带兵进京诛杀宦官，董卓的一生就此改写。原本图谋诛杀宦官的何进，却被宦官抢先一步杀死，等到董卓带兵入京，城中已经没有人能压服董卓。于是董卓顺理成章地挟持汉少帝，不久又废杀汉少帝、迎立汉献帝，其余大臣要么屈服、要么隐忍、要么被杀、要么逃亡，他成为东汉的实际统治者。但这一时期董卓也无心做了一些好事，比如为陈蕃、窦武等拥立汉室的大臣，以及因党锢之祸而死的儒生平反。为了巩固自己的势力，董卓大肆提拔、重用自己的心腹，又从全国选拔大量贤才，为自己博取名声。为了缓和与各割据势力的矛盾，董卓还主动授予袁绍等人官职。但同时董卓又极尽残暴，捍卫自己的权威，许多大臣动辄因过失而被打死、掘墓、分尸。后来董卓又自封相国，并拥有入朝不趋、剑履上殿的特权。

此时全国各地反对董卓的声浪也开始汹涌，袁绍在各路诸侯的拥护下成为关东盟主，带领大军讨伐董卓。董卓为了暂避锋芒，便胁迫汉献帝迁都长安，并在洛阳大肆烧杀、抢掠，许多宫殿、民房都被破坏。迁都长安之后，董卓继续对朝臣采取血腥手段进行震慑，同时又胡乱推动改革，致使长安物价疯涨、民生更加凋敝。东周却在长安郿坞修建堡垒、囤积钱粮武器，打算即便争霸失败，也能富裕一生。

董卓的倒行逆施终于引起了百官的不满，以司徒王允为首的官员更在私下谋除董卓。192 年，王允趁着汉献帝病愈、百官朝拜的机会，在宫门埋伏下刀斧手。董卓在入宫时受到刀斧手攻击，慌忙召唤心腹吕布，却被早已与王允联合的吕布当场斩杀。董卓死后，朝中百官、三军将士、城内百姓无不拍手叫好，可见董卓之不得人心。

【人物评价】

董卓是东汉末年权势最为滔天的权臣，同时也是东汉历史上最为暴虐无道的野心家。尽管身居高位，董卓却半点没有匡复河山的大志，所思所想无不是自身私利。最终董卓众叛亲离、死于亲信之手。

黄琬：直面横暴无可惧，自来一心向晏平

【人物简介】

黄琬，字子琰，生于 141 年，卒于 192 年，享年 52 岁，曾与王允密谋诛杀董卓，东汉中后期名臣。

【人物生平】

黄琬一家自曾祖父黄香时便在朝廷担任要职，这位黄香即是二十四孝中扇枕温衾的著名大孝子黄香。黄琬的父亲早逝，黄琬自小跟随祖父生活，其祖父又在朝廷担任太尉，位列三公之一。

黄琬自小聪明伶俐，有一次司空盛允生病，黄琬奉祖父之命前去探望，盛允正在浏览江夏郡蛮族作乱的奏本，于是便调侃说江夏蛮人太多（黄琬即江夏人）。黄琬却严肃地回答"罪在司空"，盛允因此称奇。

黄琬长大之后入朝为官，与时任光禄勋的陈蕃引为至交。针对当时举贤偏重门第的风气，黄、陈二人为此大量举荐贫寒贤士，却因此触怒权贵，后来黄琬更因此被诬囚禁 20 余年。直到 184 年才被太尉杨赐举荐，出狱为官。188 年黄琬担任豫州牧，不久之后就平定了治下的盗贼，因此受封为关内侯。

189 年董卓征召黄琬入京为司徒，不久后就改任太尉，改封阳泉乡侯。但次年黄琬就因反对董卓迁都而罢官，但董卓鉴于其名望而没有贸然加害。最终董卓还是迁都长安，黄琬又私下与司徒王允联合，用计除掉了董卓。

192 年董卓的部下李傕、郭汜反叛，率兵攻入长安城中，黄琬也被抓进监狱，不久后就被害死，时年 52 岁。

【人物评价】

黄琬不仅为人聪慧，富有政才，更可贵的是不畏权奸，以国事为先。在群臣

面对董卓噤若寒蝉之时，他能主动站出来参与诛杀董卓，更因此以身殉国，可见其忠义、刚烈。

杨彪：乱臣贼子尤违逆，忠良岂得偷安生

【人物简介】

杨彪，字文先，生于 142 年，卒于 225 年，享年 84 岁，汉献帝时任司徒。

【人物生平】

杨彪出自望族弘农杨氏，其父即曾为汉灵帝之师的司徒杨赐。杨彪虽然年少却学识丰富，但又屡屡拒绝朝廷的征召，直到后来才入朝担任议郎，与蔡邕等当朝诸多名士共同编写史书。

179 年，司徒刘郃等人暗中谋划除掉宦官王甫，杨彪恰巧得知了王甫的诸多不法事，便将这一消息透露给刘郃等人，最终王甫顺利伏诛。后来刘郃等人都被陷害而死，杨彪顺利逃过一劫，并继续担任要职。

185 年杨彪的父亲杨赐病逝，死后汉灵帝以杨彪承袭父爵，189 年又先后接替董卓、黄琬，担任司空、司徒。第二年杨彪又与黄琬共同反对董卓迁都，因此触怒董卓而被免职，但不久又再次被任命为光禄大夫。由于董卓的一再坚持，迁都最终未能避免，杨彪也与诸多大臣共同跟随汉献帝到长安，之后又接连担任各种官职。

董卓于 192 年被王允等人合谋杀死，同年王允也因居功自傲、出尔反尔而被董卓的部将李傕、郭汜等人杀死。195 年李傕又打算挟持汉献帝，杨彪当即出面据理力争，表示自古以来没有身为天子，却住在臣子家中，但在李傕的武力胁迫面前，杨彪仍不得不跟随汉献帝一同前往。此时李傕又与郭汜产生矛盾，郭汜便趁着汉献帝派遣杨彪等人出使的机会，将杨彪等人全数扣押。杨彪因此讥讽李傕与郭汜，指责他们一人胁迫天子、一人扣押朝官，俱为乱臣贼子，险些遭到郭汜的杀害。

等到曹操迁都许昌、挟天子以令诸侯后，对杨彪十分忌惮，便找了个理由将杨彪免职，后来更趁着袁术称帝自立的机会，诬陷杨彪与袁术勾结，打算将其下狱处死。当时孔融得知了这一消息，当即前去拜见、劝说，主审的官员也劝曹操兼顾民心。最终杨彪得以无罪释放。

眼见曹操专权、汉室衰微，杨彪出狱后干脆借故辞去官职，专心在家养老，等到其子杨修被曹操杀死，杨彪对政事更加淡泊。及至曹丕篡汉，杨彪又多次拒绝征召，直到 225 年以 84 岁高龄去世。

【人物评价】

杨彪身逢汉室衰微之时、天下动荡之际，当时许多朝臣或是坚守正道而死，或是曲意逢迎而生，但杨彪则称得上例外。尽管杨彪没有对曹魏篡汉进行反抗，但也从此不再事曹，以此表明自己的志向，可以说是不失风骨。

王允：志向高迈扶汉室，隐忍后动杀权奸

【人物简介】

王允，字子师，生于137年，卒于192年，享年56岁，汉献帝时任司徒。

【人物生平】

王允是山西人氏，其家族王氏也是当地望族。在家族的熏陶下，王允自幼就胸怀大志，同时又精心研习文、武，因此成长为一名文武全才。

王允长大后被举为孝廉，出任郡吏。当时朝中宦官当道，他们的下属也都仗着主人的势力，在全国各地横行无忌。王允上任之后，很快就把当地一个横行不法的小黄门抓捕处死，不仅震慑了当地豪强，也赢得了百姓称赞。

后来王允又积极检举当地太守贪污受贿，因此被太守关押，幸得刺史邓盛相救，此后王允就在邓盛麾下做事，名声愈发显赫，就连朝中三公也对他有所耳闻，同时举荐他入朝。恰好此时黄巾起义爆发，王允在接受朝廷命令后，通过周密的部署、严明的指挥，很快就平定了豫州一带的叛乱。

当时王允恰好从黄巾士兵身上搜出一封书信，发现当朝权宦张让与黄巾军私下勾结，于是断然上书检举，因此被张让记恨、构陷而下狱。当时司徒杨赐和他自己的下属，纷纷劝说王允暂时妥协，都被王允义正词严地拒绝。后来在外戚大将军何进、司徒杨赐等人的联名上书下，汉灵帝才赦免了王允，此后王允干脆改名换姓隐藏民间。

等到何进意欲诛杀宦官时，王允再次出山，然而何进却被宦官杀死，汉少帝也被宦官挟持带走。当时群臣莫不敢反对，只有王允派出士兵保护汉少帝。等到董卓迎回汉少帝等人后，王允也接替司徒一职。

当时王允虽然担任司徒，但朝中大权都被董卓所掌控，董卓为人残忍横暴、权欲熏心、贪婪无度，因此王允便暗中谋划除掉董卓。此时的王允充分表现出政客的演技，表面上对董卓曲意逢迎，一再谄媚，因此博得了董卓的信任，掌握了一部分朝中大权。王允趁此机会联合朝中有志之士，又在朝中安插亲信，并积极拉拢到了董卓的义子吕布。

192年汉献帝患病而愈，朝中百官共同朝拜庆贺，王允等人趁机做好了拨乱反

正的准备。当董卓入宫时，李肃等人当即发起攻击，董卓急呼吕布救援，却被吕布当场击杀。事后王允因谋划之功而居群臣之首。

诛杀董卓一事使王允步入人生巅峰，但此后王允的心性却开始变化。他不仅自恃功高，倨傲群臣，更因为一声叹息就将著名文士蔡邕下狱处死。在面对董卓的旧部时，王允更是步步紧逼、绝不容情，因此李傕、郭汜等人不得不于同年发起叛乱。

李傕等人很快就攻入长安城中，王允拒绝了吕布的投降建议，护卫汉献帝直至城楼，随后挺身而出，遭到李傕等人杀害。及至曹操挟汉献帝迁都许昌后，汉献帝又以重礼厚葬王允，并对其后人封侯赏赐。

【人物评价】

王允诛杀董卓、匡扶汉室，可说是功勋卓著，但在事后的种种做法却不免偏颇。王允虽有刚正风骨，却又为人偏激、过于苛刻，因此最终招来叛乱、为国身死，悲壮之余也不免有几分遗憾。

赵温：丈夫雄飞本吾志，奸雄奈何逞其时

【人物简介】

赵温，生卒年不详，汉献帝时任司徒。

【人物生平】

赵温的祖上即司徒赵戒，赵温的叔父赵典、兄长赵谦都在东汉末年为官。赵温本人虽然年少但志向远大，常怀飞黄腾达之志。后来赵温当上京兆郡丞，却认为官职过小、有负期望，于是长叹说："大丈夫当雄飞，安能雌伏!"因此不久之后赵温便干脆辞去官职，返回了老家。

正好当时老家发生灾荒，乡民生活十分困苦，赵温于是主动拿出家中的粮食赈济灾民，得到乡中的盛誉。此后汉献帝在权臣董卓的胁迫下迁都，赵温被朝廷征召，并受封为江南亭侯。193年，赵温先后升任司空、司徒，此时董卓已死，麾下李傕继续挟持汉献帝，赵温因此数度写信责骂李傕，险些招来杀身之祸。

等到曹操挟天子以令诸侯后，赵温依旧担任司徒，但此时曹操已经逐渐成为东汉的实际统治者。208年，赵温举荐曹丕为孝廉，曹操却怒斥赵温举荐不实，一怒之下将其免官。同年赵温病逝，之后曹操干脆将三公之位废去。

【人物评价】

自曹操掌控汉献帝之后，以赵温为代表的三公便成为专权阻碍，因此曹操借故将赵温罢官，进一步削除阻碍，也是顺理成章之举。

曹操：横槊赋尽天下事，笑看沧海共横流

【人物简介】

曹操，字孟德，又名吉利，小字阿瞒，生于155年，卒于220年3月15日，享年66岁，东汉末年杰出的政治家、军事家、文学家、书法家，汉献帝时任丞相，更是曹魏政权的奠基人。

【人物生平】

但凡读过《三国演义》的人，几乎都对那段群雄割据、三国鼎立的故事娓娓道来，对书中头号"奸雄"曹操，更是十分了解。世人皆知曹操的父亲曾被宦官收养，因此认为曹操出身卑贱，然而鲜有人知的是，曹操的祖上即西汉名相曹参。

曹操自幼博览群书、爱好武艺，许多名士如司徒乔玄等，都认为他将来会安定天下。在担任洛阳令期间，曹操同先代许多刚正之臣一样，严厉打击不法权贵，因此声名鹊起，却也因得罪权贵而罢官。

180年曹操再次应召入朝，其间多次上疏，但此时汉灵帝贪图享乐、治政昏聩，因此曹操的建议都被搁置不用。4年后黄巾起义爆发，曹操在平叛中立下大功，但此时汉室江山已经倾颓。曹操因此辞去官职，暂时退隐乡间。等到汉灵帝驾崩、董卓专政，时任校尉的曹操不愿同流，辗转逃到陈留号召起义。此后袁绍被各路诸侯推举为盟主，曹操也趁势加入。这一时期诸侯联军虽然击败董卓，却因各怀异心而致使联盟解散。文采斐然而又心忧天下的曹操因此慨叹，写下"白骨露于野，千里无鸡鸣。生民百遗一，念之断人肠"的诗句。

此后曹操便建立起自己的势力，随后积极讨伐自立的袁术。196年曹操迎回汉献帝，从此拥有了挟天子以令诸侯的最强王牌。这一时期曹操迁都许昌，并先后出兵击败诸多割据势力，将自己的势力范围进一步扩展。在200年的官渡之战中，曹操虽然处于兵少的劣势，却能够虚心纳谏、冷静分析、扬长避短，最终以弱胜强击败袁绍，及至207年又将袁绍的残余势力彻底铲除。

208年曹操借口罢免司徒赵温，随后废去三公，改为丞相、御史大夫，并自任为丞相。此时曹操志满意得，迫切地想要一统全国，于是又积极准备南征。但在208年的赤壁之战中，江东孙权、荆州刘备联合一气，再次上演以弱胜强的戏码，将曹操打得一败涂地。迫不得已之下曹操只好退兵，转而平定内部之事，并于211年击败关中马超。此时三雄鼎立的局面也初步形成。

212年曹操被赐予"参拜不名、剑履上殿"的特权，如汉初名相萧何一样，216年又晋封魏王，享有天子礼仪。此后曹操便励精图治，在政治、经济、文化等方面有颇

多建树，为后来的曹魏建立、西晋一统奠定了雄厚的基础。同时曹操也数次带兵南征孙权、讨伐刘备，彼此之间互有胜败，但曹操始终不能彻底消灭孙、刘。

220 年蜀将关羽征襄樊，曹军连战连败，关羽因此威震华夏，但不久就被东吴孙权趁机击败、擒杀，曹操取得了荆州之地。孙权上书劝曹操自立，却被曹操看破用心，因此并未应允，并表示自己只希望当周文王就足够了。同年曹操因病逝于洛阳，享年 66 岁，死后谥号"武王"，葬于高陵。等到其子曹丕篡汉自立，又尊曹操为武帝，庙号"太祖"。

【人物评价】

曹操历来被称为"治世之能臣，乱世之奸雄"，但无论他是能是奸，都无损于他的盛名。由于传统的尊刘思想和戏说丑化，曹操一直以奸诈的模样示人，但从其生平种种表现来看，曹操无疑是当时群雄割据、神州动荡之际最为耀眼的一颗"明星"。

三　国

魏

华歆：昔时割席耻笑久，今日贤德拟龙头

【人物简介】

华歆，字子鱼，生于 157 年，卒于 232 年 1 月 30 日，享年 75 岁，东汉时名士，魏文帝时任司徒。

【人物生平】

华歆留给世人最著名的故事，即是割席分坐。早年华歆与好友管宁共同耕种、学习，华歆却常常因琐事而中断事务，因此管宁割裂竹席，表示不再与他为友。这则故事里的华歆看似为人善变、缺乏耐心，不像是能有所成就之人，然而令人惊讶的是，华歆后来却凭借精深的学问和远见卓识，成为当时一代名士。

当时的冀州刺史曾打算起兵废掉汉灵帝，素来不服华歆的陶丘洪也打算参与。华歆当即表示说，废立君主这种大事，就连伊、霍都觉得棘手，何况刺史一介粗人，断然不可能成功。后续的发展果真如他所言，陶丘洪这才心服口服。

华歆最初在东汉朝廷任官，东周专权后又投奔袁术劝其起兵，但袁术没有听从。华歆于是再次接受汉献帝诏令，出任豫章太守。华歆不仅学问精深，治政也依循仁道，因此治下百姓对他十分拥戴，甚至围在他门外主动拥护他出任刺史，但华歆因没有诏令而不敢听从。当时华歆因贤名而受到孙策礼遇，后来又接受汉献帝征召离去，临走时又以性命安危为借口，将之前人们赠送自己的重礼全数退回，表现出自己的高尚品德。

华歆回到许昌之后，就被任命为尚书令，这一职位在当时相当于副宰相，220年曹丕承袭王位后又以华歆为相国。同年曹丕篡汉，改相国为司徒，华歆成为曹

魏政权的头号大臣。与少时挖到金子后的欣羡不同，华歆身居高位之后反而带领全家清廉节俭，并屡次帮助因罪被贬为奴的女子出嫁，还向曹丕建议以六经考试选拔人才。魏明帝即位后，华歆又改任太尉，并推荐自己的好友管宁接替自己。但管宁因淡泊名利而没有应召。由于年老华歆被特准乘车入宫，这也成了后来三公礼遇的先例。

230 年曹叡意欲征伐蜀汉，华歆分析天下大势，认为时机未到，便大胆上疏劝说曹叡，曹叡最终退兵，并对华歆予以厚赐。232 年华歆逝世，死后谥"敬侯"。

【人物评价】

华歆历来因割席分坐的故事而沦为负面榜样，但事实上华歆的成就，甚至还在另一正面主人公管宁之上，因此当时人们更誉华歆为"龙头"。从他的生平故事来看，华歆也确实是一位受人敬重的贤德之人。

王朗：平生岂因武侯死，立功立言有家传

【人物简介】

王朗，本名王严，字景兴，生年不详，卒于 228 年 11 月，三国时期著名经学家，魏明帝时任司徒。

【人物生平】

四大名著的《三国演义》之中，曾有"诸葛亮骂死王朗"这一著名桥段，再经过影视作品的渲染，许多人更是对这位敢向诸葛亮叫板的"王司徒"印象深刻。但真实的王朗虽然也确实人品有瑕，却也与小说影视中的形象有所不同。

王朗早年曾跟随东汉司徒杨赐学习经籍，并在杨赐死后弃官守丧，颇有尊师重道之风，但另一件事却使得时人对他有所针砭。据说王朗曾与华歆一同乘船避难，其间遇人求救，华歆当即拒绝，王朗却慨然允诺。然而故事很快就出现了反转。不久之后强盗来袭，王朗当即改变心意想要丢弃路人，反倒是华歆表示既然已经接纳，就应该继续维护。事后王朗便背上了"伪君子"的骂名。

尽管品行有所瑕疵，王朗的学问水平却是一流，因此早在为杨赐服丧之后，便被举为孝廉，入朝为官。王朗曾任会稽太守 4 年，其间体恤百姓，勤政爱民，因此受到百姓爱戴，但后来却被孙策击败而不得不投降。几年之后，拒不归顺的王朗这才再次回归曹魏，并因治狱仁慈宽厚而广受称赞。

220 年曹丕篡汉自立，王朗升任司空并改封乐平乡侯（此前受封安陵亭侯），数次劝说曹丕暂缓兴兵。等到魏明帝曹叡即位，王朗又改任司徒并改封兰陵侯，并屡次劝说曹叡不要大兴土木。也正是在这一时期，王朗等曹魏大臣写信劝蜀汉

诸葛亮归降，却被诸葛亮驳斥，这大概就是后来"诸葛亮骂死王朗"的出处了。

王朗任职期间政绩平平，但却在经学方面成就却十分突出，曾著有《周易传》《春秋传》《孝经传》《周官传》等许多注集，后来其子也继承了他的学问，并一度压倒郑玄一脉。并且经常慷慨解囊，救济穷困。228 年王朗逝世，死后谥号"成侯"。

【人物评价】

人们对王朗这位司徒的印象，大多停留于小说、影视作品，但历史上真实的王朗却没有那么窝囊。尽管智慧比不过一代名相诸葛亮，王朗依旧是当时学术界的一代名家，并且为官治政也颇有可称道之处。

董昭：谏阿瞒以奉天子，助曹魏以代汉统

【人物简介】

董昭，字公仁，生于 156 年，卒于 236 年 7 月 4 日，享年 81 岁，魏明帝时任司徒。

【人物生平】

董昭最初时曾在袁绍麾下任职。当时袁绍与公孙瓒之间互相争斗，袁绍治下的巨鹿一地民情涌动，人人思变，袁绍便派董昭前去安抚。董昭抵达巨鹿之后，当即颁布假檄文，诛杀了煽动人心的几名豪强首领，城内民心因此安稳。袁绍便任命董昭为魏郡太守。

袁绍为人犹豫、多疑，很快就因风言风语而猜疑董昭，董昭于是借机脱离袁绍，并与曹操交好。在董昭的斡旋下，曹操得以顺利朝见汉献帝。其间董昭也跟随曹操一同前往洛阳，并为曹操出谋划策、分析天下大势，为后来的挟天子以令诸侯奠定了基础。198 年董昭出任河南尹，其间单身入城劝说敌军归降，事后又被曹操任命为冀州牧。

199 年董昭劝说曹操不要派遣刘备，曹操因事前答应而没有采纳，后来刘备果然反叛。此后董昭数次跟随曹操出征，其间为曹操出谋划策、排除疑难，都被曹操采纳。甚至于最后曹操接受魏王称号，也是在董昭的劝说下才应允。219 年孙权秘密联合曹操夹击关羽，董昭从实际形势出发，劝说曹操故意放出消息，一方面激励己方士兵，一方面迫使关羽犹疑，最终取得了胜利。

曹丕篡汉之后，董昭成为曹魏的开国巨勋，继续得到曹魏政权的重用。222 年曹魏讨伐东吴，曹魏大军贪功冒进，屡犯兵家大忌，奉命随军出征的董昭再次劝说曹丕退兵。不久之后吴军凭借地利连败曹军，幸亏曹丕事前采纳了建议，才避免了更大的损失。

及至魏明帝曹叡登基，董昭凭借着自身资历、威望和才能继续受到倚重，232年正式担任司徒。在他的上疏劝谏下，曹叡严厉打击朝中权臣的不法之事，朝中纲纪一时整肃。236年董昭去世，死后谥号"定侯"。

【人物评价】

董昭虽然积极辅佐曹操架空汉室、以魏代汉，但这不过是各为其主的做法，并不值得诟病。反倒是在辅佐期间，董昭为曹魏政权的建立真正立下不可抹杀的大功，这一点是无可否认的。

陈矫：一时俊杰有脾性，不畏君王与强臣

【人物简介】

陈矫，字季弼，生年不详，卒于237年7月11日，魏明帝时任司徒。

【人物生平】

陈矫本来姓刘，后因过继的缘故而改为姓陈。陈矫早年时就有贤名，割据势力如袁术、孙策等人都曾以重礼聘请陈矫。但陈矫始终不愿接受。当时的广陵太守性情高迈，只对陈元方、华歆、孔融、刘备等当世名士、枭雄钦佩，却也依旧对陈矫十分看重，并礼邀其在自己麾下任职。后来江东孙权引大军围攻广陵，陈矫果然不负所托，成功说服曹操带兵救援，更因此得到曹操的重视，不久就被征召入朝。

209年陈矫与曹仁共同领军抗击东吴周瑜，不久后又出任各地太守、都尉。陈矫为人宽厚仁慈，并且十分体恤民情。当时古代出于保护农业的目的，历来严禁民间私宰耕牛，而且也不允许民间违背礼制、以牛祭祀，但在陈矫治下却有一人因父亲病死而犯禁。这人因此被判为死刑，陈矫得知后却以孝顺为由为其脱罪。当时魏郡官府为了省事，将许多嫌犯直接关入狱中却不判刑，陈矫得知后便凭借着自己的智慧和精力，将所有案件一一审问清楚，并做出了合理的判决。

220年曹操病逝，此时太子曹丕尚在邺城，按照当时的礼制，曹丕应该先获得天子的诏书再即位，但陈矫却极力反对。他认为此时形势敏感，曹丕的几位兄弟也都需要忌惮，因此登基自然是越快越好。于是陈矫亲自布置礼仪，并假借曹操夫人卞氏的名义颁发诏令，使曹丕顺利登上王位。事后曹丕得知情由，称赞陈矫为"一时俊杰"。同年曹丕代汉自立，陈矫因此得到重用，升任尚书令并受封高陵亭侯。

此后陈矫愈发显贵，但仍旧不改自己的耿直脾气。曹叡登基之后，有一次曾乘车亲自前往尚书台，陈矫当即以臣礼迎见。过后曹叡表示自己只是要查看一下文书，陈矫却直言不讳地拒绝说，查看文书本是自己的职责，曹叡即便身为天子，也没有必要为此多心。倘若自己做得不称职，曹叡大可将自己罢免。曹叡听到后

不仅没有动怒，反而十分惭愧，此后对陈矫更加尊重，并升任他为光禄大夫。

237 年陈矫又升任司徒，但同年 7 月就因病死于任上。

【人物评价】

早年魏明帝曾问陈矫司马懿是否可以托付，陈矫回答司马懿是国之基柱，但能否托付则不知。对照后续的发展来看，陈矫的确称得上是慧眼如炬，坦率敢言。

卫臻：中道自有善果，有智不凭父荫

【人物简介】

卫臻，字公振，生卒年不详，魏明帝时任司徒。

【人物生平】

曹操早年不受时人重视，只有乔玄等少数几位贤士称其为"可安天下者"，卫臻的父亲卫兹即是其中之一。后来卫兹便跟随曹操征战，受到曹操重视，但却不幸死于疆场之上。卫臻因为父亲的缘故而得到曹操重视，于是受封为关内侯，并从此跟随在曹操身边。

等到曹丕篡汉之后，卫臻继续得到重用，但却依然秉持贤德。当时朝中群臣为了讨好曹魏政权，莫不趋炎附势贬低汉室，唯有卫臻坚守臣德，屡次当众称赞汉室禅让之善德，丝毫不畏惧曹魏。魏明帝曹丕也是深明大义之辈，因此不仅没有动怒，反而愈发尊重卫臻，并升任他为尚书。

卫臻后来又跟随曹丕出巡南方，东吴守将因此畏惧，便散布谣言谎称孙权已经率领大军前来，却被卫臻一眼看穿。当时有人对朝廷任官先考核、后升迁的做法不满，更以韩信、姜尚等人的事迹为例劝说卫臻，卫臻当即驳斥这种做法无异于是让成、康上战场，文、景反秦朝，根本就不切实际。等到魏明帝曹叡即位，卫臻又数次上疏劝说曹叡停止大兴土木、不要对外兴兵，每一次的建议最终都被证明为正确。同时卫臻又目光长远，深谙庙堂，十分注意洁身自好，从不参与朋党之争。早在曹丕未被立为世子前，支持曹植的贤士有意与卫臻结交，卫臻就没有答应；及至魏少帝曹芳登基，大将军曹爽想要与他结为姻亲，卫臻再次拒绝。事后来看，他的这两次选择都可说是极为明智。

237 年卫臻升任司空，不久又转任司徒，他的一个儿子也被朝廷封为列侯，极尽殊荣。卫臻死后，朝廷又下令追赠其为太尉，谥号"敬侯"。

【人物评价】

卫臻为人品德高尚、行止守礼，与其说是以父荫和聪慧保身，毋宁说是凡事奉行中道，因此自然趋利避害，得到重用。

韩暨：先祖能受胯下辱，后辈隐忍亦不输

【人物简介】

韩暨，字公至，生于159年，卒于238年4月10日，享年80岁，魏明帝时任司徒。

【人物生平】

韩暨的祖上即是大名鼎鼎的"汉初三杰"之一、"兵仙""神帅"韩信。尽管韩信后来因谋逆而死，但其后世子孙依旧凭借着他的福荫，以及自身的能力，在汉代担任各种官职。韩暨的祖父就曾经担任河东太守，其父也曾经出任过南郡太守，都是地方上的大员。

等到韩暨长大，虽然家道已经中落，却依旧不失男儿血性，并且也继承了祖上韩信的隐忍。当时韩暨家乡有一个名叫陈茂的豪强，曾经恶意中伤韩家，使得韩暨父子等人差点被害，韩暨出狱后便暗中开始谋划报复。韩暨表面上表现得不以为意，却在暗中为人劳作，以此筹集佣金收买刺客，最终砍掉陈茂的头颅为父亲祭奠，这一隐忍堪比韩信当年的胯下之辱。韩暨也因此得到了时人的赞叹。

此后韩暨先后受到朝廷、袁术和刘表的征召、邀请，几番推辞后才因刘表的记恨才不得不出仕，其间还曾劝说啸聚山林的农民放弃做贼，表现出不战屈人的名士之风。后来在曹操的征召下，韩暨又奉命担任监冶谒者，专门负责全国冶铁，相当于军队总后勤部。在他的主治下，这一时期国家的兵器军械都十分齐备，曹操因此又改任他为司金都尉，地位仅略低于九卿。

220年曹丕篡汉，韩暨于同年受封宜城亭侯，226年又晋封为南乡亭侯，并担任太常一职。238年韩暨又以太中大夫的身份改任司徒，但两个月后就因病逝世，死前遗嘱葬礼从简。魏明帝曹叡因此感动，下令赐予陪葬器具，并谥其为"恭侯"。

【人物评价】

韩暨既知隐忍，也能果断出击，行止之间颇有祖上之风，不愧为一代名将韩信的后人。

郑冲：淡泊隐名藐功利，不争有德贤帝师

【人物简介】

郑冲，字文和，生年不详，卒于274年，三国时期著名儒学家，魏高贵乡公曹髦时任司徒。

【人物生平】

郑冲出生于一个贫寒的家庭，但自幼为人淡泊名利、恪守礼仪，只好读书学习，精研百家学说。由于自己为人谦冲，即便是一乡之人也很少能够得知他的才华，因此他很长一段时间都没能得到举荐。

魏文帝曹丕即位后，对那些名声响亮但华而不实的所谓名士，十分瞧不上眼，多次下诏从贫寒之士中选拔贤才，郑冲因此得以被举荐入朝，先后担任尚书郎和太守等职。即便自己身居高位，郑冲依旧不聚家财、不争美誉，尽显淡泊无为之风，因此时人都对他评价很高。

等到魏明帝驾崩、魏元帝曹奂即位，大将军曹真也对郑冲十分看重，于是下令征召郑冲入朝，担任光禄勋一职，251年又转任司空。高贵乡公曹髦素来儒雅，喜好儒学，十分仰慕郑冲的学问，于是便以郑冲为师，为自己讲授《尚书》，并对郑冲十分敬重，郑冲随后又被改任为司徒。

及至曹髦即位，郑冲也进一步得到厚待，被任命为太保，凌驾于三司之上，同时又受封为寿光侯，地位如同宰相。然而此时司马氏专权已成事实，再加上郑冲向来淡泊，因此从不过问政事，只是明哲保身。蜀汉灭亡后，羊祜等人曾奉命修订法律并征求郑冲的意见，郑冲也只是谦让推辞，而后才稍微提出一点建议。

265年西晋代魏，郑冲得到司马氏的倚重，被任命为太傅并晋封公爵，然而他本人却无意领受，但屡次请辞又都被拒绝。直到273年郑冲再次上疏请辞，武帝司马炎才下诏准许，并对郑冲极尽优待。次年郑冲在家中病逝，死后司马炎又以贵族之礼将其厚葬。

【人物评价】

郑冲一生虽入政坛，却鲜有涉及政事，这并不是他有意趋吉避凶，而是他的淡泊心性使然。因此，他历经两代几位皇帝，始终都没有追名逐利，却反而因此更受信任，可谓是"不争而莫能与之争"的典型事例了。

司马昭：弑篡岂非君本意，诡谋自来路人知

【人物简介】

司马昭，字子上，生于211年，卒于265年9月6日，享年54岁，西晋王朝奠基人之一，魏元帝时任相国。

【人物生平】

司马昭的父亲即曹魏重臣司马懿。最初时司马昭因体恤百姓、指挥得当而崭露头角，等到父亲司马懿诛杀曹爽、专擅朝政之后，司马氏在朝中的势力愈发膨

胀，司马昭也接连出任要职。等到司马懿病逝后，司马昭又跟随兄长司马师共同统率三军、执掌政事，逐渐架空了曹魏政权。

司马氏专权之后，朝中拥护曹魏的势力屡次发生叛乱，255 年司马师因受惊而病死，高贵乡公曹髦趁机下令司马昭就地镇守，而由尚书傅嘏统兵班师。司马昭看破了曹髦的用心，当即亲自带兵返回洛阳。曹髦不得已之下，只好加封司马昭为大将军，并授予他剑履上殿的特权，司马昭坚决推辞。257 年司马昭又带着曹髦和郭太后一同东征，讨伐当地的叛乱，次年叛乱得以平定，司马昭再次得到封赏，地位更加巩固。

此时明眼人都能看出司马氏的野心，曹髦更是心知肚明，只是迫于势单力孤，无法展开反击。260 年曹髦终于不堪忍受，召集几名心腹大臣，喊出"司马昭之心，路人皆知"的口号，并表示自己绝不坐以待毙，于是发动数百名宫人讨伐。然而其中几名大臣为了自保，却把这一消息偷偷泄露给司马昭。当时曹髦以自己的天子身份作为凭借，呵斥得一众士兵都不敢反抗，但司马昭的家臣贾充却鼓动麾下成济反击。最终曹髦于光天化日之下被弑杀，魏国政局一时动荡。

为了平息众怒，司马昭不得不处死成济，但却没有杀死贾充。此外，司马昭篡魏自立的举动也同时因此受阻。事后司马昭迎立常道乡公曹璜为帝，并积极准备伐蜀。263 年，司马昭以钟会、邓艾等人为将，军分几路讨伐蜀汉，并于同年十一月将蜀汉灭亡。当时曾有人劝说司马昭提防钟会，司马昭表示钟会必然不能成事，最终钟会果然死于叛乱。

264 年，曹璜正式拜司马昭为相国，并封其为晋王，加九锡。次年司马昭病死，死后其子于同年篡魏，追尊司马昭为帝。

【人物评价】

司马昭在曹髦死时"痛哭流涕"，然而事后又不肯处死鼓动弑帝的贾充，真实心理想法也就不难推测，正是所谓的"司马昭之心，路人皆知"。但就能力而言，司马昭确实为西晋政权的建立做出了重要贡献，至于其子司马炎，其实也只是在前人的基础上，顺理成章享受了成果而已。

何曾：横行未失仁惠，奢靡不损远谋

【人物简介】

何曾，一名瑞谏、谏，字颖考，生于 199 年，卒于 278 年，享年 80 岁。魏元帝时任司徒。

【人物生平】

何曾的父亲曾受封阳武亭侯，死后何曾承袭了父爵，并趁机与时为平原侯的魏明帝曹叡结交。等到曹叡即位为帝之后，何曾也得到魏明帝的重用，接连被提拔升官，先后担任散骑侍郎、中郎将、给事黄门侍郎等官职，并在出任河内太守时以威严而闻名。

由于为母守丧的缘故，何曾一度辞官，249 年又再次出仕，但此时的何曾已经开始变得不同。在任职期间，何曾一改当年威严的风范，并且倚仗权势作威作福，欺压朝官、百姓，因此惹得众人怨声载道。但与那些昏聩横暴的官吏不同，何曾虽然行为不法，却依旧头脑清晰，能够审时度势。在司马氏与曹氏的权力斗争中，何曾一度趁机引退，并在事后果断选择投入司马氏阵营。

司马氏专权的举动引来许多大臣不满，大将毌丘俭更因此发动叛乱，却因事败被杀，他的女儿毌丘芝彼时怀有身孕，也被下狱问罪，亲人于是向何曾求助。何曾虽然立身不正，却也颇有垂怜之情，便慨然上书请求宽赦。最终朝臣一致通过这一诉求，毌丘芝因此得以保全。

264 年何曾再次得到司马氏的重用，升任司徒并改封为朗陵侯（此前受封为颍昌乡侯），从此位列三公。后来何曾又出任晋国丞相，并在西晋代魏之后担任太尉。由于何曾生性奢侈、喜好美食，每天都要花费万金来制作珍馐，甚至是在参与宫廷宴会时，也要带着自己家中的美食，而看不上宫中的御膳。晋武帝司马炎却从不因此恼怒，可见其得宠之重。但何曾也因此受到时人的批评，更因经常挟私报复仇敌而被时人所不齿。

278 年何曾病逝，享年 80 岁，有人因其生前丑行而建议谥其为"缪丑"，晋武帝司马炎没有准许，并且在朝堂上亲自穿着丧服以示哀悼。

【人物评价】

何曾因奢靡而饱受时人诟病，但其实不过是当时风气使然，并不是他一人的特立独行。此外，何曾也有着常人所不及的远见。他曾指出，司马炎在筵席上不谈远略、只谈小事，只怕晋室不能长久，自己的孙辈也难以幸免。后来他的一个孙子果然因八王之乱而死，其余后人这才哭叹何曾之远见。

司马望：篡魏虽自司马氏，亦有贤子循父德

【人物简介】

司马望，字子初，生于 205 年，卒于 271 年 6 月 17 日，享年 67 岁，为晋宣帝司马懿之侄，魏元帝时任司徒。

【人物生平】

司马望的父亲司马孚与司马懿是亲兄弟，并且在当时专擅朝政的司马氏一族

中堪称一股清流。260 年高贵乡公曹髦被弑后，司马孚不仅痛哭流涕，并且至死都以魏臣自居，赢得了后世的赞誉。

司马望最初时被过继给伯父司马朗，他的性格和气度都与乃父十分接近，后来又被举为孝廉，入朝担任官职。251 年司马望在司马懿的带领下随军出征，事后因功而受封永安亭侯，后又改封安乐乡侯。高贵乡公曹髦即位后，也对司马望十分倚重，甚至专门为他配备了一辆车子，以便于他能够随时尽快应召入宫。然而此时司马氏专权已成事实，司马望因此对曹髦的厚待感到不安，于是请求外出统兵坐镇。这一时期司马望多次统率士兵击退姜维，后来又入朝统率禁军。

264 年司马望接替何曾为司徒，次年司马炎代魏自立，司马望摇身一变，成为皇室宗室重臣。从 268 年开始，司马望多次奉命统军抵御东吴，为西晋王朝立下赫赫战功。但同时司马望又是一个极为吝啬、贪财之人，在家中聚敛起大量财富，因此被时人不齿。

271 年司马望病逝，享年 67 岁。

【人物评价】

在司马氏篡权的故事中，司马望虽出自司马氏一族，但行径却相对正派，没有明显篡逆举动，实在难能可贵。尽管司马望也有着吝啬、贪财的毛病，但相比之下，仍旧是一位有功于国的将才。

蜀

诸葛亮：汉室将颓非人力，五丈秋风拂孤臣

【人物简介】

诸葛亮，字孔明，号卧龙，生于 181 年，卒于 234 年 10 月 8 日，享年 54 岁，三国时期杰出的政治家、军事家，蜀汉昭烈帝、后主时任丞相，为"蜀汉四相"之一。

【人物生平】

诸葛亮是家喻户晓的一位著名历史人物，从古至今的历史上，曾留下了许多关于他的故事。再加上文学作品《三国演义》的渲染，诸葛亮更是以一代绝世智者的形象出现在后人眼中。而历史上真实的诸葛亮虽然不是真的"多智而近妖"，但也实实在在是一位了不得的人物。

诸葛亮的祖上也是名门望族，但后来诸葛亮这一支却逐渐衰败。诸葛亮的父亲早逝，此后诸葛亮跟随叔父辗转移居南阳一带，以躬耕田亩度日。正是在这一时期，诸葛亮经常以管仲、乐毅自比，后来又迎娶了著名的丑女黄阿丑。

此时三国时代的枭雄刘备尚在蛰伏，名士司马徽趁机向其推荐诸葛亮，刘备招贤心切，于是三次拜访诸葛亮，留下三顾茅庐的美谈。后来经过隆中之对，刘备就将诸葛亮引为股肱之臣，并以此确定了自己日后的战略。

208 年曹操挥师南下，刘备仓皇出逃，诸葛亮于是亲自前往江东联合孙权。最终诸葛亮成功劝说孙权结盟，共同抗击曹操。在同年的赤壁之战中，孙刘联军以少胜多、以弱克强，成功击败曹操大军，留下军事史上的一大传奇。此后三国鼎立的局面渐渐形成。211 年诸葛亮又跟随刘备入蜀，成功攻占益州之地。此后每逢刘备在外出征，诸葛亮便坐镇后方统筹军备。

220 年关羽兵败被杀，还没等刘备缓解悲痛，另一员心腹大将张飞也被部下刺死，刘备盛怒之下决定起兵伐吴。此时诸葛亮已经不再是刘备最信任的人，因此诸葛亮最终未能阻止。222 年刘备兵败夷陵，在白帝城染病而亡，死前最终还是托孤于诸葛亮，并留下"君可自取"的遗嘱。诸葛亮对此则是痛哭流涕，表示绝不辜负重托。

刘禅即位后，朝中大小事务都仰赖诸葛亮，诸葛亮也事无巨细一并包揽，为国事费尽心血。此时蜀汉元气大伤，已然成为三国之中最为弱小的势力，因此诸葛亮先是遣使与吴通好，接着又率军深入南中蛮夷之地，平定了后方的叛乱，接着便积极准备北伐。在主政期间，诸葛亮一方面安抚百姓、约束百官，一方面劝课农桑、鼓励生产，使得原本贫瘠的汉中之地逐渐富饶，蜀汉的国力也因此提升。

从 228 年开始，诸葛亮先后数次出兵祁山，还写下了著名的《出师表》。北伐期间，魏国互相胜负，但因时势使然，没能取得决定性的胜利。魏军统帅司马懿据守不出，此时诸葛亮却因事无巨细、过于操劳而病重，司马懿因此断定诸葛亮命不久矣。

234 年诸葛亮病逝于五丈原，一代奇才就此陨落。鉴于当时魏军虎视眈眈，诸葛亮死前还故布疑阵，以此惊退了司马懿。诸葛亮死后，众人遵其遗命，将其薄葬于五丈原，蜀汉百姓得知后纷纷私下祭祀，蜀汉朝堂也于 263 年为诸葛亮正式立庙。

【人物评价】

诸葛亮曾表示自己要为汉室江山"鞠躬尽瘁，死而后已"，观其一生作为也确实如此。尽管历史上真实的诸葛亮也许并不像文学作品中那样神妙、与刘备的关系并非那么亲密，一生的军事战略也有不当之处，但这都无损于他作为一代奇人和杰出政治家、军事家的美名。

蒋琬：治才岂止百里地，命中无奈不得时

【人物简介】

蒋琬，字公琰，生年不详，卒于246年，三国时"蜀汉四相"之一，后主刘禅时任宰相。

【人物生平】

蒋琬自幼就聪明好学，长大后更跟随刘备，出任广都县令一职。然而蒋琬在任职期间秉持无为之道，每日酗酒沉醉，因此被愤怒的刘备下狱治罪。最终还是诸葛亮劝刘备说，蒋琬之才贵在能治天下而非百里，治政之本在于安民而非矫饰，刘备这才免除了蒋琬的罪责。

223年后主刘禅即位，诸葛亮成为托孤重臣，蒋琬也随之得到举用。最初时为了躲避嫌疑，蒋琬屡次推辞诸葛亮的征召，并上疏请求以其他贤士代替自己。诸葛亮于是写信劝蒋琬说，倘若为了避嫌就漏过贤才，最终只能使国民受到苦难。蒋琬这才应允。

从227年开始，诸葛亮为了避免蜀汉坐以待毙的灭亡命运，便驻兵于汉中积极准备伐魏，蒋琬于此时坐镇后方，全面负责蜀汉大军的后勤调动。诸葛亮因此常常称赞蒋琬，并密报刘禅自己一旦身死，蒋琬便是最佳的继任人选。234年诸葛亮陨落于五丈原，蒋琬于是受封安阳亭侯，并继任为大将军，成为蜀汉群臣之首。

当时诸葛亮刚刚逝去，蜀汉群臣莫不惊惧，蒋琬却表现得十分冷静，因此很快就平息了众人的恐慌心理。238年蒋琬又加封大司马，全面负责伐魏事宜。这一时期蒋琬奉命统兵坐镇边境，魏军也没有敢来侵犯。鉴于诸葛亮数度出山而无果的前例，蒋琬提出以水路进攻的策略，并积极修建战船，不料却在此时生病，没能顺利成行。朝中的反对势力也认为水路出兵易而退兵难，于是蒋琬的计划没能施行。无奈之下，蒋琬只得上疏后主，建议由姜维镇守凉州，自己则坐镇涪县。

此时北伐胜利遥遥无期，蒋琬的病情却日渐沉重，244年蒋琬病重，不得不辞去大位，改由费祎接任。246年蒋琬不治身亡，死后谥号"恭侯"。

【人物评价】

蒋琬被诸葛亮寄予厚望，但出任蜀汉宰相后却表现乏力，这一方面确实有个人能力的原因，但也有时势不利的因素在其中。当时的蜀汉在三国中最为弱小，况且地处偏远，纵以诸葛亮之能亦无力匡扶汉室，对于蒋琬自然不能太过苛责了。

董允：为臣当奉国事，门庭不需多田

【人物简介】

董允，字休昭，生年不详，卒于 246 年，三国时"蜀汉四相"之一，后主刘禅时任相。

【人物生平】

董允的祖籍在益州，其父董和最初时也曾在益州牧刘璋麾下任官。董允自幼便与后来同为"蜀汉四相"之一的费祎并称，但其父通过试探认为，费祎比董允要更加贤德。

等到刘备入主益州、统治蜀中之后，董和继续得到刘备信任，董允也在后来与费祎一起，出任太子舍人。223 年刘禅即位，董允又与费祎共同出任黄门侍郎。这一时期丞相诸葛亮忙于北伐，又担心后主刘禅身边无贤可用，便多次上疏劝说后主亲贤远小。当时董允就与费祎等人共同受到诸葛亮的重视，为此诸葛亮还特意在《出师表》中提到他们，称他们是"良实""志虑忠纯"。后来蒋琬和费祎都担任诸葛亮的左右手，董允则紧随其后，担任侍中和中郎将，同时肩负起护卫天子和规劝后主的重任。由于董允屡次直谏，反对后主贪图享乐，后主对董允十分敬畏，这一时期蜀汉内政相对稳定。

234 年丞相诸葛亮病逝，蜀将魏延与杨仪之间产生矛盾，董允与蒋琬等人共同支持杨仪，诛杀了魏延，稳定了蜀汉内部的局势。事后董允又坚决拒绝朝廷的爵位封赏，并坚决退回了朝廷私下封给他的土地田契。董允在朝期间，曾多次极力驳斥黄皓等奸宦，使黄浩等人十分畏惧，难以行奸佞之事。等到蒋琬病逝、费祎主政之后，董允才以副手的身份跟随费祎。直至 246 年去世。

董允在世的时候，后主刘禅迫于其正直，始终没能放肆享乐，奸臣黄皓也不敢蛊惑后主。等到董允一死，黄皓逐渐得到宠幸，并与朝中其余奸臣合谋，使后主逐渐荒废政事，蜀汉也愈发衰落。因此及至蜀汉灭亡，蜀地之民纷纷怀念董允，可见其深得人心。

【人物评价】

董允与诸葛亮等人并列为"四英""四相"，就连后主也对他十分敬畏，在他生前行为收敛，可见诸葛亮的眼光的确不错。但可惜的是董允早早离世，没能在费祎死后继续主政，因此使后主失去规范，蜀汉也就走向了败亡。

费祎：犹待吴主匡汉室，未料魏降负隆恩

【人物简介】

费祎，字文伟，生年不详，卒于253年2月15日，三国时"蜀汉四相"之一，后主时任相。

【人物生平】

费祎早年丧父，凭借着族父与益州牧刘璋的亲戚关系而定居益州，并逐渐与后来的蜀汉另一名臣董允并称。为了判断他们的高下，董允之父董和曾特意以简陋的车子送他们出行，董允因此面色犹疑，而费祎却安然自适。事后董和便称赞费祎高于董允。

221年费祎与董允共同担任太子舍人，223年又成为皇宫侍从。当时诸葛亮连年忙于军事，对国中之事十分忧心，因此屡屡上疏劝后主亲贤远小，并在《出师表》中特意提到费祎。225年诸葛亮平定南中归来，更特意要求费祎与自己同坐一车，接受百官朝见，费祎因此声望显赫。同年，费祎又奉命出使东吴，其间孙权、诸葛恪等君臣自居身份，故意将费祎灌醉之后询问他国事，费祎都谨慎地做出回答，因此孙权十分惊奇。后来费祎又与诸葛恪针锋相对，互相比试，彼此都十分钦佩。孙权更在费祎辞别时，以自己的宝刀相赠，费祎则谦卑地表示说，只要东吴可以建立功业、匡扶汉室，自己即便身处卑微也会为孙权高兴，根本不需接受这样的讨逆重器。

在诸葛亮北伐期间，下属魏延和杨仪经常彼此攻讦，每次都倚仗费祎才能化解；等到诸葛亮陨落于五丈原，魏延不服军令，费祎又与杨仪合谋灭杀魏延，军心得以稳定。后来杨仪为了争权，屡次在私下说出大逆不道之言，费祎便在私下检举，最终杨仪被免除官职而自杀。

244年曹爽伐蜀，费祎奉命统军迎战，其间神态自若地与来者弈棋，来者因此表示费祎必然可以击退曹军。同年曹军果然被击退，费祎也因功受封成乡侯。代替蒋琬主政之后，费祎出于现实考量，反对姜维兴兵伐魏，而是建议修政安民，以待时机。

费祎为人宽厚待下，对归降者也十分亲近，因此有人担心其安危，费祎却始终不以为意。最终这一做法却为他带来了厄运。253年蜀国大宴，魏国降将郭循趁机将费祎刺死，自己也被当场击杀。费祎死后谥号"敬侯"。

【人物评价】

费祎为人宽厚而有治才，不仅能够居中斡旋，更能依据实情治政，可以说是国之明臣。但费祎为人过于宽厚信任，最终没等建立功业便身遭横死，令人惋惜。

吴

孙邵：孰为江东第一相，东吴自有廊庙才

【人物简介】

孙邵，生于163年，卒于225年，享年63岁，三国时吴国首任丞相。

【人物生平】

孙邵最初时曾在名士孔融麾下，担任功曹。孙邵为人身高八尺、形貌丰伟，因此孔融经常称赞他，说他将来必定是一位"廊庙才"。

194年孙邵跟随着刘繇来到江东，然而次年刘繇却被孙策击败，孙邵后来也投入了孙策帐下。200年孙策被刺杀而死，死前留下遗嘱由其弟孙权继位。当时孙权年少而大局不稳，于是孙邵便上疏建议孙权向朝廷纳贡，以此获得朝廷认可，孙权采纳了这一建议。

222年孙权建立吴国并称王，当时群臣之中张昭资历最高，但孙权并不喜欢张昭直言进谏的脾气，于是便以孙邵为东吴首任丞相，并封其为威远将军、阳羡侯。此后孙邵一度被其余朝臣弹劾，因此上疏向孙权请罪请辞，但孙权最终没有答应，反而好言安慰其继续留任。

225年，做了3年丞相的孙邵因病去世。

【人物评价】

比起张昭等老臣，孙邵的自立略显不足，然而他在孙权继位之初，就能够提出有效的自保之策，这也可以看出他的才能并不低于他人。此外，孙邵的性格也比张昭好许多，这是他能够成为第一任丞相的重要原因。

顾雍：封侯寻常事，亲友何必闻

【人物简介】

顾雍，字元叹，生于168年，卒于243年，享年76岁，三国吴大帝孙权时任丞相。

【人物生平】

顾雍早年时曾跟随汉末名士蔡邕学艺，因学艺精湛而得到蔡邕的称赞，蔡邕甚至以与"邕"字同音的"雍"来为顾雍赐名，这就是顾雍名字的由来。由于受

到当地举荐，顾雍在年少时就已出任一地长官，并因政绩突出而闻名。孙权成为会稽太守之后，也并没有亲自赴任，而是以顾雍为郡丞代理政务，可见顾雍所受的重视。

221年孙权称王，顾雍受封遂阳侯，并担任尚书令一职。孙权不仅对顾雍十分赏识，礼遇也极为优渥。225年顾雍的母亲来到武昌，孙权竟然亲自前往拜见、祝贺，更召集朝中群臣以及太子赴宴。由于顾雍为人严肃、恭谨，其余大臣在宴会上都无法尽情欢畅，就连孙权身为人主，也感到气氛十分凝重。同年顾雍代替孙邵，成为东吴的第二任丞相，负责总理东吴朝政。然而顾雍却不改沉稳缄默之风，并严格按照实际情况选择文武百官，从不以个人私利为考量，更在事后把所有功劳归于孙权。但顾雍同时也对国家大事坚持原则、十分谨慎，每次孙权派人征求他的意见，如果他认为合适就留下使者吃饭，以便仔细推敲；如果认为不妥就不再开口，也不留客。久而久之，孙权也看出了门道，以至每次使者回报，孙权也不再问顾雍的意见如何，而是问使者吃过饭了没有。对于其余大臣的意见，顾雍如何认为合适就会附和；如果认为他们动机不纯，就会私下劝说孙权不予采纳；晚年孙权因昏聩而宠信奸佞，顾雍也因此被吕壹构陷，后来吕壹事发下狱，群臣纷纷羞辱他，只有顾雍依旧态度谦和友善。

243年顾雍病重，孙权派太医前去诊断，顾雍因此自知命不久矣。同年顾雍病逝，死后孙权穿着丧服亲往吊祭，并为顾雍赐谥号"肃侯"。

【人物评价】

顾雍为人谦和有礼，从不恃宠而骄，以至自己封侯很久之后，家人才得知这一消息，可见其淡泊、严谨、持重。也正是因为这些品德，顾雍才能赢得人主孙权的无比崇敬，成为后世褒奖的名臣之一。

陆逊：夷陵焚尽蜀主志，江东从此识陆郎

【人物简介】

陆逊，本名陆议，字伯言，生于183年，卒于245年3月19日，享年63岁，三国吴大帝孙权时任丞相。

【人物生平】

陆逊出自江东望族，由于父亲早逝，早年一直跟随在祖父陆康身边。后来陆康病逝，陆逊又与从父陆绩一同返回吴郡。由于陆绩比陆逊年龄还要小，因此陆逊反而要帮着陆绩撑持门庭。

203年陆逊接到孙权征召，出任江东各地官职，都因体恤民情而广受百姓爱戴。此后陆逊又亲自招募士兵，讨伐丹阳和鄱阳的叛逆，因此得到孙权赏识。此

后孙权又把自己的侄女嫁给陆逊,并将陆逊引为心腹。在讨伐叛将费栈时,陆逊立下大功,却因扰民而受到当地太守淳于式的弹劾。事后陆逊表示淳于式并非有心污蔑,只是体恤当地民生,令孙权大为赞赏。

219年,大将军吕蒙接见陆逊,一番谈话后便举荐陆逊接替自己,孙权于是任命陆逊为都督。陆逊到任后当即写信吹捧关羽,关羽因此轻敌,更把所有用来防备东吴的士兵调到前线,讨伐曹魏。此时陆逊抓住机会,与吕蒙各率一路大军长驱直入,最终攻下荆州,关羽也因战败而被擒杀。此后关羽的数万大军都被收编,陆逊名声大噪。

221年刘备为了报仇,不顾劝阻出兵伐吴,孙权惊惧请和不被准许,无奈之下只得起用陆逊,抗击刘备。由于陆逊资历浅薄,吴军统帅大多不服,但陆逊一再严厉约束部下,始终不愿主动出击。222年,陆逊终于抓住机会,以火烧连营大败刘备,取得夷陵之战的胜利,蜀汉因此元气大伤。

此后,陆逊得到孙权的充分信任,孙权甚至将自己的玺印放在陆逊处,甚至每逢与蜀汉通信,都要先把信给陆逊看。对于陆逊提出的建议,孙权也都毫不犹豫地采纳。228年陆逊又在石亭之战中大败魏军,因此名望更高。

244年丞相顾雍病逝,陆逊接替丞相。但孙权晚年宠信奸佞、治政昏聩,又在继承人问题上一再犯浑,导致内政动荡,许多朝臣因此被迫卷入两宫之争,陆逊也未能幸免。孙权更因一时猜忌而几次派使者责备陆逊,陆逊因此气愤不平,最终忧愤而死,死时63岁。

【人物评价】

陆逊最初因杰出战功而得到重用,但他不仅能上马统军,更能下马安民,实在是不可多得的文武全才、国之栋梁。但由于人主孙权晚年的昏聩,陆逊也对东吴内政有心无力,最终更忧愤而死,这是当时的情势使然,责任不在陆逊。

步骘:轻辱可受贱礼,重威能服敌兵

【人物简介】

步骘,字子山,生年不详,卒于247年,三国吴大帝孙权时任丞相。

【人物生平】

步骘的祖上先后出现过晋国大夫、孔子亲传、秦汉列侯,因此也是一大望族。甚至于孙权的皇后步练师也与步骘同族,由此可见步氏的声望。

步骘最初时因战乱避居江东,白天耕种,晚上读书,生活十分辛勤、困苦。为了躲避当地豪强焦矫的欺凌,步骘与友人一同携带瓜果拜见,却反复受到刁难,后来焦矫更以粗茶淡饭故意羞辱,步骘却安然就食。事后友人以此为耻并气愤,步骘却说，既然出身卑贱，被以卑贱之礼招待也属正常。因此也没有任何的不满情绪。

220 年步骘入仕江东，受到孙权提拔，并逐渐与诸葛瑾、严畯并称，后来又出任交州刺史。当时交州之地形势复杂，前两任刺史都逃亡或被杀，因此孙权便派步骘前去整顿。步骘到任后就立即处死苍梧太守吴巨，交趾太守因此归附。后来步骘又将落草为寇的前刺史旧部逐一扫平，并因接纳益州投诚之民而受封为广信侯。

在夷陵之战前后，武陵、零陵、贵阳等地民心不稳，孙权因此再次派遣步骘前往镇抚。229 年孙权正式称帝，步骘又代替陆逊镇抚边境，就连曹魏士兵也被他的威信所震慑。等到孙权迁都建业，步骘又将朝中的能臣一一列出，上疏请求孙权予以重任。晚年孙权宠幸奸佞吕壹，制造大量冤狱，步骘多次为此上疏劝谏，最终孙权醒悟并处死了吕壹。

步骘任官期间屡次为国事忧心，但在东吴后来的两宫之争中，也没有完全置身事外，但造成这一情况的原因，很大程度上是因为孙权处理不及时，不能完全归咎于臣下。244 年曹魏伐吴，步骘见蜀汉没有出兵，又听说蒋琬修建战船、退居涪县，便怀疑蜀汉有心背盟，再次上疏请求孙权防备，但孙权认为不可能。后来事实证明步骘的确是多虑，但也表明了步骘对吴国政事的关心。

246 年步骘接任陆逊为相，但次年就因病逝世，死后其子继承了爵位。

【人物评价】

步骘为人心机深沉、善于谋略，这一点从他早年安然受辱的隐忍就可以看得出来。正是因此，步骘才得以从江东诸贤之中脱颖而出，成为孙权麾下的倚重大臣之一。

诸葛恪：身遭横死三族赤，方知老父言不虚

【人物简介】

诸葛恪，字元逊，生于 203 年，卒于 253 年，享年 51 岁，为蜀汉丞相诸葛亮之侄，诸葛瑾之子，吴废帝时任丞相。

【人物生平】

诸葛恪是东吴大将军诸葛瑾之子，蜀汉丞相诸葛亮的侄子，自小就有"神童"美誉。当时吴主孙权和朝臣经常戏弄诸葛瑾，却都被诸葛恪一一化解，因此孙权等人都对他十分赞赏。诸葛恪长大之后身长七尺有余，每次做出应对都十分机敏，因此孙权对他十分看重，并委以重任。

当时丹阳山一带的山越人民风彪悍，不听从东吴征召，诸葛恪当即主动请缨。

当时群臣都不看好，就连诸葛瑾也认为不妥，但孙权最终还是令诸葛恪统兵。诸葛恪到任后采取恩威并施的方针，迫使山民出山归顺，而后诸葛恪又处死拘禁山民的官员（其实山民是因谋划叛乱而被捕，诸葛恪此举实为牺牲官员收买民心），使得山民彻底归顺了朝廷。

245 年丞相陆逊病逝，不久后诸葛恪接任大将军，总领荆州事务。251 年孙权病重，心知诸葛恪为人骄横刚愎，但在孙峻的举荐之下，还是以其为辅政大臣。诸葛恪主政之后，首先颁行了一系列惠民政策，以此赢得国民拥护，随后又修筑大堤并击退趁机进攻的曹军，因功被任命为丞相，

此后诸葛恪逐渐生出骄傲之心，并于 253 年力排众议，再次发动 20 万大军伐魏，最终以惨败告终，国人也因其骄横逐渐对其失望。诸葛恪见此情势，不仅不反躬自省，反而大力打击异己，终于引起极大不满。东吴宗室子弟孙峻为了夺权，便与吴主孙亮合谋，邀请诸葛恪入宫赴宴。此时诸葛恪已经感到情势不妙，但最终还是犹豫地进入皇宫。为了防止被害，诸葛恪拒绝赐酒而服用自带药酒，却被孙峻寻找机会拔剑砍杀。诸葛恪死后，其三族也被夷灭。

【人物评价】

最初诸葛恪讨伐丹阳时，其父诸葛瑾就曾说诸葛恪必然为家族带来灾祸，想不到当时没能应验，却在若干年后因他事而成为现实。诸葛恪虽有才智但又恃智逞能，不知谦冲持重，因此最终还是难逃败亡。

孙峻：杀权臣而自恃，灭同宗而乱国

【人物简介】

孙峻，字子远，生于 219 年，卒于 256 年 9 月 19 日，享年 37 岁，为三国时吴国宗室子弟，吴废帝时任丞相。

【人物生平】

孙峻的曾祖父名叫孙静，孙静即东吴政权奠基人孙坚的亲兄弟。孙峻还是个少年时，就表现得十分勇武、果决、精明，因此孙权驾崩之前，便以孙峻、诸葛恪和滕胤三人共同辅政，并封孙峻为都乡侯。

当时吴国新君刚立、人心不稳，诸葛恪却坚持带兵出征伐魏，表现得十分强势、蛮横，因此国人都对他十分不满。等到伐魏取胜之后，诸葛恪更加骄横，并逐渐开始专擅朝政。两年之后诸葛恪再次伐魏却惨遭失败，吴国军队也损失过半，孙峻认为时机已到，便与吴废帝孙亮共同谋划除掉诸葛恪。不久之后，孙峻在宴会上成功杀死诸葛恪，并接替诸葛恪出任丞相，受封为富春侯。当时孙峻与孙权的长女、自己的堂姑妈孙鲁班私通，为了讨好孙鲁班便将废太子孙和害死。

孙峻专权之后，朝中很快就出现了反对他的声浪，许多大臣都在私下谋划除掉他。254年吴侯孙英打算除掉孙峻，却因事败而被迫自杀；次年孙峻接见蜀汉使者，将军孙仪等人再次谋划，但也没有成功。同年曹魏因司马氏专权而爆发内乱，魏将文钦等人因战败而投靠东吴，孙峻便决定以他们为先锋讨伐曹魏。

256年孙峻调遣军队伐魏，却在检阅部队时突然发病，不得不借故离去，当晚又因梦见诸葛恪而受惊，不久就发病死去。由于吴景帝孙休的厌恶，孙峻又在后来被削出宗谱，殉葬时的印绶也被掘墓追回。

【人物评价】

孙峻诛杀专权的诸葛恪，这一举措说来值得褒奖，然而之后孙峻的种种作为，却又比诸葛恪好不了多少。孙峻不仅继续专权，还在死后把大事托付给堂弟孙綝，使东吴局势更加混乱，可说是东吴政权一大罪人。

孙綝：出帝裔而乱宗室，居上位而祸家邦

【人物简介】

孙綝，字子通，生于231年，卒于258年12月，享年28岁，吴景帝时任丞相。

【人物生平】

孙綝与孙峻同出一源，俱为东吴皇室宗室，并一直跟随堂兄孙峻四处征战。256年孙峻受惊吓而死，死前以孙綝接替自己执掌大权，孙綝因此成为东吴的实权派。

当时东吴的有识之士都意识到了危机，不愿再有宗室子弟执掌政权，因此孙綝掌权之初，就受到了朝中各派势力的攻击。然而孙綝虽然年少，却不愧是"兵圣"孙武之后，很快就将反对势力各个击破，并杀死了吴大帝孙权临终前指定的辅政大臣滕胤。孙綝因此逐渐控制住了局面，并出任大将军，受封为永宁侯。

257年曹魏内乱，大将诸葛诞向东吴求援，然而东吴前锋也被击败，随后带兵援助的大将朱异也屡次战败。最终孙綝见朱异不肯奉命死战，便将其骗回并杀死，这一举动却导致前线军心大乱，最终诸葛诞战死，东吴也损失了大量士兵。此后国人都对孙綝产生了不满。孙綝却继续独断专行，欺压庙堂，以至东吴有人竟担心曹魏会有机可趁，便在私下通知蜀汉率先制订吞吴计划。

由于孙綝的专擅之举，他与吴主孙亮的矛盾也开始激化。此后孙亮诛杀了孙綝的两名心腹，双方矛盾就此激化。258年孙亮暗中谋划诛杀孙綝，却被人走漏消息，最终孙綝废掉孙亮，迎立孙休为帝。此后孙綝独掌大权，日益骄横。

孙休即位后，孙綝扬言要再次政变，孙休于是寻找机会，趁着腊祭的时候将

孙綝抓捕。孙綝最初时请求流放，都被孙休拒绝，随后便被处死，时年28岁。

孙綝死后，孙休将孙峻与孙綝一并逐出宗室，以表示厌恶之情。

【人物评价】

由于孙权晚年的昏聩，吴国内政长期混乱，使国力大为损耗，最终走向衰败。而孙綝正是这一乱局当中的祸首之一。孙綝身为东吴帝室，却一再倚仗权势搅乱朝政，最终招来天怒人怨，死于拨乱反正，可以说是咎由自取。

濮阳兴：奉上不知恤下，废贤终死于暴

【人物简介】

濮阳兴，字子元，生年不详，卒于264年，吴景帝、吴末帝时任丞相。

【人物生平】

濮阳兴原本是陈留人，东汉末年战乱频频，北方不少百姓都迁居江东以躲避战乱，濮阳兴的父亲也是其中之一。但比起其他人幸运的是，其父在到了江东之后，还曾得到赏识并出任长沙太守，因此濮阳兴也有了一个更好的出身。

孙权继承兄位之后，濮阳兴也从最初时的县令不断升官，先后担任尚书左曹、五官中郎将、会稽太守等职，其间还曾代表东吴出使蜀国。当时琅琊王孙休（即后来的吴景帝）一直留居会稽之地，因此与时任太守的濮阳兴认识并交好。

258年孙亮被废，孙休被迎立为帝，濮阳兴也被征召入朝，担任太常、卫将军等职，并受封为外黄侯。但濮阳兴为人不谙政务，只知逢迎主上以邀功、结党营私以谋利，因此为人所不齿。260年东吴群臣讨论修建丹杨湖田，所有人都认为过于损耗民力、财力，而且没有十足把握完成，濮阳兴为了建功自邀，便极力主张修建湖田。最终东吴为此耗费了大量时间、物力和财力，许多士兵都因此丧命或逃亡，国中怨恨之声四起。等到自己升任丞相之后，濮阳兴又与朝中重臣张布私下勾结。

264年孙休驾崩，濮阳兴和张布为了保住地位，便采纳万彧的建议改立孙皓为国君。事后濮阳兴也因拥立之功而被加封侍郎、州牧。但不久之后万彧便在孙皓面前进谗，诋毁濮阳兴等人心中后悔迎立孙皓。濮阳兴等人本来就不是孙皓的心腹，孙皓也在心中对他们有所忌惮，便趁着这一机会将濮阳兴抓捕下狱，随即流放广州。但孙皓还是觉得不放心，于是又派人在半路上将濮阳兴等人处死，濮阳兴的三族也全数受到株连。

【人物评价】

濮阳兴身为国之重臣，却只知阿谀逢迎、为己谋私，不知体恤民情、回报君恩，最终自食其果，迎立暴君孙皓并死于其手，实在是一种莫大的讽刺。

陆凯：国将亡家贵无用，君不善臣节何劳

【人物简介】

陆凯，字敬风，生于 198 年，卒于 269 年，享年 72 岁，为吴国名将、丞相陆逊之侄，吴末帝时任丞相。

【人物生平】

陆凯是陆逊之侄，同为江东大族陆氏之后，良好的出身再加上家族的繁盛，使他也有了出仕的机会。尽管最初时陆凯只是担任了一些县长之类的小官，却在治地做出了许多政绩，因此声名远扬，逐步得到提升，担任东吴的武将官职。然而即便是在投身军旅之后，陆凯依旧读书不辍，并因善于卜筮而闻名。

此后陆凯接连三朝都得到朝廷重用，成为东吴末期一代重臣。255 年陆凯因先后立有战功，被吴废帝孙亮任命为偏将军，受封都乡侯，后来又担任荡魏将军、绥远将军；258 年孙亮被废、孙休即位之后，陆凯又被封为征北将军、豫州牧。264 年孙休驾崩、孙皓即位，陆凯又被封为镇西大将军，并晋封为嘉兴侯。266 年陆凯又力劝孙皓不要对西晋用兵，孙皓经过权衡采纳了这一建议，并以陆凯出任丞相。

孙皓是一位极为聪明的皇帝，但同时也是历史上出名的暴君，在他的统治下，吴国群臣无不日夜惊恐，生怕一不小心便触怒君王，身死家灭。只有陆凯不畏惧孙皓淫威，屡次直言进谏。孙皓虽然不满陆凯，但迫于陆凯的地位以及其族兄陆抗的军权，只得对陆凯忍让。当时孙皓经常因大臣看他而挖人眼睛，陆凯便劝他说，一旦发生不测，大臣便很有可能因此找不到君王，孙皓这才允许陆凯一人看他。孙皓想要迁都武昌，陆凯当即上疏表示此举劳民伤财，为君之道贵在体恤民情，孙皓最终只得作罢。还有一次孙皓曾夸赞陆氏家族兴盛（先后出了两位丞相、五位列侯、十多位将军），陆凯却表示现在国家形势危亡，家族兴盛又有什么用呢？

269 年陆凯病重，孙皓派使者问他有什么遗言。此时陆凯所思所虑仍是国家大事，便向使者一一表明朝中大臣何人可用、何人当贬。但孙皓后来并未完全采纳这一建议。等到陆凯的族兄、东吴的大将陆抗于 274 年病逝后，陆凯的家人也被全数迁到建安。

【人物评价】

陆凯为人识大体、轻权势、敢直言，可惜遇到的偏偏却是孙皓这样一位荒唐暴君，因此尽管得以保身，却不能匡扶江山社稷，对他而言，这同样是一种遗憾。

晋

西晋

司马伦：下愚而窃上位，活厌终至死途

【人物简介】

司马伦，字子彝，生年不详，卒于 301 年 4 月 13 日，西晋时皇室宗室，晋惠帝时任丞相。

【人物生平】

司马伦是司马懿的第九个儿子，早在曹魏时期就受封安乐亭侯，司马炎即位后又受封琅琊郡王。司马伦虽然出身皇族却为人不正，甚至曾因为偷窃玉玺而犯下死罪。最终晋武帝念在其辈分予以宽赦，后来又改封为赵王，命其镇守关中。

不久之后司马伦就因为刑赏不公，而遭到当地胡人的反对，不得不再次返京。299 年晋惠帝太子司马遹被废，司马伦接受麾下建议，与皇后贾南风等人合谋害死司马遹，后来又为了夺取大权，而将贾南风的后位废去。此后司马伦彻底控制了晋惠帝司马衷，并矫诏封自己为大都督、督中外诸军事、相国，成为西晋的实际统治者。

司马伦的做法引起了淮南王司马允、齐王司马冏的不满，于是司马伦便将二人贬谪。司马允因不满而起兵，却被司马伦镇压。此后司马伦更加猖獗。由于司马伦不学无术，所用又都是奸佞小人，西晋朝堂一时混乱不堪。

301 年，司马伦听信卜筮之言，干脆废掉晋惠帝自立，并在朝中大肆封赏，以至铸造官印的金属都不够使用，时人因此讥讽。不久之后，齐王司马冏、河间王司马颙、成都王司马颖共同举兵，司马颖更是一马当先攻入京城。司马伦迫不得

已下诏诛杀教唆自己的孙秀，并表示要迎回晋惠帝复位。司马伦随即被囚禁于金墉城。

不久之后，梁王司马肜上奏请求诛杀司马伦，群臣纷纷上疏响应，于是朝廷派人以毒酒将司马伦赐死。此时司马伦才感到后悔，感叹自己被孙秀所蛊惑，但已无济于事。司马伦死后，跟随他作乱的司马荂、司马馥、司马虔、司马诩等宗室子弟也被一一问罪处决。

【人物评价】

司马伦作为司马懿之子，晋武帝司马炎叔父，辈分不可不说超然，然而观他的行为和谋略，却完全不能和自己的父亲、侄子相提并论。司马伦毫无才干，却敢于冒天下之大不韪叛逆，最终的失败也就不难预料。

司马肜：单衣补襜何足恃，临乱无为枉众托

【人物简介】

司马肜，字子微，生年不详，卒于 302 年，西晋时皇室宗室，司马伦篡位时任丞相。

【人物生平】

在三国末期、西晋初年，司马氏一直活跃在政治舞台上，并扮演着重量级反派角色，但在司马氏的宗族子弟中，也出现了一些谨守臣节、操守高尚之人，如司马孚、司马望父子等。身为司马昭异母弟的司马肜，也勉强算得上是一个异类。

司马氏专权时，司马氏的宗族子弟大多显赫，但司马肜却远离纷争、潜心于修行之道。有一次他曾指着自己的破衣服以示清廉，却被嘲笑不能为国举贤，因此十分惭愧。等到晋武帝司马炎以晋代魏，司马肜也受封为梁王。但不久之后司马肜就因接纳曹魏阵营之人而被问责，由此也可见他的无能。

晋武帝时，司马肜先后担任各种要职，但却始终没能取得像样的功绩，甚至还因与军队其他统帅不和而导致战事失利，因此再次被朝廷指责。此时西晋王朝正处于"八王之乱"的时代，司马肜尽管没有主动参与，但也选择了随波逐流，对其余作乱之王妥协。

300 年司马肜与赵王司马伦共同废掉晋惠帝皇后贾南风，当时司马伦为了躲避谶语，便打算以司马肜为冤大头，代替自己担任丞相，司马肜坚决不干。次年司马伦自立为帝，以司马肜为丞相，但几个月后就被推翻。此后司马肜继续担任太宰、司徒等要职。

302 年司马肜去世，死后又因上谥问题而引发当朝争议。由于自己屈从叛逆、

没有勤王，最初司马彤被谥为"灵"，最终经过下属的不断抗议，这才改谥号为"孝"。

【人物评价】

司马彤虽为望族、皇室子弟，却一无才干和担当，因此纵然身居高位，也只是随波逐流的他人之臣罢了。

司马颖：天命自来高难测，作恶却问天下安

【人物简介】

司马颖，字章度，生于279年，卒于306年，享年28岁，西晋时皇室宗室，晋惠帝时任丞相。

【人物生平】

司马颖是晋武帝司马炎的第十六个儿子，与晋惠帝司马衷为异母兄弟。289年司马颖受封成都王，以蜀地作为封国，但又因蜀中大乱而没能救国。司马颖21岁时，晋惠帝太子司马遹因下棋而与常侍贾谧争执，司马颖当即怒斥贾谧，事后被皇后贾南风报复，以征北将军之职离开京城。

301年赵王司马伦篡位自立，司马颖受封为征北大将军，不久后诸王纷纷起兵反对司马伦，司马颖也与诸王呼应而起。初战失利之后，原本想要退兵的司马颖接受建议，趁夜派出精兵突袭，最终取胜并渡过黄河，率先进入京城。等到晋惠帝复位之后，司马颖赐死司马伦，并援助齐王司马冏击退房兵入城。此后司马冏自居起义首功，司马颖当即谦让并退出京城。此后司马颖屡次拒绝晋惠帝的赏赐，并多次上疏请求安抚将士、表彰英烈、救济百姓，因此赢得了更高声望。

不久之后司马冏因专权而受到众人不满，晋惠帝于是征召司马颖入朝辅政，但司马颖没有动身。302年司马颖响应号召再次起兵，长沙王司马乂杀死司马冏主政。但司马乂事无巨细都会征求司马颖的意见，因此司马颖成为幕后的统治者。此后司马颖逐渐变得强势、专横，并且暴露出野心。304年诸王上表废弃太子司马覃，以司马颖为皇太弟，同时担任丞相。此时司马颖的作风已与司马冏几无二致，因此诸王很快又起兵反叛。最初时司马颖一度得胜，但很快就败在诸王的联合进攻之下，迫不得已只能投降，并被废去皇储之位，返回成都封地。

由于此前司马颖的一些善举，河北之地有许多人依旧感念他，因此司马颖的部下很快就再次聚集起一批大军。朝廷见司马颖仍有威望，便下诏进行安抚并征召。但很快司马颖就被司马越击败，更在逃跑时被抓获并囚于邺城范阳王处。最初时范阳王司马虓不欲加害，但在他死后，他的下属担心司马颖继续作乱，便派

人将司马颖及其两子缢杀，司马颖死时 28 岁。

【人物评价】

司马颖死前曾以天命询问来人，更感叹天下之乱，然而他本人却正是大乱的推手之一。早年的司马颖忠于皇室，为人正派，因此成为天下寄望，但后来却被野心所蒙蔽，因此也要为后续的战乱负责。

王戎：庙堂从来多险恶，随波浮沉暂高歌

【人物简介】

王戎，字濬冲，生于 234 年，卒于 305 年 7 月 11 日，享年 72 岁，为"竹林七贤"之一，晋惠帝时任司徒。

【人物生平】

王戎出自琅琊王氏，自小就聪明睿智、处变不惊，就连魏明帝曹叡也对他十分惊奇。长大后的王戎与阮籍极为交好，并与阮籍、嵇康、山涛、向秀、刘伶、阮咸共同被时人称为"竹林七贤"，就连钟会也对王戎十分看重，后来更在司马昭面前举荐他。

王戎曾经承袭父亲的贞陵亭侯爵位，280 年又因灭吴之功而被封为安丰县侯，并因礼遇吴国旧臣而受到荆州百姓的爱戴。在接下来的为官生涯中，王戎也因各种原因而几次被免官，但最终都能得到朝廷的赏识，很快就再次出任要职。297 年又升任为司徒。

此时晋惠帝已经登基，由于智力较低、无能问政而导致庙堂震动，此时的王戎历经多年仕宦生涯，已经开始变得圆滑，便选择了投靠权臣，因此尽管后来一度遇到危险，最终都得以安然无恙，并继续担任司徒职位。302 年王戎劝说司马冏返回封国，却遭到他人怒斥，不得已只好在厕所中装病昏倒，这才逃过一难。此后王戎愈发淡泊，更不再顾忌世人所重视的名声、节气。这一时期他尽管担任要职，却只是随波逐流、与世浮沉，更将所有的要务都委于属官，自己却整天骑着小马四处出游，一派逍遥自适。

304 年晋惠帝被迫带领百官"亲征"，其间先后被司马越、司马颖挟持，王戎也一度在战场上经历凶险，却始终淡然自若，毫不在意。后来王戎又逃往郏县。305 年王戎在郏县病逝，享年 72 岁，死后谥号为"元"。

【人物评价】

王戎与嵇康等人同列"竹林七贤"，但究其所作所为，却有颇多争议之处。总的来说，王戎确实是一位富有远见、善于明哲保身的智者，但在为臣奉国一事上，

却并不是一位值得称道之人。

司马颙：乱国枉费评价高，耻笑当年好仪表

【人物简介】

司马颙，字文载，生年不详，卒于306年，东晋时皇室宗室，晋怀帝时任司徒。

【人物生平】

司马颙与晋武帝司马炎是堂兄弟，年轻时为人轻财重才，因此晋武帝对他十分称赞，说他可以"为诸国仪表"。司马颙的父亲曾被封为太原王，等到司马颙袭爵之后，又被改封为河间王。当时朝廷曾规定皇室远亲不得统御关中，只有司马颙因贤能而破格担任平西将军，负责镇守关中。

"八王之乱"爆发后，司马颙先是处死了反对赵王司马伦的夏侯奭，随后又将齐王司马冏的使者绑起来送给司马伦，以此来获得取信。随后司马伦便增兵给司马颙，命其讨伐司马冏。但在半路上司马颙得知齐王势大，当即见风转舵投向齐王阵营，并共同迎立晋惠帝复位。齐王虽然十分不齿，但最终还是封赏了司马颙，并任命其为太尉。

302年司马颙又起兵讨伐司马冏，司马冏不久后兵败身死，司马颙继而又计划诛杀司马乂。经过几番作战，司马颙最终于304年击杀司马乂，担任太宰、大都督，并改立成都王司马颖为太子。

305年，司马颙的部下张方挟持了晋惠帝，于是司马颙便以司马颖为先锋，抵御讨伐自己的东海王司马越，但最终却一再失败，不得不杀掉张方等人，随后更出逃至太白山。司马越为了让司马颙出城，便下诏任命其为司徒，司马颙信以为真，于是便慨然赴任。然而就在半路上，司马越之弟南阳王司马模却派人将司马颙杀死，他的三个儿子也一同被害。

【人物评价】

晋武帝对司马颙予以极高评价，但对照事后发展，我们也只能说晋武帝评价不妥。作为"八王之乱"的参与者之一，司马颙的所作所为不仅当不起"仪表"二字，相反还是一个不折不扣的乱臣贼子。

荀藩：有心难复社稷，无力不容回天

【人物简介】

荀藩，字大坚，生于245年，卒于313年，享年69岁，晋怀帝时任司空，行

相事。

【人物生平】

荀藩家族好几代人都在西晋朝中任官，祖上荀爽更在东汉时担任司空。在晋惠帝时期的"八王之乱"中，荀藩随同朝廷大军一起出征，平息了齐王司马冏的叛乱，更因功受封西华县公。此后荀藩的政治生涯相对平顺，屡次得到升迁，及至晋怀帝后期时，又担任了司空。

当时的西晋王朝经历"八王之乱"，中原一片疮痍、民生十分凋敝，许多百姓无计生存，最终沦为流民。311年，巴蜀之地的流民终于揭竿而起，却被尚有实力的西晋朝廷大军击破，事后为了震慑天下，足足8000多人被朝廷下令沉入江中而死。但西晋朝廷的这一举动，不仅没能震慑百姓，反而使得朝廷更加不得人心。很快，巴蜀之地就再次爆发了以杜弢为首的流民起义，此时又有人上疏当地刺史荀眺，称巴蜀流民全数都起来造反，荀眺对此毫不怀疑，竟然打算将所有流民一起诛杀。可想而知，当蜀地流民得知了这一消息后，自然是万分惊恐，就连原本犹豫不定的人，此时也义无反顾地拿起了武器。他们共同推举杜弢为领袖，聚集起四五万人的庞大军队，长沙等地很快就被攻陷。这一起义严重冲击了西晋在中原的统治，使朝廷局势更加岌岌可危。

此时荀藩被任命为司空，与其余官员共同统率军事，负责平叛事宜。但叛乱还未彻底被镇压，"永嘉之乱"就随后爆发。当时起义军虽被西晋击败，残部却投入了汉赵政权麾下，同年汉赵统治者刘聪便以石勒、王弥为将领，率领汉赵大军攻破洛阳，晋怀帝也被俘虏。荀藩等人侥幸出逃到河南，随后会集其他大臣、将领，共同组建军队继续抗击汉赵。在荀藩的主持下，秦王司马邺（即后来的晋愍帝）、阎鼎等一批将领都被委以要职。后来阎鼎又打算拥立司马邺进入长安，荀藩因是山东人而不愿西行，却在奔逃途中走散。

312年司马邺被立为皇太子，阎鼎等拥护之臣都得到封赏，荀藩继续出任司空，参与相事，主要负责镇守开封地区。但仅仅过了一年，荀藩就因病死在开封，时年69岁。为了表彰他的功勋和忠心，西晋朝廷下令追赠荀藩为太保，并谥其为"成"。

【人物评价】

荀藩作为西晋朝廷的老臣，虽然饱经战乱却始终不改臣节，最后更死于任上，可以说是"鞠躬尽瘁，至死而已"。但遗憾的是，彼时的西晋朝廷早已彻底衰败，荀藩本人也没有过人的才干，因此最终也无力回天。

司马保：帝业从来缥渺，性命未料轻抛

【人物简介】

司马保，字景度，生于296年，卒于320年，享年27岁，西晋时皇室宗室，晋愍帝时任相。

【人物生平】

司马保的父亲是南阳王司马模，东海王司马越（八王之乱的参与者之一）即是其叔父。司马保与其父司马模都以年少好学而闻名，但其父却在"永嘉之乱"中被杀，死后司马保继承了父爵。

313年，秦王司马邺被立为皇太子，不久又登基为帝，即后来的晋愍帝。此前司马保已经成为秦州一带的实际统治者，不容晋愍帝忽视，于是晋愍帝便任命司马保为大都督、右丞相，以此安抚并拉拢司马保。315年晋愍帝又拜司马保为相国。

晋愍帝迁往长安之后，汉赵大军再次率军征伐，此时长安城中早已民力疲敝、兵尽粮绝，其余西晋宗室又各怀异心，因此晋愍帝朝很快就再次陷入孤立无援的境地。316年晋愍帝被迫出降，琅琊王司马睿则于两年后正式称帝，建立东晋政权。司马保素来觊觎帝位却慢了一步，于是只得自立为晋王。由于不服，司马保始终不愿对司马睿和东晋称臣。当时，原本投奔司马保的陈安，因为受到司马保麾下张春等人的迫害，不得不改投汉赵并率军攻打司马保，司马保也因为饥荒而不得不迁移并向前凉求援。最终前凉军队暂时击退陈安，司马保得以暂时立稳了脚跟。

320年，汉赵皇帝刘曜见久攻不克，干脆发动大军亲征，司马保的军队一再战败，自己麾下的大将王连也死在战中，事后司马保大为惊恐。迫不得已之下，司马保只好逃往桑城。然而此时前凉为了自己的利益，却硬生生拦住司马保，使司马保未能顺利成行。不久之后，司马保的内部阵营又发生矛盾，张春等人再次劝说司马保杀掉部将杨韬，却被司马保拒绝。

眼见司马保不愿听从，张春等人干脆犯上作乱，将司马保囚禁，不久之后又将司马保杀害，司马保死时年仅27岁。司马保死后，张春等人也被陈安击败并杀死，陈安又以天子礼仪将司马保下葬。

【人物评价】

司马保出自西晋宗室，又素有好学的名声，但可惜的是为人昏聩、不辨忠奸，更没有与汉赵抗衡的实力。即便如此，司马保却反而觊觎皇位，不肯归入东晋，最终因势单力孤、不知防备而被麾下所杀，实在是愚蠢至极。

东晋

王导：偏安亦有帝王业，王马共成天下安

【人物简介】

王导，字茂弘，小字赤龙、阿龙，生于 276 年，卒于 339 年 9 月 7 日，享年 64 岁，东晋著名政治家，为东晋政权奠基人之一，晋元帝、晋明帝、晋成帝时任丞相。

【人物生平】

王导出自琅琊王氏，祖上一直都在朝中任官，再加上晋代统治者向来依附门阀士族，因此王导也很快就得到了统治者的赏识。早在晋元帝司马睿尚未登基时，王导就与之结为莫逆之交，这才有了后来的东晋王朝建立之事。

307 年，王导力劝司马睿南渡，到了江东之后，更是积极帮助司马睿联合南方士族，为建立政权奠定基础。311 年"永嘉之乱"后，王导又不失时机地劝说司马睿励精图治，司马睿大受感动，更将王导视为管仲。就连一些原本对司马睿心存怀疑的人，也在见到王导之后放下心来，投入司马睿阵营，因此司马睿的势力逐渐巩固并壮大。随后王导又积极劝说司马睿推行教育，明确指出只有人们接受了教育，才能真正明白善恶、知晓廉耻，这才是一个兴盛的国家所应有的文明开化气象。这一建议最终得到了司马睿的采纳。

318 年司马睿正式称帝，登基时更要拉着王导同坐，王导坚决推辞不受。等到自己所举荐的官员平叛失败后，王导又主动出来请求降罪。这些举动都使得王导更加受到司马睿和群臣的称赞。

这一时期王导虽然尽心辅君，但其堂兄王敦却一直心怀不轨，屡次以武力胁迫司马睿屈服，司马睿因此十分苦闷。322 年王敦更是直接反叛，王导得知后便带领家人一同谢罪。但司马睿得知王导与此事无关，更看重他的才能，于是赦免了王导全家。司马睿驾崩之后，王导又积极带领群臣抵御王敦，最终平息了王敦之乱，事后因功受封为始兴郡公。此外，朝廷还打算赐予他"剑履上殿，入朝不趋，赞拜不名"的特权，但王导坚决不肯接受。

325 年，王导以顾命大臣的身份辅佐晋成帝，次年又以大司马的身份统兵抵御

后赵。苏峻之乱爆发后，王导一度想要解救被囚禁的晋成帝，但最终没能成功，只得自己躲避在外。苏峻之乱平息后，王导力排众议阻止迁都，最终朝野上下均被说服。

此后王导更加得到晋成帝的礼遇，屡次请辞都不获准许，338 年晋成帝又以王导为丞相，同时罢设司徒，由丞相接管其职责。王导每次得到封赏都会拜谒司马睿陵寝，这也成为后世百官击败帝陵的源头。

339 年王导病逝，享年 64 岁，死后晋成帝为表追悼，更以霍光之礼将王导安葬，并追谥其为"文献"。

【人物评价】

王导虽然名义上为臣，但在东晋建立的过程中，所起到的作用却不比晋元帝司马睿小，甚至还要超过。若以民族存亡的大义而论，他的功勋就显得更加卓越，不仅是东晋功臣，更是民族的功臣。

陆玩：天下无人方有吾，岂能自恃傲他人

【人物简介】

陆玩，又名陆琉、陆统，字士瑶，生于 278 年，卒于 341 年，享年 64 岁，为东吴名将陆逊侄孙，东晋成帝时任司空，行相事。

【人物生平】

陆玩出自吴郡陆氏，陆氏则是江东的著名大望族。陆玩为人宽厚儒雅，成年之后更在江东之地享有盛誉。当时晋元帝与王导等人刚刚南渡，王导为了巩固东晋政权，便极力与南方士族交好，其间就曾拜见过陆玩。然而陆玩却对王导这些"丧家之犬"十分轻视，甚至还干脆拒绝了王导等人的联姻请求。

陆玩最初时曾在晋元帝麾下任丞相参军，但很快就以疾病为借口辞退。此时南渡的琅琊王氏已经站稳了脚跟，王导之兄王敦更是专擅大权，甚至就连晋元帝也不放在眼里。在王敦的武力胁迫下，陆玩也不得不放下士族的架子出仕，直到 324 年王敦之乱被镇压。此后朝中曾有官员建议将陆玩等人下狱问罪，但晋明帝出于种种考虑，没有答应这一请求，而是将陆玩等人无罪释放，并授予各种官职以示安抚。陆玩初时并不肯接受，后来才又出任尚书左仆射一职。

327 年，原本出身流民军统帅的苏峻、祖约，因东晋朝廷一直以来的怀疑而发动叛乱，很快就攻入建康城中，晋成帝也被俘虏并囚禁于石头城。陆玩与兄长陆晔在叛乱中坚守臣节，私下更为解救晋成帝而积极努力。在两人的利诱和劝说下，苏峻的麾下终于向朝廷大军投降，并将宫城苑城献出。苏峻也因这一事件而陷入

被动，不久后就被朝廷彻底镇压。事后朝廷为了表彰，便封陆玩为兴平伯。331 年朝廷再次提拔陆玩，升任其为尚书令，加授左光禄大夫、开府仪同三司、散骑常侍等职，陆玩虽然两次上疏推辞，最终都没有获得准许。

340 年陆玩升任司空，此前一年丞相王导、太尉郗鉴先后去世，前任司空庾亮也于次年病逝。此时东晋王朝接连损失三名重臣，陆玩正是在这样的背景下得到重用的，开始成为朝中群臣之首。但是陆玩也知道自己的才能有限，因此最初时极力推辞，事后更经常在私下表示自己不如王导，感叹天下无人，自己才能位居三公。

341 年，陆玩在担任司空一年后也因病去世，时年 64 岁。鉴于陆玩生前的功勋，东晋朝廷下令将其葬于先帝陵前，并特别任命官属为其护卫陵寝。

【人物评价】

陆玩出自南方望族，素有名望而又自视甚高，然而究其实际才干，却远不如王导等名臣。但陆玩在东晋朝廷屡陷动荡时，也曾凭借自己的智慧化解危机局面，更能在主政后谦卑待人，也有可称道之处。

庾冰：不才而以忠勇继，顾家亦不敢忘国

【人物简介】

庾冰，字季坚，生于 296 年，卒于 344 年，享年 49 岁，晋成帝时主政。

【人物生平】

庾冰出自东晋明帝时的外戚庾氏，其兄庾亮曾担任中书令，与丞相王导共同辅政。庾冰曾在"永嘉之乱"中因镇压有功而受封为都乡侯，后来又被时任司徒的王导引荐。

327 年，庾冰之兄庾亮因固执己见，而酿成了"苏峻之乱"，庾冰奉命带兵征讨，却被苏峻打得大败，不得不逃往会稽。为了躲避苏峻的搜捕，庾冰甚至不得不藏身于船中，以竹席覆盖自己，这才逃过了追兵的追杀。

后来丞相王导积极谋划讨逆，会稽内史王舒得知之后，便以庾冰为先锋并带领 1 万大军，与其余各路勤王军队会合。当时苏峻势大，各路勤王军队都十分畏惧，只有庾冰果敢作战，最终击败了苏峻麾下的张健，抢先杀到建康城下。最终苏峻被杀，庾冰等人共同攻破石头城，并将被囚的晋成帝解救。

事后朝廷开始封赏讨逆有功之臣，庾冰虽然功劳卓著，但却极力推辞新吴县侯的封赏，339 年丞相王导病逝，庾冰这才进入朝廷担任中书监一职。不久之后太尉郗鉴病逝，庾冰的兄长司空庾亮于 340 年病逝，继任司空陆玩也于 341 年病逝，

朝中先后失去几位重臣，庾冰得到朝野上下的一致寄望。而庾亮也最终不负所托，在继任主政后勤勉治事、大力提拔后进贤才，因此得到朝野上下的一致敬重，被时人称为"贤相"。同时庾冰又为人清廉、治家严谨、不置私产，有一次其子借了10匹官绢，庾冰得知后当即将之严厉责罚。

但庾冰虽然忠于国事，却也对家族利益十分在意，为此在晋成帝病重之后，极力劝说晋成帝立长，以其弟琅琊王司马岳为储君，借此来继续维护庾氏与皇帝的亲近血脉关系，晋成帝最终应允。等到司马岳（即晋康帝）即位之后，庾冰为了避开庾氏与皇权的冲突，又主动请求出镇地方。

344年晋康帝驾崩，皇太后褚蒜子有心以庾冰继续辅政，但庾冰却因病重而无法接受，同年庾冰因病逝世，享年49岁，死后被追赠为司空，谥号"忠成"。

【人物评价】

庾冰出自外戚，才能也相对平庸，但他却能把国家大事放在首位（尽管后来也有为家族谋利的行为），因此比起东汉梁冀等权佞来说，仍旧是一位忠正直臣。

何充：相位犹待君坐，庙堂终有君席

【人物简介】

何充，字次道，生于292年，卒于346年，享年55岁，晋穆帝时主政。

【人物生平】

何充最初时曾在大将军王敦麾下任官，为人十分耿直。当时王敦的兄长在庐江贪赃枉法，王敦却在一次宴会上称赞其兄清廉。何充听到后当即表示自己就是庐江人，王敦的说法正好与自己所见所闻相反。事后何充就被贬为小官，直到王敦之乱平定后才得到朝廷赏识。

何充早年就得到王导的重视，王导经常拉着他与自己同坐，晋明帝也对何充十分看重，待到晋成帝即位之后，何充更加得到重用。等到王导去世之后，何充、庾冰共同成为晋成帝倚重的心腹大臣，并愈发得到提拔。

342年晋成帝病重，庾冰为了家族利益，建议晋成帝以弟弟司马岳为储君，何充当即表示反对，但庾冰没有听从。司马岳即位之后，曾对庾冰、何充表示自己能够登基，全靠两人拥护，何充也十分耿直地表示与自己无关。即便如此，司马岳也没有恼怒，而是继续重用庾冰和何充。

344年晋康帝驾崩，晋穆帝即位，庾冰也在同年病逝，何充顿时成为朝中群臣之首。何充为人刚正凛然，凡事都以国家利益为先，虽然这一时期不曾推行改革、图谋北伐，但也依旧为东晋王朝举荐了大量贤才。但此外何充又信奉佛教，也因大肆捐助佛教而受到时人讥讽。

346 年，何充在主政两年后病逝，时年 55 岁，死后被朝廷追赠为司空，谥号"文穆"。

【人物评价】

何充虽然才能相对平庸，但却始终刚直凛然，再加上身居高位，因此能够引导群臣、约束群臣，对东晋政权的巩固也做出了一定的贡献。

司马昱：晋室兴复有定，权佞篡逆无途

【人物简介】

司马昱，字道万，生于 320 年，卒于 372 年 9 月 12 日，享年 53 岁，为晋元帝司马睿幼子，晋穆帝时任司徒，后来又登基为帝，即简文帝。

【人物生平】

司马昱在还是个幼童时就十分聪慧，以致当时的著名学者郭璞都说："将来能够复兴晋祚的，一定就是他。"司马昱长大后，先后被封为琅琊王、会稽王，并且为人十分淡泊。

344 年晋康帝驾崩，晋穆帝即位。鉴于晋穆帝年龄幼小，太后褚蒜子决定征召卫将军褚裒入朝辅政。但长史王胡之却力劝褚裒让贤于司马昱，最终司马昱接替褚裒，入朝担任了抚军大将军。当时东晋大将桓温开始崭露头角，有人劝说司马昱不要放任桓温坐大，但司马昱却没有放在心上。

346 年何充病逝，此后司马昱接替何充总理朝政。此时桓温的势力已经形成，对东晋王朝构成了巨大的威胁。为了制衡桓温，司马昱大力提拔会稽当地的贤士入朝，参与朝廷大政方针的决策，并以自己的威望来牵制桓温。桓温也对司马昱十分佩服，多次称赞他是国之基柱。但在后来，司马昱所举荐的殷浩因连年北伐不能取胜，而被朝中众臣厌恶，桓温于是趁机上疏，迫使司马昱将殷浩贬谪。此后桓温在朝中权力、威望更高，就连司马昱也难以再压制。

365 年晋哀帝司马丕驾崩，琅琊王司马奕即位为帝，次年又以司马昱为丞相，但司马昱坚决不肯接受。372 年 1 月，桓温为了进一步掌控朝政，又将司马奕废去，迎立司马昱即位为帝，即晋简文帝。但在此后，桓温进一步掌控朝政，就连司马昱也无可奈何。

此后司马昱每次接见桓温时，都会泪流不止，桓温因此无法开口。即便如此，司马昱还是受到桓温的胁迫，不得不下诏表示如果桓温愿意，就让自己退位让贤，桓温这才不得已有所收敛。此后司马昱又重用王坦之、谢安来牵制桓温，但不久

就因忧愤成疾。

同年 9 月司马昱病重，桓温却接连 4 次推辞不肯入朝，司马昱绝望之下，干脆拟诏由桓温摄政，王坦之却以晋室天下是由司马懿和司马睿建立为由，撕毁了这一诏书。于是司马昱改"摄政"为"辅政"，以此来破灭桓温的野心。不久后司马昱驾崩，死后由其子司马曜即位。

【人物评价】

司马昱曾被誉为"兴晋祚者"，但由于他的善懦，在他生前，东晋始终大权旁落，因此严格来说，他并非复兴者。但司马昱后来的举措，如重用王坦之、谢安，立司马曜为储君，都为东晋日后的皇权回归奠定了基础，因此他也可以说是晋室复兴的先驱者。

蔡谟：八伯三明皆同列，不输王谢共国基

【人物简介】

蔡谟，字道明，生于 281 年，卒于 356 年，享年 76 岁，东晋"兖州八伯"之一、"中兴三明"之一，晋康帝时任司徒。

【人物生平】

蔡谟一家自曾祖时就在曹魏任官，蔡谟的祖父、父亲也都在后来担任东晋官职。为了躲避战乱，蔡谟拒绝了东海王司马越的邀请，南渡之后又在晋元帝司马睿麾下出任丞相参军。

328 年苏峻之乱爆发，时任吴国内史的庾冰也被击败逃亡，苏峻便以蔡谟为新一任内史。然而蔡谟却坚守臣节，一到任便组织义军反抗苏峻，等到苏峻于次年被镇压之后，蔡谟也得到朝廷的赏识。此后蔡谟屡次拒绝朝廷征召都不被允许，后来更因平叛之功而被授予男爵。

在朝为官期间，蔡谟虽一度因属官的失误而受到牵连，被免去官职，但很快就再次得到重用，并屡次提出可供采纳的建议。在他的倡导下，晋成帝每逢在前殿接见使者，都会由宫廷乐师奏庙堂之乐，这也成为了后世帝王的惯例。此处蔡谟又上疏劝阻为明帝作颂、反对北伐，这些意见最终都被朝廷采纳。

蔡谟对国事十分认真，但私下也有滑稽的一面。当时丞相王导的妻子善妒，王导为了维护小妾，不得不用拂尘当鞭子来赶牛车，事后蔡谟便调侃王导将要进九锡。王导因尴尬而躲开，蔡谟又以拂尘、牛车作为调侃。王导为此十分气愤。还有一次蔡谟得知王导的小妾雷氏私下受贿、干预政事，便以"雷尚书"三字戏称。

339 年太尉郗鉴病重，不久后就病逝，死前举荐蔡谟出任要职。不久之后蔡谟再次上疏反对讨伐汉赵，并积极谋求恢复之前因郗鉴病死而中断的对有功将士的封赏。晋康帝即位后，蔡谟又于 346 年升任司徒，与会稽王司马昱共同辅政。

349 年，蔡谟因不能胜任而一连 10 次拒绝朝廷征召，因此被众臣以大不敬之名弹劾，迫不得已只得入朝谢罪，鉴于此时桓温的势力，朝廷最终免除了他的罪过。此后蔡谟一直在家教授学问，不再担任官职。356 年蔡谟病逝，享年 76 岁，死后朝廷以重礼将其下葬。谥其为文穆。

【人物评价】

蔡谟为人端正严肃，可堪任事，同时又不失诙谐、滑稽一面，可以说是张弛有度。尽管声名不显，蔡谟却真正是当时东晋的一位重臣，足以与王导、谢安等人相提并论。

王彪之：辅国事继以忠正，临强权不失臣节

【人物简介】

王彪之，字叔虎，小字虎犊，生于 305 年，卒于 377 年 11 月 28 日，享年 73 岁。王彪之为东晋丞相王导堂侄，晋孝武帝时行相事。

【人物生平】

王彪之出自大望族琅琊王氏，入仕之后先后担任了尚书左丞、司徒左长史、御史中丞、侍中、廷尉等要职，能力可见一斑。有一次永嘉太守谢毅在大赦后诛杀犯人，因此被犯人亲属控诉，案件最终上达至时任廷尉的王彪之那里。然而王彪之却以谢毅身无爵位、不由自己管理为理由拒绝，并在事后上疏劝说皇帝停止大赦、以避免有人故意犯罪，表现出务实的治事作风。

351 年，东晋名将桓温擅自统率大军北伐，主政大臣司马昱迫不得已，只得罢黜心腹殷浩以讨好桓温，却被王彪之劝阻。在王彪之的劝阻下，司马昱最终以一封信解决了问题。次年殷浩率军北伐，并与前秦雷弱儿缔结同盟，王彪之当即指出其中可能有诈，但殷浩并未听从。最终殷浩果然失败，更因此被桓温发动群臣贬谪。257 年司马昱打算以桓温之弟领豫州刺史，王彪之再次极力劝阻，最终成功使得司马昱改变心意，阻止了桓温的进一步坐大。

365 年，东晋各郡的长官都派遣高级属官拜见桓温，只有王彪之坚守臣礼没有派人，桓温因此大怒并将王彪之降职。371 年王彪之见桓温决意废掉晋废帝，便主动出面主持大礼，因此得到了朝中众臣的敬佩。等到晋简文帝驾崩后，王彪之趁机出面迎立太子司马曜即位，并擅自将褚太后以桓温摄政的信件退回，阻止了桓

温进一步擅权。373 年桓温病逝，想要朝廷为其赐予九锡，王彪之当即与谢安等人联手拖延直至桓温病逝，彻底破灭了桓温的野心。

桓温死后，王彪之便与谢安共同掌政，就连谢安也对王彪之的能力赞不绝口。377 年王彪之病逝，享年 73 岁，死后追赠为光禄大夫，谥号为"简"。

【人物评价】

王彪之为人务实、笃直，面对权臣又不失忠直臣节，可以说是社稷的股肱之臣。王彪之不仅洞悉世情，同时又能抓准时机遏阻桓温，这也说明了他的治政能力的确非凡。

谢安：庙堂风波恶未休，江左名士真风流

【人物简介】

谢安，字安石，生于 320 年，卒于 385 年 10 月 12 日，享年 66 岁，东晋著名政治家，晋孝武帝时行相事。

【人物生平】

谢安出身于江东望族陈郡谢氏，自小就因聪颖而受到丞相王导的重视，更因出身原因而受到朝廷征召。但谢安却始终不愿出仕，后来干脆在会稽郡的东山隐居起来。

正是在这一时期，谢安先后结交了王羲之等当地名士，其间尽管屡次受到朝廷征召，却很快就辞官返回。时人都为此感到遗憾，唯有当时主政的司马昱十分肯定地说，谢安既然能够与人同乐，将来也必定能够与人同忧。

359 年谢氏的势力开始动摇，谢安这才于次年投到桓温帐下，当了一名小小司马，为此还被当时名士讥讽。之后谢安又趁机摆脱桓温，投到朝廷麾下。373 年桓温入京接受百官迎见，其间埋伏下刀斧手欲对谢安等人不利，唯有谢安谈笑自若，最终使桓温将士兵撤走。在桓温临终前，谢安又故意拖延时间，使桓温进九锡的企图最终落空，捍卫了晋室的权威。

桓温死后，谢安开始与王彪之共同辅政孝武帝。377 年朝廷又以谢安为司徒，筹备抵御前秦事宜。此后前秦几度入侵都被击败，前秦王苻坚不得不于 383 年发动亲征，也就是著名的淝水之战。

淝水之战前，苻坚对自己的百万大军有着绝对的自信，东晋朝野一片恐慌，唯有谢安平静如常，甚至还在下棋时赢过了平日的对手。两军交战前夕，苻坚看到东晋士兵军威雄壮，这才不由得愕然变色，感叹自己轻敌。最终苻坚的百万大军在战争中惨败，东晋取得了全面的胜利。作为东晋大军统帅的谢安，声望也因

此达到了顶峰。

但在此后，谢安却遭到东晋统治者的猜忌，晋简文帝之子司马道子数次在晋孝武帝面前进谗，使得晋孝武帝、谢安君臣之间开始生出嫌隙。谢安因此感到担忧，再加上始终心怀山水，于是便于385年主动请求出镇，但不久之后就患上重病。谢安因此十分怅然，并时时感叹自己时日无多。

同年八月谢安病逝，享年66岁。谢安死后，晋孝武帝深感哀痛，并下令以桓温葬礼的规格将谢安安葬，并追谥其为"文靖"。

【人物评价】

若论东晋历代名相，有两人绝对不容忽视，一人是东晋政权奠基人之一的王导，另一人即是谢安。在任相期间，谢安不仅先后几次平定内忧外患，更处处以国家大局为重，表现出可贵的高风亮节。再加上他文采斐然，因此被时人称为江左风流宰相。

司马道子：负重任而自轻，居相位而凌主

【人物简介】

司马道子，字道子，生于364年，卒于403年2月3日，享年39岁，为晋简文帝之子，晋孝武帝、晋安帝时任司徒。

【人物生平】

司马道子与晋孝武帝司马曜俱为晋简文帝司马昱之子。372年晋简文帝驾崩后，晋孝武帝即位为君，司马道子同时受封琅琊王。380年司马道子升任司徒，东晋王朝就此出现了晋孝武帝、司马道子之间的"主相相持"局面。

晋简文帝在位时，为了制衡桓温的势力，便以王坦之、谢安等人辅政，最终谢安等人成功破灭桓温的野心，又在淝水之战中击败前秦苻坚，东晋朝政大权得以回归皇室。但晋孝武帝本人虽然权力空前集中，为人却酗酒贪饮，因此与同样嗜酒的司马道子十分亲近。司马道子趁着得宠，在朝中大肆任用心腹为官，使晋孝武帝逐渐开始警惕和不满。此外，司马道子又仗着后宫的宠爱，经常做出不合君臣之礼的事情，权力欲望炽盛的晋孝武帝因此更加认为司马道子不堪倚重。为了制衡司马道子，晋孝武帝提拔了多位刺史，司马道子也当即将心腹提拔以做反击。

392年孝武帝因酒后戏言被妃子所杀，晋孝武帝之子司马德宗即位，即晋安帝，主相相持的局面终于落下帷幕。此后司马道子继续以皇叔的身份总理朝政，但却被晋孝武帝之前所提拔的王恭厌恶。397年王恭联合殷仲堪等人起兵，司马道子畏惧之下，只得杀死自己的心腹王宝国，随后又将朝政全数托付给儿子司马元显。最终

王恭兵败被杀，但殷仲堪等人依旧虎视眈眈，司马道子最终只得请求和解。

399 年，司马元显擅自解除了司马道子的司徒职务，司马道子虽然十分气愤，但也无可奈何。401 年，桓温之子桓玄发动叛乱，司马元显屡次统军镇压却战事不利，司马道子无可奈何，只能垂泪哭泣。次年桓温将司马元显彻底击败，司马道子也被流放至安成郡。不久之后桓玄又派人将司马道子毒杀，司马道子死时 39 岁。

【人物评价】

司马道子身居相位，却只知酗酒作乐，与皇兄争权夺利，因此致使庙堂衰败，桓温的残余势力却趁机壮大，不可不说失职至极。

王珣：贤臣不能短寿，短寿声名难求

【人物简介】

王珣，字元琳，小字法护，生于 349 年，卒于 400 年 6 月 24 日，享年 52 岁，晋安帝时任相。

【人物生平】

王珣的祖父即是东晋政权奠基人之一、著名的政治家丞相王导，其父王洽曾担任中领军。凭借着王氏在东晋一朝的权势，王珣也很早就入朝为官，投在名将桓温帐下处理机要，在军中具有极高的声望。

当时王谢两家交好，王珣又是王导嫡孙，因此便娶了名相谢安的侄女为妻。但后来两家却因猜忌而交恶，于是谢安便要求侄女离婚，并打算将王珣外放任官。然而王珣却始终不愿接受，谢安只得无奈作罢。

谢安病逝后，王珣因才学水平出众，而与其他著名贤士一起，共同得到晋孝武帝司马曜的重视，先后担任了吴国内史、尚书右仆射、尚书左仆射等要职。当时司马曜与弟弟司马道子暗中争权，为了巩固局势便将王珣留在朝中任官，以此来牵制司马道子。

司马曜死后，王珣从实际形势出发，力劝王恭不要起兵诛杀司马道子的心腹王宝国，王恭最终应允。直到第二年王恭才起兵，王珣又不失时机地进行规劝，最终迫使司马道子放弃王宝国。在朝廷讨伐王恭的战役中，王珣也被委任出征，但王珣却趁着桓玄入侵的机会，统率大军镇守建康，因此直到王恭兵败，两人始终未能交兵。

400 年王珣病重，不得不辞去官职，一个月后就因病重而死，时年 52 岁，死前感慨人真的不能短命。王珣死后，死后朝廷为其赐谥"献穆"。

【人物评价】

王珣出身名门望族，为人也人情练达，因此不论投身何人，都能凸显出自己的才干，而又得到他人的倚重。即便是面对混乱政局，王珣也能在私下协调、斡旋，拨乱反正而不伤自身，智慧实在令人钦佩。

十六国与南北朝

前秦

王猛：扪虱谈笑惊元子，生前断言身后彰

【人物简介】

王猛，字景略，生于 325 年，卒于 375 年，享年 51 岁，十六国时前秦丞相，为著名的政治家，被誉为"功盖诸葛第一人"。

【人物生平】

王猛出生之后，恰好赶上后赵石虎残暴御下，国内民不聊生，因此出身寒微的王猛只得随着家人一路逃亡迁移，最后来到魏郡定居。虽然生活贫困，但王猛却从来未曾放弃过研究学问和兵法，因此逐渐成长为一名奇才。鉴于当时天下混乱，王猛没有立即出仕，而是在华山潜心隐居以待明主。

354 年东晋大将桓温击败氐族苻坚，王猛当即前去拜见，席间扪虱而谈，被桓温视为奇才。但王猛很快就意识到，江东之地士族林立，自己一介微寒很难出头，而桓温又有心谋逆，跟着他只能自损清名，于是便辞别桓温继续隐居。后来，前秦的君主苻坚听说王猛贤明，更在交谈后对其一见如故，于是便留下王猛为自己谋划天下大势。

王猛最初曾担任地方官员，在任期间不惜采用雷霆手段，诛杀大量不法官员，以此震慑官民，苻坚因此十分欣赏他。后来王猛凭借着政绩屡屡升迁，36 岁时就当上了尚书左仆射。氐族内部的贵族都对王猛十分忌妒，于是纷纷当面诋毁或暗中构陷。苻坚得知之后，将这些人或杀或贬，更将王猛升任为三公。此后氐族内部再无人敢质疑王猛。

虽然反对王猛的声音没有了，许多氐族贵族仍旧目无王法，因此王猛又开始

主动找他们的麻烦，严厉打击不法之事。同时，王猛还积极选拔贤才，并在国中兴办教育事业、兴建水利工程、鼓励农事生产、调整民族关系。在他和符坚的共同努力下，一个强盛的多民族前秦帝国终于逐渐成形。从 366 年到 376 年间，前秦先后扫荡北方周边邻国，基本上实现了北方的统一。

统一北方之后，符坚开始摩拳擦掌准备南征，然而王猛却在此时病倒，时为375 年。早在此前，王猛就劝说符坚铲除投奔自己的慕容垂，但符坚始终没有听从。王猛临终前又极力劝说符坚应当防备国内，不可图谋东晋。王猛死后，符坚哀痛流泪不止，更以霍光的礼仪将王猛下葬，为其上谥为"武侯"。

【人物评价】

由于前秦后来的覆灭，王猛的名声并不显著，但事实上，王猛本人无论是才干还是功业都足以与诸葛亮相提并论。在他死后，前秦君主符坚不听劝告、执意北伐，最终以失败告终，局势与王猛生前所料一般无二，以此就足以看出王猛的才智和远谋。

刘宋

徐羡之：废旧迎新皆国事，过河何必多拆桥

【人物简介】

徐羡之，字宗文，生于 362 年，卒于 426 年，享年 63 岁，刘宋少帝时任相。

【人物生平】

徐羡之的祖父曾在东晋担任将军，其父也曾担任过上虞令一职。徐羡之最初曾在桓修帐下为参军，侥幸与后来的宋武帝刘裕结识，等到刘裕自立为帝之后，徐羡之也接连得到提拔，后来更是直接担任了尚书令一职。

早年的徐羡之出身寒微，也没有过人的学识，但凭借着自己的努力勤勉，最终被所有朝臣誉为"有宰臣之望"，等到刘裕病重之后，更是以徐羡之作为托孤首辅。宋少帝刘义符即位之后，也对徐羡之十分倚重，并曾表示所有狱讼案件都可由徐羡之代为处理。

刘义符自幼聪慧，但登基后却一味沉溺于享乐，徐羡之等辅政大臣都十分担忧，最终决定废掉刘义符，改立宋武帝三子刘义隆即位，即宋文帝。但宋文帝却对徐羡之等人的做法十分忌讳，深恐日后刘宋政权也会落入权臣之手，于是在暗

中积极谋划铲除徐羡之。

宋文帝先是想办法笼络了作为辅政大臣之一的檀道济，以此来分化徐羡之等人，随后又趁着徐羡之上表请求归政的机会，削弱了徐羡之等人的权力。426 年，还不肯罢休的宋文帝正式下诏，由檀道济率兵讨伐徐羡之、傅亮、谢晦三位辅政大臣，傅亮、谢晦很快就被杀死。当时徐羡之正好不在城内，于是宋文帝又下诏征召徐羡之入朝。

当时徐羡之已经从傅亮、谢晦的心腹那里得知了事情始末，但徐羡之自知反抗无望，于是干脆拔剑自杀以躲避兵戈之祸，时年 63 岁。

【人物评价】

徐羡之身为三代老臣，深得宋武帝刘裕倚重，不仅在宋武帝驾崩、宋少帝即位后勤于政事，更能果断废掉昏君、迎立明主，其所作所为，的确无愧于辅政重托。但悲哀的是，徐羡之的这一做法却触动了帝王的大忌，因此下场凄惨，或许这也是他本人所始料未及的。

傅亮：废立曾有霍光事，新主胡不效汉宣

【人物简介】

傅亮，字季友，生于 374 年，卒于 426 年，享年 53 岁，刘宋文帝时任相。

【人物生平】

傅亮的曾祖父名叫傅咸，曾在东晋时担任司隶校尉，而傅亮长大之后，也因博学多才、善做文章而享誉当时。傅亮最初时曾在桓谦帐下任参军，后来则像徐羡之那样改投到了刘裕麾下。

当时傅亮屡次跟随刘裕征战，军中一应文书都由他来代笔，刘裕每次都十分满意。等到刘裕受封宋王，渐有自立之心后，傅亮又主动入朝斡旋，使得朝廷正式征召刘裕入朝。当时在位的晋安帝，是比晋惠帝智力更加低下的君主，因此刘裕入朝之后，傅亮又主动逼迫晋安帝禅位。最终在他的努力下，刘裕这才登上了帝位，傅亮也因拥立之功而继续担任中书令这一要职。

后来刘裕病重，便以傅亮为中书监，与徐羡之、谢晦、檀道济三人共同辅佐宋少帝刘义符。然而刘义符为人轻狂放浪、疏于政事，徐羡之等人为了国家大计，不得不废杀宋少帝，改立刘裕三子刘义隆即位，即宋文帝。事后傅亮也受封为始兴郡公。应该说，傅亮等人的这一举措堪与霍光相比，但新登基的刘义隆虽有韬略，却并非是仁厚的汉宣帝。

为了防止徐羡之、傅亮等人专权，宋文帝登基后便在暗中笼络檀道济，分化

傅亮等四人，后来又趁着傅亮等人上表归政的机会，进一步削弱了他们的权势。等到 426 年，宋文帝又突然下诏由檀道济领兵，诛杀徐羡之等三人，傅亮、谢晦此时尚在城中，当即被檀道济所杀，傅亮死时 53 岁。

【人物评价】

傅亮与徐羡之、谢晦等人身负先帝之托，辅政之后更是勤勉不怠，是当之无愧的忠良臣子，但在猜忌的帝王眼中，他们却又是必须拔除的大患，因此他们的废立之举，也就成了他们的必死理由。

刘义康：不肯坐卧取富贵，尽瘁反遭无妄灾

【人物简介】

刘义康，小字车子，生于 409 年，卒于 451 年，享年 43 岁，为刘宋皇室宗室，刘宋文帝时任相。

【人物生平】

刘义康是刘宋武帝刘裕的儿子，早年曾经随刘裕一同征战。420 年刘裕为了篡位而入朝辅政，便以刘义康代替自己统率寿阳大军。同年刘裕篡位自立，便以刘义康为彭城王，同时又封其为将军。

424 年宋文帝刘义隆即位，刘义康又被任命为骠骑将军。两年后宋文帝为了巩固皇权，决定对徐羡之、傅亮、谢晦等一干老臣动手，不久后徐羡之等三人纷纷自杀或被杀，刘义康又接替谢晦，出任荆州刺史以及都督荆湘雍梁益宁南北秦八州诸军事。

429 年刘义康又被宋文帝征召入朝，与另一名大臣王弘共同辅政。由于刘义康年富力强，而王弘又为人谦让，因比这一时期的朝中大事，实际上大多由刘义康主持。但刘义康却为人和气，从来不以官职自居而欺压众人，更不以手中权力而"坐取富贵"。因此朝野上下众臣都对刘义康十分钦佩、仰慕。432 年王弘去世，宋文帝又经常生病，因此朝政大事以及官员任免等权力，更是落入了刘义康手中。但刘义康却并未因此骄横，反而常常入宫尽心侍奉宋文帝，表现得十分忠心。如果故事只到这里，也不失为君臣互信的美谈，然而接下来的故事却有了截然不同的变化。

436 年，刘义康为了防微杜渐，而将大将檀道济等人诛杀，439 年又升任司徒、大将军。但此时他与刘宋文帝之间的矛盾却开始激化。刘义康为人正直但过于直率，再加上朝野威望日渐隆盛，以至全国各地进贡物品时，都会把最好的一批送给刘义康，其次才纳入皇宫。更为致命的是，刘义康的官属为了日后的仕途，竟然都纷纷谋划拥立刘义康为储君。刘义康虽然对此毫不知情，但宋文帝看在眼中，却也同样忌惮。

440年，宋文帝断然诛杀了刘义康的几名心腹，刘义康知晓受到猜忌，便主动请求出镇。但事情却并未就此平息。从445年开始，先后有两批地方官员暗中谋划拥立刘义康，虽然均以失败告终，刘义康的处境却愈发不妙。451年北魏南征，宋文帝为了防止变乱，便派人赐给刘义康毒酒。刘义康因信仰佛教而不愿自杀，于是使者便将其闷杀，死后仍以侯爵之礼下葬。

【人物评价】

刘义康身为皇室宗室，所作所为堪称忠义，但可悲的是，他却不懂得树大招风、盛极必衰的道理，因此反而受到猜忌，遭到无妄之灾，实在令人叹惋。

何尚之：赌徒退居何足笑，辅君革弊方正道

【人物简介】

何尚之，字彦德，生于382年，卒于460年，享年79岁，刘宋文帝时任相。

【人物生平】

与众多年少时便聪颖好学、气度不凡的名士名臣不同，少年时的何尚之完全可以称得上是流氓。尽管他家从其曾祖父时，就已经在东晋担任重要官职，但何尚之却没有受到半点熏陶，反而整日里放荡轻佻，以赌博为乐。但庆幸的是，随着年龄的增长，何尚之终于慢慢收心，一心向道，完成了自身形象的扭转。

当时何尚之的家道早已衰落，因此他也不得不入仕做官，最初时担任的是临津令。后来何尚之又因跟随宋武帝刘裕伐秦有功，受封为都乡侯。宋文帝即位后，何尚之继续得到提拔，并因爱好文学而受到宋文帝的赏识，仕途因而更加亨通，后来又担任了侍中。

尽管得到宋文帝赏识，何尚之却没有曲意逢迎，而是经常对宋文帝提出各种反对意见。何尚之一直都认为左卫将军范晔心怀异谋，但宋文帝却不肯信任，等到范晔谋反事发之后，宋文帝这才不得不佩服何尚之先见有明。当时宋文帝经常巡游作乐，何尚之又屡次加以劝阻，宋文帝最终也采纳了他的建议。

452年何尚之升任尚书令，但次年就退休，当时何尚之甚至还写下了一篇《退居赋》以明志，然而不久后就再度入仕，因此被早有预料的时人所讥笑，就连一些朝臣也趁着各种机会揶揄他，何尚之因此经常陷入尴尬。

453年宋文帝被太子刘劭弑杀，刘劭继续以何尚之为尚书令。此时诸王纷纷反叛，何尚之力劝刘劭不要诛杀诸侯王亲属，因此刘骏即位后，何尚之得以官职不变，直到458年去世。何尚之死后朝廷加赠司空，并赐其为"简穆"。

【人物评价】

何尚之少时放浪轻佻，长大后却成为辅国重臣，屡次针砭时弊、提出合理意

见，这也正体现了"知过能改，善莫大焉"的道理。

柳元景：躬耕不为争民利，废君岂有恶图谋

【人物简介】

柳元景，字孝仁，生于406年，卒于465年，享年60岁，刘宋前废帝时任相。

【人物生平】

柳元景一家自其曾祖父时就在刘宋朝中任官，其曾祖父、祖父和父亲都曾担任过太守这样的地方大员。受家风熏陶的缘故，柳元景在少年时就十分喜好弓马，并曾多次跟随父亲出征蛮族，更因英勇善战而名声远扬。

从430年到452年，刘宋对北魏接连进行了三次大规模的征伐，即元嘉北伐。柳元景也于450年参加了第二次北伐，并以建威将军的身份，与其余将领共同统率西路大军。最终西路大军长驱直入，取得不小的胜利，但因东路军失败的缘故，这次战役并没能将北魏灭亡。事后柳元景也被宋文帝再次提拔。

543年宋文帝被太子刘劭弑杀，素不得志的武陵王刘骏当即起兵声讨，柳元景随后举兵响应，击败刘劭并拥立刘骏为帝，即宋孝武帝。事后柳元景又因拥立之功而受封巴东郡公，并担任尚书令一职，成为宋孝武帝的股肱大臣。柳元景虽然出身行伍，为人却十分廉洁、宽厚，身居高位但却没有任何家产，就连日常所吃的蔬菜也是自家所种。有一次仆人把多余的菜卖掉换成钱，柳元景却认为这种做法是在与民争利，于是拒不收下这笔钱。

宋孝武帝生前为人猜忌好杀，柳元景虽然得宠也十分忌惮，等到宋孝武帝驾崩、前废帝即位后，同样大肆诛杀老臣，柳元景因此感到担忧，便私下谋划改立刘义恭为帝。然而这一计划却被泄露，刘义恭等人很快就被诛杀。柳元景得知之后，便安抚族人不要作乱，随后坦然应召入宫，遭到杀害。

【人物评价】

柳元景虽有废立皇帝之图谋，但所思所虑皆是出自为国赤诚，与历史上众多的乱臣贼子不同，因此并不能将他视为逆臣。但柳元景虽然善战，却不善于政事，因此他的谋划最终以失败告终，可称遗憾。

褚渊：昏君难为辅，自迎贤主来

【人物简介】

褚渊，字彦回，生于435年，卒于482年，享年48岁，刘宋后废帝时任相，同时也是南齐开国功臣。

【人物生平】

褚渊祖上三代都在朝中任官，其父曾经是宋武帝的驸马，褚渊也在后来迎娶了宋文帝的女儿为妻。460 年褚渊又袭父爵为都乡侯，历任朝中要职。在后来的刘宋政局动荡中，褚渊屡次推辞任命，以免自己卷入风波之中。等到政局稳定之后，褚渊这才接受任命。宋明帝后期荒淫暴虐，大肆诛杀宗室，褚渊见此情形又再次请辞。

宋明帝驾崩之前，曾有遗诏以褚渊等人共同辅政，等到宋明帝死后，褚渊便竭力辅佐幼主宋后废帝刘昱，同时为人谦卑、礼贤下士，因此得到时人的称颂。但由于褚渊为人谨慎，这一时期也未能公然制止其他不法官员。后来褚渊又与萧道成结识，并一眼认定萧道成必成大事。

这时褚渊已经做到了尚书令，而宋后废帝刘昱又十分残暴，其余辅政大臣认为现在没必要采取伊、霍那样的手段，但褚渊心中却不认同。此后褚渊积极为萧道成进行谋划，最终帮助萧道成登上了皇位。

482 年萧道成驾崩后，褚渊又接受遗诏的安排，以录尚书事的身份辅政，但不久就染上重病。褚渊虽然身居高位却从不聚敛，因此等到他死后，家中不仅没有余财，反而欠下数十万的巨债。为了表彰他的功劳和清廉，朝廷特意赐予其棺椁和钱财，齐武帝萧赜更是亲自登门哭灵以示追思和哀悼。

【人物评价】

褚渊身为刘宋托孤重臣，却选择了拥立萧道成，在为臣的名节上看似有所亏损，但在当时的时代背景下，这一举动也并不能完全说是错的。对于褚渊来说，暴君当朝则不堪辅佐，贤主在位却能治善政，褚渊的取舍其实十分明智。

萧齐

萧嶷：人生于世本非常，唯愿鞠躬死庙堂

【人物简介】

萧嶷，字宣俨，生于 444 年，卒于 492 年 5 月 27 日，享年 49 岁，为南齐皇室宗室，齐高帝时任相。

【人物生平】

萧嶷是齐高帝萧道成的儿子，与齐武帝萧赜为一母同胞的兄弟。萧嶷为人宽

宏大量、仁爱风雅，因此萧道成对他十分喜爱，后来甚至一度打算废掉萧赜，改立萧嶷为储君。但萧嶷始终都对兄长十分恭敬，因此后来萧赜即位，也对萧嶷十分爱惜。

在萧道成统兵征战期间，萧嶷也屡次随父出征，后来萧道成入朝受到猜忌，宋后废帝刘昱曾计划趁夜袭击，萧嶷却在院中命令麾下演练，因此将刘昱惊走。后来沈攸之、袁粲等人先后起兵反对萧道成，萧嶷又在治下推行仁政，避免了百姓被煽动。等到萧道成称帝之后，萧嶷也因功受封为豫章郡王。

后来萧道成又以萧嶷镇守边境防备北魏，萧嶷到任后先后击退北魏、平定贼寇，立下赫赫战功，被升任为中书监；等到萧道成驾崩，萧嶷又哀号至双眼泣血，令旁人无不动容。萧赜即位之后，鉴于萧嶷往日的恭敬，依旧对其十分倚重，并改任其为太尉。当时经常有人私下写信揭发他人过失，萧嶷却把这些书信全数扔在柜子里，看都不看就用火烧掉。

492 年萧嶷病重，上疏请辞但萧赜不准，不久后萧赜又亲自探视其病情，直至其病逝后才回宫。此前萧嶷曾对儿子留下遗言，表示人生无常，自己将不久于人世，只盼后人能够继续保持勤勉，自己的葬礼则以简朴为要。家人也一一照办。

【人物评价】

萧嶷身为皇室嫡子深得父亲宠幸，却始终能够奉行孝悌、尽忠国事，浑然不以个人私利为计较，这种做法就连许多大臣都有所不及，实在是一位值得称颂的贤臣。

王俭：孺子亦羡伊吕事，他日得遂志凌云

【人物简介】

王俭，字仲宝，生于 452 年，卒于 489 年，享年 38 岁，南齐高帝、武帝时任相。

【人物生平】

王俭为琅琊王氏族人，祖上即是东晋著名丞相王导。王俭的父亲王僧绰谋反被杀，因此王俭是被其叔父王僧虔抚养长大。

王俭少时十分好学，四五岁时就能吟诗称颂伊、吕、周公等名相，长大之后名声远扬，因此宋明帝便将自己的女儿嫁给他。等到宋后废帝刘昱即位，王俭为了避祸又主动请求出镇。后来王俭又看出萧道成为人雄心勃勃，便主动与其结交，并在后来萧道成受禅时，帮助起草禅让诏书，因此成为萧道成所倚重的心腹。

479 年萧道成称帝，王俭因功受封为南昌县公，后来又担任左仆射，实现了自己当年想要当宰相的大志。此后王俭多次上疏，请求萧道成体恤民力、注重农事，

不要大兴土木，萧道成也一一准许，并称赞王俭是上天为自己所降下的贤臣。此后王俭主动上疏请求解除吏部职务，萧道成见其心意已决，只得应允。

王俭不仅尽忠国事，为人也十分严肃。有一次萧道成举办私宴，群臣纷纷表演杂技助兴，只有王俭背了一篇《封禅书》来提醒萧道成不忘国事。萧道成驾崩后，又以遗诏任命王俭为尚书令，齐武帝萧赜继续对其加以礼遇。王俭本人也对自己的才能十分看重，私下更以名相谢安自比。

489 年王俭再次请辞职务，齐武帝无奈之下只得应允。同年王俭病重而死，时年 38 岁。为了表示追悼，齐武帝下令全国军政机关，一致停止公务为其举办葬礼，由朝廷出面置办一应下葬器物，并谥其为"文宪公"。

【人物评价】

王俭不仅胸怀大志，同时也具有成大事的敏锐眼光，因此最终选对了明主，这才成就了自己的大志。

柳世隆：柳公一曲传天下，能安世间军与民

【人物简介】

柳世隆，字彦绪，生于 442 年，卒于 491 年，享年 50 岁，齐武帝时任相。

【人物生平】

柳世隆的伯父即刘宋前废帝时的宰相柳元景。当时柳世隆就得到伯父和宋孝武帝的赏识，因此得以入朝为官，并出任上庸太守。465 年柳元景被杀时，柳世隆因远在上庸而侥幸得免。

465 年宋明帝登基，却遭到各路诸侯的反对，柳世隆因感激宋明帝之前为伯父平反，便率领军队积极勤王，却因势单力孤被大败，不得不藏匿于民间。当时有人杀掉了一个与他极为相似之人，他的母亲和妻子假意号啕大哭，成功骗过了看押的士兵，柳世隆因此得以保全，并在叛乱平息后再次入朝为官，其间还结识了后来的齐武帝萧赜。

477 年，大将军萧道成入朝，之前特意将一应军务全数委托给柳世隆。不久之后荆州刺史沈攸之造反，柳世隆表面上答应同流，却在暗中谋划反击，数次抵御住沈攸之的攻击。等到沈攸之兵败自杀，柳世隆再次入朝为官，后又出任吴郡太守。

479 年萧道成以齐代宋，建立南齐政权，482 年萧道成驾崩，其子萧赜即位，即齐武帝。萧道成、萧赜父子均与柳世隆交好，因此柳世隆在两朝均得到重任，先后被任命为散骑常侍、侍中、护军将军等职。甚至 486 年柳世隆讨伐蛮族，事

后就在当地修宅置业，齐武帝也没有因此责罚。

489 年柳世隆升任尚书令，不久就因病辞职，两年后病死，时年 50 岁。柳世隆死后被追赠司空，谥号"忠武"。

【人物评价】

柳世隆上马能统军，下马能治政，也是一位难得的文武相才。不仅如此，柳世隆还是当时首屈一指的音乐演奏家，拥有独创的"柳公双琐"技法，贤明之余也不失风雅气度。

萧子良：此身既拜三宝殿，何必多心羡金銮

【人物简介】

萧子良，字云英，生于 460 年，卒于 494 年，享年 35 岁，南北朝时南齐皇室宗室，萧昭业时任相。

【人物生平】

萧子良是齐武帝萧赜的第二个儿子，同时也是当时的一位著名文士。487 年当上司徒之后，萧子良当即以隆重的礼节招揽天下名士，抄写儒家的著名典籍，可见其对文化事业的重视。

南朝一代向来以崇佛而闻名，而出身皇室的萧子良在文雅之余，也正是一位虔诚的佛教徒。即使是在入朝为官期间，萧子良也经常利用权势，召集朝中大臣和僧侣举办经会、法会，并且为各种佛事忙前忙后奔波。正是在他的倡导下，佛教在当时特别兴盛，而萧子良本人也经常悲天悯人地上疏请求开仓赈灾、轻徭薄赋，被时人看作是虔诚的佛教徒。

齐武帝的长子萧长懋早逝，而萧子良素来名望甚高，但齐武帝却依旧选择了萧长懋之子为储君，而以萧鸾和萧子良共同辅政。齐武帝死后，心怀不满的萧子良一度想要与侄儿争位，最终却没能成功。幸运的是，此后萧子良却并未因此蒙祸，并且被萧昭业拜为了尚书令。

但萧子良本人却对此十分不满，心中经常感到郁闷，很快就忧愤而死，时年 35 岁。死后朝廷依旧对其加以礼遇，追赠其为太宰、中书监。

【人物评价】

自古以来，角逐大位失败而不死者鲜有，萧子良有幸得以保全却仍不知足，为此赌气郁闷而死，可见他虽然是一位"虔诚"的佛教徒，却还是离"淡泊"二字很远。

萧梁

沈约：曾以文采拟帝业，又携高论辩神佛

【人物简介】

沈约，字休文，生于 441 年，卒于 513 年，享年 73 岁，为南朝著名史学家、文学家，南梁武帝时任相，为南梁开国功臣之一。

【人物生平】

说起沈约，人们更多的想到的是他的文学成就，如《登高望春》《古意》等，又或是他对史学的贡献，如《宋书》《晋书》《齐纪》《高祖纪》，但除此之外，沈约也是当时一位影响颇大的政治家。

沈约出身的沈家，也是当地一大望族，被称为是"江东之豪，莫强周、沈"，沈约的祖父和父亲，也都在刘宋朝中任官。但其父后来因故被杀，此后沈约不得不四处流离，但也从来没有放下过学问。

凭借着自己的学问和家世，沈约在学有所成之后，又出任了刘宋朝的参军，等到萧道成建立南齐，沈约又得到朝廷重用，不仅担任尚书左丞、骠骑司马将军等官职，更被太子萧长懋视为心腹。等到萧子良出任司徒，招揽天下名士之时，沈约更以自己的精神学问和名气，位列"竟陵八友"之一，更与后来的南梁武帝结成好友。502 年，沈约得知萧衍有意登基，便与范云共同为之谋划，不仅联合百官共同拥护萧衍，甚至还为其连夜起草即位诏书。萧衍也因此将沈约视为开国功臣，并先后任命其为尚书左仆射、尚书令。

南梁一朝笃信佛教，但当时却出了一位著名的"无神论"者——范缜。507 年，范缜更是写下了著名的《神灭论》，这一举动显然引发了萧衍的不满。当时萧衍前后发动了 60 多人，撰文攻击《神灭论》，作为萧衍心腹的沈约自然毫不示弱，接连写下了《答释法云书难范缜神灭论》《形神论》《神不灭论》《难范缜神灭论》《六道相生作佛义》《因缘义》等文。从其论点来看，沈约的这些文章，无一例外是利用宗教观念来解释等级观念，从而为统治者权威进行辩护的内容。

晚年的沈约与萧衍逐渐产生了一些嫌隙，但沈约的仕途却也并未受到明显影响。513 年沈约病逝于任上，死后萧衍仍赠以生前官职，外加许多钱、布赏赐，并谥其为"隐"。

【人物评价】

抛开神灭与神不灭的观点对错不谈，单就官场生涯来看，沈约的仕途可谓是一帆风顺，令人称羡。沈约不仅在仕途上十分得意，更在文学、史学、音律学方面做出诸多贡献，可谓是一位全才。

何敬容：政开清明风气，殉立良臣气节

【人物简介】

何敬容，字国礼，生年不详，卒于 549 年，南梁著名文学家，南梁武帝时任相。

【人物生平】

何敬容的祖上也先后在刘宋、南齐朝任官，何敬容长大之后，也凭借着丰美的相貌和家世背景而得到重用，20 岁时就被南齐武帝选为驸马都尉。待到萧衍以梁代齐，建立南梁政权之后，何敬容继续得到重视。

最初时何敬容曾担任吴郡太守，在任期间体恤民情，政绩被誉为"天下第一"，后来又接连担任了尚书殿中郎、太子洗马、中书舍人、秘书丞、扬州尚书等职，直至最后官居相位。当时南朝清谈之风盛行，许多为官者都不理政事，唯有何敬容整日勤勉，因此还被当时的官员作诗讥笑。然而何敬容却毫不以为意，继续勤于政事，因此这一时期南梁政风十分清明。

早年曾有一名相士对何敬容说，日后他必将大富大贵，但最终难免有"何败何"的命运，何敬容以为预言会应在何氏宗族，因此一直打压家族势力，使得何氏一族再无一人能够入仕。然而他却没有想到，这一预言最终还是成为了现实。当时何敬容的小妾之弟私下偷盗官米，却被有关衙门擒捉至领军府，而领军府的主掌官正是河东王。何敬容见妾弟被捕，便私下写信给河东王请求宽赦，但河东王却把这封信上交给了梁武帝。梁武帝得知后十分愤怒，但最终还是选择放他一命，只是将其官职免去。

548 年侯景之乱爆发，梁武帝萧衍被困在台城，次年又被活活饿死。何敬容此前已经复官，并已预料到情势不妙，但却没能逃过一劫，最终与梁武帝同时死去，死后被追赠为仁威将军。

【人物评价】

何敬容为官生涯中略有瑕疵，但总体而言仍是一位相对优秀的宰相。正是在他一人的努力下，当时南朝官员怠于政务、坐而论道的作风成功得以扭转、改善，这都是何敬容的功劳。

王僧辩：虎将畏死枉屈身，孰料屈身不免死

【人物简介】

王僧辩，字君才，生年不详，卒于 555 年 10 月 26 日，南梁著名将领，梁元帝时任相。

【人物生平】

王僧辩的父亲王神念曾在北魏任官，后来因故逃至南朝，在南梁任官。王僧辩随父亲南渡之后，也得到南梁朝廷的重视，不久之后就投在湘东王萧绎麾下任参军。此后王僧辩逐渐得到升迁，其间大多数时候都在湘东王帐下。

548 年侯景之乱爆发，梁武帝受困于台城，次年被活活饿死，王僧辩最初也曾奉湘东王之命出征，但还没有抵达都城就得到梁武帝的死讯，因此只好退兵。梁武帝一死，他的几个儿子首先想到的不是如何平叛，而是如何夺取帝位，萧绎作为当时军事力量最强大的藩王，自然也不肯放弃这个机会。

为了击败被推举为盟主的萧纶，萧绎当即命王僧辩前去攻打，然而王僧辩却因士兵尚未集结而请求暂缓行动。急不可待的萧绎得知后十分震怒，竟然用刀砍伤了王僧辩，并将其关入狱中。直到后来大军久战不利，萧绎这才将王僧辩放出。不久后王僧辩就击败了萧纶，随后又与侯景相互对峙。王僧辩出身将门，本身也是一位虎子，在与侯景交兵期间，利用火攻和困守的方法，扬长避短数次击退侯景的 20 万水军，迫使侯景撤退，随后更与名将陈霸先会合。此后王僧辩与陈霸先各率一军继续深入，最终将侯景击败。事后萧绎成功登上帝位，即梁元帝，王僧辩也因立下大功而被任命为司徒、侍中、尚书令。

萧绎为人好大喜功而又志大才疏，登基不久之后就不再向西魏称臣，甚至要求再次划分领土，展现出一派天子豪气，但不久就被宇文泰击败并处死，王僧辩只得与陈霸先等人共同拥立萧方智，即梁敬帝，事后再次因功升任录尚书事。

此时南梁元气大伤，北齐趁机胁迫王僧辩等人迎立萧渊明为帝，妄图以此掌控南梁，王僧辩不肯答应。但北齐紧接着就以大军护送萧渊明南渡，王僧辩迫不得已只好选择屈服，以立萧方智为太子的代价，迎立萧渊明为帝。但他的这一举动却遭到了南方百姓和陈霸先的不满。同年陈霸先起兵攻破建康，王僧辩也因战败而被擒杀。

【人物评价】

王僧辩身为南梁名将，军事智慧十分显耀，但却缺乏将才应有的风骨，因此最终以卑躬屈膝的姿态受到质疑，更死在凛然不屈的陈霸先手上，可谓遗憾。

南陈

江总：文坛有幸国不幸，治政失职社稷倾

【人物简介】

江总，字总持，生于519年，卒于594年，享年76岁，南朝时著名文学家，陈后主时任相。

【人物生平】

江总的父亲在其7岁时就去世，因此江总后来是被外公抚养长大。江总小的时候聪明而又敦厚，因此他的舅舅也对他十分喜爱，并表示江总将来必定能够成就自己的名声。

当时正是南梁武帝时期，江总因为出身显贵（其祖上曾在晋朝任散骑常侍），而被后来任相的何敬容提拔，担任尚书殿中郎一职。由于自己文采斐然，江总很快就开始崭露头角。当时梁武帝萧衍先后主持撰写了《正言》《述怀诗》，其间江总也奉命参与编写，并受到梁武帝的称赞。当时许多年长的达官显贵，都因诗词而与江总交好，更有一些人经常与江总互赠诗文，引为文坛盛事。

侯景之乱爆发后，梁武帝萧衍和许多大臣都被困死于台城，江总侥幸脱得大难，却也因此在外颠沛流离，好几年没能返回会稽。这一时期江总寓居在外，又写下了《修心赋》。侯景之乱平定后，梁元帝本来打算任命江总为始兴内史，然而恰好赶上江陵之地沦陷，因此江总没能成功赴任，就此在岭南之地寓居。

等到陈霸先建立陈朝，江总又开始为陈朝效力，先后担任了各种要职，直至582年陈叔宝即位，即历史上著名的陈后主。陈叔宝为人不善治政，却于文学创作颇有建树，江总这样的文坛高才，自然更得陈叔宝的喜爱。因此从582年开始，江总始终被陈叔宝视为重臣，后来更担任了宰相。

然而遗憾的是，江总虽然身居相位，却与陈叔宝是同一类人，任相之后从未对国事加以关注，整日里只是陪着陈叔宝创作诗词、饮酒作乐，因此陈朝很快就走向衰败。即使偶尔有忠义直臣上疏劝谏，也都被江总等人驳斥、问罪，因此朝中群臣噤若寒蝉，只得曲意逢迎后主、江总等人。

589年陈朝灭亡，陈叔宝与江总等人全数沦为亡国君臣，此后江总又继续在隋朝任官，直到594年去世。

【人物评价】

江总自幼就被视为必成大器之人，长大之后也确实成为一代著名文人，只是身为国家重臣，却只知阿谀奉君，饮酒作乐，浑然不关心国家大事，最终致使国家覆亡，这一举动未免失职，且有损于自己的名声。

北魏

拓跋仪：恃强而斗，命不能久

【人物简介】

拓跋仪，生年不详，卒于409年，北魏皇室宗室，北魏道武帝时任相。

【人物生平】

拓跋仪是道武帝拓跋珪的堂弟，自幼喜好武艺，长大之后身长七尺而又富有韬略，因此深得道武帝的欣赏。当时北魏道武帝长年出征在外，拓跋仪每次都会跟随在他身边，386年又因功被封为九原公。

388年拓跋仪奉命出使后燕，其间与后燕君主慕容垂巧妙应答，尽显英雄豪迈。回国之后拓跋仪便上疏劝道武帝说，慕容垂乃世之枭雄，只要一日不死，北魏便一日不可动兵，而应当待其死后再有所行动。道武帝于是采纳了这一建议。

从391年开始，拓跋仪先后奉命击败黜弗部和刘卫辰（胡夏君主赫连勃勃之父），并将刘卫辰斩杀，事后又负责开垦黄河沿岸土地。395年慕容垂因为病重，便让太子慕容宝统率大军伐魏，却被拓跋仪打得大败。396年在道武帝的授意下，北魏开始进行反击，拓跋仪又于次年被正式任命为左丞相，并受封为卫王。398年北魏取胜班师，拓跋仪与群臣共同上书，道武帝这才正式即位。次年北魏又大举进攻高车，拓跋仪与恒王拓跋虔都因勇猛作战而并称，时人称赞为"卫王的弓，桓王的矛"。

408年北魏太武帝出生，道武帝欣喜之余曾夜召拓跋仪入宫，拓跋仪虽毫不知情却坦然入宫，道武帝为此好奇。拓跋仪则表示自己忠心奉主，因此无所畏惧。对于当时的国中名士，拓跋仪也都予以优待，并与他们共同议论为政得失，每次都能一语中的，因此被当时名士称赞。

然而，随着自己的声望和权力日渐增长，拓跋仪也渐渐生出了野心。他曾与宜都公穆崇相互勾结，并以穆崇之子穆遂留为刺客行刺，却正好遇上道武帝征召，穆遂留慌乱之下便将谋逆之事坦白。道武帝得知后念于情分，反而赦免了拓跋仪。

409年道武帝听信谶语，诛杀许多公卿，拓跋仪得知后十分惶恐，便私自一人出逃。道武帝得知后，便派人将他抓住赐死，随后又以平民之礼将其安葬。

【人物评价】

拓跋仪文武双全，又曾屡次立下大功，实在是一位难得的良才。但遗憾的是，他最终却败在了多心上。他所侍奉的道武帝却并非无能之主，而他也没有足够的天时、地利、人和，但他却想要谋逆，可说是极大不智。不仅如此，后来他又因心虚逃亡而被怀疑赐死，可谓是因一时多想而丢了性命的典型。

于洛拔：将门无犬子，庙堂有严臣

【人物简介】

于洛拔，生于415年，卒于458年，北魏文成帝时任相。

【人物生平】

于洛拔之父名叫于栗䃅，为北魏明元帝、太武帝时一代勇将，就连开创刘宋江山的刘裕也对其十分畏惧，称为"黑槊公"，因此北魏明元帝便称其为"黑槊将军"。

最初时，于洛拔凭借着父亲的威望和宠信，入朝担任了侍御中散一职，于洛拔虽然是以家族背景入仕，但却不是只会夸夸其谈的绣花枕头一流，相反还是一名性格敦厚、为人严谨、足以托付大事的良才。因此每逢北魏太武帝出征，于洛拔都会以贴身侍卫的身份随同征战，并多次立下战功。

当时拓跋晃被立为太子，经常以重礼馈赠于洛拔，表现出倚重之意。然而面对帝国储君主动抛过来的橄榄枝，于洛拔却选择了拒绝。他认为拓跋晃虽然是储君，但身为臣子私下结交，必然会引起当今皇帝的猜忌，因此处处躲着拓跋晃，以至遭到拓跋晃的不满，后来更被降职报复。

但不久之后，于洛拔就承袭了父亲的爵位，并再次得到朝廷重用，先后担任了散骑常侍、宁东将军、营州刺史等职，并因政绩斐然而得到时人称赞，继续得到升迁。451年拓跋晃因忧惧而死，未能继承皇位，后来其子继承皇位，即北魏文成帝。

北魏文成帝即位后，陇西一地有人依仗地势而反叛，并私自分封王侯贵族，北魏文成帝接到消息，便以于洛拔等人为将，统率大军前去镇压，最终平息了这一叛乱，并将涉事的300多名逆贼放逐。事后北魏文成帝论功封赏，于洛拔又被任命为侍中，不久后就升任尚书令，成为百官之首。身居高位之后，于洛拔继续不改严谨、勤勉的作风，因此朝中百官无不敬畏、效仿，北魏朝政一时严明。458年于洛拔死于任上，享年44岁。

【人物评价】

于洛拔之父为一代虎将，而他这个做儿子的虽然武功不及父亲显赫，却在政坛上一帆风顺，比其父更为成功，可谓是虎父无犬子。更重要的是，他之所以能取得这一成就，所凭恃的绝不仅仅是父亲，而更多的与他本人的杰出能力有关，这就更显难得。

王睿：曾与天子驱猛兽，故为国家登庙堂

【人物简介】

王睿，字洛城，生于434年，卒于481年，享年48岁，北魏孝文帝时任相。

【人物生平】

王睿的六世祖曾在前凉任参军，其父王桥也是一位精通术数的奇人，并因此担任过侍御中散。王睿长大后，也继承了父亲的这一"特长"，并因此受到北魏太武帝太子拓跋晃的赏识。

拓跋晃死后，其子拓跋濬即位，即北魏文成帝。北魏文成帝也对王睿十分赏识，先后任命他担任了太卜中散、太史令等职。及至北魏著名的改革家北魏孝文帝即位，冯太后临朝理政，王睿又被冯太后视为良才。478年冯太后与北魏孝文帝率领百官游览兽园，其间一只猛兽意外走脱囚笼，甚至扑近皇帝的御座，群臣莫不惊吓而走，唯有王睿拿起大戟与猛兽搏斗，从此之后就被北魏孝文帝视为心腹。480年王睿正式出任尚书令，又受封为中山王。

王睿虽然身居高位却十分谦逊，同时又治政宽宏，能够顾全大局。481年，僧人法秀暗中谋反之事败露，许多人因此受到牵连，朝野上下人心惶惶，人人自危。眼见庙堂之上情势不稳，王睿当即上疏对北魏孝文帝说，与其杀掉无辜之人，不如赦免有罪之人，只把倡导作乱的首恶斩杀，也就可以称得上好了。北魏孝文帝最终也采纳了这一建议，王睿凭借着自己的这一番话，成功解救了上千人的性命。

就连冯太后也对王睿的才干十分看重，经常在夜间召他入宫，赏赐给他许多珍贵器物，此外还赐给他广袤的田园、美丽的奴婢和许多牛马。为了不让群臣感到有所偏私，朝廷更不惜对其余朝臣也做出一定封赏，即便因此导致国库支出增加也在所不惜。

481年王睿病重，病后仍旧不忘上疏朝廷，论述治政的要点，冯太后、北魏孝

文帝也经常亲自登门探望。同年 6 月王睿病逝，冯太后、北魏孝文帝亲自前往吊唁，赐予他丰厚的殉葬器物，并谥其为"宣王"。

【人物评价】

俗话说，见微知著，王睿能够在遇险时勇敢出面护卫皇帝、搏斗野兽，这一点足以表明他的忠心，因此他能够得到北魏统治者的垂青，也就并不令人意外了。

王肃：伍胥从来非古有，今日南征又有人

【人物简介】

王肃，字恭懿，生于 464 年，卒于 501 年，享年 38 岁，北魏宣武帝时任相。

【人物生平】

王肃是东晋名相王导的后人，其父王奂曾在齐武帝时担任过朝中要职。然而后来王奂和其余几个儿子却都被齐武帝处死，王肃于是逃到了北魏。

王肃素来精研《礼》《易》，又在南齐时官至司徒主簿、秘书丞，也是当时一代名士，因此北魏孝文帝得知王肃到来，当即以庄重的礼节迎接了他。见到北魏孝文帝之后，王肃先是痛陈自己的悲惨遭遇，博得北魏孝文帝的同情，然后又指点天下大势，为北魏孝文帝勾勒了讨伐南齐、统一天下的蓝图。北魏孝文帝听后愈发对王肃感到敬佩，更将其视为自己的诸葛孔明，于是拜王肃为辅国将军、大将军长史。

为了讨伐南齐，北魏孝文帝又以王肃为平南将军，赐其符节统率大军，王肃果然不负所托，数次击败镇守义阳的南齐大军。北魏孝文帝欣喜之余，又以王肃为豫州刺史、扬州大中正。王肃在任期间勤于政事、体恤民生，因此得到官民爱戴，声望更加显赫。

后来王肃又击败了南齐萧鸾麾下的大将裴叔业，因功拜为镇南将军，受封子爵，王肃屡次上疏请辞，北魏孝文帝都不肯应允。后来刘藻等人讨伐南齐时，在涡阳一地被裴叔业击败，王肃上疏请求援兵，却被北魏孝文帝拒绝，于是统率麾下士卒奋勇杀敌，终于解除了涡阳之围。事后王肃也担负其刘藻等人失败的责任，降为平南将军。

北魏孝文帝死后，北魏宣武帝元恪即位，按照北魏孝文帝遗嘱由王肃出任尚书令，与百官共同辅政。当时任城王元澄对王肃十分不满，王肃得知后就主动退让，以免发生冲突。事后元澄又诬陷王肃有意谋反，但北魏宣武帝最终没有听信。

后来南齐主动北伐，王肃当即统率大军迎战，将南齐军队打得大败，就连交州刺史李叔献也被生擒。事后朝廷论功封赏，王肃又受封为昌国县开国侯。王肃

虽然身居高位，却生性廉洁自律，因此家中并无余财，只是私下喜欢以战功自夸，因此早在北魏孝文帝在时，就经常以此叹息王肃。501 年王肃病逝，北魏享年 38 岁，宣武帝为此深感哀恸，便赐予其棺椁和大量钱财置办丧事，并谥其为"宣简"。

【人物评价】

王肃为人富有才干，足以托付大事，可说是辅国重臣。然而南齐却不能用之，以至日后几次兵败受辱，反倒成就了王肃的威名，如同当年伍子胥的故事那样，实在是一种讽刺。

元勰：孤松凌寒几经冬，古来忠义悲剧同

【人物简介】

元勰，字彦和，生于 473 年，卒于 508 年，享年 36 岁，为北魏皇室宗室，北魏孝文帝时任相。

【人物生平】

元勰是北魏孝文帝的弟弟，也是孝文帝汉化改革的最强有力支持者之一。不仅如此，元勰还是当时一位著名的诗人。有一次北魏孝文帝召集群臣作诗，元勰当即在十步之内，写下一首《问松林》，诗曰"问松林，松林几经冬？山川何如昔，风云与古同？"借着这首诗来劝谏北魏孝文帝不要松懈政事，北魏孝文帝因此十分欣慰。

元勰最初时受封为始平王，后来又改封为彭城王，并担任中书令之职，深得北魏孝文帝的倚重。当时北魏孝文帝独具慧眼，提出汉化改革的方针，却遭到众多守旧鲜卑贵族的反对，改革一度受阻。当时支持北魏孝文帝的仅有少数几人，如任城王拓跋澄、侍中李冲，元勰也是其中之一。在他们的密谋下，北魏孝文帝最终以南征为名义，带动大批鲜卑贵族和文武百官迁都洛阳，走出了汉化改革的重要一步。

在北魏孝文帝汉化改革的过程中，元勰可说是功勋卓著，但难能可贵的是，元勰却并未因此居功自傲，相反表现得更加谦逊。北魏孝文帝曾以改革之功屡次封赏他，元勰却始终不敢稍有逾矩。当北魏孝文帝病重以后，元勰更是每天都要亲自尝试汤药，甚至还要效仿周公当年那样，向上天祷告请求以自己来代替北魏孝文帝，一片孝悌之心令旁人无不动容。

199 年北魏孝文帝病重，临终前下诏以元勰为托孤大臣，元勰心知身居高位必将蒙祸，便流着泪哭诉心意，北魏孝文帝于是写下遗嘱，嘱托太子允许元勰解除职位，并一定要善待自己的这位贤明皇叔。

但不幸的是，北魏孝文帝与元勰的这份期许，最终还是落空了。北魏宣武帝即位后，外戚高肇很快就趁势崛起，并对皇亲贵族大肆陷害。元勰虽然手握北魏孝文帝的除奸遗诏，却碍于少年北魏宣武帝的面子一再忍让，最终被高肇以毒酒杀害，时年36岁。元勰死后，就连国中百姓也对他的遭遇哀痛流泪。

【人物评价】

元勰身为国之重臣，又有幸遇到北魏孝文帝这样的明君皇兄，协助他一同开创汉化改革的盛事，可说是志满意得。但不幸的是北魏孝文帝却早早去世，而元勰又过于看重北魏宣武帝的感情，因此处处受制，没能及时决断，最终无奈殒命，实在是令人惋惜。

元祥：事兄事侄多恭敬，君前君后少清明

【人物简介】

元祥，字季豫，生年不详，卒于504年，为北魏皇室宗室，北魏宣武帝时任相。

【人物生平】

元祥是北魏献文帝之子、孝文帝之弟，最初时被封为北海王。北魏孝文帝即位之后，也对自己这位异母弟十分看重，先后任命他做了侍中、征北大将军、光禄大夫等官职。

当时北魏孝文帝雄心勃勃，一心南征想要统一天下，元祥也经常与另一名重臣元勰一起，随侍在北魏孝文帝左右。元祥不仅深得信任，同时又善于逢迎，每次北魏孝文帝与诸兄弟比试箭术，他从来都要把箭射到距离北魏孝文帝箭矢10步以外，以示尊重，因此北魏孝文帝更加喜欢他的恭敬，后来又提拔他做了秘书监。

499年北魏孝文帝驾崩，死后其子元恪即位，即北魏宣武帝。北魏孝文帝在生前的遗诏中，特意指定由元祥以司空之位辅政，等到北魏宣武帝主政之后，又升任元祥为录尚书事。至此元祥终于做到百官之首，但却依然对北魏宣武帝十分恭敬。不仅如此，元祥又上疏建议宣武帝慎重选官、打击不法，表现出一派辅政大臣的正直风度，北魏宣武帝也一一采纳了这些建议。

凭借着北魏孝文帝和北魏宣武帝两代君主的宠幸，元祥在朝中的地位愈发巩固，声望更加显赫；但在私底下的时候，元祥却倚仗宠幸，做了许多贪污不法、悖逆伦理的丑事。而他的母亲高氏也在暗中推波助澜，鼓动元祥，因此元祥愈发肆无忌惮。

很快，元祥的做法就引起了其余朝臣的不满，北魏宣武帝的舅舅高肇更在暗中诬告他有意谋反。当时北魏宣武帝也为朝中的贪污之风感到不满，正巧这时中

尉崔亮受召入宫，便将元祥的种种不法之事全数告知北魏宣武帝。北魏宣武帝得知后十分震怒，但念在其辈分及功劳，便只是将其贬为庶人。

然而元祥却并未因此收敛，更在暗中谋划出逃，却被看押人员察觉并上报。北魏宣武帝得知之后，便派人将元祥赐死，直到 4 年后才以王礼改葬。

【人物评价】

元祥为人看似严明恭敬，实则道貌岸然、败絮其中，当得起一个"奸"字。可惜的是，他所侍奉的北魏宣武帝并非昏君，而是一代英主，因此元祥最终原形毕露，得到了应有的下场。

高肇：不学无术枉贵戚，得志猖狂亦小人

【人物简介】

高肇，字首文，生年不详，卒于 515 年，北魏宣武帝时任相。

【人物生平】

高肇的祖上曾为躲避永嘉之乱，而远逃至高句丽国境，直到其父时才再度归国，并被北魏统治者封为将军，授予子爵。后来北魏孝文帝又娶了高肇的妹妹高照容为妃，而高照容正是北魏宣武帝的生母。高肇一家就此成为显赫北魏的外戚。高肇之父死后，北魏宣武帝为了表示追思，便对几名舅父大加封赏，时任宰相的元祥也出面帮助北魏宣武帝谋划封赏事宜。

高肇最初受封时，曾因从未面见天子、不通礼仪而手足无措、十分拘谨，但等到受封郡公之后，却很快就飞黄腾达。501 年，高肇又趁着咸阳王元禧被杀的机会，大肆侵占其土地、财产、奴婢，很快就使自己富裕起来。同时高肇的仕途也一帆风顺，后来又娶了北魏宣武帝的姑姑，并担任了尚书令一职。

此时高肇权势逐渐显赫，并且处理政务十分勤勉，因此原本看不起他的人，也纷纷趋炎附势，夸赞他的才能。同时高肇也开始结党营私、打击异己。出于对宰相元祥的忌妒，高肇暗中将元祥的不法事告知北魏宣武帝，最终使元祥被北魏宣武帝处死，此外被害死的还有皇叔彭城王元勰。此后高肇开始在朝中肆无忌惮，但由于自己不学无术，治事无方，因此导致朝政混乱，许多人都开始记恨他。

515 年北魏宣武帝驾崩，北魏孝明帝即位，此时高肇正奉命统率大军征蜀，孝明帝于是下诏班师，并将北魏宣武帝的死讯传达。高肇得知后既为北魏宣武帝之死而悲恸，又担心自己权势不再，因此急忙赶回京城，并因此避开亲人迎接，只是哀号痛哭不止。当他哭完北魏宣武帝的梓宫、行至宫殿外后，高阳王元雍等人事先埋伏好的士兵当即将他擒获，高肇于是自杀身死。

【人物评价】

高肇身为皇亲国戚，但修养却还停留在暴发户的层次，因此一旦显赫就表露出小人得志的姿态，更做出许多为人耻笑的丑事。这样的人即便身居高位也如无根之草，高肇后来的结局也确实如此。

元叉：宫闱得宠本侥幸，德才两亏败必成

【人物简介】

元叉，又名元义，字伯隽，小字夜叉，生于484年，卒于525年，享年42岁，为北魏皇室宗室，北魏孝明帝时任相。

【人物生平】

元叉是北魏道武帝拓跋珪的玄孙，又娶了北魏宣武帝之妻灵太后的妹妹为妻，因此地位十分显赫。515年北魏宣武帝驾崩，北魏孝明帝幼年即位，灵太后垂帘听政之后，元叉又私下与灵太后私通，倚仗其权势为非作歹，受到时人的厌恶。

由于元叉权势滔天，许多朝官都在私下贿赂他以求升迁，比如扬州刺史李宠就特意准备了整整五大车的金银珠宝，途经千里之遥送到元叉家中。元叉心中狂喜，但还又装出一副清廉的样子，表示这样被人看到不好，其实是暗示他们要更加隐蔽。由于他的横征暴敛，灵太后也一度斥责他，元叉这才稍微收敛了一些。

当时的清河王元怿为人形貌俊朗、气度不凡、素有才干，因此灵太后也对他十分倚重。元怿却对元叉的行径十分不满，多次对其做出惩戒，因此元叉十分记恨，便在暗中诬告元怿有谋反之心。然而元怿素来行端坐正，根本没有半点谋反证据，元叉只得将元怿释放并监视起来。

不久之后元叉便与宦官刘腾勾结，以元怿妄图毒杀北魏孝明帝的理由，将北魏孝明帝"保护"起来，同时又将灵太后囚禁，矫诏处死了元怿。从此之后元叉更加肆无忌惮，在朝中作威作福，群臣虽然十分痛恨，却因畏惧而无可奈何。灵太后被囚禁之后，曾与左卫将军奚康生暗中谋划除掉元叉，但最终却以失败告终。

523年刘腾死后，元叉放松了对灵太后的监管，灵太后趁机与高阳王元雍等人合谋，解除了元叉的职权，此后灵太后正式掌权。525年，元叉又被灵太后下令赐死，时年42岁。

【人物评价】

所谓"上梁不正下梁歪"，元叉之所以为祸庙堂，一方面是因为他本性奸邪，另一方面是因为灵太后本人的荒淫、短视和纵容作怪。尽管一度权势倾人，元叉却没有相应的德行和能力与之匹配，因此必然败亡。

元雍：家财万千枉自求，一朝难保项上头

【人物简介】

元雍，字思穆，生年不详，卒于 528 年，为北魏皇室宗室，北魏孝明帝时任相。

【人物生平】

元雍是北魏孝文帝元宏的弟弟，最初时受封为颍川王，后来又改封为高阳王。等到北魏孝文帝死后，其子北魏宣武帝元恪即位，元雍也以自己的辈分和资历，在朝中不断升迁，最终出任司空一职。

515 年北魏宣武帝驾崩，其子北魏孝明帝即位，此时元雍的身份更显超然，不久之后又设计诛杀了宰相高肇。520 年时又出任了丞相。元雍凭借着自己的丞相身份，聚敛起大量的财物，门下光是仆人就有 6000 余人，婢女也多达 500 人。元雍每吃一顿饭，都要花费数千万来采购食材，奢靡堪比西晋初的贵族，被时人称为是"天下第一富"。不仅如此，元雍还与时为河间王的元琛互相斗富，再次上演了西晋时石崇与王恺那样的故事。

此时的北魏贵族大多醉生梦死、不问国事，但朝堂却日益混乱，尤其是大都督尔朱荣擅权之后，国家政权更是岌岌可危。528 年，尔朱荣为了掌控朝廷局势，在河阴县策划了一起针对王公贵族和百官的屠杀事件，也就是著名的"河阴之变"。尽管身居高位、家财万千，元雍依旧没能躲过这场杀劫，最终与众多贵族、官员一道被乱兵所杀。

【人物评价】

元雍先后经历四代君主，辈分、资历都堪称高卓，然而为政之后却无所用于国事，更不能阻止朝政的衰败，只知一味敛财、斗富，实在是不堪托付。

尔朱荣：金人卜筮先有定，自恃强功霸业空

【人物简介】

尔朱荣，字天宝，生于 493 年，卒于 530 年 11 月 1 日，享年 38 岁，南北朝时杰出的军事家，北魏孝庄帝时任相。

【人物生平】

尔朱荣出自契胡族，自高祖时就追随北魏道武帝，并因功而受封为郡公。后来尔朱荣长大成人，也承袭了这一爵位。

尔朱荣虽然年少但有勇有谋，同时又机警决断，因此很快就成功统率军队，

击败了国内的叛乱和北魏四邻的入侵，并趁机建立起自己的霸权。当时的许多枭雄人物，如高欢、宇文泰、侯景等，都曾在他麾下予以驱策，可见其威势赫赫。

当时北魏孝明帝年少即位，朝政都由灵太后掌控，灵太后为人淫乱而又短视，执政后屡次听信谗言、杀害忠良，致使朝政更加昏聩。尔朱荣见时机已到，便假意拥立元子攸为帝，将灵太后和幼帝一并沉河溺死，随后又发动河阴之变，将文武百官1300多人全数杀死，打算趁机夺取皇位。但由于以金人占卜屡次不吉，再加上心腹的一再劝说，尔朱荣这才暂时选择了忍耐。

528年，国内起义首领葛荣自立为天子，统率30万大军讨伐北魏，尔朱荣听说邺城被围，便率领着7000精兵前往救援。尔朱荣虽为乱臣贼子，但军事智慧却不容小觑，最终竟以7000士兵击败葛荣。随后尔朱荣又彻底接受了这些士兵，进一步壮大了自己的实力。

南朝梁武帝为了趁机谋利，便派名将陈庆之以7000士兵护送北魏贵族元颢北伐，接连取得胜利，最终更将黄河以南全部攻占。尔朱荣得知之后，再次率军与陈庆之交锋，最终击败陈庆之，迫使陈庆之独自一人仓皇逃走。随后尔朱荣又击败陇西之地的人民起义，将北方地区基本扫平。

此时北魏外患已平，尔朱荣与北魏孝庄帝的矛盾也迅速激化。为了防止尔朱荣篡位，北魏孝庄帝决定铲除尔朱荣。尔朱荣尽管也听到风声，却自信北魏孝庄帝没有胆子，为了避嫌，每次入宫时更是不带兵器以示清白。530年11月1日，孝庄帝以皇后生子为理由骗取尔朱荣入宫，尔朱荣进宫后才发现受骗，却被早有准备的北魏孝庄帝用剑刺死，时年38岁。

【人物评价】

尔朱荣虽然是臭名昭著的阴谋家、野心家，但其军事才能也是有目共睹，不容否认。但尔朱荣最终却败于骄傲自大，不仅自己丢掉了性命，霸业也就此随水东流。

萧宝夤：逆臣何惧赐死，鸾子可怜无生

【人物简介】

萧宝夤，生年不详，卒于530年，为南齐皇室宗室，北魏孝明帝时任相。

【人物生平】

萧宝夤是南齐明帝萧鸾之子，最初时被封为建安王，等到兄长萧宝卷即位后，又以车骑将军的身份镇守石头城。当时南齐宗室成员萧衍起兵反对萧宝卷，双方为了自身利益，便共同拉拢萧宝夤为自己效力，为此还发生了一件趣事。当时，前南谯太守王灵秀等人暗中反叛，便趁夜将萧宝夤抬到台城，不料却被叛军击退。

三天后萧宝夤才主动前去自首，哭着表示自己毫不知情，萧宝卷因此感到滑稽，便赦免了萧宝夤。

502 年萧衍大肆屠杀南齐宗室，萧宝夤见情势不妙，便主动逃往北魏，并受到北魏统治者的隆重欢迎。萧宝夤见受到优待，便当即跪在宫门外恳求北魏统治者为自己报仇。北魏宣武帝也有心统一天下，便同意了这一请求。

503 年萧宝夤接受任命，招募数千人讨伐南梁，次年正式与南梁交兵。尽管因兵力有限而未能取得巨大胜利，萧宝夤依旧击退了南朝士兵。但在 506 年的南征中，萧宝夤与中山王元英却因淮河泛滥而惨败，事后被削去官职。

直到 511 年，萧宝夤才再次得到起用。此后萧宝夤小心翼翼地领兵作战，多次将梁军击退，萧衍因此写信邀请萧宝夤归国，但萧宝夤始终不答应。等到徐州出任刺史后，萧宝夤还经常与当地士族子弟结交，共同谈论经义，因此得到当地人们的称颂。

526 年萧宝夤又因战功而升任尚书令、大将军，但次年就因战败而被革职，不久后又再次得到任用。由于连年引兵作战而未能攻克，萧宝夤也对朝廷产生了怀疑。527年北魏以郦道元为关中大使，萧宝夤竟怀疑朝廷要对自己不利，于是听信了"鸾生十子九子鷇，一子不鷇关中乱"的童谣，杀死郦道元并正式反叛。不久之后萧宝夤就因战败而不得不投靠万俟丑奴，后来又被击败并擒至北魏孝庄帝面前。

在被赐死之前，萧宝夤面不改色地坦然表示：自己只不过是顺应天意，可惜未能尽到臣节。随后就被下令赐死。

【人物评价】

萧宝夤身受北魏隆恩，却因一时多心而犯上作乱，是一个不折不扣的忘恩负义之徒。

尔朱世隆：无胆尚可苟幸，无能岂可全身

【人物简介】

尔朱世隆，字荣宗，生年不详，卒于 532 年，北魏孝庄帝时任相。

【人物生平】

尔朱世隆是杰出军事家尔朱荣的堂弟，早在北魏孝明帝时就已经入朝为官。当时尔朱荣有心入朝，灵太后因此不喜，便拒绝了这一请求。528 年尔朱荣起兵反叛，尔朱世隆趁机逃出洛阳，加入了尔朱荣的大军。

北魏孝庄帝登基为帝后，尔朱氏也凭借拥立之功而得到封赏，族人子弟纷纷担任朝廷要职，尔朱世隆也受封为乐平郡开国公，并负责镇守虎牢关。但由于缺

乏军事才能，尔朱世隆很快就不战而逃，致使孝庄帝后来被迫北逃。鉴于尔朱氏在朝中的影响力，尔朱世隆事后没有受到责罚，并继续入朝为官。

530 年孝庄帝暗中谋划铲除尔朱荣，尔朱世隆因担忧而提醒尔朱荣，却被斥为"无胆"。不久尔朱荣果然被杀，尔朱世隆护送着尔朱荣的妻子出逃，并与尔朱兆等人共同举兵讨伐北魏孝庄帝，并迎立前废帝元恭即位。此后尔朱世隆便在北魏朝中担任尚书令，动辄以自己的喜好发布任命、调整军队部署，使得臣民怨声载道。高欢于此时趁机起兵，打出反对尔朱氏的旗号，但尔朱氏诸人却丝毫不以为意。

不久后尔朱世隆梦见自己的头被人砍下，其妻也在一旁看到同样景象，此外他的家中又出现种种异象，尔朱世隆因此畏惧。532 年，与尔朱世隆约为兄弟的斛斯椿因屡次战败而畏惧，便骗取信任进入城中，将尔朱世隆兄弟族人全数杀死。

【人物评价】

尔朱世隆虽为尔朱荣的兄弟，但不论军事才能还是政治手腕，都远不及尔朱荣。而以尔朱荣之能尚且败于人手，尔朱世隆的结局也就毫不令人意外了。

斛斯椿：反叛寻常事，背主亦无奇

【人物简介】

斛斯椿，字法寿，生于 493 年，卒于 534 年，享年 42 岁，北魏时任相。

【人物生平】

斛斯椿最初因不堪忍受盗贼侵掠，而举家投奔尔朱荣麾下，随后便跟随着尔朱荣南征北战，不断立下战功。再加上斛斯椿为人善于阿谀逢迎，很快就得到尔朱荣的宠信。

530 年尔朱荣身死，梁武帝以元悦为北魏皇帝，斛斯椿当即前往投靠，并因此得到元悦厚待，甚至直接被任命为侍中、大将军。但不久之后斛斯椿就再次背叛，转投到尔朱兆麾下，并与尔朱氏结为兄弟。

同年斛斯椿又与尔朱世隆一起，扶持前废帝元恭即位，事后因功被封为城阳郡开国公，并继续担任侍中。尔朱世隆也因为斛斯椿的诚心谋划而十分看重他，此后屡次对他进行诸多封赏。然而从 532 年开始，斛斯椿屡次统兵抗击高欢都遭到失败，因此感到惶恐，便在私下谋划铲除尔朱氏以自保。同年尔朱世隆兄弟数人都被杀死，斛斯椿甚至还将尔朱世隆的首级挂在城墙上示众。后来其父以当初约为兄弟的旧事责备，他这才将尔朱氏兄弟收埋。

532 年北齐高欢攻破洛阳，斛斯椿自知自己屡次背主、反复无常，必然不会得到高欢的信任，于是便积极鼓动孝武帝抵御高欢，最终以失败告终，不得不撤兵班师。534 年斛斯椿病逝，死后被追赠为大司马。

【人物评价】

斛斯椿为人卑劣，见风使舵，多次做出卖主求荣的丑事，实在是不折不扣的奸猾之徒。然而他这样的奸臣最终却能得以善终，不得不说是一个奇迹。

东魏

孙腾：乱世幸识雄主，无能祸不及身

【人物简介】

孙腾，字龙雀，生于 481 年，卒于 548 年，享年 68 岁，东魏时任相。

【人物生平】

孙腾早年因北方战乱而不得不偷渡关卡，正好遇上尔朱荣举兵，于是趁机投到其麾下。后来尔朱荣成功攻入洛阳，孙腾也因立下战功而被授予官职。不久之后孙腾又趁机投到高欢的麾下，开始跟随高欢征讨。

当时尔朱氏兄弟与高欢的关系逐渐恶劣，更在高欢出兵后紧急派兵追来，高欢于是与尔朱氏约为兄弟，这才避免了冲突。第二天高欢又打算渡河与尔朱氏兄弟见面，但孙腾却拉住他的衣服苦劝，高欢这才没有渡河。此后高欢便对孙腾更加重视。534 年，高欢又采纳孙腾的建议，迎立元善见为帝，即东魏孝静帝。由于平原公主不肯嫁给自己而倾心于大臣封隆之，孙腾一度与之冲突并请求出镇，但朝廷很快就再次召他入朝。同年孙腾又被任命为尚书令，并奉命统兵抵御西魏。但由于自己毫无军事才干，孙腾很快就遭到失败，不得不灰溜溜地返回朝廷。此前孙腾曾有一个女儿丢失，因为怀疑女儿可能沦为奴婢，他便对所有请求归为良人的奴婢予以准许，因此被高欢贬谪。

548 年孙腾病逝于太保任上，死后朝廷不仅为其追赠，对其子孙也礼遇有加。

【人物评价】

孙腾本是乱世之中的小人物，但却能够抓住机会，因此得到朝廷重视、实现人生逆转，算得上幸运。

西魏

宇文泰：弑君擅权罪岂少，裂土一统功何多

【人物简介】

宇文泰，字黑獭，又字黑泰，生于 507 年，卒于 556 年，享年 50 岁，西魏时任相。

【人物生平】

宇文泰早年曾跟随父兄参加葛荣的起义，等到尔朱荣击败葛荣、镇压起义之后，宇文泰又追随了尔朱荣。然而 532 年尔朱氏又被高欢灭杀，于是宇文泰再次变节，投到了高欢帐下。

两年之后宇文泰的上司又被高欢所杀，宇文泰被众人推举为领袖，此后与高欢产生裂痕。534 年宇文泰假意接受孝武帝释出的善意，主动派遣军队声援孝武帝讨伐高欢，孝武帝于是任命宇文泰为尚书令。同年宇文泰撕破脸皮，将孝武帝毒杀并迎立元宝炬为帝，此后北魏正式分裂为东魏、西魏，宇文泰成为西魏的实际统治者。

从 535 年开始，东魏、西魏数次交兵，宇文泰期间一度遭遇困难，但最终都取得胜利，并利用东魏内部矛盾的机会，斩杀了东魏大将高敖曹。在 543 年的第四次东西魏大战中，高欢一度将宇文泰大军彻底击溃，却由于己方士兵士气衰落而未能继续追击，宇文泰再次得以保全。为了抵御东魏和南梁，宇文泰在班师后便大力交好柔然、突厥等少数民族，以此保证边境稳定，并增强了自己的军事力量。

546 年高欢倾全国之力征伐西魏，最终没能攻克，不久后病死，东魏内部爆发侯景的叛乱，东魏为此损失了大片土地。此后宇文泰又趁着南梁侯景之乱而元气大伤的机会，攻破南梁国都江陵，梁元帝也被宇文泰处死。此后西魏的疆域和实力都得以扩充。

从 551 年开始，不甘心大权旁落的西魏皇室屡次密谋铲除宇文泰，最终都以失败告终，宇文泰更通过废立皇帝，进一步掌握了大权。但还没等自己实现取代西魏的野心，宇文泰就在北巡途中病重而死，时年 50 岁。

【人物评价】

宇文泰虽然有诸如专擅朝政、废杀皇帝等种种恶行，但他又确实是当时最为

杰出、最为优秀的政治家。正是在他的努力下，日后的北周王朝才得以成功建立，并开启了隋朝一统天下的大业。

北齐

杨愔：忠臣就死无愧，逆臣偷生有惭

【人物简介】

杨愔，字遵彦，小字秦王，生于511年，卒于560年，享年50岁，北齐文宣帝时任相。

【人物生平】

杨愔出自大望族弘农杨氏，自小就受到良好教育，熟读《诗》《易》《春秋》，长大后更是言行儒雅、神采俊朗，被时人视为良才。早年的杨愔跟随父亲四处任官，后来又在18岁时担任了通直散骑侍郎。

529年北魏爆发内乱，大将尔朱荣拥立元颢攻入洛阳，北魏孝庄帝元子攸被迫逃亡，其间杨愔也因护送之功被封官，但不久就辞官引退以避难。530年元子攸又被尔朱兆杀死，杨愔也在返回洛阳途中被捕。负责押送他的士兵被他的忠义打动，便主动将他释放，杨愔因此得以逃过一劫。

531年杨愔全家被尔朱氏所杀，杨愔只得转投高欢，并受到高欢的赏识。然而他的同僚却十分忌妒，于是谎称高欢将要处死他，杨愔只得假装落水而死，暗中隐姓埋名到田横岛教授学生。直到535年高欢查知真相，才派人将杨愔召回，杨愔随后受封为华阴县侯，并在朝中担任要职。

当时高氏积极谋求篡夺皇位，杨愔也参与了这一密谋。然而549年高澄却被厨子杀死，杨愔侥幸狼狈逃出，直至高洋领兵前来，才得以平息事态。550年高洋建立北齐，杨愔继续得到提拔，558年时又当上了尚书令。当时高洋为人残暴、动辄开杀，但朝政却没有因此混乱，这就是杨愔的功劳。

559年高洋驾崩，留下遗诏由杨愔等人辅政。当时高洋之弟高演、高湛都手握重兵，对幼主高殷构成严重威胁，于是杨愔便暗中谋划铲除二王。但由于用人不察，消息反被二王得知，于是二王抢先下手，以宴会为名将杨愔抓捕，随后又将其处死。由于杨愔是因忠义而死，二王也感到十分后悔，便没有再追究其家人。

【人物评价】

杨愔为人宽宏、勤政，并且始终忠于皇室，对此的确问心无愧。可惜的是他密谋不周，所托非人，最终导致事情失败，自己也因此身死，实在是一种遗憾。

高睿：宁死以从先帝，不生以事奸臣

【人物简介】

高睿，小字须拔，生于 534 年，卒于 569 年，享年 36 岁，为北齐皇室宗室，北齐武成帝时任相。

【人物生平】

高睿不到 10 岁时，其父母就先后去世，因此高睿一直是由伯父高欢抚养长大，并因孝顺而深得高欢喜爱。

550 年高洋建立北齐政权，高睿也受封为郡王，次年开始又出任地方要职。尽管这时他才 17 岁，却将下辖之地治理得十分良善，因此受到当地人民的爱戴。此后每到一地，高睿都大力推行体恤百姓的仁政，因此声名更加显赫。

558 年高睿被任命为长史，高洋甚至对着弟弟高演感叹说，古往今来都不曾有过这样称职的长史。561 年高睿又奉命迎立高湛即位，即北齐武成帝，事后因拥立之功而被任命为尚书令。此后高睿数次统率大军，成功抵御北周和突厥的联合进攻，因此更加受到北齐武成帝的倚重。

569 年北齐武成帝驾崩，此前由于高睿声名远扬，北齐武成帝已经渐渐猜疑，并没有任命他为辅政大臣，奸佞和士开却因与皇太后私通而显赫。高睿为此十分担忧，屡次入宫进谏，终于因此触怒太后。569 年，高睿再次向太后请求驱逐和士开却被拒绝，事后梦到被人压住，因此感叹命不久矣。当时曾有人劝他不要入宫，他却愤然表示与其屈服奸佞，不如赴死追随先帝，于是慨然入宫，最终遭到杖杀。

【人物评价】

北齐皇族多有残暴基因，高睿在相比之下真可称得上是一位佳公子。但不幸的是他与当时众多皇族子弟一样，都因生不逢时而冤屈就死，徒留气节令人叹惋。

斛律光：落雕将军今若在，宇文何得入邺都

【人物简介】

斛律光，字明月，生于 515 年，卒于 572 年，享年 58 岁，北齐后主时任相。

【人物生平】

斛律光少年时便跟随父亲西征，17 岁那年又在战场上生擒了宇文泰的长史，立下赫赫战功，因此得到高欢的赏识，直接担任了都督。后来斛律光又在跟随高澄时一箭射落空中大雕，因此得到"落雕将军"的美誉。

从 552 年开始，斛律光先后随军出征，击败北周大军，并先后夺取了绛川、

白马、浍交、翼城四座城池。在位的北齐孝昭帝高演鉴于其家族世代忠心，又以其女为太子妃，斛律光一家因此成为皇亲国戚。

563 年北周宇文泰再次派军攻伐北齐，听说北齐以斛律光为将，北周军队当即撤走，同年北邙山之战爆发，兰陵王高长恭在战中英勇善战、大破北周军队，斛律光也在这场战争中斩杀敌方大将，杀死 3000 多敌军，因此升任太尉，并受封为冠军县公。此后斛律光又接连几次击败北周，他的子弟又先后娶了三位公主，家族更加显赫。但斛律光也因此受到后主高纬的猜忌。斛律光此前曾得罪了祖珽、穆提婆这些奸佞，于是他们又在后主面前大肆诋毁，使得高纬愈发对斛律光不喜。

572 年北周统帅派人在北齐国都编造童谣，声称斛律光将有反心，祖珽、穆提婆趁机进谗，后主于是派人急召斛律光入宫，又派刘桃枝等人将其杀害。斛律光死前还曾怒斥刘桃枝等人只会暗中害人，但自己从未有愧国家。斛律光死后，他的全家也被抄斩。直至北周灭北齐后，宇文邕才下令追封斛律光，并感叹说倘若斛律光不死，自己也无法成功灭亡北齐。

【人物评价】

斛律光身为一代良将，有安邦定国、抵御外侮的绝世良才，却因区区猜忌而死，实在是死得冤枉、不得其所，与后来的兰陵王高长恭一样令人叹惋。

高长恭：国事家事无二致，可笑昏君有猜疑

【人物简介】

高长恭，又名高孝瓘、高肃，生于 541 年，卒于 573 年，享年 33 岁，为北齐皇室宗室，北齐后主时任相。

【人物生平】

高长恭是北齐文襄帝高澄的第四子，也就是著名的兰陵王。在受封为王的三年之后，突厥大举入侵北齐，却被高长恭击败，此后高长恭开始崭露头角。

高长恭长相十分美貌，每次作战都会直冲敌军、奋勇杀敌，再加上他体恤将士、优待士卒，因此麾下士兵都对他十分敬仰爱戴。在 564 年的北邙山之战中，高长恭勇猛作战击败北周，事后受到士兵的称颂，即著名的《兰陵王入阵曲》。从 571 年开始，高长恭又先后数次击退北周，因功被任命为尚书令、录尚书事。

但由于高长恭深得军心，后主高纬也对他十分猜忌，尤其是在北邙山战后，高长恭曾表示国事即是家事，因此高纬更加不快。高长恭也知道自己受到猜忌，却又无法功成引退，为此经常叹息。573 年后主终于派人赐下毒酒，高长恭心知难以自保，于是饮下毒酒。此前别人曾欠下他 1000 金的债务，死前他还特意将债券焚毁。

【人物评价】

高长恭明知功高震主，却因突出个人才干而无法引退，实属无奈之举；后主不鉴其忠诚之志而将其赐死，实在是糊涂至极。

高孝琬：阿叔本是横暴帝，侄儿无知枉苦求

【人物简介】

高孝琬，生于 541 年，卒于 566 年，享年 26 岁，为北齐皇室宗室，北齐后主时任相。

【人物生平】

高孝琬是北齐文襄帝高澄的儿子。高洋建立北齐后，北齐皇权几次更迭，最终传到了其弟高湛那里。高孝琬最初时被封为河间王，等到高湛禅位、后主高纬即位，又担任了尚书令一职。

高湛禅位之后又做了 4 年的太上皇，这一时期权臣和士开蛊惑后主乱政，高孝琬因此经常感到气愤。同时高孝琬又经常倚仗着自己的出身而倨傲，因此遭到和士开等人的记恨。当时城中流传童谣，和士开等人趁机在高湛面前诬陷高孝琬，使高湛逐渐开始怀疑高孝琬。

后来高孝琬得到一颗佛牙，高湛因此派人前去，却发现高孝琬家中藏有旗帜和武器，因此便将高孝琬下狱。而他的小妾也因不得宠而诬陷高孝琬，于是高湛又命令士兵毒打高孝琬。高孝琬因疼痛而高呼高湛"叔父"，高湛却因此更加恼怒，最后甚至将高孝琬两腿打断，可怜的高孝琬就这样不明不白地死去了。

【人物评价】

高孝琬虽然出身皇室、身居相位，但所侍奉的两代君主，皆荒淫暴虐、不念亲情，因此完全不值得寄托，最后的悲惨下场也终究难以避免。

高俨：年少可剪朝佞，功高未料震主

【人物简介】

高俨，字仁威，生于 557 年，卒于 571 年，享年 14 岁，为北齐皇室宗室，北齐后主时任相。

【人物生平】

高俨只活到 14 岁，死时还是一名少年，但出身皇室的他，却并非一个幼稚孩童，而是一个颇有魄力和决断的天才政治家。

高俨最初受封为东平王，并担任侍中、尚书令、录尚书事等相职，对于皇室子弟来说，这更多的是一种荣誉称号，但谁也没有想到，高俨后来居然真的担负起了这份

重任。北齐武成帝死后，其子高纬即位，即北齐后主，当时北齐武成帝的皇后与奸臣和士开公然私通，并蛊惑后主贪图享乐、不理朝政，因此导致国势日渐衰微。当时高俨年龄虽小，手中却掌握有3000精兵，于是高俨主动出击，趁着和士开入宫的机会将其抓住并当场处死。这一举动传开之后，朝野上下都为之欢呼叫好。

然而，后主高纬一直以来都是一个猜忌心很重的人，高俨的这一举动虽是为国除害，却也因此令高纬不安。胡太后得知高纬有心谋害，便一直把高俨藏在寝宫亲自保护，却还是被高纬找到机会将高俨杀害。

【人物评价】

高俨虽然年少，却有着政治家的魄力和能力，才能并不亚于秦相甘罗。但可惜的是他偏偏生不逢时，遇到高纬这样的昏君，而又不愿自行取代，因此最终无故被杀。

高孝珩：亡国之音何足奏，但悲高才不得用

【人物简介】

高孝珩，生于539年，卒于577年，享年39岁，为北齐皇室宗室，北齐后主时任相。

【人物生平】

高孝珩是北齐文襄帝高澄的儿子，也是高孝琬的二哥。最初高孝珩曾被叔父高洋封为广宁王，后来又凭借着自己的智慧才能屡屡得到升迁，先后担任了尚书令、录尚书事、大将军等相职。

等到后主高纬即位，最终因奸臣和士开的蛊惑而导致朝政混乱，国力愈发衰弱，而北齐的强敌北周却兴盛起来。此后北周屡次征讨北齐都取得胜利，高孝珩为此十分担忧，屡次上疏陈述用兵之策，后主都因猜忌而不肯采纳。高孝珩因此怅然叹息，但却始终无济于事。

由于势单力孤，最终高孝珩只得带领5000军马抵御北周宇文宪，最终因叛徒出卖而兵败被俘，甚至还多处受伤。当宇文宪问他为何失败时，高孝珩哭诉国家昏乱之象，以及自己的不得志，宇文宪因此大受感动，并亲自为他擦洗伤口以示安抚。同年高孝珩被北周授予侯爵。

577年北齐灭亡之后，北周武帝宇文邕曾在宴会上让高孝珩吹笛，高孝珩最初以亡国之音不值得听为理由拒绝，后来迫不得已拿起笛子，却立即大哭起来。同年高孝珩就因忧愤而病死。

【人物评价】

高孝珩生不逢时，虽有辅国之才却终究沦为亡国之臣，憾恨可想而知。但比起他那位无故被杀的弟弟高孝琬，高孝珩却又稍微幸运一些。

北周

宇文护：争权兄弟亦难容，专擅岂敢望周公

【人物简介】

宇文护，字萨保，生于513年，卒于572年，享年60岁，为北周皇室宗室，北周武帝时任相。

【人物生平】

宇文护是西魏权臣宇文泰的侄子，也是北周政权的开创人。由于自己的儿子年幼，宇文泰便以宇文护来处理家务，每一件事都十分合宜。宇文泰因此对宇文护更加看重。后来宇文护又屡次跟随宇文泰出征，在宇文泰的提携下数次立功，因此在西魏朝中担任要职。

556年宇文泰病逝，临终前鉴于儿子年幼，便把大事都托付于宇文护。同年宇文护就逼迫西魏恭帝禅位于宇文泰三子宇文觉，即北周孝闵帝，自己也出任大司马一职。

当时宇文护虽然没有自己登基，却成为实际上的北周统治者。朝中大臣如赵贵、独孤信等人都十分不满，在暗中谋划削弱宇文护，宇文护当即将他们全数处死，并升任为大冢宰。眼看宇文护的权势更加膨胀，北周孝闵帝也为此感到忌惮，便在暗中积极谋划铲除宇文护。宇文护为此多次亲自面见北周孝闵帝，表明自己并无二心，但北周孝闵帝始终感到畏惧。557年宇文护见北周孝闵帝不肯信任，便将北周孝闵帝杀死，改立宇文毓为帝，即北周孝明帝。

但不久之后，宇文护发现宇文毓十分聪颖，于是又派人将宇文毓毒杀，改立宇文邕为帝，即北周武帝。宇文邕为人心机深沉，虽然不满宇文护却从不显露，只在暗中进行谋划。为了进一步获得威望，宇文护屡次出兵讨伐突厥、北齐，最终因缺乏军事才干而未果。此后宇文护继续擅权，而宇文邕的谋划也已经更加完善。

572年宇文护入宫觐见皇太后，宇文邕谎称太后嗜酒，劝说宇文护朗读《酒诰》劝谏太后，宇文护答应了。等到宇文护开始朗读时，宇文邕当即在背后偷袭，将宇文护打倒在地，随即派人将其砍杀，宇文护死时60岁。

【人物评价】

宇文护身负伯父重托，最终却做出毒杀兄弟、专擅朝政的恶事，可见其最初时虽然表现诚恳，但终究是包藏祸心的一介恶臣。

隋

苏威：平生不喜庙堂斗，偏有高才辅庙堂

【人物简介】

苏威，字无畏，生于534年，卒于623年，享年82岁，隋文帝时任相。

【人物生平】

苏威一家自三国时便已显赫，其祖上曾在曹魏时担任侍中。后来的北周大冢宰宇文护也对苏威十分赏识，于是便把自己的女儿嫁给了他。

等到北周武帝宇文邕铲除宇文护后，苏威因一向逃避宇文护而得以幸免，继续得到北周武帝信任。当时突厥要求以其妹夫为代价换取和平，苏威又卖掉房子、筹集钱财来赎回其妹夫。因此时人都称道他的仁义。

等到杨坚辅政时，也对苏威的能力十分重视，于是特意召他入府进行交谈。然而苏威却对庙堂争斗十分抵触，在听到禅让之事后就干脆逃回老家。杨坚心知其想法便没有追问，等到自己即位后又下诏将苏威迎回，并当即任命他为纳言。

此后苏威极力辅佐杨坚治国，提出了减轻赋税、勤俭节约、修订法律等许多建议，都被杨坚采纳，有人因忌妒而在背后诋毁苏威，杨坚也从来不听信。然而苏威却在暗中与许多朝中重臣结成同盟，形成一股庞大的势力。在一次辩论时，朝臣慑于威势大多支持苏威之子，博士何妥因此大怒而上疏检举。杨坚派人彻查发现事情属实，便下令免去苏威的官职以示警告。

此后苏威又几度出仕、几度被免，大部分时候都是因为性格执拗、不知变通而触怒杨坚，杨坚虽然当时气愤，但也明白苏威的用心，于是没有额外惩罚。等到隋炀帝即位，苏威因是前朝重臣而继续担任纳言一职。当时隋炀帝大兴土木、耗尽民力，苏威因此屡次劝喻，可隋炀帝最终没有听从，后来又因听信谗言而将苏威免职。等到隋炀帝被弑杀后，苏威又抱着随波逐流的心态，先后依附了李密、

241

王世充。

王世充被李世民击败后，苏威主动请求拜见，却又以年老为由不肯下拜，李世民于是没有接见他。623 年苏威病逝于家中。

【人物评价】

苏威为人厌恶庙堂争斗，但又是不可多得的庙堂良才，因此得到隋文帝的重视，得以官运亨通。但可惜的是隋朝享国太短，等唐一统天下后，又对他当初的屡次转投十分不喜，因此苏威最终没能继续得到重用，发挥自己的才干。

高颎：从君谋夺不畏死，孰料身死君家人

【人物简介】

高颎，又名敏，字昭玄，生于 541 年，卒于 607 年，享年 67 岁，隋文帝时任相。

【人物生平】

高颎的父亲曾在北齐任官，后来因故逃亡北周，高颎一家便就此定居。高颎自幼就熟读史书、精于辞令，因此当时乡中之人都认为他不凡。

杨坚专政之后，对高颎的才能十分重视，高颎也在接到延揽后主动投诚，并表示即便将来事败身死也没有遗憾。当时尉迟迥起兵叛乱，朝中百官互相推辞，只有高颎主动请缨，并出奇谋将尉迟迥击败，因此得到杨坚的礼遇。581 年杨坚自立，当即以高颎为尚书仆射、纳言，同时又封他为渤海郡公。每次上朝，杨坚都不直呼高颎之名，而以其赐姓"独孤"相称。高颎辅佐杨坚长达 20 多年，其间做出了各种贡献，因此杨坚对他十分敬重。

后来高颎因反对杨坚改立太子，而遭到独孤皇后的诬陷，杨坚就此疏远了他。等到杨广即位之后，高颎又数次上疏建议杨广戒奢从简，因此杨广也更加讨厌他。607 年有人上疏举报高颎诽谤朝政，杨广趁机下令将高颎等人处死，就连儿子家人也被贬谪迁移。

【人物评价】

高颎当初追随杨坚时，曾表示纵然身死也无所畏惧，岂料最早没有因事败而死，反倒因担忧国事而死在了隋朝统治者手下，实在令人唏嘘。

柳机：不死君难亦不效，臣节凛然意自高

【人物简介】

柳机，字匡时，生卒年不详，隋文帝时任相。

【人物生平】

柳机的父亲曾在西魏任官，柳机因此得以凭借出身，而从小接受良好教育。19 岁时，柳机就因富有才气，而得到宇文邕的赏识，等到宇文邕即位为帝，又以柳机为纳言。等到宇文邕死后，继位的北周宣帝为人荒淫、不理政事，柳机数次进谏均不被采纳，于是便主动请求出镇。

后来外戚杨坚掌权，逐渐生出取代之心，朝中群臣无不曲意逢迎，唯有柳机不肯屈服，于是再次被贬。等到杨坚即位之后，却因柳机为人忠直而召其入朝，并再次拜他为纳言。但柳机任职之后，却始终抱持着消极态度，不理政事、消极度日，杨坚无奈之下只好再次以他出镇。

此后柳机任职地方，都因为政宽厚而得到当地百姓称赞，杨坚也将自己的女儿嫁给其子，并继续厚待柳机。等柳机死后，朝廷又下诏为其追赠、上谥，以示对其的尊重。

【人物评价】

柳机任相之后虽然怠政，但这却不是因为他能力不足，而是因为他秉持大义，不愿彻底屈服的缘故。因此，尽管态度消极，他的心意却被杨坚所接受，并受到杨坚的尊重。

杨素：天子无道何畏死，富贵已极不贪生

【人物简介】

杨素，字处道，生于 544 年，卒于 606 年 8 月 31 日，享年 63 岁，隋文帝时任相。

【人物生平】

杨素出自弘农杨氏，祖上世代为官，但到他这一辈时家中却已衰落。但杨素少时就志向远大，时人反而很少能理解他。杨素平时经常和一些文士在一起研究学问，终日苦读不辍，因此很快就名声远扬，后来又受到宇文护的重用。

宇文邕诛杀宇文护后，杨素也受到牵连，并因故触怒了宇文邕。当宇文邕打算杀掉他时，杨素高声地说，侍奉无道天子就该死，宇文邕这才对他另眼相看。此后杨素因善于文辞而愈发得到看重，宇文邕因此以富贵激励他，他却坦然表示只怕富贵自动逼迫，自己却不求富贵。

在宇文邕攻灭北齐的战争中，杨素也立下赫赫战功，等到宇文邕、宇文贇先后驾崩，外戚杨坚主政后，杨素又选择了投靠杨坚。杨坚也对杨素的才能十分看重，并将其视为心腹，等到自己登基为帝，便任命杨素担任御史大夫。由于一时

失言，杨素一度被免去官职，但随后又屡次献出灭陈大计，因此再度被杨坚起用。

588年杨坚以杨素、杨广等人统率大军，浩浩荡荡南下伐陈，次年大破陈朝军队，成功将陈朝灭亡。杨素事后因功晋爵郢国公，儿子杨玄感也得到重用。此后杨素因担心匪徒作乱，便主动请求留在前线以备不测，后来果然成功击败了作乱的匪徒，601年又率兵击败了突厥。

当时晋王杨广有意夺嫡，暗中拉拢杨素，杨素趁机与杨广联合，驱逐了杨秀等皇子，帮助杨广登上了帝位，事后杨素又因拥立之功而升任尚书令。但杨广暗中却对杨素十分忌惮，甚至在杨素病重之后，表面上派出御医诊治，暗中却问杨素何时能死。杨素自知富贵已极，便效仿汉高祖刘邦放弃医治，大肆奢靡享乐，因此受到时人厌恶。杨素于606年病逝。

【人物评价】

杨素不仅精于学问、文采斐然，同时又意气豪迈、精擅统兵，对步战、骑战、水战样样精通，军事才能其实并不逊于古代任何一位名将，只是由于种种原因而声名不显，被历史所掩盖。真实的杨素虽然居于人臣，但雄才韬略却足以与那些杰出帝王相比，同为枭雄人物一流。

杨秀：横暴必然恶死，失势岂能苟生

【人物简介】

杨秀，生于573年，卒于618年，享年46岁，为隋朝皇室宗室，隋文帝时任相。

【人物生平】

杨秀是隋文帝杨坚的四子，隋炀帝杨广的同母弟，最初时受封为越王、蜀王，后来又担任了内史令。

杨秀为人豪迈勇武，但又私怀野心，因此隋文帝常常感叹杨秀将来必定不能善终。当时杨秀为了图谋大位，想尽办法在朝中安插亲信，浑然不管这些人能否胜任，因此还导致了战事的失败。此后隋文帝开始削弱他的权力。

眼见自己受到抑制，杨秀逐渐开始变得奢侈、放荡，杨广趁机将他的所有事情报告给隋文帝，致使隋文帝对他更加厌恶。后来杨广又伪造巫蛊之案将杨秀下狱，杨秀因此上疏哭诉，却被隋文帝驳斥。念在父子亲情的分上，隋文帝最终没有杀他，并逐步放宽了对他的限制。

604年杨广即位，再次将杨秀关押。宇文化及弑杀杨广后，曾打算拥立杨秀为帝，却担心他不好掌控，于是便将他杀死，杨秀死时46岁。

【人物评价】

杨秀虽有野心却不知隐忍，因此最终不敌兄长杨广的深沉，更不免死于他人之手，最终也应了隋文帝生气的预言。

杨约：古来权宦多短视，少有长才类吾身

【人物简介】

杨约，生卒年不详，隋炀帝时任相。

【人物生平】

杨约出自弘农杨氏，为杨素的弟弟，最初因儿时受伤而入宫当了宦官，后来又凭借着兄长的功勋而得以显贵。和许多反派宦官一样，杨约为人心性狡诈、善于谋划，因此杨素也对他十分倚重。

隋文帝后期因立储一事而十分烦恼，杨约久在宫中、熟稔权变之事，便暗中劝说杨素支持晋王杨广，杨素最终同意。其实杨约是被杨广所收买，才帮助杨广拉拢杨素，在杨素的努力下，隋文帝最终将杨广立为太子。

杨广登基之后，杨约立即凭借着拥立之功而出任内史令，成为朝中权臣。但与那些昏乱政事的宦官不同，杨约为人练达而又熟稔政事，因此治政相对得宜，后来更平定了汉王杨谅的谋反，使自己的声望更加显赫。

后来杨约因违礼而被贬谪出镇，后来杨广又念旧情将其召回。不久之后杨约就病死于京城。

【人物评价】

杨约与历史上许多著名的奸宦都有类似之处，但比起那些势利、短视的小人，杨约又有着长远的眼光和决断的魄力，因此他比其他人更加有才、结局也更加良善。

唐

裴寂：才智稍逊亦从龙，首倡起事第一功

【人物简介】

裴寂，字玄真，生于573年，卒于629年，享年57岁，唐高祖时任相，也是唐朝第一任宰相。

【人物生平】

裴寂出自河东裴氏，乃是秦始皇嬴政之后，也是古代中国的一大望族。裴寂早年在隋朝任官时，就与唐高祖李渊结识，两人经常饮酒作乐至深夜。

当时李渊之子李世民有意反隋，便私下找到裴寂商议，裴寂慨然允诺。不久之后裴寂就故意安排隋炀帝的宫人为李渊陪寝，以此逼迫李渊起兵。617年李渊正式起兵，裴寂屡次提出正确的用兵建议，李渊最终得以成功进入关中。等到李渊称帝之后，便以裴寂为尚书仆射，行宰相事，并对其极尽赏赐和厚待。

619年刘武周的部将宋金刚等人攻打太原，裴寂主动请缨却惨遭失败，事后被李渊召回并免官，但不久就再次被起用。有人因忌妒而诬告裴寂谋反，李渊调查后发现举报不实，便又升任裴寂作为安抚。裴寂虽然没有反意，却因私人仇恨而在李渊面前构陷功臣刘文静，最终使刘文静含冤被杀。

李世民即位后，裴寂因卷入他人罪案而被免官，裴寂请求留在长安，却被李世民斥责。后来又有人私下表示裴寂有"天命"，裴寂却因畏惧而不敢上报，因此再次被贬谪静州。

当时静州爆发叛乱，有人举报称裴寂已被奉为人主，李世民坚决不信。不久之后果然传来裴寂率领家人平叛的消息，李世民便打算征召裴寂入京。但此时裴寂已经病死，于是李世民下令为其追赠。

【人物评价】

比起名相房玄龄、杜如晦等，裴寂的才能略显不如，德行也有所亏欠，但他

却是最先促成李渊起兵、建立李唐天下的功臣之一，因此成为中国历史上一位影响深远的宰相。

刘文静：酒后多怨多祸事，岂怪人主毁良弓

【人物简介】

刘文静，字肇仁，生于 568 年，卒于 619 年，享年 52 岁，唐高祖时任相。

【人物生平】

刘文静早年曾与后来的唐朝首任宰相裴寂交好，早在李世民未曾行动之前，就已经看出李世民不凡，但当时裴寂还不相信。等到刘文静因受李密牵连而下狱后，李世民主动前去探望，刘文静于是陈述夺取天下的大计，后来又将裴寂引荐给李世民。

在刘文静和裴寂的谋划下，李世民成功说动李渊答应起兵，随后刘文静又用计诛杀了监督李渊的隋朝官员，李渊于是正式起事。在刘文静的斡旋下，突厥毕始可汗也与李唐势力结盟，并派出士兵协助李渊。618 年李渊称帝，当即任命刘文静为纳言，并以刘文静等人创制法律条文，颁布了著名的《开皇律》。此后刘文静也一度因轻敌兵败而被免官，但最终又因功恢复爵位。

当时裴寂得到重用，地位远在刘文静之上，因此刘文静心中不服，二人由此转为雠寇。619 年刘文静醉后谩骂，却被不得宠的小妾诬告，李渊于是将刘文静抓捕入狱。当时李世民等人都极力营救刘文静，裴寂却趁机落井下石，最终李渊下令将刘文静处死。刘文静死前还因此感叹"飞鸟尽，良弓藏"。后来李世民登上皇位，刘文静才得以平反。

【人物评价】

刘文静身为唐初宰相，为唐朝的建立立下了赫赫战功，本来可以腾达一生，却因为计较区区名位而受人构陷，最终性命不保，可见贪心终究是人之大患，不可不察。

窦威：积学孰谓无用，圣贤得意有时

【人物简介】

窦威，字文蔚，生年不详，卒于 618 年，唐高祖时任相。

【人物生平】

窦威的家族世代都在北周任官，与唐高祖李渊所在的李氏都曾名列八柱国之一。当时窦氏是以武功而得以腾达，而窦威却嗜读文史，因此成为被窦氏子弟讥

　　隋朝建立后，窦威被人举荐而担任秘书监，为了继续精研学问，他宁愿放弃升任的机会也要继续留任，家族子弟因此十分不屑，并以孔夫子身为圣人却终不得用为例嘲讽他。此后窦威曾数度劝谏隋炀帝，却因触怒隋炀帝而被贬谪。

　　617年李渊攻入洛阳，掌握了朝中大权，窦威因精熟典律而得到起用，次年又为李渊起草诏书，李渊随即拜他为内史令。然而同年窦威就因病重而去世，死前嘱咐后人薄葬，任相仅有短短数月。为了表示哀悼，李渊下令由太子李建成亲自率领百官送葬，并为其上谥"靖"。

【人物评价】

　　满腹经纶而不得其时乃人生常态，因此读书人往往容易受到轻视，然而一旦遇到时机，才华就自然得到发挥，窦威的人生即是如此。

窦抗：见君称兄弟，率臣拜庙堂

【人物简介】

　　窦抗，字道生，生年不详，卒于621年，唐高祖时任相。

【人物生平】

　　窦抗一家是隋朝皇亲国戚，隋文帝杨坚即是他的舅舅。窦抗为人知书达理，孝顺恭敬，曾在父亲病重时50多天衣不解带，尽心侍奉。杨坚也对窦抗十分喜爱，很早就任命他担任了朝中要职。

　　604年隋炀帝杨广即位，汉王当即起兵反叛，杨广怀疑窦抗暗中与其勾结，便下令免去窦抗的爵位，改由其弟继承。等到李渊攻入洛阳，窦抗因与李氏为姻亲，并且早年曾劝说、支持李渊举兵，便当即前去投奔李渊。李渊称帝后，便以窦抗出任纳言，并对他极尽礼遇，甚至以兄弟相称。窦抗虽然身居高位却从不干政，并屡次跟随大军外出，立下诸多战功。

　　621年窦抗跟随秦王李世民击败王世充，位列李渊封赐的九名功臣之一。但不久之后，窦抗就在与李渊饮酒时暴病而死，死后朝廷下令为其追赠、追谥。

【人物评价】

　　窦抗虽为外戚、宰相，却能谨守本分、不干预政事，因此得到李唐皇室信赖，以此成就名声和功业，值得后人褒奖。

陈叔达：进谏意在天下，岂独君主一人

【人物简介】

　　陈叔达，字子聪，生年不详，卒于635年，为陈朝皇室宗室，唐高祖时任相。

【人物生平】

陈叔达是陈宣帝的儿子，排行十七，为人既有美貌又有才华，与陈叔宝这位兄长，也有很多类似的地方。但及至隋朝灭亡陈朝、统一天下，陈叔达都始终没能得到重用，直到 618 年李渊称帝，陈叔达才得到起用，次年又被拜为纳言。

陈叔达为人熟稔政事，同时又一心操烦国事，并且能够洞悉局势。任职期间他每次奏事，语言都十分条理清晰，因此群臣无不心服，再加上他本就出自江南，熟悉当地人事，因此经常为国举贤。在太子李建成与秦王李世民矛盾激化时，陈叔达又劝说李渊放弃惩罚李世民，并在玄武门之变后，不失时机地建议李渊以李世民为储君，李渊最终应允。陈叔达也因此避免了卷入政治旋涡，同时又拉近了与李世民的关系。

由于与重臣萧瑀当庭争辩，陈叔达一度被免官惩戒，但很快李世民就念在他当年救助自己的分上，再次任命他以要职，但陈叔达却表示自己并非为了李世民一人，而是为了国家。即便后来陈叔达因个人私事遭到弹劾，李世民依旧下令保留他的一些闲职，准许他回家静养天年。

635 年陈叔达病逝，死后得到朝廷的追赠和追谥。

【人物评价】

陈叔达为人洞悉局势，同时又不失忠心，因此尽管一再为李世民辩护，却绝非政治投机分子一流，而是一位不得多得的股肱之臣。

封德彝：左右逢源偏侥幸，纸不包火终有彰

【人物简介】

封德彝，名伦，字德彝，生于 568 年，卒于 627 年，享年 60 岁，唐高祖时任相。

【人物生平】

封德彝的祖上先后在北齐和隋朝时任官，本人则在时任内史令的杨素麾下任职。有一次封德彝接受杨素征召，在半途上落入水中，后来却丝毫不提此事，因此被杨素认为与众不同。杨素不仅将自己的堂妹嫁给他，还经常表示封德彝将来必然能够与自己一样，因此又向隋文帝上疏举荐。

隋炀帝时，封德彝依附于侍郎虞世基，帮他出谋划策蛊惑隋炀帝，致使朝政日渐衰败，618 年又屈从于宇文化及，历数隋炀帝的罪过，却被隋炀帝驳斥。此后封德彝被任命为内史令，暗中却与宇文士及交好，并一同出镇外地坐观局势变化。

619 年封德彝与宇文士及一并投唐，却因口碑不佳而被斥责，直到后来为李渊

献上密策，才再次得到起用。此后封德彝数次为李渊出谋划策，先后帮助李唐击败王世充和突厥，并因功受封平原县公。

625 年封德彝升任中书令，表面上为秦王李世民出谋划策，暗中却又与太子李建成有所勾结，甚至在唐高宗打算改立李世民时，私下提出反对意见。但李世民对此并不知情，因此等到自己即位后，依旧对封德彝十分礼遇、倚重，甚至 627年封德彝病重，李世民还亲自探视，死后还为其罢朝 3 日，追赠、追谥。直到 643 年，封德彝的丑事才被揭露，李世民于是下令削除其封邑和追赠。

【人物评价】

封德彝为人虽有才干，却又是一个左右逢源、首鼠两端之辈，只是隐藏得过于深沉，这才侥幸没有受到牵连。但纸终究包不住火，等到真相大白之后，他的真面目也就难以掩藏了。

萧瑀：六度起落升贬，一腔执拗拘泥

【人物简介】

萧瑀，字时文，生于 575 年，卒于 648 年，享年 74 岁，为南梁皇室宗室，唐太宗时任相。

【人物生平】

萧瑀是南梁明帝萧岿之子，其姐姐就是隋炀帝之妻萧皇后。凭借着姐姐的关系，萧瑀很早就在隋朝担任要职，还迎娶了独孤皇后家族的女子为妻。

尽管自己和杨广的关系十分要好，萧瑀却多次劝说杨广戒奢从俭，因此遭到杨广的不满。后来杨广在雁门关被突厥围困，萧瑀于是劝说杨广宽赦高句丽，这才得以解围。然而事后杨广又感到丢了面子，恼羞成怒之下便将萧瑀贬谪。

后来萧瑀又投到李渊麾下，并被封为宋国公。及至李世民登基为帝，萧瑀都一直活跃在唐朝政坛上。但由于自己性格严谨、刚正不阿，萧瑀对人际关系处理十分不擅，甚至还曾当庭与大臣争吵。因为自己屡犯错误，萧瑀在李世民执政时，曾先后六次任相又被免官，最后甚至被贬出了京城。

647 年萧皇后因萧瑀被贬而患上重病，不久后就病逝，萧瑀因此十分伤感，很快也一病不起。李世民于是召萧瑀入宫养病，但萧瑀入宫几天后便病重去世，享年 74 岁。

【人物评价】

萧瑀虽然为人刚正严明，却不善于人际交往，因此身居高位却始终不能长久，屡次遭到统治者的不满，其中缘由令人深思。

宇文士及：唐皇当记金环事，收容忠良奉宫门

【人物简介】

宇文士及，字仁人，生年不详，卒于 642 年，唐太宗时任相。

【人物生平】

宇文士及曾因父亲的缘故，而受到隋文帝杨坚的赏识，后来又娶了杨坚的女儿南阳公主为妻，一跃成为皇亲国戚。此后宇文家族也在隋朝逐渐兴盛，其兄宇文化及更成为隋炀帝的心腹。

618 年宇文化及弑杀隋炀帝，宇文士及也被封为内史令，但其实他本人并未参与这一谋划。但其妻南阳公主后来依旧与其断绝关系并出家为尼，宇文士及也无可奈何。同年李渊称帝之后，宇文士及又私下与李渊往来并送出金环，表示投诚之意。眼见兄长一意孤行想要称帝，宇文士及便主动请求外镇，次年宇文化及死后，当即投奔李唐政权。李渊最初时曾责备其为兄效力，宇文士及当即提出之前的金环之事，李渊因此大笑并任命他为官。

此后宇文士及便投入秦王李世民帐下，屡次跟随大军作战并立下大功，受封为郢国公，625 年又代理宰相一职。次年玄武门之变后，宇文士及也因参与谋划而得到升任，正式担任中书令一职。后来镇守凉州期间，宇文士及又因爱惜士兵、礼贤下士而得到当地百姓的爱戴。

宇文士及为人谨慎，虽然经常出入深宫，却从不对妻子提及宫中之事，因此得到李世民的信赖。只是宇文士及为人生活奢侈，因此时人对他也颇有微词。642 年宇文士及病重，李世民亲自前往探视，并为之流泪伤心。宇文士及死后，李世民为其追赠、追谥，并下令以他陪葬昭陵。

【人物评价】

宇文一族在隋末时沦为叛逆者，但宇文士及却是其中的一股清流。宇文士及不仅为人行端坐正，同时也拥有政治才能，因此比起他的兄弟族人，最终结局尚好。

房玄龄：不善断而能谋，帝业有吾难休

【人物简介】

房玄龄，名乔，字玄龄，生于 579 年，卒于 648 年 8 月 18 日，享年 70 岁，唐太宗时任相，为唐代四大贤相之一。

【人物生平】

房玄龄祖上世代为官，同时又是书香门第，因此房玄龄从小就受到良好教育，

18 岁时就考中了当地进士。等到隋末天下大乱之后，房玄龄观望形势，迅速取舍，投到秦王李世民麾下，并积极为李世民延揽人才，使得李世民的实力得以迅速壮大，最终为其登上皇位、开创治世奠定了基础。

房玄龄不仅能够知人，同时又熟稔辞令，每次起草奏书都能一气呵成、无须草拟，因此就连李渊也对他十分敬佩。由于李建成的忌惮，房玄龄等人后来都被外放任官，626 年李世民却私下召集他们入京，并最终发动玄武门之变，一举夺得了皇位。事后李世民论功行赏，房玄龄被记一等功，受封邢国公并担任中书令一职。

房玄龄主政之后，当即推行了一系列政策，如精简官员、制定刑律、废除苛刑，这些举措都受到百姓的欢迎，因此他也被时人誉为"良相"。房玄龄身居高位却从不倨傲，因此李世民每次出征，都十分放心由他留守后方。

648 年房玄龄病重，李世民专门派遣御医为其诊治，但最终无力回天。房玄龄死后，李世民不仅罢朝 3 日，还特别为其追赠追谥，又下令以他陪葬昭陵。

【人物评价】

房玄龄为人聪慧，善于出谋划策，因此在辅佐李世民期间，每次都能提出合适的意见，并在另一名相杜如晦的协助决断下，屡次成功帮助李世民解决疑难，因此当时又有"房谋杜断"之美誉。

杜如晦：不善谋而能断，非克明而难安

【人物简介】

杜如晦，字克明，生于 585 年，卒于 630 年，享年 46 岁，唐太宗时任相，为唐代四大贤相之一。

【人物生平】

杜如晦祖上好几代人都在北周做官，等到杨坚建立隋朝，其祖父和父亲又先后担任了朝中要职。杜如晦也在少时就得到重视，一度担任基层官员，但后来却弃官而回。

617 年李渊进入关中，杜如晦受到李世民的征召，从此后就一直在秦王府任官。当时太子李建成忌惮李世民的势力，上疏请求将秦王府的官员外任，李世民接受了房玄龄的建议，特别请求将杜如晦继续留任。后来杜如晦又屡次跟随李世民外出征讨，将各大割据势力一一扫除。

626 年李建成与李世民的矛盾激化，此时杜如晦等人皆已被贬出京，李世民心中犹豫不定，于是私下将杜如晦等人召入府中商议，最终下定了决心。同年李世

民发动玄武门之变，将太子李建成和齐王李元吉全数杀死，随后被立为太子。李世民登基后，杜如晦被封为蔡国公，并与房玄龄一同出谋划策，受到时人称赞，被誉为"良相"。

630 年杜如晦病重辞官，李世民依旧以旧官职发放俸禄，并派人精心为其治病，但却依旧无力回天。杜如晦死后，李世民为之哀痛罢朝 3 天，后来又大肆赏赐杜如晦的妻子儿女。

【人物评价】

杜如晦与房玄龄一人善谋，一人善断，正是在两人的配合辅佐下，李世民才能屡次做出决断并付诸行动，最终成就大业，由此可见杜如晦的能力。

高士廉：帝胄亦畏声望，慧眼当辨明君

【人物简介】

高士廉，名俭，字士廉，生于 575 年，卒于 647 年，享年 73 岁，为北齐皇室宗室，唐太宗时任相。

【人物生平】

高士廉早年就因博学而与当时诸多年老名士结交，但却因担心自己的身份，而隐居于终南山一带，直到隋炀帝时才入仕为官。当时高士廉就慧眼独具地发现李世民不凡，便将外甥女嫁给李世民，也就是后来的长孙皇后。

613 年高士廉因故受到牵连，被隋炀帝贬到岭南为官，任职期间又击败了当地反叛的酋长。621 年高士廉不远千里投奔河间王李孝恭，次年正式归入李唐麾下。在 626 年的玄武门之变中，高士廉与许多大臣积极劝谏李世民行动，成功后又因擘画之功而升任侍中。

不久之后高士廉就因私扣密奏而被贬官，在地方任职期间推行孝悌教化，使治下民风大变，同时又积极修建水利工程、倡导文化教育事业。631 年回朝之后，高士廉接连得到提拔，最后成为凌烟阁二十四功臣之一。

646 年高士廉病重，哭着与唐太宗诀别，次年就因病而死，时年 73 岁。死后李世民痛哭不止，并下令为其追赠、追谥，陪葬昭陵。

【人物评价】

高士廉既有明哲保身之智，又有知人识人之明，因此最终辅佐明主，成为一代重臣、名臣。

长孙无忌：天策群臣护真龙，吾属凌烟第一功

【人物简介】

长孙无忌，字辅机，生于594年，卒于659年，享年66岁，唐太宗时任相。

【人物生平】

长孙无忌是长孙皇后的胞兄，早年因丧父而被赶出家门，后来被舅舅高士廉抚养长大。早在少年时长孙无忌便与李世民交好，等到李世民与长孙皇后成亲，长孙无忌与他的关系也更加亲密。

李渊起兵之后，长孙无忌也跟随李世民东征西讨，立下赫赫战功。当李世民因功勋卓著而受到李建成迫害时，长孙无忌率先发动房玄龄、杜如晦等人共同劝说李世民，发动了玄武门之变。事后长孙无忌被李世民定为功臣第一。

此后长孙无忌便担任尚书仆射，但却因此受到他人记恨和构陷。长孙无忌为了自保，便极力辞去相位，李世民只得无奈应允。为了安抚并留任长孙无忌，李世民又封其为司空，还特意写下一篇《威凤赋》来表明自己对他的期望。643年凌烟阁挂像时，长孙无忌又被列为第一。

649年李世民驾崩，死前嘱托由长孙无忌和褚遂良辅政，长孙无忌继续得到唐高宗李治的信任，但私下却因个人恩怨，而将吴王李恪处死。此后唐高宗想要改立武媚娘为皇后，为此数次暗示长孙无忌，长孙无忌却都故装糊涂，因此遭到武媚娘和其麾下许敬宗等人的记恨。

659年许敬宗派人诬告长孙无忌谋反，唐高宗初时不愿追究，但最终不经对质便将长孙无忌贬官流放。同年长孙无忌在黔周被迫自缢而死，享年66岁。

【人物评价】

长孙无忌先后经历李唐三代君主，更在紧要关头果断应对，维护了李唐社稷的稳定，因此被李世民列为功臣第一，可以说是实至名归。

王珪：结治国之相士，启纳谏之良风

【人物简介】

王珪，字叔玠，生于570年，卒于639年，享年69岁，唐太宗时任相，为唐初四大名相之一。

【人物生平】

王珪的祖父便是南梁名将王僧辩，其父曾在北齐时任官。王珪自幼性格沉稳、淡泊名利，因此其叔父也对他十分喜爱。604年其叔父因参与汉王杨谅谋反而被

杀，王珪为了躲避株连，就跑到终南山隐居。正是在这一时期，王珪才与房玄龄、杜如晦等人结识，自己后来也得以显贵。

617 年唐高祖李渊入关，王珪也因他人举荐而入仕，顺理成章投入李唐阵营，次年李渊称帝之后，王珪又担任太子舍人。后来太子李建成与秦王李世民的矛盾激化，李渊便以劝阻不力为理由，将王珪免官流放。

玄武门之变后，李世民特意下诏将王珪召回，并授予他官职。王珪又劝说李世民广开言路，于是李世民下令谏官与宰相一同议政。此后王珪接连升任要职，于 630 年正式接任侍中。任相期间，王珪数次劝说李世民宽赦官员、约束皇子，李世民初时十分恼怒，但王珪依旧面色不改地陈述意见，李世民最终都一一采纳。后来王珪又出任魏王李泰的老师，勤勉教导他忠孝之道，因此李世民十分欣喜。

639 年王珪病重，李世民曾因嫁女于王珪之子，便以其女前去探视王珪。不久后王珪病死，时年 69 岁，李世民得知后亲自身穿素服示哀，并为王珪追赠、追谥。

【人物评价】

说起敢谏，人们往往想到的是名相魏徵，却很少能够知道王珪也与魏徵同样，以敢于直谏而深得李世民信赖。正是在王珪的劝说下，李世民才开始重视谏官、广开言路，因此王珪也可说是"贞观之治"的功臣。

魏徵：直谏不畏死，但愿君兼听

【人物简介】

魏徵，字玄成，生于 580 年，卒于 643 年 2 月 11 日，享年 64 岁，唐太宗时任相，以敢于进谏而闻名。

【人物生平】

魏徵最初曾得到瓦岗寨领袖李密的重视，于是献上 10 条计策，然而李密却始终不肯采纳。后来魏徵又向李密的麾下陈述计策，却被视为老生常谈，魏徵只得无奈作罢。

从 619 年开始，魏徵先后因故转投到王世充、李神通、窦建德麾下，直到 621 年窦建德被李世民击败，魏徵才加入李唐阵营，并投在太子李建成麾下。当时魏徵见李建成势力、威望都有所不及，便劝说李建成带兵立功，李建成也采纳了这一建议。

玄武门之变后，李世民得知魏徵曾几次出谋划策排挤自己，便责问其"离间兄弟"之罪，魏徵却坦然回答说：倘若太子当日听从，就不会有今日之事。李世民因此觉得魏徵为人坦荡，便赦免了他并加以委任。

李世民登基之后，一心想要开创盛世，便问魏徵君主治国之道，魏徵于是回答说"兼听则明，偏信则暗"，李世民深感认同。此后魏徵也行如其言，一再犯颜直谏李世民先后多达200多次，其间李世民几度因愤怒而欲将魏徵处死，魏徵却始终不肯改口，颇有玩命的姿态。最终李世民一一采纳了这些建议。当李建成的旧部起兵反叛时，魏徵又奉命外出安抚，擅自将这些人全部宽赦，以此来获取众人信任，使叛乱很快就得以平息。

643年魏徵病逝，李世民为此深感哀痛，留下"以人为镜，可以明得失"的感慨，并亲自刻写碑文作为追悼。

【人物评价】

说起历朝历代敢于直谏之人，几乎所有人都会第一时间想到魏徵，由此可见魏徵的名气之大。正是凭借着这些琐碎的谏言，魏徵一次次地从细微处劝阻、规范了李世民，使其能够始终遵循政道，为贞观之治的开创做出了巨大贡献。

岑文本：江南布衣多有幸，位高何患少家私

【人物简介】

岑文本，字景仁，生于595年，卒于645年，享年51岁，唐代文学家，唐太宗时任相。

【人物生平】

岑文本的祖父和父亲曾分别在西梁和隋朝任官，14岁时父亲被诬告，岑文本当即亲自出面对质申冤，最终成功解救了父亲，自己也因此名声大噪。

618年李唐大军攻破荆州，河间王李孝恭打算大肆劫掠，岑文本当即劝说李孝恭体恤百姓，以仁德获取威望，李孝恭采纳了这一建议。岑文本也因此趁机归入李唐阵营，后来又得到名将李靖的举荐，入朝担任中书侍郎，并参与了《周书》的撰写。

李世民即位后，岑文本鉴于当时奢侈之风盛行，又特意上书劝谏李世民，并直指魏王李泰奢侈的做法，李世民于是下令嘉奖了他。等到晋王李治被立为太子后，李世民有心对他委以重任，岑文本却因牵挂老母而屡次推辞。直到648年，岑文本又被任命为中书令。身居高位之后，岑文本以自己出身平民却位至宰相，殊荣尤甚，坚决拒绝置办田产、家业。

645年李世民以岑文本随军征辽，却见岑文本言行举止皆与平时不同，便担心他难以返回。不久之后，岑文本果然在征途中病逝，时年51岁。李世民为此十分

痛心，便为其追赠、追谥，并下令以他陪葬昭陵。

【人物评价】

岑文本政治才干一般，却以文书辞令见长，再加上为人忠信笃厚，因此才能得到李世民的信任，并享受殊荣优待。

褚遂良：慧眼能辨书真伪，无力难理君是非

【人物简介】

褚遂良，字登善，生于596年，卒于659年，享年63岁，唐太宗时任相。

【人物生平】

褚遂良是我国历史上著名的书法家，但在初唐年间，他还是当时一位著名的政治家。褚遂良之父曾在隋朝任官，却因牵涉杨玄感谋反之事而被贬官，褚遂良也跟随父亲一同来到西海郡。不久之后就赶上薛举在兰州称帝起兵，于是褚遂良与其父共同被归入薛举麾下。

薛举死后，其子薛仁杲继续举兵，却被李世民击败处死，麾下包括褚遂良等人在内，就此转入李唐麾下。褚遂良为人耿直而又精通学术，因此就连李世民也对他十分称赞，等到成立文学馆之后，又将褚遂良的父亲也任命为学士。褚遂良因此得以在欧阳询与虞世南两位书法名家的指点下，精研书法艺术。等到李世民通过玄武门之变即位，褚遂良又出任起居郎，专门负责记录李世民的日常言行。

由于褚遂良精擅书法之道，尤其对王羲之的字深有研究，因此经常负责鉴别全国各地献上的王羲之字帖真伪，从来没有出过任何差错。不仅如此，褚遂良也对政务十分洞明。当时李世民一意孤行远征辽东，褚遂良就曾明确表示反对，但最终因李世民过于强硬而不得不跟随亲征。后来这次亲征果然失利，李世民才不得不承认当时褚遂良正确。

李世民的太子李承乾和魏王李泰为了夺嫡而争斗不休，李世民对此十分苦恼，这时又是褚遂良与长孙无忌等人共同出面，成功劝说李世民立晋王李治为太子，时为643年。次年褚遂良先后担任黄门侍郎、中书令，开始正式成为李唐王朝政坛上的一颗"新星"。

659年李世民病重，驾崩前遗令由褚遂良和长孙无忌共同辅政，表示只要有他两人在，自己便无身后之忧，同时褚遂良又负责亲自草拟诏书。同年李治即位之后，褚遂良先后升职、被贬，直到653年又升任尚书右仆射，权势达到顶峰。

当时唐高宗一心废后、改立武则天，群臣之中多有反对，其中尤以长孙无忌、李勣、褚遂良三人最为激烈。最初时长孙无忌打算亲自入宫劝说，褚遂良却认为

他与唐高宗乃是舅甥，一旦唐高宗不肯同意，便会有欺侮亲戚之嫌，于是加以阻止。李勣又打算由自己入宫劝说，褚遂良同样表示反对，并指出一旦唐高宗不肯同意，一样会背上迫害功臣的骂名。眼见两人都十分为难，褚遂良便又主动请求入宫，并表示自己出身平民，没有功勋在身，即便触怒唐高宗而被降罪，也不会造成太大影响。最终褚遂良果然成功说服唐高宗，使其暂时放弃了废后的念头。

但不久之后唐高宗就再次铁下心来废后，褚遂良因此据理力争，最后更把象征官职的笏板放在地上，脱下帽子磕头直磕得头破血流。然而他的这一举动不仅没有让唐高宗回心转意，反而使唐高宗更加震怒。眼见唐高宗铁下心来，一直沉默的李勣果断转变风向赞同唐高宗，因此才平息了唐高宗的怒气，但也使褚遂良等人在日后，遭到了更加严苛的对待。

655 年武则天被立为皇后，褚遂良也被外放潭州，两年之后，武则天又指使许敬宗等人诬告褚遂良谋反。因此褚遂良一再被贬，最终更是被贬谪到越南境内，其间尽管一再上疏，却依旧无济于事。659 年褚遂良孤独地病死于当地，直到武则天退位后才得以平反。

【人物评价】

褚遂良与长孙无忌共同受命托孤，但实际上却从一开始就没能阻止武则天入宫，因此才引发后来之事，因此可说并不称职。尽管自己政坛晚景凄凉，褚遂良最终却以书法而享誉后世，也算是失之东隅，收之桑榆。

许敬宗：史笔如铁岂容篡，去尽伪饰恶名传

【人物简介】

许敬宗，字延族，生于 592 年，卒于 672 年，享年 81 岁，武则天时任相。

【人物生平】

许敬宗是隋朝时为数不多的秀才之一（据考证只有数十人），其父曾在隋时担任给事中。后来其父因宇文化及政变而死，许敬宗通过哀求逃过一命，后来辗转投到李唐麾下。

由于素有名声，李世民便将他招揽到自己的学府中，等到李世民登基后，又奉命编修国史。然而许敬宗在编修过程中，却凭借个人喜恶而擅自歪曲事实，以此打击、报复与自己有仇之人，同时又曲意逢迎，因此在后来去世不久就被人揭发。讽刺的是，他所篡改的地方后来都被修正，而他的这一恶行却被历代史书记载，背上了千古恶名。

唐高宗即位后，一心改立武则天为皇后，朝中重臣如长孙无忌、褚遂良等人

都坚决反对，而许敬宗却是一个政治投机分子，一直在私下为武则天进行谋划。他振振有词地表示，农夫一旦富裕都想着换老婆，何况以天子之尊废立皇后了。等到唐高宗废掉王皇后，武则天得势之后，许敬宗又在武则天的授意下，大力打击、报复长孙无忌等人，并得到唐高宗的重用，权势一时炙手可热。

许敬宗为人好色无度、穷奢极欲，同时又教子无方。他曾经在家中修建70多间飞楼，让妓女在其间骑马奔驰取乐，而他的长子却与自己的小妾私通，因此被时人耻笑。然而此时唐高宗对许敬宗的信任依旧，及至其年老时还特准其骑马入宫。

672年许敬宗病逝，享年81岁，死后高宗罢朝3日，下令百官一同吊唁，又为其追赠、追谥，陪葬昭陵。

【人物评价】

自古以来史笔如铁，区分是非黑白，而许敬宗却借着修史的机会扭曲事实，比之处死史官的崔杼还要不如，单此一事就足以见其卑劣。

高季辅：良言有用如药石，能安天下定国邦

【人物简介】

高季辅，名冯，字季辅，生于596年，卒于654年，享年58岁，唐高宗时任相。

【人物生平】

高季辅出自著名望族渤海高氏，少时就勤学文武双艺，并且因孝顺母亲而受到称赞。当时正是隋朝末年，高季辅的兄长因担任隋朝县令而被叛军杀死，高季辅得知后当即亲自出城杀仇人，后来又投到李唐麾下。

唐太宗李世民即位之后，高季辅多次直言上疏，劝谏李世民重用廉吏、轻徭薄役、遏制奢靡、提高官俸、善待皇弟，因此得到李世民的信任。李世民更曾将一块钟乳石赐给他，夸赞他的良言犹如药石，这就是成语"药石之言"的由来。后来高季辅更成为唐高宗李治的属官，多次协助其监国理政。等到唐高宗即位，便让高季辅担任侍中一职。

654年高季辅病重，高宗多次派人探视，但同年高季辅就病逝，享年58岁。唐高宗因此罢朝3日，并为其追赠、追谥。

【人物评价】

唐太宗时期名臣涌现不断，其间也出了许多著名的谏臣，高季辅就是其中十分突出的一位。

张行成：圣天子不别四海，老贤臣岂远君王

【人物简介】

张行成，字德立，生于587年，卒于653年，享年67岁，唐高宗时任相。

【人物生平】

张行成出自中山张氏，早年曾拜隋末著名经学家刘炫为师，并在隋朝时就已入仕为官，后来又转投王世充麾下。621年王世充被李世民击败，张行成也进入李唐麾下，及至李世民即位，又因在地方任职期满而入朝。

张行成入朝之后担任侍御史，严厉打击不法权贵、无所禁忌，因此李世民对他十分欣赏。李世民曾在公开场合议论山东、关中人士的优劣，又吹嘘自己的功劳，张行成听到后当即反驳，表示君主不该区分东西之民、争夺将相之功，李世民也虚心听取。

643年李世民立李治为太子，并以张行成为太子属官，此后张行成屡次辅佐李治监国，处理政务都十分得宜。649年李世民驾崩，张行成又与高季辅共同拥立李治即位，651年又拜任宰相。李治对张行成也同样倚重，有一次张行成因干旱而多次请罪请辞，李治都加以拒绝，最后更流着泪哭泣挽留，张行成从此再不敢提退休。

653年张行成病逝于任上，享年67岁。唐高宗得知后罢朝3日，赏赐下葬器物，又下令为其追赠、追谥。

【人物评价】

张行成与高季辅同列唐高宗时两大辅政重臣，同时也是一位敢于进谏的贤臣。

于志宁：遇明君何妨死谏，处混乱不若保身

【人物简介】

于志宁，字仲谧，生于588年，卒于665年，享年78岁，唐高宗时任相。

【人物生平】

于志宁的曾祖父曾在北周任太师，自己则在隋末担任县长一职。鉴于当时民变四起，于志宁果断弃官，后来又投到李唐麾下，奉唐高祖李渊之命辅佐李世民。

621年李世民受封天策上将，开设文学馆，于志宁也在其中担任学士，并得到李世民的赏识。李世民登基后，有一次宴请三品以上的近臣宴会，其间却不见于志宁身影，后来才得知于志宁是四品官，于是当即下令请他赴宴，并加授他官职。此后于志宁多次在庙堂上直言进谏，如反对李世民任命世袭刺史、反对太子李承

乾骄奢淫逸，这些意见都被采纳，李世民更下令进行褒奖，并干脆以于志宁为太子詹事。

于志宁任职之后，多次直言劝谏太子端正言行，却因此一再激怒太子，最终太子竟然收买杀手刺杀于志宁，幸好杀手也对于志宁十分敬仰，因此没有下手，于志宁这才逃过一劫。等到太子被废后，属官中只有于志宁没有被问罪，这也是李世民对他的认可。

649年李世民驾崩，唐高宗即位，于志宁开始担任宰相。在长孙无忌谋反一案中，于志宁力劝唐高宗不要处斩长孙无忌，唐高宗于是采纳。但在之后的废后风波中，于志宁始终没有表态，因此唐高宗便慢慢疏远了他。

656年许敬宗等人诬告于志宁与长孙无忌合谋，唐高宗因此将其贬谪。664年于志宁正式请辞。次年于志宁病逝，享年78岁，死后得到追赠和追谥。

【人物评价】

于志宁在唐太宗时力劝太子，为之几遭杀害也不曾畏惧，等到唐高宗即位后，却对废后一事再三缄默，表现出完全不同的做法。表面上看，这是于志宁后期畏事、失职，但事实上这正是于志宁洞悉局势，知晓何者可为、何者不可为的大智慧。

柳奭：只因裙带登庙堂，一朝失势命无常

【人物简介】

柳奭，字子邵，一字子燕，生年不详，卒于659年，唐高宗时任相。

【人物生平】

柳奭的父亲曾在隋朝时奉命出使高句丽，并病逝在那里，柳奭的叔父则在后来投到了李唐麾下。柳奭的外甥女即太子李治的妃子王氏（即王皇后），柳奭也凭借这一层关系当上了兵部侍郎。

等到李治即位，柳奭也被拜为宰相，然而仅仅过了不到3年，李治就开始专宠武则天，而对王皇后日渐冷淡。柳奭见到这样的处境，感到十分担忧，于是便辞去了宰相一职。

655年后宫斗争愈发激烈，武则天指控王皇后私下使用巫术，唐高宗因此大怒而将王皇后废为庶人。柳奭也因此受到牵连，再加上朝臣的落井下石，被唐高宗一贬再贬。659年柳奭又卷入长孙无忌谋反一案，唐高宗于是下令将柳奭处死，其家族近亲也被流放，直到705年唐中宗复位，才遵照武则天遗命将柳奭平反。

【人物评价】

柳奭本人才干平平，只是因裙带关系而得以拜相，最终也因裙带关系而败亡，

可见命运之无常。

韩瑗：精熟吏治无所用，只因君王未肯听

【人物简介】

韩瑗，字伯玉，生于 606 年，卒于 659 年，享年 54 岁，唐高宗时任相。

【人物生平】

韩瑗早年就以品行端正、精于吏治而为人所称道，其父韩仲良又曾担任刑部尚书，受封颍川县公，因此韩瑗后来也顺利入仕，官至兵部侍郎，并承袭了父亲的爵位。653 年唐高宗李治又以其为宰相，与柳奭等人共同负责编修国史。

655 年韩瑗也卷入唐高宗废后一事中，并因痛陈利害、坚决反对唐高宗废后而触怒龙颜，次年又上疏为褚遂良申冤，但唐高宗不予采纳。韩瑗因愤怒而上书请辞，但唐高宗也没有应允。

657 年，武则天的心腹许敬宗等人诬告韩瑗有意谋反，唐高宗于是下令将韩瑗贬官外放至振洲，两年后韩瑗便病逝于当地。不久之后长孙无忌谋反一案爆发，柳奭等人因此受到牵连而死，此时韩瑗已死也没有幸免，依旧被下令开棺验尸，近亲也如同柳奭族人那样被流放，直到 705 年才得以赦免。

【人物评价】

韩瑗为人精熟吏治，通晓后宫废立的利害，并能够直言劝谏，实在是风骨凛然。但可惜的是彼时唐高宗心意已定，因此韩瑗不仅无法阻止，反而遭到贬谪的命运。但比起被处死的柳奭等人，韩瑗还是要幸运一点的。

来济：罪臣侥幸不得死，不如以死报国恩

【人物简介】

来济，生于 610 年，卒于 662 年，享年 53 岁，唐高宗时任相。

【人物生平】

来济的祖上即是东汉名将来歙，之后的历代先祖也屡屡担任历朝官职。来济的父亲来护儿在隋末时，因不肯屈服宇文化及而与隋炀帝一同被害，来济的几位兄长也受牵连而死，只有来济和另一名较为年幼的兄长得以保全。

尽管幼时就遭遇不幸，来济却依旧十分好学，等到唐朝建立之后，更是考中进士并入仕。在贞观十七年的太子李承乾谋反一案中，来济体恤唐太宗心情，提出"上不失为慈父，下得享天年"的处理意见，因此得到唐太宗赏识。等到唐太宗驾崩，唐高宗即位，来济又于 653 年被任命为同中书门下三品，正式担任宰相。

当时后宫争斗激烈，唐高宗有心以武则天为皇后，因此想要先封武则天为妃，却遭到长孙无忌等一干大臣反对，来济更与韩瑗共同入宫劝谏。但最终唐高宗还是没有听取，因此等到武则天成为皇后后，来济等人虽受到褒奖，心中却十分不安。后来唐高宗又曾问他如何治理天下，来济则针对当时情况，以"轻徭薄役"四字相告。

657年时，武则天的心腹许敬宗、李义府诬告来济、韩瑗、褚遂良等人，结果三人都遭到贬谪，660年来济又被贬至西突厥边境的庭州。662年西突厥入侵，来济鉴于自己有罪在身，干脆不穿铠甲率兵激战，最终因受伤而战死，享年53岁，死后得到朝廷追赠，遗体也被送回老家。

【人物评价】

来济等人均因唐高宗废后一事而受到牵连，其余人或被杀，或自杀，或病死，人人经历各有不同，来济更是尤为壮烈，令人万分钦佩。

李义府：一朝得意不知势，转身忘却主仆分

【人物简介】

李义府，生于614年，卒于666年，享年53岁，唐高宗时任相。

【人物生平】

李义府最初时因善于文字而得到起用，后来又有幸跟随了晋王李治。等到李治被立为太子，李义府又在表面上劝谏李治疏远小人，趁机曲意逢迎，以此来骗取世人对自己的称赞。

李义府为人虚伪矫饰，机警善变，看似温和友善却包藏祸心，等到后来任相更是大力打击、陷害异己，因此被时人视为笑里藏刀，称作"李猫"。当时李义府曾因得罪长孙无忌而被免官，李义府趁着敕命未曾下达的机会，赶紧入宫觐见唐高宗并请求改立武则天为后，唐高宗因此大喜而收回敕命，并在同年正式改立武则天为后，将其拜任为宰相。

出任宰相之后，李义府便与许敬宗等人沆瀣一气，共同依附于武则天，为其出谋划策，并做出许多不法之事。当时监狱中有一名美貌女子，李义府得知后便下令大理丞将其释放，以便于自己迎娶，等到事发之后又逼迫大理丞自尽。尽管有朝臣为此弹劾，事后却被唐高宗驳斥，李义府因此更加得意忘形。

直到658年，李义府因与杜正伦不和而被贬谪，被征召回朝后继续大肆排除异己，气焰嚣张甚至连唐高宗也不放在眼里。有一次唐高宗忍不住提出告诫，李义府不仅不谢罪，反而质问唐高宗是何人所说，最后更直接拂袖离去，令唐高宗

极其不满。

不久之后李义府又偷偷请人为自己望气，因此被人告发下狱，唐高宗派人审理之后，便下令将李义府流放。666 年唐高宗因封禅而大赦天下，但又规定流放者不在其中，因此李义府十分忧愤，很快就因病而死。

【人物评价】

李义府为武则天日后的自立出谋划策，能力不可谓不大，只是为人卑劣，并非正人君子一流。不仅如此，李义府后来更是嚣张跋扈，甚至不将皇帝放在眼中，可见其在能力出众之余也未免有些不识时务。

杜正伦：挟私不以义为先，自身贬谪还在前

【人物简介】

杜正伦，生年不详，卒于 658 年，唐高宗时任相。

【人物生平】

早在隋朝年间，杜正伦就与两位兄长同时考中秀才，因此深受时人赞誉，后来杜正伦又被秦王李世民招揽，进入了秦王府的文学馆。

627 年杜正伦得到著名谏臣魏徵的举荐，魏徵更称其为"才能古今无比"，于是李世民便让他担任兵部员外郎，次年又改任给事中，负责给皇帝的起居做注。当时杜正伦曾劝说李世民言语慎重，以免给百姓带来苦厄，更在后世留下骂名，李世民因此十分高兴并赏赐了他。

后来李世民又以杜正伦作为太子李承乾的老师，然而杜正伦却将李世民的话转告给太子，因此触怒李世民而被贬谪外任，直到唐高宗李治即位，杜正伦才于656 年再次被征召入朝，并担任同中书门下三品，晋封襄阳县公。这一时期杜正伦曾建议唐高宗精简官员，但终因朝廷阻力而未能成功。由于此前与京兆杜氏结怨，杜正伦又利用职权，将杜氏的居住地大肆开凿，以此来破坏当地的风水。

658 年中书令李义府因个人私怨，便上疏构陷杜正伦，称其与群臣结党营私，图谋不轨，唐高宗于是将杜正伦贬官。不久之后杜正伦就病逝于任所。

【人物评价】

杜正伦为当时高才，又深得皇帝信任，只是为人疏于小节，又有些睚眦必报，因此最终结局不佳，留下令人深思的教训。

上官仪：只因一时先出头，身家性命两俱休

【人物简介】

上官仪，字游韶，生于 608 年，卒于 665 年，享年 58 岁，唐高宗时任相。

【人物生平】

上官仪的父亲上官弘曾在隋炀帝时担任江都宫副监，是隋炀帝的心腹近臣。618年宇文化及弑杀隋炀帝，上官弘也一同被害，上官仪因躲藏而侥幸逃得不死。

为了逃避宇文化及等人的追杀，上官仪不得不隐藏身份、剃度出家，更在寺庙里研习经文、佛典，以及各种经史文学。直到李唐一统天下、李世民登基为帝之后，上官仪这才得到当地官员的举荐，考中了进士并在弘文馆中任职。由于上官仪文采斐然、善于辞赋，李世民不仅经常命他起草诏书，还常常在宫廷宴会时命他坐席，以辞赋供众人宴乐。

唐高宗即位之后，上官仪继续得到重用。然而由于自己患有风疾，唐高宗不得不让皇后武则天参与政事，以致后来武则天逐渐开始凌驾于唐高宗之上。664年武则天又在宫中邀请道士，进行巫蛊之术，唐高宗得知后更加不满，但又难以做出决断，于是便召来上官仪商讨。此时朝中百官对于武氏专权都看得十分清楚明白，只是鉴于武则天的强势和唐高宗的善懦，无法提出反对意见，然而上官仪却是一个极为冲动敢言、不避后果的人。他一听完唐高宗的诉说，便当即表示：武则天的专横已经引起天下人的不满，皇上唯有废掉皇后，才是唯一的选择。唐高宗听了之后便下令由他起草废后诏书。

然而武则天早就在唐高宗身边安插了大批眼线，因此还没等上官仪起草完诏书，武则天便已气冲冲地赶来兴师问罪。武则天抓住唐高宗善懦的弱点，先是哭诉自己这些年来的辛苦，接着又大声申辩，使唐高宗无力招架，不得不改变心意，并解释说这都是上官仪教唆自己。唐高宗的本意其实不过是转移火力，然而这一举动却给上官仪带来了灭顶之灾。

665年武则天指使麾下的许敬宗上疏，诬告称上官仪与太子李忠有所勾结，想要暗中进行叛逆，唐高宗于是将上官仪下狱问罪。不久之后，上官仪就与自己的儿子一同被处死，太子李忠也同时被赐死。上官仪的孙女侥幸逃过死劫，后来又成为武则天身边的著名红人，即一代奇才女子上官婉儿。

705年武则天被迫退位，唐中宗再次登基，上官婉儿也被封为昭容，上官仪这才得到平反与追赠，并以重礼重新下葬。

【人物评价】

上官仪虽然精通诗文、熟悉典章，但却缺乏足够灵敏的政治嗅觉，因此贸然地率先提出废黜武则天的意见，因此为自己招来杀身之祸，但唐高宗对此也需要负有一定责任。

李敬玄：慧眼善识才士，韬略难统大军

【人物简介】

李敬玄，生于 615 年，卒于 682 年，享年 68 岁，唐高宗时任相。

【人物生平】

李敬玄为人博学，通晓礼制，因此得到他人举荐，进入崇贤馆中，成为太子李治的侍读。李治登基初年，李敬玄曾奉命负责选官，当时参选的官员多达 1 万以上，而李敬玄却能一一叫出名字，并随口说出落选之人的文书错误，因此受到天下人的一致称赞。

669 年李敬玄正式拜相，继续主持选官一事，并且十分称职。由于自己和国内望族联宗，李敬玄在朝中的势力极大，但李治虽然心中不喜，却也从未开口批评。但随着自己官位的提高，李敬玄逐渐与其余大臣产生矛盾，唐高宗也开始对他产生厌恶。

678 年唐高宗采纳李敬玄政敌的建议，任命李敬玄统兵抵御吐蕃，李敬玄无奈之下只得接受。抵达前线之后不久，李敬玄就因坐视麾下孤军深入而导致先锋刘审礼被俘，自己也被吐蕃击败，不得不仓皇逃回。最初时李敬玄以病请求回京，但很快唐高宗就发现他并无疾病，于是震怒而将其贬谪。

两年之后李敬玄病逝，唐高宗得知后，依旧为其追赠、追谥。

【人物评价】

李敬玄虽然熟稔政务，却过于得意忘形，不知避嫌、谦冲，因此最终被人落井下石，官场生涯也以惨淡而收场，可见做人还是应当谨慎。

薛元超：生以善见而显，死以殊荣而名

【人物简介】

薛元超，名振，字元超，生于 623 年，卒于 684 年，享年 62 岁，唐高宗时任相。

【人物生平】

薛元超出自河东薛氏，9 岁时便承袭父爵，又因善于文辞而被举荐。唐高宗李治即位后，薛元超多次上疏针砭时弊，李治因此对他欣赏。

此后薛元超多次为国家举荐大量贤才，因此受到称赞，却先后因受李义府和上官仪的牵连而贬官，直到 674 年唐高宗大赦，这才得以返京。676 年薛元超又被唐高宗拜为宰相，每逢宴会、巡游都要陪在身侧，深得唐高宗信任。682 年唐高宗

前往洛阳，让太子李显留守长安，薛元超又负责协助太子监国。唐高宗走后，薛元超多次劝说李显不要贪图打猎，而要爱惜自己的身体，唐高宗得知后又下令对其褒奖。

次年薛元超因风疾而不能言语，唐高宗也在不久之后驾崩，薛元超趁机请求致仕，并在一年后去世，享年62岁，死后得到追赠、追谥，以及朝廷赏赐的下葬器物，并陪葬于乾陵。

【人物评价】

薛元超生前为官，多次提出过有用之见，死后也为朝廷礼遇，享受各种殊荣，称得上有始有终。

裴炎：受命辅孤行不力，宰相入狱不求生

【人物简介】

裴炎，字子隆，生年不详，卒于684年，唐高宗时任相。

【人物生平】

裴炎曾经在弘文馆苦读十年，其间一度拒绝朝廷的征召，一心一意研读《左传》，后来才参加明经科举，至此才入朝为官。680年裴炎终于升任侍郎，加同中书门下三品，成为一国宰相。

682年唐高宗前往洛阳，裴炎也与薛元超等人一同留守长安，辅助太子李显监国，次年唐高宗驾崩之后，裴炎又奉命继续辅佐唐中宗李显。不久之后李显就因裴炎阻止自己封赏外戚韦氏而气愤，一怒之下说出以国相让的话，因此裴炎只好禀告武则天。不久之后武则天便废掉唐中宗，改立睿宗李旦为帝。

当时武则天已经成为实质上的统治者，并准备接受族亲为武氏立庙，却被裴炎据理力争劝阻。其间裴炎还援引吕后之事，因此武则天十分不喜。不久之后裴炎再次出面阻止武则天清除李氏，武则天因此更加恼怒。鉴于当时情势，裴炎曾暗中谋划，想趁着武则天出游的机会，将其挟持以逼其归政，但因故没能实现。

684年裴炎再次趁着徐敬业起兵的机会请求归政，却被武则天以谋反罪名下狱。尽管大臣纷纷为其担保，武则天却杀意已定，裴炎也心有所感，感叹身为宰相而入狱，又怎么奢求保身。同年十月裴炎被处斩，为其辩护的官员也纷纷被贬谪，直到唐睿宗复位后才得以平反，得到追赠和追谥。

【人物评价】

裴炎为人正直忠义，只是行事未免轻率，只因一言之失便使唐中宗被废黜，为此直接引发李唐王朝的政局动荡，可以说是有负托孤之意。

武承嗣：裙带登堂已侥幸，何来野望想帝銮

【人物简介】

武承嗣，字奉先，生于 649 年，卒于 698 年，享年 50 岁，武则天时任相。

【人物生平】

由于唐高宗为人善懦，又患有风疾之症，因此到了晚年，武则天便逐渐掌控了朝政。为了巩固自己的地位，武则天大肆提拔同族子弟入朝仕宦，武承嗣作为武则天兄长之子，自然也得到姑母的重用。685 年时，武承嗣又被加授同中书门下三品，成为一朝宰相。然而武承嗣在任期间，只是一味逢迎武则天，为其篡夺帝位进行造势，此外没有任何值得称道的政绩。

为了帮助武则天夺取皇位，武承嗣于 688 年指使手下伪造祥瑞，在一块白色大石上刻下"圣母临人，永昌帝业"八个大字，并以紫石杂药进行装饰，派人献入皇宫之中，武则天也对此大为高兴。与此同时，朝野上下许多人都趁机制造谶语、迎合武则天，690 年武则天终于正式登基，并改国号为周。此前武则天已经接受武承嗣的建议，为武氏先祖立七庙，当年又封武承嗣为魏王。

武承嗣得势之后愈发骄横，同时又大肆迫害异己，更建议武则天杀掉李唐宗室子弟以绝后患，暗中却打算劝说武则天以自己为储君。武承嗣最初时曾指使洛阳人王庆之上书，请求武则天改立太子，然而王庆之却被奉命问责的李昭德当场杖毙。不仅如此，李昭德还随后上疏指出，武承嗣既为亲王又任宰相，权势滔天影响甚为不好，劝说武则天免去了武承嗣的相位。然而武承嗣却没有就此死心，相反还继续作威作福，欺压良善。

当时大臣乔知之对婢女碧玉十分喜爱，武承嗣竟以"教姬妾梳妆"为理由将碧玉霸占，乔知之因此十分悲痛，写下一首情诗表示哀痛。碧玉得到诗后便悲痛投井而死，武承嗣得知后竟将乔知之诬告处死。同时武承嗣却对武则天的几任男宠十分奉承，甚至抢着为其牵马，以此来讨好武则天。

尽管武承嗣一直以"自古天子不传异姓"为理由，劝说武则天立自己为太子，但武则天最终接受李昭德等人建议，将儿子立为了储君。眼见自己的期许破灭，武承嗣为此深感失落，最终竟忧愤而死，时年 50 岁。

【人物评价】

武承嗣身无长才，只因姑母武则天的缘故才得以入朝拜相，因此自然不能指望他有所建树。不但如此，武承嗣居然还妄自做起春秋帝王大梦，实在是肤浅至极。

苏良嗣：南门本是宰辅地，面首何胆敢寻衅

【人物简介】

苏良嗣，生于 606 年，卒于 690 年，享年 85 岁，武则天时任相。

【人物生平】

苏良嗣出自武功苏氏，武功苏氏则是源自春秋战国时以苏秦为代表的苏氏宗族。苏良嗣的父亲苏世长就曾任巴州刺史，苏良嗣长大后，也因为父亲的缘故而得以入朝。

苏良嗣最初在周王李哲（即唐中宗）时，经常直言反对李哲的不法行为，因此李哲对他十分敬畏，就连唐高宗也对他十分赏识。苏良嗣后来先后出任洛州长史、冀州刺史、荆州长史，683 年又转任雍州长史。每到一地遇到案件，苏良嗣都能在 3 日之内破案，并以严明的法纪来维护社会治安。

684 年唐中宗被废，苏良嗣却没有因此牵连，反而被擢升要职，继续得到武则天的重用。次年苏良嗣又担任纳言，并受封为温国公。当时有人提议贩卖宫中果蔬以牟利，苏良嗣却引用公仪休的事例予以否定。武则天的男宠薛怀义曾在苏良嗣面前傲慢无礼，苏良嗣当即将其痛打，事后武则天也只好让薛怀义不再进出苏良嗣所在的南宫门。

690 年苏良嗣的政敌被酷吏诬陷，被下狱问罪时故意牵涉苏良嗣，苏良嗣此时已经 85 岁，受不得惊吓，当场就惶恐晕倒在大殿上，但武则天明察秋毫，因此并未问罪。但苏良嗣却因惊吓而于当日死去，武则天于是罢朝 3 日，命令百官共同吊唁，又下令为其追赠。

【人物评价】

苏良嗣任官期间无所畏惧，甚至连武则天的男宠都照打不误，可以说是正气凛然，是一位无所畏惧的诤臣。

韦思谦：明目张胆为国事，方不愧吾男儿身

【人物简介】

韦思谦，本名仁约，字思谦，生于 611 年，卒于 689 年 10 月 16 日，享年 79 岁，武则天时任相。

【人物生平】

韦思谦幼时就以孝悌而出名，长大之后又考中进士，得以担任应城令一职。按照当时惯例，政绩考核排在末等者不能升迁，而韦思谦却被举荐为监察御史，

因此人们都对他十分惊奇。

当时中书令褚遂良因侵占他人土地而被举报，负责审理的官员不敢定罪，只有韦思谦上疏弹劾，朝廷因此只得将褚遂良贬官。等到褚遂良再次入朝，便趁机打击报复韦思谦，将其贬为县令。然而韦思谦却毫不以为意，并表示大丈夫就应该明目张胆为国家效力，这就是"明目张胆"这一成语的由来。后来唐高宗又再次征召韦思谦入朝，担任谏官。即便是见到王公贵族，韦思谦也从来不肯行跪拜礼，并将自己比作鹰、雕，而将王公视为禽鸟，表现出凛然风骨。

但是，尽管韦思谦如此刚正，但他也有偶尔畏惧的时候。684年武氏族人劝说武则天杀害李唐宗室，韦思谦就因畏惧而不敢直言，所幸武则天最终没有听从。此后韦思谦又于685年接替苏良嗣担任纳言。

687年韦思谦上表请辞，两年后病逝于家中，享年79岁，死后得到朝廷追赠。

【人物评价】

韦思谦身为宰相政绩平平，但在担任谏官期间，却较好地表现出了尽职风范，值得后人肯定。

韦待价：胜败无常难有定，可惜惨败辜盛恩

【人物简介】

韦待价，生年不详，卒于689年，武则天时任相。

【人物生平】

韦待价出自李唐时期的大士族京兆韦氏，其父韦挺就曾官至象州刺史。韦待价后来入朝为官，又迎娶了李渊堂侄李道宗的女儿，身份一时显贵。

后来李道宗因被诬陷而流放，韦待价也受到牵连，被贬至辽东守卫前线。在戍守期间，韦待价奋力击败敌军，因此身负重伤却不肯明言，因此朝廷又免去他的职务放归乡里，后来才再次起用，678年又被封为扶阳县侯。

683年唐高宗驾崩，武则天临朝，韦待价再次升任并负责督建乾陵，685年正式拜相。此后武则天又继续为其加封，韦待价因此感到惶恐，屡次请辞却不被准许。689年武则天又下令晋封韦待价为扶阳郡公，并以其统率大军抵御吐蕃。其间曾有人上疏建议派遣监军，武则天却因寄望甚重而没有应允。

然而由于副将阎温古不肯配合，再加上天降大雪，唐军最终因粮草不足而惨败，武则天因此大为震怒。阎温古因此被处死，韦待价也被免官流放。不久后韦待价便在流放地死去。

【人物评价】

韦待价虽然身居要职，但却由于种种原因而未能充分建立功业，因此政绩实

在平平，无可称道之处。

狄仁杰：沧海淘尽遗贤在，再兴李氏盛唐来

【人物简介】

狄仁杰，字怀英，生于 630 年，卒于 700 年，享年 71 岁，武则天时任相。

【人物生平】

狄仁杰也是一位家喻户晓的著名历史人物，在影视作品中更以"神探"的形象闻名。历史上真实的狄仁杰不仅断案严明，同时也是一位才干非凡的大臣。

狄仁杰最初因考中明经科而入仕，但却仅仅担任汴州判佐这样的微小职务，其间还因他人的诬陷而入狱，但这却反而成为了他成功的开始。当时负责审讯他的正好是著名画家阎立本，经过一番审问，阎立本不仅没有给他治罪，反而称他是"沧海遗珠"，于是又将他举荐给朝廷。

后来狄仁杰又升任大理寺寺丞，仅用了 1 年时间就将大量积压案件全数告破，涉案的 1 万多人皆对判决结果心服口服、毫无怨言，狄仁杰因此受到称赞。686 年任宁州刺史时，狄仁杰又负责处理民族关系，依旧得到当地百姓的称赞，因此又被奉命巡查的御史举荐，继续得到升任。

688 年狄仁杰改任豫州刺史，正好遇到张光辅率军平叛，并纵容部下大肆抢掠。狄仁杰当即挺身而出，怒斥张光辅御下不严，因此被张光辅记恨，回去之后就再次被诬告，因而被贬至复州。直到 3 年后，狄仁杰才再次被征召入朝，并直接担任宰相。武则天曾问他是否想知道是何人在暗中构陷他，狄仁杰却表示倘若自己有过便该改正，无过则是幸运，并不想知道是谁中伤。武则天因此十分惊叹。

然而仅仅过了 4 个多月，狄仁杰就被来俊臣等酷吏陷害入狱，后将冤情写在一块布上让人带出监狱，才再次被武则天重视，最终被武则天免罪但贬官。由于此前狄仁杰曾在武则天面前痛陈利害，劝阻武则天以侄子武承嗣为太子，武承嗣因此深深记恨，趁机劝说武则天处死狄仁杰。但武则天最终没有应允，696 年又以他为豫州刺史，抵御契丹的入侵。契丹首领得知狄仁杰前来，当即引兵远遁，事后狄仁杰得到武则天的嘉奖和赏赐。

697 年狄仁杰再次拜相，之后屡次对武则天提出劝谏。当时有一批太学生想要谒见皇帝，武则天当即应允，狄仁杰却站出来表示反对，认为只要让负责受理的衙门做好受理工作即可，身为天子不必理会琐事，以免为后事开先河，武则天于是应允。武则天信佛，曾打算趁着避暑出游的机会观察佛骨舍利，狄仁杰得知后又明确表示说，域外之神不值得天子之尊敬仰，异邦僧人也多有心怀不轨，想要

趁机迷惑人心之徒，武则天于是作罢。等到了后来武则天又打算花费数百万钱财来铸造一座巨大佛像，狄仁杰再次劝说武则天体恤民力，以免因此动摇国本，武则天也再次答应。

狄仁杰不仅为国事操烦，同时也一心为李唐江山考虑，想尽办法劝武则天回心转意。有一次武则天做了两个梦，一个是下双陆棋始终不胜，另一个则是鹦鹉折翼不能高飞，醒来后感到奇怪，便问狄仁杰其中缘故。狄仁杰趁机表示下棋不赢是因为无子，因此不能改立太子以动摇国本；鹦鹉的"鹉"与"武"同音，两翼则是武则天的两子，只要起用两子，就能再次高飞。接着狄仁杰又继续剖析利害，武则天初时虽然不满，最终却逐渐醒悟，并偷偷将唐中宗李显接回洛阳，又在狄仁杰的建议下以隆重礼节迎接。

狄仁杰除了为李唐宗室筹谋之外，还在朝中积极举荐贤才，其中许多人都在后来成为复兴李唐的关键人物，其中最著名的就是张柬之。最初时张柬之只被授予司马一职，狄仁杰不依不饶继续举荐，于是武则天后来便以张柬之为相。

700 年，文武百官共同跟随武则天巡幸，只有狄仁杰被武则天赏赐宅院，一时殊荣显赫。武则天也从来不直呼狄仁杰之名，而以"国老"尊称。同年狄仁杰病逝，享年 71 岁，武则天为之罢朝 3 日、追赠追谥，直到后来还经常当朝哀叹。

【人物评价】

狄仁杰一生饱经宦海沉浮，难得的是始终不改忠义为国之心，同时又切切实实以自身的卓越才干，为国家社稷做出了巨大的贡献，是一位足以万古流芳的贤明之臣。

李昭德：苍天有恨降大雨，一悲忠正一恨奸

【人物简介】

李昭德，生年不详，卒于 697 年，武则天时任相。

【人物生平】

李昭德出自陇西李氏，与西汉时著名的飞将军李广乃是同族。李昭德在早年时就考中明经科，因而得以入朝仕宦，但其间也因种种原因而贬官。

当时民间有人上疏请求武则天立侄子武承嗣为太子，想以此讨好武则天，武则天下令由李昭德诘问。李昭德当即下令将上疏之人活活打死，并趁机劝武则天以李唐后裔为储君，武则天也表示接受。次年武则天想要以武承嗣为宰相，李昭德再次痛陈利害，武则天于是便以李昭德为相。

当时武则天以女子之身登上皇位，为了巩固统治便重用来俊臣等酷吏，通过

大量冤狱来制造恐怖气氛，震慑朝中百官，李昭德则屡次上疏指明酷吏的不法之事，因此受到民间称赞，但李昭德也因恃宠专权而遭到一些人的不满。694年有人上疏弹劾李昭德专权，武则天于是下令将其贬官。

697年李昭德再次被酷吏来俊臣陷害下狱，但不久后来俊臣也被弹劾下狱，最终李昭德这位贤臣与来俊臣这一奸佞同时被问斩。李、来二人死后正好天降大雨，人们都对李昭德十分遗憾，却对来俊臣拍手称快。

【人物评价】

李昭德虽然为人强势，但忠义之心和正直之心却未曾或缺，仍然是一位忠正大臣，因此他的死去同样令人感到惋惜。

姚璹：阿谀上位无奈事，吾心何曾忘亲民

【人物简介】

姚璹，字令璋，生于632年，卒于705年，享年73岁，武则天时任相。

【人物生平】

姚璹早年痛失双亲，此后独自一人抚养弟妹，同时又不废研读，因此乡人都对他十分称赞。唐高宗时期，姚璹入仕并奉命参与撰写《瑶山玉彩》一书，因此得到升任，后来却因堂弟参与徐敬业之乱而被牵连免官。

为了迎合武则天，姚璹便四处寻找与其相应的所谓祥瑞之兆，武则天因此升任他。尽管是通过阿谀奉承的方式上位，姚璹却在任上十分勤勉、尽职，因此朝野之间口碑十分好。694年武则天以姚璹为纳言，其间有人以其堂弟的旧事反对，武则天却不以为意。

出任宰相后，姚璹更是屡次劝阻武则天杜绝迷信、体恤民生、不兴奢靡，武则天都一一采纳。后来因战事不利的缘故，姚璹一度降职地方，在任期间依旧以勤政爱民留下很好的口碑。

701年姚璹以年老请辞，武则天几番拒绝，最终还是同意了。705年姚璹病逝，享年73岁，死后武则天下令追赠、追谥。

【人物评价】

姚璹的求官方式虽然不甚光明磊落，但观其治政作为，却依旧是一位贤臣、能臣，因此应当予以认可。

娄师德：辩才曾退夷狄，高风又服狄公

【人物简介】

娄师德，字宗仁，生于630年，卒于699年，享年70岁，武则天时任相。

【人物生平】

娄师德在 20 岁时就考中进士，因此得以入仕，并不断得到升迁。然而娄师德却不仅仅是一个手无缚鸡之力的书生，相反还是一名颇具将才的能臣。678 年唐高宗以宰相李敬玄征讨吐蕃时，娄师德就曾自告奋勇去前线作战。当时李敬玄惨遭失败，而娄师德却先是以辩才折服吐蕃，继而又接连 8 次取得作战的胜利，因此被唐高宗视为良才。

692 年娄师德被武则天征召入朝，次年又拜为宰相。然而当时边境战事依旧吃紧，因此仅仅过了一年，武则天便不得不将娄师德派往吐蕃前线。696 年唐军被吐蕃所败，娄师德也因此被贬，但仅仅过了一年就再次入朝，旋即第二次被拜任为宰相。

娄师德身居高位却为人谦逊，又积极为国举贤。当时他的弟弟也担任地方刺史一职，娄师德于是告诫他要善于忍让，即便别人朝自己吐唾沫，也要让唾沫自行干掉。他又曾向武则天举荐狄仁杰为相，但毫不知情的狄仁杰任职之后，却数次排挤娄师德，最后更使娄师德被外任。然而娄师德却对此毫不介意，狄仁杰事后得知，才感到十分惭愧。在他未曾任相之前，宰相李昭德曾因故怒骂他是"乡巴佬"，娄师德也只是笑着表示当仁不让。

699 年突厥再次侵犯，娄师德奉命出任边境经营战事，同年 9 月病逝，享年 70 岁，死后得到追赠、追谥。

【人物评价】

娄师德不仅文武双全，人格品行也极其端正，称得上是一代良相。

陆元方：诚信先于恩义，知贤不问亲仇

【人物简介】

陆元方，生于 639 年，卒于 701 年 3 月 20 日，享年 63 岁，武则天时任相。

【人物生平】

陆元方最初以明经科入仕，后来因奉武则天之命安抚岭南，完成任务十分得宜，因此被武则天赏识，及至后来酷吏来俊臣陷害陆元方，武则天依旧予以赦免。693 年时，陆元方正式被拜任为宰相。

由于自己依附宰相李昭德，陆元方一度被降职贬谪，但后来又官复原职。陆元方任职期间，经常四处明察暗访，将自己了解到的贤才举荐给国家，其中的韦安石、崔玄暐、陆象先（为陆元方之子）后来都当上了宰相。有人曾构陷他偏私朋友，武则天怒而将其降职，陆元方却依旧举荐官员，并表示自己只知举贤，不避亲仇。武则天这才信任了他。

陆元方不仅为官正直，为人也十分诚信。由于自己家道衰落，陆元方曾打算卖掉家中旧宅，然而刚刚与商人签订合约，当地太守也以高价前来购买。太守此前曾有大恩于陆家，因此志在必得，然而陆元方却坚决拒绝，就连其母劝他也丝毫不肯退让，因此触怒了太守。后来得知商人是打算把旧宅改成酒楼，陆元方又当即出面表示旧宅的格局不适合，商人因此十分感动，反而以高价买下了房子。

699 年陆元方再次任相，却因违逆武则天旨意而被降职，改任文昌左丞。701 年陆元方病逝，死后得到追赠。

【人物评价】

陆元方举贤、交易皆奉行原则，丝毫不因他因而动摇，是一位原则性极强的贤臣良士。

韦巨源：有志虽死国难，所为奈何不臣

【人物简介】

韦巨源，生于 631 年，卒于 710 年 7 月 22 日，享年 80 岁，武则天、唐中宗时任相。

【人物生平】

韦巨源出自京兆韦氏，祖上历代都在各朝担任要职，693 年，韦巨源也在武则天朝担任宰相。

695 年韦巨源因故被贬，后来又再次入朝，700 年时再次被拜为宰相。后来因为自己的从父韦安石也被任命为宰相，武则天出于平衡政局的考虑，又将韦巨源免职。唐中宗复位后，韦巨源又第三次被任命为相，同时又受封郇县伯。然而韦巨源却趁此机会大肆安插亲信，10 名属官之中，就有 9 名都是自己的亲属，以至朝官无不感叹，天下人人离心。

不久之后韦巨源再次因韦安石拜相之故而免职，但后来又再度任相。眼见当时唐中宗昏聩，韦巨源便主动依附于韦后，更与另一名大臣宗楚客勾结。不仅如此，韦巨源还在私下为韦后造势，建议其效仿武则天自立。

唐中宗暴死后，韦后一度专权，但仅仅过了一个月，临淄王李隆基就发动政变，果断歼灭了韦氏势力。当时韦巨源的家人都劝他躲避，他却以自己身为重臣、当死国难为理由拒绝，因此被杀死。

【人物评价】

韦巨源一生几次遭遇政坛波折，最终都再次复出，称得上富有传奇色彩。然而他虽位极人臣，却心术不正、行为不端，最终也因站错立场而死，可以说是咎由自取。

武三思：残害李唐终有报，腾达一朝辱一朝

【人物简介】

武三思，生于 649 年，卒于 707 年，享年 59 岁，武则天时任相。

【人物生平】

武三思是武则天的侄子，凭借着这一层外戚关系而得到唐高宗的起用，一直担任到礼部尚书一职。690 年武则天称帝自立，对武氏宗族大肆封赏，武三思也因此受封为梁王。为了帮助武则天扫除障碍、巩固权势，武三思早在武则天称帝前，就劝说其杀掉了李唐王室的几名重要皇族成员，表现出了自己骄横、残忍的一面。

武三思等人虽然跋扈，却也知道自己的显贵从何而来，因此对武则天更加恭敬逢迎，对其身边人也一样谄媚。当时武则天所宠幸的是男宠薛怀义，因此武三思便与武承嗣共同逢迎，甚至为其牵马驾车，姿态卑微甚至比奴仆还要恭顺。等到张昌宗兄弟得宠后，武三思等人又当即转向，继续以同样的姿态阿谀张氏兄弟，并称呼两兄弟为"五郎""六郎"。此外，为了给武则天歌功颂德，武三思又极力鼓动各地官员和全国商人，捐助大量钱财为武则天铸造天枢铜铸，并在其上刻字称颂武则天的功德。许多百姓都因此而家破人亡，但武三思却丝毫不以为意。

武三思的种种阿谀之举，确实在一定程度上取得了效果，698 年，武则天就打算以武三思为太子，但宰相狄仁杰却坚决反对。不久之后狄仁杰又趁着为武则天解梦的机会，成功劝说武则天改变心意，武三思的图谋这才落空。

705 年张柬之发动神龙政变，拥立李显复位，为了让天子有机会展示威仪，便没有诛杀武三思，打算由李显亲自问罪，但这一谋划却以失败告终。原来武三思的儿子曾迎娶李显爱女安乐公主为妻，再加上李显为人善懦，因此根本没有想到这样做。武三思因此得以避过杀劫，更得到李显的厚待，权势、威望反而更加显赫。

李显复位后，便以武则天近侍上官婉儿为妃，然而武三思却私下与上官婉儿苟合，并在上官婉儿的牵引下，与李显的皇后韦后私通。李显却对此浑然不觉，反而对武三思更加信任。不久之后，武三思就在李显面前进谗，使其将当初复兴李唐社稷的张柬之等五人，全数免官并出镇地方，随后又将他们全数流放，除张柬之以外的几人更惨遭杀害。此前李显的驸马王同皎曾与人合谋，打算伺机杀掉武三思，却被自己的门客宋之问出卖，因此被武三思抢先下手杀害。

除掉张柬之等人之后，武三思又对太子李重俊产生了忌惮。李重俊并非韦后所生，而且为人素来聪慧果断，因此武三思便通过儿子蛊惑安乐公主，打算让李

显废掉太子，改立安乐公主为皇太女，但李显没有答应。李重俊见武三思开始对自己不利，便果断地选择了反击。

707年李重俊联合李多祚等对武三思不满的大臣，矫诏率兵冲入武三思的府邸，将武三思和其子一并诛杀，但自己也在入宫诛灭韦后时兵败被杀。武三思死后得到李显追封、追谥，但李旦即位后又被斫棺暴尸。

【人物评价】

武三思虽有权谋手段，却又是一个不折不扣的卑劣宵小、无耻奸佞，毫无可称道之处。武三思最初因迫害李唐宗室、残杀异己大臣而显贵，最终也被李唐王室所杀，可见报应循环，天理昭彰。

宗楚客：一日天子犹可羡，奈何身死入黄泉

【人物简介】

宗楚客，字叔敖，生年不详，卒于710年7月22日，武则天、唐中宗时任相。

【人物生平】

宗楚客在唐高宗时考中进士，武则天时期升任至兵部员外郎。当时有谣言称归降大唐的突厥吐敦谋反，整个京城因此震动，唯有宗楚客对武则天表示：吐敦为人忠厚，必不可能造反，造反的必然是其侄默子，默子虽有野心但无远谋，因此不足为惧。果然不久后默子就失败被擒。武则天因此对宗楚客十分赏识。

在武则天时期，宗楚客两次担任宰相，但却先后因触怒武氏、奢靡放纵而两次被免，等到唐中宗复位，宗楚客又积极依附于武三思和韦皇后，并协助韦后杀死了太子李重俊。等到武三思死后，宗楚客又接任宰相，成为朝中权势炙手可热之人。当时宗楚客曾因不法之事而被监察御史崔琬举报，两人产生矛盾，事后唐中宗不敢追究，反而以约两人饮酒的方式来化解，以至被时人称为"和事天子"。

随着权势的膨胀，宗楚客的野心也逐渐显露，他甚至公然对手下表示，哪怕能够当一日天子，也足以感到满足了。然而就在此时，临淄王李隆基果断发起政变，将韦后势力全数歼灭，宗楚客也一同被杀。

【人物评价】

宗楚客接连三次拜任宰相，位高权重，但为人却心术不正，更有不切实际的不臣之心，因此才导致了最终的失败。

魏元忠：执法不避君王侧，为臣不失拨乱心

【人物简介】

魏元忠，原名真宰，生年不详，卒于707年，武则天、唐中宗时任相。

【人物生平】

魏元忠早年淡泊名利，潜心研读历代用兵成败的典籍，因此很久都没能入仕。直到 679 年吐蕃侵扰边境，魏元忠上疏指明朝廷用兵得失，唐高宗这才惊奇于他的才华，并给他授予官职。

684 年徐敬业在扬州起兵讨伐武则天，魏元忠奉命监理平叛大军。他先是力劝大军统帅李孝逸不要畏战，继而又力排众议劝说大家迎击叛军，终于将叛军彻底击败。事后魏元忠也因此得到升任。后来酷吏周兴曾诬告并将魏元忠押赴刑场问斩，武则天也以魏元忠平叛之功而予以赦免。

此后魏元忠几度被诬告流放，却丝毫不以为意，699 年又正式担任宰相。当时武则天面首张易之纵容家仆不法，魏元忠得知后当即将家仆问斩，朝臣无不敬佩。后来魏元忠又直斥张易之为小人，因此被诬告下狱，武则天后来虽然查明真相，却依旧将魏元忠暂时贬官。

神龙政变之后，魏元忠继续担任宰相，并力阻唐中宗废掉太子，改立安乐公主为皇太女。由于当时武三思权倾朝野，魏元忠经常感到不快，并在暗中积极谋划铲除武三思。但在 707 年太子李重俊发动政变时，魏元忠等人犹豫不决，政变最终以失败告终。魏元忠由于素来得到唐高宗和武则天的看重，因此侥幸免去唐中宗问罪，得以继续任官。

然而不久之后，武三思的余党宗楚客等人，就揭发了魏元忠参与密谋的事情，魏元忠因此主动上疏请辞，后来又被贬官。宗楚客等人不依不饶，打算继续加害，却在旁人的斡旋下作罢。不久之后魏元忠病逝，后来逐渐被追赠、追谥。

【人物评价】

魏元忠既通军事，又明政务，更有刚正凛然之姿，实在是当时不可多得的贤臣良相，只是终究势单力孤，不能彻底拨乱反正，但依旧值得褒奖。

韦安石：不畏天后真宰相，受谗奸佞假污名

【人物简介】

韦安石，生于 651 年，卒于 714 年，享年 64 岁，武则天、唐中宗时任相。

【人物生平】

韦安石最初因考中明经科而入仕，并得到著名诤臣苏良嗣的赏识，被举荐给武则天。后来韦安石多次外任地方刺史，都因为人谨慎、为官清廉而得到称誉。

700 年韦安石被武则天任命为相，同时又负责留守西都。韦安石不仅勤于治事，同时又风骨凛然，无所畏惧。当时武则天的面首张易之等人，曾在宫廷宴会

上将几名商人引入，韦安石当即挺身而出，驳斥张易之并将商人驱逐出宫，引得满座震惊，另一名大臣陆元方也感叹他才是真宰相。不久之后韦安石又将张易之等人的罪状一一罗列，武则天不得不下令问罪，但不久后又借故将韦安石贬官。

705 年神龙政变后，唐中宗复位，韦安石再次被任命为相，等到唐睿宗即位后，韦安石又屡次拒绝太平公主的拉拢，因此触怒太平公主，几次遭到构陷，最终被免去了相位。由于当时天灾不断、家人行为不端，再加上政敌的构陷，韦安石在此后接连遭到贬谪，最终被贬为沔州别驾。

714 年有人又诬告韦安石贪赃受贿，韦安石因此悲愤、忧病而死，享年 64 岁。

【人物评价】

韦安石身处朝廷动荡之际，为人虽然刚正却又无法匡扶时弊，因此最终只能结怨于小人、受诬抱憾而死。

朱敬则：此身已奉庙堂，一骑悠然返乡

【人物简介】

朱敬则，字少连，生于 635 年，卒于 709 年，享年 75 岁，武则天时任相。

【人物生平】

朱敬则的家族素来以孝悌为治家之本，其家族从北周时期就以孝悌而闻名当地。朱敬则从小受到家风熏陶，为人谦逊仁爱而又富有文采，同时还结交了许多官员。就连唐高宗李治也在与他交谈后十分欣赏，并打算委以重任，却因小人进谗而作罢。

等到武则天称帝之后，朱敬则又担任右补阙一职。当时武则天为了巩固统治，积极鼓励官民互相揭发，因此导致人人互相构陷、人人自危。为了杜绝这一情况，朱敬则主动上疏，指出治政需要根据实际情势做出调整，眼下政权已经巩固，就该以宽松刑法代替苛刑，武则天表示赞同。703 年朱敬则正式拜相。

当时张昌宗兄弟等人都积极拉拢朱敬则，朱敬则却从不理会；等到御史大夫魏元忠、凤阁舍人张说受到诬告，朱敬则又主动为二人辩护。不仅如此，朱敬则还在任相时举荐了大量贤才，就连武则天也称赞他知人善任。朱敬则又在私下嘱托其余大臣，相王（唐睿宗李旦）将来一定会再次复位，到时候一定要尽心辅佐。

神龙政变之后，朱敬则因性情耿直而触怒时政，因此被免去官职，最终只骑着一匹马悠然离去，其子侄也都步行跟随返乡。712 年朱敬则病逝，享年 75 岁，唐睿宗即位后得知其生前所言，便下令为其追赠、追封。

【人物评价】

朱敬则为官清廉而能知人，又敢于痛陈时弊，可以说是一位风骨凛然的国之诤臣。

唐休璟：天后只恨用贤晚，曾以威名震洪源

【人物简介】

唐休璟，名璿，字休璟，生于627年，卒于712年，享年86岁，唐中宗时任相。

【人物生平】

唐休璟最初以明经科入仕，但一直都没能崭露锋芒。直到679年突厥入侵，唐休璟奉命抵御，大破突厥，展示出军事才华，这才升任司徒一职。

683年突厥再次围困丰州，当地都督也被斩杀，群臣都力主放弃丰州，只有唐休璟表示反对，武则天采纳了他的建议。后来唐休璟又调任安西副都护，镇守西州一带。他又上疏请求武则天，最终成功地收复了安西四镇。

700年吐蕃入侵，唐休璟一语道出吐蕃贵族士兵不谙军事的实质，鼓励麾下奋勇杀敌，自己也在战场上身先士卒，连续6次取得胜利。以致后来吐蕃遣使入朝，都主动表示仰慕他的风采，武则天因此大悦并提拔了他。703年大唐与安西之间的联系因突厥内乱而断绝，唐休璟又提出了许多符合实际的策略，武则天因此感叹用人太晚，并对他再次提拔。

次年唐休璟奉命外出平叛，临行前嘱托太子李显小心自保，等到李显即位后，便以唐休璟为宰相。直到后来天灾频频，唐休璟屡次上疏请辞，唐中宗都不肯应允。

706年唐休璟退休，却因逢迎尚宫贺娄氏、希望再次复出而受到讥讽，直到唐睿宗即位后，又再次起用他防备突厥。712年唐休璟病逝，死后朝廷为其追赠、追谥。

【人物评价】

唐休璟以文入仕，又以武功享誉当时，备受殊荣，不失为一代能臣楷模。

苏瑰：天兵尚且不果腹，为臣岂能贪珍馐

【人物简介】

苏瑰，一名瓌，字昌容，生于639年，卒于710年，享年72岁，唐中宗时任相。

【人物生平】

苏瑰是隋朝名相苏威之后，20岁时便以进士的身份入朝仕宦，始终得到赏识，后来又出任地方刺史。

702 年苏瑰又改任扬州，扬州自古繁华，当地多奇珍异宝，因此历来都被官员视为肥差，然而苏瑰任职期间，却始终没有横征暴敛，受到当地百姓的称赞。神龙政变之后，苏瑰又被召回朝廷，因精于刑律而负责修订律法，随后又负责户口审核。

当时有一名术士郑普思暗中作乱，苏瑰当即将他下狱，但其妻却仗着韦后的权势，通过唐中宗向苏瑰施压，苏瑰丝毫不为所动，坚决将郑普思流放。709 年苏瑰正式拜相。按照惯例，当时大臣升迁都要举办烧尾宴以庆贺，但苏瑰却以民间缺粮、禁军都饥饿为由，拒绝举办宴会。任相期间苏瑰屡屡进谏唐中宗，唐中宗死后又坚决维护李旦，甚至为此称病不上朝。710 年李旦即位后，继续对苏瑰委以重任。

同年苏瑰就因病重而被改任，不久病死，死前留下薄葬遗言。唐睿宗下令为其追赠、追封，玄宗时又再次追封。

【人物评价】

苏瑰不论身居庙堂还是任官他乡，都始终以百姓为念，丝毫不因自身荣辱而有所改变，志向坚定。

韦嗣立：家严榜样未曾负，众若寒蝉我独鸣

【人物简介】

韦嗣立，字延构，生于 654 年，卒于 719 年，享年 66 岁，武则天、唐中宗时任相。

【人物生平】

韦嗣立的父亲即"明目张胆为国事"的著名宰相韦思谦，韦嗣立本人也是进士出身，并在最初担任县令期间，就留下了很好的名声。后来韦嗣立又接替其兄担任凤阁舍人。

武则天时酷吏横行，大臣多有无辜遭陷者，人人只求无过自保，然而韦嗣立却敢于主动上疏，提出"兴学校、洗枉滥"等针砭时弊的建议。由于兄长的缘故，韦嗣立与张易之兄弟比较亲近，因此也在神龙政变中受到牵连而贬官，后来又被唐中宗起用。

韦嗣立曾因同姓之故，而依附于韦后，然而韦后又被唐玄宗所杀，韦嗣立因此再次受到牵连。719 年韦嗣立死于徙地陈州，死后得到朝廷追谥。

【人物评价】

韦嗣立虽然依附权宦，但为官期间也多有正见、正行，因此在某种程度上也没有辱没父亲的名声，比起兄长更是强出许多。

崔玄暐：起事方不负皇恩，可叹君王不知诚

【人物简介】

崔玄暐，名晔，又名晔，生于639年，卒于706年，享年68岁，武则天、唐中宗时任相。

【人物生平】

崔玄暐出自博陵崔氏，在当时也是一大望族，崔玄暐早年也受到良好教育，并以明经科入仕。

701年崔玄暐担任天官侍郎，为人耿直不屈，从不徇私枉法，因此深受朝中权贵记恨，以至等到他被调任时，朝中官员纷纷开斋庆贺。武则天得知之后，当即将他官复原职，以示对他的倚重。703年崔玄暐拜相之后，屡次上疏痛陈酷吏构陷朝臣之事，武则天因此醒悟并赦免了这些人。

704年武则天病重，连丞相都不肯接见，只信赖张昌宗兄弟二人，崔玄暐因此劝谏，但武则天不肯采纳。次年张柬之发动神龙政变，崔玄暐也成为主导的五人之一。因为自己是由武则天一手提拔，武则天便质问他为何参与，崔玄暐则表示这正是报答的最佳方式。

唐中宗即位后，崔玄暐继续任相，但不久就被武三思进谗构陷，受封为博陵郡王，同时又被免去相位，此外张柬之等人也受到构陷。此后武三思为了巩固自己的权力，又多次在唐中宗面前进谗，致使崔玄暐等人被一贬再贬，崔玄暐最终被流放古州。崔玄暐在流放途中就因病逝世，享年68岁，直到唐睿宗、唐玄宗时才得到追赠、追谥。

【人物评价】

崔玄暐为复兴李唐社稷做出重要贡献，然而唐中宗却不是一个贤明善断的君主，因此崔玄暐等人最终反而被贬受害，徒令朝中奸邪坐大，着实可悲可叹。

张柬之：八十老翁壮怀在，整顿旧时河山来

【人物简介】

张柬之，字孟将，生于625年，卒于706年，享年82岁，武则天、唐中宗时任相。

【人物生平】

张柬之早年就精通学问却大器晚成，直到60多岁时还担任县丞这样的微小官职。直到689年，已经70岁的张柬之参加朝廷举办的科考，以第一名的成绩得到

朝廷赏识，先是担任监察御史，后来又升任凤阁舍人。

自汉朝以来，中原统治者就有以和亲异族来换取边境安宁的先例，然而当时却发生了这样一件事。这时的突厥首领是默啜可汗，他主动提出要以女儿来和亲，武则天便决定以武延秀迎娶其女。张柬之因此主动上疏，表示自古以来，从没有以天子之尊来迎娶异族女子的先例，武则天因此十分不满，便将张柬之贬到蜀地。

张柬之外任蜀地之后，并没有因不满而怠政，而是继续细心考究当地情况，并认定姚州即史书上所记载的古哀牢国。为此他又继续上疏，陈述姚州当地物质充足却不被朝廷所用、流民狡诈而不受官府管辖、官吏无能而私下结党营私的现状，并大胆地提出撤销姚州、将当地视为外邦、在边境设置关卡的建议。然而武则天对此并没有采纳。

尽管张柬之远在蜀地，当朝宰相狄仁杰却对他十分看重，因此后来武则天问狄仁杰何处有奇士，狄仁杰便举荐张柬之，称他是宰相之才，武则天于是将其升为洛州司马。不久之后武则天再次求贤，狄仁杰又提到张柬之，武则天当即表示自己已经任用了他。但狄仁杰却表示自己举荐的是相才，而张柬之却不得其用，武则天于是再次升任他为秋官侍郎。

后来另一名臣姚崇因故出镇，临行前也向武则天举荐张柬之，武则天当即下令召见，并任命他为凤阁鸾台平章事。

705年武则天病重，就连宰相也无法受到接见，张柬之眼见机会难得，便与崔玄暐、敬晖、恒彦范、袁恕己合谋，订下兴复李唐王室的计划。为了实现计划，他先是说服右羽林卫大将军李多祚，接着又举荐杨元琰担任右羽林将军。为了不引起怀疑，他又把张易之等人的心腹任命为大将军，以此消除了怀疑。

同年正月二十二日，张柬之派人迎接李显共同发动政变，李显初时有些怀疑，但最终还是同意了。当时张柬之等人就率领大军，于迎仙宫的走廊将张易之等人斩杀，随后派兵包围了武则天的寝宫。武则天初时打算命李显回宫，但众臣却纷纷表示民心思归，希望武则天顺应天命，武则天只得宣布归政。

此后张柬之等五人皆因复兴社稷之功而得到封赏，张柬之则升任天官尚书、同凤阁鸾台三品，同时又受封汉阳郡王。然而李显很快就开始宠信武三思，并受其挑拨将张柬之等人罢相，外任为襄州刺史。不久之后张柬之又被流放到泷州，因此忧愤成疾而死，享年82岁，直到唐睿宗、唐玄宗时才得到追赠、追封。

【人物评价】

张柬之年岁虽高却老当益壮，于人生晚年施展雷霆手段，一举复兴江山社稷，可说是烈士暮年，壮心不已。然而张柬之却未能及时诛杀武三思等人，致使日后反而受其所制，以至身遭贬谪、流放，不得不说是一个巨大的失误、遗憾。

萧至忠：良人为贼多可哀，未知唐皇赏治才

【人物简介】

萧至忠，生年不详，卒于713年，唐中宗时任相。

【人物生平】

萧至忠最初时担任监察御史，为人素来刚正，曾先后弹劾了苏味道、祝钦明、窦希玠、李承嘉等当朝重臣。当时御史大夫李承嘉曾责问下属的御史，弹劾朝臣之前为何不请示自己，其余人不敢回答，只有萧至忠反问弹劾大夫又该请示谁，李承嘉因此无法回答。

707年唐中宗听信谣言，打算审理相王李旦谋反一案，萧至忠听后便在唐中宗面前哭诉、辩护，唐中宗这才作罢。此后萧至忠也被任命为宰相。但随着时间的推移，原本正直的萧至忠也逐渐依附于韦后，韦后被诛杀后，他又选择了投靠太平公主。尽管时人认为以他的才能无须如此，他却始终不听，因此就连后来的名相宋璟对他都十分失望。

712年唐睿宗禅位于唐玄宗，萧至忠等人与太平公主同谋叛乱，却因事败而被诛杀。然而唐玄宗却始终对萧至忠十分欣赏，认为他只是晚年做错，因此还特意提拔了与他类似的源乾曜为相。

【人物评价】

萧至忠的才华深得时人好评，早年为人也并不恶劣，可惜不能善始善终，最终一步踏错而身死，同时也辜负了自己的名字。

张仁愿：捍卫边境自有张，当仁不让压三王

【人物简介】

张仁愿，原名仁亶，生年不详，卒于714年，唐中宗时任相。

【人物生平】

张仁愿不仅文武双全，同时还极具净臣风骨。武则天临朝时，许多大臣都请求改立武承嗣为太子，并邀请张仁愿联名，张仁愿都义正词严地拒绝，因此被时人称赞。

697年，张仁愿揭破前线将领贪功虚报的实情，因此再次得到升迁，698年又击败突厥默啜可汗的入侵，并因负伤而得到武则天赐药慰问。在此后的几年间，张仁愿数次击退突厥入侵，并以严酷刑法制裁盗贼，使治下风气为之一新，因此时人又将他与唐高宗时的名臣贾敦颐并称，赞曰"洛州有前贾后张，可敌京兆三王"。

与此同时，张仁愿又积极上疏，请求在漠南地带修建三座受降城，迫使默啜可汗再也无力难返，不得不退居漠北，突厥就此走向衰落，日后更被回纥与唐朝联合攻灭。此后张仁愿便受召还朝，被唐中宗拜为宰相。

710 年唐睿宗即位后，张仁愿因年老致仕，朝廷依旧授予其官职。714 年张仁愿病逝，得到朝廷追赠。

【人物评价】

张仁愿不仅治民严厉，治军也极为严苛，曾为了筑城而强迫戍守期满的士兵滞留，并一次性处死 200 多名逃跑的士兵，这一点确实值得争议。但他也确实对当时的边境安宁做出了重要贡献，是一位影响深远的人物。

崔湜：梦镜得凶兆，灾祸自有期

【人物简介】

崔湜，字澄澜，生于 671 年，卒于 713 年，享年 43 岁，唐中宗、唐睿宗时任相。

【人物生平】

崔湜为人精于文辞，但人品却极为卑劣。705 年恒彦范因担心武三思构陷，便以崔湜去探听虚实，然而崔湜眼见唐中宗猜忌功臣，武三思权势逐渐膨胀，便果断将恒彦范出卖，转投到武三思麾下。706 年恒彦范等人被贬后，崔湜又积极建议武三思斩草除根，更派表兄将他们一一杀害。

708 年崔湜与其父同时担任要职，并依附于上官婉儿，因此得到唐中宗赏识，被拜为宰相。由于自己贪赃枉法、卖官鬻爵，崔湜几次遭到贬谪，直到后来唐睿宗即位，他又依附于太平公主，这才再次得到起用并担任宰相。崔湜因此自鸣得意，更在私下以王、谢两大望族自居。

当时李隆基也将崔湜视为心腹，对他寄予厚望，然而崔湜却始终为太平公主筹谋，不听门客的劝谏，713 年又与萧至忠等人合谋铲除李隆基，更在私下打算将其毒杀。等到李隆基抢先下手，召见崔湜时，崔湜又拒绝胞弟建议，不肯说出真相，因此在事发后被流放岭南。

不久之后新兴王李晋也被处死，死前说出崔湜计划用毒的真相，唐玄宗于是又派人将他赐死。

【人物评价】

崔湜死前曾梦到自己坐在地上，照着镜子听法，醒来解梦得到大凶之兆，不久就被使者赐死，时人以为灵异。然而他的这一结局却是咎由自取，完全怨不得他人。

全方位展现中国宰相的传奇人生

中国宰相传 下

展封建王朝的历史更迭·讲中国宰相的传奇故事

赵文彤◎编著

中国华侨出版社

李日知：吾身在此囚难死，进退荣辱非我期

【人物简介】

李日知，生年不详，卒于715年，唐睿宗时任相。

【人物生平】

李日知在武则天时就已入仕，并担任司刑丞一职。当时武则天为了巩固帝位，而推行严刑酷法，又重用大批酷吏，因此狱中多有冤案，但李日知却始终坚持己见、宽大处理。有一次少卿胡元礼想要处死一名囚犯，李日知与其据理力争，胡元礼因此愤怒地表示，只要自己在，就绝不容囚徒生还。而李日知也针锋相对地表示，只要自己还在，就绝不会处死囚犯。最后果然成功保住了囚犯的性命。

李日知不仅治狱宽仁，为人也敢于直谏，丝毫不以得失荣辱介怀。唐中宗复位后，曾纵容安乐公主大兴土木，后来的唐睿宗也不敢劝谏，李日知却主动站出来反对。因此唐睿宗即位后，便以李日知为宰相。

712年李日知不与妻子商议就辞官，妻子因其不曾为子女谋仕宦而感到不解，李日知却表示这是为了不让子女骄纵。返回乡里之后，李日知依旧举荐后进，直到715年病逝。

【人物评价】

李日知为人重义理而轻荣辱，更丝毫不以自身为念，因此才能无所畏惧，敢于直言。最终也正是这一品德成就了他，使他成为一名值得称颂的宰相。

岑羲：自言戒惧无戒惧，曾有贤名毁贤名

【人物简介】

岑羲，字伯华，生年不详，卒于713年，唐睿宗时任相。

【人物生平】

岑羲的祖父便是唐太宗时宰相岑文本，早年因考中进士而入仕，却因其父反对武氏而遭到牵连，被贬为地方县令。但此后岑羲依旧因政绩显耀，而与自己的两位弟弟闻名，被时人称为"江东三岑"。

704年岑羲因宰相韦嗣立的举荐入朝，却因触怒武氏而贬官，但同时也因恪守正道而被称赞。但等到唐玄宗登基之后，岑羲却依附于太平公主，并私下参与谋划叛逆。713年太平公主打算命令岑羲等人发动叛乱，却被唐玄宗抢先一步下手，岑羲也被斩杀。

【人物评价】

岑羲曾于家族显赫时，自叹要有所戒惧，然而这一番话最终只是停留在口头

上，并未付诸实践，因此最终还是不免因谋逆而死，实属自取灭亡。

刘幽求：辅君不畏权势，任臣不知屈伸

【人物简介】

刘幽求，生于655年，卒于715年，享年61岁，唐睿宗时任相。

【人物生平】

刘幽求在武则天时便已考中进士，却因受到当地刺史的鄙夷而辞去职位，改任他地县尉。705年神龙政变后，刘幽求曾苦劝恒彦范等人诛杀武三思，却没有得到采纳，后来恒彦范等人果然被武三思所害。

710年刘幽求与李隆基合谋，发动唐隆政变诛杀韦后，迎立相王李旦即位，事后又被拜为宰相。不久之后刘幽求又劝说李旦以李隆基为太子，并为当时尚未平反的人昭雪。唐睿宗还特意赐给刘幽求免死十次的铁券，以示对他的优待。

唐玄宗即位之后，刘幽求因未能出任中书令而不满，后来鉴于太平公主势大，便又与唐玄宗密谋铲除，却因事泄而被唐玄宗弃车保帅，贬至岭南封州。其间幸得桂州都督王晙的佑护，刘幽求才没有被崔湜等人害死。713年唐玄宗诛杀太平公主后，当即将刘幽求召回，并以其为左丞相。

当时姚崇与刘幽求不和，便在唐玄宗面前构陷刘幽求，致使刘幽求再度被贬谪杭州，715年又再贬郴州。刘幽求因此忧愤成疾而死，享年61岁，死后唐玄宗下令为其追赠、追谥。

【人物评价】

刘幽求为人忠于国事、疾恶如仇，只是性子太过刚正，因此受到他人排挤便自困心牢，最终抑郁而死。

窦怀贞：知吉凶不知进退，存敬畏不存臣节

【人物简介】

窦怀贞，字从一，生年不详，卒于713年，唐睿宗时任相。

【人物生平】

窦怀贞早年任职地方，均以清廉、勤政而受到称赞，706年入朝担任御史大夫后，却不惜改名从一以避韦后之父的名讳，从此变得阿谀奉承，名声也变得恶劣。不仅如此，窦怀贞还对宦官极为畏惧，以至审案时见到没有胡须的人，都会小心翼翼。当时有人曾检举韦后的近侍行为不法，窦怀贞却因畏惧而极力劝阻。

窦怀贞还曾娶韦后的乳母为妻，并以"皇后国姝"自居，等到唐隆政变之后，

又亲手杀死妻子以谢罪，因此得以不死而贬官。711 年入朝之后，窦怀贞又被拜为宰相，并再次依附于太平公主。窦怀贞虽为宰相，却从不以国事为重，更不惜大兴土木督造道观，以讨好玉真公主等人，就连族弟的劝说也置若罔闻。

712 年有相士说他将有大难，窦怀贞于是辞去相位，但依旧与太平公主同谋。712 年唐玄宗即位后，窦怀贞又参与弑杀唐玄宗的密谋，却被唐玄宗抢先一步动手破灭。窦怀贞不得已之下只好自缢而死，死后仍被唐玄宗斩首，并改姓为"毒"。

【人物评价】

窦怀贞虽居相位，却丝毫没有为人的骨气、尊严，虽然平生不好敛财（俸禄全数散给同族，以至于死时家中只有数石粗米），却依旧无法摆脱恶名。

魏知古：不畏君威持异见，受谗贤臣断相途

【人物简介】

魏知古，生于 647 年，卒于 715 年，享年 69 岁，唐睿宗时任相。

【人物生平】

魏知古 20 岁时，便以进士的身份仕宦，后来又到相王府中担任司马。魏知古曾升任吏部侍郎，等到 710 年唐睿宗即位之后，魏知古也再次得到重用。

当时唐睿宗的女儿玉真公主等人笃信道教，唐睿宗便花费大量钱财兴建道观，魏知古因此上疏劝谏，指出伤害民利来为女儿祈福，并非是上上之策，但唐睿宗不肯听从。后来魏知古再次上疏，并以突厥边患作为警戒，唐睿宗虽然仍不采纳，却又任命他为宰相。等到唐玄宗即位之后，魏知古又趁着唐玄宗外出打猎的机会，作诗进行讽谏，唐玄宗不仅不恼怒，反而对他进行赏赐。当太平公主等人暗中谋逆时，又是魏知古及时上报，唐玄宗这才得以及时剿灭太平公主的势力。

后来魏知古又受到姚崇的排挤，被贬至洛阳选官，其间姚崇又趁机在唐玄宗面前进谗，致使唐玄宗再次对魏知古产生不满，并将其改任为工部尚书。715 年魏知古病逝，享年 69 岁，死后得到追赠、追谥。

【人物评价】

魏知古虽然才干不显，却敢于直谏君王，并能在关键时刻果断挺身而出，帮助唐玄宗完成拨乱反正，确实是一位值得信任的股肱之臣。不仅如此，所举荐的大臣多数都在后来得到重用，可见魏知古还是一名知人善任之人。

陆象先：是非多因庸心扰，治乱皆由仁义出

【人物简介】

陆象先，原名景初，生于 665 年，卒于 736 年，享年 72 岁，唐睿宗时任相。

【人物生平】

陆象先的父亲即"诚信卖宅"的宰相陆元方，陆象先早年也因考中科举而入仕，最终升迁为中书侍郎。就连太平公主的心腹崔湜也对陆象先十分看重，并在太平公主举荐自己为相时，表示陆象先若不为相，自己也不敢任相，太平公主于是举荐了陆象先。

当时太平公主和崔湜等人私下合谋，打算废黜唐玄宗另立，陆象先虽受举荐却深明大义，从不参与同谋。后来太平公主又表示唐玄宗不是嫡子，只是凭借功劳而立，陆象先当即表示以功而立，便该以罪而废，并反问太平公主唐玄宗有何过失，太平公主无法回答。等到太平公主被铲除之后，陆象先因此得到赦免，却在奉命搜捕公主同党时，擅自将大臣署名表忠心的名单焚毁，以此稳定人心。唐玄宗初时虽然震怒，事后却明白了他的用心，于是没有被责罚。陆象先又在私下营救了许多人，但这些人大多不知道其中缘故。

陆象先后来又出镇益州、蒲州，皆因御下宽容、治民仁厚而闻名，曾有下属劝他采用严刑峻法，陆象先都予以拒绝，并经常表示是非多由庸人自扰而生，为人当以修心为上。736年陆象先病逝，享年72岁，死后得到追赠、追谥。

【人物评价】

陆象先的父亲陆元方曾以诚信闻名，而陆象先也为人宽仁、深明大义，因此比起自己的父亲也不遑多让。

姚崇：辅助李氏兴唐统，再佐玄宗成圣明

【人物简介】

姚崇，本名元崇，字元之，生于651年，卒于721年，享年71岁，唐玄宗时任相，为唐代四大贤相之一。

【人物生平】

姚崇最初时喜好武艺打猎，直到20岁以后才开始勤读书本，但却依然在科考中胜出，因此入仕为官，直至升任夏官郎中，专门负责处理军机事务。

696年契丹作乱，朝廷军务一时繁忙，然而在姚崇的主持安排和处理下，一应军务都得到合宜的安置，武则天因此对姚崇的才能十分欣赏，698年就正式拜其为宰相。当时武则天为了巩固帝位，重用周兴、来俊臣等酷吏，因此制造大量冤狱，后来自己也感到怀疑，于是便召集近臣询问。姚崇当即向武则天指出，大部分所谓的谋反案件，都是因伪造罪名而促成，被诬陷的人因畏惧毒打而不敢否认、翻供，派去审理的大臣更是无暇自保，因此才会使许多人蒙受不白之冤。随后姚崇

又拍着胸脯，表示愿以一家百口的性命，来担保朝中并无妄图谋反之人，武则天因此十分高兴，并赏给他许多钱财。

后来武则天的男宠张易之欺压僧人，因此导致僧人上诉，由姚崇负责审理。张易之为此多次派人前来通融，姚崇却始终不予理会、据实判决，因此引起张易之的记恨，最终被下令贬官并出镇。正是在同一年，姚崇又举荐秋官侍郎张柬之为宰相，为张柬之日后发动神龙政变、复兴李唐江山做出了重大贡献。

705年张柬之发动神龙政变，成功拥立李显复位，姚崇因恰好回京而得以参与其中，因此受到封赏。当时群臣莫不为此欢呼雀跃，然而姚崇却不停哭泣，张柬之为此感到忧虑。姚崇却表示说，自己参与政变是尽人臣本分，哭泣辞别旧主也同样是出自人臣本分，即便因此受到贬谪也没有怨言。不久之后姚崇就被外任为刺史，直到710年唐睿宗复位，这才再次被征召入朝，再次担任宰相。

再次任相之后，姚崇与另一名臣宋璟齐心协力，革除唐中宗复位以来的种种弊政，用贤黜奸、整顿吏治，使朝廷风气为之焕然一新。然而仅仅一年之后，姚崇就再次被罢相。当时太平公主等人手握大权，对李隆基造成巨大威胁，姚崇因此上疏提出削弱太平公主的权势，却使李隆基遭到指责。李隆基虽然感激姚崇，却又不得不上奏请求贬谪姚崇。

712年李隆基发动先天政变，次年又趁着外出阅兵的机会密召姚崇，姚崇趁机提出废除苛法、停止征伐、公平执法、抑制宦官、减少供奉、削弱皇族、礼遇大臣、虚心纳谏、不兴宗教、防止外戚十条建议，李隆基因此深感满意，次日就正式任命姚崇为宰相。此后姚崇便开始辅佐李隆基，继续推行自己之前提出的种种改革意见，使玄宗一朝逐渐开始走向强盛，姚崇因此也被称为"救时宰相"。

唐玄宗时期，全国范围内都出现了严重的蝗灾，按照迷信的说法，这是由于天子德行不足导致，而姚崇却援引《诗经》的句子，提出扑灭蝗虫的主张。当时朝中百官和地方官员却对此十分畏惧，屡次反对、拒绝执行他的命令，姚崇因此先后几次当朝辩论，又写信责备迂腐不堪的官员。在他的大力倡导下，蝗灾尽管继续存在，损失却得以降到最小。当时许多皇亲贵族都迷信佛法，捐助修建了许多佛寺，也有许多人为了避免服役而假装出家。姚崇对此又提出君王能使百姓安乐，便是佛身的观点，劝说唐玄宗在全国范围内淘汰僧尼、禁止奸邪之徒以佛教名义谋私，唐玄宗也予以采纳。

与此同时，姚崇也凭借着唐玄宗的信任和自己的权势，做出了一些排除异己、为己谋私的事情。张说曾因指使他人弹劾姚崇而感到畏惧，便私下与岐王结交，姚崇有一次早朝时就故意走在后面，趁机将张说与岐王的事情告知，使唐玄宗将张说贬职。魏知古因对姚崇轻慢，也被姚崇排挤出京城。其余几位当时名臣如刘幽求、钟绍京等，也都因为姚崇的弹劾而被贬谪。

不仅如此，姚崇教育子女也十分失职，同时又在朝中做出一些结党营私的举动，因此也引发了唐玄宗的不满。当时的中书主书赵诲因收受贿赂而被问罪，姚崇凭借着自己的权势积极营救，唐玄宗于是特意在大赦罪犯时，表明要将赵诲流放岭南，姚崇这才感到畏惧，于是主动请辞相位并举荐了名臣宋璟。然而唐玄宗虽然将其免职，却依旧对他十分礼遇，遇到国家重大政务，也会专程派人前去征询意见。

712 年姚崇病逝，享年 72 岁，死后唐玄宗为其追赠、追谥，后来又再度追赠为太子太保。

【人物评价】

唐玄宗因开创"开元盛世"而名留青史，而姚崇作为唐玄宗最为得力的助手之一，其间也为其起到了巨大的作用。尽管自己的德行略有不足，姚崇依旧以一代贤相的形象流传后世，成为许多文臣眼中的典范人士。

宋璟：阳春温煦世间暖，沽名卖直多偏嫌

【人物简介】

宋璟，生于 663 年，卒于 737 年，享年 75 岁，唐玄宗时任相，为唐代四大贤相之一。

【人物生平】

宋璟早在唐高宗朝时就已考中进士，并被任命为义昌令，彼时他才 17 岁，后来宋璟又逐步得到升迁，武则天时又升任至御史中丞。

当时武则天所宠幸的张易之兄弟行为不法，宋璟于是上疏请求追究，但武则天却只是命令张易之兄弟登门谢罪，宋璟干脆闭门谢绝，因此得罪了他们。此后张易之兄弟屡次进谗，但武则天都没有相信，因此宋璟得以平安无事。

神龙政变之后唐中宗复位，宋璟又因触怒权贵武三思而被贬官为贝州刺史，直到 710 年唐睿宗即位，这才再次受召入朝，并被拜为宰相。宋璟处理一应政务均力求公正公平，因此人人都十分信服。不久后宋璟与姚崇共同上疏，请求削弱太平公主的权势，李隆基为了自保，不得不上疏请求贬谪姚崇、宋璟，等到自己即位并诛杀太平公主之后，才逐步开始起用宋璟。

716 年宋璟受征召入朝，担任刑部尚书，不久之后又接替姚崇任相。宋璟任相之后，处理大小政务均力求公正无私，同时又根据实际情况提拔贤才，人们因此称赞他是"有脚的阳春"，所到之处唯有光明温煦。即使是唐玄宗有任何过错的地

方，他也一定会犯颜直谏，因此唐玄宗也不得不忌惮并采纳。但唐玄宗也因此对宋璟有过不满，后来逃到蜀地点评宰相时，更将宋璟称为"沽名卖直"之人。但宋璟在当时的百姓心中却与姚崇的形象同样高大，被视为当时两大贤相。

宋璟为相期间，致力于革除旧弊，但也因此触怒了许多权贵，因此后来又被降职罢相。724年唐玄宗出巡，以宋璟为留守，但同时又十分担忧，于是便嘱托他务必将好的建议一一上报。宋璟当即提出诸多意见，唐玄宗于是下令将这些建议一一抄录，放在自己的座位旁边，以此提醒自己不要忘记。

732年时，宋璟因年老而提出请辞，唐玄宗初时不肯答应，但最终只得无奈应允，并继续发给他俸禄。宋璟致仕之后，便闭门谢绝客人，不再与朝中大臣走动，直到737年病逝，享年75岁。宋璟死后，唐玄宗为其追赠、追谥，同时又专门派人负责治丧。

【人物评价】

比起灵活多变的贤相姚崇，宋璟更多的是以刚正应世，两人一柔一刚，共同精心辅佐唐玄宗，为"开元盛世"的出现做出了不可磨灭的巨大贡献。但在唐玄宗执政后期，也因骄傲自满而将姚、宋精心促成的局面毁坏殆尽，这又不得不说是一种遗憾。

郭元振：安定人心以谋略，抚远何必起刀兵

【人物简介】

郭元振，名震，字元振，生于656年，卒于713年，享年58岁，唐玄宗时任相。

【人物生平】

郭元振才华横溢，18岁时就因考中进士而做官，但却在任内横征暴敛、贩卖人口，做出诸多不法之事。武则天原本打算将其治罪，却在交谈时发现他的文采，因此对他十分欣赏，并立即加以提升。

696年郭元振奉命出使吐蕃，吐蕃提出请求撤去安西四镇守军的请求。郭元振于是带领吐蕃使者入朝，转述吐蕃的请求，并私下建议武则天不可轻易相信，并积极派遣使者，以此离间吐蕃上下之间的关系。武则天表示赞许。后来吐蕃首领果然被渴望和平的部下所杀，并就此归顺大唐。

706年郭元振改任安西大都护，并与突骑施首领乌质勒谈话，不料乌质勒却因伤寒而死，事后其子娑葛误以为是郭元振暗害，于是准备发起攻击。然而郭元振却毫无畏惧，穿着素服亲自吊唁，以此打动了娑葛。当时吐蕃与娑葛不和，并通

过贿赂宗楚客等人的方式，取得唐朝的封赏，娑葛因此不得不发兵攻打，郭元振于是上疏陈述其中原因，最终唐中宗采纳他的建议赦免娑葛，战事得以平息。

710年郭元振被征召入朝，当地酋长纷纷痛苦送行，而沿途百姓则隆重欢迎。次年郭元振拜相，同年又被罢免，712年又被唐玄宗拜为宰相。但不久之后，郭元振就在唐玄宗阅兵时突然上奏，致使军容受到影响，唐玄宗一怒之下险些将其处斩，最终又改为流放。

郭元振因这一挫折而深感忧郁，很快就在受召返京任职的途中病逝，享年58岁，后来又得到唐玄宗的追赠。

【人物评价】

郭元振早年虽有不法之事，升任之后也无显赫战功，但却凭借着自己的手腕，以和平方式为边防安宁做出了巨大贡献，因此成为当时为数不多的、享有盛誉的一代安西都护。

张说：入朝谋私少有憾，辅君治世多有劳

【人物简介】

张说，字道济，一字说之，生于667年，卒于730年，享年64岁，唐玄宗时任相。

【人物生平】

张说才学极为出众，曾在689年武则天亲自主持的科考中夺得第一，因此得以入仕，次年又奉命参与编写《三教珠英》，是实际上的主要编撰者之一，编写完成后升任凤阁舍人。当时张易之等人曾逼迫张说做伪证，构陷魏元忠，张说却坚决不肯听从，因此自己也被贬职。

705年张说得到唐中宗征召，却因为母守丧而拒绝担任黄门侍郎，因此受到时人称赞。710年唐睿宗即位后，张说又被任命为中书侍郎。其间在审讯唐中宗之子李重福谋反一案时，张说只用了一个晚上便审理完成，有罪、无罪均得到合宜处置，因此唐睿宗对他十分欣赏。

711年张说拜相，力劝唐睿宗以太子李隆基监国，平息宫中谣言，次年因违背太平公主被贬后，又献刀于唐玄宗作为提醒。等到太平公主被诛杀后，唐玄宗又再次起用张说。但张说却因私人仇恨，屡次阻挠唐玄宗起用姚崇，因此后来又被姚崇中伤而贬官。716年苏颋任相，张说才凭借着当年和其父苏瑰的关系，屡次改任为并州都督。

720年并州蛮部因故而产生动荡，张说不畏生死，亲自带领着亲信四处安抚，

终于稳定了人心。等到突厥降将叛乱之后，张说又随同名将王晙一同平叛，事后又以家人作为担保，主动请求裁减军队、减轻当地百姓负担。

723年张说再次入朝拜相，但却在朝中大力提拔心腹、排斥他人，因此受到许多人的不满，再加上他生性贪财，因此李林甫等人趁机上疏弹劾，玄宗经过查证便将张说罢相，但继续负责编修国史，727年才奉命致仕。

730年张说患病，唐玄宗屡次派人探视，同年张说病逝，享年64岁。唐玄宗因此罢朝举哀、追赠追谥，还亲自为其书写了碑文。

【人物评价】

张说为人品行并不算佳，但更多的是为国事操烦，总的来说仍旧是一代能臣。唐玄宗朝后来的开元盛世，其间也有张说的诸多功劳，因此他也是一位不容忽视的人物。

卢怀慎：至死犹记举贤良，伴食朝廷又何伤

【人物简介】

卢怀慎，生年不详，卒于716年，唐玄宗时任相。

【人物生平】

卢怀慎早年以进士身份入仕，并因清廉而享誉当时，逐渐得到升迁。神龙政变后，卢怀慎曾劝说唐中宗将武则天从上阳宫迎回，但唐中宗没有听从。后来卢怀慎又提出考核官员、罢黜贪腐、外任朝官、限制罪官等整顿吏治的建议，唐中宗依旧没有采纳。

唐睿宗即位之后，便以姚崇、陆象先、卢怀慎等人整顿官制，713年又拜他为相，与姚崇共同处理政务。然而卢怀慎却因才干不足，而凡事依靠姚崇，因此有人讽刺他为"伴食宰相"。卢怀慎因此惶恐请辞，但唐玄宗却明确表示，自己起用他只是为了安抚天下民心，具体政务交由姚崇即可。卢怀慎虽然不通政务，为人却刚正不阿，曾与姚崇共同驳回薛王李业维护恶奴的辩书，使得当时的皇亲国戚一时收敛。

716年卢怀慎病重请辞，同年就因病去世，死前还上疏举荐宋璟等人，唐玄宗下令为其追赠、追谥。两年后唐玄宗外出打猎，恰好遇到卢怀慎的家人举行两周年祭，于是当即停止打猎，并亲自书写碑文为其立碑。

【人物评价】

卢怀慎虽然不通国家大政，却也提出了一些切合时弊的建议，直至死前还不忘为国举贤，一腔忠义不言自明。

源乾曜：民间多有贤才在，贵子不必占庙堂

【人物简介】

源乾曜，生年不详，卒于731年，唐玄宗时任相。

【人物生平】

源乾曜的祖上在北魏时就曾位列三公，自己也很早就考中科举，得以入朝为官。706年源乾曜又因政绩显著而被唐中宗提升。

唐睿宗即位之后，大肆修建道观祈福，却荒废了皇家礼仪，因此源乾曜上疏请求重视射礼，但不久就出镇地方。直到唐玄宗时源乾曜才再次得到举荐，先后担任户部侍郎、尚书左丞。716年源乾曜又被拜为宰相，其间一度与另一名相姚崇同时被免，但720年又再次拜相。此后源乾曜主动请求将自己两个在朝为官的儿子外任，以此号召其余达官显贵效仿，为国中招揽更多流落民间的贤才。唐玄宗因此十分高兴。

到了任相后期，张说等人主政大事，因此源乾曜不再表明自己意见，只是一味附和，729年又改任太子少傅，受封安阳郡公。731年源乾曜病逝，唐玄宗因此废朝两日举哀，并下令为其追赠。

【人物评价】

源乾曜虽然显贵却不以家族利益为念，更能主动外放亲子、为国招揽贤才，足可见其高风亮节、深明大义。

苏颋：雅辞曾撰帝诰，德风又服蛮邦

【人物简介】

苏颋，字廷硕，生于670年，卒于727年，享年58岁，唐玄宗时任相。

【人物生平】

苏颋即苏瑰之子，在他还是幼童时，就有一目十行、过目不忘之能，因此也很容易就考中进士，得以入朝为官。702年时，苏颋又奉武则天之命，复核来俊臣等酷吏所制造的冤案，为许多人洗清了冤名。

706年苏颋升任中书舍人，其父当时正任宰相，均得到皇帝倚重，因此显赫一时。苏瑰死后，苏颋因过于哀伤，以至唐睿宗不得不准许其守丧3年，后来又改任工部尚书。唐玄宗即位后，又当即将他破格提升为中书侍郎，716年又拜任宰相，与宋璟共同治政。

由于宋璟为人强势，苏颋便屡次谦让，只在需要时从旁协助，因此二人十分

融洽。在两人的建议下，唐玄宗以官府收购民物、允许官员预支俸禄的方式，使大量良钱得以通行民间，有效地遏制了恶钱、私钱的流通。国舅王守一曾请求唐玄宗为其父修建高坟，苏颋又坚决表示反对。

720 年苏颋出镇益州，颁行了招兵、掘盐、冶铁多项措施，使得当地钱粮充足，民生逐渐好转，同时又坚决拒绝了司马皇甫恂的勒索。此外苏颋又以仁者之风，折服了打算勾结吐蕃入侵的嶲州蛮酋苴院。

725 年唐玄宗封禅泰山时，苏颋因善于文辞而奉命撰写碑文，同年又负责主持吏部选拔。727 年苏颋病逝，玄宗罢朝 2 日进行举哀，并为其追赠、追谥。

【人物评价】

苏颋最初以文辞斐然而出名，但此外他又是一名谦冲善让、长于经济的能臣。不仅如此，苏颋不仅爱惜民力，同时又能以德服蛮，不失仁者之风。

张嘉贞：为子谋业多沉溺，智者无此愚昧行

【人物简介】

张嘉贞，生于 665 年，卒于 729 年，享年 64 岁，唐玄宗时任相。

【人物生平】

张嘉贞 20 岁时，就因考中明经科而入仕，但却因受到他人牵连而罢官。直到 702 年时，张嘉贞才再次受到举荐，并通过武则天的面试召见，担任监察御史。张嘉贞为人治事严厉，深得朝中官员的敬畏，717 年又请求在太原设置重兵，震慑突厥降部，唐玄宗因此以他为大使。

次年有人诬告张嘉贞谋反，张嘉贞因担任阻塞言路，而反对将告发人问罪，因此得到唐玄宗赏识。张嘉贞趁机请求唐玄宗早日任用，并于 720 年正式拜相。任相后张嘉贞应对合宜、决断妥善，同时又为官清廉，不置家产。他曾表示说，许多显贵为了子孙谋求家产，但最终都使子孙沉湎酒色，自己绝不做这样愚蠢的事。

但张嘉贞虽然清廉勤政，却也因过于急躁、刚愎而遭到非议，同时又怂恿唐玄宗对贵臣用杖刑，致使受刑者因伤重而死。后来政敌张说私下表示开此先例，难保日后自己不会因此受辱，张嘉贞这才作罢。

后来张嘉贞与张说的矛盾逐渐激化，其间还一度受其欺骗而被罢免。725 年张嘉贞又因受到牵连而被贬。729 年张嘉贞因病重而返京救治，不久就病逝，享年 65 岁，死后得到唐玄宗追赠、追谥。

【人物评价】

张嘉贞善于治政，又不为子孙谋私，这两点都值得肯定，然而同时他又有些

许贪赃枉法、排挤异己的行为，因此并不是完全的正直之臣。

王晙：因国获又不为子孙某诉罪非大事，受累身死亦无忧

【人物简介】

王晙，生于 653 年，卒于 732 年，享年 80 岁，唐玄宗时任相。

【人物生平】

王晙的父亲早逝，自己一直是由祖父抚养长大，并养成了旷达豪迈、勤勉好学的性格。王晙在不到 20 岁时就考中明经科，因此得以入仕并不断升迁。

当时魏元忠因战败而推卸责任，请求将副将处死，王晙当即上疏申辩，保住了副将的性命。等到魏元忠被陷害，王晙又再次上疏申辩，就连后来的名相宋璟也自愧不如。后来王晙又奉命出镇桂州。桂州原本兵疲民困，防御都依赖周边各州，王晙到任后当即裁减军队、兴修水利、开垦荒田，使得桂州逐渐富庶。当时宰相崔湜又暗中陷害刘幽求等人，打算在流放途中将其杀死，王晙得知后当即扣留刘幽求以便保护，并表示即便因国事受到牵连，也没有怨恨和遗憾。

唐玄宗即位后，王晙屡次奉命击败吐蕃入侵，因此得到提拔。突厥人最初因首领被杀而归降，王晙认为他们日后必反，并建议将他们迁移以便汉化，不久之后突厥果然反叛。于是王晙又奉命带兵，很快就平定了突厥的叛乱。由于内部消息不通，已被王晙招降的胡人残部，又因其余将领的攻击而反叛，唐玄宗也因误以为王晙平叛不力而将其贬职。

723 年王晙拜相，同时又负责管辖河西、陇石、河东、河北的军队，其间为了防备突厥而请辞参加祭天大典，因此受到称赞，后又因被人诬告而降职。732 年王晙病逝，享年 80 岁，死后得到追赠、追谥。

【人物评价】

王晙先以科举入仕，又以战功升任，并且为人刚正不畏权贵，不畏死亡以保全忠义，一身才干、满腔赤诚皆昭然可见。

李元纮：巍巍南山犹可撼，铁口断案不二判

【人物简介】

李元纮，字大纲，生年不详，卒于 733 年，唐玄宗时任相。

【人物生平】

李元纮祖上本姓丙，后因归附李唐而被赐予国姓。李元纮曾在雍州担任各种职务，并因谨慎公正、不畏权贵而闻名。

当时太平公主倚仗权势，将雍州一座寺庙的石磨强行搬走，被告发之后，李元纮当即判决要求归还。当时窦怀贞曾勒令李元纮修改判决，李元纮却断然表示"南山可移，判不可摇"，这就是成语"南山铁案"的由来。后来李元纮又担任京兆尹，其间多次不畏权贵，打击他们损害民利的不法行为。因为资历浅薄，李元纮未能出任尚书，但依旧因上疏痛陈时弊，而受到唐玄宗的称赞。

726 年李元纮正式拜相，并根据实情，反对在关中屯田的建议，唐玄宗最终采纳。由于与另一宰相杜暹关系不和，唐玄宗于 729 年将二人同时罢免，后又改以他职致仕。

733 年玄宗又以李元纮为太子詹事，但 10 多天后李元纮便病逝，死后得到追赠、追谥。

【人物评价】

李元纮虽为地方小官，却敢于与太平公主这样的皇亲贵戚叫板，不仅表现出自己的刚正严明，也体现了自己的疾恶如仇。

杜暹：偏取百纸不失义，屈意埋金彰吾心

【人物简介】

杜暹，生年不详，卒于 740 年，唐玄宗时任相。

【人物生平】

杜暹早年因考中明经科，而被朝廷任命为婺州参军，并留下清廉的名声。婺州所造之纸为当时极品，因此官场经常用作馈送以为惯例。然而当他人依照"规矩"送上万张纸时，杜暹仅取了其中一百张，因此被誉为"百纸参军"。

后来杜暹因事获罪，却因清廉之名而被赦免，更得到当时宰相的举荐。716 年杜暹奉命前往安西，遇到当地蕃人以重金贿赂，不得已之下只好接受，却偷偷埋在地下，直到走后才写信告知。724 年杜暹又因曾出使安西，而被委任为安西都护府副大都护，兼领碛西节度使。

次年于阗王尉迟眺就阴谋叛乱，并与突厥等西域国家联合，却被杜暹击败并另立于阗王。不仅如此，杜暹又采取宽仁手段治理当地，因此赢得了军民拥护。726 年杜暹又被征召还朝，拜为宰相。当时突厥苏禄可汗正领兵作乱，听到这一消息当即撤军。

由于与李元纮政见不合，玄宗于 729 年将杜暹罢相，改任他职。其间杜暹始终兢兢业业，勤勉治事，因此得到唐玄宗褒奖。740 年杜暹病逝，唐玄宗派遣使者为其治丧，同时又赏赐财物，并为其追赠、追谥。

杜暹清廉却不故作清高，而能够根据实际情况，以委婉的方式达成目的，可见其练达。不仅如此，杜暹还是一位难得的将才，凭借着自己的杰出智慧，成为唐代为数不多的、值得称赞的安西都护。

萧嵩：初时无名后显贵，治政破敌岂虚容

【人物简介】

萧嵩，字乔甫，号体竣，生年不详，卒于749年，为南梁皇室后裔，唐玄宗时任相。

【人物生平】

萧嵩为南梁武帝萧衍之后，早年曾与后来任相的陆象先同娶贺氏之女，因此成为连襟。最初时萧嵩并无名气，但有人却早早断定他日后必将一门显贵。

705年恒彦范等人因拥立唐中宗复位而显贵，萧嵩也得到恒彦范的赏识。711年陆象先拜相，又继续提拔萧嵩。就连名相姚崇也对萧嵩十分欣赏，后来又举荐他升任兵部侍郎。

727年吐蕃侵扰边境，造成极大伤亡，萧嵩接受唐玄宗委任后，先是招揽牛仙客等人，继而又妙施反间计，使吐蕃产生内讧，势力就此衰落。728年在萧嵩的调度下，唐军再次大败吐蕃，事后萧嵩被唐玄宗拜为宰相。

萧嵩虽通军事却学识有限，一次奉命起草诏书却毫无文采，唐玄宗因此说他"虚有其表"。但萧嵩的儿子依旧娶了唐玄宗的女儿，其母也被唐玄宗敬重，果然实现了一门显贵。后来唐玄宗因萧嵩与其所举荐的韩休经常争吵，便将二人同时贬职。

739年李林甫趁机揭发萧嵩行贿一事，因此被贬职，不久后又致仕，从此在家赋闲悠游直到749年病逝，死后得到朝廷追赠。

【人物评价】

萧嵩虽不善文辞，处理政事、军事却颇为得心应手，因此唐玄宗的"虚有其表"并不十分妥帖，不能完全当真。

裴光庭：经典之中礼义扬，君王何不授蛮邦

【人物简介】

裴光庭，字连城，生于678年，卒于733年，享年56岁，唐玄宗时任相。

【人物生平】

裴光庭的母亲深得武则天信任，因此裴光庭也得以入仕升迁，更迎娶了武三

思的女儿为妻。然而唐睿宗即位后，裴光庭却因这一层关系而被贬。裴光庭在任职期间不苟言笑、勤勉治事，因此得到时人好评。

725 年唐玄宗泰山封禅，宰相张说本打算整军防备夷狄，裴光庭却劝说他主动邀请突厥参与，以此笼络番邦，张说采纳并提拔了他。

729 年裴光庭拜相，但却无法充实国库，又担心唐玄宗起用宇文融，便趁机利用职权将其贬黜。但同时他也利用编修图书的机会，对唐玄宗提出讽谏，唐玄宗因此重赏并命令太子接见他。731 年吐蕃求取《诗》《礼》《春秋》等经典，秘书正字于休烈担心吐蕃学会其中权谋，便极力表示反对，裴光庭却认为经典之中亦有忠信礼义，便说服唐玄宗赐予经典。

733 年裴光庭病逝，享年 56 岁，唐玄宗为之废朝 3 日，并为其追赠、追谥。

【人物评价】

裴光庭与武氏关系密切，按理来说应当予以警惕，而唐玄宗却不拘一格、依才而用，最终使其得以展现才干。但裴光庭也因心胸狭隘，而有阻塞贤能的行径，这一做法则有负唐玄宗期望。

宇文融：国用不足当思吾，庙堂受黜非无辜

【人物简介】

宇文融，生年不详，卒于 730 年，唐玄宗时任相。

【人物生平】

宇文融的祖父、父亲都曾在唐朝任官，宇文融最初在富平县担任主簿。后来宇文融又得到源乾曜的赏识、举荐，因此入朝担任了监察御史。

当时正是开元年间，由于土地兼并的缘故，农民流亡问题十分严重，唐玄宗也为此深感苦恼。宇文融此时趁机上疏，提出顺应流民呼声和诉求，进行括户、括田及赋役改革的建议，唐玄宗因此十分满意。不仅如此，宇文融还先后举荐了 20 多名劝农官员，大多十分合格，而他的政策也在短期内取得了显著收效。

然而宇文融的政绩却遭到宰相张说的忌惮，张说因此暗中压制宇文融，宇文融当即进行反击。最终唐玄宗将张说、宇文融同时贬官。在地方任职期间，宇文融又积极组织赈灾、开河、垦田，取得了很大的成绩，729 年又正式入朝拜相。

但在拜相仅仅 99 天后，宇文融就因结党营私、排除异己而被贬职，后来又被裴光庭等人排挤，最终被流放崖州，并死于贬谪途中。死后唐玄宗下令为其追赠。

【人物评价】

宇文融通晓经济之道，为开元盛世的出现做出了一定的贡献，但他却不谙庙

堂争斗，为人又过于轻慢、骄纵，因此最终才会落得个凄凉晚景。

韩休：抵牾宰相无民弊，忤逆君意有安寝

【人物简介】

韩休，字良士，生于673年，卒于740年6月8日，享年68岁，唐玄宗时任相。

【人物生平】

韩休最初时担任县丞，后又被举为贤良，担任左补阙，等到唐玄宗即位之后，又逐步得到升迁，官至礼部侍郎。724年韩休又因旱灾而出任虢州刺史。

当时，玄宗出巡经常经过虢州，致使虢州赋税负担沉重，韩休因此不惜违逆宰相张说之意，几次三番上疏，请求以周边各州平摊赋税，成功解救了当地民生之弊。733年裴光庭病逝后，韩休又被萧嵩举荐为宰相，并经常与萧嵩因政见不同而争执。

韩休不仅与大臣争执，对唐玄宗的错误也绝不妥协，以致后来唐玄宗每次犯错，就会问别人韩休是否知晓，而韩休的奏疏也总是随后就到。唐玄宗因此整日闷闷不乐，但每次被韩休反对后，却又总是能够安寝。

后来韩休因与萧嵩争执而一同被贬职，740年病逝，享年68岁。死后唐玄宗下令为其追赠、追谥。

【人物评价】

韩休虽然声名不显，却也是唐玄宗朝的一代谏臣，深得唐玄宗信赖、倚重。

裴耀卿：早年从龙庙堂登，经济天下治民生

【人物简介】

裴耀卿，字焕之，生于681年，卒于743年，享年63岁，唐玄宗时任相。

【人物生平】

裴耀卿20多岁时，就因考中童子举而进入相王李旦府中，并受到李旦的重视。710年李旦即位后，裴耀卿也得到重用，3年后又担任了长安令。

担任长安令时，裴耀卿大力改革原本的征购法，极大缓解了民生艰辛，因此受到百姓称赞。725年唐玄宗封禅泰山时，又在民生和增税方面两相平衡，因此凸显出过人才干。723年裴耀卿奉命安抚奚官，其间又凭借机智躲过突厥等番邦的埋伏，展现出长远的军事眼光。

733年裴耀卿因治理饥荒得宜，而被唐玄宗拜为宰相，736年又因受牵连而贬

职。此后裴耀卿又先后几次针对时政提出谏言，最终都证明了自己的正确。743年裴耀卿病逝，享年63岁，死后得到追赠、追谥。

【人物评价】

裴耀卿为相期间，采取了漕运、改税、修仓、征粮等种种措施，不仅缓解了民生之苦，也为朝廷积累了庞大财富，可说是一位善于经营民生之道的贤相。

张九龄：早知禄山为奸宄，惋惜明皇未肯听

【人物简介】

张九龄，字子寿，一名博物，生于678年，卒于740年，享年63岁，唐玄宗时任相。

【人物生平】

张九龄一家自曾祖父时，就在李唐王朝任官，张九龄也从小就聪明伶俐，13岁时就凭借着自己的文章，得到当地刺史的夸赞。702年张九龄又考中进士，就连当时以文辞优美而著称的宰相张说，也对他的才华十分赞叹。

张九龄考中入仕之后，长年担任秘书郎而得不到升迁，恰好此时李隆基广召天下文采出众之人，张九龄因此得到赏识，并担任右拾遗。等到自己即位，唐玄宗又改任张九龄为左拾遗。当时张九龄因与宰相姚崇矛盾尖锐，便屡次写信劝说姚崇，姚崇也一度采纳；但最终张九龄还是因矛盾无法调和，而选择了辞官返乡。这一时期张九龄虽然远离庙堂，却依旧心忧家乡之事，因此又积极上疏请求朝廷修建大庾岭路，更亲自勘察现场、指挥施工。这一条路开通之后，为南北交通发挥了极大的积极作用，及至宋朝时依旧是人们首选的交通要道，到如今更被视为"古代的京广线"。

718年张九龄被征召入朝，其间就是通过大庾岭路抵达京师，等到了京城之后，又被唐玄宗授予左补阙一职。这一时期张九龄处事不仅合宜，又十分公正，因此朝中百官逐渐开始信服他，等到721年张说拜相之后，出于对张九龄文采的欣赏，以及两人同姓的渊源，更是对张九龄十分看重，张九龄的政途也因此更加通畅。但张九龄并未因此而一味依附张说，反而在其任人唯亲、排斥异己时多方告诫，但张说一直没有听从。等到张说因被人弹劾而罢相，张九龄也受到牵连，出任洪州都督。

721年张九龄再次被唐玄宗起用，多次奉命完成诏书的起草，因此得到唐玄宗倚重，以至当张九龄请求年老致仕时，唐玄宗改以就近家乡任命其兄弟的做法，来挽留张九龄继续在朝任官。张九龄曾一度劝说唐玄宗杀掉安禄山，唐玄宗却认

为安禄山是忠义之臣，于是驳回了这一建议。

当时李林甫因忌惮张九龄得到唐玄宗赏识，故意举荐容易掌控的牛仙客入朝，张九龄屡次进行反对，因此唐玄宗对他开始产生了不满，并免去了其相位。不久之后唐玄宗又因张九龄所举荐的人弹劾牛仙客，而将张九龄牵连贬官至荆州。但唐玄宗仍然对张九龄十分欣赏，以致后来每次朝臣举荐官员，唐玄宗都会以张九龄的品行、风度、操守作为衡量。

740 年张九龄返乡祭奠先人，不久之后就生病去世，享年 68 岁，死后得到追赠、追谥。等到安史之乱后，唐玄宗这才悔悟当初，于是专门派使者吊祭，并再次进行追赠。

【人物评价】

张九龄任相时，强盛已极的唐王朝已然暗流汹涌、危机四伏，张九龄在这一时期，凭借着自己的智慧和刚正，勤勉治政、贬黜奸佞，竭力捍卫开元盛世的成果，可以说是劳苦功高、影响深远。尽管唐玄宗后期唐朝最终走向衰败，但张九龄的功勋依旧彪炳史册。

李林甫：口蜜腹剑多有恶，生荣死辱少无辜

【人物简介】

李林甫，小字哥奴，生于 683 年，卒于 753 年 1 月 3 日，享年 70 岁，唐玄宗时任相。

【人物生平】

李林甫最初担任千牛直长，后来又改任太子中允。当时宰相源乾曜之子与李林甫交好，曾劝说父亲提拔李林甫，但源乾曜一眼看出李林甫并非贤才，于是没有同意。

726 年李林甫得到引荐，先后担任刑部、吏部侍郎，并积极巴结后宫贵妃、宦官，以此来揣摩唐玄宗的心意，每次都能猜对唐玄宗的想法，唐玄宗因此认为他机警伶俐，对他十分宠信。李林甫又暗中对唐玄宗宠妃武惠妃表忠心，表示愿意扶持其子将来登基，因此又得到了更为强有力的外援。

当时唐玄宗有意以韩休为相，近侍高力士得知之后，便通过武三思的女儿，将这一消息告知了李林甫，李林甫于是提前告知韩休，因此韩休拜相之后，对李林甫尤为亲近，甚至还在唐玄宗面前举荐李林甫，称他是相才。再加上武惠妃等人的推波助澜，唐玄宗最终被说动，并于 735 年正式以李林甫为相。

李林甫拜相之后，为了进一步掌控朝政，便积极举荐有贤名但无政才的牛仙

客，宰相张九龄因此数次反对，最终却被唐玄宗罢相。737年李林甫为了报答武惠妃，又极力蛊惑唐玄宗将太子李瑛、鄂王李瑶、光王李琚三人废黜并赐死。此时庙堂之上愈发昏聩，然而唐玄宗却丝毫不觉，反而听从百官意见，封李林甫为晋国公。尽管李林甫极力为武惠妃之子谋求储君之位，但唐玄宗却始终没有采纳，反而立忠王李亨为太子，即后来的唐肃宗。

李林甫眼见李亨得势，而自己却曾站在反对的立场上，便极力构陷李亨，希望以此来扭转局势。这一时期李林甫先后两次发起对李亨的攻击，但最终都没有取得彻底的成功。为了杜绝将领以战功拜相的可能，李林甫又建议唐玄宗重用番将，结果在后来导致安禄山的壮大，为李唐王朝的衰落埋下了祸根。

李林甫表面上看似温文尔雅，但暗中却包藏祸心，经常在背地里巧施奸计，将所有可能对自己构成威胁的人贬谪，因此被人们称为"口蜜腹剑"。在他的挑拨下，唐玄宗对许多贤臣都产生了误会，许多富有才干的贤臣都被埋没。此时杨贵妃的族兄杨国忠也逐渐崛起，李林甫又与他相互勾结、排除异己，但同时又互相算计。

最初时李林甫认为杨国忠不学无术，不值得重视，但杨国忠却凭借着裙带关系和自己的小聪明，逐步取得唐玄宗的信任，而唐玄宗也对李林甫一家独大十分不满，于是暗中支持杨国忠。此后李林甫逐渐被唐玄宗疏远。

753年，李林甫因唐玄宗疏远而忧愤成疾，很快病情加剧，杨国忠前去探视时，李林甫只得流着眼泪请托身后之事，杨国忠仍旧十分畏惧，并表示难以担当。同年李林甫病死，唐玄宗为其追赠、追谥，并赐予棺椁。但还没等他下葬，杨国忠就上疏举报李林甫勾结叛将谋反，李林甫的女婿为了自保也出面做证。于是唐玄宗命人将他的儿子全数流放，又劈开其棺椁，取下朝服、珠玉，改以庶人之礼安葬。

【人物评价】

李林甫生前深受宠信，极尽殊荣，但等死后却受到种种屈辱，比之百姓尚且不如，不可不说是一种讽刺。同样是身居相位，李林甫若能效仿当时贤相，必然一样能够流芳千古，免除身后骂名，遗憾的是他最终却没能做出这样的选择。

牛仙客：小吏为相才不济，但以勤勉继其功

【人物简介】

牛仙客，生于675年，卒于742年，享年68岁，唐玄宗时任相。

【人物生平】

牛仙客早年在担任地方小吏时，因受县令器重的缘故而得以跟随从军，后来

又凭借着累积军功而不断升任，直至担任洮州司马。

后来牛仙客又成为河西节度使王君㚟的心腹，并在王君㚟战死、萧嵩接任后，继续负责处理军政事务，深得当地军民拥护。等到萧嵩入朝之后，便积极举荐牛仙客接替自己，朝廷也应允了这一请求。

牛仙客治理河西期间，崇尚节俭、累积财富，因此河西十分富庶，唐玄宗得知后龙颜大悦，便打算任命他为六部尚书，封其爵位，宰相张九龄却因担忧而屡次劝阻。然而唐玄宗却被李林甫蛊惑，于同年将张九龄罢相，并封牛仙客为陇西郡公，改任其为宰相。

牛仙客虽有政绩却不谙庙堂之事，因此凡事一再依附李林甫，正中李林甫暗中扶持他的下怀。但牛仙客也在任相期间，大力推行和籴法，以此缓解了当时关中地区人多地少的矛盾，以及由此引发的粮荒。742年牛仙客病逝，享年68岁，唐玄宗下令为其追赠、追谥。

【人物评价】

牛仙客虽有政绩，但总体而言并无重臣之才，因此最终只能沦为李林甫的傀儡。但他在任期间始终兢兢业业，并无不法情事，因此仍然值得肯定。

杨国忠：满眼不见民生泪，辱尽先祖身后名

【人物简介】

杨国忠，本名钊，生年不详，卒于756年，唐玄宗时任相。

【人物生平】

杨国忠与历朝历代诸多杨氏名臣一样，皆出自弘农杨氏，甚至还是汉代名臣杨震的后裔，但却不幸与先祖背道而驰，可说是辱没祖宗。杨国忠早年家境衰落却不思进取，始终放浪形骸，直到他的族妹杨玉环（即杨贵妃）受宠后，杨国忠才凭借着这一层裙带关系，以及自己的小聪明，而得到唐玄宗的赏识。

当时杨国忠的基础还很浅薄，因此在讨好唐玄宗之余，他还积极巴结其余朝中重臣，因此逐渐巩固了自己的地位，并担任了监察御史。此后杨国忠一人身兼15项朝廷要职，摇身一变成为朝廷的重要人物。当时他鉴于国库充盈，又建议唐玄宗将各地囤积的粮食换成绢帛等轻便易携之物运送到京城，唐玄宗因此便专门以他管理钱粮。

杨国忠最初时名叫杨钊，750年才改名"国忠"以表忠心，然而他的所作所为却完全与名字相反。杨国忠不仅生活奢华，极尽珠宝玉器来作为生活用品，更在庙堂之上与奸相李林甫互相配合，陷害忠良和太子李亨。等到了后来杨国忠的权

势愈发膨胀，李林甫又开始与他若即若离，暗中削弱其势力。与此同时，玄宗为了抑制李林甫，也暗中站在杨国忠一边，因此唐朝的政局此时已经开始出现混乱。752 年李林甫病死，唐玄宗当即以杨国忠接替他，到后来竟然同时担任了 40 多种官职。

杨国忠虽然身兼要职，却对国计民生漠不关心，因此在任相期间做出了一系列失德举措，而唐玄宗也因自满、信任而不辨真假，致使唐朝更加衰败。751 年杨国忠为了建功立业，便发动大军讨伐南诏国，结果以惨败告终，唐朝士兵更是折损了 6 万多人。然而杨国忠却仍未醒悟，继续怂恿唐玄宗在全国征发士兵再次攻伐，结果又以惨败而终。至此唐朝兵疲民困，已然元气大伤。当国中因洪涝灾害而导致饥荒时，杨国忠又极力拦阻各地官员上报灾情，并故意拿出好的庄稼欺骗唐玄宗，因此导致国中百姓生活十分困顿。

李林甫生前，河东节度使安禄山对其十分忌惮；等到杨国忠主政之后，安禄山却对他根本不屑一顾。杨国忠虽然是奸臣，却也知晓安禄山素有反心，于是多次劝说唐玄宗除掉他，但唐玄宗始终没有听从。此后安禄山的势力愈发巩固，而杨国忠又因贪污腐败而为人所痛恨，于是 755 年安禄山打出讨伐杨国忠的旗号，正式起兵反唐。

眼见安禄山所向披靡，唐玄宗只得接受杨国忠的建议逃往蜀地，并由将士沿途跟随护送。但当走到马嵬驿时，在太子李亨等人的鼓动下，所有将士们终于产生了一致的不满。此前杨国忠一直都在遏制李亨，李亨因此担心一旦入蜀便再无翻身机会，便与高力士等人共同策划了哗变。当杨国忠与吐蕃使者交涉时，当即有人以其勾结吐蕃为理由，发动士兵将杨国忠砍杀，随后又逼迫唐玄宗赐死杨贵妃，杨国忠的妻子儿女也多被杀死。

【人物评价】

唐玄宗曾特意为杨国忠赐下"国忠"之名，但观其所作所为，却无疑是对唐玄宗的最大背叛，毫无忠义可言。尽管唐朝的衰落主要责任在于唐玄宗，但杨国忠作为为虎作伥、蛊惑君王之人，尽管也曾网罗贤才、劝杀安禄山，也依旧无法扭转自己的形象，必然会遭到后世的不齿、唾弃。

韦见素：受荐杨氏非吾罪，新君何故分亲疏

【人物简介】

韦见素，字会微，生于 697 年，卒于 763 年 1 月，享年 76 岁，唐玄宗时任相。

【人物生平】

韦见素的父亲曾任太原尹并受封彭城郡公，自己后来也考中进士入仕，并承

袭了父亲的爵位。

746 年韦见素出镇地方，每见不法官吏便进行弹劾，因此治下政风肃然，750 年又入朝担任吏部侍郎。当时右相杨国忠势大，左相陈希烈又因天灾而被免职，杨国忠便趁机举荐韦见素任相，韦见素也因此对杨国忠十分感激。

755 年唐玄宗允许安禄山以番将代替汉将，韦见素知道事情紧要，便与杨国忠一同劝谏，但唐玄宗执意不听。同年安禄山果然反叛，次年唐玄宗仓皇出逃，杨国忠被士兵打死，韦见素也受了重伤。等到唐肃宗于灵武即位后，韦见素又与宰相房琯一同奉命前往辅佐唐肃宗。

由于自己是杨国忠所举荐，唐肃宗对韦见素较为冷淡，不久后就免去他的相位，改任尚书左仆射。鉴于当时吏治混乱、全无章法，韦见素又上疏劝谏，唐肃宗十分赞同。

等到唐玄宗返回长安，韦见素也因护卫之功而得到封赏，760 年又正式请辞。763 年韦见素病逝，享年 76 岁，朝廷下令为其追赠、追谥。

【人物评价】

韦见素虽因杨国忠之故而得以拜相，但为人并非阿谀逢迎、诌上迫下之徒，而是一位富有才干、眼光长远、洞悉时局的能臣。但唐肃宗却因唐玄宗与杨国忠的缘故，对这位老臣多有疏远，因此错失了一位人才。

房琯：才智不堪托重，治民犹有心得

【人物简介】

房琯，字次律，生于 697 年，卒于 763 年，享年 67 岁，唐玄宗时任相。

【人物生平】

房琯早年就文采出众，曾在唐玄宗封禅泰山时，以一篇《封禅书》而得到宰相张说的赏识，并举荐他为官。但不久后房琯又考中县令，并在任期时得到当地百姓爱戴。

734 年升任监察御史后，房琯因判决失误而被贬为县令，其间竭力消除当地弊政、为民谋利，因此政绩十分突出，742 年又入朝为官，并负责督造华清宫。但不久后房琯再次因牵连而外任太守，直到 755 年才再次入朝。

次年唐玄宗因安史之乱而逃离长安，房琯当即连夜追赶跟随，因此被唐玄宗任命为宰相，等到唐肃宗即位后，唐玄宗又派遣房琯等人前去辅佐。唐肃宗早就对房琯十分仰慕，因此便委他以平叛重任。

然而房琯虽然富有才华，却对军事十分懵懂，因此很快就惨遭失败，所幸唐肃宗并未降罪。但房琯却在私下排挤唐肃宗委任的大臣贺兰进明，对其余大臣也十分倨傲，更经常沉溺于谈玄论道之中，因此逐渐被唐肃宗疏远。等到唐肃宗返回长安后，房琯屡次称病不上朝，却笼络大批门客为自己宣扬，因此唐肃宗将他召入宫中斥责，随后又贬往外地任刺史。

在任刺史期间，房琯整顿当地松弛的吏治，很快就使当地生机勃勃，因此唐肃宗又对他进行褒奖。763年朝廷召房琯入朝担任刑部尚书，但房琯却在赴京途中病逝，享年67岁，死后得到朝廷追赠。

【人物评价】

房琯为人并非无才，只是才能有限、不通军务，因此无力承担重任，但在治政方面还是颇有能力，并非完全的夸夸其谈之徒。

裴冕：拥立新帝意气在，香车华服一时来

【人物简介】

裴冕，字章甫，生于703年，卒于770年，享年67岁，唐肃宗时任相。

【人物生平】

裴冕家族世代在李唐为官，因此裴冕虽无学术，却得以凭借着父辈的恩荫入仕，并因勤勉尽责、处事果断、为人刚正而得到肯定。752年大臣王鉷被奸相李林甫所害后，只有裴冕一人挺身而出将其收埋，表现得毫无畏惧。

756年，裴冕受征入朝为官，却在半路上遇到因安史之乱而出逃的太子李亨，裴冕当即建议其逃往灵武，并先后五次劝说李亨即位，以此稳定人心。李亨登基后便以裴冕为相。为了筹集军费，裴冕也不得不提出卖官鬻爵的方法，并在执行时强买强卖，因此也招来了一些批评。

后来裴冕又改任尚书右仆射，并在两京收复后担任多项职务，因此俸禄丰厚，裴冕也因此高兴得无法自持。同时裴冕又生活奢靡，喜好香车华服，还自制头巾样式，引得许多人纷纷效仿。762年唐肃宗驾崩，裴冕又依附于宦官李辅国，却因李辅国失势而受到牵连，直到2年后才被召回。

769年宰相杜鸿渐病逝，裴冕因年老善于掌控，而被元载举荐为宰相，但上任不到一月就病逝，享年67岁，代宗宣布罢朝3日并为其追赠。

【人物评价】

裴冕虽然不通学术、贪财好利，但能够把握时机，拥立新皇，以此取得荣华富贵，倒也称得上通达。但在任相期间，裴冕也并无明显政绩，只能说是平平之才。

李辅国：李唐宦相竟由我，君王赐名终负望

【人物简介】

李辅国，生于 704 年，卒于 762 年，享年 59 岁，唐肃宗时任相，也是唐代第一位拜相的宦官。

【人物生平】

李辅国早在唐玄宗朝时便入宫做了宦官，后来又一直在太子李亨身边陪侍。安史之乱爆发后，李亨接受李辅国的建议北上灵武，并迅速登基称帝，从此将李辅国视为心腹，更将军国大事全数交给他处理。

757 年唐玄宗返回长安，李辅国在唐肃宗的默许下，对唐玄宗处处进逼、恫吓，后来更矫诏将唐玄宗迁往太极宫，并故意命令士兵持刀护送，使得唐玄宗屡次受到惊吓。但唐玄宗近侍高力士却以天子名义喝令李辅国屈服，此后李辅国为了报复，便将高力士等唐玄宗近臣全数贬谪。当时一切军国大事全由李辅国一人处理，宗室李岘为此上疏反对，却被李辅国打击贬谪。

唐肃宗在世时，李辅国与张皇后私下勾结、打击异己，更害死了建宁王李倓；但等到唐肃宗病重，张皇后却为了大权而与李辅国反目，并在私下谋划暗杀太子李豫。李辅国得知之后当即抢先行动，将李豫保护起来，随后又将张皇后囚禁。唐肃宗死后，李辅国便拥立李豫登基，即唐代宗。

唐代宗登基之后，李辅国更加骄横，甚至对唐代宗当面表示他只要好好坐在里面，由自己过问事务即可。但这番话被唐代宗听到耳中，却感到十分不快。为了夺回大权，代宗表面上尊重李辅国，私下却通过种种谋划明升暗降，将其兵权夺回，并将他的相位免去。不久之后唐代宗又派人在夜里将他刺杀，追赠太傅并谥为丑。

【人物评价】

李辅国以宦官身份登上相位，这在唐朝还是首次，也在一定程度上说明了唐朝的衰落。李辅国虽得唐肃宗赐名，但其所作所为却多是乱国之举，与唐玄宗时的杨国忠颇为类似，只是比起杨国忠更加不堪。

苗晋卿：宽厚虽失小节，忠君无损臣道

【人物简介】

苗晋卿，字元辅，生于 685 年，卒于 765 年，享年 81 岁，唐肃宗时任相。

【人物生平】

苗晋卿家族世代研习儒学，因此苗晋卿从小深受熏陶，很容易就考中进士，

并在入仕后屡屡得到升迁。

735 年苗晋卿升任吏部郎中，奉命主持选拔吏部官员。当时许多人为了获得职位，而对他行贿收买、出言恫吓，苗晋卿都以柔和的态度回应。这一时期由于治下宽松，整个吏部贪贿成风，而苗晋卿也为了依附唐玄宗宠臣张倚，而将其目不识丁的儿子定为录取官员第一名，唐玄宗得知后十分震怒，便将苗晋卿贬官。

出镇外地期间，苗晋卿因政绩显著而得到称赞，国舅杨国忠出于忌妒，便建议由他负责平定安禄山之乱。苗晋卿对此断然拒绝，因此又被唐玄宗贬职。755 年安禄山攻入长安后，苗晋卿侥幸逃脱，并于次年唐奉肃宗征召而拜相。

唐肃宗返回长安后，苗晋卿当即请辞，却被改授他职，762 年唐玄宗、唐肃宗先后驾崩，苗晋卿又奉命辅佐唐代宗。763 年吐蕃攻入长安，唐代宗逃走，苗晋卿面对吐蕃士兵的威吓却始终不发一言，士兵因此不敢加害。唐代宗返京后便准许苗晋卿致仕。

765 年苗晋卿病逝，享年 81 岁，死后得到追赠、追谥。

【人物评价】

苗晋卿为人过于宽厚，而且颇有阿谀姿态，但面对国家大事却不失大节，因此仍然值得肯定。

张镐：未有佞佛兴国者，天子圣德贵安民

【人物简介】

张镐，字从周，生年不详，卒于 764 年，唐肃宗时任相。

【人物生平】

张镐早年曾拜当时名士吴兢为师，因学问精深而闻名，但他却从不结交旁人，即便参与达官显贵的宴请，也只以饮酒为乐，因此被视为奇才，后来又被国舅杨国忠所招揽、举荐。

756 年唐玄宗因安史之乱而仓皇出逃，其间张镐始终步行跟随，后又奉命辅佐唐肃宗，次年即被唐肃宗拜为宰相。张镐不仅学问高深，同时又深谙军事，因此唐肃宗便以他为节度使统率军队，同年郭子仪光复两京，唐肃宗因此得以返回长安。

758 年张镐力劝唐肃宗拒绝史思明归降，唐肃宗却因听信宦官之言，而将张镐贬职。次年史思明果然再次反叛，唐肃宗这才再次起用张镐平叛。唐肃宗曾组织百名僧侣为国祈福，张镐则表示天子应当修德安民，从未有依靠佛教平定天下的，肃宗深表赞许。

762 年代唐宗即位后，张镐又因平叛之功而改任江南西道观察使，直到两年后病逝于任上。

【人物评价】

张镐处太平之世而放荡不羁，处国家危亡却力挽狂澜，确实称得上奇才。

杜鸿渐：劝进登基功在先，屡负皇命无罪愆

【人物简介】

杜鸿渐，字之巽，生于 709 年，卒于 769 年，享年 61 岁，唐代宗时任相。

【人物生平】

杜鸿渐最初以进士身份入仕并担任参军，765 年安史之乱爆发后，又投奔了太子李亨。当时杜鸿渐等人经过商议，一致认为朔方是用兵之地，于是便共同劝说李亨前往灵武，并与裴冕先后五次劝说其登基。

李恒即位后，便以杜鸿渐为兵部郎中，及至两京收复前后，又担任了多地节度使的职位。然而杜鸿渐并无军事才能，因此当地一发生叛乱便弃城而逃，朝廷于是便征召他入朝，授予其他官职。762 年唐代宗即位后，杜鸿渐又受封为国公，两年以后又正式拜相。

765 年西川兵马使崔旰叛乱，唐代宗以杜鸿渐出镇征讨，然而杜鸿渐却因畏战，而主动请求唐代宗任命崔旰为节度使。此时关中因吐蕃侵扰而动乱，唐代宗只得无奈同意，767 年又将杜鸿渐召回并拜相。769 年杜鸿渐病逝，唐代宗为之罢朝 3 日，并为其追赠、追谥。

【人物评价】

杜鸿渐先后两次出镇都有辱皇命，却因为最初的拥立之功而始终得到重用，甚至还能保住宰相的乌纱帽，实在是一种幸运。

李岘：远志不在沙门内，应在庙堂救国危

【人物简介】

李岘，字延鉴，生于 708 年，卒于 766 年，享年 58 岁，为李唐皇室宗室，唐肃宗、唐代宗时任相。

【人物生平】

李岘少时虽有才干，却对佛法十分向往，为此刻苦修行、终日不辍。但他的老师却告诉他"与佛无缘"，于是李岘便投身政坛，并凭借着自己的皇族身份和祖上的功劳，不断得到升迁。

当时唐玄宗经常出行，沿途许多官员都会献上珍玩，唯独李岘没有，因此唐玄宗对他十分惊奇。后来唐玄宗为了平息安禄山的怒气，而将李岘贬谪出镇，后来李岘又因不肯逢迎杨国忠而再次被贬。

安史之乱之后，李岘转投唐肃宗李亨，759 年又正式拜相。由于自己名望很高，其余大臣都不敢发言，一应事务全由李岘主持，李岘因此受到旁人暗中的不满。后来李岘又积极劝说唐肃宗疏远宦官李辅国，因此受到李辅国的记恨。由于自己屡次直言进谏，唐肃宗也对李岘产生不满，后来又在李辅国的挑唆下将其贬谪出镇。

唐代宗即位之后，李岘再次被拜为宰相，并在唐代宗接收李希烈降卒的问题上，痛陈利害、据理力争，因此保全了很多人的性命，但也再次被宦官排挤，最终被免去相位。766 年李岘病重，享年 58 岁。

【人物评价】

李岘虽为皇族子弟，却丝毫没有纨绔子弟的作风，相反的是性格坚毅、胸怀远大，即便在当时的皇室成员当中，也是极其突出的一人。

元载：铲除权奸奉君主，又沦权奸多糊涂

【人物简介】

元载，字公辅，生年不详，卒于 777 年，唐代宗时任相。

【人物生平】

元载出身于贫寒之家，以至每次参加科举考试，都只能步行前往，而且多年没能考中。直到 742 年唐玄宗征召精通道学之人，恰好元载精研道学，这才成功考中科举并入仕，后来又慢慢得到升迁。

安史之乱爆发后，元载一度隐居民间，但等到唐肃宗即位后，元载又因他人举荐而入仕。由于自己敏锐机智，唐肃宗对元载也十分重视，762 年又在李辅国的举荐下，被唐肃宗拜为宰相。此后元载也在唐肃宗面前多有逢迎，因此不断得到加封。但同时元载鉴于国事艰难，也曾举荐著名的经济家刘晏为相，负责管理政府度支转运，可说是一件大好事。

同时元载又参与唐代宗的密谋，除掉了擅权的李辅国，但另一名宦官鱼朝恩却依旧掌握禁军，在朝中十分傲慢。于是元载又积极为唐代宗出谋划策，最终趁着寒食节宴会的机会将鱼朝恩缢死，解除了李唐王朝的又一大患。

但此后元载却居功自傲，严厉打击、排除异己，甚至不经过唐代宗的署名就提前发布诏令，因此引起唐代宗的不满。他又放任自己的儿子接受贿赂，同时生活奢靡，大兴土木。唐代宗鉴于其有功于国家，屡次私下劝他收敛，但元载最终

没有听从。

777 年唐代宗下令将元载收监，并派人责问其不法之事，随后将其赐死。直到 784 年唐德宗即位，才念在立储的恩情将其改葬，并为其追赠、追谥。

【人物评价】

元载是唐代宗朝的一大权奸，但其所作所为却并非都是恶事，其中也有很多都应当予以肯定，如铲除权宦、举荐刘晏。但元载在铲除权宦之后，自己却也逐渐变成了同一副模样，因此最终堕入深渊，其中道理令人警醒。

刘晏：国用自有收取，敛财何必由民

【人物简介】

刘晏，字士安，生年不详，卒于 780 年，唐代宗时任相。

【人物生平】

刘晏自小就聪明伶俐，素有神童之称，更因此被授予太子正字，在《三字经》中都留下了记载，可见其过人与不凡。

刘晏不仅聪颖，更对经济之道十分擅长，因此后来被多次任命为管理经济的官员，唐代宗即位后又担任了宰相。当时在安史之乱后，唐朝经济早已濒临崩溃，刘晏为此提出并推行了改革漕运、盐政、粮价，以及推行常平法等种种建议和方法，归根结底是以商品经济来增加国家收入。这些方法最终都起到了巨大的作用，就连唐代宗也惊喜地称刘晏是自己的萧何。

刘晏任相后一度被贬，但最终再次当上宰相，唐德宗即位后又负责总领全国财政。刘晏的种种举措一方面为国家带来了大量收入，另一方面又没有增加百姓负担，因此时人都对他十分欣赏、称赞。

780 年刘晏因受诬告而被赐死，死后余财不过书籍两车、粮米数石，更引起了当时许多人的不平。为此德宗又在后来为其追赠，以此表示对他的悼念。

【人物评价】

刘晏能够在发展生产、安定百姓的前提下，完成为国增收、实现经济增长的任务，其中不仅体现了他的智慧，更体现了他的仁政。因此虽然声名不显，刘晏却又实实在在是一位足以与管仲、萧何比拟的人物，他的经济管理思想更是值得后人借鉴。

王缙：奉兄以恭孝，任相而无劳

【人物简介】

王缙，字夏卿，生于 700 年，卒于 781 年，享年 82 岁，唐代宗时任相。

【人物生平】

王缙的兄长即有着"诗佛"之称的唐代著名诗人王维，王缙本人虽然有所不及，但也是一位诗人才子。王缙最初时因考中科举而入仕，等安史之乱爆发后，又协助李光弼镇守太原，并因智谋和机警而得到称赞。

后来王缙因举荐而出任太原尹，其间以严厉手段整顿军事，果断诛杀居功自傲的将领，因此受到士兵敬畏。等到其兄因被安禄山俘虏而问罪时，王缙又主动请求以官职来换取兄长被赦免。但等到自己任相之后，王缙却对擅权骄傲的元载十分畏惧，从未加以反对。同时王缙又笃信佛法，大肆宣扬，为此导致大量土地被寺庙占取，许多僧人都横行无忌，官场吏治和社会风气都十分败坏。因此元载被杀之后，王缙也因受牵连而贬官。

【人物评价】

王缙对兄长友爱恭谨，但却缺乏为相的明智和魄力，因此一再受制于权臣，没能做出实际的贡献，最终更累及自己身遭贬谪，实在是一种遗憾。

杨绾：廉名顺化天下，高才受见唐皇

【人物简介】

杨绾，字公权，生于718年，卒于777年8月27日，享年60岁，唐代宗时任相。

【人物生平】

杨绾自小聪明伶俐，精通音韵文辞，同时又极为孝悌，以至桌上一旦没有美味饭菜，就会担心母亲吃得不好，也正是出于这一层考量，他才接受意见毅然参加科考，并如愿考中了进士。

754年唐玄宗首开诗赋考试，杨绾以第一名的成绩赢得唐玄宗青睐，担任右拾遗一职。等到唐肃宗在灵武即位，杨绾又不远千里前去投奔，受到百官的欢迎。此后杨绾屡次得到升迁，并在整顿官署、完善官制方面起到了巨大作用。等到唐代宗即位之后，杨绾又在科举、选才方面做出了一系列贡献，并因治事公正而受到众人的赞许。

这一时期元载任相主政，唯有杨绾从不巴结逢迎，元载便打算将其明升暗降，但唐代宗没有采纳，不久后又诛杀元载，改以杨绾为相。由于自己素来廉明，许多官员在听到他任相的第一时间，就拆掉豪宅、削减乐队、减少车马，人心无不信服。

不久之后杨绾病重，唐代宗对他极尽礼遇，不仅准许他就地修养，还允许他受扶入宫。后来唐代宗又每天派人探视其病情，还派遣御医守候治疗。

同年杨绾病重去世，享年60岁，唐代宗为此悲恸不已，感叹自己尚未治平却痛失贤才。最终唐代宗下令罢朝3日，不仅为杨绾追赠、追谥，还大肆赏赐他的家人，以示对他的追念。

【人物评价】

杨绾拜相之初，一无所为而百官自化，由奢靡转为节俭，可以说是德行高到一定程度，是"不言之教"的典型了。

常衮：行至察而有偏废，遭贬黜不失臣节

【人物简介】

常衮，字夷甫，生于729年，卒于783年，享年55岁，唐德宗时任相。

【人物生平】

常衮在25岁时考中进士，随后在朝中任官并不断升迁，及至777年时又被拜为宰相。常衮为人疾恶如仇，任相前就屡次上疏，请求皇帝命令宦官鱼朝恩归还民脂民膏，受到唐代宗的赏识，拜相之后，常衮更是对卖官鬻爵的做法十分厌恶，于是杜绝举荐仕宦之途，唯以科举取士，但也因此错过了一些人才。

后来常衮因与另一名臣崔祐甫交恶，在庙堂上屡次发生争执，因而请求将崔祐甫贬谪。但在拟诏传令之后唐德宗反而误会，于是改而将其贬谪。常衮被贬出镇之后，虽然远离庙堂却依旧勤于政事、注重教育，极力推行建设乡校，甚至亲自授课讲学，因此为江淮之地培养出大批人才。

783年常衮病逝，享年55岁，死后得到朝廷追赠。

【人物评价】

常衮为人刚正、疾恶如仇，只是未免有些偏执，因此也犯下了一些错误。虽然最后因一时误会而被贬，常衮却在治下继续勤勉，始终不改贤臣风范，称得上是善始善终。

崔祐甫：选官不唯科举，荐才不避亲朋

【人物简介】

崔祐甫，字贻孙，生于721年，卒于780年，享年60岁，唐德宗时任相。

【人物生平】

崔祐甫早年就考中进士，并在入仕后屡屡得到升迁。但由于自己个性耿直，崔祐甫经常与宰相常衮发生冲突。后来常衮便提议由他主持吏部官员选拔，却在

崔祐甫上交名单时故意驳回，因此两人的矛盾、冲突更加激烈。

779 年代宗驾崩，唐德宗即位，崔祐甫又在国丧礼仪上与常衮发生争执，最终被唐德宗贬官。然而由于唐德宗的一时误会，竟然误以为常衮欺骗自己，于是改而下令对调崔、常二人的职务，再次将崔祐甫调回并任相。这一时期唐德宗为了服丧，便将朝中大事全数交由崔祐甫处理，对他极尽信任。此后崔祐甫一改常衮唯以科举取人的做法，并经常举荐自己的亲朋。唐德宗问他其中缘故，他则表示唯有熟人方更了解品行，唐德宗表示赞许。

在崔祐甫的辅佐下，唐德宗先后数次巧妙化解了各地藩镇和朝中大将的军权威胁，因此对崔祐甫更加看重。当时崔祐甫尚未拜相就病倒，唐德宗竟然下令用轿子抬着他入宫受命，即便后来他休假在家，唐德宗也经常派人前去询问政事。780 年崔祐甫病重逝世，享年 60 岁，唐德宗更打破惯例追赠其为太傅，追谥"文贞"。

【人物评价】

崔祐甫因一时的误会而意外拜相，所幸的是他本身也才智过人，因此唐德宗可以说是无心插柳柳成荫。

杨炎：万里千知鬼门关，空悔失足难再还

【人物简介】

杨炎，字公南，生于 727 年，卒于 781 年，享年 55 岁，唐德宗时任相。

【人物生平】

杨炎为人气度恢宏，同时又精于辞藻，因此入朝为官后，很快就崭露头角，得到时人的称赞，与另一宰相常衮并称。774 年杨炎又升任吏部侍郎，却因与元载有亲而遭到贬谪，直到 779 年才得到崔祐甫的举荐，升任宰相。

杨炎任相之后，提出了著名的两税法，以此来扩大纳税范围，缓解贫富赋税负担不均的压力，为当时的经济发展、国家创收带来了一定的积极影响。但同时杨炎又心胸狭隘，暗中打击、报复、排斥异己，著名的经济学家刘晏也是因他构陷而死。事后杨炎为了躲避骂名，又把一切责任全数推到唐德宗头上，唐德宗此后开始对他不满。

由于杨炎私下还有许多不法行为，唐德宗终于在 781 年下令将其免官并流放。杨炎在途中预感前景不妙，于是写下一首《流崖州至鬼门关作》作为感叹："一去一万里，千知千不还。崖州何处是，生度鬼门关。"不久之后唐德宗就下令将他赐死，杨炎死时 55 岁，后来才被朝廷追赠、追谥。

【人物评价】

杨炎的两税法在当时的唐朝极为优越，并产生了极大的积极影响，单凭这一点，杨炎就足以载入史册。然而他在任相之后，却也放纵了自己的私欲与暴恶，因此最终身死人灭。

卢杞：尽失人心死忠良，再度拜相成空望

【人物简介】

卢杞，字子良，生年不详，卒于约785年，唐德宗时任相。

【人物生平】

卢杞的祖父、父亲都在朝中任官，因此卢杞也得以凭借着家族的恩荫，而顺理成章地入朝为官。卢杞入仕后，先后在朝中和外地担任要职，780年又再次入朝，并于次年正式拜相。

卢杞身居相位却为人奸邪，动辄因一己喜好构陷大臣，宰相杨炎之死虽然是咎由自取，但也与卢杞的推波助澜不无关系。他又故意派著名书法家颜真卿出使叛军大营，使其遭到叛军杀害。此外，卢杞又大肆迫害了许多朝中重臣，并将唯唯诺诺的关播举荐为相，以此更好地控制朝堂。

当时由于军费支出庞大，国家无力支付，卢杞又于782年提出了一系列搜刮民财的政策，很快就导致天怒人怨，并直接引发了泾原之变。为了摆脱被追责，卢杞又排挤前来勤王的李怀光，使其逐渐生出二心，唐德宗这才将卢杞贬官。

785年唐德宗有意再次起用卢杞，卢杞也自认为一定能再次拜相，但大臣袁高和宰相李勉等人坚决反对，唐德宗于是作罢，将卢杞改任到澧州。不久后卢杞就病死于当地。

【人物评价】

卢杞任相之后，一无丝毫建树，反而大肆迫害重臣、为己谋私，以至引发了更大的动荡，自己也受到天下贤愚不肖之人的一致唾弃，这一现象也充分说明了他的不得人心。

关播：帝业复兴不在吾，辞官让贤方正途

【人物简介】

关播，字务元，生于719年，卒于797年，享年79岁，为三国名将关羽之后，唐德宗时任相。

【人物生平】

关播最初以进士的身份入仕庙堂，但却不懂得避嫌，与当时的禁军统帅交往

频繁，因此被元载贬谪到河南任官。

773 年关播又被调任滁州刺史，其间致力于震慑盗贼、安抚百姓，政绩相对突出，后来又受到唐德宗的委任，负责安抚各地作乱的百姓。由于关播性格温顺，781 年时，宰相卢杞又特意举荐他担任要职，希望通过控制他来独掌大权。

782 年关播正式拜相，但却从来不敢发表意见，有一次刚要开口，就被卢杞瞪了回去，卢杞更明确表示自己不希望他开口，此后关播不再进言。关播不仅畏惧权势，同时又识人不明，他所举荐的人上任不到 10 天就被叛军俘虏，而他却还信誓旦旦地表示信任，因此被时人讥讽。783 年唐德宗因泾原之变而外逃，关播得以保留相位，后来又仅仅是被贬为尚书，因此有官员痛哭流涕，表示对朝政的绝望。

788 年关播护送公主和亲回鹘，事后拒绝朝廷任命，从此致仕在家。此后关播不再过问世事，因此得到时人的尊重。797 年关播病逝，享年 79 岁，唐德宗为其追赠，并罢朝 1 日以示哀悼。

【人物评价】

关播为人唯唯诺诺、不通国家大政，因此毫无相才，更不能与自己那位威震华夏的祖先关羽相比。但关播任职期间从未营私，后来也能及时退出政坛，让位于贤，这一点倒也值得称道。

萧复：不以豪宅换官禄，但愿一身换救民

【人物简介】

萧复，字履初，生于 732 年，卒于 788 年，享年 57 岁，唐德宗时任相。

【人物生平】

萧复出自南梁皇室，为梁武帝萧衍之后，同时又是唐玄宗的外孙，身份地位可说极其显贵。然而萧复却从来不喜香车华服，更不与名士以外的权贵子弟交游，因此受到伯父的赞叹。

等到萧复长大主家之后，他的家道已经衰落，当时的宰相王缙曾暗示萧复献出唐玄宗为其母修建的别墅，以此换取官职，萧复却断然拒绝，因此很快就被罢官，生活更加困顿。但萧复始终安之若素，最终再次得到起用，并先后在多地担任刺史要职。

780 年萧复任同州刺史时，因擅自开仓赈灾而被罢免，朋友为之感到遗憾，萧复却认为只要有利于民，一人获罪而救多人也无不可，并不因此惋惜。782 年唐德宗因奉天之难外逃，萧复也追随在侧，因此于次年被正式拜为宰相，并多次代替唐德宗巡视外地。由于自己经常如实报告全国实情，并屡次提出建议，唐德宗渐

渐不耐烦并疏远了他。萧复因此感到遗憾，干脆以病请辞。

787 年萧复因故受到牵连，被贬到上饶，次年就病死于当地，享年 57 岁。

【人物评价】

萧复为人耿直不屈，又富有忧国忧民的情怀和意识，但他所处的却是一个动荡不休、君臣昏弱的时代，因此显得格格不入，最终不得其用，徒留下许多遗憾。

李晟：上马沙场万人敌，下马庙堂君王期

【人物简介】

李晟，字良器，生于 727 年，卒于 793 年，享年 67 岁，唐德宗时任相。

【人物生平】

李晟最初以攻打羌族和党项族的战功，而被朝廷授予官职，769 年又仅仅率领 1000 士兵，便成功生擒了吐蕃将领容谷钟，因此名声大噪。此后李晟多次击败吐蕃的入侵，并一箭射杀吐蕃大将，赢得万人敌的称号，成为当时著名的将领。

781 年李晟又奉命平定叛乱，其间还劝说一同领兵但又彼此不睦的李抱真、马燧和好，但却由于生病而未能及时平叛。不久之后泾原之变爆发，李晟又与李怀光合兵并劝其勤王。李怀光生出二心后，李晟又巧妙地笼络军心，终于将李怀光惊走，自己则不顾身在敌营、沦为人质的家属，坚决统率大军平叛。784 年李晟成功平定叛乱，同时又丝毫没有惊扰到长安城内的百姓，甚至摊铺都没有受到波及，唐德宗因此十分惊讶。然而李晟却还是觉得自己平叛不力，请求降罪，唐德宗大为感动。

事后李晟主动请求镇守泾原，唐德宗应允，吐蕃因此十分畏惧，采取各种手段离间李晟等名将。再加上宰相张延赏的推波助澜，唐德宗最终解除了他的兵权，又于 787 年以他为相。793 年李晟病逝，享年 67 岁，唐德宗因此深感悲恸，不仅下令百官吊唁，自己也亲自前去送葬，又为其追赠、追谥。

【人物评价】

李晟虽为起起武夫，却并非粗犷不知臣节之辈，相反还追慕诤臣前贤，经常为国事而直言进谏，不失凛然风度，称得上是一名儒将。

乔琳：生死之判岂天命，只因年老失臣节

【人物简介】

乔琳，生年不详，卒于 784 年，唐德宗时任相。

【人物生平】

乔琳幼时家贫而苦读不辍，最终考中进士入仕，但却因生性戏谑而与同僚结

怨，最终遭到贬官。

此后乔琳长年在各地任职，779 年唐德宗即位后，才被友人举荐入朝，拜为宰相，引得时人一片惊异。然而此时乔琳年老，耳目早已不灵，又经常语无伦次，因此很快就被罢相，改授其他官职。

783 年泾原之变爆发，乔琳因年老而没有跟随唐德宗，而是直接落发为僧，却被叛军统帅朱泚迎回，授予吏部尚书并主持选官事宜。乔琳虽知叛逆不妥，却也没有断然拒绝，因此等到李晟平定叛乱后，自己也被唐德宗下令处死。由于行刑那天正好是自己的生日，乔琳死前都在连连感叹，直称天命。

【人物评价】

泾原之变后，许多出身微末的小官都以身殉国，而像乔琳这样的重臣却不免于失节，但最终仍不免一死，可以说是充满讽刺意味。

浑瑊：异族武夫纵年少，不输忠义与雄豪

【人物简介】

浑瑊，本名日进，生于 736 年，卒于 800 年 1 月 1 日，享年 64 岁，唐德宗时任相。

【人物生平】

浑瑊原本是铁勒族浑部人，其高祖在贞观年间投入大唐，从此家族便以浑为姓。746 年时，年仅 11 岁的浑瑊就跟随勇武的父亲浑释之投军，并从次年开始屡屡立下战功。安史之乱爆发后，浑瑊又先后跟随李光弼和郭子仪，为平定叛乱立下赫赫战功，因此得到朝廷的重赏。

当时吐蕃再次开始入侵中原，就连其父也于 764 年被杀，浑瑊于是得到朝廷起用，并亲自率兵前往奉天，抵御吐蕃十万大军。此后浑瑊与吐蕃先后作战达 200 余次，吐蕃被接连击败，最终不得不撤军，浑瑊也因此名声大震，从此镇守边疆。

泾原之变爆发后，浑瑊又亲自带领着宗族子弟参与平叛，最后甚至身中数箭、血流满身仍奋勇杀敌，坚决守卫奉天城，唐军因此士气大振，终于坚持到了援军的到来。后来李怀光又因唐德宗的贬斥而生出异心，浑瑊再次奉命征讨，并最终迫使李怀光兵败自杀。事后浑瑊再次得到朝廷的提拔，他的两个儿子也因恩荫而入朝为官。

786 年吐蕃又被李晟击败，自忖李晟、马燧、浑瑊为当时名将，难以应付，便假意提出结盟请求，唐德宗于是应允并以浑瑊为使者。然而吐蕃却在会盟仪式上突然发难，将唐军打得大败，浑瑊侥幸逃出生天，随后返京请求降罪。唐德宗却并没有因此责罚，反而继续以他出镇要地，796 年又以他为相。

800 年浑瑊病逝，享年 64 岁，唐德宗为此哀恸罢朝 5 日，并赏赐钱财、布匹，为其追赠、追谥，又专门派人监护送葬，更将他的两个儿子提升。

【人物评价】

浑瑊虽然出身异族，但却并非一味逞纵蛮勇的武夫，相反还有谦逊知礼、奉守臣节的名臣风范，实在令人称道。因此唐德宗尽管忌惮藩镇，却始终对浑瑊这位异族将领十分信任，由此可见浑瑊的忠诚。

李勉：学子重金非我羡，天子显贵是吾彰

【人物简介】

李勉，字玄卿，生于 717 年，卒于 788 年，享年 72 岁，为李唐皇室宗室，唐代宗、唐德宗时任相。

【人物生平】

李勉出自李唐皇室，但等到他这一辈时，家道早已衰落，李勉也不得不外出游学。当时与他合住的学子病死，死前以重金相赠，请求李勉置办丧事，李勉却将重金与学子一并下葬，直到后来又告知其家人详情，因此留下信而葬金的典故，受到时人称誉。

后来李勉又入朝为官，并因公正用刑、打击不法而得到称赞。有一次大将管崇嗣在庙堂上向北而坐，李勉当即进行弹劾，事后唐肃宗感叹朝廷的尊贵是因李勉而彰显。后来李勉又劝阻唐德宗不要杀掉被俘的叛逆，以此来笼络民心，唐德宗也予以采纳。

762 年番邦入侵，李勉无法抵挡，却因素来刚正而未被追究，继续担任要职。769 年又奉命平定了五岭之地的叛乱。773 年在他人的举荐下，李勉又担任刺史要职，成功震慑了关东各个藩镇。但 783 年李希烈叛乱时，李勉却因故而作战失败，事后主动入朝请罪，并不再提出自己的建议。

786 年李勉被免去相位，788 年又因病逝世，享年 72 岁，死后得到朝廷追赠和追谥。

【人物评价】

李勉为人正派、不贪名利，虽为没落皇族却心心念念不离宗室庙堂，一片忠义昭然可见。

张延赏：钱可通神何况吾，治政谋私失人心

【人物简介】

张延赏，原名宝符，生于 726 年，卒于 787 年，享年 61 岁，唐德宗时任相。

【人物生平】

张延赏即唐玄宗时名相张嘉贞之子，但在他年岁尚小时，张嘉贞便已经病逝，唐玄宗出于同情，便授予他一定的官职。后来宰相苗晋卿也对张延赏十分赏识，并将自己的女儿嫁给他，张延赏由此再次显贵。

在唐肃宗和唐代宗时期，张延赏屡屡得到升迁，并在任职地方时崇尚简政、兴修水利，使得治下流民纷纷归附，生产再次开始发展。由于自己的政绩排名各地第一，张延赏得以被征召入朝，并担任御史大夫。但由于自己不肯依附宰相元载，张延赏后来又被贬谪到扬州。此后张延赏屡次改任，均因体恤百姓、公正执法而得到称赞，后来还主动向逃亡的唐德宗献粮作为支援，表明自己的忠心。

当时唐德宗有意以张延赏为相，但宰相李晟却与张延赏关系不睦，直到787年才被化解，李晟于是举荐张延赏。然而张延赏却在私下谋划解除李晟的兵权，更在本该由自己主持的册礼仪式上，故意由他人代替自己，因此被时人厌恶。张延赏曾命人审理一桩案件，其间却收到一封表示愿以10万贯来换取不追究的信，事后感叹钱可通神，并因畏惧而不敢再过问。

787年，张延赏为了追求边功，又积极请求裁减官员，以此来供养军队，但自己却因李晟一事而威信大跌，就此失去人心，因此没有将领愿意奉命出征。不久之后张延赏病重，宰相李泌于是将被裁减的官员全数复职。同年张延赏病逝，享年61岁，德宗为其罢朝3日，并为其追赠、追谥。

【人物评价】

张延赏身为名相之后，自身也颇有才干，但可惜的是立身还是失于正直，所作所为也并非完全值得称道。

柳浑：废学僧道不如死，宁可头断舌亦言

【人物简介】

柳浑，原名柳载，字夷旷，又字惟深，生于714年，卒于789年3月6日，享年75岁，唐德宗时任相。

【人物生平】

柳浑出身河东柳氏，是著名的唐代文学家柳宗元的先祖，本身也是一位勤于学问之人。在他小时候曾有相士断定他人生坎坷、必然早逝，建议他落发出家以避祸，柳浑却断然拒绝，表示若不能读书，那还不如早点死去。

742年柳浑考中进士入仕，但不久就因生性豪放而主动请求出镇，并在任职期间公正断案、不避沙门，因此闻名于当时。奉天之难爆发后，柳浑先是避居终南

山，屡次拒绝叛将朱泚的任官，后来又干脆投奔唐德宗，并以叛贼曾称呼自己之名为耻辱，正式改名柳浑。787年柳浑拜相，经常事无巨细过问政务，并劝说唐德宗宽待犯错近臣。最初柳浑曾反对唐德宗与吐蕃结盟，被斥为是不通军事的儒生，但不久后吐蕃果然叛变，于是唐德宗对柳浑更加敬重。由于自己敢于直言，另一宰相张延赏曾劝他少说话以自保，柳浑却断然表示自己头可断，舌不可不言，因此与张延赏结怨。

柳浑虽然忠正却不拘小节，因此唐德宗曾打算将其出镇，但最终只是降职处理。789年柳浑病逝，享年75岁，死后得到朝廷追谥。

【人物评价】

柳浑虽然沉溺学问成痴，却并非不通世情之辈，反而熟稔军务、政务，实在是一名贤才。此外，他对于人生的旷达、潇洒，也确实值得今人效仿。

李泌：冲隐淡泊观天下，和光同尘登庙堂

【人物简介】

李泌，字长源，生于722年，卒于789年4月1日，享年68岁，唐德宗时任相。

【人物生平】

李泌自小就有"神童"美誉，同时又通晓道家学说，甚至自己年仅7岁时，就已经得到唐玄宗和张九龄等人的称赞。长大之后的李泌又倾心于修炼道术，为此走遍名山大川，后来又被唐玄宗征召入朝，并与后来的唐肃宗一见如故，十分交好。

安史之乱后，李泌主动投奔唐肃宗，但却坚决不肯接受官职，仅以客人的身份出谋划策。正是在他的劝说下，唐肃宗最终以太子李豫为兵马大元帅，又打消了挖掘李林甫坟墓鞭尸的念头。等到凭借着自己的计谋，成功收复两京之后，李泌又巧妙斡旋，使唐玄宗得以成功返回长安。

后来唐肃宗又重用李辅国，李泌于是趁机请辞，再次归隐修道，直到唐肃宗驾崩、唐代宗即位之后，才再次被征召入朝。其间朝中奸臣虽然经常构陷，唐代宗却在私下十分明了，于是在将他出镇之余，又经常在暗中劝说李泌忍耐。

唐德宗即位之后，又以李泌为宰相，并告诫他不可趁机报复政敌，李泌却坦诚表示自己一心向道、不与人争，何况当年陷害自己的奸佞早就死去，自己根本无处下手。反倒是唐德宗应该相信功臣，不可轻易开杀。唐德宗于是应允。此后李泌多次提出适当意见，使朝廷十分安稳同时又不畏触怒唐德宗，极力化解他与

太子之间的矛盾。最终唐德宗采纳了李泌的建议。789 年，也就是成功调解唐德宗父子矛盾的第二年，李泌就因病逝世，享年 68 岁，死后得到朝廷追赠。

【人物评价】

李泌自幼聪颖却为人淡泊、不慕名利，因此不论居于庙堂还是隐于民间，都能做到安然自适，并根据实情提出建议，智慧不可谓不精深。

窦参：严于律己多不易，屡行不义少善途

【人物简介】

窦参，字时中，生于 733 年，卒于 792 年，享年 60 岁，唐德宗时任相。

【人物生平】

窦参家族世代为官，窦参也自少年时就喜欢钻研律令，并出任了奉先县尉。当时有一个富家子弟酒后欺辱亲妹妹，因此将其父气死，窦参得知后当即下令将这个纨绔子弟杖杀，使当地百姓无不畏惧、信服。

后来窦参又入朝为官，当时宰相因故包庇婺州刺史邓珽的罪行，群臣无不附和，只有窦参据理力争，终于使得邓珽伏法。对于那些因冤屈而受害的，窦参也极力探察、平反。因此窦参逐渐得到唐德宗的信任，后来更被拜为宰相。

然而窦参在任相之后，却开始变得骄横、专权，以至另一宰相董晋只能唯唯诺诺地附和，无法提出自己的看法。同时窦参又在朝中结党营私，纵容心腹滥行不法，因此引起唐德宗的不满。

792 年唐德宗本欲杀掉窦参，却因大臣的请求而网开一面，只是将其贬官并抄家，甚至连他头上的发簪也一并抄走。不久之后唐德宗经不住宦官的屡次劝说，最终还是将窦参赐死。

【人物评价】

窦参初入仕时，表现出一派严臣、诤臣风度，然而在巨大的权势诱惑面前，他最终还是堕落为自己最初所反对的模样，最后的下场令人痛惜。

董晋：使异邦不辱使命，镇边地以柔服刚

【人物简介】

董晋，生于 723 年，卒于 799 年 3 月 13 日，享年 76 岁，唐德宗时任相。

【人物生平】

董晋早在唐玄宗时就已经考中进士，但旋即到来的安史之乱，也一度打断了他的仕途。后来董晋又转投唐肃宗，这才逐步得到升迁。

等都唐代宗即位后，董晋又因护送公主和亲回鹘之功，而得到唐代宗的赏识和提拔，唐德宗即位后又逐渐出任地方刺史。当时唐德宗因兵士哗变而被迫出逃，董晋当即丢下官职，紧紧追随在身边。后来董晋又积极劝说不满朝廷的李怀光不要参与叛乱，最终李怀光应允。

等到叛乱平定之后，董晋又不畏强权，在庙堂上公然驳斥当时执政的宰相韩滉，789 年又与窦参共同拜相。但此后大权又被窦参独掌，董晋也并未加以反对，因此唐德宗免掉窦参后，董晋也因畏惧而请辞，并于 793 年改任宣武节度副大使。

当时宣武节度使李万荣病重而死，死后同乡邓惟恭接掌了军权。眼见董晋要来接管大权，邓惟恭十分不满、处处怠慢，董晋的麾下因此担忧，董晋却毫不在意，并很快就将邓惟恭绑送京师。此后董晋正式接管宣武军权，朝廷又派了治下严厉的陆长源担任其副手。

董晋虽然为人善懦，但却谦逊慎重、清廉节俭，因此当地士兵虽然骄横，却也没有作乱。799 年董晋病逝，享年 76 岁，死后仅 10 天士兵就爆发哗变。董晋死后，德宗为其罢朝 3 日，并为其追赠、追谥。

【人物评价】

董晋看似善懦柔顺，却先后为李唐立下出使异邦、平定叛乱、镇守要地的大功，并且不畏权势，敢于与权臣当面据理力争，是一位不辱使命、不负本职的能臣。

陆贽：治乱岂在天意，仁政自得民心

【人物简介】

陆贽，字敬舆，生于 754 年，卒于 805 年，享年 52 岁，唐德宗时任相。

【人物生平】

陆贽出身于江东望族，虽然家境早就衰落，但从小就勤研儒学，因此在 18 岁时就已考中进士。陆贽也因此受到朝中重臣的赏识，并被视为奇才。

唐德宗即位后，陆贽特意拜见其派遣巡查全国的使者，并以“五术”“八计”“三科”“四赋”“六德”“五要”等治政之道相告，因此被唐德宗征召入朝。泾原之变期间，陆贽始终追随唐德宗，为唐德宗出谋划策，但也因屡次抵触唐德宗而遭到不满。因此，这一时期陆贽始终没能拜相。

792 年陆贽正式拜相，针对当时唐王朝行将倾覆的危亡局面，他又提出了“治乱在人”的观点，并提出了争取民心、削弱藩镇、选拔贤才、广开言路的政治主张，并提出减轻赋税、体恤百姓的经济政策，在很大程度上缓解了当时唐朝日益尖锐的社会矛盾。

陆贽为人过于清高，以至唐德宗后来都不得不私下劝说他适当接受人情往来，再加上他屡次进谏抵触唐德宗，因此 794 年又被罢相，贬谪到偏远的忠州。虽然位处偏远，陆贽却始终心念百姓，更鉴于当地瘟疫流行的情况，特意编写了医术教导人们治病。

805 年唐顺宗即位，征召陆贽还朝，然而陆贽却于此时病逝，享年 52 岁。唐顺宗于是下令为其追赠、追谥。

【人物评价】

陆贽最值得褒奖和称赞的，即是"治乱由人，不在天命"的政治思想，比起前代，这一思想主张真正意识到了人在历史进程中所起到的积极作用，因此是一种十分先进的历史观。虽然由于种种原因，陆贽在当时并未能充分发挥自己的才干，但最终却得到了后世许多著名思想家的倾慕、推崇，影响可说极为深远。

贾耽：坦荡胸襟服不法，妙笔生花绘寰宇

【人物简介】

贾耽，字敦诗，生于 730 年，卒于 805 年 10 月 26 日，享年 76 岁，为古代著名地理学家，唐德宗时任相。

【人物生平】

751 年，22 岁的贾耽就考中明经科，但除此之外，他还是一名对地理知识颇有心得的人。由于自己表现良好，贾耽在任职期间屡次受到上司的赏识，因此得以被举荐、提拔，等到 773 年时已经出任刺史，成为地方大员，并以显著的政绩得到时人称赞。

后来贾耽又出任节度观察使、防御观察使、观察处置使，并多次凭借着自己的智谋平定叛乱、震慑异心之徒。有一次他的麾下劝说他，请求把素有异心的平卢节度使李纳的士兵拒之门外，贾耽不仅不同意，还经常带着少数人去李纳的治下打猎。李纳却因此更加敬畏，不敢有所图谋。

此时的唐王朝已经走向衰落，贾耽为此十分忧虑，而研究地理、谋划军事也就成了他的长远战略和情感寄托。正是在这样一腔忠心的指引下，贾耽经过 17 年的辛劳，终于制成了著名的《海内华夷图》，另外还撰写了长达 40 卷的《古今郡国县道四夷述》。尽管唐王朝最终还是不可避免地走向衰落，但贾耽所编写的这些著作，却至今都为国家解决领土纠纷发挥着巨大的作用。

793 年贾耽已经 64 岁，但唐德宗依旧召其入朝并以他为相，796 年之后贾耽

多次以病请辞，唐德宗始终不允。805 年唐顺宗即位后，依旧保留了他的相位，但贾耽也因厌倦王叔文等人而不再上朝。同年唐宪宗即位不久，贾耽就因病逝世，享年 76 岁，死后唐宪宗为其追赠、追谥。

【人物评价】

贾耽以科考入仕，但却并非迂腐守旧、不知变通的空谈之辈，并且又通晓书法、医术，更在地理学方面造诣颇高，实在是多才多艺，是一名难得一见的辅国相才。

郑余庆：直斥权奸无侥幸，葫芦宴客有廉名

【人物简介】

郑余庆，字居业，生于 748 年，卒于 820 年，享年 75 岁，唐德宗时任相。

【人物生平】

郑余庆出自古代著名士族荥阳郑氏，因勤奋刻苦而考中进士，并在当时名臣严震麾下任官。

785 年郑余庆守丧期满，再次被征召入朝，历任兵部、库部、工部、吏部要职，均受到他人好评，798 年又拜为宰相。但郑余庆每逢上奏，都会大量引用古语，以至众人经常难以理解，因此又得到"不合时宜"的评价。

后来郑余庆因同僚犯事而受到牵连，被免去相位，直到 805 年唐宪宗即位，才再次以他为相。郑余庆虽然身居要职却十分清廉，就连宴客时，也只以蒸葫芦与白米配饭，群臣都感到难以下咽，而郑余庆却甘之如饴。不仅如此，郑余庆还多次当众斥责得势的权奸滑涣，等到滑涣被贬之后，郑余庆也因敢于直言而受到宪宗的尊重。

817 年时，已经 70 多岁的郑余庆曾上疏请求致仕，但宪宗却坚决不允。直到 820 年宪宗驾崩，穆宗即位，又以郑余庆为检校司徒。但同年郑余庆就病逝于任上，享年 75 岁，死后得到追赠、追谥。

【人物评价】

郑余庆于国事上，敢于直言论政、不避权贵；于私人上，奉行勤俭节约、不兴奢靡，是一位值得称道的宰相。

杜佑：不争而有洞见，淡泊而得君恩

【人物简介】

杜佑，字君卿，生于 735 年，卒于 812 年，享年 78 岁，唐德宗时任相。

【人物生平】

杜佑最初凭借着家族的关系而入仕，后来又改投到父亲的友人韦元甫帐下。

有一次韦元甫办案遇到疑难，一旁的杜佑却对答如流，从此得到韦元甫的举荐，得以历任诸多要职。

779年唐德宗即位，杨炎受到重用，杜佑也于同时被征召入朝。782年杜佑又与权相卢杞产生矛盾，因此被贬到饶州，泾原之变后又改任岭南节度使。等到唐德宗还朝之后，杜佑再次得到朝廷委任，及至803年又被拜为宰相。

805年唐德宗驾崩，唐顺宗即位，依旧重视杜佑，但杜佑却拒绝参与唐顺宗的改革。次年唐宪宗即位之后，杜佑又晋封为司徒。当时边将为了邀功，主动请求讨伐入侵的吐蕃与党项，然而杜佑却痛陈利害，予以坚决的反对。

807年杜佑请辞，唐宪宗坚决不允，反而对他更加礼遇。812年杜佑坚决请辞，唐宪宗这才无奈答应。同年杜佑病逝，享年78岁，死后得到追赠、追谥。

【人物评价】

杜佑看似为人随和，其实却立场坚定、有所不为，同时又熟稔政事，能够提出适当的建议，因此才能得到皇帝的赏识。

郑珣瑜：刚正然而性烈，失意不免亡身

【人物简介】

郑珣瑜，字元伯，生于738年，卒于805年，享年68岁，唐德宗时任相。

【人物生平】

郑珣瑜自幼丧父，一边苦读一边耕田侍奉年迈的母亲，最终实现了学而优则仕的目标。入仕之后，郑珣瑜以清廉为官而享誉一时，后来又回到家乡河南任职。

当时他赴任时恰好唐德宗生日，各地郡守都献上重礼，郑珣瑜却以自己尚未就职、不合情理为由，拒绝下属准备贺礼的建议。治下的将领想要多求取一些军饷，郑珣瑜也断然拒绝。后来郑珣瑜受召回京，担任宰相一职，京兆尹派人送上重金以为贿赂，郑珣瑜却义正词严地质问钱财来源，并断然拒绝收受贿赂。

805年唐德宗驾崩，唐顺宗即位，重用王叔文等人进行改革，而郑珣瑜却与他们政见相反，因此一怒之下辞官，同年就忧愤成疾而死，享年68岁。

【人物评价】

郑珣瑜为人刚正廉明，只是性格过于执拗，容不得半点沙子，因此才在晚年时，因一时之争就大动肝火，最后更为之忧愤而死，实在是得不偿失。

杜黄裳：肩负君恩当思报，岂因惜官卖自身

【人物简介】

杜黄裳，字遵素，生于738年，卒于808年，享年71岁，唐宪宗时任相。

【人物生平】

杜黄裳早年以科举入仕，并先后受到宰相杜鸿渐、名将郭子仪的器重。778 年李怀光曾打算矫诏杀死郭子仪麾下，却被杜黄裳一眼看穿，因此计划遭到失败。

唐德宗登基后，杜黄裳虽然入朝为官，却受到权贵的排挤而未得重用，直到后来女婿显贵，这才在朝中担任要职。杜黄裳坚决反对王叔文的改革，并明明白白地提出请太子李纯监国，女婿私下劝阻，他却表示绝不因爱惜官职就出卖自己。同年太子李纯即位，即唐宪宗，杜黄裳也被拜为宰相。

拜相之后，杜黄裳屡次劝阻唐宪宗整顿吏治、削弱藩镇，并积极主张出兵平叛，事后得到唐宪宗的称赞。同时杜黄裳又生活节俭，不兴奢靡。当时曾有人奉命携带重金前去贿赂，走到杜黄裳家门时，才发现杜夫人的奴仆都身穿敝袍，自己也乘坐着非常简陋的轿子，于是赶紧返回劝说主人放弃行贿。

但由于自己豪爽的性格，杜黄裳并未能长久任相，807 年又出镇河中。次年杜黄裳病逝，享年 71 岁，死后得到追赠、追谥，生前的一些不法之事也被免于追究。

【人物评价】

唐宪宗时期政治相对清明，其间有许多贤才都发挥了巨大作用，杜黄裳也是其中之一。

武元衡：心有诗情奉君事，身无幸运报国恩

【人物简介】

武元衡，字伯苍，生于 758 年，卒于 815 年，享年 58 岁，唐宪宗时任相。

【人物生平】

武元衡是传奇女皇武则天的曾侄孙，同时也是唐朝的著名诗人，与另一位著名诗人白居易也极为交好。武元衡自幼才华横溢，784 年参加科举时更是名列榜首，因此得到唐德宗的赏识，被誉为是富有相才之人。

805 年唐顺宗即位，王叔文等人力邀武元衡参与改革未果，便将武元衡贬出庙堂，直到次年唐宪宗即位，这才再次被征召入朝，808 年又正式以他为相。由于自己为官清廉，唐宪宗也对他十分信任、倚重。后来武元衡又奉命前往蜀地，经过 7 年时间的治理，使蜀地军民、蛮族纷纷诚心依附，其间还举荐了后来的宰相裴度。814 年返京后，武元衡继续任相，并在朝中党争激烈时不偏不倚，因此得到唐宪宗称赞，但也引起了一些别有用心的藩镇势力不满。

815 年，淄青节度使李师道为了剪除唐宪宗的左膀右臂，而派人在早朝时将武

元衡刺杀，一旁陪侍的裴度也因此受伤，武元衡死时 58 岁。武元衡死前，还曾写下一首充满无奈意味的《夏夜作》，似乎早就预感到将有不妙的事情发生，只是对此无能为力。

【人物评价】

武元衡不仅精于政务，同时又善于诗赋，是中国历史上难得一见的诗人宰相，遗憾的是下场不佳，也未能充分为国家贡献自己的才能和学识。虽然在政坛上不甚耀眼，武元衡的诗作却受到历代好评，也算是另一种成功了。

李吉甫：藩镇威胁帝室，直臣捍卫天颜

【人物简介】

李吉甫，字弘宪，生于 758 年，卒于 814 年，享年 57 岁，唐宪宗时任相。

【人物生平】

李吉甫早年精于学问，尤其对当朝旧事十分熟稔，因此当时朝中的重臣都对他十分重视。后来李吉甫又奉命出镇，直到 805 年唐宪宗即位后，才再次征召他入朝。

次年蜀地爆发叛乱，宰相杜黄裳力排众议请求出兵，李吉甫也表示赞同，后来又建议宪宗分兵，由其他路线进攻叛军，以此激励前线将士，最终取得胜利。807 年李吉甫接替杜黄裳为相，其间大力压制各地节度使的权力，甚至在 1 年内就换了 36 个藩镇的统帅。由于自己树敌过多，屡遭构陷，李吉甫在任相一年多后就主动请辞，后来又外任江淮，并在当地推行了种种惠民政策。

811 年李吉甫再次被征为宰相。为了制衡李吉甫，唐宪宗又特意以李绛为相，但对李吉甫也依旧信任。814 年淮西节度使病逝，李吉甫又劝说宪宗趁机谋划收复淮西，唐宪宗于是采纳了这一建议。

同年李吉甫暴死，享年 57 岁，唐宪宗得知后深感哀痛，不仅为其追赠、追谥，又打破惯例赏赐更多布帛。

【人物评价】

李吉甫虽然是文士，却对当时的政局有着深刻的认识，因此拜相之后积极削弱各地节度使，为恢复李唐王室大权而努力。但可惜他功未成而身先死，因此徒留许多遗憾。

权德舆：因门第而入仕，不以门第举贤

【人物简介】

权德舆，字载之，生于 759 年，卒于 818 年，享年 60 岁，唐宪宗时任相。

【人物生平】

权德舆才华横溢，在尚未成年时，就已经得到宰相杜佑的欣赏，后来又成为当时台阁体的代表人物之一。权德舆凭借着父亲的关系而得以入仕，并逐渐得到升迁。

当时国中发生灾害，权德舆当即上疏，提出取财于民，不如藏财于民的主张，同时又极力反对唐德宗任用奸佞。802年权德舆担任要职后，大力为国家选拔贤才，并不以出身作为任用标准，因此使得朝中一时人才济济。次年国中再次大旱，权德舆又上疏劝唐德宗停止祷告祭祀，派人赈济灾民，并对当时各地官员隐瞒灾情、增税邀宠的做法提出尖锐批评。

810年唐宪宗将权德舆拜为宰相，813年又改任他职。818年权德舆以病请辞，在途中病逝，享年60岁。

【人物评价】

权德舆虽然是凭借着关系入仕，但在为国选才方面，却能做到唯才是举、不重门第，这种做法可谓是公正无私。同时权德舆又注重民生、不尚虚假，这种做法也值得肯定。

李绛：惜身畏谏非臣义，殉职终不负君恩

【人物简介】

李绛，字深之，生于764年，卒于830年，享年67岁，唐宪宗时任相。

【人物生平】

李绛于792年考中进士，随后在朝中先后担任许多官职，皆以勤劳治事而为人称道，811年又正式拜相。

李绛为人厌恶虚伪，经常直言进谏，有一次甚至还在宰相李吉甫逢迎唐宪宗时，当面提出尖锐批评，因此被唐宪宗称赞。李绛经常表示：身为大臣却因爱惜身体、官位而不肯进言，是辜负皇恩、亵渎官职的表现。由于自己屡次触怒权贵，李绛于815年被贬河中，唐穆宗时又借故请辞，但没有得到允许，唐敬宗时又再次被降职。

唐文宗即位后，李绛于829年募兵讨逆，但士兵却在事后被监军使杨叔元蛊惑而作乱，李绛于哗变中遇害，时为830年。后来唐文宗通过调查得知实情，便为其追赠、追谥，赏赐其家人钱财、布匹，又下令严惩了当时作乱的人。

【人物评价】

李绛轻身家性命而重君臣大义，最终也为此殉身，可说是求仁得仁，虽死

无憾。

韦贯之：体恤广施于百姓，清高不容于君臣

【人物简介】

韦贯之，本名韦纯，字贯之，一字正理，生于 760 年，卒于 821 年 11 月 13 日，享年 62 岁，唐宪宗时任相。

【人物生平】

韦贯之很早就考中进士，但却一直没有得到任用，即便后来有人举荐，他却不肯拜见达官显贵，因此始终没有被提拔。直到 805 年唐宪宗即位后，韦贯之才被任命为监察御史。

韦贯之入仕之后，多次劝说唐宪宗采纳臣下建议，并因此一度触怒宰相李吉甫，因此被贬出镇。后来韦贯之又奉命主持选才，重视实际才能而轻视文采，并提出侍郎重于宰相的观点，因此得到唐宪宗赞许。814 年韦贯之正式拜相，并就当时战事提出自己的看法，唐宪宗没有采纳，事后发展果然与他的料想一致。但由于自己过于清高，韦贯之不仅得罪了权贵，也在后来触怒了唐宪宗，因此 816 年又被贬谪出镇湖南。由于体恤民生，韦贯之始终不愿增加赋税来筹备军饷，结果又再次被免官。

820 年唐穆宗即位，将韦贯之调任洛阳，次年又征召其入朝，但韦贯之却于此时病逝，享年 62 岁，死后朝廷下令为其追赠、追谥。

【人物评价】

韦贯之虽有学识，但却过于清高、至察无友，因此仕途并不顺畅，其间也几度受挫。但韦贯之任官期间，始终都以国事、百姓事为念，纵然自己受挫也在所不惜，这份真诚值得肯定。

裴度：一人足以平奸佞，世事难为早还家

【人物简介】

裴度，字中立，生于 765 年，卒于 839 年 4 月 21 日，享年 75 岁，唐宪宗、唐穆宗时任相。

【人物生平】

裴度的祖父、父亲都曾经担任县令、县丞这样的小官，裴度也于 789 年考中进士，得以入朝仕宦。但由于自己的建议为唐德宗所不喜，裴度很快就被外任，其间又得到武元衡的举荐。

812 年裴度奉命出使，安抚魏博一地的百姓，815 年又被任命为刑部侍郎。同年武元衡遇刺身死，裴度也因此受伤，侥幸逃过一劫。事后唐宪宗便以裴度为宰相。当时曾有人建议唐宪宗贬谪裴度，唐宪宗却表示自己只用裴度一人，便足以平定奸佞。后来裴度调兵遣将、精心拟定战略战术，最终果然平定了叛乱，因此得到唐宪宗称赞。

但同时唐宪宗又大兴土木、生活奢靡，裴度为此屡次上疏劝阻都不被采纳，再加上有心人的挑拨离间，唐宪宗逐渐疏远了裴度。820 年唐穆宗即位，各地藩镇再度生乱，裴度于是接受委任、精心谋划，终于平定了乱局。然而当时元稹等人却因忌妒而上疏离间，使忌穆宗一度对裴度产生误会。823 年裴度又被贬出朝廷。

824 年唐敬宗即位，有感于当时宰相的失职，便将裴度再次起用。唐敬宗虽然年少而沉溺游乐，却对朝中是非十分明了，因此虽然有人挑拨，却对裴度十分信任，甚至在其劝说下，一度增加了上朝次数。唐敬宗遭弑后唐文宗即位，仍旧对裴度加以礼遇。然而当时政局昏暗、动荡不休，裴度眼见事不可为，于是断然请辞致仕，终日以诗词歌赋娱乐，颐养天年。

837 年裴度在唐文宗的勉强下再次任官，但次年就患上重病，一年后终于获得允许而致仕。同年裴度就因病逝世，唐文宗为之悲痛而罢朝 4 日，为其追赠、追谥，同时又赏赐钱财、布帛。

【人物评价】

仅凭裴度一人，竟能平朝中的奸佞之臣，可见他是刚正不阿的象征，但在后来看到皇帝昏庸，朝纲混乱，便毅然决然辞去官职，自娱于诗词歌赋之中，正应了那句：进可以除奸平天下，退可养德修身正自己。

李鄘：只求一地偏安，不羡宰相大权

【人物简介】

李鄘，字建侯，生年不详，卒于 820 年 9 月 14 日，唐宪宗时任相。

【人物生平】

李鄘据说是战国名将李牧之后，但并没有充分的证据能够证明。唐代宗时，李鄘因在书判殿试中崭露头角，而被朝廷委以官职，后来又在李怀光麾下充当幕僚。

后来李怀光因唐德宗的贬斥而生出二心，李鄘当即将自己的母亲和妻儿全数送走，为此受到李怀光斥责。次年李鄘又因忠于李唐而被扣押，直到李怀光死后才被释放。李鄘被释后，又拒绝了名将马燧的延揽，并入朝在吏部任官。

唐宪宗即位后,李郿又出任京兆尹,很快就扭转了当时长安的不良治安,809年又短暂接任河东节度使。次年李郿因过于严厉、朝令夕改而改任淮南,到任后不久就使淮南变得富裕,但同时也因管理方式过于蛮横而受到非议。814年李郿又被拜为宰相。

但李郿自觉并非相才,更因此哭着表示自己无法胜任宰相,只想安享晚年,于是赴任后从不过问政务,也拒绝下属的探视。唐宪宗不得已只好改任其为户部尚书。820年李郿病逝,死后得到追赠、追谥。

【人物评价】

李郿为人刚毅不屈,同时又不慕虚名官位,能够坦承自己的不足并推辞让贤,高风亮节值得称赞。

杜元颖:无智无德辱先祖,有奸有恶惑君王

【人物简介】

杜元颖,生于775年,卒于838年,享年64岁,为唐初名相杜如晦五世孙,唐穆宗时任相。

【人物生平】

杜元颖为名相杜如晦后人,800年时考中进士,并因善于文辞而得到唐宪宗的赏识。820年唐穆宗即位后,又于次年正式拜杜元颖为相。

唐敬宗登基后生活奢靡,杜元颖不仅不加劝阻,反而想尽心思讨好唐穆宗,派出大量人员,络绎不绝地寻访珍宝,为此加征各种苛税,削减士兵军饷,使军民深受其害。以致后来南诏入侵,边关将士甚至主动充当向导,在蜀地大肆劫掠,使当地百姓饱经战火摧折。

唐文宗为了平息南诏之怒,不得不将杜元颖一再贬官,最终将其贬至循州。838年杜元颖死在循州,直到后来李德裕任相,才得到追赠、追谥。

【人物评价】

杜元颖虽为名相之后,自身也拜任宰相,但其所作所为比起先祖,却是相差很多。同时杜元颖不仅无德,也缺乏先祖的才干,因此最终成为一名乱政奸相。

王播:人情冷暖多经历,官场险恶少免除

【人物简介】

王播,字明敭,生于759年,卒于830年,享年72岁,唐穆宗、唐文宗时任相。

【人物生平】

王播早年贫困时，曾寄住在寺庙中，但寺院僧人却因看不起他，而故意在午饭时间停止敲钟，以此来戏弄他。王播于是愤然离去，最终因苦读而学有所成，并被朝廷任命为县尉。

后来王播又因断案严明，而被举荐为监察御史，入朝之后仍旧不畏权贵，坚持依法断案，为此后来又因得罪权贵而被贬官。出任地方期间，王播依旧不改严明之风，因此政绩十分突出。同时王播又多次上疏，请求朝廷赈济灾民，为朝廷战事筹集军饷，做出了种种贡献。

但818年王播却被权贵排挤，从此之后心性大变，唯以逢迎权贵为要。唐穆宗即位后，王播首次担任宰相，但却因面对叛乱而不置一词，受到唐穆宗贬谪。尽管这一时期他也在治下兴修水利，疏通漕运，但同时又对百姓大肆盘剥，借以讨好权贵，因此被很多人怨恨。

等到唐敬宗被弑、唐文宗即位后，王播通过搜刮民财，再次进贡大量珍宝，因此又被拜为宰相。直到830年病逝，享年72岁。

【人物评价】

王播最初时也曾疾恶如仇、打击不法，但最终还是被官场的黑暗所改变，成为了自己最初所厌恶的模样。但他在任期间也做出了许多重要贡献，功绩仍然是不容抹杀的。

牛僧孺：廉洁奉法清名在，党争攻讦庙堂失

【人物简介】

牛僧孺，字思黯，生于779年，卒于847年，享年68岁，唐穆宗、唐文宗时任相。

【人物生平】

牛僧孺于805年考中进士，808年又参加了宪宗的贤良方正科特试。在这场考试中，血气方刚的牛僧孺痛陈时弊，因此被当时宰相李吉甫所厌恶。然而李吉甫的政敌却将其子李德裕贬出朝廷，并于822年举荐牛僧孺为相，这是牛僧孺第一次任相。

任相之前，牛僧孺才曾因被贬而不得其用，直到李吉甫死后才入朝为官，并因坚持依法问罪，而得到穆宗的赏识。同时牛僧孺又为人正直，从不收受贿赂，因此享有极高的声誉。但同时牛僧孺也在朝中大肆打压以李德裕为首的异己派，由此引起了唐代历史上著名的党争事件——牛李党争。

牛、李两派的主要分歧在于选官以何途径、如何应对藩镇和异族，这其中又与双方的背景密切相关。以牛僧孺为首的牛党，是新兴的地主势力；而以李德裕为首的李党，则是已经没落的士族。双方的斗争表面上是政治分歧，实质上却是权力斗争。同时双方为了争权，又极力攀附于宦官势力，使得当时的唐朝政局更加动荡，皇权也更加衰落。

832年李德裕曾上疏朝廷，劝文宗趁吐蕃维州守将投诚的机会出兵，但牛僧孺却因私人情感而断然驳斥。但仅仅过了十几年，牛僧孺又做出截然相反的选择，迅速收复了被吐蕃占据的三州七关。由此也可见当时庙堂之争的激烈。

此后文宗对当时放弃维州感到后悔，并对牛僧孺当时的做法产生不满，于是牛僧孺主动请辞，出镇淮南。等到李党得势之后又遭到贬谪。直到宣宗即位后，亲近牛党而疏远李党，牛僧孺才于847年官复原职，同年又因病逝世，享年68岁。

【人物评价】

在牛李党争中，牛僧孺偏向于对外主和的政治立场，因此与强硬主战的李党针锋相对。尽管自己为官清廉、依法办事，但这种因私人情感而打压异己的党争，也在很大程度上摧残了当时的政治，使得唐朝更加衰落，这是牛僧孺及其党争无法掩盖、推脱的责任。

元稹：沧海巫山难见证，抛爱谋求亦成空

【人物简介】

元稹，字微之，生于779年，卒于831年，享年53岁，唐穆宗时任相。

【人物生平】

元稹家族自五世祖时，就已经居住在京城，并在朝中担任官职，但到了祖父时，家道已经开始衰落。但元稹依旧得到良好教育。元稹8岁时，家族终于彻底衰败，但在母亲的操持下，元稹得以继续学习，并在9岁时就已经以诗闻名。

为了尽快摆脱贫困，元稹选择了相对容易的明经科，并在15岁时就考中。尽管初时并未做官，元稹却驻留京城苦读不辍，21岁时又到河中府任职。元稹还在这一时期遇到了自己的远亲，并与其家少女相恋，也就是《莺莺传》中那位著名的女主角崔莺莺。

802年元稹再次参加考试，后来为了仕宦，又抛弃旧爱、选择迎娶尚书韦夏卿之女韦丛。这一时期元稹又与白居易结为好友，后来两人更以诗显耀，被时人并称为"元白"。

元稹虽然攀上权贵，但却因性格锋芒毕露而屡次受挫，并未能实现自己的政

治报复。从 806 年开始，元稹接连四次被贬，其间一度任相，却因宦官与奸臣构陷而被免官。唐文宗即位后，元稹一度得到重用，却因品行问题而屡受诘难，830年再次被贬，次年就在治所病逝，享年 53 岁。

【人物评价】

元稹因"曾经沧海难为水，除却巫山不是云"一句而享誉，但自己却始乱终弃，于爱情并不忠贞，因此受到非议，这一点无可掩饰。但从政治家的角度看，元稹在任职期间，多次推行惠民政策，并有革除积弊、复兴国家的壮志，臣节也并不曾缺失。

韦处厚：人主好玩不纳谏，自有精义献君前

【人物简介】

韦处厚，原名韦淳，字德载，生于 773 年，卒于 828 年，享年 56 岁，唐文宗时任相。

【人物生平】

韦处厚于 806 年考中进士，随后又以优秀的成绩登才识兼茂科，受到唐宪宗的赏识。等到唐穆宗即位后，韦处厚又因心忧唐穆宗贪玩，而特意编修五经当中的精华章节，并献给唐穆宗作为激励，唐穆宗于是下令重赏了他。

唐穆宗驾崩后唐敬宗即位，重臣李绅受到诬陷，韦处厚当即上疏辩护，唐敬宗于是赦免李绅，并升任韦处厚为兵部侍郎。鉴于唐敬宗贪玩怠政，韦处厚又苦心劝谏唐敬宗，唐敬宗也对韦处厚封赏以示感激，但终究没有采纳。

827 年唐敬宗被弑，其弟李昂被拥立为帝，韦处厚又劝说其果断即位，即唐文宗。事后韦处厚也被拜为宰相。由于唐文宗性格善懦，容易反悔，韦处厚一方面劝说唐文宗谨慎；另一方面又不避瑕疵，大力选拔可用之才。同时韦处厚又先后编撰了《德宗实录》和 20 卷关于经济理财的《大和国计》，又打算编撰《宪宗实录》。遗憾的是书尚未写成，韦处厚就因病而逝，享年 56 岁，死后得到朝廷追赠。

【人物评价】

韦处厚拜相期间虽无显著政绩，但为人宽厚仁慈、敢于进谏，同时又博学多才、一心奉公，因此仍旧受到时人好评。

路随：思及先父不忍照，诤臣风骨任波流

【人物简介】

路随，又名路隋，生于 776 年，卒于 835 年 8 月 16 日，享年 60 岁，唐文宗时

任相。

【人物生平】

路随一家自其唐高祖起，就在朝中任官，其父路泌因追随名将浑瑊，而在后来的结盟中被俘，至死没能返回中原。路随从此经常向西而哭，并因自己与父亲长相相似而不愿照镜。

后来路随考中明经科而入仕，其间先后受到上司刁难、朝中党争，都始终韬光养晦、处处忍让，因此既保全了清名，又保住了仕途。810年在他的一再请求下，唐宪宗终于要求吐蕃归还其父灵柩、遗物，成全了他的一片孝心。路随还经常对唐宪宗进行劝谏，受到唐宪宗的重视。

唐穆宗、敬宗时期，路随始终奉行清廉，但也在唐敬宗被弑后，因被逼而起草伪诏，然而文宗即位后，不仅没有追究，反而于825年将路随拜相。当时有宦官因嫉恨而蛊惑文宗修改先皇实录，路随对此大力劝阻，唐文宗最终采纳。

834年路随请辞，又因卷入庙堂之争而被贬谪镇海。但路随尚未到任，就在中途的船上病逝，享年62岁。

【人物评价】

自古忠孝虽然难以两全，但忠孝之心却相对容易拥有，路随正是这样一位忠孝之臣。

宋申锡：忠君除宦非奸佞，但恨谋事不周全

【人物简介】

宋申锡，字庆臣，生于760年，卒于834年8月13日，享年75岁，唐文宗时任相。

【人物生平】

宋申锡最初因考中进士而入仕，后来又接受遭贬谪的韦贯之邀请，在藩镇为其充当副手。等到唐穆宗、唐敬宗先后即位，宋申锡又被征召入朝为官。

当时朝中党争激烈，宋申锡却从不参与，827年唐文宗即位后，他又得到唐文宗的赏识。830年宋申锡拜相，私下与唐文宗谋划铲除权宦王守澄，却因事泄而被诬为谋反，只得与妻子相对痛哭。眼见朝中宰相都反对处死宋申锡，王守澄只得将其改贬开州。当士兵奉命抄家时，却发现宋申锡家中一无余财，只有收到和拒绝的贿赂书信，因此得到时人同情。

834年宋申锡病逝，享年75岁，直到836年才得到追赠、追谥。

【人物评价】

宋申锡虽然忠于李唐王室，但却缺乏谋事的智慧，因此很快就遭到失败。幸

运的是，由于朝中势力的争斗，他侥幸得以不死，比起之后谋划铲除宦官的那些人，可以说是幸运许多。

李德裕：庙堂党争多无奈，官场起落少安宁

【人物简介】

李德裕，字文饶，生于 787 年，卒于 850 年，享年 64 岁，唐文宗、唐武宗时任相。

【人物生平】

李德裕的父亲便是宰相李吉甫。李德裕虽然从小博学，却对科举十分厌恶，后来便凭借着父亲的关系直接入仕。

最初时李德裕出镇藩镇，直到 820 年唐穆宗即位后，才被征召还朝任官，并得到唐穆宗的器重。当时外戚干预庙堂，李德裕又上疏请求制衡外戚、捍卫皇权，意见得到唐穆宗的采纳。但由于父亲政敌的作祟，李德裕很快又被贬出朝廷，出镇浙西，而牛僧孺则被举荐为相。

在浙西任职期间，李德裕用严厉手段打击不法、革除积弊，唐敬宗即位后又屡次上疏请求停止当地进贡，唐敬宗也一一采纳。唐文宗即位之后，李德裕再次被征召入朝，但此时牛党的另一领袖李宗闵却已拜相，并将回朝不到 10 日的李德裕再次贬谪西川。但唐文宗却始终对李德裕十分器重。李德裕在西川期间，政绩同样十分显著，832 年唐文宗又以李德裕入朝为相，而将牛僧孺、李宗闵全数贬谪。

由于自己患病，再加上党争激烈，唐文宗又于 834 年经李德裕贬官、外放，直到 839 年唐武宗即位，才把李德裕征召入朝，并再次拜其为相。这一时期边境战事纷扰不断，李德裕又竭尽心力进行谋划，用 5 年的时间先后击败回纥、平定泽潞，立下赫赫大功。李德裕也因此得到唐武宗的厚待。

846 年唐武宗驾崩，唐宣宗即位。唐宣宗对李德裕的态度与唐武宗刚好相反，因此李德裕再次失势，并在 1 年内接连 3 次被贬，最终贬至崖州。这一时期李德裕依旧勤勉治事，大力提拔当地贫寒贤才，因此被许多人爱戴。850 年李德裕病逝，享年 64 岁，直到唐懿宗即位的第二年，即 860 年，才得到朝廷追赠，生前的官职也被恢复。

【人物评价】

在牛李党争中，李德裕经常被认为是李党领袖，但在任相期间，李德裕却多次举荐牛党官员，颇有举外不避仇的高风亮节，因此客观来说，并不能完全将他归入李党的行列。

李训：除奸未捷身先死，只因骄狂少算计

【人物简介】

李训，本名仲言，字子训，后改名训，字子垂，生年不详，卒于 835 年，唐文宗时任相。

【人物生平】

李训早年就以进士的身份入仕，为人虽然体形壮硕，但又过于自傲狂妄。825年李训又因逼迫他人构陷政敌而被流放。

826 年唐文宗继位并大赦天下，李训得以返回，并通过宦官王守澄门下红人郑注的举荐，再次入朝为官。李训得知文宗有意剪除宦官势力，便在表面上巴结宦官，私下却积极与唐文宗谋划。835 年李训拜相，与郑注合谋将王守澄杀死，但此时宦官势力依旧膨胀。不久之后李训又与郑注产生矛盾，为了争功便打算提前行动，将其余权宦与郑注一并铲除。

然而李训的计划却被宦官仇士良等人识破，最终因事败而不得不逃亡，却被宦官抓获。为了防止受辱，李训便劝说押送者杀掉自己，其他参与合谋的人也被处死。

【人物评价】

李训虽然名声不佳，但当时的种种作为，却都是为国家着想，因此他的表现还是可圈可点的。但李训又过于心急、思虑欠缺，因此一时冲动就做出盲目决断，失败也就在所难免。

郑覃：历经纷争人已倦，辞别政坛身心安

【人物简介】

郑覃，生年不详，卒于 842 年，唐文宗时任相。

【人物生平】

郑覃之父即是唐德宗朝时宰相郑珣瑜，凭借着父亲的关系，郑覃很轻松就得以入仕，只是一直都担任比较微小的官职。819 年郑覃被任命为谏议大夫，这才开始显贵，并在唐宪宗、唐穆宗朝时屡次痛陈利害，劝阻唐宪宗、唐穆宗的一些过失，并得到采纳或安抚。

同一时期郑覃又奉命安抚藩镇将士，并在牛李党争中被归入李党行列。唐敬宗、唐文宗先后即位后，郑覃继续担任要职，并因学问精深而受到唐文宗赏识。831 年牛党势大，郑覃因此一度被降职，但唐文宗很快就再次将他起用，并贬谪了牛党势力。甘露之变失败后，许多朝臣都遭到清洗，郑覃因此得以拜相。尽管此

时宦官势大，郑覃却经常据理力争、尖锐回应，因此被许多朝臣视为依附。838
年，宰相之间也爆发党争，郑覃与牛党之间冲突不断，就连唐文宗也对此束手无
策。839 年郑覃与牛党诸人更在唐文宗面前激烈争吵，最终唐文宗又将郑覃罢免。

唐武宗即位后，李德裕得到重用，打算继续举荐郑覃，但郑覃却推辞不受。
842 年郑覃致仕引退，并于同年病逝。

【人物评价】

郑覃才干有限，并且也卷入党争之中，因此对于当时的时局并没能起到多大
的匡扶作用，政绩相对平平。

李石：只恨才识终有限，难挽宗室陷倾危

【人物简介】

李石，字中玉，生卒年不详，享年 62 岁，为李唐皇室宗室，唐文宗时任相。

【人物生平】

李石是唐高祖李渊堂弟的五世孙，818 年考中进士，并因熟悉吏治而得到李晟
之子李听的倚重。829 年李石奉命入朝，其间得到唐文宗的赏识，因此又被留在朝
中做官。

835 年甘露之变后，唐文宗又将李石拜为宰相。当时宦官仇士良势大，屡次欺
辱朝中百官，李石则与另一宰相郑覃针锋相对进行还击，使得宦官气焰有所衰减。
当时地方官员曾进献钱粮，以便朝廷招揽官员，李石却断然拒绝。当时长安城有
人趁机作乱，郑覃也劝说李石离开，李石却坚持坐镇，最终叛乱很快就得以平息。
眼见唐文宗意气消沉，李石又以尧舜为榜样鼓励文宗。

由于李石多次压制宦官，仇士良竟在一天内两次派遣刺客行刺，李石因此受
伤，事后只得辞去相位、出镇荆南。直到唐武宗即位后才再次得到重用。但由于
当时条件限制，李石在讨逆途中，却被麾下将士哗变驱逐，朝廷只得改授他职。

后来李石在 62 岁时病逝，死后得到朝廷追赠。

【人物评价】

李石身为李唐皇室子弟，眼见皇室倾颓、江山动荡，自然是格外忧愤、一心
想要挽救危亡。但在当时的背景下，他也实在有心无力，因此最终也只是成就了
自己的贤名。

杨嗣复：一生致力斥异己，孰料却因异己生

【人物简介】

杨嗣复，字继之，生于 783 年，卒于 848 年，享年 66 岁，唐文宗时任相。

【人物生平】

杨嗣复的父亲曾任户部尚书，后来自己也被朝廷任命为户部官员。杨嗣复任官期间公平取士，为国家选拔了大量贤才，但同时又因志趣相投，而成为牛僧孺一党的成员。

838年杨嗣复被任为宰相，与朝中的李党产生激烈纷争。840年时，杨嗣复更与郑覃、陈夷行等李党成员，当着唐文宗的面激烈争吵，因此惹得唐文宗不快。最终唐文宗将李党罢免，独以杨嗣复为相。841年唐文宗驾崩，唐武宗即位，杨嗣复又受到仇士良等宦官的构陷，被唐武宗贬去官职，还差点遭到追杀。幸亏李德裕等李党成员从中斡旋，杨嗣复才得以生还，只是改任到潮州为官。

848年杨嗣复又被征召入朝，但在途中就因病逝世，享年66岁。

【人物评价】

杨嗣复出于个人政治立场，始终与李党互相攻讦不休，是是非非难以说清。讽刺的是他最后却是在李党的努力下得以保全，这不得不说是一种幽默。

李珏：居庙堂而陷党乱，处偏远而泽一方

【人物简介】

李珏，字待价，生于785年，卒于853年，享年69岁，唐文宗时任相。

【人物生平】

李珏自幼丧父而孝顺事母，因此得到乡邻称赞，刚刚成年时就又考中了明经科。815年李珏又得到李绛的赏识、鼓励，后来又考中进士。李珏为人形貌伟岸、善于辩论、书法精妙、长于文理，完全符合当时选官的四大标准，因此得以入朝为官。

李珏任官后多次直言进谏，唐文宗时又被拜为宰相。然而李珏也与杨嗣复一样，卷入朋党之争中，因此无法发挥才干。唐武宗即位后，李珏再次遭到杨嗣复同样的命运，幸好李党从中斡旋，才避免了被皇帝追杀。此后李珏又被调至郴、舒二州出任刺史，并陆续迁任河阳节度使。

李珏在任职期间减免赋税、发展经济，及至自己调任，河阳当地府库的余财，竟然翻了整整10倍。853年李珏病逝，享年69岁，死后得到追赠、追谥。

【人物评价】

李珏虽有才干，但却依旧无力应对纷乱的党争，对他而言，在地方上任职并造福一方，反而成就了他的一生。

李绅：既知赋诗哀民，何必逞暴凌民

【人物简介】

李绅，字公垂，生于 772 年，卒于 846 年，享年 74 岁，为唐代著名诗人，唐文宗时任相。

【人物生平】

李绅即是以《悯农》一诗而享有盛誉的那位著名诗人，除了诗坛以外，他在官场上也颇为得意。李绅的曾祖父就是唐高宗时的宰相李敬玄，其父也曾担任县令。由于父亲早逝，李绅是由母亲辛苦抚养长大，其间目睹了底层人民的艰辛，这也成为了他后来创作的灵感源泉。

李绅曾先后两次考试不中，其间与元稹结识，还为其《莺莺传》命题作歌。808 年李绅终于考中，入仕后却因故被贬，其间又与白居易等人共同发起"新乐府"运动。后来李绅再次入朝，却也卷入牛李党争，成为李党中的核心成员之一。824 年李党失势，李绅也随之被贬，此后屡经浮沉，直到 840 年又被拜为宰相。

李绅虽以《悯农》诗而称誉后世，但为人却极为刻薄、严厉，因此受到时人的嘲讽。在地方任职期间，李绅也对百姓十分严厉，使许多人竟纷纷拖家带口逃离其治下。然而李绅却对此浑不在意。844 年李绅中风，辞去相位，846 年病逝，享年 74 岁。死后得到追赠、追谥。

【人物评价】

李绅在自己的诗作中，饱含对底层劳动人民的同情，但等到自己成为官员，却又对百姓采取另一种姿态，实在令人感到遗憾。李绅在诗坛上享有盛誉，但在政坛上则政绩平平，没有什么显著贡献。

白敏中：以怨报德遭人鄙，尸位素餐又何必

【人物简介】

白敏中，字用晦，生于 792 年，卒于 861 年，享年 70 岁，唐宣宗时任相。

【人物生平】

白敏中是唐代著名诗人白居易的从弟，因早年丧父而与白居易等人一同学习，后来又考中了进士。此后白敏中屡次升迁，842 年又得到李德裕的举荐，代替白居易出任要职。

然而白敏中却是牛党的成员之一，尽管得到李德裕的举荐，也没有因此心生感激，后来又趁机落井下石、贬谪李德裕，因此品行受到时人的鄙夷。846 年唐宣

宗即位，白敏中正式拜相，却由于朝中的斗争激烈，而出任邠宁节度使。此后白敏中先后改任西川、荆南节度使，都在当地做出许多政绩。

859 年白敏中再次被征召入朝拜相，其间因跌倒损伤而卧床 4 月，唐懿宗仍旧不许他辞职。直到 861 年白敏中多次请辞，唐懿宗这才不得已答应，同年白敏中病逝，享年 70 岁。白敏中死后，唐懿宗为其罢朝 2 日，又为其追赠，但由于品行不佳、不肯病退，只得到了"丑"的谥号。

【人物评价】

白敏中虽有才学、却无品德，始终不能脱离朋党的立场去处事，无怪乎会在后来以怨报德，留下骂名。

王铎：报国不曾死沙场，孰料凶险在朝堂

【人物简介】

王铎，字昭范，生年不详，卒于 884 年，唐懿宗时任相。

【人物生平】

王铎的父亲即是唐文宗时宰相王播，考中进士之后，又进入时任西川节度使的白敏中帐下。847 年入朝之后，王铎先后担任了各项要职，871 年又被拜为宰相。

唐僖宗即位之后，王铎因受牵连而出镇，但当时人们都对他十分欣赏，视他为安邦定国之辈，因此唐僖宗又于 876 年将他召回，再次拜任为相。此时国内民变四起，王铎于是主动请求讨逆。但由于自己举荐不当，唐军最终以失败告终，王铎也因此被贬官。880 年王铎再次被起用，各地将士原本消极平叛，等看到他的檄文之后才奋勇杀敌，因此最终平息了叛乱。但事后王铎却因宦官争功而遭到贬黜。

884 年王铎出镇沧景，但魏博节度使之子却因垂涎其财富，而派兵在途中劫掠，王铎全家 300 余人因此全数被害。

【人物评价】

王铎本人胸怀大志，但在当时的条件下，也只做出了十分有限的贡献。更令人意外的是，王铎没有死在战场上，反而被贪婪的同僚害死，因此才会得到当时天下人的同情。

郑畋：号召天下将兵引，逆贼不敢向西行

【人物简介】

郑畋，字台文，生于 825 年，卒于 883 年，享年 59 岁，唐僖宗时任相。

【人物生平】

842 年时，年仅 18 岁的郑畋就考中进士，然而还没等他任职，父亲就因是李党而被贬斥。此后郑畋也长期没能得到任用，只是陪在父亲身边。

859 年唐宣宗驾崩，郑畋这才得以入朝，却因政敌阻挠而依旧不得重用。由于自己每次草拟诏书都能切中要害，因此郑畋深得同僚敬佩，但 870 年却因在拟诏时，褒奖懿宗所贬斥的臣子，因此被诬陷贬职。873 年唐僖宗即位，郑畋才再次入朝，877 年又正式拜相。

879 年黄巢势大，郑畋主张停止用兵，改以恩德来赦免罪过，以此分化黄巢大军，但其他大臣却坚决反对。郑畋因此与其争执，事后双双被免去官职。后来负责平叛的高骈果然消极用兵，唐僖宗这才醒悟，并征召郑畋入朝。不久黄巢攻占长安，唐僖宗仓皇出逃，途中又准许郑畋自行决断，平定叛乱。此后郑畋先是取得大捷，诛杀 2 万多叛军，后来又以朝廷的命令发布檄文，使得各藩镇共同举兵勤王，黄巢因此畏惧而不敢向西。

882 年郑畋抵达成都，并再次被拜为宰相，但不久就因得罪权宦而主动请辞。883 年郑畋病逝，享年 59 岁，死后得到追赠、追谥。

【人物评价】

郑畋生于晚唐时期，于举国无人之时力挽狂澜，虽因能力有限而未能成功，却也为社会安定做出了杰出贡献。

郑从谠：文士亦能平乱，丹心犹报国恩

【人物简介】

郑从谠，字正求，生年不详，卒于 887 年，唐僖宗时任相。

【人物生平】

郑从谠即"葫芦宴客"的宰相郑余庆之孙，842 年考中进士，此后就得到当时朝中重臣的赏识。862 年调任礼部之后，郑从谠始终公平取士、处事，因此受到时人的称赞。

866 年郑从谠因拒绝任相而被构陷，此后不仅回朝被拒，反而还被贬到更偏远的岭南。当时岭南饱受南诏侵扰，郑从谠于是招募民兵进行守卫，使当时的交州、广州多年都十分太平。

973 年唐僖宗即位，郑从谠终于获批准还朝，878 年又担任宰相。鉴于当时河东地区混乱，郑从谠又奉命出镇河东。虽然自己是文士出身，郑从谠却十分善于谋划，并且手腕十分强硬，诛杀果断，因此身边很快就聚集起一批幕僚。黄巢侵

占长安以后，郑从谠也奉命起兵勤王。当时李克用尚未归附，打算趁机入侵，却被郑从谠看破用心，后来又被击败。等到李克用归附大唐之后，郑从谠又协助李克用讨伐黄巢。值得一提的是，郑从谠也与著名的宰相郑畋同出一族，两人都因此得到时人的赞誉。

883 年郑从谠还朝，887 年又病逝于家中，死后得到朝廷追谥。

【人物评价】

郑从谠与郑畋同出一族、共同任相，又共同为李唐王朝的安定而竭尽忠诚。郑从谠虽然是文士出身，却有着将帅的统御、决断之才，这是他能够取得成功的重要原因之一。

杜让能：有言在先君不顾，事后追悔枉痛哭

【人物简介】

杜让能，生于 841 年，卒于 893 年，享年 52 岁，唐昭宗时任相。

【人物生平】

杜让能与著名宰相杜如晦同出一源，祖上即是杜如晦的堂亲。后来杜让能成功考中进士，等到唐昭宗即位后，又被拜为宰相。

当时凤翔节度使李茂贞对唐昭宗不敬，唐昭宗于是命令杜让能整顿士兵，讨伐李茂贞，杜让能却始终不肯。当唐昭宗责问他时，他流着泪说道，如今李茂贞势大，而皇室衰落，兵事恐怕不能胜利，到时候自己也必然会步晁错的后尘。唐昭宗却对此持相反意见，坚决要求杜让能行事。

893 年昭宗果然兵败，李茂贞也果然自恃重兵，逼迫唐昭宗杀掉杜让能。杜让能对此早有觉察，于是主动请唐昭宗下令。唐昭宗这才深感悔恨，但又无可奈何，只得将杜让能贬官处死。

【人物评价】

杜让能虽为臣子，却比唐昭宗看得更远，因此才屡次劝阻唐昭宗用兵。但他偏偏又不得不奉行臣节，因此虽知必死却无可选择，最终只能坦然受戮。

崔胤：驱虎可惜饲虎，救国孰料卖国

【人物简介】

崔胤，字昌遐，一说字垂休，生于 853 年，卒于 904 年，享年 52 岁，唐昭宗时任相。

【人物生平】

崔胤于 895 年考中进士入仕，此前他的祖父和父亲都在朝中任官。崔胤入仕

之后，很快就被拜为宰相，并凭借着自己的深沉和心机，而得以避过宦官的加害，与党派的倾轧。

后来唐昭宗决意为杜让能等人平反，打算罢免崔胤的相位，崔胤当即与朱温勾结，通过其向朝廷施压，成功保住了官位。由于自己先后四次罢相、任相，时人都称他为"崔四人"。此后崔胤凭借着朱温的支持，先后多次排除异己，但同时也在暗中谋划除掉宦官，因此受到宦官的猜忌。鉴于朱温的势力，宦官始终不敢对崔胤下手，等到宦官发动政变、自己也被驱赶后，崔胤又果断劝说朱温起兵勤王，后来又策动大将孙德昭起事，成功迎立唐昭宗复位。事后崔胤更加得到唐昭宗重视。

当时宦官依旧势大，因此崔胤积极谋求尽灭宦官，却因事情泄露而未果。后来崔胤又打算重组禁军，却被早有异心的朱温破坏。朱温进入长安之后，很快就逼迫唐昭宗签署诏令，要求其将崔胤处死。崔胤这才感到大势已去，为此哀痛哭泣，更后悔自己引狼入室，犯下卖国恶行。崔胤死后，其家族数百人也一并被害。

【人物评价】

崔胤虽然颇有雄心，无奈却缺乏政治智慧和手腕，因此才会做出驱虎吞狼的失误决策，最终自己也遭到反噬，可以说是误国误己。

柳璨：蒙受君信登高位，临死悔做负国贼

【人物简介】

柳璨，字照之，生年不详，卒于906年1月27日，唐昭宗时任相。

【人物生平】

柳璨是著名书法家柳公权的族孙，由于精通史书而得到唐昭宗的赏识。904年崔胤死后，唐昭宗又以柳璨为宰相。

然而柳璨却因资历浅薄、升迁太快，而遭到许多朝中老臣的刁难，因此心中十分愤恨。905年，朱全忠发动白马之祸，大肆屠杀朝中百官。依附于朱全忠的柳璨趁机将自己厌恶的30多名官员列入名单，使他们全数遭到杀害。

不久之后朱全忠得知了真相，感到十分不满，再加上柳璨又劝阻其加九锡，朱全忠于是将柳璨等人一并处死。柳璨死前高呼自己为负国贼，承认自己该死，他的两个弟弟也因牵连而死。

【人物评价】

白马之祸虽不是柳璨鼓动发起，但柳璨却趁机落井下石、借刀杀人，可以说是既残忍、又阴毒，更卑劣。

五代十国

后梁

赵光逢：庙堂治乱非由我，人生进退自合宜

【人物简介】

赵光逢，字延吉，生年不详，卒于927年，后梁太祖时任相。

【人物生平】

赵光逢的父亲曾在唐朝任官，自己也从小就喜欢读书，并且言行十分端正，因此人们称他为"玉界尺"。等到唐僖宗即位之后，赵光逢又考中进士，任官之后又因善于治事而被称道。

唐昭宗即位后，很多人都以道术、巫术等蛊惑唐昭宗，借此求取富贵，赵光逢无一例外进行打击，使这些不法之徒逐渐销声匿迹。但由于当时政局动荡、暗流汹涌，赵光逢很快就辞官归隐。由于自己的弟子柳璨得到朱温赏识，赵光逢后来又在后梁任相，并在朱温死后，继续得到后梁末帝的赏识。

然而赵光逢虽得重用，为人却极其谨慎，甚至与胞弟居家也不谈论政事，同时又清心寡欲，不慕名利。927年赵光逢病逝，死后得到朝廷追赠。

【人物评价】

赵光逢不仅有政才，更有政治头脑和眼光，因此能够及时进退，不仅做出了政绩、成就美名，同时又巧妙保全了自己，表现得十分睿智。

敬翔：辅君善始未善终，国主犹死吾不生

【人物简介】

敬翔，字子振，生年不详，卒于923年，后梁废帝时任相。

349

【人物生平】

敬翔早年就文采出众，但却始终没能考中进士，等到黄巢起义后，又辗转投到朱温帐下。当时敬翔在军中做文书工作，经常写出一些浅显易懂的警句名言，因此被朱温赏识并委以重任。

当时朱温每逢遇到军事疑难，都会向敬翔请教，将他视为自己的心腹，就连唐昭宗也听闻过他的大名，甚至还亲自下令召见。当时唐昭宗曾打算除掉朱温，朱温却因察觉而不再入朝，唐昭宗于是又命他以敬翔来代替觐见，以此来安抚朱温。

907年朱温代唐自立，敬翔也被委以要职，专职军事谋划。敬翔虽然不曾亲临战场，却对当地每一处紧要都十分熟稔，因此谋划得十分妥帖，使得时人为此讶异。朱温为了表示宠信，干脆又把自己宠爱的姬妾刘氏赏赐给他。然而刘氏却瞧不起敬翔，依旧与朱温往来，甚至还与其他朝中权贵私通，使得当时风气大坏，敬翔也无可奈何。

912年朱友珪弑杀朱温，鉴于敬翔素有名望，便以其为宰相来笼络人心，但却对其十分忌惮，因此敬翔也很少过问政事。等到朱友贞即位以后，后梁的局势已经愈发危急，敬翔心忧之下，便主动请求出镇。朱友贞虽然知晓其忠义，最终仍因谗言而没有听从，以至危亡再难挽回。

923年李存勖攻克大梁，下令赦免后梁诸臣，但敬翔却认为自己愧对国家，因此自缢而死，他的家人也因此被诛杀。

【人物评价】

敬翔虽然不曾考中，却又满腹经纶韬略，可谓是乱世之中的一位贤才。然而在当时的背景下，他虽有大才却不逢明主，因此最终也只能饮败而死。

后唐

郭崇韬：戎马一生未战死，受陷奸宦不得生

【人物简介】

郭崇韬，字安时，生年不详，卒于926年，后唐庄宗时任相。

【人物生平】

郭崇韬曾在李克用麾下任官，等到后唐庄宗李存勖即位之后，又因素来勤勉、

廉洁,进一步得到后唐庄宗的赏识。当时后唐庄宗曾打算以孟知祥为中门使,但孟知祥却因之前两任均被杀而畏惧,于是便请求出镇并举荐了郭崇韬。同年在郭崇韬的建议下,后唐庄宗又率领士兵与契丹交战,最终成功迫使契丹退兵。

当时李存勖与后梁连年交兵,却始终无法取胜,好不容易占领的城池又被后梁大军围攻,因此李存勖十分忧心。而郭崇韬却凭借着自己的军事才华,趁机提出自己的策略。他认为,后梁的大将虽然手握重兵,却是一个庸碌之辈,并且梁军骄傲自大,防备不严,因此只要李存勖能够亲率大军,直接奔袭敌军后方,就必然能够取得胜利。李存勖接受了这一建议,最终果然在 10 天之内就攻克后梁国都,而后梁在全国各地的将士也纷纷归降。

后梁灭亡后,郭崇韬当之无愧地位列首功,李存勖不仅对他大肆封赏,还特意赐给他免死十次的铁券,以示对他的优待。不仅如此,朝中百官也对郭崇韬十分敬畏。但为了安抚刚刚归降的后梁将士,郭崇韬也故意收取了一些贿赂,这些在日后却都为他带来了杀身之祸。

随着天下的逐渐平定,李存勖也开始变得奢靡,郭崇韬为此多次劝其补充国库,但李存勖都因惜财而没有答应。后来李存勖又听信宦官,打算在宫中大兴土木,郭崇韬也故意装糊涂没有附和。由于自己脾气刚烈,也做出一些排斥异己的事情,郭崇韬在朝中逐渐产生政敌,为此又想尽办法迎合李存勖,提出许多治国良策。但在宦官和伶人的挑拨下,这些努力最终都付诸流水。

当时蜀地十分动荡,李存勖眼见机会难得,便打算派遣大军攻取,郭崇韬为了立功以制裁宦官,便主动建议李存勖派遣皇子李继岌率军,并暗示其以自己为副将。李存勖明白了郭崇韬的心思,于是便主动表示以他为副将。在郭崇韬的运筹帷幄之下,蜀地很快就被攻克,但由于身边宦官的挑拨,李继岌反而对郭崇韬产生了猜忌。再加上郭崇韬为了安抚,与蜀地降将表现得十分亲近,因此最终为自己招来了灾祸。

926 年郭崇韬率军班师,但皇后刘氏却在宦官的蛊惑下发布教令,命令李继岌除掉郭崇韬,他的 5 个儿子也先后被害。直到唐明宗李嗣源即位后,郭崇韬才得以归葬。

【人物评价】

郭崇韬极富军事才华与谋略,更为后唐江山殚精竭虑做出巨大贡献。但他却不通庙堂争斗,更不懂得趋吉避凶之道,因此最终为宦官所害,一代忠良却沦为冤魂。

冯道：天道更替寻常事，勿以名节废乐生

【人物简介】

冯道，字可道，号长乐老，生于 882 年，卒于 954 年，享年 73 岁，五代时多次拜相。

【人物生平】

冯道少年时便勤奋读书，同时又安贫乐道，不以贫困为耻。

最初时冯道曾投奔燕王刘守光，但刘守光却因不肯纳谏而兵败，于是冯道又转投到李存勖帐下。923 年李存勖称帝，建立后唐政权，冯道也被授予官职。当时每逢收成不好、百姓贫困，冯道便会散尽俸禄救济灾民，自己却从不收受礼物，因此贤名远播。

926 年后唐庄宗遇害，其间冯道正好守丧期满，于是不避危险前往京城，并继续得到唐明宗李嗣源的重视，次年又被拜为宰相。后唐末帝即位后，冯道一度被免去相位，但等到石敬瑭灭亡后唐、建立后晋，冯道又继续担任宰相。

937 年冯道曾主动出使契丹，两年后才得以返国，并将国中事务进一步托付给他。942 年石敬瑭病重，特意将幼子托付给冯道，但冯道却在石敬瑭死后，迎立年长的石重贵即位。石重贵却对冯道十分不喜，很快就将其贬谪。947 年契丹灭晋后，冯道又极力居中斡旋，保全百姓不受刀兵之灾，并在契丹退兵后改投后汉。

当时大将郭威对冯道十分重视，甚至率兵外出平叛之前，还特意向冯道请教，这才使叛乱得以平息。950 年郭威被迫起兵，攻入京城后为了试探，便向冯道作揖，冯道也安然接受，丝毫没有畏惧谦让还礼之意。郭威不得已之下，只好迎接后汉宗室子弟刘赟入京。直到次年郭威才正式称帝，但却依旧信任冯道，甚至在庙堂之上都从不称呼冯道的本名。冯道也因此十分得意，甚至自号为"长乐老"。

954 年郭威驾崩，养子柴荣即位，即周世宗，北汉刘崇趁机联合契丹来攻，后周世宗于是决定亲征。然而冯道却对此大力反对，因此还与后周世宗产生不快。后周世宗以唐太宗李世民亲自出征为例，冯道却表示后周世宗不能与李世民相比；后周世宗又表示自己击败北汉如泰山压卵，冯道又说后周世宗不是泰山。最终后周世宗还是率兵亲征，又不允许冯道随行，而是让他负责督办郭威的丧礼。同年后周世宗取胜后不久，冯道就因病去世，享年 73 岁。冯道死后，后周世宗为之罢朝 3 日、追赠追谥。

【人物评价】

冯道在历史上饱受争议，历来褒贬不一，皆是因他多次的转投而起。再加上

他本人也丝毫不以此介怀，反而十分得意，因此就更加为人所不齿。在冯道眼中，朝代转换、君王更替并没有那么多的大义成分，因此自身也就无须空守节义，而应该专注于现实。但这一观点在当时强调"忠孝"的时代背景下，自然是难以容忍，无怪乎许多名士都会斥责他无耻了。

王建立：昔年杀戮君可愧，故行善举死望归

【人物简介】

王建立，字延绪，生年不详，卒于941年，后唐庄宗时任相。

【人物生平】

王建立军马出身，曾在李嗣源麾下担任将领，并且执法严明。当时后唐庄宗的使者放纵仆人不法，王建立当即严刑处置，为此一度触怒后唐庄宗，后在李嗣源的请求下才得以被赦免。

李嗣源即位后，王建立又出任镇州、青州节度使，其间依旧以严酷手段处罚恶徒，甚至动辄满门抄斩，为此杀人无数，留下"王埵氉"的称号。这一做法虽然残酷血腥，但比起当时胡乱杀人的割据军阀，却多了几分稳定社会秩序的考虑。同时王建立又多年与契丹、后梁作战并取胜，因此后来又被李嗣源拜为宰相。

936年后唐为后晋攻灭，王建立又继续得到石敬瑭的重视、礼遇，不仅担任要职，甚至还被封为王。此时王建立步入晚年，心性也开始有了变化，不仅不再滥用酷刑，甚至还乐善好施，捐修寺庙。941年王建立病逝，死前留下遗嘱要求薄葬、归乡。

【人物评价】

王建立为相期间没有显著政绩，反倒是在军旅生涯中立下不少战功。然而即便是他也无力扭转后唐的倾颓，因此也只能再投后晋。早年王建立以嗜杀闻名，但晚年或许是良心有愧，他终于慢慢有了改变。

马胤孙：任相三不做，居家唯拜佛

【人物简介】

马胤孙，字庆先，生年不详，卒于953年，后唐末帝时任相。

【人物生平】

马胤孙进士出身，后来又得到后唐潞王李从珂的赏识，被延揽至麾下，并出任河中观察支使。等到李从珂弑杀后唐闵帝、自立为君后，马胤孙又被拜为宰相。

然而马胤孙却是一个只知书本、不通政务的迂腐儒生，因此在任相期间，始

终没能做出什么有益于国民的德政，甚至也不敢开口表达自己的意见，只是一味受人摆布。由于自己上朝从不开口论政、坐堂从不用印断事、居家从不接待臣下，时人又讥讽他为"三不宰相"。

等到后唐被后晋所灭，马胤孙也被罢免，从此闲居在家，每日以抄写佛经打发时间。953年马胤孙病逝于家中。

【人物评价】

马胤孙任相而不开口、不办事、不接待，从这"三不"之中，足以暴露他的无能、庸碌。

后晋

桑维翰：亡国犹有风骨在，割让幽云却成哀

【人物简介】

桑维翰，字国侨，生于898年，卒于947年，享年50岁，后晋高祖时任相。

【人物生平】

桑维翰为人身形短小，经常被人们讥讽，但他却坚定地认为"七尺之躯，不如一尺之面"，因此终日苦学以求进仕。然而主考官却因为"桑"与"丧"同音而不予录取。桑维翰因此写了《日出扶桑赋》，又请人铸造了铁砚台来表明自己的决心。

931年，桑维翰被石敬瑭延揽，从此就追随在其帐下。当时石敬瑭因后唐后主的猜忌，而计划向契丹求援，其余幕僚都不知所措，唯有桑维翰与刘知远表示赞同。得到石敬瑭的采纳后，桑维翰又亲自起草求援书信，割让幽云十六州、以事父之礼侍奉契丹等屈辱条件，就是在这封书信中提出的。事后为了坚定契丹援助的决心，桑维翰又亲自赶赴契丹，下跪哭泣哀求不止，终于打动了辽太宗，石敬瑭也因此得以灭后唐而自立。

石敬瑭称帝后，桑维翰也担任宰相，并提出了一系列有利于国计民生的政策，表现出过人的治国才干。当后晋内部反对契丹的声浪猛涨时，桑维翰又力排众议，极力陈述其中利害，表明了韬光养晦、等待时机反制的立场。

944年后晋出帝石重贵即位后，后晋内部的反契丹势力开始崛起，桑维翰因此

遭到贬谪。尽管期间由于契丹的入侵而再次被起用，桑维翰却又因贪污受贿而被贬谪。此后后晋的灭亡终于无可阻挡。

947 年契丹将领张彦泽攻破后晋都城，桑维翰不肯逃走，并厉声斥责张彦泽，因此被缢杀，享年 50 岁。

【人物评价】

桑维翰为人既有才干，又有风骨，在当时为后晋的稳固做出了重要贡献。但割让幽云十六州、坑害后世的做法，也让他背上了永远无法洗清的骂名。

李崧：一身遭戮虽冤枉，两度亡国罪难逃

【人物简介】

李崧，小字大丑，生年不详，卒于 948 年，后晋高祖时任相。

【人物生平】

李崧自小便善于文辞，因此甫一成年，就被后唐任命为参军。932 年李崧又因起草公文文辞优美，而得到冯道等名臣的称赞，因此又被后唐庄宗提拔。

926 年，魏王李从笈在班师途中，杀死大将郭崇韬，因此导致军心动荡。李崧当时也随军出征，于是私下建议魏王伪造诏书，以天子名义进行宣判，这才使人心得以安定。还朝之后，李崧继续得到赏识，但其间也因推荐石敬瑭出镇，而导致了其后来的壮大。

936 年石敬瑭灭掉后唐并称帝，李崧又被征召拜相，但由于自己识人不明，942 年自己所举荐的大将杜重威又惨遭失败。最终后晋因此覆亡，李崧也被契丹俘获，直到后汉建立后才得以返回。投入后汉之后，李崧因曾触怒刘知远和权臣，始终谨言慎行、极尽讨好，最后更故意称病不出，希望借此避免灾祸。

948 年，李崧的弟弟李屿责罚家仆葛延遇，葛延遇因此投靠权臣并诬告李崧谋反，将其与弟弟一同下狱。李崧在狱中被屈打成招，同年就被处死并灭族。直到后周建立后，朝中忠义才请求将葛延遇处死，世宗时期又为其追赠。

【人物评价】

李崧精于文辞而疏于识人，因此先后两次为亡国埋下祸患，虽然自身因冤屈而死，但自己的治政作为也毫无可称道之处。

后周

王峻：立国安邦虽足恃，欺君终究远庙堂

【人物简介】

王峻，字秀峰，生于 902 年，卒于 953 年，享年 52 岁，后周太祖时任相。

【人物生平】

王峻的父亲曾在唐朝担任乐官，因此王峻从小就得到熏陶，尤精于歌唱，并以此得到后梁重臣的赏识。当时后梁、后唐先后被灭亡，王峻也因此一再转投，后来又成为刘知远麾下的将官。

948 年刘知远称帝，王峻也得以升迁显贵，然而后汉隐帝即位后，却对老臣十分不喜、痛下杀手。王峻因出镇而侥幸逃过一劫，然而后汉隐帝又派出使者去杀他。王峻不得已只得与另一重臣郭威联合，于 950 年成功攻入京城。次年郭威黄袍加身，建立后周，王峻也因开国之功而被拜为宰相。

王峻拜相之后，经常夙兴夜寐地处理政务，为巩固后周政权而殚心竭虑，但同时他又脾气急躁，过于蛮横，甚至经常顶撞郭威，令郭威十分难堪。此后王峻又先后平定了后汉和内部的军事，但却又故意辞退来试探郭威，迫使其纵容自己。由于郭威重视文臣，王峻又经常对他们进行打压，最终使得郭威对自己彻底失去了耐心。

当时王峻曾找到户部侍郎赵上交，请求疏通关系，然而赵上交却公正选拔，并未应允，王峻因此在庙堂上当面辱骂，并上疏要求将其贬官。同时王峻又几次阻挡郭威养子柴荣进京，于是郭威在庙堂上一边流泪，一边痛斥王峻的专横，并下令将其贬至商州。不久之后王峻就病死在那里。

【人物评价】

王峻富有政才、军才，同时手腕也颇为高明，但却有一个致命的缺点——不知进退。以他的嚣张跋扈，倘若遇到刘邦和朱元璋这样的君主，只怕早就沦为刀下之鬼。以此来看，郭威对他其实仍旧不失宽容、忍让。

王溥：身后有贤辅，君崩亦可安

【人物简介】

王溥，字齐物，生于 922 年，卒于 982 年，享年 61 岁，后周世祖、世宗时任相。

【人物生平】

王溥在后汉时考中进士，后来又在后周世祖郭威帐下任官。当时国中有人叛乱，郭威在平叛后得到逆贼与大臣勾结的名单，王溥主动劝说郭威烧掉名单以安人心，郭威于是采纳并将其提升。

此后王溥先后担任要职，954 年又被郭威拜为宰相。同年郭威病重而逝，但却因王溥拜相而十分安心，并表示自己再无忧虑。后周世宗即位之后，曾打算亲自带兵征讨，冯道等人都觉得不妥，唯有王溥坚决支持，最终后周世宗果然取得胜利。后来王溥又向后周世宗举荐能够胜任的将领，因此被后周世宗称赞并晋阶晋爵。

赵匡胤发动陈桥兵变建立宋朝之后，王溥因曾在后周任相而得到礼遇，赵匡胤甚至为其修改官制，并在此后形成定制。982 年王溥病逝，享年 61 岁，死后赵匡胤为其罢朝 2 日，并为其追赠、追谥。

【人物评价】

王溥性格宽厚、识人有明，因此为后周的安定做出了巨大贡献，无愧于宰相之职，赵匡胤继续对他优待，自然也是出于对他的认可和尊重。

范质：宰相高才人皆谓，但欠臣节一点亏

【人物简介】

范质，字文素，生于 911 年，卒于 964 年，享年 54 岁，后周、北宋初年任相。

【人物生平】

范质的母亲曾梦见仙人赠送五彩笔，第二天就生下范质，范质长大后果然十分聪颖、善于诗文，甚至在 14 岁时，就已经开始授徒讲课。933 年范质考中进士，此后便开始步入政坛。

后晋建立后，宰相桑维翰也对范质十分看重，并在自己任相期间对其加以提拔。此后范质便专门负责草拟诏书，都因文辞优美、表述准确而得到称赞。后晋灭亡后，范质又转投到刘知远麾下，并被大将郭威誉为宰相之才。950 年郭威被迫起兵自保，范质于是隐匿民间以避祸，却被郭威特意派人寻访并找到。为示安抚，

郭威还将自己的衣袍披在范质身上，命其为自己起草诏书。次年郭威正式登基，范质也被拜为宰相。

范质为人脾气急躁，经常当面与人驳斥，但同时又为官清廉、不受贿赂，甚至还将自己的俸禄分送给贫困之人。后周世宗时期，范质鉴于当时刑律混乱失度，还特意编修了《刑统》。

960年有谣言说契丹南下，范质等人当即派遣赵匡胤率军迎敌，但赵匡胤却趁机发动了陈桥兵变。范质为此深感后悔，但却无法挽回，于是便在质问之后，拥戴赵匡胤登上皇位。赵匡胤也因此而并未加害范质，反而因敬重其品行，保留了他的宰相一职，并对他更加优待。

此后范质提出了多项政策，如分封皇室以巩固政权、选拔贤才以充盈庙堂、废黜坐礼以彰显天子，这些建议均被赵匡胤所采纳。963年赵匡胤又封范质为鲁国公，范质几番推辞都未被准许。

964年范质病逝，享年54岁，死前遗嘱不要请谥、不立墓碑，死后家中也没有余财。赵匡胤得知后十分哀痛，便宣布罢朝、追赠，又为其家人赏赐钱财。

【人物评价】

范质虽然名声不显，但却有着宰相的品行、才能。因此先后几代君主都誉其为宰相之才，这一评价并不过分。但范质在北宋代周的过程中，确实在臣节方面略有瑕疵，因此宋太宗才会在后来赞叹之余，又感慨他"欠世宗一死"。

魏仁浦：浩然御风为君事，难挽失国悔恨终

【人物简介】

魏仁浦，字道济，生于911年，卒于969年，享年59岁，后周时任相。

【人物生平】

魏仁浦早年家境贫寒、父亲早逝，其母也因辛勤劳作而昏倒在灶前，魏仁浦因此十分触动，勤奋读书终日不辍。随着自己逐渐长大，魏仁浦也成长为一名满腹经纶的贤才，并在老师的鼓励下辞别老母，决意干一番大事业。在赶路的途中，魏仁浦为了明志，还特意脱下上衣丢尽江中，许下不成功便不渡江还乡的重誓。

当时正是后晋出帝时期，石重贵虽有雄心却毫无智谋，因此国势很快就岌岌可危。魏仁浦当时虽然担任小官，却始终不改凛然正气，因此受到他人的尊重，被誉为"一点浩然气，千里快哉风"。等到朝中重臣纷纷投靠契丹后，魏仁浦却毅然追随刘知远，并得到其麾下将领郭威的赏识。

948年刘知远驾崩，死前召见许多重臣，魏仁浦也是其中之一。此后魏仁浦继

续追随郭威。当时后汉隐帝十分猜忌，不久后又派人诛杀郭威，郭威因此感到惶恐难安。魏仁浦见情势不妙，便极力劝说郭威拥兵自立，成功帮助郭威登上帝位，建立了后周政权。

当时郭威曾将魏仁浦召来，随口询问军营之事，魏仁浦却对答如流，了然于胸，郭威因此更加看重他的才能。等到后周世宗柴荣即位之后，北汉趁机兴兵来攻，魏仁浦于是随同后周世宗亲征。当时由于士气不振，后周军队一度失利，右路军甚至主动投降，魏仁浦又不失时机地劝说后周世宗以左路进兵，并凭借着自己的威望，高呼口号鼓舞士兵，终于将北汉击败。因此后周世宗也对魏仁浦十分看重，952 年又破格将他拜为宰相。

后周世宗雄才大略，但却不幸早逝，死后幼子柴宗训即位，即后周恭帝。960年大将赵匡胤趁机发动陈桥兵变，取代后周建立北宋，魏仁浦曾组织一批大臣反抗，却终究无力回天。尽管自己未遭加害，魏仁浦却始终悔恨自责，969 年又因病去世，享年 59 岁。

【人物评价】

魏仁浦虽然出身贫寒，但却有着过人的坚韧与毅力，因此最终学有所成，成为一代开国贤相。尽管最终无力阻挡北宋代周，魏仁浦却依旧表现出高尚的臣节，令人钦佩。

后蜀

李昊：几番仕宦终难辅，未若写表做降臣

【人物简介】

李昊，生卒年不详，后蜀后主时任相。

【人物生平】

李昊在唐朝末年时，被前蜀大将刘知俊延揽至帐下，从此就在前蜀任官，直至翰林学士。但在任官期间，他却始终耽于享乐、生活奢靡，并没有任何显著政绩。

925 年前蜀灭亡，后主王衍以亡国之君的礼仪投降后唐，当时的降表就是由李昊所写。后来李昊又转投后蜀，并在后主孟昶时官至宰相。孟昶虽然颇有几分才

智，但却不足以兴盛国家，而身为宰相的李昊也没能好好辅佐。945 年后蜀又被北宋所灭，李昊再次负责给孟昶书写降表。李昊也因此得到世人的讥讽，被称为"世修降表"。

【人物评价】

李昊不仅没有辅国之才，同时又耽于奢靡，虽然名为宰相，其实不过一介庸相。

南唐

冯延巳：词风传唱千古，政才难救危国

【人物简介】

冯延巳，又名冯延己、冯延嗣，字正中，生于 903 年，卒于 960 年，享年 58 岁，南唐中主时任相。

【人物生平】

冯延巳是五代十国时期的著名词人，早年就因才华横溢，而得到南唐烈祖李昪的赏识，并受命侍奉太子李璟。944 年李璟登基，两年后又便将冯延巳封为宰相。

冯延巳于 948 年曾被免出镇，却始终没能做出什么政绩，952 年又再次任相。然而冯延巳却缺乏政治智慧，甚至认为李昪为将士损伤而哭泣，是过于啬啬谨慎；而李璟整日宴乐嬉戏，才是真正的乱世英雄。因此，人们又把他与其余四位大臣并称为"五鬼"，表示不屑之意。

958 年时，南唐庙堂党争激烈，冯延巳也卷入其中。后来李璟尽黜其中一党，而冯延巳却侥幸得以逃脱。960 年冯延巳病逝家中，享年 58 岁。

【人物评价】

冯延巳多才多艺，不仅为后人留下 100 多首词作，更深远影响了后来的词坛创作，成就相当之高。但作为一名宰相重臣，冯延巳却短视、昏聩，可以说是毫不称职。

宋

北宋

赵普：风雪家中迎君客，评述天下定一统

【人物简介】

赵普，字则平，生于 922 年，卒于 992 年，享年 71 岁，为北宋开国功臣，北宋太祖、太宗时任相。

【人物生平】

赵普祖上自曾祖父时，就先后在唐末和五代时担任官职，后来为了躲避战乱，又不得不迁居洛阳。其间赵普受到当地富户的另眼相看，得以娶了其家的女儿为妻。

后来赵普又受到举荐，在永兴军节度使刘词麾下任官，等到刘词死后，又将赵普举荐入朝。当时赵匡胤领兵在外，赵普则精心照顾赵匡胤之父赵弘殷，因此被当作同族来对待，赢得了赵匡胤的好感。此后赵匡胤便对赵普多有提拔。

960 年时，京城谣传北汉与契丹勾结南下，宰相范质仓促之下派赵匡胤领军抵御，行至陈桥驿时，赵普等人经过谋划，成功发动兵变并迎立赵匡胤登基，宋朝于是建立，赵普也因此成为北宋的开国功臣。当时国中人心思变，许多后周重臣都怀有二心，赵普从天下大势出发，力劝赵匡胤亲自带兵征伐，最终成功平定了内部叛乱，巩固了宋朝江山。

当时天下征战不休，帝王政权更迭频频，赵匡胤心中有所忧虑，赵普便向他指明问题根结，在于中央弱势而藩镇太强，赵匡胤心中了然。但赵匡胤出于信任，却不愿剥夺麾下兵权，于是赵普便以陈桥兵变为例，说明其中利害，又献上杯酒

释兵权之计。后来赵匡胤便以此计,成功"说服"各位将领交出兵权。此外,鉴于当时藩镇势力依然强大,赵普又劝说赵匡胤采取重用文官、压制武官的方法,将许多重镇和异姓王的权力和爵位剥夺。为了进一步加强皇权、削弱相权,赵普又提出了设立副相、枢密使副与三司计相,来分化相权的中央制度,这一建议最终也被采纳。

此前为了笼络人心,赵匡胤对前朝宰辅依旧委以原任,直到 964 年时,北宋政权内部基本已经巩固,赵匡胤这才废弃前朝旧臣,并以赵普为相。赵普为相之后,也确实殚精竭虑辅佐赵匡胤。有一次赵匡胤因赵普三番两次推荐同一个人,而愤怒地将奏章撕毁扔掉,结果赵普硬是将奏章粘好再次进呈。赵匡胤这才无奈应允。

尽管君臣之间偶有不快,赵匡胤依旧信任赵普,甚至退朝之后,还要冒着风雪造访他家,共商天下大事。这一时期天下尚未统一,正是在赵普的家中,赵匡胤最终确定了先南后北的战略方针。

赵普虽然忠于宋廷,但私下却也经常收受贿赂,做出许多不法之事。有一次吴越王送来十坛"海物",恰好赵匡胤登门造访,拆开后发现是整整十坛黄金,赵普顿时十分惶恐。此外,赵普又多次违反禁令,贩卖木料、经营商铺、圈占土地,家中生活奢靡,而住宅外部却故意修建得十分简陋,以至赵匡胤看到后都有些反感。赵普的种种做法很快就引发了大臣的弹劾,赵匡胤也在一怒之下将赵普贬官。

976 年赵匡胤驾崩,赵光义即位,赵普再次入朝拜相,地位甚至居于秦王赵廷美之上。当时赵光义一心征讨辽国,赵普又言辞恳切地进行劝阻。赵光义每逢委任新宰相,都要以赵普作为参考,赵普也利用权力大肆打击奸恶之徒,但有时也会因忌妒而打压同僚。

992 年赵普病逝,享年 71 岁,赵光义得知后既震惊、又悲痛,不仅为其追赠、追封,后来又继续追加优待。

【人物评价】

赵普虽然出身小吏、知识有限,但却胸怀平定天下的学问谋略,因此反而一跃成为北宋的开国功勋,比起当时许多文士都要强出许多。尽管在品行上有所亏缺,这些却都无损于他的卓越功绩。

薛居正:善始容易善终难,不死失节死药丹

【人物简介】

薛居正,字子平,生于 912 年,卒于 981 年 7 月 12 日,享年 70 岁,北宋太祖

时任相。

【人物生平】

薛居正年少时就笃志好学，934 年虽然落第，但却依旧得到时人的重视，被认为有公辅之才。次年薛居正果然成功考中进士，彼时尚是后唐时期。

后来薛居正又先后得到后晋宰相李崧、桑维翰的重视，后汉时又秉公断案，责罚了大将史弘肇的部将，因此受到时人尊重，后周建立后，薛居正继续得到重用。

960 年赵匡胤登基，薛居正先后多次改任，政绩都十分可观，因此 973 年时，又被赵匡胤拜为宰相。当时赵匡胤曾与薛居正议论前代，提到为臣最忌不能善始善终，于是薛居正始终勤勉治事、遵守臣节，同时又恭敬友善、与人宽仁，因此得到褒奖。

981 年时，薛居正又跟随宋太宗讨伐晋阳，班师还朝后，却因服食丹砂而中毒，在庙堂上就毒发身亡，享年 70 岁，死后得到追赠、追谥。

【人物评价】

薛居正不论身处何职，都能做到勤勉、公正、廉明，因此成为宋初的唯一一位，既没有被贬谪，也始终得到皇帝优待的宰相。

沈伦：本以财能随君侧，不愿将身卷暗流

【人物简介】

沈伦，原名沈义伦，字顺宜，生于 909 年，卒于 987 年，享年 79 岁，北宋太祖、太宗时任相。

【人物生平】

后汉时期，沈伦曾投入永兴军节度使白文珂的帐下，956 年由受人举荐，与名相赵普共同投入赵匡胤麾下，并负责掌管财政事务。等到赵匡胤建立宋朝，沈伦也得到提拔封赏，在当时的诸多幕僚中排名第四。

沈伦任职之后十分清廉，同时又关心民生，曾在寻访灾区之后主动上书，请求开仓赈灾，北宋灭后蜀时他随军出征，也没有趁机劫掠、中饱私囊，因此得到当时监军使的推荐。为了表彰，赵匡胤曾下令为其修建豪宅，但沈伦却坚辞不受。973 年赵普因故被罢免，沈伦又与薛居正共同拜相。

976 年赵光义即位，沈伦为避讳而正式改名，依旧担任宰相，并在宋太宗亲征时，屡次受命镇守后方。982 年时，北宋朝廷内部暗流汹涌，沈伦不愿参与迫害赵廷美的阴谋，于是趁机以病请辞，并被太宗贬职致仕。987 年沈伦病逝，享年

79 岁。

【人物评价】

沈伦以熟悉财政而得到重用，最终担任宰相，任官期间虽无显耀政绩，但也始终兢兢业业、勤勉职事，显得颇为称职。不仅如此，沈伦同时又行端坐正，不喜庙堂争斗，这也体现了他的仁德与淡泊。

卢多逊：巧智赢得君信，失节又输身家

【人物简介】

卢多逊，生于 934 年，卒于 985 年，享年 52 岁，北宋太宗时任相。

【人物生平】

卢多逊在后周年间考中进士并入仕，等到赵匡胤发动陈桥兵变、建立北宋后，又成为北宋朝的臣子。当时赵匡胤喜欢读书，卢多逊经常私下打听其所读之书，然后通宵达旦阅读，因此每次都能对答如流，受到赵匡胤的称赞。

973 年卢多逊曾奉命出使南唐，回来之后便陈述南唐国事，告知赵匡胤可以讨伐。976 年宋太宗即位，卢多逊又被拜为宰相。然而此前卢多逊曾多次排挤宰相赵普，等到宋太宗即位后，又与秦王赵廷美有所勾结，因此很快就触怒了宋太宗。不久之后宋太宗下诏，怒斥卢多逊身居相位，却包藏祸心、勾结藩王，本应诛灭全族，但念在其曾有功劳，便将其全家贬谪崖州，即便大赦也不得赦免。

985 年卢多逊病逝于崖州，享年 52 岁，但他的几个儿子却先后被朝廷征辟。1037 年在儿子的请求下，宋仁宗这才为其追复原职。

【人物评价】

卢多逊凭借着自己的聪明才智而得以拜相，但任相之后的种种作为，却与臣道多有抵牾，因此最终遭到贬谪，也正应了宋太祖对薛居正的"善始善终"之言。

宋琪：任职无可称颂，侥幸受宠太宗

【人物简介】

宋琪，字俶宝，生于 917 年，卒于 996 年，享年 80 岁，北宋太宗时任相。

【人物生平】

宋琪于 941 年考中进士，但却因出身幽州，而成为辽国的一名臣子。后来宋琪又被延揽至幽州节度使赵延寿麾下，后来跟随其子赵赞，辗转入仕后汉、后周，直到 960 年赵匡胤登基，又成为了北宋之臣。

此前宋琪一直在赵赞麾下，后来又先后担任各地节度使之职。966 年宋琪被征

召入朝，却因与宰相赵普等人交好，而被赵光义所厌恶，于是很快又被贬谪出镇。976年太宗赵光义登基后，宋琪虽然又被征召还朝，却很久都没能得到重用。978年太宗当面责问其当年结交赵普之事，宋琪这才惶恐谢罪，事后宋太宗才委以一定要务。

此后太子曾打算以他为相，却屡次被人劝阻而将其外任，直到983年才拜其为相。996年宋琪病逝，享年80岁，死后得到追赠、追谥。

【人物评价】

宋琪仕宦一生但履历平平，并没有称道之处，最终却能登上相位，只能说是一种运气。

李昉：遭谗于友仍不信，笃实换得君王心

【人物简介】

李昉，字明远，生于925年，卒于996年2月22日，享年72岁，宋太宗时任相。

【人物生平】

李昉在后晋、后汉、后周朝廷都担任过官职，其间还因诗文而得到周世宗柴荣的赏识。赵匡胤建立宋朝后，李昉因诬告而一度被贬，直到969年才再次入朝。

当时朝中斗争激烈，李昉的故友卢多逊多次诬告宰相赵普，李昉却对此保持中立，从未借机落井下石。等待太子即位之后，李昉又被任命为宰相。当时卢多逊经常在暗中诋毁李昉，李昉却始终不信，直到卢多逊被贬之后，还一再为他求情，宋太宗因此十分惊讶，李昉这才得知实情。宋太宗却因此更加信任他的为人，此后屡次对他予以厚赏。

996年李昉在陪同宋太宗祭祀时跌倒，当即一病不起，同年就因病重而逝，享年72岁，死后得到追赠、追谥。

【人物评价】

李昉为人笃实恭敬，即便遭人恶意诋毁仍旧深信不疑，因此虽然没有显赫的政绩，却也因宽厚仁慈的美名而受人称誉。

吕蒙正：宰相虽容天下事，亦不谀君私后人

【人物简介】

吕蒙正，字圣功，生于944年，卒于1011年，享年68岁，宋太宗时任相。

【人物生平】

吕蒙正于977年考中进士，并且在录取时名列榜首，学问可见一斑。甚至在

受命出任时，宋太宗都特意赏赐其钱财，并允许他遇到问题时可以返京征询。

后来宋太宗又以吕蒙正为副宰相，等到宰相李昉被罢免后，又正式将其拜相。最初时曾有人在背后表示不屑，吕蒙正却坚决组织属官前去调查，以免自己知晓之后，难以公平处理。吕蒙正不仅宽宏大量，同时又敢于直言，经常当着宋太宗的面实话实说，使其十分扫兴。此外吕蒙正还十分清廉、从不以权谋私。有人为了讨好他，曾打算献出一面能照千里的宝镜，吕蒙正却不肯接受。当时宰相的儿子依例可以被任命为员外郎，但吕蒙正却仅仅将儿子任命为九品官，此后成为北宋的定制。

此后吕蒙正先后三次拜相，1005 年正式请辞，同时又向宋真宗陈述治国之要。宋真宗打算重用其子，他又表示诸子皆无才干，唯有一侄吕夷简具备相才，后来吕夷简果然当上宰相。1011 年吕蒙正病逝，享年 68 岁，死后得到追赠、追谥。

【人物评价】

吕蒙正不论官职高低，都能谦恭接人待物，同时又不避危险直言进谏，如此做派堪称富有宰相度量。

张齐贤：君王留才于身后，意在西都唯一贤

【人物简介】

张齐贤，字师亮，生于 942 年，卒于 1014 年，享年 73 岁，北宋太宗时任相。

【人物生平】

张齐贤早年家贫而勤于学问，后来又趁着赵匡胤巡视西都的机会，请见并陈述 10 条计策，因此触怒了赵匡胤。但赵匡胤回京之后，却把他看作是自己唯一的收获，并表示把他留给唐太宗来任用。977 年张齐贤考中进士，却因衙门的失误而未能进入一榜，只得出镇地方。

张齐贤出镇期间也做出许多政绩，因此 980 年又被征召入朝。当时宋太宗决意北伐，许多官员都认为应该尽快攻取幽、蓟两地，只有张齐贤上疏表示反对，并提议以民生为先。次年张齐贤再度出镇江南，其间采取宽仁治民的政策，因此受到当地人民爱戴。

986 年北宋战事失利，一代名将杨业也因此战死，而张齐贤却通过自己的计谋，成功击退了进犯的辽军，989 年又被赵普举荐入朝。991 年张齐贤正式拜相。宋真宗即位之后，张齐贤又再度拜相，但后来却因酒后失态而被贬职。

1014 年张齐贤病逝，享年 73 岁，宋真宗因此哀伤，罢朝两日并派人吊唁，同时又为其追赠追谥、赏赐钱财。

【人物评价】

张齐贤以布衣之身进谏，由此得到皇帝赏识，任官拜相之后，也始终心忧民生，所作所为基本对得起"齐贤"之名。

吕端：大事临身从不乱，反手一锁安庙堂

【人物简介】

吕端，字易直，生于935年，卒于1000年5月9日，享年66岁，北宋太宗时任相。

【人物生平】

吕端最初曾因父亲的关系，而在后晋担任千牛备身，后来逐渐得到升迁。北宋建立之后，吕端又继续得到重用，975年更以副使的身份出使契丹。同年吕端还朝之后，又受命出镇洪州，并因清正廉明而使得当地百姓安居乐业。

979年宋太宗亲征北汉，吕端劝说秦王赵廷美随同出征以避讥谗，赵廷美于是听从。此后由于牵涉他人案件，吕端一再遭到贬谪，但每到一处都做出显赫政绩，甚至还被当地百姓请求留任。尽管没有伟大建树，但吕端却沉稳、冷静、知晓轻重缓急，因此就连宰相赵普也对他十分称赞。宋太宗也称赞他是"小事糊涂、大事不糊涂"，于是在吕端已经60岁时，又将其拜为宰相。

997年宋太宗病重，宦官王继恩和李皇后等人计划发动政变，改立赵元佐为储君，吕端当即将消息告知太子赵恒，并在王继恩前来时，反手将王继恩锁在府中，随即入宫据理力争，拥立赵恒即位，即宋真宗。宋真宗因此对吕端十分优待，在他生病后更特许他免去朝拜，并经常前去探视。1000年吕端病逝，享年66岁，死后不仅得到追赠、追谥，夫人与儿子也被追封或委任。

【人物评价】

吕端看似严谨、迟缓，但真正遇到大事时，却不失机警善断，从他困锁王继恩一事中，就可看出他的灵活应变。不仅如此，吕端同时又奉守臣节，忠于国事，因此不仅辅助了宋真宗，也成就了自己的美名。

李沆：明断身后称圣相，只叹生前枉嘱托

【人物简介】

李沆，字太初，生于947年，卒于1004年7月23日，享年58岁，宋真宗时任相。

【人物生平】

李沆早年就因勤学、大度，而被父亲视为宰辅之才，后来果然应验。980年李

沆考中进士入仕后，又得到同僚的同样评价。

983 年李沆得到宋太宗赏识，986 年又奉命参加考试，后来果然考中，并得到宋太宗的赏赐。此后李沆开始显贵，991 年又被任命为参知政事（相当于副宰相）。998 年宋真宗又正式将李沆拜为宰相。

李沆拜相之后，始终致力于为国举贤、排斥奸佞，从不在暗中构陷群臣，因此得到朝中群臣的一致称赞。甚至在自己死后 20 年，宋真宗都因他的一句评价，而不肯重用一位大臣。同时李沆鉴于实际情况，曾屡次劝说后来的宰相王旦不要与辽国议和，并嘱托其以民生疾苦上报宋真宗，但王旦不以为意。檀渊之盟签订后，宋真宗果然因放松警惕而大兴土木、重用奸佞，王旦这才感叹李沆堪称圣人。

1004 年李沆病逝，享年 58 岁，宋真宗因此数度痛哭，泪流不止，于是罢朝 5 日为其举哀，又进行追赠、追封，并对他的兄弟和儿子都加以任命。

【人物评价】

李沆虽然声名不显，但却品行高洁、一心为公、目光长远，因此"圣相"二字于他而言，虽先夸大，却也名副其实。

向敏中：名臣勤勉终有用，后世遗泽与身同

【人物简介】

向敏中，字常之，生于 949 年，卒于 1020 年 4 月 23 日，享年 72 岁，宋真宗时任相。

【人物生平】

向敏中自幼就受到父亲的严厉教导，20 岁时父母双亡，虽然家贫却安之若素、刻苦自勉。980 年向敏中考中进士，最初时任职地方，却很快就被举荐入朝，并受到宋太宗的赏识。

后来向敏中再次奉命出镇，其间以宽仁待下、不尚刑罚，因此受到下属官民的爱戴。由于岳父的案件牵涉，向敏中一度遭到贬谪，但同时又被宋太宗视为名臣，受宋太宗允诺将来必然会加以重用。后来宋太宗果然升任他为给事中。

宋真宗即位之后，也对向敏中十分重视，1001 年正式拜相。当时宋真宗为了考验他，还故意派人前去探视，发现向敏中闭门谢客，也无筵席庆祝，因此称赞他经得起官职。但由于自己与他人争娶大臣遗孀，向敏中受到时人责备，因此又被贬官。1004 年向敏中出镇期间，又以雷霆手段诛杀谋反的禁军，宋真宗得知后十分高兴，再次将他起用，1012 年又以他为宰相。

1019 年向敏中在参加宫廷宴乐时中风，次年就因病去世，享年 72 岁，死后宋

真宗为之罢朝，同时又追赠、追封，大肆封赏其家人子女。

【人物评价】

向敏中身居高位 30 多年，始终勤勉治事，不曾有所懈怠，因此得到时人称誉，更被宋太宗、宋真宗两代君王视为名臣之才。

毕士安：善恶皆可劝世，慧才能扶君臣

【人物简介】

毕士安，本名士元，字仁叟，一字舜举，生于 938 年，卒于 1005 年 11 月 14 日，享年 68 岁，北宋真宗时任相。

【人物生平】

毕士安的祖上三代，都曾在老家担任小官，毕士安从小就勤奋好学，甚至还曾远游拜师，因此最终学有所成，966 年又考中进士。在接下来的 10 年间，毕士安仕途始终平顺，最后更做到了大理寺丞。

毕士安不仅处事公正，同时又严肃治学、知人善任。当时宋真宗因《三国志》中阴谋奸宄之事太多，曾下令进行删改，毕士安据理力争，陈述以恶警戒、以善劝导的观点，宋真宗这才改变心意。后来的一代名相寇准，也正是在他的举荐下才得以入朝拜相。1004 年辽国南下时，毕士安也坚定地站到寇准一边，力劝宋真宗亲征，最终迫使辽国签订澶渊之盟。

次年毕士安因病逝世，享年 68 岁，宋真宗得知后不仅罢朝 5 日、亲自登门痛哭吊唁，更为其追赠、追谥，并赏赐白金三百斤。

【人物评价】

比起被自己举荐的寇准，毕士安显得相对低调，但若是没有他的举荐，寇准也未必能够显耀。因此毕士安于寇准，正如鲍叔牙之于管仲、齐桓那样，是一位看似平庸，但却十分必要的辅才。

王旦：安邦定国太平相，黜奸进贤忠直臣

【人物简介】

王旦，字子明，生于 957 年，卒于 1017 年 10 月 2 日，享年 61 岁，北宋仁宗时任相。

【人物生平】

王旦从小面貌丑陋，但相士却说他日后必然大贵，他的父亲兵部侍郎王祐也说他将来必为宰相。980 年王旦考中进士，后来又出镇平江，素来强势却贤明远播

的转运使赵昌言也对他十分称赞，更将自己的女儿嫁给他。

984年王旦受荐入朝，其间负责参与书籍编修，同时也上疏提出种种安民政策。991年王旦又做了之前父亲好不容易才得到的官职，并且懂得避嫌谦让，因此得到当时官场的赞叹，甚至就连宋太宗也夸他识大体。等到宋真宗即位之后，更将王旦视为自己的"太平之臣"，并在其余大臣的举荐下，于1000年将王旦任命为给事中，此时王旦已经实际上开始主持政务。

次年王旦又受任为副相，1005年正式拜相。其间宋真宗御驾亲征，王旦奉命镇守京城，并在私下与寇准拟定了种种应急对策。等到澶渊之盟签订之后，宋真宗为了洗刷城下之盟的嫌疑，便接受王钦若的建议，伪造祥瑞进行封赏，王旦虽不情愿但也只能勉强接受。此后宋真宗对王旦多次封赏，但王旦心中始终不甚欢愉。

由于王旦的同意，再加上王旦素来勤勉忠诚，因此宋真宗对王旦愈加信任，甚至准许他可以私下决断一些小事，群臣有的因不知情而对此提出批评，王旦也从不反驳。鉴于自己年老体弱，朝臣多有觊觎，王旦几次上疏请辞，但都被宋真宗安抚留任。在王旦的从旁劝说下，宋真宗几次因发怒而想要惩治大臣，最终都以宽恕了事，1017年王旦的请辞才获得批准，卸任后又极力举荐了寇准。

同年王旦病重，宋真宗因此心忧而常常派遣使者探视，但王旦最终因病逝世，享年61岁。宋真宗因此深感哀痛，罢朝3日，严禁10日嬉戏宴乐，又为其追赠、追谥。

【人物评价】

王旦不仅精通政务，私人品德也十分高尚，除了在伪造祥瑞一事上略失刚正，品行几乎堪称完美，确实无愧于宋真宗"太平宰相"的称赞。

寇准：鼓舞君王抵夷将，臣子豪气震外邦

【人物简介】

寇准，字平仲，生于961年，卒于1023年10月24日，享年63岁，北宋真宗时任相。

【人物生平】

寇准的先祖一直可以追溯到周武王时任司寇的苏岔生，甚至寇姓都是因这一官职而来，可见其家族显赫。寇准自小聪颖好学，因此980年时，就以19岁的年龄考中了进士。当时宋太宗经常因人年幼而不予录取，但寇准却坚决不肯虚报年龄，后来却意外得到录用。

最初时寇准曾在外地任官，后来又被召入朝中，官至枢密直学士。寇准不仅为人正直，同时又敢于直谏，显得颇为大胆。有一次因进谏触怒宋太宗后，寇准不仅没有畏惧，反而死死拉住打算拂袖而去的宋太宗，硬是不肯让其走开，事后宋太宗便以唐时的魏徵与他做比。当时有人因与寇准不和，而在宋太宗面前与其争辩，宋太宗一怒之下便将两人同时出镇。但不久之后宋太宗就又将寇准召回，可见寇准在宋太宗心中的分量。

由于宋太宗登基的嫌疑重重，宋太宗一直都为立太子的事情苦恼，而群臣也对此噤若寒蝉不敢作声。恰好寇准刚刚被召入朝中，宋太宗便以此事试探。寇准素来关心国家大事，早就为此担忧，于是便趁机劝说太宗自行决断。等到赵恒被立为太子后，宋太宗一度因民间的欢呼而不开心，寇准又不失时机地进行劝慰，使得宋太宗打消了不愉快。

997年宋太宗驾崩，宋真宗即位，两年后在毕士安的举荐下，宋真宗又将寇准拜相。当时辽国趁机兴兵，北宋朝堂为战、和而争执不休，寇准性情刚烈，自然是站在了主战派的阵营，与毕士安连成一气。当时宋真宗因畏惧而无心抗敌，更有王钦若等人鼓吹迁都，寇准于是故意装作不知情的样子，当面表示要将主张逃跑的人严惩，并干脆将王钦若等人调往前线。随后寇准又积极给宋真宗打气，鼓励宋真宗御驾亲征。尽管宋真宗本人十分畏惧，但他的到来还是极大地鼓舞了前线军民，再加上寇准筹谋有方、辽军孤军深入，因此双方开战之后，辽国竟然没能占到便宜。由于宋真宗个人的倾向，朝中的主和派最终还是占了上风，因此北宋最终还是与辽国签订了合约，也就是著名的"澶渊之盟"。

澶渊之盟的签订，使得北宋颇为抬头，就连宋真宗也对寇准更加重视，但主和派为了挽回颜面，却极力诋毁寇准是以皇帝为富贵赌注，宋真宗因此疏远了寇准，1006年更将他贬谪出镇。1019年丁谓出任副相，为了博取声望便举荐寇准入朝为相，但却因阿谀逢迎而为寇准所不喜，于是丁谓便再次将寇准罢相贬至雷州。

当时京城官员迫于丁谓的权势，几乎没人为寇准送行；但在出了京城、赶赴雷州的途中，寇准却因贤名而得到沿途官民的欢迎、优待。寇准赴任之后，也在处理政务之余，努力教导当地百姓农耕技术，又大力发展文化教育，使得雷州经济、文化都有了很大的发展。

1023年寇准病逝雷州，享年63岁，1033年仁宗正式为其平反，追赠追谥，又将其归葬家乡，亲手书写"旌忠"碑文。

【人物评价】

寇准任相时，北宋举朝上下大多畏战，若不是寇准等人一再坚持，北宋将很难抵抗辽国的入侵，因此寇准真可谓是功在国家。然而就是这样一位热血忠义之臣，却因君主晚年的昏聩而遭贬废弃，下场虽不凄惨，但也十分落魄。

丁谓：溜须陷贤称奸鬼，高才辅国号巨儒

【人物简介】

丁谓，字谓之，又字公言，生于966年，卒于1037年，享年72岁，北宋真宗时任相。

【人物生平】

丁谓早年天资聪颖，多才多艺，于诗、文、琴、棋、书、画无一不通，因此被誉为巨儒。丁谓步入政坛之后，仕途也始终十分顺利，1017年时又被拜为宰相。

早在990年时，丁谓就奉命安抚峡路、川陕一带的叛乱，当时形势极为危险，丁谓却丝毫不畏，亲自前往拜见叛军首领，成功以和平的方式化解了危机。1000年辽国南下，黄河沿岸的船夫趁机抬高价格，致使百姓苦不堪言，丁谓又将监狱中的大量死囚扮成船夫并处死，这才震慑了船夫，并在3天时间内，就将所有百姓送过黄河。由于自己应对得宜，辽国也误以为北宋早有防备，于是便停止了继续入侵。

1009年丁谓又奉命修建玉清昭应宫，这一件事再次充分展现了他的智慧。限于当时条件，修建工程同时面临着无土、无材、运输不便的问题，而丁谓却利用自己的聪明才智，先是就地挖土取用，继而以壕沟连通运河，然后将各地材料运送入京，等到竣工之后，又将水流抽走，再以肥料掩埋壕沟，可谓是一举三得。这一故事也被后世称为"丁谓造宫"，成为工程学上的一个著名案例。

不仅如此，丁谓还是当时北宋著名的经济学家，除了颁行各种政策、稳定经济秩序外，还编写了很多关于财政的书籍。但同时丁谓又沉溺于争权夺利，手段卑劣，因此被圣相李沆视为奸佞，时人更将其列入"五鬼"。此前他为了讨好宰相寇准而为其溜须，却因此遭到责问，就此对寇准心生怨恨，想方设法进行构陷，此外又蛊惑真宗大兴土木，从事迷信。最终寇准被罢相贬官，但丁谓自己很快也被贬出了朝堂。

1037年丁谓病逝，享年72岁，死后从家中抄出大量受贿财物，他的兄弟儿子也全数遭到贬谪。

【人物评价】

丁谓在影视作品中，往往以奸臣的形象示人，但与此同时，他也是一个不折不扣的能臣，这一点从他任官时的种种作为，就可以看得出来。遗憾的是，丁谓本人虽有着为时人所称道的才能，却没有与之相对应的品行，因此最终自己的功

绩都被掩盖，只留下令人唾弃的恶名。

王钦若：功过两分归我你，荣宠独占罢贤臣

【人物简介】

王钦若，字定国，生于 962 年，卒于 1025 年，享年 64 岁，北宋真宗、仁宗时任相。

【人物生平】

王钦若于 992 年考中进士，此后历任要职，1001 年又担任参知政事。同时王钦若又是当时著名的主和派，因此与宰相寇准矛盾十分尖锐。

王钦若为人工于心计，善于阿谀逢迎讨好皇帝，因此很快就得到宋真宗的赏识。同时他又抓住宋真宗的心理，大搞迷信活动，借此在庙堂上步步攀升。1004 年宰相寇准极力劝说宋真宗亲征，最终签订澶渊之盟，然而事后王钦若却故意挑拨，使得宋真宗将寇准贬官。在参与编撰《册府元龟》一书期间，每逢受到宋真宗夸赞，王钦若都会把自己的名字写在第一位，一旦书中出现疏漏，又会嘱咐下属把责任推给其他参与编撰之人。因此时人又将他列入"五鬼"。但与此同时王钦若又拒绝收受贿赂，并对隐于民间的才士十分敬重。

1012 年王钦若拜相，其间出镇杭州，宋仁宗时又再次被拜为宰相。1025 年王钦若病逝，享年 64 岁。

【人物评价】

王钦若任官期间，虽然也曾做出一些贡献，但同时又排斥贤良、蛊惑君王，因此是一个不折不扣的奸佞之臣。

张士逊：多有善政犹不满，无益朝堂不如归

【人物简介】

张士逊，字顺之，生于 964 年，卒于 1049 年，享年 86 岁，北宋仁宗时任相。

【人物生平】

张士逊于 992 年考中进士，以此入仕做官，与范仲淹等名臣都颇有往来，在当时的北宋庙堂上，也是一位颇具影响力的人物。

最初时张士逊担任射洪县县令，虽然官职低微却始终勤恳治事，因此深得当地百姓爱戴，更被知州举为第一。后来张士逊又因提出完善的考试改革方案，而被宋真宗视为贤才，任命他主管广东、河北一带的钱粮。张士逊在任期内，巧妙地将公粮借贷给贫困百姓，既缓解了百姓的困溺，又帮助国家收取了额外的钱粮，

因此当时的人们都对他十分赞赏。

宋仁宗即位之后，张士逊被拜为宰相，后来却因触怒太后而被贬出镇，1032年才再度官复原职。后来由于自己上朝迟到，张士逊再次被免去相位，几年以后又第三次复职。由于当时庙堂之上纷争不断，张士逊自觉无以为用，于是又主动请辞。1049年张士逊病逝，享年86岁，宋仁宗不仅追赠、追谥，同时又亲自吊唁，并为其墓碑题名。

【人物评价】

张士逊任官之后多有作为，但却从未以此自居，反而因后期无所发挥而主动请辞，不仅表现出不恋权位的淡泊，也体现了自己任官拜相认真负责。

李迪：公辅之才终有用，拱卫天颜镇朝堂

【人物简介】

李迪，字复古，生于971年，卒于1047年11月1日，享年77岁，北宋仁宗时任相。

【人物生平】

李迪早年就以文采称道，就连当时的古文运动先驱柳开，也对他的文辞十分惊叹，并称其为奇才、公辅之才。1005年李迪果然考中进士，并接连得到朝廷重用。

1008年李迪因处事失误而被贬官，但不久之后就再次被起用，当时宋真宗听说亳州多有盗贼出没，便以李迪出镇亳州。李迪不久就将盗贼全数剿灭。当时国内天灾不断，李迪又上疏表示国财不分内外，请求宋真宗拿出内库的钱财补贴国库，以此赈济灾民，并趁机对宋真宗之前大兴土木的做法提出批评。宋真宗听后不仅没有恼怒，反而一一应允。

1016年吐蕃意欲侵宋，李迪力劝宋真宗不要处罚请求增援的边帅曹玮，后来曹玮果然取得胜利。1018年李迪又被拜相。但当时丁谓势大，大肆打击异己，李迪也因此险些被害。直到丁谓失势之后，李迪才得到皇太后的赏识，1033年宋仁宗亲征后，又再次将李迪拜相。

当时李迪与另一宰相吕夷简不和，屡次受到其排挤，因此李迪拜相之后，也曾上疏检举揭发，与其互相攻讦，因此又被宋仁宗降职。后来李迪便以年老多病请辞，1047年又因病去世。死后宋仁宗为其追赠、追谥，并为其墓碑题字。

【人物评价】

宋仁宗即位之初尚且年幼，太后又十分强势，多亏了李迪等人据理力争，才

避免了庙堂的动荡，因此可以说是功勋显著。

王曾：历侍两朝无佞事，连中三元有相才

【人物简介】

王曾，字孝先，生于978年，卒于1038年12月21日，享年61岁，北宋仁宗时任相。

【人物生平】

王曾8岁时就失去父母，从小由叔父抚养长大，并且勤学好问，十分聪颖。后来王曾先后在乡试、会试、廷试中均考中第一，因此连中三元，被誉为辅佐帝王的人才。就连当朝宰相寇准也对他十分赏识，多次举荐他担任要职。

澶渊之盟签订后，宋真宗开始产生骄傲奢靡的心理，群臣为了附和纷纷进献祥瑞，但王曾却直言上疏提出劝谏。主管审刑院期间，王曾又劝说宋真宗宽大处理违背制书之人，宋真宗也予以采纳。由于宰相王钦若的排挤，王曾一度出镇，后来宋真宗病重之时，王曾又断然拒绝丁谓的要求，坚持在诏书上写明由太后代理政事。后来丁谓罪行败露遭到罢免，王曾于是接任为相。

由于自己秉公断事，王曾多次触怒太后而被贬官，等到宋仁宗亲征之后，才再次担任宰相。但由于与吕夷简政见不合，王曾曾与其多次争执，最终主动请求降职，改为出镇郓州。1038年王曾病逝于任上，享年61岁，死后才得追赠、追谥。

【人物评价】

王曾治事勤恳，不避辛劳，同时又不挟功自居，从不公开举贤以沽名钓誉，因此品行也十分高洁。就连当时的另一名臣范仲淹也对他十分敬佩，称他为贤相。

张知白：简奢由来两不易，行端坐正一身轻

【人物简介】

张知白，字用晦，生年不详，卒于1028年，北宋仁宗时任相。

【人物生平】

张知白早在989年就已考中进士，彼时还是宋太宗当政时期。张知白以科举入仕后，屡次得到升迁，宋真宗时又因上疏陈述当时弊政，而被宋真宗赏识并加以留任。

当时江南一带出现旱灾，星象也出现变动，群臣对此纷纷议论，只有张知白上疏表示，君王修德与星象无关，并借机陈述治国之要，因此被宋真宗夸赞。不

仅如此，张知白又下令打开粮仓赈济流民，以此安抚百姓，并因当时北宋注重中央、轻视地方而主动请求出镇，但没有得到允许。

当时宰相丁谓对王钦若十分厌恶，等到王钦若被派往南京后，丁谓当即调任张知白为南京留守，打算以他来压制王钦若，但张知白却谨守端正，对王钦若十分友善，因此又触怒了丁谓。直到宋仁宗即位之后，才对张知白十分欣赏，并将他拜为宰相。

拜相之后，张知白始终清正廉明，生活简朴，有人因此劝他，他却表示由简到奢易，由奢到简难，为了家人不依赖于自己，节俭是最好的保障。但由于自己身体一向虚弱，张知白最终因中风而染上重病，不久后就口不能言死去。宋仁宗得知后为其停止宴乐，又加以追赠、追谥。

【人物评价】

张知白虽无显著政绩，但为官、任相皆以品行端正、勤勉廉明而称道，是一位贤明守节之臣。

吕夷简：奉守臣事安天下，身后终未负先期

【人物简介】

吕夷简，字坦夫，生于 978 年，卒于 1044 年 10 月 3 日，享年 66 岁，北宋仁宗时任相。

【人物生平】

吕夷简是宋太宗时宰相吕蒙正的侄子，其父吕蒙亨也曾官至大理寺丞。1000年吕夷简考中进士，入仕后很快就以清廉善政闻名。后来吕夷简又得到伯父吕蒙正的举荐，得以继续升迁。这一时期吕夷简多次痛陈时弊，劝阻宋真宗大兴土木、劳民伤财，宋真宗因此十分感动，并委派他出使辽国，将他视为自己的心腹。

1022 年宋真宗驾崩，宋仁宗即位，吕夷简也于这一时期正式拜相。这一时期刘太后临朝听政，虽无野心但却十分强势，吕夷简多次坚守正理，触怒太后。当时宋仁宗的生母李妃病逝，刘太后曾打算将其私下安葬，吕夷简当即直言不讳地质问太后是否还想保住刘氏，太后这才警醒，并以隆重的礼仪将其下葬。正是在吕夷简的种种努力下，这一时期的北宋社会相对安宁，因此得到后世史家的认可。

等到刘太后病逝、宋仁宗亲政之后，吕夷简又主动上书，提出正朝纲、罢佞臣、禁贪贿、辨奸宄、绝女谒、疏近习、免徭役、节冗费八条主张，宋仁宗都一一采纳。由于郭皇后的厌恶和挑拨，吕夷简一度被免去相位，但很快就官复原职，并趁机劝说宋仁宗将郭皇后废黜。

1042 年吕夷简病倒，宋仁宗为了表示关切，不惜剪下自己的胡须相赠。然而吕夷简的病情始终不见好转，次年又不得不致仕。1044 年吕夷简病逝，享年 66 岁，死后得到追赠、追谥。

【人物评价】

吕夷简早年就被伯父视为相才，后来果然不负众望，为宋仁宗初年的天下安稳做出了巨大贡献。尽管自己也曾利用职权之便，对异己进行了一些排斥，但他同时又积极为国举贤，因此仍旧是一位值得褒奖的贤相。

陈尧佐：治水安天下，无愧佐圣名

【人物简介】

陈尧佐，字希元，号知余子，生于 963 年，卒于 1044 年 10 月 26 日，享年 82 岁，北宋仁宗时任相。

【人物生平】

陈尧佐出生于宋太祖时期，988 年又考中进士，彼时正是宋太宗年间。由于兄长得罪宦官，陈尧佐先是受牵连被贬，宋真宗时又因上疏痛陈时弊而被贬潮州。陈尧佐在潮州期间，注重儒学教育、大力推行圣贤之道，后来又被征召入朝。

这一时期陈尧佐多次被起用，负责治理全国水患，都做出了突出的贡献，受到当时灾民的纪念、爱戴，1029 年又升任副相。宋仁宗亲政之后，陈尧佐因是刘太后提拔而被罢免，直到 1037 年又被拜为宰相。

1040 年陈尧佐致仕，4 年后去世，享年 82 岁，死后得到追赠、追谥。

【人物评价】

陈尧佐最大的贡献就是在水利上。当时全国各处均有水患，陈尧佐为此针对实际情况，先后提出了"下薪实土法""木尤杀水法"，成功解除水患并兴修水利，因此留下"陈公堤""柳溪"等诸多工程。

晏殊：政坛亦有高见，词坛千古流芳

【人物简介】

晏殊，字同叔，生于 991 年，卒于 1055 年 2 月 27 日，享年 65 岁，北宋仁宗时任相。

【人物生平】

晏殊早在 5 岁时，就以"神童"之名而享誉当时，14 岁时又受到举荐，入宫参加考试，并因答卷得宜而赐同进士出身。当时人重北轻南，宰相寇准十分不满，但宋真宗却坚持已见没有听从。后来宋真宗出题再考，晏殊主动表明自己之前已经做过，请求再换题目，因此更被宋真宗称赞。

1000 年晏殊担任光禄寺卿，其间为父守丧尚未期满就被召还朝，其母病逝后，朝廷干脆拒绝了他的守丧请求。这也体现了宋真宗对晏殊的重视。等到宋仁宗即位之后，宰相丁谓等人想要趁机独揽大权，晏殊又主动提出"垂帘听政"的建议，以此使丁谓等人的阴谋破灭。但不久后晏殊就因违逆太后，脾气急躁而招来朝臣的不满，1027 年又被贬谪至应天府。即便身遭贬谪，晏殊也没有任何怨言，反而在当地大力发展教育，不仅修建了应天府学院，甚至还特意请到了范仲淹亲自讲学。这一书院后来也与白鹿洞、石鼓、岳麓并称为宋初四大书院。

1032 年时，本已入朝的晏殊再度因故贬谪，不久后又分析战场形势，总结出宋军败于西夏的原因，并提出 4 点关键建议，朝廷采纳之后，果然很快就平定了叛乱。1042 年晏殊正式拜相。晏殊不仅积极举贤，推荐了范仲淹、孔道辅、王安石、富弼等许多名臣，同时还实际上主导了著名的"庆历新政"。但庆历新政最终以失败告终，因此晏殊等人后来均遭到贬谪。

1054 年晏殊因病请求回京，病好后就被宋仁宗留下讲书，极尽礼遇，次年晏殊的病情又再度加重。当时宋仁宗本打算亲自探望，晏殊却因不吉利而表示自己已有好转，宋仁宗因此作罢，但晏殊很快就病逝，享年 65 岁。宋仁宗因此罢朝 1日，亲自登门吊唁，又为其追赠、追谥，亲手撰写"旧学之碑"碑文。

【人物评价】

人们素来称道晏殊的词作和文学成就，但真实的晏殊却不仅仅是一个只会赋诗的才子，而是一位胸怀政才、锐意进取、敢于变革的政治家。尽管他的新政以失败告终，但他的文学成就和教育成就都在很大程度上影响后世，也不枉仕宦一生了。

杜衍：宽仁亦能御治下，不因私怨废人言

【人物简介】

杜衍，字世昌，生于 978 年，卒于 1057 年 3 月 17 日，享年 80 岁，北宋仁宗时任相。

【人物生平】

杜衍早年随母改嫁，却因兄长虐待和继父冷遇而不得不四处流浪，后来有幸得到一名富人的青睐，并将自己的女儿嫁给他。此后杜衍发愤读书，1008 年终于考中进士并做官。

当时朝廷下令举荐贤能官员，杜衍因此受荐担任凤翔知府，等到调任时当地百姓纷纷阻拦不舍。在担任扬州期间，就连刘太后也对杜衍素有耳闻，甚至在使者回来后主动询问其健康状况。尽管自己从不采用严刑峻法，治下官民却都对杜衍十分敬畏。当时北宋与西夏爆发战争，百姓均因兵役而饱受摧残，杜衍于是根据道路远近，划分不同的期限征募士兵，因此在很大程度上缓解了民敝。

及至辽夏爆发战争，范仲淹竭力请求主战均遭到杜衍反对，因此多次诋毁杜衍，杜衍都毫不在意。1044 年杜衍正式拜相。但由于推荐贤士损害权贵利益、支持范仲淹等人推行新政，杜衍很快就被免去相位。

1047 年贾昌朝排挤杜衍而准许其致仕，1057 年杜衍病逝，享年 80 岁。此前宋仁宗曾派人赠药探望却来不及，杜衍死后得到追赠、追谥。

【人物评价】

杜衍精于政事，尤善于狱讼决断，因此称誉一时，就连最高统治者也有所耳闻。杜衍不仅励志发愤、宽仁待人，同时又明辨局势、支持新政，为人确实值得称道。

贾昌朝：身无半点功名在，犹以学问立庙堂

【人物简介】

贾昌朝，字子明，生于 997 年，卒于 1065 年，享年 69 岁，北宋仁宗时任相。

【人物生平】

贾昌朝一心研究学问，是当时著名的训诂家，因此对科举并不在意，也没有参加科考。但在 1017 年宋真宗祈雨时，贾昌朝却因献上颂词而得到召见、考试，后来就被赐予同进士出身。

此后贾昌朝便入朝为官，主要负责在国子监中讲学。虽然自己专擅经学，贾昌朝却并非一介腐儒，而是一位精熟政事的全才。他曾上疏提出六条边防策略，其中大部分都得到朝廷采纳。1047 年贾昌朝因天灾而主动请辞副相之位，却于同年被朝廷拜为宰相。1056 年另一宰相文彦博死后，宦官为了防止贾昌朝独大便极尽诋毁，因此贾昌朝又被出任许州。

1065 年贾昌朝因病留在京师，不久后就病逝，享年 69 岁。贾昌朝死后，宋英宗为其追赠、追谥，又亲自撰写"大儒元老之碑"的碑文。

【人物评价】

贾昌朝虽无功名，但学问精深却足以担当天下士子之师，因此入仕也在情理之中，这也是另一种学而优则仕的表现了。

文彦博：鞠躬尽瘁事四代，一腔忠心付朝堂

【人物简介】

文彦博，字宽夫，号伊叟，生于 1006 年 10 月 23 日，卒于 1097 年 6 月 16 日，享年 92 岁，北宋仁宗时任相。

【人物生平】

文彦博自幼跟随他人学习经术，并被视为贵人而得到优待，1027 年又考中进士，累迁至监察御史。当时名将刘平因黄德和怯战逃跑而被俘，黄德和却诬告刘平投敌，文彦博于是奉命前往审理。

文彦博很快就调查出真相，但黄德和的同党却大肆阻挠，甚至鼓动朝廷另派官员前来审理，但文彦博却坚决不肯交付。在他的努力下，真相终于得以上达天听，刘平的 100 多位家属也得到解救。

后来文彦博又改任河东转运副使，其间努力修建唐时运粮官道，使当地的麟州城得以积累起庞大粮食，原本打算围困的李元昊也只好作罢。1047 年文彦博拜副相，不久后平定了王则起义，又被拜为宰相。任相之后，文彦博一边大力举贤，推荐了王安石等一批名臣，同时又积极整顿军事，裁减数万士兵，以此来削减开支，果然起到了很大的效果。

1051 年文彦博因弹劾而被贬官，1055 年又再次拜相。次年宋仁宗突然发病，宫中一时暗流汹涌，各种诬告、构陷接踵而来，虽然目标不在文彦博，但文彦博却仍旧打起十分精神应对。在他与另一宰相富弼的主持下，那些本打算趁机诬陷忠良的奸佞之徒，最终都没能实现心愿，等到宋仁宗病好之后，情况终于再次稳定。当时有人请求召回曾弹劾文彦博的唐介，文彦博也表示同意，因此又被时人誉为高风亮节。

1063 年宋仁宗驾崩，宋英宗即位，当时文彦博奉命出镇，却因先前曾劝立太子，而被宋英宗视为恩人，但文彦博却并不居功。宋英宗依旧将文彦博任命为枢密使，又打算将他的地位置于宰相陈升之之上，但文彦博坚决推辞。

宋神宗即位之后，文彦博一度指出王安石新法的弊端，并对王安石的一些错误表示不满，因此受到王安石的记恨，不得不主动请辞。直到 1080 年，宋神宗也从他人口中，得知了文彦博当年劝宋仁宗立储的事情，文彦博依旧不肯居功，宋神宗因此对他大为赞赏，并将他比作曾护佑汉宣帝的丙吉。等到宋哲宗即位后，司马光也在朝中大力举荐，文彦博因此再度拜相。但此时文彦博厌倦朝堂，多次上疏请辞，1090 年终于被准许带职致仕。

1097 年文彦博被人诬告而贬职，同年病逝，享年 92 岁，宋徽宗时又被追赠、追谥。

【人物评价】

文彦博先后经历四代君主，虽然声名不显，却在安定内政、为国举贤方面做出巨大贡献，是一位不容忽视的安邦宰相。

宋庠：自身高才难教子，有幸拜相无能治

【人物简介】

宋庠，初名郊，字伯庠，后改名庠，字公序，生于 996 年，卒于 1066 年，享年 71 岁，北宋仁宗时任相。

【人物生平】

宋庠的祖上可以一直追溯到春秋时期的宋国国君，因此还是一位殷商后人。1024 年宋庠考中状元，此前还在乡试、会试中均拔得头筹，因此连中三元，称誉一时。

因受刘太后赏识之故，宋庠很快就入朝为官，并因严格执法、不避权贵而为时人赞扬，1038 年又担任副相。但由于与宰相吕夷简不和的缘故，宋庠后来又被贬谪外任，直到范仲淹等人变法失败，才再次受召入朝。1049 年宋庠正式任相，但其间并无显著政绩，而其子又先后多次做出不法之事，后来甚至还被著名的包拯所弹劾，因此又被免去相位，但始终受到朝廷优待。

1064 年宋庠请求致仕，最终以司空身份赋闲在家，1066 年又因病逝世，享年 71 岁，死后得到追赠、追谥。

【人物评价】

宋庠不到 30 岁就连中三元而入仕，学问不可谓不精深。但他本人虽然刚正不阿，却又教子无方，更没有任相的才干，因此没有太多值得褒奖之处。

庞籍：万众万心皆他向，唯吾一心朝君王

【人物简介】

庞籍，字醇之，生于 988 年，卒于 1063 年，享年 76 岁，北宋仁宗时任相。

【人物生平】

庞籍家族历代仕宦，自己也于 1015 年考中进士，做官后又很快得到上司的赏识。鉴于当时的弊政，庞籍多次上书提出意见，后来又离开京城到地方任职。

刘太后死后，朝中群臣大多以当时宰相为中心，唯有庞籍上疏请求宋仁宗亲

自过问政事，以免宰相擅权，因此被誉为"天子御史"。因诬告贬职后，庞籍又于1041年再次被起用，1043年又被拜为宰相。庞籍任相期间，先后举荐了司马光、狄青等人，并在狄青出征时主动劝说宋仁宗不要以文官监军，后来狄青果然取得胜利。1055年庞籍又告诫宋仁宗用人不疑，重视文彦博、富弼两人，后来两人果然都成为一代名相。

1060年庞籍年高而请辞，1063年因病去世，享年76岁。此时宋仁宗也已久卧病榻，只得派人吊唁并追赠、追谥。

【人物评价】

庞籍在影视文学作品中多以庞太师这一著名奸角形象出现，然而历史上真实的庞籍，却是一位忠义之臣，任官期间的种种作为都值得认可。

刘沆：居官合该理政事，亲近有咎无偏私

【人物简介】

刘沆，生于995年，卒于1060年，享年66岁，北宋仁宗时任相。

【人物生平】

刘沆于1030年考中进士入仕，后来不断得到升迁，1051年又成为副宰相。当时副宰相更多扮演的是替补角色，但刘沆任相后却积极参政，表现得十分尽职。

1054年刘沆正式拜相，不久后就鉴于官员举荐近人之事上疏，提出这种做法的弊端并请求宋仁宗予以废止，宋仁宗于是应允。当时他的族人拖欠赋税，好几任地方官都不敢征收，直到程珦接任后才责令清缴。刘沆得知后十分称赞，更在后来送程珦时极尽礼遇，因此程珦感叹他是"真宰相"。

由于自己的做法损害了权贵利益，刘沆很快受到一致围攻，宋仁宗不得已只得下令取消革新，刘沆于是主动请辞，后来又出镇地方。1060年刘沆病逝，享年66岁。

【人物评价】

刘沆为人宽宏大度，注重政弊，更能提出可供实行的方法，确实是一位真宰相。但由于宋仁宗并无主见，刘沆并未能彻底发挥才干，因此也留下了不小的遗憾。

富弼：人主受辱臣亦耻，出使敌营何畏死

【人物简介】

富弼，字彦国，生于1004年2月13日，卒于1083年8月8日，享年80岁，

北宋仁宗时任相。

【人物生平】

富弼少时就勤于学问，因此被范仲淹惊讶地称为相才，晏殊在看过他的文章后，更是当即将自己的女儿嫁给他。等到宋仁宗恢复制科，范仲淹又积极鼓励富弼从政，最终富弼受荐入朝。此后富弼数次提出切中时弊的建议，其中有许多更在事后应验，宋仁宗因此对当初没有采纳而后悔。

后来辽国陈兵边境，打算趁机大敲竹杠，朝中百官莫不畏惧，吕夷简因与富弼有隙，便故意举荐他接待辽国使者，欧阳修极力劝阻，但富弼却认为人主受辱，臣子也同感耻辱，于是毅然接受。见到辽国使者之后，富弼始终不失尊严，并与辽使开怀畅谈，成功地从辽使口中得知了辽主的想法，后来又主动请求出使辽国，觐见辽兴宗。在此期间，富弼充分发挥自己的辩才，成功说服辽兴宗放弃求取领土，选择接受岁币，因此避免了辽、宋两国的战事，又使北宋的边境领土得以保全。此后宋仁宗对富弼更加另眼相看。

1043 年宋仁宗本打算以富弼为枢密副使，富弼几番坚决推辞，最终不得不接受任命，并与范仲淹分别负责北部、西部边防事宜，深受宋仁宗的重视。当时西夏对辽称臣而对宋称男，富弼于是将使者斥退，迫使西夏对宋称臣。1044 年辽国与西夏联合讨伐呆儿族，朝中百官都建议备兵防备，富弼却一语道破其中玄机，最终宋朝没有整军，辽国也没有侵犯边境。

河朔之地发生水灾后，富弼又主动要求下属官员拿出粮食赈灾，事后又上疏表彰，为这些官员邀功。在他的努力下，近 50 万的百姓得以幸免，军队人数也因此扩充了 1 万多。其间由于任人不当而战败，富弼一度主动请辞，1055 年又再度任相。

宋神宗即位之后，也对富弼十分倚重，1068 年又将他召入宫中询问政事，富弼于是陈述治国之道，并劝谏宋神宗千万不要好大喜功，20 年之内不要考虑边境之事。次年宋神宗又以富弼为宰相，并多次下诏对他进行褒奖。

1069 年宋神宗以王安石为宰相，富弼鉴于自己与他素来不和，又不能与他争执，便主动请求罢相出镇，同时又举荐文彦博接替自己。新法颁布后，富弼又因不愿推行而主动请辞。

1083 年富弼病逝，享年 80 岁，死前还留下一封遗书奏章，内容痛陈神宗朝中积弊，并提出诸多建议，宋神宗读后大为悲痛，不仅罢朝 3 日，更为其追赠、追谥。

【人物评价】

富弼历任北宋四代君主，入庙堂则谦恭谨慎，出敌国则不卑不亢，在这两种截然相反的姿态背后，却是一颗诚意为国的拳拳之心。正是在他的努力化解下，辽、宋两国得以避免一场无谓干戈，富弼可以说是功勋显著。

韩琦：入庙堂罢黜奸佞，出塞外巩固边防

【人物简介】

韩琦，字稚圭，自号赣叟，生于 1008 年 8 月 5 日，卒于 1075 年 8 月 12 日，享年 68 岁，北宋仁宗时任相。

【人物生平】

韩琦的祖父、父亲分别在北宋担任过知府、谏议大夫的官职，因此韩琦也出身于官宦世家。韩琦从小谨慎寡言、胸怀大志，同时又勤于学问。

1027 年韩琦考中进士，同时名列第二名榜眼，因此格外博人眼球，很快就在地方担任官职，1036 年又入朝做了司谏。韩琦为人素来刚正，此后更是"利用职权"，大力打击朝中奸佞、渎职官员，当时宰相陈尧佐等 4 人同时因韩琦弹劾而被罢免，事后更引起巨大轰动，韩琦也被誉为是"片纸落去四宰执"。此外韩琦又大力打击权贵不法。营私舞弊之事，因此就连当时的名相王曾也对他十分褒奖。

1038 年西夏李元昊称帝，与宋朝之间摩擦不断，因此韩琦又不避亲疏，大胆举荐范仲淹负责边防事宜，并奉命与夏竦、范仲淹共同前往边境。但在具体的军事策略上，韩琦主攻而范仲淹主防，于是宋仁宗亲自定夺为攻。但由于韩琦用人失误，他的部下草率大意、深入敌腹，因此没多久就被西夏击败，韩琦等人均受牵连而降职。此后韩琦便对范仲淹心服口服，转为接受他的建议，重整边防事宜。此后两人成功地抵御了西夏的入侵，更使西夏将卒十分忌惮，以至边地开始流传出"军中有一韩，西贼闻之心骨寒；军中有一范，西贼闻之惊破胆"的歌谣。

西夏后来也因连年战争而十分疲敝，于是宋、夏开始议和，1043 年韩琦等人又被召入朝廷。当时宰相晏殊等人为了尽快平息战事，曾打算全盘接受西夏提出的种种要求，但韩琦却坚决予以反对。后来在晏殊的暗中主导下，范仲淹、韩琦等人又发起著名的"庆历新政"，希望以此来整顿庙堂、安定国家，宋仁宗也予以大力支持。但在守旧势力的阻碍和反击下，韩琦等人于 1045 年先后被贬出京，这次新政最终以失败告终。

出镇地方之后，韩琦鉴于治下军备废弛，再次大力整顿军队，直到 1056 年再次入京，后来又被拜为宰相。当时宋仁宗无子，朝中百官莫不以此心忧，于是韩琦多次上疏，终于劝说宋仁宗立下太子，等到宋英宗即位之后，又极力化解曹太后和宋英宗之间的矛盾。宋英宗在位不过 5 年就病逝，驾崩前韩琦再次上疏，又

成功劝说宋英宗立宋神宗为储君。韩琦也因此接连三朝拜相。由于受到小人诬陷，韩琦坚决请辞，宋神宗挽留无果之下，只得无奈应允。

1069 年王安石推行新法，韩琦一度就其中弊病提出反对意见，但王安石没有采纳。1073 年韩琦返乡为官。1075 年韩琦病逝，享年 68 岁，宋神宗为其追赠追谥，并亲手书写"两朝顾命定策元勋"碑文。

【人物评价】

韩琦家族世代文官，自己也是文官出身，但他同时却富有军事谋略与才干，可以说是上马治军、下马安民的文武全能贤臣。

曾公亮：仕宦岂能凭先辈，入朝不忘荐后生

【人物简介】

曾公亮，字明仲，号乐正，生于 999 年，卒于 1078 年 2 月 27 日，享年 80 岁，北宋神宗时任相。

【人物生平】

曾公亮早年就气度不凡，胸怀大志，当时宋仁宗曾因其父在朝中任官，而打算赐予他要职，曾公亮却坚辞不受。1024 年曾公亮考中进士，这才开始从地方县令做起。当时曾公亮因治水安民而颇得称誉，但却因父亲犯事受牵连而贬职。

然而宋仁宗却始终记得曾公亮，于数年后又将他起用，曾公亮也在任官期间公允办事、改善风俗，做出许多政绩。1061 年曾公亮又被拜为宰相，多次推行体恤百姓的宽仁德政，更在宋英宗即位后巧辩契丹使者，宋神宗时期又再次被晋封。曾公亮曾大力举荐王安石，后来又因宋神宗重视王安石而选择凡事依附、支持新法，因此也被许多人讥讽。

1071 年曾公亮以病请辞，1078 年病逝，享年 80 岁。宋神宗得知后哭泣吊唁，为其追赠追谥，更亲自撰写"两朝顾命定策亚勋之碑"的碑文。

【人物评价】

曾公亮不仅曾支持王安石变法，后来还奉命撰写我国历史上第一部军事科学全书《武经总要》，虽然名声不响，影响却极其深远。

王安石：当以变革安天下，奈何所行不得宜

【人物简介】

王安石，字介甫，号半山，生于 1021 年 12 月 18 日，卒于 1086 年 5 月 21 日，享年 66 岁，北宋神宗时任相。

【人物生平】

王安石从小就有过目不忘之能，同时又勤奋读书，更在跟随父亲沿途宦游期间，了解到了民间疾苦，养成了经世济民的博大胸襟。1042年王安石考中进士后，极力推辞入朝机会，坚持在地方任官，并推行各种惠民政策，因此做出许多政绩。

这一时期，宰相文彦博和欧阳修等人都积极举荐王安石，但王安石却坚决选择逐级升迁，拒绝越级提拔。1058年王安石赴京述职，其间首次将自己多年地方为官所总结出来的变法主张上呈，但宋仁宗并没有采纳。此后王安石虽然被召入朝中，却由于得罪权贵而一度请辞，及至宋英宗即位之后，也始终以母丧为由不肯入仕。

1067年宋神宗即位，有心大展宏图，革除旧弊，于是当即将王安石起用，1068年又将他召入朝中，询问治国革弊之道。王安石也对宋神宗提出建议、鼓励。最终宋神宗采纳了王安石的建议，并以他来发起改革、推行新法，也就是著名的熙宁变法。

熙宁变法涉及许多方面，具体来说主要在于政治、经济、军事方面。在政治上，王安石主张改革科举，废除诗词取士，并推行太学三舍法；在经济上，实施均输法、青苗法、市易法、免役法、方田均税法、农田水利法；在军事上，实行置将法、保甲法、保马法等。1070年又将王安石拜相。然而这些改革举措，却对权贵利益造成了严重冲击，在实行的具体过程中，又有许多不切实际的地方，因此引发了许多社会矛盾。恰好当时天灾出现，百姓生活更加贫困，甚至有人自断手腕逃脱服役，一些有名望的大臣如司马光等人，也纷纷表示反对变法。在这样庞大的压力下，宋神宗也对变法产生疑虑，并下令暂时免去王安石的相位。

直到1075年，王安石才再次复职，但此时朝中人才一时凋敝，变法派内部之间也矛盾重重，王安石对此有心无力，因此新法的推行已经困难重重。王安石眼见情势如此，再加上自己的儿子早逝，便于次年再次请辞。

1085年宋神宗驾崩，宋哲宗即位，反对变法的高太后临朝听政，当即将司马光等人召回，新法因此几乎全数被废。在返乡途中，王安石也目睹了因新法不当而受苦的百姓，听到他们的怨恨之辞，因此心中愈发惭愧、抑郁，于1086年病逝，享年66岁。王安石死后，先后得到历代的追赠、追谥。

【人物评价】

王安石生于北宋由盛转衰的时期，眼见当时朝中积弊、国困民乏，因此提出种种革新举措，称得上是忧国忧民。但客观来说，他的新法想达到目的很难，而其间却更容易引发新问题，因此并不能说是十分妥帖，这也是他最终失败的原因。

陈升之：拜相不得其用，进谏受悦天颜

【人物简介】

陈升之，字旸叔，初名旭，生于 1011 年，卒于 1079 年，享年 69 岁，北宋英宗、神宗时任相。

【人物生平】

陈升之于 1034 年考中进士，最初时出镇地方，后来又因政绩显著而被召入朝。陈升之在朝中担任谏官 5 年，屡次上疏弹劾百官不法之举，因此得到赏识。

由于自己屡次直言，陈升之得罪了许多人，因此一度被外放地方；等到回朝之后，又因与同僚不和而被弹劾，宋仁宗于是将双方一概降职。1065 年陈升之才再次入朝，并因受到王安石举荐而拜任宰相。但由于守旧势力过于强大，陈升之一度以病请辞，后来又因母丧而解除官职，因此并未能做出太多政绩。

此后陈升之便以相衔出镇地方，直到 1079 年病逝，享年 69 岁，死后得到追赠、追谥。

【人物评价】

由于种种原因，陈升之拜相后并未展露才华，反倒是任谏官时期的敢于直言，让后人颇能看到其风采。由于自己敢于直言，就连皇帝也对陈升之十分重视，由此可看出他的些许胆魄、风骨。

王珪：以文拜相不善政，拟诏赢得身后名

【人物简介】

王珪，字禹玉，生于 1019 年，卒于 1085 年 6 月 12 日，享年 67 岁，北宋神宗时任相。

【人物生平】

王珪自幼聪颖好学，1042 年时就高中榜眼，此后便在朝廷做官。宋仁宗立太子时，王珪曾因不是宋仁宗亲自接见，而以事关重大为由而拒绝拟诏，因此宋英宗即位后，一度受到冷遇。后来宋英宗通过观察，认定王珪贤明，这才对他打消疑云并加以重用。

此前韩琦曾邀请王安石、王珪、陈升之共同赏花，并将四朵名花都插在四人头上，后来韩、王、陈三人均先后拜相。1076 年王珪自己也成为宰相，由此留下"四相簪花"的典故。然而王珪任相期间却很少陈述，只是负责取旨、领旨、传旨，因此有人调侃他为"三旨相公"。

1085 年王珪因请立太子，而在事后被晋封为岐国公，但同年就因病逝世，享年 67 岁。王珪死后，身后名几经沉浮，最终仍旧得到善果。

【人物评价】

王珪其实并没有做出多少显赫政绩，但却因善于文辞、草拟诏书得体而享誉一时，成为当时一代名臣。

蔡确：暗谋只因卫新法，赋诗不料贬他乡

【人物简介】

蔡确，字持正，生于 1037 年，卒于 1093 年，享年 57 岁，北宋哲宗时任相。

【人物生平】

蔡确自幼家贫，直到 1059 年自己考中进士，这才有所转变。最初时由于受贿，蔡确一度被检举揭发，然而当地上司经过谈话，却对他十分赏识，于是便赦免了他。后来蔡确又因他人举荐而入朝，但不久就因抵触上司而主动请辞。

王安石得知这一事情后，对他十分赏识，于是再次举荐蔡确入朝，但王安石犯错之后，蔡确依旧直言上疏指明。与此同时，蔡确为了巩固权势又经常在暗中做手脚，因此得以身居相位。

宋哲宗初年由于高太后临朝，反对变法的司马光等人陆续还朝，新法受到严重冲击。蔡确为了捍卫新法，便努力与守旧派周旋，但最终还是以失败告终，自己也被贬谪。由于车盖亭诗案一事，蔡确又被贬谪岭南，1093 年病逝，享年 57 岁。

【人物评价】

蔡确的手段不甚光明磊落，但放在政治官场上，却又都是顺理成章的举动，因此并不值得争议。正是在蔡确的独立支撑下，新法得以在当时继续维持了一段时间，因此他的政绩还是值得肯定的。

吕惠卿：力行变革多贡献，背师求荣少人心

【人物简介】

吕惠卿，字吉甫，号恩祖，生于 1032 年，卒于 1111 年，享年 70 岁，北宋仁宗时任相。

【人物生平】

吕惠卿于 1057 年考中进士，并在出任期满、回京述职之后，与名相王安石一见如故，从此引为至交。1069 年王安石推行新法时，便向宋神宗大力举荐吕惠卿，

因此吕惠卿受到重用，成为王安石的得力助手，两人更是情同师徒。

司马光眼见情势如此，便先后向宋神宗、王安石上疏、写信，表示吕惠卿外饰忠正、内坏奸宄，不是可用之人，但宋神宗与王安石都没有采纳。1074 年王安石饱受争议，吕惠卿为了防止失势，便极力鼓动同党上疏挽留王安石，又力劝神宗不以人而废法，客观上为新法的推行起到了促进作用，同时自己也开始掌握大权。

此后吕惠卿便在朝中大肆结党、安插亲信、排斥异己，王安石因此心中不满，但吕惠卿则更是翻脸无情，开始对王安石进行各种排挤。与此同时，吕惠卿也因过于贪婪，宋神宗对其不满。1082 年宋神宗打算以他镇守陕西，吕惠卿却一再推辞，宋神宗这才将他贬官。

1085 年宋哲宗即位，由于年幼而不能亲政，保守势力再次崛起。吕惠卿自知难以应付，于是主动请求出镇，但却依旧被接连弹劾、贬官。1094 年哲宗亲政后，吕惠卿一度还朝，但很快就连宋哲宗也对他十分不满，于是又下令将其出镇。

宋徽宗即位后，吕惠卿官场仕途几度起落，但由于自己之前的品行口碑不佳，历任宰相均有意排挤、疏远他，因此吕惠卿此后再没得到重用。1111 年吕惠卿死于地方任上，享年 70 岁。

【人物评价】

吕惠卿治政期间，不遗余力地维护新法，并在外任期间，几次取得对西夏作战的胜利，确实是身具公辅之才的宰相，但可惜的是立身不正、两面三刀，因此最终被官场中人视为禁忌而疏远，只能落魄受贬、远离庙堂。

司马光：只因执拗尽废新，偏颇不失老臣情

【人物简介】

司马光，字君实，号迂叟，生于 1019 年 11 月 17 日，卒于 1086 年 10 月 11 日，享年 68 岁，北宋哲宗时任相。

【人物生平】

司马光自幼就受到父亲的良好教育，并在 7 岁时，就以砸缸救友的故事而被众人所知。1038 年时，20 岁的司马光参加科考，一举考中进士甲科，从此便步入政坛，并在父亲病逝后，继续得到宰相庞籍的培养。

在自己为父守丧期间，司马光进一步了解了民间疾苦，并在这一时期发愤读书，形成了对国家政事的一些看法，因此守丧期满任官之后，很快就做出了政绩。1047 年王则起义，司马光又上疏提出应对方案，最终朝廷只用了 60 多天，便将起

义成功镇压。1051 年司马光因庞籍的举荐入朝，其间又与王安石等人结为好友。1054 年开始，司马光先后出镇地方，直到 4 年后才再次入朝。

宋英宗即位之后，司马光又多次上疏，反对朝廷铺张浪费、建议朝廷修政安民，并极力化解宋英宗与太后之间的矛盾，为北宋朝堂的稳固做出了许多贡献。神宗即位之后，司马光也依旧得到重用。但当时北宋积弊困弱，宋神宗又年富力强、锐意进取，于是便以王安石为宰相，推行新法。由于政见不和，司马光并未参与到新法当中，但在推行新法初期，司马光也并没有立即反对，甚至还替王安石这位故友说话。但随着新法的弊端日渐显露，王安石又颇为蛮横地排除自己的亲旧异己，司马光终于再也坐不住了。当宋神宗打算委以重任，希望借由他与王安石合力匡扶时弊时，司马光断然表示不能胜任，并主动请求出镇，不再过问政事，著名的《资治通鉴》一书也是在这一时期写成。

1085 年宋神宗驾崩，宋哲宗即位，由高太后垂帘听政，保守派势力终于得以崛起。司马光也因此得到起用，并将当时因反对新法而遭到贬谪的大臣，全数举荐入朝。这一时期司马光行事，已经失之偏颇，就连范纯仁等人劝他适当保留可用新法，司马光也坚决拒绝，甚至在生病后还担心新法没能完全废除，哭着表示"死不瞑目"。很快司马光就被拜为宰相，此后便利用自身权力，将所有的新法全数废弃。

1086 年司马光病逝，享年 68 岁，得到宋哲宗追赠、追谥，亲手书写"忠清粹德"碑文，当时的百姓也对此十分悲痛。但在接下来的几代皇帝时期，司马光却一再被贬。直到南宋建立之后，司马光才得以逐渐恢复最初的殊荣。

【人物评价】

司马光因坚决反对新法一事，而受到后世许多争议，客观来说，他的这种态度也确实不妥。但事实上，王安石的新法也确实有许多不当之处，因此对于司马光的反对立场，倒也不能一味地进行苛责。

章惇：以牙还牙报旧党，以硬碰硬怼邻邦

【人物简介】

章惇，字子厚，号大涤翁，生于 1035 年，卒于 1105 年，享年 71 岁，北宋哲宗时任相。

【人物生平】

章惇的父亲曾担任朝廷要职，章惇也自小就形貌英俊、气度不凡，同时又才学过人。1057 年章惇考中进士，却因族侄排名先于自己而不肯接受，两年后又考

中第一甲第五名，这才接受了朝廷任命。

1066 年章惇受到欧阳修的举荐，1069 年又被举荐给王安石变法一派的得力干将。在新法推行的过程中，章惇屡次担任要职，负责推行王安石提出的政策，其间也积极进言献策，提出许多建议，均得到宋神宗的采纳。

后来章惇又奉命督造军械武器，均因称职而得到宋神宗的赏识，1075 年王安石再次拜相后，章惇却因故被出镇。直到 1082 年，章惇才再次奉诏入朝，并被拜为副相。1085 年宋神宗病重，有人趁机打算拥立宋神宗之弟即位，章惇等大臣又贴身随侍在宋神宗身边，征得神宗的同意后，迎立了宋哲宗赵煦。

当时，哲宗年幼，由高太后临朝听政，司马光等守旧派因此得以起用，更将新法尽数废除，章惇因此多次与司马光等人据理力争，甚至在太后面前极力辩驳，因此太后十分不喜。1086 年守旧派再次围攻新党人士，本已出镇潮州的章惇因此再度被贬，直到 1093 年才再次被起用。

1094 年章惇正式拜相治政，大力恢复熙宁时期的新法，但同时也对守旧派大肆报复，甚至提出要将司马光等人掘墓鞭尸，但宋哲宗没有采纳。当时西夏屡次进犯，章惇对此采取强硬态度，表示一定要予以回击，西夏于是与辽结盟，以此胁迫宋朝就范。然而章惇对此依旧不予理睬，以至辽、宋两国差点爆发战争。所幸的是西夏最终选择了议和，这才免去一场生灵涂炭。

1100 年宋哲宗驾崩，章惇主张由宋神宗长子简王登基，太后则属意于端王赵佶，双方因此一再争执，最终太后坚持迎立端王，即宋徽宗。此后章惇数次被贬，1105 年又病逝于湖州，享年 71 岁。

【人物评价】

章惇在任相后大力恢复新法，军事上又击败西夏、攻灭吐蕃，接连取得重大胜利，对日后的天下形势影响深远。

吕公著：变革亦有可取，何必全盘皆废

【人物简介】

吕公著，字晦叔，生于 1018 年，卒于 1089 年 3 月 17 日，享年 72 岁，北宋哲宗时任相。

【人物生平】

吕公著是宰相吕夷简之子，从小勤勉好学，连吕夷简都为之惊讶，称其日后必为王公辅臣。考中进士之后，吕公著始终不愿做官，宋仁宗和欧阳修等人也都对他十分赏识。

宋英宗即位之后，吕公著等人围绕着宋英宗生父尊讳的问题引发争议，因此受到降职，吕公著当即请求外任。1067 年宋神宗因故解除司马光的职务，吕公著也因上书解救，而被免去知通进银台司一职。1070 年王安石推行新法，但吕公著因是守旧派而极力反对，为此遭到王安石的不满，并被宋神宗贬谪外任。直到宋神宗驾崩、宋哲宗即位、高太后临朝，才将司马光、吕公著等一大批守旧派再次召回。但与执拗的司马光不同，吕公著拜相之后，对于新法并没有采取全盘否定的做法，而是建议适当予以保留，可惜司马光并没有听从。此外，吕公著又提出畏天、爱民、修身、讲学、任贤、纳谏、薄敛、省刑、去奢、无逸十条建议，宋哲宗因此大为喜悦。

司马光死后吕公著独自掌政，依旧勤勉、宽仁，1088 年又正式请辞。次年吕公著病逝，享年 72 岁。高太后、宋哲宗为此深感哀痛，亲自登门吊唁，赠以金帛、官职、谥号，并亲手撰写"纯诚厚德"的碑文。

【人物评价】

在政治立场上，吕公著属于守旧势力，但比起顽固的司马光，吕公著也明显表现得更加理智客观一些，这样的气度才更不失宰相之风。

吕大防：忠直可立庙堂上，进呈善政诲君王

【人物简介】

吕大防，字微仲，生于 1027 年，卒于 1097 年，享年 71 岁，北宋哲宗时任相。

【人物生平】

吕大防 1049 年考中进士，又在永寿县当县令。当时永寿县没有井，百姓数次挖井失败，于是吕大防便依照古籍的方法，成功挖出一口井，解决了当地民生，这口井也被命名为"吕公泉"。

后来吕大防转任青城县，其间被重臣称赞为辅君之才，于是得以受荐入朝。等到宋仁宗驾崩、宋英宗即位之后，吕大防数次上疏陈述时弊，因此被贬出任，直到宋神宗即位后才受到重用。1088 年宣仁皇太后又以吕大防为相，与范纯仁共同主政。但由于自己屡次直言时弊，吕大防很快就触怒了许多朝臣，他们为了泄愤，便纷纷上书弹劾吕大防。吕大防也主动请辞相位，随后便被贬到安州。

宋哲宗曾打算继续重用吕大防，然而主政的章惇却深感恐惧，一再将吕大防贬谪，1097 年又贬至循州。同年吕大防死于途中，享年 71 岁，宋高宗时又得到追赠、追谥。

【人物评价】

吕大防任相期间，先后多次呈上典籍以供哲宗学习，使得宋哲宗深受裨益，

这些都是吕大防的杰出贡献。此外，吕大防政绩不甚显耀，但在任期间也始终奉公事君，因此得罪了许多权贵，由此可见其正直。

范纯仁：不以人而废政道，贤相源自好家风

【人物简介】

范纯仁，字尧夫，生于 1027 年 6 月，卒于 1101 年，享年 75 岁，北宋哲宗时任相。

【人物生平】

范纯仁为著名文人范仲淹次子，1049 年时便已考中进士。然而范纯仁却因远离父母、无法尽孝而不肯赴任，就此在家继续读书，直到父亲死后才出来做官。

等到宋哲宗即位后，范纯仁已经一路升迁，但却对王安石的新法不认同，于是又上书提醒宋哲宗多加注意，因此得到宋哲宗赏识。范纯仁虽然反对王安石，但却并非一味否定，甚至还在后来劝说司马光不要因人废事，但司马光因个人情绪而没能采纳。

范纯仁后来又出镇地方，每到一处皆以宽仁爱民而得到称赞，再度入朝后又被拜为宰相。得益于范仲淹早年的教导，范纯仁一生都乐善好施、节俭朴素，时人对此无不称道。

后来范纯仁因眼病而请辞，1101 年寿终正寝，享年 75 岁，死后得到追赠、追谥，以及"世济忠直之碑"的御赐碑文。

【人物评价】

范纯仁自幼受到范仲淹的良好教导，因此长大后才能不负父望，以勤俭、宽厚奉行终身，成为一名忠直之臣。

刘挚：不合时宜难有用，死后流芳名得称

【人物简介】

刘挚，字莘老，生于 1030 年，卒于 1098 年，享年 69 岁，北宋哲宗时任相。

【人物生平】

刘挚 10 岁时父母双亡，此后便搬到外祖父家，长大后一边读书、一边游学，1059 年又考中进士。同年刘挚出任南宫县令，很快就因政绩显著而位列河朔三令。

刘挚后来又得到韩琦的推荐而入朝，并受到王安石的重用。但刘挚后来却对王安石的新法保持反对意见，因此被宋神宗贬官。宋哲宗即位后又以刘挚为相，但刘挚却因与吕大防不和而被弹劾，相位也被免去。1093 年宋哲宗亲政后，仍旧

大力推行新法，刘挚因此再次被贬。1097 年刘挚被贬新州，次年去世，享年69 岁。

【人物评价】

刘挚虽有为官才能，却因政见不合时宜而不得其用，可说遗憾。但他死后，却因为人刚正而继续得到他人认可，因此后来才又被翻案并追谥。

苏颂：沉湎经籍做书蠹，天文地理囊心胸

【人物简介】

苏颂，字子容，生于 1020 年 12 月 10 日，卒于 1101 年 6 月 18 日，享年 82 岁，北宋哲宗时拜相。

【人物生平】

苏颂于 1042 年考中进士，随即在各地出任，后来又得到欧阳修的青睐。1053 年苏颂奉命整理古籍，后来又升任大理寺丞，但这一时期的工作依旧以整理书籍为主。

这一时期宋辽之间往来频繁，苏颂不仅奉命接待、迎送辽使，同时也负责出使事宜。苏颂趁机了解辽国的风土人情、制度法律、经济民生，后来又奉命编写了这段时期宋辽互通的书籍。

长期的整理、勘验生涯，使苏颂积累了庞大的知识。后来出镇地方，苏颂又以爱民善恤而受到称赞。宋哲宗即位之后，苏颂又被征召入朝，1092 年正式拜相。从宋哲宗时期开始，苏颂先后发明了水运仪象台、假天仪等天文学仪器，同时又编著了《嘉祐本草》《图经本草》等医药学名著。苏颂因此成为古代中国极负盛名的科学家，就连李约瑟也称他为"中国古代和中世纪最伟大的博物学家和科学家之一"。

后来苏颂上疏请辞，此后就留居京城，宋徽宗即位后又封他为赵郡公。1101 年苏颂病逝，享年 82 岁，死后宋徽宗罢朝两日并追赠，宋理宗时又为其追谥。

【人物评价】

苏颂并没有明显的政绩，但在天文学、医药学、文学等方面，却有着诸多宏伟建树，单凭这些他就足以彪炳史册。

许将：家乡状元头一榜，庙堂良相贤名扬

【人物简介】

许将，生于 1037 年，卒于 1111 年，享年 75 岁，北宋哲宗时任相。

【人物生平】

许将于 1063 年时考中状元，当时仅有 27 岁，更值得称道的是，他还是福州历史上第一名状元。入朝之后，许将很快就得到宋神宗的赏识，并大力推行各种革弊举措。后来辽国陈兵边境，许将又奉命出使应对，成功劝说辽国放弃入侵打算。

1083 年许将又对国家军事提出改革建议，受到朝野称赞，等到章惇拜相、大肆报复守旧派时，他又极力阻止章惇毁弃司马光等人坟墓。1102 年拜相之后，许将又先后收复河湟失地，立下赫赫大功，但很快又被弹劾罢免。1111 年许将病逝，享年 75 岁，死后得到追赠。

【人物评价】

许将虽是状元文士，但除了学问精深之外，更对庙堂、天下事有所掌握，因此先是不辱使命成功出使辽国，后来又在宋末衰败之时建立战功，因此才能先后得到宋神宗、宋哲宗的赏识，得以担任宰相。

曾布：前后不一为中立，得罪两方误史传

【人物简介】

曾布，字子宣，生于 1036 年 11 月 3 日，卒于 1107 年 8 月 21 日，享年 72 岁，北宋徽宗时任相。

【人物生平】

曾布即是"唐宋八大家"之一的曾巩之弟，因自幼丧父而与兄长相依为命，1058 年又与兄长一同考中进士。

1069 年曾布入京为官，提出许多与王安石意见相符的政见，因此深得神宗之心，很快就被委以重任。当王安石推行变法而遇到重重阻碍时，曾布又多次上疏为王安石辩护。然而 1074 年时，曾布又上疏批驳新法之弊，因此王安石气愤之下，便将曾布贬官。

直到 1086 年宋神宗驾崩、宋哲宗即位，太后反对新法，曾布这才得到起用。后来曾布又曾利用章惇大肆打击、陷害朝臣。等到宋哲宗病逝之后，曾布又不失时机地驳斥章惇，依附太后迎立宋徽宗，因此在宋徽宗即位后得以拜相。

当时另一名宰相韩忠彦为人善懦，但曾布依旧嫌其碍事，等到蔡京得宠之后，又极力与蔡京争权，甚至当朝引发争执，引来宋徽宗的不满。此后蔡京得势，曾布一再被贬，受尽波折。

1107 年曾布病逝，享年 71 岁，死后得到追赠、追谥。

【人物评价】

曾布是曾巩之弟，但由于自己对新法的态度前后不一，他在后世一直评价不高，更被一些书描述为奸臣。但不论真相究竟为何，曾布本人的学识和才干都是应当予以承认的。

韩忠彦：恩荫入官场，正直对庙堂

【人物简介】

韩忠彦，字师朴，生于 1038 年，卒于 1109 年 9 月 16 日，享年 72 岁，北宋徽宗时任相。

【人物生平】

韩忠彦是名相韩琦之子，因父亲之故而入仕后，很快就又考中进士，并先后在宋神宗、宋哲宗、宋徽宗三朝历仕。

宋神宗时期，韩忠彦一度出镇，并因父丧之故而解除官职，但随后就再次被起用；等到宋徽宗朝时，韩忠彦正式拜相。韩忠彦也嗜好读书，于是在父亲万籍堂的基础上，又增加 2000 多卷藏书，并以六库分别收藏，命名为"丛书堂"。

1009 年韩忠彦逝世，享年 72 岁，死后得到朝廷追谥，宋理宗时又被列入昭勋阁二十四功臣之一。

【人物评价】

韩忠彦虽以父荫入仕，但却并非无才之辈，而是一位敢于进谏的直臣，因此为后世所称赞。

蔡京：兴文教绝尘后世，逞奸邪不容当时

【人物简介】

蔡京，字元长，生于 1047 年 2 月 14 日，卒于 1126 年 8 月 11 日，享年 80 岁，北宋徽宗时任相。

【人物生平】

蔡京于 1070 年考中进士，此后在朝廷接连升迁，就连王安石也对他十分欣赏，称他与吕惠卿皆为相才。1085 年司马光拜相后，蔡京又坚决执行其恢复旧法的举措，因此又赢得了司马光的称赞。

1094 年蔡京再次入朝，此时朝中大事又由章惇掌握，蔡京于是当即表示要恢复新法，继续得到章惇的赏识。但他这种反复无常也被许多人看在眼里，视为奸诈狡猾。1100 年宋徽宗即位后，蔡京再次被弹劾而贬官杭州，但他却利用童贯在

此滞留的时间，不遗余力地巴结奉承，因此博得了童贯的好感。此后童贯经常将蔡京的书画带入宫中，以此迎合了宋徽宗的喜好，蔡京这才得以起用。

由于蔡京名声远扬，等他得势之后，人们都对他充满期待，而蔡京在治政时期，也确实做出了许多好事。这一时期北宋先后推行了救助贫困的居养院、治疗疾病的安济坊、埋葬遗体的漏泽园，将社会救济活动推向制度化，其规模甚至远超后世。同时蔡京又大力兴办学校，同时还设立医学、算学、书学、画学等专业院校，使北宋的文化教育事业极其兴盛、繁荣。

倘若只是如此，蔡京倒是称得上一代文士贤相，然而在做出这些政绩的同时，蔡京更有着贪婪、狡诈的一面。自从主政之后，蔡京就不遗余力打击守旧派，甚至提出要将司马光等人掘墓鞭尸，所幸宋徽宗没有应允。但司马光等人也都被刻碑留名，列入"奸党"行列，甚至他们子孙的仕途，也因此受到限制。朝中尽管有许多人提出反对意见，但却都被蔡京排挤打击、贬官流放，而蔡京的地位却越来越巩固。

即便自己已经权势滔天，跃居童贯之上，蔡京却依旧不满足，更在私下瞒着宋徽宗，想尽办法聚敛钱财。不仅如此，他还极力撺掇宋徽宗奢靡，提出丰亨豫大之说。当时宋徽宗想要使用一套玉器，却又担心谏官不满，蔡京当即表示辽国皇帝尚且使用，何必畏惧谏官多言。为了进一步聚敛钱财，蔡京又极力蛊惑宋徽宗，使其大兴花石纲，使得天下百姓饱受苦难，自己却趁机从中获利。蔡京还鼓动童贯、杨戬等人故意兴建屋宅，使得宋徽宗也大兴土木、修建宫殿，因此时人将他们称为"六贼"，蔡京即其中之首。

随着时间的推移，宋徽宗对蔡京的宠信也逐渐减少，1120年时又将其免官。1124年时蔡京凭借朱勔再次复位，但此时已老弱病疲难以理事，只能由儿子代劳。宋徽宗得知之后十分愤怒，便命令蔡京辞职。蔡京哭着感叹宋徽宗不能容己，却也无可奈何。

1126年金人南侵，蔡京当即想要逃离，因此又被贬到儋州。由于百姓的仇恨，蔡京虽然携带大量金银，却始终没人愿意卖东西给他，因此蔡京连连悲叹自己失去人心。同年蔡京在行至潭州时饿死。

【人物评价】

蔡京作为中国历史上屈指可数的书法名家，任相期间也有许多大兴文教的善政，按理说足以名垂青史，但他任相期间偏偏又有许多作奸犯科、残害忠良、欺君凌民的恶行，因此最终失去君民的人心，陷入孤立无助的绝境，结局虽然可怜，但也正见其可恨。

赵挺之：受荐佞臣不必谢，有彼无我君自决

【人物简介】

赵挺之，字正夫，生于 1040 年，卒于 1107 年，享年 68 岁，北宋徽宗时任相。

【人物生平】

赵挺之即是宋代著名文士赵明诚之父，也就是大名鼎鼎的女词人李清照的公公。1070 年赵挺之考中进士，随后便开始步入政坛。

赵挺之入朝之后，对新法十分推崇，甚至不遗余力地打击、排挤守旧派，1106 年又被蔡京举荐为相。但赵挺之一身凛然正气，不仅没有因此感激，与之同流合污，反而经常在宋徽宗面前痛陈蔡京之恶，甚至表示要辞官避开，以此促使宋徽宗将蔡京罢相。

一年之后，宋徽宗因为想要休战，而再次起用蔡京为相，赵挺之于是改任他职。不久之后赵挺之病逝，享年 68 岁，得到朝廷追赠、追谥。

【人物评价】

赵挺之因蔡京之故而得以官居宰辅，但却始终坚守正道，不肯同流合污，的确不失文士风骨与为臣大义。

何执中：依附不善行善政，逢迎恶事无恶名

【人物简介】

何执中，字伯通，生于 1044 年，卒于 1118 年，享年 74 岁，北宋徽宗时任相。

【人物生平】

何执中于 1073 年考中进士，彼时还是宋神宗年间。此后何执中一直在朝中任官，等到宋徽宗即位之后，宠臣蔡京显赫，何执中便也选择了依附于其。

投靠蔡京之后，何执中的官运更盛，只是为官期间多有逢迎帝意、矫饰太平的阿谀姿态，因此受到当时许多人的不满。1111 年在蔡京的举荐下，何执中也成为宰相。但这一时期何执中虽然依附蔡京，却也爱惜人才、警戒边防、推行变革，同时又大力倡导朝廷上下节约开支、爱惜民力，因此也做了许多有益之事。

1118 年何执中病逝，享年 74 岁，死后得到朝廷追封。

【人物评价】

何执中虽依附于蔡京而显贵，但任相期间颇有善政，因此倒也不能完全用"一丘之貉"来形容。

张商英：奸佞只知顺君意，何如吾辈镇庙堂

【人物简介】

张商英，字天觉，号无尽居士，生于 1043 年，卒于 1121 年，享年 79 岁，北宋徽宗时任相。

【人物生平】

张商英于 1065 年考中进士，最初在地方担任主簿官职，1071 年又入朝为官。其间张商英又因受到王安石举荐之故，而对守旧势力十分敌视，因此等到宋哲宗亲政之后，便极力对守旧派进行围攻。

宋徽宗即位后，张商英由于政见不合，数次直斥蔡京只知阿谀逢迎君主，蔡京因此再度罢相，但不久后张商英也被贬谪，直到后来由于深得人望，才得以被拜宰相，与蔡京共同治政。这一时期张商英大力革除积弊、倡导节俭，因此就连宋徽宗也对他有些忌惮。出于不满和记恨，蔡京一度将张商英贬谪，但最终却迫于人望而不得不将其复职。

1121 年张商英病逝，享年 79 岁，死后得到追赠、追谥。

【人物评价】

蔡京为相而天下共毁之，张商英任官却众望所归，两者的贤与不肖由此昭然可见。

余深：与奸同朝非奸党，以相事君有相为

【人物简介】

余深，字原仲，生年不详，卒于 1130 年，北宋徽宗时任相。

【人物生平】

余深于 1082 年考中进士，先后在朝中担任诸多要职。其间余深曾参与审理谋反案件，极力主张诛首恶而宽从属，后来又被拜为副相，但不久就奉命出镇。

1112 年蔡京再次拜相，余深因此前依附蔡京，也再次得到起用，1119 年余深正式拜相。为了避嫌，他特意奏请宋徽宗，不要录取考试高中的儿子，鉴于当时蔡京大兴花石纲，又上疏提出其中的扰民弊端，但却因此触怒宋徽宗而出镇。等到蔡京愈发被朝臣弹劾，余深又主动请求致仕，1130 年因病逝世。

【人物评价】

余深因依附蔡京而显赫，因此一直以来饱受诟病，但从其所作所为来看，却不失贤明正直，因此对于余深也不能一味否定，视其为蔡京奸党一流。

王黼：生而为权奸，改名亦如前

【人物简介】

王黼，原名王甫，字将明，生于 1079 年，卒于 1126 年，享年 48 岁，北宋徽宗时任相。

【人物生平】

王黼在宋徽宗年间考中进士，由于原名"王甫"与汉末十常侍之一相同，才被宋徽宗赐名改为王黼。但王黼虽然相貌、仪表俊朗，却又没有多少真才实学，并且为人圆滑善变，善于阿谀逢迎。当时宋徽宗曾对出镇的蔡京赐以礼物，王黼当即揣摩心意褒奖蔡京，使得蔡京得以再次拜相。

王黼将蔡京推上相位后，更打算驱逐提拔自己的何执中，以此使蔡京专权；但后来自己因与蔡京的政敌交好，蔡京反而又过河拆桥将其贬官。直到 1119 年，王黼才以通议大夫的身份，连跨八阶被宋徽宗拜为宰相，创下北宋之最。任相之后，王黼一方面废黜蔡京之前的种种苛政，以此沽名钓誉；另一方面又趁机中饱私囊，满足奢靡享乐欲望，还弹劾许多痛陈时弊的官员。

1120 年国内爆发方腊起义，王黼先是知情不报，等到童贯平叛后，又因忌妒而进谗言，童贯因此打算反击，王黼这才畏惧。后来王黼又极力主张联金伐辽，为此不惜厚待金使，反而致使金人对北宋的富庶愈发惦记。当时赵桓已被立为太子，而王黼却极力为郓王赵楷谋划，因此赵桓也对王黼十分厌恶。

1126 年宋钦宗即位，此前宋徽宗已对王黼产生不满，宋钦宗更是直接拒绝他的祝贺。金兵第一次南下之后，王黼当即带领家人逃跑，宋钦宗于是派人将其杀死。

【人物评价】

王黼虽然被改去名字，但其所作所为却与王甫同样，都归入奸猾狡诈一流，事后看来，这实在是一种充满讽刺意味的巧合。

张邦昌：伪帝岂敢受君礼，归政还朝生难期

【人物简介】

张邦昌，字子能，生于 1081 年，卒于 1127 年，享年 47 岁，北宋徽宗时任相。

【人物生平】

张邦昌在考中进士入仕之后，便选择了投靠奸相王黼，而王黼又是受蔡京举荐而得以显贵，因此张邦昌在政治阵营中，也就理所当然地归入了主和派。但在1126 年宋钦宗即位后，张邦昌却因王黼曾反对宋钦宗即位，而受到宋钦宗的打压，

后来宋钦宗又故意派他出使金国。

1127 年靖康之耻后，徽、钦二帝俱沦为俘虏，但当时金人无意占据领土，因此便选择了扶持傀儡政权，以便从中搜刮中原钱财，张邦昌自然就成了最佳人选。张邦昌自然知晓其中利害，坚决不肯答应，但金兵却以屠城作为胁迫，张邦昌只得无奈应允，伪楚政权得以建立。但张邦昌"登基"之后，始终不肯以皇帝自居，日常生活中更是力避天子礼仪，甚至徽、钦二帝被掳走时，他还身穿丧父哀哭送别。

等到金兵撤走之后，张邦昌当即冒着被秋后算账的风险，归政拥立康王即位，即宋高宗。宋高宗登基后，并没有当即将张邦昌处死，但当时的舆论压力却十分庞大。恰好此时，张邦昌又与宋徽宗的一名妃子有所瓜葛，于是宋高宗便下令将张邦昌赐死，其余伪政权的主要成员也趁机遭到清算。

【人物评价】

张邦昌历来被视为"卖国求荣"，但从其真实表现来看，这一称谓却未必恰当。在主战、主和都有所争议的情况下，张邦昌的举动倒也不失几分正直，但其中的是是非非，就真是难以说清了。

白时中：有志忠臣愿死战，无胆宰相唯求生

【人物简介】

白时中，字蒙亨，生年不详，卒于 1127 年，北宋钦宗时任相。

【人物生平】

白时中考中进士之后，最初在朝中任官，累迁至吏部侍郎，后来因故被贬出镇，但不久后又被起用。1116 年白时中官至尚书右丞。

1124 年白时中被宋徽宗拜为宰相，但他却凡事依附于蔡京，因此并没做出什么政绩。金兵开始入侵之后，白时中虽自知无才能抵御，却依旧对边境战事毫不以为意。及至宋钦宗即位，1127 年时，天下大势已然危急，李纲于是要求白时中主持大事，但白时中却十分畏惧。最终李纲表示自己愿意以死相报，得到宋钦宗的赏识，而白时中却因懦弱而被贬职，不久后就死去。

【人物评价】

白时中不仅无才能，更无风骨、胆魄，任相之后自然无可称道之处。

李邦彦：拜相本无真才，仁善原是假名

【人物简介】

李邦彦，又名李彦，字士美，自号"李浪子"，生年不详，卒于 1130 年，北

宋钦宗时任相。

【人物生平】

李邦彦最初凭借着父亲的银匠身份，大肆与进士交游并资助士子，因此获得声誉，1108 年又被宋徽宗赐予进士及第，得以入朝为官。李邦彦虽然精通文辞，但却又因出身乡间而为人鄙狭，但他自己却不以为意，反而自号"李浪子"，因此后来又被称为"浪子宰相"。

1121 年开始，李邦彦先后几次拜相，但却无所建树，只是一味阿谀逢迎；等到宋钦宗即位之后，李邦彦又极力主张求和，甚至在金军兵临城下时，都因为宋军炮手发炮而将其处死。因此朝中的正直之士和城中百姓无不愤恨，甚至拦住以他为首的投降派打算围殴。侥幸逃脱之后，李邦彦迫于压力主动请辞，同时却又举荐投降派之人接替自己。

1127 年李邦彦再次被贬，1130 年病死于桂林。

【人物评价】

李邦彦早年虽有乐善好施之举，但不过是沽名钓誉、为己谋私，等到身居庙堂之后就暴露本性，彻底展示出自己的卑劣面孔了。

徐处仁：才能不足拜相，临老痛失爱子

【人物简介】

徐处仁，字择之，生于 1062 年，卒于 1127 年，享年 66 岁，北宋钦宗时任相。

【人物生平】

徐处仁在宋神宗时就已考中进士，并担任永州东安县令。当时东安一带因蛮族入侵而屡受侵扰，徐处仁赴任之后，很快便以自己的坦荡打动蛮族，当地得以安宁。宋徽宗即位后，曾问他治下是否有盗贼，徐处仁坦诚还有，宋徽宗反而称赞他的诚实。

当时童贯打算采取强抑物价的措施，徐处仁认为这样反而会造成更多民弊，于是上疏表示反对，后来又提出节省开支、减少赋税的请求。宋钦宗即位后，于1126 年将徐处仁拜相，但徐处仁不通大政，因此并未做出政绩，于是又被免去相位。

后来金兵再次南下，此前徐处仁却认为金兵不会再来，而被许多人怀疑为奸细，其长子也被愤怒的百姓杀死。同年徐处仁病逝，享年 66 岁。

【人物评价】

徐处仁为人坦荡、爱民，任职地方时颇有政绩，但遗憾的是才干、眼光有限，不足以担当宰辅大任，因此才会卷入横祸，年老而饱经摧残。

唐恪：出任而行仁政，入朝而无善能

【人物简介】

唐恪，字钦叟，生年不详，卒于1127年，北宋钦宗时任相。

【人物生平】

唐恪早年丧父，凭借着父亲的恩荫入仕，最初时做出许多政绩。当时官府为了定案，胡乱指认无辜人为凶手；又有人犯法之后倚仗权势横行无忌，唐恪都据理力争，或是好言开导。调任沧州后，唐恪又不惜擅自调动军队抵御洪灾，事后却得到皇帝的褒奖。

1126年唐恪入朝，恰逢金兵南下，由于自己是主战派，唐恪便极力排挤主战势力，又被宋钦宗拜为宰相。唐恪先是允诺割让领土的请求，勒令各路勤王军撤回，后来又感到后悔，便极力蛊惑宋钦宗南迁。但宋钦宗最终没有采纳这一建议，并将唐恪罢相。

1127年靖康之耻后，金人扶持张邦昌建立伪政权，唐恪也被迫签名拥戴，但事后就服毒自杀。

【人物评价】

唐恪任职地方颇有政绩，但在国家大是大非面前却没有明悟与善断，因此接连做出错误决策。最后服药自杀的举动，也算是对自己名誉的最后一点挽回吧。

南宋

李纲：乱世扶危有壮志，帝王心术无容许

【人物简介】

李纲，字伯纪，号梁溪先生，生于1083年7月27日，卒于1140年2月5日，享年58岁，南宋高宗时任相。

【人物生平】

李纲于1112年考中进士，此前其父曾跟随宰相吕惠卿抗击西夏，因功先后担任龙图阁待制、安抚使等职位。1115年李纲因议论时弊而被贬官，1119年又因议论水灾而被徽宗贬谪。

1125年李纲被召入朝中，不久金人就南下发兵，宋廷一片恐慌。李纲鉴于情

势，便建议宋徽宗禅位于太子赵桓，以此笼络军民之心共同抗敌，宋徽宗于是应允。宋钦宗即位之后，一度因李纲坚决反对议和而将其贬官，但当时京城百姓却都十分愤怒，因此宋钦宗只好将其再次起用。在李纲的组织抵御下，金兵始终无法攻破开封，不得已只好接受宋廷的割地，就此撤军。

金兵刚一撤离，屈辱求和的宋廷便将其贬官，外放为宣抚使，同时却又剥夺其军权，李纲因此辞职却再度被贬。眼见宋廷如此气象，金人当即再度来攻，宋钦宗这才手忙脚乱想要起用李纲，但却远水救不了近火。等到赵构南渡，于 1127 年建立南宋政权后，李纲再次被征召为右宰相，但朝中的主和派依旧大肆诋毁，建议宋高宗不要对其委以重任。当时李纲尚在赶赴开封途中，得知建炎南渡的消息和委任后，又迅速赶往南京，并与南宋朝中非主和派再次展开争执。为了抵御金兵继续南下，收复北宋旧有河山，李纲一方面举荐宗泽、张所、傅亮等名将；另一方面又重整军事，组织防御和进攻。

然而宋高宗内心并不希望迎回徽、钦二帝，因此对于李纲的抵御主张可以接受，但却对其积极收复河山、坚决反对议和的做法十分忌讳。为了牵制李纲，宋高宗便改任李纲为左相，以主和派的黄潜善任右相，同时又将张所和傅亮等人故意罢官，以此打乱其战略计划。眼见朝廷如此做派，李纲只得黯然辞职，此时距离自己拜相，仅有 75 天。

同年李纲又因弹劾而丢官，此后接连被贬，一度贬到海南海口。当时李纲曾打算剃发出家，但方丈却称其"尘缘未了"，不久后朝廷果然又将其赦免，准许其自由定居。其间朝廷一度打算再次任用，李纲却坚辞不受，1140 年病逝，享年58 岁。

【人物评价】

李纲身处国家危亡之际，深得军民之心，并通过自己的军事才干有效抵御金人，可说是意气风发。然而李纲虽有军事才干，却参不透帝王权术，因此始终不得其用，自己收复河山的愿望也只能无奈落空。

黄潜善：欺君曾有大罪，未料再犯前科

【人物简介】

黄潜善，字茂和，生于1078 年，卒于1130 年 2 月 9 日，享年 53 岁，南宋高宗时任相。

【人物生平】

黄潜善于1100 年考中进士，就此在朝中任职，1119 年时官至左司农。当时陕西、河东爆发地震，当地地貌都因此改变，但黄潜善奉命巡察灾情返回后，却对

灾情绝口不提。后来又因罪而被贬出镇。

1126 年金兵南下，赵构设立元帅府，并以黄潜善为副元帅；次年南渡之后，又以黄潜善为中书侍郎。由于自己口碑不佳，时任宰相的李纲曾打算将其驱逐出朝堂，但右相吕好问鉴于正值用人之际，极力阻止李纲，后来李纲因积极主战、不肯议和，引起宋高宗的猜忌，宋高宗便以黄潜善为右相，以此制衡李纲。黄潜善上任后当即大力排斥异己，诛杀反对大臣，就连宋高宗也事后追悔。

1128 年金国再次兴兵，黄潜善等人却知情不报，最终宋高宗乘船仓皇出逃，司农卿黄锷也因同姓之故，而被愤怒的百姓误认为黄潜善打死。1129 年宋高宗抵达镇江之后，将黄潜善等人贬谪，但却坚决不肯将其处死。次年黄潜善病死，享年 53 岁。

【人物评价】

黄潜善早年仕宦，便已做出欺君恶行，但却仍旧不被宋高宗警惕，以至日后再次为祸国家，不仅荒谬绝伦，也令人愤慨、扼腕。

汪伯彦：救驾有功而显贵，任相无才亦失德

【人物简介】

汪伯彦，字廷俊，生于 1069 年，卒于 1141 年，享年 73 岁，南宋高宗时任相。

【人物生平】

汪伯彦于 1103 年考中进士，后来又在接受宋徽宗问政时得到赏识，因此不断升迁，宋钦宗时又主动献上陈述边防的策论。金兵南下、康王赵构奉命出使后，汪伯彦又亲自背着箭袋护卫赵构，从此就被视为心腹。

同年赵构设立大元帅府，以汪伯彦为副将，随后又接受汪伯彦的建议，从北城门渡过子河，其间汪伯彦始终竭力护送。当时金国提出议和，宗泽等人都认为这是缓兵之计，建议立即进攻，汪伯彦却竭力阻止。1127 年徽、钦二帝均被俘虏，赵构也于同年即位，汪伯彦的地位也愈发显贵。

因为汪伯彦赞同主和，宋高宗于 1129 年将其拜为宰相，但汪伯彦始终不能提出施政举措，因此招来一片骂声，最终宋高宗只得将其罢免。然而宋高宗始终惦念汪伯彦当年几番救护之功，于是后来又暗示臣下将其请召入朝。

1141 年汪伯彦病逝，享年 73 岁，宋高宗深感哀痛，不仅追赠追谥，又赏赐大量钱财。

【人物评价】

汪伯彦曾数次救护宋高宗有功，宋高宗也因这一份旧情而始终予以厚待，但就真实情况来看，汪伯彦却并非相才，相反还是一位佞臣。而宋高宗的这一举动

也就显得意气用事，于国家并不负责了。

朱胜非：临危入朝拜相，事君巩固新邦

【人物简介】

朱胜非，字藏一，生于1082年，卒于1144年12月24日，享年63岁，南宋高宗时任相。

【人物生平】

朱胜非于1103年考中进士，及至1126年时，已经成为应天府代理。当时恰好金兵南下，次年赵构建立南宋，于是朱胜非上疏陈述治国之道，并对宋高宗的一些错误做法提出批评，因此得到宋高宗的赏识。

1129年金兵继续南下，宋高宗因此仓皇出逃，朱胜非受命留守镇江。1131年江州沦陷，有人弹劾是朱胜非赴任迟缓所致，因此宋高宗将朱胜非贬官，次年才在吕颐浩的举荐下再次入朝，不久又拜为宰相。当时岳飞一心北伐，朱胜非对此也予以大力支持。后来由于天灾不断，朱胜非便上书请求罢相，等到秦桧主政之后，又干脆主动请辞，就此赋闲在家。

1144年朱胜非病逝，享年63岁，死后得到追谥。

【人物评价】

朱胜非于北宋覆亡、南宋初建时临危受命、入朝拜相，其间虽也有一些排斥异己的举动，但总体上是在为南宋的稳固尽力，因此应当予以认可。

吕颐浩：小瑕不掩大善，乱世幸有治臣

【人物简介】

吕颐浩，字元直，生于1071年，卒于1139年4月30日，享年69岁，南宋高宗时任相。

【人物生平】

吕颐浩于1094年考中进士，后来又跟随名将种师道出征燕京。1125年由于将领背叛，吕颐浩一度被金国掳走，后来才再次返回。

1127年宋高宗建立南宋后，吕颐浩被任命为扬州知州，1129年又在苗刘兵变中立下勤王之功，因此被拜为宰相，成为少数既掌政又掌兵的实权宰相。1130年吕颐浩上疏建议亲征，遭到弹劾后主动请辞，1131年又再次拜相，与秦桧一主外、一主内。这一时期吕颐浩殚精竭虑、辅佐宋高宗，但同时也因任人唯亲、排挤李纲，而受到时人的批评。

1133年吕颐浩罢相，改任他职，1139年因病逝世，享年69岁。死后得到追

赠、追谥，后又被列入昭勋阁。

【人物评价】

吕颐浩与朱胜非一样，都因任人唯亲、排挤李纲而被批评，但除此之外，又始终一心为南宋政权的巩固而奔走，大节上几无亏缺，称得上是乱世忠臣、安邦能臣。

杜充：因公一降山河改，何颜何胆再南来

【人物简介】

杜充，字公美，生年不详，卒于1141年，南宋高宗时任相。

【人物生平】

杜充最初因考中进士而入仕，官至沧州知府，但为人却残忍好杀，不辨是非。当时许多百姓都为躲避金国入侵而南逃，杜充为了防止混入内应，竟下令将治下所有涌进的百姓全数杀死。当时有人曾给他提建议却不被采纳，因此断定他难以担当大任。

1127年金兵南下，杜充开始时耀武扬威，等到金军兵临城下后却仓皇出逃，甚至还下令毁掉黄河大堤，以洪水来摆脱追兵。但这一举动却导致20多万百姓被淹死，其余死伤更是远远超出这个数字。原本最为富庶的两淮地区因此遭到毁灭性破坏。

1128年宗泽病逝，杜充侥幸得以接替，上任后立即更改之前的战略，使得北伐就此中断，许多士兵都因此沦为盗贼。次年杜充又勒令岳飞停止进兵，岳飞苦劝无果，杜充反而被认为抵御有功。因此被拜为宰相。当时金兵很快就继续南下，岳飞再次劝说杜充早做准备，但杜充却拒不采纳，等到兵败之后，又仓皇投降了金国。

杜充的投降直接导致了南宋疆域的变化，黄河以南从此不再为南宋占据，影响可说极其深远。杜充投靠金国后也依旧骄横跋扈，欺压下属，丝毫不以投敌为耻。1132年金国怀疑杜充私通南宋，将其严刑拷打，杜充则表示即便金国允许，自己也断然不敢南返，金国于是赦免了他。

杜充于1141年死去。

【人物评价】

杜充为人残忍而好大喜功，但却没有实际才能，因此就连一将功成万骨枯都做不到，反而以畏缩偷生、投敌叛国而遗臭万世，结局充满讽刺意味。

范宗尹：奉伪君而随新帝，有小过亦有善功

【人物简介】

范宗尹，字觉民，生于 1100 年，卒于 1136 年，享年 37 岁，南宋高宗时任相。

【人物生平】

范宗尹考中进士后，便一直在朝中任官，当时金国南侵并要求宋朝割让领土，范宗尹当即表示赞同，因此被谏官弹劾而罢官。张邦昌被胁迫登基后，又特意恢复其官职，并委任其前去劝说宋高宗登基。

1127 年宋高宗以李纲为相，范宗尹却表示李纲名不副实，功高震主，但宋高宗没有采纳。范宗尹因此贬职外任。等到吕颐浩罢相之后，范宗尹又接替其处理政务，并建议宋高宗根据实情，适当分封藩王以拱卫庙堂。宋高宗表示赞同并以他为相。

1131 年天生异象，好几名受范宗尹举荐的人也因犯罪下狱，范宗尹于是主动请辞。秦晖趁机进谗诋毁，宋高宗于是将范宗尹贬为温州知州。1136 年范宗尹病逝，享年 37 岁。

【人物评价】

范宗尹追随宋高宗之后，多有切中时弊的建议，只是为人不免偏私，因此口碑平平，没有大功但也没有重大过错。

张浚：有心愿复旧山河，不逢其时怅恨多

【人物简介】

张浚，字德远，号紫岩先生，生于 1097 年 8 月 11 日，卒于 1164 年 4 月 20 日，享年 68 岁，南宋高宗时任相。

【人物生平】

张浚为南宋抗金名将，早在年幼时就被视为大才，1118 年又考中进士。

靖康年间金兵南下，李纲等人奋力抗金，但其所任命的姚平仲却被击败，时任太常簿的张浚当即对李纲进行弹劾。等到宋高宗即位之后，张浚又转投南宋政权，并在宋高宗南逃时，弹劾韩世忠的部下逼死谏官，行为不法，因此端正了当时的纲纪，继续得到升迁。

宋高宗到达扬州之后，张浚又因直言上疏而得到提拔，其间大力劝谏宋高宗做好防御准备，但黄潜善、汪伯彦等人却不相信金兵还会南下。1129 年金人果然南侵，宋高宗又因苗刘兵变而退位，张浚当即整顿残军勤王，拥立宋高宗再次复位，随后又积极整顿军队，打算与金国相抗衡。

这一时期张浚镇守关陕，并举荐了大将吴玠。1131 年吴玠在大散关和尚原之战中，先后两次击败金兀术的部队，威名远扬，张浚也因此得到升任。1135 年张浚又被拜为宰相。1137 年刘光世兵败，张浚等人将其部队收编，却因委任不当而引发叛乱，张浚事后不得不主动请辞。

这一时期尽管对金作战取得胜利，宋高宗却始终不愿北伐，因此主和派逐渐占据上风，1139 年宋、金正式议和。由于张浚素来反对宋高宗、秦桧等人的立场，因此逐渐遭到排挤，直到 1155 年秦桧死后，才再次得到起用。但张浚入朝之后，却再次提出抗金的主张，因此引起主和派势力的不满，宋高宗也责备他"极为生事"，次年再次将他贬谪。

1161 年金兵再次南侵，宋高宗这才打算重用张浚；等到金人开始退兵后，宋高宗又打消了这一念头，过了 1 年多才将他起用。宋孝宗即位后，宋高宗依旧过问政事，主和派因此得以继续壮大，张浚只得于 1164 年无奈请辞。同年张浚病逝，享年 68 岁，死后得到追赠、追谥。

【人物评价】

张浚被许多人评价为志大才疏、有过无功，甚至更有人将他与迫害岳飞的张俊混为一谈，可说是饱受污蔑。综观张浚一生，其实并不乏北上伐金、恢复山河的壮志，但在当时的时代背景下，无论是他还是岳飞，都只能被主和派打压，难以实现自己的抱负。

赵鼎：丹心不移魂归去，壮气依旧留山河

【人物简介】

赵鼎，字元镇，号得全居士，生于 1085 年，卒于 1147 年，享年 63 岁，南宋高宗时任相。

【人物生平】

赵鼎于 1106 年时考中进士，曾直言驳斥当时的宰相章惇，后来得到举荐。靖康之耻后，许多大臣都署名表示拥立张邦昌，唯有赵鼎等几人逃离京城表示抗议。

赵鼎在政治立场上偏向保守，因此在宋高宗即位后，当即批判王安石、蔡京等人的新政，宋高宗于是采纳建议，将王安石配享的殊荣免去。由于当时兵事荒乱，南宋士兵法纪败坏，名将刘光世的部将竟将韩世忠麾下杀死，韩世忠也做出许多不法之事。因此赵鼎极力劝说，要求惩治刘光世部将以及韩世忠，因此被宋高宗比为宋肃宗时宰相李勉，又将他破格提升。

由于自己不赞成立即出兵，宰相吕颐浩便将赵鼎贬职，赵鼎因此上疏陈述吕颐浩过失，宋高宗下令将其贬谪，同时赵鼎又劝说宋高宗做好防备，不要一味寄

望于和平。在赵鼎的举荐和支持下，岳飞成功收复襄阳，1134 年又被拜为宰相。

　　当时南宋战事频频，赵鼎一方面积极鼓励宋高宗亲征，以此激发士气；同时又洞察时局，维护宋高宗不致以身犯险，因此被大臣称道。但由于赵鼎始终坚持主战立场，又在一些政事上抵触宋高宗，宋高宗心中逐渐产生不满。秦桧趁此时机大肆进谗，终于将赵鼎的相位夺走，后来又将他贬到吉阳。赵鼎对此不以为意，只是写下"白首何归，怅余生之无几；丹心未泯，誓九死以不移"的句子，秦桧也因他的倔强而不快。

　　当时赵鼎生活困顿，但秦桧依旧对其严加监督，赵鼎心知秦桧有必杀之意，于是便绝食而死，享年 63 岁，死前又写下"身骑箕尾归天上，气作山河壮本朝"的名句。宋孝宗即位后，又对赵盾追赠、追封。

　　【人物评价】

　　赵鼎仕宦一生，所思所虑、所作所为无不以国家为先、为重，真正做到了他所说的丹心不移、壮大本朝。遗憾的是由于一时失察，他没能察觉到秦桧的奸恶，以致秦桧得势、自身被贬，没能继续报效国家。

秦桧：早知风波忠魂恨，未若水田赐躬耕

　　【人物简介】

　　秦桧，字会之，生于 1090 年，卒于 1155 年，享年 66 岁，中国历史上著名奸臣，南宋高宗时任相。

　　【人物生平】

　　秦桧的父亲曾做过县令小官，秦桧早年也以私塾教读为生，因此生活相对贫困，以至曾有"若得水田三百亩，这番不做獭狲王"的愤慨。1115 年秦桧成功考中进士，就此入仕为官。

　　当时正值北宋末年，金国数度南下，然而与后来的表现不同的是，此时的秦桧意气激扬、态度豪迈，曾多次上疏表示抗金立场，并提出许多具体的应对方案，但宋钦宗并没有予以采纳。当宋徽宗委任他跟随张邦昌出使时，他又认为割地求和是一种侮辱，因此几番推辞。事后又坚决反对割地和议。

　　1126 年金国俘虏宋钦宗、拥立张邦昌，秦桧等人主动请求改立赵氏宗室子弟，次年又与徽、钦二帝一同被带往金国。当时张叔夜等人都不肯屈服，秦桧却在此时改变立场，逢迎金国君臣，因此得到优待。秦桧又积极为金国招降北宋旧部，但却被坚决拒绝。

　　1130 年秦桧回归南宋，并声称自己是杀了监视者出逃，虽然没有多少人相信，但秦桧依旧得到起用，次年又被任命为参知政事。当时宋高宗曾反对宰相范宗尹

的主张，原本持支持态度的秦桧也当即转变口风，并在范宗尹被排挤罢相后，鼓吹自己有耸动天下的平定计策，但却没有宰相实行，因此被宋高宗拜为右相。秦桧又极力排挤另一宰相吕颐浩，从此独揽大权。

此后秦桧在庙堂上结党营私、排斥异己，但却始终没能提出当时所谓的计策，宋高宗因此将他罢相，并表示"不再复用"。然而1135年宋金议和之后，宋高宗很快就再次将秦桧提拔，及至1137年时已经仅次于张浚。然而秦桧对此依旧感到不满足，又处处利用张浚暗中图谋，打击主战派的势力，最终迫使张浚引咎辞职。

赵鼎接替张浚为相后，秦桧又把苗头对准了他，赵鼎很快也被宋高宗罢黜。秦桧于1138年再度任相，并积极为宋高宗的议和大计奔走。次年和议订立之后，秦桧又将上疏反对的大臣纷纷贬谪。次年金国背盟，秦桧虽然表示要抗金，但在私下又排挤主战的赵鼎等人，很快就又坦陈自己的主和观点。1141年秦桧又将名将岳飞害死于风波亭，留下千古骂名。

1142年宋金再度议和，秦桧的地位愈发巩固，此后便更加肆无忌惮地迫害异己，并且大兴文字狱，动辄因片言只语就将他人抓捕下狱。不仅如此，秦桧又对理学进行严厉打击。

1150年秦桧病重，但却依旧没有停止自己构陷忠良、迫害无辜的行动，直到1155年病逝，时年66岁，一代奸相终于结束了自己天怒人怨的一生。

【人物评价】

秦桧因主张议和、迫害岳飞而恶名昭著、遗臭千年。尽管他的种种举措或许在一定程度上"保全"了新兴的南宋政权，但他在任相期间的种种恶行，永远都无法洗清。

万俟卨：构陷忠良莫须有，得势忘义逞奸谋

【人物简介】

万俟卨，字元忠，或字元中，生于1083年，卒于1157年，享年75岁，南宋高宗时任相。

【人物生平】

万俟卨于1112年中举，历任诸多官职等到南宋建立之后，又因躲避战乱而逃亡到沅州一带。当时万俟卨受命主持沅州事务，凭借自己的才能成功抵御盗贼，因此受到赏识和任用。但由于自己品行不佳，岳飞对他十分厌恶，双方就此结下仇恨。

后来万俟卨又投靠秦桧，为其出谋划策抑制武官，并与张俊等人一同合谋，以"莫须有"的罪名将岳飞害死。那些为岳飞喊冤的大臣也纷纷被贬谪、迫害。

当时为了谋取权位，万俟卨凡事都依附于秦桧，1142 年又构陷宰相张浚，使其差点被宋高宗问罪。

1142 年万俟卨奉命出使金国，归国后地位逐渐提升，从此摆脱秦桧掌控，两人因此交恶。由于势力有限，万俟卨最初夺权失败被贬，1155 年秦桧病死后，又再次被召入朝中并拜相。张浚上疏表示反对，万俟卨于是又将其贬谪。万俟卨延续秦桧的投降路线，因此遭到唾骂，直到 1157 年病死，享年 75 岁，死后得到追谥。

【人物评价】

岳飞曾因万俟卨人品卑劣而对其不满，事后证明岳飞的确没有看错。万俟卨最初依附秦桧而得势，之后又过河拆桥与秦桧相争，这正是小人喻于利的生动体现。

汤思退：善饰蒙君宠，畏进与名同

【人物简介】

汤思退，字进之，号湘水，生于 1117 年，卒于 1164 年，享年 48 岁，南宋高宗时任相。

【人物生平】

汤思退于 1145 年考中进士，后来又在殿试中考中博学鸿词科第一名，就此在朝中任职。当时秦桧专权，汤思退果断选择了投靠依附，等到秦桧死时，更被视为嘱托之人。为了避嫌，汤思退没有接受秦桧的馈赠，因此宋高宗没有将其视为秦桧同党，对其依旧信任。

1157 年汤思退任右相，两年后又升任左相。当时国内都希望秦桧死后，继任者能够以强硬态度对待战事，但汤思退因是秦桧旧部，而继续奉行求和避战的政策，因此国内人心失望。早在拜相之前，汤思退就曾排挤张浚，1163 年张浚战败之后，汤思退又抓住宋孝宗动摇的机会，大肆攻击主战派，宋、金于是再次议和。

同年金国再次南侵，南宋因此节节败退，汤思退也因此受到指责，被弹劾免去相位。次年汤思退又听说有人联名上书，请求将自己处死，很快就因忧惧而死，享年 48 岁。

【人物评价】

汤思退名唤"思退"，所奉行的对外政策也正如其名，丝毫没有进取、奋勇的姿态，但却不免辜负了自己的字，难免令人耻笑、摇头。

陈康伯：国危不重生死，唯以奋勇相争

【人物简介】

陈康伯，字长卿，一字安侯，生于 1097 年，卒于 1165 年 4 月 10 日，享年 69 岁，南宋高宗时任相。

【人物生平】

陈康伯在 1121 年考中进士，此后历任诸多官职，南宋建立后依旧得到重用。尽管自己与秦桧熟识，陈康伯却从未依从、附和，甚至多次仗义执言、救助受谗的大臣，表现出一派清流风范。

当时南宋与金国议和，多年不曾爆发战事，但等到海陵王完颜亮登基后，两国的关系再度恶化。当时陈康伯一方面上疏提出对策，一方面又积极调兵遣将。当宋军因畏惧而战败后，宋高宗再次打算逃离，陈康伯因此数次阻止，甚至不惜烧掉诏书表示强烈反对，终于迫使宋高宗"御驾亲征"。宋高宗的这一举动极大鼓舞了将士民兵，恰好此时金国又因内乱而撤军，南宋这才得以成功解围。

1162 年宋高宗禅位于宋孝宗，陈康伯继续得到宋孝宗的尊敬、礼遇。最初时宋孝宗决意北伐，也取得了一定效果，但最终宋军还是战败，再加上宋高宗的干预，主和派再次得势，陈康伯只得选择请辞。后来金兵再次南下，宋孝宗又打算起用陈康伯，他的亲友纷纷劝阻，陈康伯却断然表示国家危难，不能辜负君恩。可惜的是这次战争最终还是以南宋战败、两国议和结束。

1165 年陈康伯在退朝回家的途中病逝，享年 69 岁，宋孝宗为其追赠、追谥，又亲手书写"旌忠显得之碑"的碑文。

【人物评价】

早年宋高宗就曾夸奖陈康伯是"真宰相"，宋孝宗也将他比作东晋谢安，虽然有溢美之嫌，但也充分体现了陈康伯在当时朝中的巨大作用。尤其是他轻个人生死、重国家安危的凛然之气，更是值得视为楷模。

朱倬：入朝不谀君与臣，此心一念唯清平

【人物简介】

朱倬，字汉章，生于 1086 年，卒于 1163 年，享年 78 岁，南宋高宗时任相。

【人物生平】

朱倬于 1123 年考中进士，在北宋、南宋朝中都担任要职，后来却因抵触秦桧而数度被贬。出镇地方期间，朱倬多次做出政绩，绍兴年间又再次入朝。

入朝之后，朱倬多次针对时弊提出建议，1160 年又上疏请立太子，次年又被

拜为宰相。当时完颜亮再度南侵，朱倬又提出三种策略，因此得到宋高宗赏识。然而朱倬虽然曾请立太子，却又反对宋高宗禅位，因此于 1162 年又辞去相位。宋孝宗登基后得知此事，也对他十分不喜，于是又将他降职。

1163 年朱倬病逝，享年 78 岁，宋孝宗此时也感到后悔，于是为其追复原职，追赠追谥并隆重安葬。

【人物评价】

朱倬任官期间，多次与秦桧等奸臣抗争，同时又积极举荐贤才、率兵抵御金国，立下许多功劳，是一位值得称颂的良相。

叶颙：外任常保勤治，富贵不改廉洁

【人物简介】

叶颙，字子昂，生于 1100 年，卒于 1167 年，享年 68 岁，南宋高宗时任相。

【人物生平】

叶颙于 1132 年考中进士，任职地方期间又留下清廉的美名，因此得到征召。入朝之后，叶颙痛陈收复北地的期望，并表示中原百姓无不翘首盼望宋高宗，宋高宗因此也十分喜悦。

后来叶颙又被拜为宰相，大力向宋高宗推荐贤才，这些人后来都被提拔。在任期间，叶颙始终不改清廉本分，日常衣食也与贫困时一般无二。1167 年叶颙上缴印绶请辞，并在回家途中病逝，享年 68 岁，并得到朝廷的追赠、追谥。

【人物评价】

叶颙贫而能守淡泊，贵而不失节俭廉明，可以说是表里如一，做到了一以贯之的境界。

史浩：避战只因时势，主守非是欲降

【人物简介】

史浩，字直翁，号真隐，生于 1106 年 10 月 4 日，卒于 1194 年 4 月 27 日，享年 89 岁，南宋孝宗时任相。

【人物生平】

史浩为人自幼好学，同时又爱护家人。一次他与弟弟乘牛车出行，牛因发狂而奔驰不休，史浩尽管吓得涕泪俱出，还是高呼路人先救弟弟，因此受到乡民称赞。

19 岁时史浩的父亲去世，史浩从此辛勤持家，1144 年又中举入仕。偶尔做出政绩之后，史浩都以本分为由拒绝邀功。入朝之后，史浩因理解宋高宗的政策而得到赏识，孝宗即位后又四处奔走，为岳飞父子平反，并积极联络中原豪杰，为北伐做准备。1163 年史浩正式拜相。

史浩虽然从不依附秦桧，但却认为当时的南宋不宜立即出兵，因此先是劝说宋孝宗放弃陕西，后来又与陈康伯共同主张防御为先。后来张浚果然战败，史浩的担心最终还是应验。后来史浩一度罢相，1178 年才再次官复原职。

1183 年史浩请求致仕，从此赋闲在家，1194 年病逝，享年 89 岁，死后得到追谥、追封，后来宋宁宗又亲手书写"纯诚厚德元老之碑"碑文。

【人物评价】

史浩虽然并不主张积极出战，但却不能就此将其归入投降派，因为他始终不曾参与迫害主战派，坚持防守也只是出于对当时情势的洞察和担忧。

洪适：北望中原非一日，奈何时势不与成

【人物简介】

洪适（kuò），原名洪造，字景伯，又字温伯、景温，号盘州，生于 1117 年，卒于 1184 年，享年 68 岁，南宋孝宗时任相。

【人物生平】

洪适自幼聪颖好学，少年老成，13 岁时就负责主持家中事务。当时中原因金国南侵而兵荒马乱，年幼的洪适却镇定自若指挥全家成功逃离了金兵的铁蹄。

1142 年洪适与弟弟一同考中进士，宋高宗因此亲自接见并赞不绝口。入仕赴任之后，洪适当即竭力解决因秦桧党人构陷而制造的大量冤狱，此后又接连改任地方，并都做出许多政绩。

在 1161 年抗击金国的采石矶大捷中，洪适积极调度官员、百姓，为宋军的后勤工作做出重要贡献，因此得到提拔。洪适眼见当时金国内乱，又上书提议趁机兴兵，但南宋朝廷为了巩固自身政权，没有采纳这一建议。宋孝宗即位后，洪适继续为北伐而积极奔走、筹谋，1165 年又被拜为宰相。但由于当时主和派得势，洪适也无法实现自己的抱负，因此又黯然辞去官职。

1184 年洪适病逝，享年 68 岁，死后得到朝廷追谥。

【人物评价】

洪适虽然文士出身，壮怀激烈却堪比北望河山的名将岳飞，一腔热血忠义难能可贵。

魏杞：出敌国不辱使命，入庙堂享尽殊荣

【人物简介】

魏杞，字南夫，又字道弼，生于 1121 年，卒于 1184 年，享年 64 岁，南宋孝

宗时任相。

【人物生平】

魏杞最初因祖上恩荫而入仕，1142 年又考中进士。在任职地方期间，魏杞留下善政的名声，因此得以入朝为官。

1163 年魏杞曾奉命出使金国，次年金国再次兴兵，魏杞二度入金。金国趁机提出观看国书、割让领土、增加岁币的要求，魏杞都予以坚决拒绝。1165 年金国又因南宋不称臣而大怒，甚至将魏杞禁食，魏杞依旧据理力争，最终使金国改变态度。

隆兴和议签订后，魏杞返国并被宋孝宗拜为宰相，但仅仅一年后又改任他职。1184 年魏杞病逝，享年 64 岁，死后得到追赠、追谥。

【人物评价】

魏杞虽为一介文士，却先后数次出使敌国，并在交流沟通的过程中不卑不亢，据理力争，不仅不辱身份使命，更展现出了文士的凛然风骨。

陈俊卿：勤于公事远宴乐，身死大儒亦哀歌

【人物简介】

陈俊卿，字应求，生于 1113 年，卒于 1186 年 8 月 8 日，享年 74 岁，南宋孝宗时任相。

【人物生平】

陈俊卿于 1138 年考中进士，并高中榜眼，入仕后始终勤于公事，未尝有一日懈怠。有一次军中失火，当时官员都在宴乐，陈俊卿为了避免上司问责，便主动独自道歉，因此得到同僚的敬爱。

由于自己不肯依附，秦桧对陈俊卿十分厌恶，任期满后又将其调任他地，直到秦桧死后才又将他召回。当时金国野心勃勃，陈俊卿上疏之后，又亲自入宫面见宋高宗，终于将张浚重新任用。等完颜亮兴兵南下之后，陈俊卿又负责整顿水军，宋军因此取得了重大胜利。

1162 年宋孝宗即位，陈俊卿当即提出治国政策，1163 年又升任礼部侍郎。由于张浚兵败，陈俊卿主动请求降罪，直到 1165 年才因金国兴兵而入朝。当时宋孝宗喜好玩乐，陈俊卿又上疏劝谏，宋孝宗因此醒悟并十分欣慰。1168 年陈俊卿正式拜相。

由于自己行事公允，陈俊卿后来又得罪了许多权贵，因此宋孝宗也逐渐疏远了他，1170 年陈俊卿主动请辞，到福州任职。陈俊卿在当地做出许多德政，等到回家之后，自己的住宅反而毁坏，陈俊卿却丝毫不以为意。1181 年陈俊卿以老致

仕，并在 5 年后死去，享年 74 岁。尽管生前曾嘱咐子孙不要向朝廷请恩请谥，宋孝宗依旧特别为其追赠、追谥。

【人物评价】

陈俊卿任官期间礼贤下士，不遗余力为国举贤，因此在当时享有极高的声誉。正因如此，一代大儒朱熹也对他十分敬重，由此可见其人格魅力。

虞允文：临河一战破十万，敌酋丧命边境安

【人物简介】

虞允文，字彬父，一作彬甫，生于 1110 年，卒于 1174 年 7 月 18 日，享年 65 岁，南宋孝宗时任相。

【人物生平】

虞允文早年聪慧，又因父亲的缘故入仕，但却为了尽孝而 7 年拒不肯调任。1154 年虞允文考中进士，却因秦桧之故而不得起用，直到秦桧死后才被举荐入朝。

1161 年完颜亮挥师南下，并由采石矶渡江，当地宋军因主帅未至而心中惶恐，乱作一团。当时虞允文受命都督江淮军务，便主动出面安抚、鼓励士兵，最终以少胜多，以 1 万多人大败 15 万金兵，赢得了著名的采石矶大捷。随后完颜亮又在扬州战败，由此导致内部矛盾激化，完颜亮也在哗变中被杀。

次年虞允文又积极准备北伐事宜，并在出兵后一度取得胜利，但由于朝中主和派的干预，南宋没有继续挥师，1165 年虞允文又入朝为副相，1167 年正式拜相。这一时期虞允文积极举荐，同时更加竭尽所能谋划北伐，终于积劳成疾，于1174 年病逝，享年 65 岁。3 年后又得到追赠、追谥。

【人物评价】

虞允文作为一介书生，却能在临危之际挺身而出，可见其胆魄；以区区 1 万多人击败 15 万气势汹汹的金兵，又可见其杰出军事才干。有人因此称赞虞允文为"千古一人"，至少就战绩而言，这一评价并不为过。

梁克家：谨慎不重征伐，偏安亦可为家

【人物简介】

梁克家，字叔子，生于 1127 年 3 月 17 日，卒于 1187 年 7 月 24 日，享年 61 岁，南宋孝宗时任相。

【人物生平】

梁克家最初时在泉州学宫学习，后来又四处游历，并与著名的大儒朱熹结为好友。1160 年梁克家又在廷试中高中榜首，并在采石矶大捷之后，写信劝陈俊卿

注意留心己方士卒，不要一味贪功冒进，因此被陈俊卿称赞。

后来梁克家先后入朝担任中书舍人、给事中等职，1172 年又拜为宰相。然而由于自己主和的缘故，主战的虞允文始终不能统一意见，进行北伐，因此最终抑郁带病而终。1187 年梁克家也病逝，享年 61 岁，死后得到朝廷追赠、追谥。

【人物评价】

梁克家为人稳重、脚踏实地，同时又尽心国事，可谓是忠正之臣；但在当时的背景下，他的过于稳重也在很大程度上影响到了南宋的北伐大业。

叶衡：惠民不避清算，举荐反遭进谗

【人物简介】

叶衡，字梦锡，生于 1114 年，卒于 1175 年，享年 62 岁，南宋孝宗时任相。

【人物生平】

叶衡于 1148 年考中进士，最初时担任地方县令，在任期间政绩考核排名第一，因此得到提拔。升官之后，当地恰好又暴发洪灾，叶衡于是不顾劝阻，打开粮仓赈济灾民，并率领医生四处救治，因此挽救了很多人的性命，后来他又建议朝廷招募百姓、赐予土地，免除初年赋税进行耕种，极力推行惠民政策。

1170 年叶衡入朝，6 年后担任副相，后又正式拜相。叶衡对内推行纸币，以此稳定市场流通；对外又极力主张对金用兵。后来叶衡举荐汤邦彦出使金国，汤邦彦却误以为叶衡排挤自己，于是在宋孝宗面前进谗，因此将叶衡贬官。直到汤邦彦出使不顺、遭到贬谪后，叶衡才再次被起用。1175 年叶衡病逝，享年 62 岁，死后得到朝廷追赠。

【人物评价】

叶衡为官一任而造福一方，哪怕因此冒着被问罪的风险，也丝毫不改变心意，单是这份磊落仁善，便足以值得称道。

赵雄：入朝堂敢谏天子，出敌国不畏直言

【人物简介】

赵雄，字温叔，生于 1128 年，卒于 1193 年，享年 56 岁，南宋孝宗时任相。

【人物生平】

赵雄在 1163 年的乡试中高中解元，因此得到宰相虞允文的赏识，得以入仕为官。1169 年是赵雄入宫面圣应答，再次得到宋孝宗的赏识并留朝为官。

次年赵雄奉命接待金国使者，其间巧妙问出金国的意图，因此被孝宗提拔，后来又两次亲自前往金国，与金国君臣据理力争，凛然不失风范。任相之后，赵

雄多次上疏劝宋孝宗体恤百姓、整治河道、正视朱熹，但却因与另一宰相王淮政见不合，而逐渐被宋孝宗疏远、罢免。出镇江陵后，赵雄为了防备战事，又修建了 21 里城防以安抚百姓。

1193 年赵雄病逝，享年 56 岁，死后得到追赠、追谥。

【人物评价】

赵雄不仅敢于直谏君王，更敢于深入敌国而与其君臣据理力争，这才算是真正的风骨凛然，而非沽名钓誉一流。

王淮：备战不求主战，偏安亦非偷安

【人物简介】

王淮，字季海，生于 1126 年，卒于 1189 年，享年 64 岁，南宋孝宗时任相。

【人物生平】

1145 年时王淮考中进士，入仕后不断得到升迁。早在宋高宗时期，王淮就曾弹劾宰相汤思退，并提出加强皇权的种种建议；等到宋孝宗即位、张浚兵败后，王淮又积极建议宋孝宗继续备战。

1177 年王淮任副相，1181 年担任右相，次年又升任左相。主政之后，王淮先后举荐了李焘、朱熹、吕祖谦、辛弃疾、陆游等诸多名士，同时又推行种种惠民政策。不仅如此，王淮还对当时一味求和的政策提出了批评。

然而王淮本人虽然建议宋孝宗备战，但却仅仅是为了做好防备，本身其实并没有北伐金国、恢复河山的想法，因此还与右相赵雄的意见相抵触。

1189 年王淮病逝，享年 64 岁，死后得到追赠、追谥。

【人物评价】

王淮虽然不是坚定的主战派，但比起一味求和偏安的人，却要多出好几份明智，因此才有建议宋孝宗备战之举；而为国举贤的举动，也在一定程度上体现了他的高风亮节。

周必大：写文书生懒争辩，一吼君王亦惊撼

【人物简介】

周必大，字子充，一字洪道，自号平园老叟，生于 1126 年 8 月 15 日，卒于 1204 年 10 月 25 日，享年 79 岁，南宋孝宗时任相。

【人物生平】

周必大的祖父和父亲都曾在北宋任官，1151 年时周必大又考中进士。入仕之后，周必大因文辞优美，逐渐得到高宗的赏识，后来又官至监察御史。

宋孝宗即位后，周必大成为孝宗的近臣，趁机提出恤民主张，并针对时弊痛陈利害。一次他认为宋孝宗的任用不妥，便据理力争要求宋孝宗收回成命，就连宋孝宗都因为他的犟脾气而惊异。此后每逢宋孝宗有不当举措，周必大都会据理力争、绝不妥协，同时又屡次提出恰当的建议。1187 年周必大担任右相。

次年周必大趁着为宋高宗出殡的机会，主动向宋孝宗请辞，但宋孝宗没有应允，1189 年又拜周必大为左相。宋光宗即位之后，素来为周必大所器重的何澹，竟因多年不能升官而迁怒周必大，于是弹劾构陷将周必大罢相。宋宁宗即位之后，周必大继续提出诸多治国要点。

1204 年周必大病逝，享年 79 岁，宋宁宗惊愕悲恸之余，又为其追赠、追谥，并手书"忠文耆德之碑"碑文。

【人物评价】

周必大文辞优美，生性谨慎，难免被认为敦厚老成之辈，可一旦朝中任事不妥，他却又展现出刚正不阿、绝不妥协的倔强、执拗，因此就连皇帝都对此大感意外。但在他的执拗背后，却满怀对国家大事的忧心，所以才会得到几代君主的青睐。

留正：三朝勤勉无偏袒，一身清正不辱名

【人物简介】

留正，字仲至，生于 1129 年，卒于 1206 年，享年 78 岁，南宋孝宗时任相。

【人物生平】

留正于 1143 年考中进士，入仕后又得到宰相虞允文的赏识，因此受荐入朝。在接受宋孝宗召对时，留正又直言指出当时南宋重文轻武、名节不彰的弊端，因此得到宋孝宗的赏识，在朝中不断得到升迁。

当时羌人滋扰边境，带来许多困扰，留正又私下授予将领们方法，很快就平定了羌乱。留正曾一度出镇蜀地，归来时仅携带有几筐书籍，因此时人都对他的清廉十分钦佩。1187 年留正受任为参知政事，不久后又拜为右相。宋孝宗甚至当着宋光宗的面，表示留正为人诚信，是可以信赖之人。

1131 年留正升任左相，治政公允不行偏私，同时又积极建议朝廷立储，以此安定人心。此外留正又不避风险，屡次直言进谏。由于自己为人刚正，宋宁宗朝时留正也受到报复、弹劾，因此致仕赋闲在家。

1206 年留正病逝，享年 78 岁，死后得到朝廷追赠、追封。

【人物评价】

留正人如其名，一身留有满腔正气，即便处于风波险恶的官场也丝毫不动摇、

不同污，真可谓"一代贤相"。宋孝宗曾褒奖留正是"真宰相也"，这一评价事实上也并不夸张。

葛邲：多年进谏成本色，身居宰辅亦难改

【人物简介】

葛邲，字楚辅，生于 1135 年，卒于 1200 年，享年 66 岁，南宋光宗时任相。

【人物生平】

葛邲最初凭借着家族恩荫入仕，1163 年又考中进士。当时南宋州官多有贪贿、卖官之举，宋孝宗因此召集官员对策。其间葛邲因建议独到而受到宋孝宗赏识，此后又被任命为谏官，一当就是 10 年，累升至刑部尚书。

1190 年宋孝宗禅位于宋光宗，葛邲升任参知政事，又提出整治风俗、节约开支、爱惜民力、选拔贤才、严明刑律等建议，因此受到宋光宗的赏识，1193 年又升任宰相。但由于自己做惯了谏官，为相之后葛邲也经常抄起老本行劝谏宋光宗，因此使得宋光宗逐渐感到厌倦，不到 1 年后就又将他罢相出镇。

出镇地方期间，葛邲不避巨细亲自处理各类政务，1200 年因病重而致仕，宁宗特意为其加衔。同年葛邲病逝，享年 66 岁，死后得到追赠、追谥。

【人物评价】

葛邲长年担任谏官，任相之后难免一时改不了作风，因此使得宋光宗"不堪其扰"而将其罢相，实在是冤枉。但在每一次的进谏当中，也体现出葛邲的忠诚正直，这也正是他得以受到皇帝礼遇的原因。

赵汝愚：不畏讥谗至死休，汗青纸书方吾求

【人物简介】

赵汝愚，字子直，生于 1140 年，卒于 1196 年 2 月 20 日，享年 57 岁，为宋朝皇室宗室，南宋宁宗时任相。

【人物生平】

赵汝愚为宋太宗后裔，早年就胸怀大志，表示要"汗青留名"，1166 年时又高中状元。最初时赵汝愚奉命在地方任官，后来又被征召入朝。

当时羌地动荡不休，羌人经常四处侵掠，给当地带来诸多困扰，赵汝愚时任四川制置使、成都知府，于是采取分化瓦解的计策，使得羌族就此偃旗息鼓，当地得以安宁。宋孝宗得知之后对其不吝褒奖，等到宋光宗即位后，赵汝愚继续得到重用。

1197 年宋孝宗驾崩，宋光宗因与宋孝宗有隙而不肯行丧礼，再加上宋光宗素

有精神疾病，朝中大臣都对此十分担忧。赵汝愚鉴于当前形势，便果断拥立嘉王赵括即位，即宋宁宗。宋宁宗登基之后，赵汝愚也被拜为右相，但他却坚辞不受，请求将被贬出镇的留正召回，来代替自己。宋宁宗于是以赵汝愚和留正一同辅政。

在宋宁宗即位的过程中，外戚韩侂胄也因拥立之功而显贵，并对赵汝愚的相位产生觊觎。当时朱熹等人都请求贬谪韩侂胄，赵汝愚却不肯答应，韩侂胄反而以赵汝愚为皇室子弟为由，力劝宋宁宗防备他。在韩侂胄的反复离间下，宋宁宗最终疏远了赵汝愚，并将他贬至福州。

1196 年赵汝愚在行至衡州时暴死，享年 57 岁，直到 1207 年韩侂胄伏诛，才得到朝廷的平反，以及追赠、追谥。

【人物评价】

赵汝愚为赵氏皇族出身，不仅没有心怀异谋，反而一心操烦国事，不仅是一位优秀的宗室子弟，也是一位贤良宰相。但在拥立宋宁宗之后，赵汝愚却因一时不察，而使奸佞韩侂胄得势，自己反而被贬死去，不免使人有智者千虑、必有一失之叹。

韩侂胄：本愿征伐为君先，未料传首换安边

【人物简介】

韩侂胄（tuō zhòu），字节夫，生于 1152 年，卒于 1207 年，享年 56 岁，南宋宁宗时任相。

【人物生平】

韩侂胄的曾祖父即宋仁宗时名相韩琦，同时又贵为外戚，凭借着祖上的恩荫，韩侂胄很轻易就得以入朝任官。1194 年时宋孝宗病逝，宋光宗因素来与宋孝宗不和、又有精神疾病，而引得朝中一片担忧，韩侂胄便与赵汝愚等人联合发动政变，拥立宋宁宗即位，即著名的绍熙内禅。

由于赵汝愚出自皇族，对外戚十分防备，韩侂胄只得到微小的嘉奖，此后两人便产生矛盾。著名大儒朱熹等人也一再上疏，表示外戚可赏而不可用，韩侂胄因此对理学一脉也产生了成见。此后韩侂胄凭借着自己已有的权势，在朝中大肆提拔亲信，以此来动摇赵汝愚的地位。1195 年韩侂胄又以宗室子弟不宜为相的理由，使宋宁宗将赵汝愚贬谪，其余反对自己的人也都遭到清算。由于此前赵汝愚重用理学名臣，而他们也曾反对自己，韩侂胄又对理学进行严厉打压，即著名的庆元党禁。赵汝愚、朱熹等人因此都被列入伪学名单。

尽管在庙堂上大肆排斥异己，韩侂胄却在其他方面推行了一系列符合国家利益的政策，早在宋光宗朝时，主战派的势力就遭到严重压制，韩侂胄主政之后，

却将他们再次起用，积极准备北伐。不仅如此，韩侂胄还将岳飞追封为王，又将秦桧的谥号改为"缪丑"。为了尽可能团结朝中力量，韩侂胄还适当放松对理学一脉的限制，重用其中一些人为北伐出谋划策。但事实上这些人却没有就此抛开成见，戮力为国，因此韩侂胄的北伐准备工作并不充分。

不仅朝中人心各异，南宋军中也早就被金国安插了奸细，因此南宋的军事计划，早在尚未调兵前就已经被金国知悉，金国因此做好了准备。从 1205 年开始，宋军接连几次对金作战，都以失败告终，后来虽然一度取胜，却再次因内部叛乱而无法进取。尽管此时金国也已陷入败亡局面，宋军却始终没能更进一步，名将辛弃疾也在得到起用后，尚未赴任就病死家中。

此时金国虚张声势要求议和，朝中以史弥远为首的主和派当即开始运作，1207 年史弥远为了夺取大权，又派人将韩侂胄刺杀，韩侂胄死时 56 岁。韩侂胄死后，史弥远等人按照金国要求，将其首级盛于匣中送给金国，并答应了其余的屈辱条件。

【人物评价】

韩侂胄曾与贤相赵汝愚争权，后来又大肆打击理学，因此被读书人描述为奸佞一流，这一做法多少有罔顾事实、挟私报复之嫌。韩侂胄主政期间，始终坚持主战立场，因此更被主和派杀害，在当时就博得不少人的同情，事后看来，孰忠孰奸更是值得玩味、分辨。

余端礼：有心扶正难施力，虽为宰辅亦失期

【人物简介】

余端礼，字处恭，生于 1135 年，卒于 1201 年，享年 67 岁，南宋宁宗时任相。

【人物生平】

余端礼于 1157 年考中进士，最初时担任知县，后来又被宋孝宗征召入朝。当时宋孝宗一心恢复河山，余端礼便进呈自己的建议，因此得到宋孝宗赏识。

宋光宗在位时期，余端礼与赵汝愚共同发动绍熙内禅，拥立宋宁宗即位因此被任命为参知政事，1195 年又担任右相。1196 年赵汝愚因韩侂胄而遭贬死，此后余端礼虽然为相，但却彻底被韩侂胄掌控。尽管自己也曾努力推行善政，效果却又十分有限，因此余端礼很快就以病请辞，1201 年又病逝家中，享年 67 岁。余端礼死后，朝廷又为其追赠、追封。

【人物评价】

余端礼虽然是宋宁宗登基的发起者，但其本身手腕才智却有限，因此即便有心推行善政，也无法应付狡诈的韩侂胄，失势也就成为必然结果。

京镗：纵以身躯入汤鼎，绝不变节负君情

【人物简介】

京镗，字仲远，号松坡居士，生于 1138 年，卒于 1200 年 9 月 23 日，享年 63 岁，南宋宁宗时任相。

【人物生平】

京镗于 1157 年考中进士，任官地方后又得到当地长官的赏识，因此被举荐、提拔入朝，从此崭露头角。当时许多大臣为了阿谀奉承，都表示治国容易，只有京镗对宋孝宗陈述南宋当时的种种弊端，因此宋孝宗十分开心，并将他再次提拔。

1187 年宋高宗驾崩，宋孝宗因居丧而不能接见金国使者，其间便以京镗负责接待事宜，一应事务都处理得十分合宜。次年京镗又奉命出使金国，抵达后一再坚决要求金国撤去宴席和歌舞，哪怕金兵拔刀喝问也绝不屈从。金国因此改变接待礼仪，宋孝宗得知后更加喜悦。京镗也于同一时期写下"设令耳预笙镛末，只愿身糜鼎镬中"的名句，得到后人的称颂、传扬。

1188 年京镗又出镇四川，任职 4 年间推行一系列惠民政策，1196 年又被宋宁宗拜为宰相。但由于当时韩侂胄得势，京镗也无法与之抗衡，因此只是凡事依从，不久后就主动请辞，以求摆脱政治旋涡。1200 年京镗病逝，享年 63 岁，死后得到追赠、追谥。

【人物评价】

京镗身为文士，豪情壮志却不输武夫，即便面对敌国君臣也能坚守臣节大义，不肯有丝毫屈服、退却，这才是真正的名臣风骨。

谢深甫：卿乃为吾守国士，岂可早早言退来

【人物简介】

谢深甫，字子肃，生于 1139 年，卒于 1204 年，享年 66 岁，南宋宁宗时任相。

【人物生平】

谢深甫少时勤学，甚至将井水放在脚上提神，以便继续读书，1166 年又考中进士。当时宋孝宗曾问他如何选才，谢深甫则表示不能用偏激、功利之人，而要用德才兼备之人，因此得到宋孝宗的赏识。

任职地方期间，谢深甫多有政绩，1192 年又被征召入朝，担任工部侍郎。宋宁宗即位之后，谢深甫继续担任朝中要职，1200 年又正式拜相。任相之后，谢深甫始终谨守法度、善用权柄，因此得到宋宁宗的称赞。

1201 年谢深甫一度想要引退，宋宁宗却坚决不允，直到次年才允许其致仕。

1204 年谢深甫病逝，享年 66 岁。

【人物评价】

赵汝愚死后，谢深甫就成为当时朝中唯一能够压制韩侂胄的人，正是在他的主持下，南宋得以继续延续宋孝宗以来的种种政策，实现国家的稳定和发展。单凭这一点就足以看出谢深甫的才智，尽管他在历史上并不十分显赫。

史弥远：争名夺势诛权相，贪生求和辱父名

【人物简介】

史弥远，字同叔，号小溪，别号静斋，生于 1164 年 2 月 23 日，卒于 1233 年 11 月 27 日，享年 70 岁，南宋宁宗、理宗时任相。

【人物生平】

史弥远为宋孝宗时宰相史浩之子，最初因父荫而入仕，1185 年又考中进士。韩侂胄拜相之后，史弥远也得到他的提拔，然而与主战的韩侂胄不同，史弥远却是一个彻头彻尾的投降派。为了夺取大权，史弥远又趁着北伐失败的机会上疏进谗，后来更是干脆派人刺杀韩侂胄。

此后史弥远开始主政，一上台就立即为秦桧恢复名誉，1208 年又与金国签订了更加屈辱的嘉定和议。在这次的协议中，南宋不仅增加更多岁币，还要把对金国的称谓从"叔"改称"伯"。史弥远也因此饱受辱骂。

同年史弥远升任右相，并与宋宁宗属意的皇子赵竑产生矛盾，因此又在暗中图谋废立。1224 年宁宗驾崩，史弥远趁机发动政变，拥立赵昀为帝，即宋理宗，次年又将赵竑逼杀。史弥远虽然精于庙堂争斗，却又缺乏治国的智慧，因此很快就招来一片骂声。史弥远对外投降主和，对内任用"四木三凶"，使得庙堂一片昏聩；同时又滥发纸币，导致经济出现严重下滑，百姓饱受其害。

为了掩饰自己的丑恶，史弥远又不惜打破惯例，追谥朱熹等理学名家，同时又放开韩侂胄时的党禁，希望以此来博取美名，但仍有一些内心通明的儒士对他保持冷淡，因此又被贬官。

1233 年史弥远病重，不得不将郑清之提拔为右相，为自己分担事务，同年又因病死去，享年 70 岁。史弥远死后得到追封，并得到与秦桧同样的谥号。

【人物评价】

史弥远为史浩之子，庙堂手腕不亚于乃父，但说到品行，却又与其父背道而驰，一天一地。史浩虽然避战，却也有待时而作的韬晦；史弥远则是彻头彻尾为自己考虑，无怪乎受到世人的鄙夷。

郑清之：庙堂有贤能任事，山林无客羡功名

【人物简介】

郑清之，原名郑燮，字德源、文叔，别号安晚，生于 1176 年，卒于 1251 年，享年 76 岁，南宋理宗时任相。

【人物生平】

郑清之自小善于文辞，1202 年进入太学，1217 年时又考中进士。在史弥远迎立宋理宗时，郑清之也一同参与谋划，因此得到重用，1230 年已经升任参知政事。

1233 年史弥远死后，郑清之又接替他出任右相，并建议宋理宗召回之前被贬的贤臣，1235 年又被拜为宰相。1247 年时，郑清之又主动请辞，从此寄情山林，投身僧道，但两年后又再度被起用为相。直到 1251 年，郑清之才得以致仕，不久就病逝，享年 76 岁，死后得到追赠、追谥。

【人物评价】

郑清之虽然身居高位，却不贪恋高位，居庙堂则举贤事君，处江湖则安然闲适，不仅称得上贤相，也称得上是贤人。

乔行简：国有内忧难安内，不得民心敢用民

【人物简介】

乔行简，字寿朋，生于 1156 年，卒于 1241 年，享年 86 岁，南宋理宗时任相。

【人物生平】

乔行简于 1193 年考中进士，此后在朝中历任要职。宋理宗即位之后，曾颁行诏书鼓励举贤、进谏，乔行简因此上疏提醒宋理宗不忘本意，并针对时弊提出自己的看法，因此得到宋理宗的赏识。

1232 年时，南宋朝中出现北伐呼声，乔行简时任参知政事，对此提出深深担忧。他指出，圣王攘外从来以安内为先，何况如今朝堂积弊多年，早已尽失民心，只怕难以调动百姓去为国就死，至于追名逐利的将卒也同样难以寄望。这一建议得到采纳，乔行简也被拜为右相。

1239 年乔行简又被拜为左相。尽管自己早前曾反对开战，但却是出于情势考虑；私下乔行简依旧注重边事，因此又特意在边境调兵遣将以做防守。1241 年乔行简病逝，享年 86 岁，死后得到追赠、追谥。

【人物评价】

乔行简精熟庙堂情况，因此虽然不是投降派，却也依据实情反对兴兵，表现出合格政治家的成熟、稳妥。

崔与之：唯以忠正鉴神鬼，不因一己废国民

【人物简介】

崔与之，字正子，一字正之，号菊坡，生于 1158 年，卒于 1239 年，享年 82 岁，南宋理宗时任相。

【人物生平】

崔与之自幼家贫而勤学苦读，但却始终没能考中，32 岁时才在友人的资助下进入太学。直到 1193 年崔与之才考中进士，成为岭南首位以太学生身份考中之人，此后便开始做官。

最初由于缺乏人脉，崔与之被调任到偏远地区，在任期间兢兢业业、不避权贵，因此接连得到赏识，很快就被举荐调任，53 岁时又冒着海浪风险，远渡海南。他的部下曾劝他先行祭祀再渡海，崔与之却表示自己任官就是为民除奸，忠正上达天听，根本无须再行祈祷。

当时金国一再侵扰南宋，宰相史弥远又屈膝求和，崔与之于此时得到宋宁宗提拔，负责淮东一带军务，边境因此得以安宁。史弥远为了夺取军功，又不顾时势勒令部下出征，以致全军覆灭，金国再次来攻。此时又是崔与之坚拒求和，备战守城，因此抵御了金国入侵，避免了屈辱的和谈。

此后崔与之便被召入朝中，并以"无以财货杀子孙，无以政事杀民，无以学术杀天下后世"的为官态度，得到当时和后世的称誉。1236 年崔与之又被拜为右相。1239 年崔与之病逝，享年 82 岁，死前要求薄葬。

【人物评价】

崔与之不仅为国建功，得意于官场之中。在文坛上也是开宗立派的一代文士，地位、影响皆属一流。

史嵩之：治事偏于功利，主政唯尚专横

【人物简介】

史嵩之，字子由，一作子申，生于 1189 年，卒于 1257 年 10 月 6 日，享年 69 岁，南宋理宗时任相。

【人物生平】

史嵩之是史浩的孙子、史弥远的侄子，自小就注重功利，并且性格十分极端，甚至一次仅仅因为僧人厌恶，就将其居住的寺庙烧毁。1220 年史嵩之又考中进士。

当时史弥远正得势，便问史嵩之想要去哪任职，史嵩之当即选择了地理位置意义重大、足以影响南宋政权的荆襄之地，这一要求充分体现了他的战略眼光。

这一时期史嵩之励精图治，使得荆襄之地的军备很快就变得充足。1233 年史嵩之趁着宋、蒙联合的机会，统率大军将金国击败，一雪靖康前耻，给自己带来了更多的称誉。

然而攻灭金国之后，蒙古却并未如约划分疆域，南宋因此积极备战，防御蒙古入侵。但在此时，南宋内部却围绕战争产生争议。乔行简等人鉴于情势，坚决反对出兵；史嵩之由于不是自己最先提出建议，也不愿为他人作嫁衣。因此南宋攻蒙最终以失败告终。

1240 年史嵩之入朝拜相，以强硬的手腕处理政事，但却不免有专横之嫌，因此遭到很多人的反对，1244 年史嵩之又因父丧而罢相。由于此前史弥远多年为相，朝中对史家专权十分忌惮，因此史嵩之后来想要复出却阻碍重重，最终只能闲居在家。1257 年史嵩之病逝，享年 69 岁，死后得到追赠、追谥。

【人物评价】

史嵩之被很多人视为奸佞，但另外一部分人也从他生平举措出发，认为他是一位有大功于南宋的良相。任相期间，史嵩之也确实做了许多举荐善政，只是他又过于强势，因此导致口碑不佳。

杜范：吾身誓不与奸立，君王于此自可择

【人物简介】

杜范，字成之，号立斋，生于 1182 年，卒于 1245 年，享年 64 岁，南宋理宗时任相。

【人物生平】

杜范于 1208 年考中进士，入朝为官后累迁至监察御史。杜范为人刚正、不畏权贵，曾上疏弹劾宰相郑清之，又向宋理宗提出整顿吏治的种种建议。鉴于当时朝中昏乱，杜范先后 5 次请辞，但都没得到朝廷应允。

后来杜范又表示如果不罢黜李鸣复，自己就自行离去，并坚决拒绝宋理宗的任命。1237 年杜范干脆渡江回家。宋理宗无奈之下只好罢黜李鸣复，杜范这才接受任命。1242 年李鸣复被征召入朝，杜范当即再次离去，宋理宗不得已只好再次退让。

1244 年杜范拜相后，大力贬斥史嵩之一派的奸党，又积极举荐、起用朝中贤臣，又对宋理宗提出许多建议。1245 年杜范病逝，享年 64 岁，死后宋理宗罢朝、减食 3 日，并为其追赠、追谥。

【人物评价】

古往今来疾恶如仇的贤臣不在少数，但像杜范这样说不干就不干的"任性"

大臣，却也并不多见。也正是由于自己的绝不妥协，杜范才能成功逼退奸佞，规劝君王，可见适时的执拗还是颇有作用的。

谢方叔：生前拜相挽狂浪，死后偕鹤入仙乡

【人物简介】

谢方叔，字德方，号渎山，生于 1201 年，卒于 1272 年，享年 72 岁，南宋理宗时任相。

【人物生平】

谢方叔于 1223 年考中进士，入仕后逐步得到升迁，官至监察御史。当时南宋国势日益倾颓，谢方叔因此深感担忧，更数度上疏痛陈时弊，提出自己的建议和策略，表现出忧国忧民的精神。

1251 年谢方叔升任参知政事，进一步掌握了朝中大权，不久又被拜为左相，可说殊荣已极。但谢方叔并没有因此自负，反而更加积极地投身于政事。当时朝中宦官势大，谢方叔因此苦劝宋理宗，并发动大臣反对宦官，一度取得胜利。但由于自己识人不明，原本寄予厚望的监察御史洪天锡愤怒请辞，因此宦官势力得以再次崛起。谢方叔因此也险些遭逢灭顶之灾。

1249 年枢密使赵葵坚决主战，但谢方叔因是文士出身而偏向议和，两人因此产生矛盾，并进行了一些权力斗争。受这一争执的影响，川蜀之地战事一度失利。谢方叔也因此受到时人的批评，并被朝廷免去相位。

宋度宗即位之后，谢方叔又受到贾似道的排挤，此后便辞去官职，赋闲在家。1272 年他豢养的白鹤死去，他也因此感叹时日无多，不久后果然病逝，享年72 岁。

【人物评价】

谢方叔在南宋末年殚精竭虑、力挽狂澜，称得上尽职尽责；但由于个人才干和情势所限，他最终也没能取得成功。

吴潜：权奸乱国无奈何，绝路壮士唯悲歌

【人物简介】

吴潜，字毅夫，号履斋，生于 1195 年，卒于 1262 年，享年 68 岁，南宋理宗时任相。

【人物生平】

吴潜年少而聪颖善诗，1217 年又高中状元，入仕后不断升迁。有一次宫中发生火灾，吴潜趁机上疏劝谏宋理宗区分贤愚、勤勉律己，又向宰相史弥远进呈治

国策略，因此得到提拔。

1238 年蒙古军南下，南宋局势岌岌可危，吴潜时任兵部侍郎，当即亲赴前线、组织军队、抵御蒙古，成功迫使蒙古撤军，1251 年又被拜为宰相。1253 年到 1258 年间，吴潜被任命为沿江制置，其间大力整顿军事，有效抵御了日本和高丽海盗。1259 年吴潜又设水文观测站，以水位高低来决定何时开闸放水，这也是中国历史上最早的水文观测站。

同年蒙古再次入侵，朝廷又以吴潜为左相，吴潜因此积极练兵，又力劝宋理宗摒弃贾似道的迁都建议，使得南宋暂时得以保全。但贾似道却因此记恨吴潜，不仅将其构陷罢相，1262 年又派人将其毒杀，吴潜死时 68 岁。

【人物评价】

吴潜一生写下许多风格苍凉古拙、陈述忧国忧民的诗词，任官期间也始终为国事兢兢业业，可说是人如其诗、诗如其人。

董槐：愿复河山归天子，临死犹念百姓寒

【人物简介】

董槐，字庭植，号榘堂，生年不详，卒于 1262 年，南宋理宗时任相。

【人物生平】

董槐少时胸怀大志，羡慕诸葛亮、周瑜等三国智囊，经常自夸要收复河山、归献天子，后来又受到父亲的责备。董槐从此勤勉学习，1213 年时又考中进士。

董槐做官之后以廉洁自律，因此素有名望，不仅不断得到升迁，还被朝廷授予爵位。1237 年出镇地方，当地士兵因将军侵吞军饷而哗变，董槐先是将将军当众处死，又将带头哗变的士兵斩杀，以此安抚、震慑人心。又有一次周边百姓因饥荒而大量逃到治下，董槐当即力排众议，用储备军粮救济灾民，并帮助他们成功返回家园。

1255 年董槐拜相，此后不遗余力举荐贤才，并提出当前朝廷的弊政，但宋理宗却没有听从，后来更将董槐贬官。1262 年天降大雨，董槐因此既担忧政局，又担心民生，当晚就在叹息中黯然辞世，死后得到追赠、追封。

【人物评价】

董槐少年而有报效国家的大志，成年后也廉洁勤勉，甚至临死前还惦念着天下百姓，可以说不忘初心，有始有终。

丁大全：阿谀事君罢贤士，瞒报殃国死佞邪

【人物简介】

丁大全，字子万，生于 1191 年，卒于 1263 年，享年 73 岁，南宋理宗时任相。

【人物生平】

丁大全早年由于出身卑贱，而练出了溜须拍马、阿谀奉承的"好功夫"，并因此成功得到朝中奸佞的青睐，得以做官显贵。当时董槐正担任宰相，丁大全先是上疏弹劾他图谋不轨，继而又直接带兵包围其家，将董槐带到城外。巧的是朝廷正好下令免去董槐相位，此后丁大全愈发骄狂。

丁大全得势之后，又不惜一切横征暴敛、搜刮民财，南宋边境百姓因此纷纷转投蒙古；朝中的正直大臣上疏请求罢免丁大全，反而被其贬谪。1259 年蒙古再次南下，丁大全却瞒报战事，因此导致襄阳失陷，情势更加危急。此时理宗才得知真相，大怒之下将丁大全贬谪。丁大全因此愤恨而打算通敌，于是再次被贬。1263 年丁大全在被押送渡海时落水而死，时年 73 岁。

【人物评价】

丁大全凭借着溜须拍马的本领得到重视，得势之后的所作所为却多是误国之举，即便偶尔有惠民仁政，也被全数掩盖。俗话说，勿以恶小而为之，丁大全却做下太多恶事，因此落到这样的下场也就不足为奇了。

贾似道：似道终究非臣道，国亡难保身不亡

【人物简介】

贾似道，字师宪，号悦生，生于 1213 年，卒于 1275 年，享年 63 岁，南宋理宗时任相。

【人物生平】

贾似道的父亲贾涉曾担任京湖制置使，其姐姐又是宋理宗的贵妃，凭借着这些家族关系，贾似道入朝为官就显得尤其容易。贾似道虽然喜好玩乐，但本人也并非不知诗书之辈，1238 年时又考中进士。

1249 年贾似道在外任职期满后，又被调入京城做官，先后担任加同知枢密院事、参知政事等要职，并且负责护边、屯垦、招募等军政要务。早前在联蒙灭金的过程中，蒙古单方面撕毁约定，拒不归还事前说好的河南之地，后来又以南宋进兵为理由，将宋军打得大败。宋理宗于是又派贾似道统率大军前去抵御蒙古。

然而贾似道虽有小聪明，却对军务一窍不通，更没有与蒙古作战的勇气，只得在私下积极求和。恰好蒙古大汗蒙哥战死，忽必烈急于回国夺取大位，贾似道的议和总算得以实现。为了更好地向宋理宗交代，贾似道又在蒙古撤军之后发动攻击，斩杀 100 余人，然后对此大肆吹捧。宋理宗由于昏聩而相信了贾似道的"捷报"，等到丁大全被罢免之后，贾似道便开始独掌朝政大事。

1264 年宋理宗驾崩，宋度宗即位，贾似道假意以年老请辞，想要试探朝廷的

心意，却被宋度宗准许不行臣礼、十日一朝，地位权势更加巩固。眼见如此，贾似道干脆把军国大事全部丢在一边，每天钻进宋理宗为他修建的后乐园中，以饮酒嬉戏、逗弄蟋蟀为乐，甚至偶尔上朝也要带着蟋蟀，一度使得蟋蟀跳到宋度宗脸上，因此被时人讥讽为"蟋蟀宰相"。他的朋友也开玩笑说这就是宰相的军国大事，贾似道也哈哈大笑。

在贾似道的主政下，南宋朝堂日益昏暗，1267 年时蒙古又南下包围了襄阳城，局势更加风雨飘摇。然而此时贾似道依旧不问政事，甚至还把尼姑招入园中淫乐，襄阳城的危亡局面也被他全数瞒报。不仅如此，他还表示自己责任重大，需要坐镇京城，以此摆脱宋度宗要其出征的委任。

1274 年宋度宗驾崩，朝中当即涌现出一片呼吁贾似道出征的声音，贾似道不得已只得赶赴前线，私下再次玩起议和的把戏。但这一次元兵却是势在必得，因此断然拒绝。眼见议和无果，贾似道当即偷偷乘坐小船离去，宋军失去统帅自然无力抵御，很快就遭到惨败。当时朝野上下一致要求处死贾似道，但鉴于宋太祖时就有的"善待文官"祖制，太皇太后只得将其贬往偏远的广东。

县尉郑虎臣因曾受贾似道迫害，便主动请求押送，沿途一直逼迫贾似道自尽。贾似道初时不愿，后来自知难以幸免，便又服下冰片，随后被郑虎臣杀死在厕所，时年 63 岁。

【人物评价】

贾似道入官之后，所作所为大多偏离臣道，倒也符合了他"似道"非道的名字，可称得上巧合。但在这看似戏谑的巧合背后，却又充斥着一个王朝倾颓、覆亡的惨痛故事。客观来说，南宋的灭亡并非源自贾似道，但其所作所为也无疑是加快了这一过程。贾似道因此受到后世的谴责，倒也并不冤枉。

章鉴：事君忠廉无所好，玉盏可鉴一片心

【人物简介】

章鉴，字公秉，号杭山，别号万叟，生于 1214 年，卒于 1294 年，享年 81 岁，南宋度宗时任相。

【人物生平】

章鉴于 1244 年在朝廷的别院省试中胜出，做官后不断升迁，到宋度宗时官至右相，时为 1274 年。当时南宋已经处于风雨飘摇之中，章鉴因此大力支持文天祥，受到主和派的构陷。

章鉴虽然受封公爵，拥有食邑，但为官却清正廉明，几无余财。罢相之后章鉴又归隐山中，甚至为了一张竹席而与人争执，对方更不知道眼前的人就是朝中

宰相。当时主和派又污蔑他谋反，但却只从他家中抄出一盏玉杯，反而使他的清名更加显赫。家乡人更将其列入八贤之一，并且还立庙敬奉。

1294 年章鉴病逝，享年 61 岁，乡人为了纪念，又将其葬处称为"相公山"。

【人物评价】

章鉴虽然政绩平平，却以清廉而享誉一时，支持文天祥抗蒙的表现，也足以表明他的崇高气节和正派立场。

叶梦鼎：急流勇退避奸佞，挺身而出效国家

【人物简介】

叶梦鼎，字镇之，号西涧，生于 1200 年，卒于 1279 年，享年 80 岁，南宋度宗时任相。

【人物生平】

叶梦鼎本来姓陈，后因过继给母族而改姓叶，1232 年时又进入太学之中。由于自己成绩出众，叶梦鼎又得到起用，先后在多处任地方官，1262 年又迁至兵部尚书。

早在自己尚未入朝之前，叶梦鼎就多次抵触奸相贾似道，拒不执行他所颁布的祸国殃民政策；等到自己成为京官后，就更是与其展开激烈的斗争。宋度宗即位后，叶梦鼎屡次上疏请求罢免贾似道，宋度宗却始终不采纳，1267 年又以他为相。

拜相之后，叶梦鼎与贾似道的矛盾更加尖锐；在他人的支持下，也一度暂时压制贾似道。但眼见朝中政治昏聩，宋度宗宠信贾似道无度，叶梦鼎心知事不可为，于是断然请辞。1272 年朝廷再次以他为相，叶梦鼎却坚辞不受，并表示"廉耻事大，死生事小，万无可回之理"。

宋端宗南逃病死后，南宋已经濒临覆亡，此时叶梦鼎得到朝廷的征召，却一反先前做法，坚决赴任支持，可惜因受阻而无法抵达，因此涕泪俱下。1279 年叶梦鼎病逝，享年 80 岁。

【人物评价】

叶梦鼎虽然因庙堂昏乱而一度急流隐退，但在国家真正陷入危亡之时，又不避生死毅然起身，也只有在这样的情况下，才能真正看出人的操守如何。

江万里：士人当以义死，国亡未想贪生

【人物简介】

江万里，原名江临，字子远，号古心，生于 1198 年，卒于 1275 年，享年 78

岁，南宋度宗时任相。

【人物生平】

江万里于 1222 年进入大学，受到当时还是太子的宋理宗的赏识，1226 年时又成功考中进士。1240 年江万里出镇吉州，勤勉治政之余又致力于教育事业，次年就创建了著名的白鹭州书院，为我国四大书院之一。后来的著名爱国志士文天祥也是出自这座书院。

1245 年江万里与宋理宗论政，力陈当时弊政，并积极建议宋理宗起用赵葵等主战派大臣。1259 年又投入贾似道麾下任幕僚。尽管自己博学多才，但贾似道却对他的直言感到十分厌恶，后来又将他罢官，直到宋度宗即位后才再次被起用。入朝为官之后，围绕着战与和的问题，江万里很快就再次与贾似道产生激烈冲突。1269 年宋度宗以江万里为相，次年蒙古大军就将襄阳彻底围困。当时江万里曾苦劝宋度宗增兵援助，贾似道却一再阻拦，江万里也被罢相。

贾似道兵败之后，南宋朝廷已将近覆亡，等到元兵渡江之后，江万里也被俘获。后来江万里侥幸逃脱，回家后就在家中修建水池，起名为止水，并决然表示"大势不可支，余虽不在位，当与国为存亡"。次年城破之后，元兵在城中大肆劫掠，江万里于是投入止水池而死，时年 78 岁，死后得到朝廷追赠、追谥，他的子孙也纷纷投水殉国。

【人物评价】

江万里虽然一心匡扶赵宋江山，但当时的局势却没有给他任何机会，因此壮士扼腕的结局也就难以避免。虽然事不可为，江万里依旧以身殉国，这种做法正是古代士大夫舍生取义的大义所在。

马廷鸾：国亡天有定，臣节人无亏

【人物简介】

马廷鸾，字翔仲，号碧悟，生于 1222 年，卒于 1289 年，享年 68 岁，南宋度宗时任相。

【人物生平】

马廷鸾 7 岁时，生父和继父就相继病逝，从此由母亲辛勤养大。尽管家贫，马廷鸾却依旧苦读不辍，同时又尽心尽力侍奉老母，十分孝悌。

1255 年马廷鸾得到起用，但因上疏得罪权贵，很快就被调任，其间丁大全曾想要拉拢他，马廷鸾却始终不屑，后来更因丁大全的报复行为而享誉当时。1265 年宋度宗登基，马廷鸾接连得到重用，1269 年时又先后担任了参知政事、右相。然而当时掌权的却是著名的"蟋蟀宰相"贾似道，因此马廷鸾始终受到排挤、压制，1272 年又不得不请辞。

宋恭宗即位之后，马廷鸾眼见南宋大势已去，于是自动离职归家，不再过问政事。等到南宋覆亡之后，元朝统治者一度想要起用他，马廷鸾却始终不愿仕二朝，直到 1289 年病逝，享年 68 岁。

【人物评价】

马廷鸾在宋亡后闭门不出，与投水而死的江万里一生一死，选择殊异，但在这两种看似截然不同的选择背后，却都展现出崇高的民族气节。尽管大势不可改变，身为臣子却可以选择是否坚守臣节、如何坚守臣节，其中所体现的，正是生而为人的气概与精神。

王爚：老臣犹有报国志，天欲倾覆力难回

【人物简介】

王爚，字仲潜，一字伯晦，号修斋，生于 1199 年，卒于 1275 年，享年 77 岁，南宋度宗时任相。

【人物生平】

王爚于 1220 年考中进士入仕，最初历任各地官职，后来又被征召入朝，1261 年升迁至礼部尚书。1275 年又被拜为左相。

1275 年元军大举攻宋，奉命率军迎敌的蟋蟀宰相贾似道不战而逃，致使宋军大败，王爚得知后当即入宫面见太后，请求追究贾似道的责任。不久后，王爚又上疏建议朝廷招募忠义之师，并被任命为平章军国重事，总管抗元军务。王爚当即派出张世杰等四路大军迎战。然而由于自己的部署不得采纳，张世杰等人最终兵败，王爚因此主动请求降罪，就此罢官还乡。不久之后王爚病逝，享年 77 岁。

【人物评价】

王爚虽然年高却德行高尚，身处国家危亡之际更能挺身而出，一代老臣忠肝义胆，不见自明。然而在当时的情势下，仅凭一腔忠义已经难以回天，王爚对此也束手无策。

陈宜中：忠义难经现实考，众贤皆死独一生

【人物简介】

陈宜中，字与权，生年不详，卒于 1283 年，南宋度宗时任相。

【人物生平】

陈宜中少年家贫而气度不凡，后来进入太学，又以文辞优雅而深得士林好评。当时丁大全权势炽盛，陈宜中等 6 人却不畏强权，毅然上疏斥责丁大全的奸恶，

事后虽然遭到贬谪，却也赢得了"六君子"的称号。

等到贾似道得势之后，为了笼络人心，便再次将陈宜中等人起用。陈宜中于1263 年的廷试中考中第二，并凭借着贾似道的权势，很快就崭露头角。这一时期由于依附贾似道，陈宜中也做了一些为其排斥异己的事，但后来鉴于朝中斗争激烈，又主动请求出镇地方，并在当地积极备战、兴修水利、发展生产，做出了许多政绩。

1275 年贾似道兵败被贬，陈宜中正式拜相。然而陈宜中为人较为胆怯，在战与和之间更是无法决断，因此一度遭到世人摒弃。后来陈宜中又多次派人与元军议和，但却均以失败告终。1276 年陈宜中听说元军要求自己亲自出面和谈，只得仓皇逃亡，并在温州拥立益王赵昰即位，即宋端宗。此后陈宜中又与陆秀夫等人共同辅政。

陈宜中虽有拥立之功但不谙军务，同时又十分畏战，因此流亡的南宋政府很快就处于劣势。眼见情势危急，朝中当即决定由陆秀夫、张世杰等人率军抵御元军，而由陈宜中亲往占城求援。然而崖山一役后，占城也很快就被元军攻陷。陈宜中只得再次前往暹罗，此后在当地定居直至终老。

【人物评价】

早年的陈宜中意气风发、胸怀大志，但事实上他又是一个看似坚毅而内心畏缩之人，因此虽有报国之心，终究还是经不起现实的检验，比起殉国而死的陆秀夫、文天祥等人，更是要差上许多。

留梦炎：临危受命投敌去，构陷忠贞名不保

【人物简介】

留梦炎，字汉辅，生于 1219 年，卒于 1295 年，南宋恭宗时任相。

【人物生平】

留梦炎于 1244 年考中状元，而后仕途一帆风顺，及至 1275 年又被任命为参知政事，不久后就拜为宰相。然而此时的南宋已经岌岌可危，因此留梦炎屡次推脱，甚至最终还是太后亲自登门，这才不得已接受了任命。

留梦炎在拜相不久后就投降了元朝，毫无半分气节可言，文天祥因此怒而写诗斥责，责问其"何面见江东"。等到文天祥兵败被俘之后，忽必烈一度打算以道士的身份赦免他，但留梦炎却因嫉恨而力劝阻止。同时留梦炎又以南宋旧臣的身份，竭力为元朝招揽南宋人士，就元朝而言倒也称得上是一位功臣，后来又担任了元朝丞相。

1295 年留梦炎致仕，不久后病死，家乡之人皆以他为耻辱。甚至直到明朝建

立后，当地留姓士子都要先申明与其无血缘关系，才能得以参加考试。

【人物评价】

留梦炎于国家危亡之际被寄予重托，一不能担起大任，二不能以身殉国，其实也是个人能力、心性使然，倒也无可厚非；但在投敌后为虎作伥、构陷忠义，人品就显得格外卑劣了。因此就连元朝史书也没有为其作传，反而对慨然赴死的文天祥立传著说，可见人心所向。

文天祥：由来忠义不畏死，丹心千古犹照今

【人物简介】

文天祥，原名文云孙，字宋瑞，一字履善。自号文山、浮休道人，生于1236年6月6日，卒于1283年1月9日，享年47岁，为"宋末三杰"之一，南宋恭宗时任相。

【人物生平】

文天祥自小样貌俊朗、气度不凡，并且胸怀大志，20岁时就考中进士。当时文天祥为了劝谏宋理宗，在答对论策时一口气挥毫写下上万字的文章，宋理宗因此十分惊奇，便将文天祥定为第一。

1259年元军南下，权势正盛的宦官董宋臣当即建议迁都，朝中群臣都噤若寒蝉，唯有文天祥上疏请求诛杀董宋臣，表现出不凡胆魄。但朝廷却拒绝这一建议，因此文天祥便主动请辞。等到贾似道掌权之后，文天祥很快又与其产生矛盾，因此几度遭到训斥，后来又再次被免官。原来的宰相江万里却对文天祥十分看重，并鼓励他肩负起天下兴亡的大任。

1275年贾似道不战而逃，南宋大军一败涂地，情势愈发难以挽回。时任赣州知州的文天祥，也于此时接到朝廷诏书，当即痛哭流涕，但最终还是招募当地勇士，聚集起上万人的队伍，浩浩荡荡赶赴京城。不仅如此，平素生活极为奢华、从不注重小节的文天祥还主动散尽家财、充作军费。

1275年文天祥奉命出任平江府知府，临行前又特意上疏，陈述自己的战略战术，但朝廷认为他过于夸夸其谈因此没有采纳。同年文天祥转战东南地区，麾下将士大多苦战至死，但却依然无法阻挡元军的步伐。眼见情势实在不利，陈宜中等人这才召回文天祥。

次年宋朝投降元军，陈宜中、张世杰等人纷纷逃走、转战，文天祥以右相的身份出使敌营，却因据理力争而被元军扣押。后来文天祥趁机逃出敌营，再次积极为抗元奔走，后来又亲自拜访镇守扬州的李庭芝。李庭芝最初时误以为文天祥是劝降而来，便派人将其诛杀，但其手下却不忍心，最终将文天祥释放。于是文

天祥又一路逃亡，其间屡经波折，这才成功逃到温州。

抵达温州之后，文天祥便与陈宜中等人共同拥立宋端宗即位，不久后又主动出镇江西，元军多次派出使者劝降，文天祥都将使者杀掉，表示自己绝不屈服。由于元军势大，文天祥终究不能抵挡，因此宋军一再战败，文天祥也险些被俘。1278 年宋端宗驾崩，文天祥请求入朝不获允许，很快又被张弘范俘虏。张弘范极力劝说文天祥投降，并要求他写信劝降张世杰，文天祥却以《过零丁洋》一诗明志。眼见文天祥满腔忠义，张弘范也不再强求，便派人将其押送至京城。

元世祖忽必烈早知文天祥才华过人，又打算以道士的身份赦免他，但文天祥却不肯应允，投敌叛国的南宋奸相留梦炎也极力劝阻。在度过了 3 年的牢狱生涯后，文天祥最终被元朝下令处死。文天祥死时仍不忘向南跪拜，死时 47 岁。

【人物评价】

文天祥自小就十分不羁，但在面临国家危亡之时，他真正展现出旁人所不及的气节、大义，可以说不动则举世无称，一动则天下瞩目。即便不免兵败身死，文天祥却以一己之身，为后世树立起高大的形象，足以在百千世后仍引为典范。

黄镛：直斥奸相称君子，亲赴迎敌尽忠心

【人物简介】

黄镛，字器之，生于 1230 年，卒于 1300 年，享年 71 岁，南宋恭帝时任相。

【人物生平】

黄镛于 1253 年进入太学，与陈宜中等人结识后，又共同上疏揭露奸相丁大全的恶行，因此也遭到贬谪，成为当时广受赞誉的"六君子"之一。

直到 1261 年，黄镛才在宰相江万里的举荐下入京，第二年又考中进士，此后便在江万里的提拔下不断升任。1275 年元军大举南侵，奸相贾似道不战而逃，致使宋军惨败，黄镛又主动上疏陈述建议，并被任命为右相。不久后黄镛主动赶赴前线，主持抗元事务，却在战场中被流矢射中受伤，不得不返回朝廷并暂时卸职。

次年南宋朝廷再度打算将其拜相，黄镛却一再拒绝。1300 年黄镛病逝，享年71 岁。

【人物评价】

黄镛不仅为人刚正，同时也极富胆魄，比起曾经一同怒斥奸相，却在拜相后畏战而逃的陈宜中，明显要高出几分。但在当时的情势下，南宋已然回天乏力，因此黄镛最终的拒绝委任，或许也有彻底失望的因素在内。

李庭芝：昔年受命镇边防，一身唯战何来降

【人物简介】

李庭芝，字祥甫，生于1219年，卒于1276年，享年58岁，南宋端宗时任相。

【人物生平】

李庭芝早年聪慧，不仅有着过目不忘的读书才能，同时也颇为练达。18岁时，李庭芝的家乡来了一位新上任的军官，李庭芝认为这名新官无力驭下，必酿大祸，当即建议家族中人迁移。10多天后家乡果然爆发动乱，乡人死伤无数，李庭芝全家却因搬迁而躲过一劫。

1240年李庭芝主动上疏，向荆州守将孟珙自荐，因此得到孟珙赏识，暂时被任命为建始县知县。仅仅一年过后，当地百姓便被训练成一支颇有战斗力的民兵，就连周边各县也纷纷效仿。次年李庭芝考中进士后，又得到孟珙的举荐，等到孟珙病逝举荐自己代替后，李庭芝又为其守丧3年。

当时元朝大军一再击败宋军，宋理宗独具慧眼起用李庭芝，果然接连击退蒙军，后来又受命出镇扬州。当时扬州因战火洗劫而满目疮痍，李庭芝到任后当即修建民居官府，又修建水利、免除赋税，使得扬州经济有所复兴。同时李庭芝又大力发展教育文化、积极修筑高城备战。但在1296年时，贾似道却以亲信范文虎钳制李庭芝，致使宋军在战斗中大败。事后贾似道又将责任全数推卸到李庭芝头上，致使李庭芝受到贬谪。

1275年贾似道兵败，时任两淮制置使的李庭芝再次镇守扬州，等到南宋君臣投降之后，依旧坚守孤城、宁死不屈。元军多次派出使者劝降，李庭芝都将使者杀死，并将劝降文书焚毁。

不久宋端宗以左相职务征召，李庭芝便以部将朱焕留守，打算自己突围转战。然而朱焕却开城投降，李庭芝打算跳水自杀，却因水浅被俘。朱焕随后以扬州死伤惨重为理由，将李庭芝与其部下杀害，李庭芝死时58岁。

【人物评价】

李庭芝在南宋投降之后，仍旧多次拒绝招降，坚持抵御元军，可谓是忠义孤臣。虽然最终以失败宣告结束，但李庭芝却依旧作为一代忠义的形象留名青史，令人钦佩。

陆秀夫：中原沦陷不容吾，崖山海浪纳忠魂

【人物简介】

陆秀夫，字君实，一字宴翁，别号东江，生于1236年，卒于1279年，享年

44 岁，为"宋末三杰"之一，南宋末帝时任相。

【人物生平】

陆秀夫早在少年读书时，就被私塾先生称为不凡，1260 年考中进士之后，又被著名的爱国将领李庭芝延揽至麾下。当时李庭芝的幕僚们大多十分活跃，只有陆秀夫不论办公还是参加宴会，都表现得十分沉默。李庭芝反而因此更加看重，陆秀夫也接连得到提拔。

1275 年贾似道兵败之后，南宋情势愈发危急，李庭芝的许多幕僚也纷纷逃亡，唯有陆秀夫坚守忠义，因此得到李庭芝的举荐，得以入朝为官。次年宰相陈宜中仓皇出逃，陆秀夫也与众臣护送二王逃到福州，并与陈宜中、张世杰等人共同拥立宋端宗赵昰。陈宜中主政之后，便以陆秀夫主管军务。

1278 年宋端宗惊悸而死，朝中大臣纷纷动摇，反倒是沿途经常抹眼泪的陆秀夫发起号召，拥立卫王赵昺即位，即宋末帝。为了获取援助，陈宜中亲自前往占城，朝中便以陆秀夫和张世杰一内一外，总领朝中事务。

1279 年南宋大军在崖山海战中惨败，张世杰心忧宋末帝安危，便派士兵前往迎送，但当时情势十分危急，陆秀夫无法断定来人真假，便带着年仅 8 岁的宋末帝一同举身赴海，陆秀夫死时 44 岁。

【人物评价】

陆秀夫南下逃亡之时，心中未必不知大势已去，但他的气节却不允许他屈服天意，宁以一死来作为终结，这一结局可歌可泣，堪称震撼天地。

辽

萧敌鲁：贴身随侍从龙驾，才干高明称臂膀

【人物简介】

萧敌鲁，字敌辇，生年不详，卒于918年，辽太祖时任北府宰相。

【人物生平】

萧敌鲁在辽太祖尚未即位时，就已经随侍在身侧，并多次为其出谋划策，等到辽太祖即位之后，更与两位胞弟一同成为太祖的贴身护卫，受到辽太祖的极度信任。

后来萧敌鲁更被任命为北府宰相，子孙后人也得以继续继承。辽太祖一生多次征战，萧敌鲁也经常跟随出征，并屡次立下赫赫战功，被太祖比喻为自己的手。918年萧敌鲁病逝。

【人物评价】

辽太祖耶律阿保机一生南征北战，为一代枭雄，能被此等枭雄视为左膀右臂，足以显示出萧敌鲁的才能。

韩延徽：首倡分治兴辽地，不忘故园阻南侵

【人物简介】

韩延徽，字藏明，生于882年，卒于959年，享年78岁，辽世宗时任南府宰相。

【人物生平】

韩延徽为人才学、品德兼备，因此受到当时割据幽州的刘仁恭的赏识，被其延揽为麾下，等到刘守光囚禁刘仁恭自立后，韩延徽又继续为其效力。

当时刘守光因势单力孤，便以韩延徽为使出使辽国，韩延徽因不肯下跪，一

度被辽太祖贬去放马，在述律后的劝说下才得到重用。此后韩延徽便尽心尽力辅佐辽太祖，多次为其出征擘画，并首次在辽国引进了南北分治的制度，以此应对当时汉人大量涌入、由于生活习俗不同而彼此不适的问题。由于思念家人，韩延徽也曾逃回后唐，但最终却因受人嫉恨而再度返回辽国，并表示会极力阻止辽国与后唐冲突，

辽世宗耶律阮即位后，韩延徽又被任命为南府宰相，任相期间极力为辽国举荐汉人贤才。955 年韩延徽病逝，享年 78 岁，死后得到追赠。

【人物评价】

韩延徽在辽期间，首次引进了后晋的"胡汉分治"，这一举动为当时的民族交流和融合起到了巨大的作用。在他的辅佐下，这一时期辽国也没有大举南下入侵，客观上为当时的和平做出了不小的贡献。

耶律沙：屡战屡败犹得宠，一朝南侵命数终

【人物简介】

耶律沙，字安隐，生年不详，卒于 988 年，辽穆宗时任南府宰相。

【人物生平】

耶律沙在辽穆宗时期，被任命为南府宰相，等到辽景宗即位之后，又继续主管南面边境的政务。

当时北宋一度北伐辽国，想要夺取幽云十六州，耶律沙也随同其余大将，共同统兵出战，却屡次败于北宋之手，甚至还差点被辽景宗问罪处斩。982 年辽景宗驾崩，辽圣宗即位，睿智太后（即萧敌鲁三女）临朝听政，又对耶律沙加以优待。988 年时，耶律沙再度随大军南下侵宋，却被杨七郎杨延嗣斩杀于阵中。

【人物评价】

耶律沙虽然始终身居高位，但却并不善于统兵作战，这一点从他屡战屡败的战绩就能看出。

萧思温：有裙带足以拜相，无福运居高难长

【人物简介】

萧思温，小字寅古，生年不详，卒于 970 年，辽景宗时任北府宰相。

【人物生平】

萧思温为辽国外戚，北府宰相萧敌鲁即萧思温的伯父。萧思温的两个女儿分别嫁给辽穆宗、辽景宗的弟弟，因此身份十分显贵。

969 年辽穆宗被弑，辽景宗即位，萧思温因为拥立有功而得到赏识，不仅他的第三个女儿被立为皇后，自己也被辽景宗任命为北府宰相。970 年随辽景宗外出打猎时，萧思温意外被贼寇杀死。

【人物评价】

萧思温本人并没有多少才干，只是凭借着裙带关系和政治投机而成为显赫的宰相罢了。

室昉：苦读不出乡邻远，登堂显贵君王知

【人物简介】

室昉，字梦奇，生于 920 年，卒于 994 年，享年 75 岁，辽景宗、圣宗时任北府宰相。

【人物生平】

室昉自幼谨慎好学，曾经 20 年不出门埋头苦读，因此就连同乡之人都不知晓其来历。辽太宗时，室昉凭借着精深的学问考中进士，就此得到辽国统治者的重用。

辽景宗即位后，室昉曾担任南京副留守，并因处事公平而得到称赞，后来又被任命为北府宰相，多次提出治国良策，深得辽景宗的倚重，曾几番请求致使，却被辽景宗一一驳回。994 年室昉病逝，死前不仅嘱咐薄葬，更为了避免称誉而自行写下墓志铭。室昉死后，辽景宗为其罢朝 2 日，同时又为其追赠。

【人物评价】

"苦学不辍二十载，乡人笑问何处来"。单凭这一举动，便足以展现室昉的忍耐、坚毅，如此心性能够登堂拜相，也就不足为奇了。

韩德让：天子见吾行父礼，殊荣影响人不及

【人物简介】

韩德让，生于 941 年，卒于 1011 年，享年 71 岁，辽圣宗时任北府宰相。

【人物生平】

韩德让的祖父是被掳掠至辽国，后来却逐渐显贵，做到中书令这样的要职；其父后来也因战功封王。韩德让由于出身显赫而受到良好教育，因此逐渐成长为一名有能之士。

979 年宋太宗为了夺回幽云十六州，在平定北汉后当即趁机北上，却被韩德让阻止在南京城下整整 15 日，后来又被内外夹击大败，此即著名的"高梁河之役"。

事后宋军死伤无数，宋太宗本人也乘着驴车仓皇逃走。韩德让因此得到赏识，一举成为当时辽国最显赫的汉臣。

982 年辽景宗驾崩，韩德让当即拥立辽圣宗即位，又将觊觎皇权的诸多诸侯兵权剥夺。此前韩德让曾与睿智太后有婚嫁之诺，事后便按照当时辽国的风俗，与太后结为夫妻，被辽圣宗当作父亲来侍奉。等到北府宰相室昉病逝后，韩德让又被举荐为北府宰相。

1004 年韩德让说服太后南侵，北宋因此大为惶恐，但宋真宗在寇准等人的鼓舞下御驾亲征，最终阻止了辽国的入侵，双方于是签订和议，即"澶渊之盟"。事后韩德让也被赐予耶律姓氏。

1009 年睿智太后病逝，韩德让因此受到打击，1011 年也病逝，享年 71 岁。韩德让死后得到追赠、追谥，并被葬于睿智太后陵旁。

【人物评价】

抛开与睿智太后的秘事不谈，单就政治、军事才干来说，韩德让也称得上不凡。凭借着自己的巨大影响力，韩德让给当时的辽国发展带来巨大影响，因此也成为辽国辅政大臣中极富传奇色彩的一人。

萧排押：虎父不生犬子，治事自有美名

【人物简介】

萧排押，字韩隐，生年不详，卒于 1023 年，辽圣宗时任北府宰相。

【人物生平】

萧排押出自辽国外戚，其父萧挞凛也是辽国一代名将，曾在俘虏北宋名将杨业的战争中立下赫赫大功。986 年萧排押也随睿智太后出征，大败北上攻辽的宋军，事后得到封赏，并加同政事门下平章事。

1004 年萧挞凛病死，萧排押继承父职，主管南边事务，等到宋辽议和之后，又被任命为北府宰相。1010 年因征高丽有功，萧排押晋封兰陵郡王，1018 年又败于高丽。1023 年萧排押病逝。

【人物评价】

萧排押为人宽仁而能断，因此主持国事期间，在诸大部落都享有十分好的声誉。

萧孝穆：平乱进贤阻兵祸，仁政恤民国宝臣

【人物简介】

萧孝穆，小字胡独堇，生于 981 年，卒于 1043 年，享年 63 岁，辽圣宗时任北

府宰相。

【人物生平】

萧孝穆出自萧氏外戚，自小为人谨慎、洁身自好，任官之后不断得到升迁，1010 年又以雷霆手段平定辽国内部叛乱。不久之后辽圣宗便任命其为北府宰相。由于自己身居高位却十分谦逊，并且积极为国举贤，时人都称赞其为"国宝臣"。

1022 年萧孝穆又接管枢密院事务。1029 年辽东地区叛乱又起，萧孝穆再次领兵镇压，事后又留守东京安抚百姓，以宽仁治政而广受好评。辽兴宗即位之后，萧孝穆多次提出治国建议，后来又上疏劝阻辽兴宗侵宋，但辽兴宗却并未听从。

1043 年萧孝穆病逝，享年 63 岁，死后得到追赠、追谥。

【人物评价】

萧孝穆熟稔政务、军务，同时又宽仁治民，不好战功，可以说是官场中的一位谦谦君子。

萧惠：劝君兴兵难全胜，邀功启衅失仁风

【人物简介】

萧惠，字伯仁，又字贯宁、管宁，小字脱古思，生于 983 年，卒于 1056 年，享年 74 岁，辽兴宗时任北府宰相。

【人物生平】

萧惠出自外戚萧氏，1010 年时曾跟随辽圣宗征伐高丽，并因治下军纪严肃而得到称赞。取得胜利后，萧惠也接连得到辽圣宗的赏识、提拔。

1031 年辽圣宗驾崩，辽兴宗即位，萧惠继续得到重用，同时又积极鼓舞辽兴宗南侵北宋。最终北宋不得不同意辽国增加岁币的要求，此后两国继续维持和议，萧惠也被晋封为韩王。1043 年萧惠又被任命为北府宰相。

次年萧惠又随军讨伐西夏，其间互有胜败，最终战事以西夏称臣请降告终。1056 年萧惠病逝，享年 74 岁，死前嘱咐家人薄葬。

【人物评价】

萧惠因追求战功而极力劝说辽兴宗用兵，虽然最终取得了对宋和西夏的胜利，但辽国也因此付出了很大代价，并不能称得上尽如人意，萧惠的军事才能也只能称得上平平。

张孝杰：黄金百万犹未尽，一朝搬离宰相家

【人物简介】

张孝杰，生卒年不详，辽道宗时任北府宰相。

【人物生平】

张孝杰自幼家贫却勤学好读，1055 年时成功考中状元。此后张孝杰在朝中不断得到升迁，更被辽道宗耶律洪基赏识，拜为北府宰相。

张孝杰虽然出身贫寒，却没有养成勤俭廉洁、修德自律的作风，拜相之后更是奢靡放纵，极尽贪腐，甚至公然宣称没有百万两黄金，就称不上是宰相。1075 年时，张孝杰与耶律乙辛勾结，构陷太子，又在辽道宗面前极尽阿谀，因此还被辽道宗以狄仁杰相比，赐名仁杰。直到 1080 年耶律乙辛被贬，张孝杰私贩盐铁、更改诏书等诸多恶行才一一被揭露，辽道宗因此醒悟而将张孝杰贬谪。

等到天祚帝即位之后，早已病死的张孝杰又被掘墓剖棺戮尸，生前的财产也被天祚帝收回。

【人物评价】

张孝杰生前贪污聚敛，唯恐钱财少去，死后不仅家财被收回，连自己的棺椁都难以保全。世事无常之间，也隐约可见荒诞、讽刺。

李处温：投桃报李不避法，怀璧有罪岂能生

【人物简介】

李处温，生年不详，卒于 1122 年，辽天祚帝时任相。

【人物生平】

李处温的伯父李俨为辽国重臣，更与外戚权臣萧奉先交好，因此等到李俨死后，萧奉先便极力举荐李处温为北府宰相。而李处温也因受荐之故，对萧奉先极尽阿谀、逢迎。

等到天祚帝不敌女真而逃亡后，李处温又与族人拥立魏王即位，即天锡皇帝，李处温也因此得到重用。但不久后天锡帝就因病身亡，李处温也被人检举揭发，声称他有挟持皇室、投降北宋的企图，此前的许多不法事情也被揭露。李处温对此无法辩驳，于是又被赐死，时为 1122 年。

【人物评价】

李处温因受人举荐而任相，事后也"投桃报李"，虽是人之常情，但因此不顾底线，也实在是一种罪过。这一罪过更在后来为他带来灭顶之灾，可见福祸相依。

金

刘彦宗：先后两朝终任相，军旅生涯远庙堂

【人物简介】

刘彦宗，字鲁开，生于 1076 年，卒于 1128 年，享年 63 岁，金太祖时任相。

【人物生平】

刘彦宗祖上曾在唐朝时官至节度使，后来后晋石敬瑭向辽国割让幽云十六州，刘彦宗一家就此改变"国籍"。成为辽人之后，刘彦宗的家族得以继续显贵，他本人也凭借着家族恩荫得以入仕。

当时正是天祚帝统治时期，金国迅猛兴起，天祚帝最终被完颜阿骨打击败，刘彦宗最终也被掳至金国，但却有幸得到阿骨打的赏识，得以继续任官。后来刘彦宗更被阿骨打任命为平章政事。

1124 年时，刚即位不久的金太宗为了安抚军队，又以刘彦宗为使者，刘彦宗最终不辱使命，使得当地军民安于生产，不再闹事，后来刘彦宗又随同大军南下侵宋。其间刘彦宗还写下了十种用兵策略，等到宋钦宗求和之后，又奉命镇守一方，节制军队。1126 年金兵再次南侵，刘彦宗又积极劝说完颜宗望等人，将徽、钦二帝俘虏并带至北方。

1128 年刘彦宗病逝，享年 63 岁。

【人物评价】

由于当时金国初建，政治制度不甚完备，刘彦宗这位宰相也并没有始终高居庙堂，而是经常随军出征在外，负责一些具体细微事务，而非运筹帷幄一流。但他的种种计策和建议，又确实对金国当时的战事、民事起到了很大的作用，这一点还是不容忽视的。

韩企先：国家典章自我手，贤才忠言由我出

【人物简介】

韩企先，生于 1082 年，卒于 1146 年，享年 65 岁，金太宗时任相。

【人物生平】

韩企先虽为汉人，却出生于辽国境内，祖上也世代在辽国做官。韩企先在天祚帝时考中进士，并进入朝中任官，等到辽国灭亡后，韩企先又进入金国为官。

1128 年宰相刘彦宗病逝后，韩企先又接替其出任平章政事，1134 年时又被提升为右丞相。当时金国开国不久，各项制度都十分疏漏，韩企先又接受金太宗任命，负责整理、完善典章制度，为金国政权的巩固做出了许多贡献。同时韩企先又大力举贤，经常向金太宗进谏，因此就连女真贵族也将他视为贤相，金世宗即位后更说他是汉人宰相贤良第一。

1141 年韩企先又被封为濮王。1146 年韩企先因病逝世，享年 65 岁。

【人物评价】

金国是由异族女真所建立的国家，在政治典章和制度的建设方面，自然无法与中原汉族政权相提并论。但正是在韩企先的努力下，金国的制度开始走向完善，因此他对于金国的意义确实不容小觑。

完颜勖：吾生唯好翻书页，下笔写就祖宗篇

【人物简介】

完颜勖，字勉道，女真名完颜乌野，生于 1099 年，卒于 1157 年，享年 59 岁，金太宗时任相。

【人物生平】

完颜勖是金太祖完颜阿骨打的堂弟，自幼勤于读书，这在当时以蛮勇著称的金国宗室子弟当中并不多见，因此国人又称他为"秀才"。完颜勖虽然喜好读书，但也并非迂腐懦弱之辈，早在 16 岁时就跟随兄长出征，等到金太宗即位之后，又被召入朝中商谈政事，被金太宗视为股肱之臣。

1126 年北宋投降，完颜勖奉命前去安抚，其间前线将领问他有何需要，完颜勖当即表示自己只喜欢书，最终载着几马车的书籍返回京城。鉴于女真族当时还没有文字，因而也就没有历史记载的情况，完颜勖又在辽国灭亡后苦学辽文、汉文，最终在两个月内就掌握了文字，并极力拜访女真族内年高长者，从他们口中了解先代历史，为日后编写金国国事做准备。当时金国连年向高丽索要流亡户口，

完颜勖本着体恤百姓和树立国威的考量，建议金太宗停止追回人口，金太宗也予以应允。

1137 年完颜勖正式担任左相，金太宗甚至打算赐予其"皇叔祖"的称号，但完颜勖坚辞不受。1141 年完颜勖主持编写的《祖宗实录》终于完稿，金太宗再次对其嘉奖。金熙宗即位后也继续对完颜勖加以优待。

等到完颜亮主政之后，朝臣大多敬畏其权势，唯有完颜勖风骨凛然，曾当众怒斥他上朝迟到，完颜亮也只能跪地谢罪。等到完颜亮弑君自立后，也始终不敢轻慢完颜勖，反而对其更加礼遇。但完颜勖却因不满其作为而主动请辞，完颜亮只得应允。

1157 年完颜勖被封为金源郡王，同年因病逝世，享年 59 岁。

【人物评价】

自古异族虽然骁勇善战，但却又血腥蛮横，不通礼仪文明，而完颜勖显然是一个例外。完颜勖不仅嗜读书本，同时也为充斥着蛮勇粗鄙的女真带来了更多的文明开化气息，这些贡献比起在庙堂上出谋划策，也并没有任何不及。

完颜宗翰：从龙开国辅三代，争权置气毁一身

【人物简介】

完颜宗翰，本名黏没喝，又名粘罕，小名鸟家奴，生于 1080 年，卒于 1137 年，享年 58 岁，金国开国第一功臣，金熙宗时任相。

【人物生平】

完颜宗翰少年时就勇武善战，并与完颜阿骨打在军事上的看法一致。等到阿骨打击败辽军之后，完颜宗翰不遗余力地劝说阿骨打称帝，以此来维系人心，阿骨打最终接受了这一建议。

1121 年时，辽国已经愈发衰败，完颜宗翰当即上疏，劝说阿骨打抓住机遇，趁机攻灭辽国，阿骨打于是积极备战，并表示要以他作为三军统帅。同年完颜宗翰又建议趁着冬季严寒进军，阿骨打再次力排众议，采纳了这一建议，后来金兵果然取胜。阿骨打死后其弟完颜晟即位，即金太宗，依旧对完颜宗翰十分倚重，甚至将 100 个官员职位让出来，由完颜宗翰自行选择人员填补。在对北宋的外交关系上，金太宗也采纳了完颜宗翰的建议。

北宋在与金国联手灭辽后，又对宋金之间的盟约进行变更，完颜宗翰得知之后，当即请求出兵侵宋，最终将宋军打得大败。宋钦宗因此私下与耶律余睹往来，完颜宗翰再次奉命攻宋。1126 年北宋无力抵御，不得已请求投降，次年完颜宗翰

又押送着徽、钦二帝返回京城。

北宋灭亡时，康王赵构趁机南渡，建立南宋政权，完颜宗翰又率兵前去追击，但却没能赶上。1132 年金太宗病重，完颜宗翰为了擅权，便建议迎立年幼的太祖嫡孙完颜亶即位，金太宗允诺。1135 年完颜亶即位，即金熙宗，朝中大权进一步由完颜宗翰掌握。

但金熙宗即位之后，凭借着完颜宗干等人的辅佐，对金国制度进行大力改革，完颜宗翰也被拜为尚书令，从此身居相位，但却因此丧失了兵权。两年之后，完颜宗翰因大权旁落而心生忧愤，不久就恨恨而逝，享年 58 岁，死后得到追封。

【人物评价】

完颜宗翰历经金太祖、金太宗、金熙宗三朝，不仅为金国的崛起出谋划策，更多次亲自带兵出征，不愧为金国开国第一功臣。但完颜宗翰又对权力过于痴迷，以至因此气愤而死，这就实在得不偿失了。

完颜希尹：造字书写文化，辅君成就帝国

【人物简介】

完颜希尹，本名谷神、兀室、悟室、骨舍，生于 1080 年，卒于 1140 年，享年 61 岁，为女真文字的创制者，金熙宗时任相。

【人物生平】

完颜希尹早年就跟随金太祖起兵伐辽，多次立下战功，后来又与完颜宗翰共同力劝金太祖称帝，是当之无愧的开国重臣。彼时女真一族没有文字，书面文字都是采用契丹文，等到金国建立之后，完颜希尹又奉命创制本国文字，即著名的女真大字。女真大字直到 400 年后满文兴起，才被彻底取代，因此完颜希尹可说是为女真文化做出了巨大的贡献。

1125 年完颜希尹与完颜宗翰共同伐宋，并亲自策划了后来俘虏徽、钦二帝的计谋；1132 年又协助完颜宗翰，以完颜亶作为金国储君。金熙宗即位之后，便在完颜宗干等人的辅佐下改革制度，完颜希尹也被任命为左丞相。完颜希尹素来羡慕中原文化，又建议熙宗参照中原唐宋制度改革，金熙宗也予以采纳。

1137 年完颜宗翰忧愤而死，完颜希尹主动请辞，1139 年又因叛乱而再次任相。次年完颜希尹与完颜宗弼（即金兀术）产生嫌隙，因此遭到构陷，不久就被完颜宗弼进谗处死，享年 61 岁。直到 3 年后，完颜希尹才得以平反，后来又得到追赠、追谥。

【人物评价】

完颜希尹不仅富有政治才干、谋略，同时又有着丰富的学识造诣。他所创制

的女真大字，更是把女真族的文明向前推进了极大的一步，单凭这一贡献就足以名垂青史。

完颜宗弼：攻城掠兴兵戈，武穆遗恨败不得

【人物简介】

完颜宗弼，本名斡啜，又作兀术、斡出、晃斡出，生年不详，卒于 1148 年 11 月 19 日，金熙宗时任相。

【人物生平】

完颜宗弼即南宋抗金名将岳飞的宿敌、人们耳熟能详的金国将领金兀术。完颜宗弼是金太祖完颜阿骨打的四子，自幼勇武善战，1121 年又参与了金国灭辽的战争。次年完颜宗弼又在战场上独自击杀数名辽兵，展露出过人的勇武和胆魄，因此得到族人的敬重。

1125 年金国南下侵宋，完颜宗弼再次跟随大军出征，次年又率军沿路追击出逃的宋徽宗。1127 年金国灭宋，徽、钦二帝也被俘虏，完颜宗弼又在班师途中，接连将阻击的宋军击败，等到平定河北之后，又奉命单独率军留守河间府。

1128 年完颜宗弼又随军追击南渡的宋高宗赵构，很快就攻破建康，宋高宗因此再度出逃。完颜宗弼沿途追击，直到后来被阻于海上才停止。攻下临安之后，完颜宗弼不仅在城中大肆劫掠，还使这座古都付之一炬。1130 年完颜宗弼虽然击败韩世忠，却又在黄天荡一役中被岳飞击败，此后不再主张南下侵宋。但在金国统治者的命令下，完颜宗弼依旧义无反顾地带兵出征，其间多次击败张浚、赵哲等南宋名将。但从 11231 年起，完颜宗弼又多次被吴玠、韩世忠、岳飞等人击败。

1135 年金熙宗即位后，大刀阔斧进行改革，完颜宗弼对此予以极力支持，1141 年又被任命为左丞相。同年南宋与金议和，完颜宗弼当即对秦桧提出诛杀岳飞的要求，后来又亲率大军南下威胁，迫使南宋朝廷接受了所有议和条件。次年两国议和之后，完颜宗弼便始终坚持和平政策，其实是为将来一鼓作气灭亡南宋做准备。

1147 年完颜宗弼独掌大权，次年就因病逝世，死后得到金世宗追谥。

【人物评价】

完颜宗弼作为侵略者，无疑给中原人民和文化带来了巨大的灾难和摧残，这一点毋庸置疑。但仅限于女真的角度来看，谁都不能否认他是一位杰出的军事统帅和富有谋略的成熟政治家。

张通古：莫谓书生不知战，使不辱命断无偏

【人物简介】

张通古，字乐之，生于 1088 年，卒于 1156 年，享年 69 岁，金海陵王时任相。

【人物生平】

张通古最初为辽国人氏，自幼勤学好问，1112 年时又考中进士。等到金国灭辽之后，宋朝一度想要招揽张通古，但他却隐居山林避而不去。当时的金国名臣刘彦宗因与张通古熟识，便在宋太祖面前大力举荐，因此张通古又被延揽至金国为官。

1138 年南宋与金议和，张通古奉命出使，其间南宋提出面南而坐的要求，张通古当即傲慢拒绝，迫使南宋改为东西设席。但在返回之后，张通古当即建议撕毁和约发兵。当时宋人畏战溃逃，有人怀疑是诈败诱敌，张通古则表示反对，后来证实他所言不虚，完颜宗弼因此笑着表示谁说书生就不知军事。

完颜亮弑君自立后，大肆起用通晓文化的汉人、辽人、渤海人，张通古也被拜为左丞相，后来更被赐予王爵。1156 年张通古又被晋封曹王，同年就因病逝世，享年 69 岁。

【人物评价】

张通古不仅熟悉兵事，出使他国时又惯于盛气凌人，抛开立场而言倒也称得上是不失威仪。

张浩：唯暴君不重文士，行汉化方可立国

【人物简介】

张浩，字浩然，生于 1102 年，卒于 1163 年，享年 62 岁，金海陵王、金世宗时任相。

【人物生平】

张浩一家世居渤海，为当地一大望族，等到渤海国被辽所灭后，张浩家族又开始显贵于辽国。张浩也因此从小受到良好教育，对汉文化十分熟稔。

1125 年辽被金国攻灭，张浩当即前往金国投奔金太祖阿骨打，并受到阿骨打的重视。这一时期张浩发挥特长，为金国的各项文化制度建设发挥了重要作用，就连后来的金熙宗改革，也多少得益于他当时的种种努力。

1149 年海陵王完颜亮弑君自立，为了巩固权势便大力起用汉人、辽人，张浩也得到这位欣慕文化的君主的赏识，不断得到升迁，1150 年时就已经被拜为宰相。

次年完颜亮决定迁都燕京，张浩更被委以营建都城的重任。这一举动及后来的迁都为女真的进一步封建化产生了深远影响，同时又为后来的元代都城规模奠定了基础。

鉴于当时金国内部争斗不休，张浩又主动请求出镇，避开庙堂之上的政治旋涡，并在出镇地方期间做出诸多善政，得到百姓的爱戴。由于完颜亮过于强势，张浩为了自保也不得不曲意逢迎。迁都燕京之后，完颜亮又打算迁都开封，并继续对南宋用兵，张浩对此并不赞同，但也只能违心地接受任命，或是委婉地劝阻。完颜亮也因此对张浩不以为然，只是因看重其才干而委以重任，但同时也并不厚待他。

1161 年完颜亮被部下所杀，金世宗完颜雍即位，张浩对此并无任何反抗，主动上贺表表明忠心，因此继续得到金世宗的重用。鉴于完颜亮的汉化威胁女真，金世宗又采取女真为本、抑制他族的政策，但仍适当推行汉化。当时曾有人建议废黜科举制，金世宗向张浩询问，张浩当即表示唯有秦始皇不用文学之士，金世宗于是继续坚定推行科举制。张浩又在朝中大力举贤，提拔了一大批后来的贤臣。

1163 年张浩病逝，享年 62 岁，金世宗为之罢朝 1 日，赏赐诸多钱财，又为其追谥。

【人物评价】

张浩先后经历金太祖、金太宗、金熙宗、金海陵王、金世宗五朝君主，在金海陵王和金世宗时期，更为金国的封建化起到了巨大作用，是当时一位颇具影响力的人物。

纥石烈良弼：欲读相文先见相，又做宰相登朝堂

【人物简介】

纥石烈良弼，本名娄室，生于 1119 年，卒于 1178 年，享年 60 岁，金海陵王时任相。

【人物生平】

纥石烈良弼于天会年间被选入京城学习，其间宰相完颜希尹恰好路过，尚是幼童的纥石烈良弼便以"既学宰相文字，便该拜见宰相"为理由求见。完颜希尹接见之后，与他谈论许多治国之事，纥石烈良弼都应对得十分合宜。完颜希尹因此大为惊奇，称赞他是奇才。

纥石烈良弼 14 岁时就成为老师，经常给 200 多名学生授课，17 岁时又补任尚书省令史。完颜亮登基之后，经常对左相张浩十分不满，认为他不务实，却对已

经担任右相的纥石烈良弼十分满意，称赞他刚正不阿。不仅如此，爱屋及乌的完颜亮，干脆又将当初举荐纥石烈良弼的椿年加以提拔。后来完颜亮又特许纥石烈良弼佩刀上殿，可说殊荣。

当时完颜亮雄心勃勃，想要再度南侵，纥石烈良弼也主动出面劝阻，但完颜亮不为所动。1161年完颜亮兵败被弑，纥石烈良弼也返回京城。尽管此前自己深得完颜亮宠信，金世宗也没有进行追究，反而干脆委任他镇守开封，后来又派他前去招抚辽人。最终纥石烈良弼不负所托，成功完成任务，事后又被任命为左相。任相之后，纥石烈良弼多次进谏，同时又在金国推行汉化之余，继续训练女真族人进行弓马骑射，以便保持勇武之风。

1177年纥石烈良弼病重请辞，金世宗坚决不允而特许其休假。次年纥石烈良弼病重而逝，享年60岁。金世宗因此十分悲痛，为其追赠、追谥。

【人物评价】

纥石烈良弼富有政治才干，为官期间也始终兢兢业业、敢于直言，完颜亮这样的暴君都对他十分赏识，也并非毫无理由。

萧玉：害帝裔为恶作乱，阻南侵劝君不成

【人物简介】

萧玉，生卒年不详，金海陵王时任相。

【人物生平】

萧玉出自奚族，入朝为官之后又依附于金海陵王完颜亮，成为其帐下之臣。1149年完颜亮弑君自立后，萧玉又在其暗中授意下，大肆构陷、杀戮金太宗后人，使其子孙从此断绝，但也因此赢得了完颜亮的信任。

随后完颜亮就把金太宗子孙的部分财物赏赐给他，不久后又以他接替张浩为相。由于自己断案不公，完颜亮曾将萧玉、蔡松年等相关重臣全数召入宫中问责。后来完颜亮南巡时，又以萧玉为左相，并以其留守京城。

完颜亮迁都燕京之后，又进一步打算对南宋用兵，于是便在一次宴会时将萧玉召入帐中询问。萧玉虽然曾为虎作伥，却也知晓其中利害，因此便以苻坚之事为例，表示不可，反而受到完颜亮的杖责。

1161年完颜亮果然兵败，不久又被部下杀死，金世宗完颜雍登基为帝。萧玉因受命构陷金太宗子孙而被金世宗问罪，但因不是首恶而没有被处死，只是被贬官外放。后来萧玉又因与同僚相互争持而被降职，不久后就病死。

【人物评价】

萧玉虽然为虎作伥、残害金太宗后裔，但从其以苻坚旧事为例、劝阻完颜亮

南侵一事来看，他却绝非彻头彻尾地阿谀奸佞，而是一位熟稔历史、颇有战略眼光的能臣。

蔡松年：宋臣仕金多侥幸，投敌背乡少不安

【人物简介】

蔡松年，字伯坚，号萧闲老人，生于 1107 年，卒于 1159 年，享年 53 岁，金海陵王时任相。

【人物生平】

蔡松年原本是北宋人士，其父更是镇守燕山的一名北宋将领，蔡松年也一直在父亲帐下效力。后来北宋战败，蔡松年的父亲以整个燕山投降金国，蔡松年因此也成为金国之臣。

1127 年康王赵构南渡，建立南宋政权，蔡松年又随同金军南下侵宋，迫使南宋称臣议和。等到完颜亮弑君自立后，大肆任用汉人，蔡松年也得到提拔。及至完颜亮意欲侵宋，又将蔡松年提拔为左相，以此来化解、招揽南宋人心。

蔡松年仕途顺利，同时为人又极为孝顺，就算是侍奉继母也不曾丝毫失礼，更不惜为此大兴奢靡。但完颜亮其实并不十分信任他，更怀疑他暗中与南宋有所勾结，使其十分惶恐。同时蔡松年也对自己身为宋人而侍金有所郁结，经常在诗文作品中表露出这一情感。

1159 年蔡松年病逝，享年 53 岁，死后得到加封、追谥。

【人物评价】

蔡松年在官场上，更多是因侥幸而得以显贵，但在文坛上，他却实实在在是一位负有盛名的词人。尽管自己身获殊荣，但蔡松年的心中始终不安，由此可见这位投敌之臣也并非完全泯灭良知。

仆散忠义：少年从军多转战，赢得庙堂拜相来

【人物简介】

仆散忠义，女真名乌者，生于 1115 年，卒于 1166 年，享年 52 岁，金世宗时任相。

【人物生平】

仆散忠义一家在金国初建时，世袭谋克一职，仆散忠义也从小就十分勇武，16 岁时就已经跟随金兵四处征战，1140 年又因战功升为猛安。此后仆散忠义又跟随名将完颜宗弼四处征战，接连立下战功，及至 1148 年时已经官至兵部尚书。

完颜亮登基之后，也对这位勇武的将领十分重视，先后以他出镇多地节度使；及至契丹旧部起义，仆散忠义又奉命率军前往镇压。率军赶赴前线之后，仆散忠义采取恩威并施的手段，很快就击败了叛军，因此又被完颜亮任命为右相。

1163 年时，仆散忠义又派遣大将纥石烈志宁南侵，很快就接连攻克南宋领土，迫使南宋不得不同意议和，事后仆散忠义也因功升任左相。1166 年仆散忠义病逝，享年 52 岁，金世宗因此悲恸哭泣，罢朝并命令百官送葬。

【人物评价】

仆散忠义是不折不扣的武夫，虽有遥控指挥之能，却也不足以在庙堂上运筹帷幄，更多的是凭借武功而拜相。

完颜宗宪：不重武功重文治，不惜权位惜亲伦

【人物简介】

完颜宗宪，本名阿懒，生于 1108 年，卒于 1166 年，享年 59 岁，金世宗时任相。

【人物生平】

完颜宗宪在 16 岁时，就进入金国朝廷开办的学校中学习，并且受到金太宗的赞叹。尚未成年时，完颜宗宪就已经掌握了汉文、辽文，后来随金兵南下侵宋、攻破皇城，也只是进入藏书库中，满载着大量图书返回，与那些争相抢夺金银珠宝的莽夫大不相同。

完颜宗宪长大之后不善战事，独以文采见长，同时也精于庙堂之事。当时金国素来依循辽国旧制建立制度，但完颜宗宪却对此十分不屑，并表示要效仿前古，就连宰相完颜希尹也赞同他的建议。朝中又有人提议把齐地归还宋朝，完颜宗宪竭力反对。后来完颜宗弼也是凭借着完颜宗宪的计谋，才得以攻占河南、陕西等地，金熙宗因此称赞他的远见。

金熙宗最初因听信完颜宗弼之言，而将宰相完颜希尹处死，后来又感到后悔，于是向完颜宗宪征求意见。完颜宗宪便劝说金熙宗先平反，然后再重用完颜希尹后人，如此才显得名正言顺，金熙宗于是采纳。等金熙宗打算单独大赦女真犯人时，完颜宗宪再次表示反对，金熙宗于是大赦全部犯人。

1161 年金世宗即位，以侄子的身份请求完颜宗宪支持，完颜宗宪当即丢下官职前往。此后完颜宗宪继续得到金世宗重用，后来又被拜为宰相。1166 年完颜宗宪病逝，享年 59 岁，金世宗为止罢朝，并命令百官前往吊唁。

【人物评价】

完颜宗宪的作风，与金太宗时宰相完颜勖颇为类似，俱是不逞蛮勇、一心好

读的文士风范，无怪乎后来能够登堂拜相，成为一国重臣。

纥石烈志宁：帝室安宁皆有此，转战南北天下知

【人物简介】

纥石烈志宁，女真名撒曷辇，生年不详，卒于1172年，金世宗时任相。

【人物生平】

纥石烈志宁与纥石烈良弼一样，都出自著名的女真纥石烈部，早在祖上好几代时，就已经与金国皇室通婚。纥石烈志宁自小就沉稳坚毅、气度不凡，因此就连金国名将完颜宗弼也对他十分赏识，更将自己的女儿嫁给他。

凭借着部族和岳父的关系，纥石烈志宁身份愈发显赫，仕途也因此十分顺畅。金熙宗时纥石烈志宁曾担任贴身护卫，等到完颜亮登基并侵宋之后，纥石烈志宁也作为统兵大将，负责镇压辽人的反抗起义。1161年金世宗完颜雍登基，纥石烈志宁本打算趁机讨伐，但不久后完颜亮又因兵败被弑。最初时纥石烈志宁斩杀招降使者，决意与金世宗开战，但部下却都表示反对，纥石烈志宁也只得归降。金世宗为了尽快稳定大局，便没有追究完颜亮旧部的责任。纥石烈志宁因这一举动而大受感动，从此竭尽全力效忠金世宗，后来更带兵南下侵宋，迫使南宋答应了隆兴议和。

1165年纥石烈志宁返回京城，金世宗为了表彰其平叛、逼和功勋，便将其拜为平章政事，1167年又在太子的生日宴会上指着纥石烈志宁，表示天下安定皆是源自他的功劳。1172年纥石烈志宁病逝，金世宗不仅赏赐钱财、追加谥号，还亲自前往吊唁。

【人物评价】

纥石烈志宁深得金国名将完颜宗弼的赏识，不仅英勇善战，同时也在完颜亮死时表现得颇有臣节，比起带来战火浩劫的武功，这份忠贞反而更值得称赞。

完颜守道：出镇则善治一方，入朝则谏安庙堂

【人物简介】

完颜守道，字习尼列，生于1120年，卒于1193年，享年74岁，金世宗时任相。

【人物生平】

完颜守道最初因恩荫而入仕，担任翰林文字之职，1149年时又先后担任了献、祁、滨、蓟四州的刺史。等到金世宗即位之后，有一次恰好经过蓟州，蓟州百姓

纷纷请求金世宗将完颜守道留任，金世宗因此对完颜守道留下很好的印象。

后来重臣移剌元宜也举荐完颜守道来代替自己，金世宗于是征召完颜守道入朝，最初时担任谏官。当时宗室子弟完颜宴被拜为宰相，完颜守道痛陈不可，金世宗于是以闲职将其致仕。后来金世宗打算借贷民财以赏赐将士，完颜守道当即指出恩德未至而先行敛取，必然会损害民心，金世宗于是再次作罢。

1174 年南宋提出今后不再以臣礼接国书的请求，纥石烈良弼极力反对，完颜守道也附和其意见，于是金世宗断然拒绝了这一请求，事后又以完颜守道为右相。1180 年金世宗又升任其为左相，完颜守道不久后就提出致仕请求，但金世宗不允，并且对他更加优厚。

1193 年完颜守道病逝，享年 74 岁，金世宗重赏其家人并为其追谥。

【人物评价】

完颜守道任官地方时能行善政，得到百姓拥戴；入朝之后又能直言进谏，深受君王殊荣，为臣若此，实在不枉。

李石：天下奸宄当除尽，安邦远暴继仁德

【人物简介】

李石，字子坚，生卒年不详，金世宗时任相。

【人物生平】

李石的祖上曾在辽国官居宰相，其父后来又死于战场。辽被金所灭后，李石的姐姐又被选入宫中，即贞懿皇后，也即金世宗的生母。

1124 年李石被授予世袭谋克，并归入名将完颜宗弼麾下，此后不断得到升迁，先后担任了都巡检使、大名少尹、汴京马军副都指挥使，后来又成为景州刺史。完颜亮登基之后，李石不愿卷入宗室斗争，便主动提出请辞，暗中又与金世宗有所往来。完颜亮出征之后，李石又为金世宗出谋划策，帮助其登上帝位，不久后就被任命为参知政事。当时许多人都劝金世宗赶赴上京，唯有李石力排众议，建议金世宗前往中都，金世宗采纳并迎娶李石之女为妃。

当时有一位节度使徒单子温行为不法，李石得知后当即上疏，有人询问他所奏何事，李石当即表示"天下奸污未尽诛耳"，引得众人十分畏惧。李石一方面积极弹劾不法；另一方面又不忘建议金世宗设立监察官，负责探视、举荐贤才。

早年李石家境贫寒，曾有人因看不起而羞辱，及至自己拜相，那人十分畏惧，李石却宽慰并更加礼遇。当时贞懿皇后曾打算赐予其钱财，李石表示当以国事为重，但后来却又私下聚敛、贪腐，因此受到时人的讥讽。当时金国有些地区军民

冲突严重，当地官府打算偏袒士兵，李石当即提出尖锐批评，表示军民一体，唯纲纪不得动摇，应当依法办事。眼见官府从不偏袒。军民争执果然渐渐销声匿迹。

为了防备边事，金世宗又打算修建长城，李石得知后便劝谏说，古来中原修建长城防备异族，但收效往往并不显著，何况金国边境尽是居无定所的游牧之民，与其以高墙来防备，倒不如以仁德来使其屈服。金世宗后来也采纳了这一建议。

【人物评价】

李石为金国外戚，任官期间也有一些聚敛钱财的不法之事，但更多的是劝谏庙堂、安定国家，不失为一代睿智能臣。

徒单克宁：亲贤虽好难善终，惟愿君王行至诚

【人物简介】

徒单克宁，本名习显，生年不详，卒于 1191 年，金世宗、金章宗时任相。

【人物生平】

徒单克宁是金熙宗时宰相完颜希尹的外甥，其父曾官居节度使。徒单克宁不仅勇武善战，同时又通晓女真文和契丹文，因此后来又得到舅舅完颜希尹的举荐，得以成为金熙宗的贴身护卫。有一次皇后的弟弟被打，皇后得知后当即表示徒单克宁为人忠厚，过错绝不在他身上，其弟只得坦承是自己侮辱在先。

完颜亮弑君自立后，对显贵的徒单克宁及其兄长都十分厌恶，于是便找了个借口将其兄长杀害，徒单克宁也被贬谪。直到 1161 年金世宗即位，完颜亮被弑杀之后，徒单克宁才再次被起用，并受命率领大军前去平定辽人之乱。

1164 年徒单克宁奉命侵宋，果然不负金世宗期望，成功击败宋军，迫使南宋与金议和，承认结为叔侄之国。徒单克宁也因立下赫赫战功，而被任命为平章政事，时为 1171 年。1179 年金世宗又以其为右相。由于年老，徒单克宁一再请辞，但金世宗始终不予应允。

1186 年徒单克宁又主动请求世宗册立皇储，金世宗因此感叹他是社稷大臣。1188 年金世宗病逝，死前又以徒单克宁为辅政大臣。金章宗即位之后，继续对徒单克宁十分信任，鉴于其年老又准许其减少上朝次数。

1191 年徒单克宁病逝，临终前又告诫章宗说，许多君主都是初时亲近君子而后疏远，初时疏远小人而后亲近，因此招致亡国灾祸，希望金章宗能够始终如一。徒单克宁死后得到追谥。

【人物评价】

徒单克宁历仕四朝，不仅以显赫武功拜相，更以睿智眼光辅佐君主，提出许

多真知灼见，对金国的政治、军事、外交等都产生了巨大影响。

石琚：不因权势毁廉志，要以直诤立朝堂

【人物简介】

石琚，字子美，生于 1111 年，卒于 1182 年，享年 72 岁，金世宗时任相。

【人物生平】

石琚自幼聪慧，过目不忘，长大后也对经史、词章十分精擅，1139 年时又考中进士。入仕之后，石琚最初担任县令，并顶着上司横征暴敛的压力，拒不同流合污，因此等到上司落网之后，下属纷纷牵连其中，只有石琚因素有廉名而幸免。

1155 年石琚入朝任谏官，提出的建议均被金世宗赏识并采纳，因此又被升任为吏部尚书。由于自己政绩显著，金世宗多次想要将其拜相，石琚都竭力推辞。但最终金世宗还是将其任命为右相，后来又改为左相。

石琚拜相之后，金世宗对其更加倚重，每逢军国大事都要向他征询意见，几乎称得上言听计从。甚至就连金世宗的“小尧舜”之称，其间也多有石琚的功劳。从 1173 年开始，石琚多次因年老请辞，金世宗不但不允，反而进一步将他升官。

1179 年石琚再次请辞，金世宗这才不得已应允，1182 年石琚病逝于家中，享年 72 岁，死后得到追谥。

【人物评价】

石琚不仅以廉洁而享誉，更以贤才而深得金世宗这位明君的倚重，尽管声名不显，但却确确实实为金世宗的治政起到了巨大的引导作用，影响不容忽视。

唐括安礼：言不合时不得纳，所述不失忠与仁

【人物简介】

唐括安礼，本名斡鲁古，字子敬，生年不详，卒于 1181 年，金世宗时任相。

【人物生平】

唐括安礼自幼通晓经史文学，精擅君王之事，入仕之后不断得到升迁，直至地方节度使后又被召入朝中。当时京城之中常有谣言，官府无法禁止，金世宗于是以唐括安礼为京官，革除衙门积弊。

后来唐括安礼因居丧而罢官，守丧期满后当即得到起用，并被任命为右相。由于自己与世宗政见不合，唐括安礼一度遭到训斥，但此后金世宗依旧信任他。

辽国灭亡之后，皇室子弟耶律大石远赴天山，建立起西辽王朝，一些已经归降金国的契丹遗民又纷纷叛逃，前往投奔，金世宗因此十分恼怒，一方面采取通

婚等安抚政策，一方面又将国境内的契丹遗民迁徙他处。唐括安礼因此表示不宜有所偏私，但金世宗却始终不认为契丹能与自己同心，因此又没有采纳。金世宗曾问唐括安礼为何很少举贤，唐括安礼则表示一人举贤终究有限，不如广开路径选拔贤才，金世宗也表示赞同。

后来唐括安礼继续得到升任，却因无所建言而感到惶恐，金世宗又好言进行安抚。1181 年唐括安礼病逝。

【人物评价】

唐括安礼拜相后的建议，大多不被金世宗采纳，但观其内容，虽有不合时宜之处，却都是出自仁厚之心，因此倒也称得上是仁厚宰相。

乌古论元忠：直言只因忠义，岂以敢谏沽名

【人物简介】

乌古论元忠，本名讹里也，生卒年不详，金世宗时任相。

【人物生平】

乌古论元忠的母亲即金太祖之女，身份在金国也十分显赫。1160 年乌古论元忠曾跟随完颜亮一同侵宋，次年就发生了金世宗自立，完颜亮被弑的宫廷内乱。金世宗早在登基前，就已经把自己的女儿许配给乌古论元忠，因此对他十分信任，更以他为自己镇守皇宫。

乌古论元忠虽是侍卫，却也经常趁机向金世宗进谏，因此金世宗对他更加赏识，又以他为大兴府知事。当时金世宗姑母为犯人求情，乌古论元忠却坚持依法断案，金世宗得知后更对他的公正严明啧啧称赞。

1178 年时，左相纥石烈良弼也对金世宗举荐乌古论元忠，于是金世宗便以其为右相。拜相之后，乌古论元忠又多次直言进谏，甚至一度惹得金世宗不快，斥责他是沽名卖直。但朝中官员一旦阿谀逢迎，金世宗又会搬出乌古论元忠的名字，以他为例来斥责大臣。

1179 年乌古论元忠调任南京，直至病逝任上，金章宗得知后以重礼将其下葬。

【人物评价】

乌古论元忠为人刚直而粗豪，因此任官后一再直言，所幸金世宗虽有不快，却也知晓其忠义，因此并未太过迁怒。

蒲察通：高位于我不及孝，治军治政唯敦实

【人物简介】

蒲察通，本名蒲鲁浑，生年不详，卒于 1198 年，金世宗时任相。

【人物生平】

蒲察通曾被金熙宗选为侍卫，却因父亲年迈而请辞，因此得到时人的敬重。后来蒲察通又因家族关系而得以入仕。

1160 年完颜亮侵宋，蒲察通奉命统率最为精锐的隆州军，并在战场上身先士卒，一举击杀南宋将领，带领金兵取得胜利，完颜亮因此十分欣喜。等到完颜亮死后，蒲察通也悲伤过度而晕厥。

班师之后，早就听闻蒲察通大名的金世宗，也对其勇武忠义十分赏识，因此继续加以重用。1177 年又以蒲察通为相。拜相之后，蒲察通每逢论事都十分尽心，仔细地逐条陈述自己的观点，因此金世宗又以他为榜样，昭示群臣。

1185 年时蒲察通年事已高，金世宗虽欲继续重用而不可得，只好以闲职将蒲察通致仕。1198 年蒲察通病逝，死前又特意要求薄葬。

【人物评价】

蒲察通军旅出身，作风相对敦厚，即便入朝为官、论政，也能以朴实作风一一应对，因此才会得到金世宗的赏识和重用。

完颜襄：以勇战破敌寇，以惠政安民生

【人物简介】

完颜襄，本名永庆，生于 1140 年，卒于 1202 年，享年 83 岁，金世宗、金章宗时任相。

【人物生平】

完颜襄是金海陵王完颜亮的母弟，为人勇武善战、富有谋略，18 岁时就承袭了父爵。1161 年完颜亮南侵时，完颜襄也统率大军，平定金国内部的辽人起义，金世宗即位后又奉命与南宋作战，迫使南宋与金国议和。

1183 年完颜襄升任平章政事，1188 年又升任右相，并奉命与徒单克宁共同辅政。金章宗即位之后，完颜襄依旧担任右相，并先后两次奉命出征，讨伐阻碍金国的鞑靼。班师还朝之后，完颜襄又升任左相。

1202 年完颜襄病逝，享年 83 岁，死后得到追封、追赠和追谥。

【人物评价】

完颜襄不仅作战勇武，同时也颇善治政，曾在平叛之后推行种种惠民政策，以此安抚动荡人心，为稳定局势起到了巨大作用。

粘割斡特剌：吾生处事唯恭谨，恭谨赢得君王心

【人物简介】

粘割斡特剌，生卒年不详，享年69岁，金世宗时任相。

【人物生平】

粘割翰特剌最初与纥石烈良弼一样，均被选入京城学习文字，后来又入朝为官，并以谨慎善察而闻名。当时边将上报南宋有意兴兵，金世宗便以粘割翰特剌前去探究。赶赴前线之后，粘割翰特剌一一询问所有相关人士，最终查明消息的不实，金世宗因此十分高兴。

后来又有人声称西夏将与南宋联合伐金，粘割翰特剌再次被派往前线，最终查明这一消息也属虚假。此后粘割翰特剌接连得到金世宗赏识，又被任命为参知政事。金世宗甚至在宰相唐括安礼面前夸赞粘割翰特剌，有人举报他结党营私，金世宗也从不相信。

1183年时，粘割翰特剌已经官居右相，1186年又改任左相。金世宗曾感叹自己登基之后过于勤勉，粘割翰特剌当即表示君王善始容易，善终却难，并以魏徵的《谏太宗十思疏》警示金世宗。

1191年粘割翰特剌以年老致仕，同年9月又被金章宗起用，再度出任宰相。然而仅仅过了几个月，粘割翰特剌就病逝于任上，享年69岁。金章宗因此深感悲痛，下令厚赏并为其追谥。

【人物评价】

粘割翰特剌别无大才，处事唯以谨慎见长，但最终也因这一份谨慎而得到宠信，官居宰辅大位。任相之后，粘割翰特剌也因谨慎而几无错失，因此才会赢得金世宗、金章宗的礼遇和优待。

夹谷清臣：好战而贪小利，显贵而民心厌

【人物简介】

夹谷清臣，本名阿不沙，生于1133年，卒于1202年，享年70岁，金章宗时任相。

【人物生平】

夹谷清臣形貌丰伟、英勇善战，1148年时承袭父爵成为猛安。1161年金世宗即位，夹谷清臣当即率领着6000麾下远道投奔，表明忠心，因此得到金世宗的赏识和提拔。

当时金国内部爆发辽人起义，夹谷清臣又与纥石烈志宁等人共同率军平叛，事后因功受封为镇国上将军。恰好南宋于此时进兵北伐，夹谷清臣等人又率兵围攻，迫使宋人放弃刚刚攻下的汝州。此后夹谷清臣先后数次击败南宋，并不断得到升迁。

金世宗曾询问他南宋与西夏谁更勇武，夹谷清臣当即说是宋人，并趁机陈述用兵之道，得到金世宗赏识。金章宗即位之后，夹谷清臣依旧被视为重臣。1191年金章宗先是以夹谷清臣为左相，后来又将其升任平章政事，并委任他监修国史。

夹谷清臣年老之后，金章宗本欲以他出镇，但又担心旁人议论，于是准许其致仕赋闲。1020年夹谷清臣病逝，享年70岁。

【人物评价】

夹谷清臣善于带兵，曾数次击败南宋、取得胜利，但同时也因贪图小利而导致边境不宁。因此虽然自己身居相位，金国边境百姓却都对夹谷清臣十分不满。

张万公：宽仁可恤民力，君王不从则走

【人物简介】

张万公，字良辅，生年不详，卒于1207年，金世宗时任相。

【人物生平】

张万公从小好学，1157年时又考中进士。最初时他仅仅担任主簿，后来又被调入朝中。金章宗即位后，设立九路提刑司，张万公也位列其中之一。

当时蒙古经常侵扰金国边境，金章宗有意出兵征伐，张万公却以劳民伤财为理由劝阻。1195年张万公出镇河中府，因为政宽仁、体恤百姓而深受爱戴，后来又被征召入朝，拜任平章政事。张万公为人谨慎，从不当面驳斥金章宗建议，而是委婉劝说，但金章宗经常表面同意却并不实行。张万公见建议不被采纳，便竭力请求致仕，金章宗只得应允。

1206年金章宗侵宋，再次起用张万公，两国议和后张万公当即请辞。1207年张万公病逝，死后得到追赠、追谥。

【人物评价】

张万公不喜直谏而喜欢婉劝，事不成也不会一味坚持，尽管有失诤臣风度，倒也称得上知晓进退、善于拿捏。

完颜守贞：辅助君王修礼政，受谗奸佞死地方

【人物简介】

完颜守贞，本名左靥，生年不详，卒于1200年，金章宗时任相。

【人物生平】

完颜守贞是金熙宗时名相完颜希尹的孙子，大定初年时得到起用，但不久就因故被罢官问罪。鉴于自己性格刚直，金世宗又于20年后再次将他起用，后来完颜守贞果然做出许多政绩。

金章宗即位后，完颜守贞又被拜为左相。1192年金国大旱，完颜守贞一再引咎辞职，金章宗不得已只好应允。出镇东平府之后，完颜守贞很快又以政绩称誉，金章宗于是改任他为西京留守。

次年金章宗又将完颜守贞征召入朝，拜为宰相。当时金国的制度仍有许多不完备处，完颜守贞恰好通晓礼乐、律令，于是多次上疏提出整顿方案，大多被金章宗采纳。但由于自己过于刚正，大臣胥持国等人都对他十分嫉恨，更在暗中构陷、排挤，最终迫使其出镇济南府。1200年完颜守贞病逝于任上。

【人物评价】

完颜守贞曾被金世宗视为辅国良才，事实上也确实如此。正是在完颜守贞的辅佐下，金章宗才得以对当时的金国各项制度进行再一次的更改、修订，完颜守贞对此功不可没。

徒单镒：胸怀大才不得用，难挽危亡郁郁终

【人物简介】

徒单镒，又名图克镒，本名按出、安春，生于1150年，卒于1214年，享年65岁，金章宗时任相。

【人物生平】

徒单镒家族世代为官，因此他从小就受到良好教育，7岁时就已经学习女真字，长大后又掌握了汉文、辽文。1173年金国首开科考，徒单镒于同年高中榜首，成为金国历史上的首位状元。

凭借着家族关系和状元身份，徒单镒考中不久就被授予官职，更得到金世宗的嘉奖。金章宗即位之后，徒单镒更是接连得到提拔，1194年时又被拜为平章政事。当时外戚势大，徒单镒当即婉劝金章宗，抑制皇后等外戚势力，后来又率兵击退南宋的进攻，迫使南宋与金议和。

卫绍王登基之后，徒单镒继续得到重用，后来又成功解救中都之围。但由于庙堂上的钩心斗角，徒单镒所提出的军事方针始终没能得到采纳，因此蒙古日益壮大，对金国的威胁也一日日加强。

1213年时，纥石烈执中弑杀卫绍王企图自立，徒单镒当即进行劝阻，最终纥

石烈执中以金宣宗为帝，徒单镒也被拜为左相。鉴于金国的危急形势，徒单镒力劝金宣宗与蒙古和亲、停止南迁举动，但宣宗始终不听。1214 年徒单镒因忧愤而死，享年 65 岁。

【人物评价】

徒单镒不仅以文采见长，同时又富有军事谋略，可以说是当时金国的一代重臣。然而在他晚年时期，金卫绍王、金宣宗两代君主都没能充分重视、采纳其建议，致使国势愈发危急，实在是识人不明、用人不善。

完颜宗浩：引兵征伐南北，用强划分君臣

【人物简介】

完颜宗浩，本名老，字师孟，生卒年不详，金章宗时任相。

【人物生平】

完颜宗浩的父亲名叫完颜昂，完颜昂即金太祖完颜阿骨打、金太宗完颜晟的幼弟。金海陵王称帝后，完颜宗浩以庶人的身份入朝，等到金世宗即位后，又因追随之功而不断得到升迁，官至参知政事。

金章宗即位之后，完颜宗浩又亲自率兵，平定夵吉剌部的叛乱，事后被任命为枢密使，受封荣国公。等到自己拜相之后，完颜宗浩又亲自率领大军南下，以武力威胁、逼迫南宋割让领土，迫使其以臣礼自居。

【人物评价】

完颜宗浩与金太祖完颜阿骨打同出一源，本人也表现出与其相同的彪悍、善战，是当时金国的一员悍将。

仆散揆：战功彪炳两父子，以武拜官一相臣

【人物简介】

仆散揆，又名布萨揆，女真名临喜，生年不详，卒于 1207 年，金章宗时任相。

【人物生平】

仆散揆是金世宗时宰相仆散忠义之子，家族世代在金国任官，身份十分显赫。凭借着父亲的影响力，仆散揆很早就被授予官职，1175 年时又迎娶了韩国大长公主，受封世袭猛安。

由于自己言辞不慎，无意中泄露皇宫秘事，仆散揆一度被贬出镇，但不久后就再次被重用，先后担任兵部和吏部要职。1190 年仆散揆出任节度使，很快就因

英明善断、治狱公正而得到提拔。

1193 年仆散揆卷入宫廷政变，侥幸免除一死，此后又数次因战功而得到提拔，官至右相、平章政事。1206 年韩侂胄领兵伐金，正是仆散揆率领金兵奋起抵抗，最终将南宋击败，并迫使其答应议和条件。

1207 年仆散揆病逝于军中，死后得到朝廷追谥。

【人物评价】

仆散揆之父仆散忠义曾以战功拜相，仆散揆显然也是如此，可谓是虎父无犬子。

仆散端：行善道难阻奸恶，出昏着终致危亡

【人物简介】

仆散端，本名七斤，生年不详，卒于 1217 年，金章宗时任相。

【人物生平】

仆散端为人以孝顺闻名，后来又被金世宗选为宫廷护卫，先后担任长史、将军、刺史等要职。由于自己的叔父曾弑杀金海陵王完颜亮，有一名护卫曾建议金章宗不要信任仆散端，金章宗愤而将那名护卫杖责，后来更以他为平章政事。

金章宗死时无子，便以金卫绍王为储君，又委托仆散端护卫自己的两名怀孕嫔妃。然而金卫绍王却将这两名嫔妃全数害死，又以仆散端为右相，以示安抚、拉拢。

1214 年，仆散端力劝金宣宗南迁都城，包括徒单镒在内的许多大臣都极力劝阻，但金宣宗始终没有听从。迁都之举因此导致人心尽失。迁都南京之后，仆散端又被拜为左相。由于自己素来勤勉，其余大臣的构陷始终不能起到作用，1216 年仆散端主动请辞，金宣宗却始终不允。

1217 年仆散端病逝，金宣宗得知后大为惊愕、悲恸，不仅为之罢朝，又为其追赠、追谥。

【人物评价】

仆散端身负君王嘱托，为人也并无贪腐弄权的恶行，行为倒也称得上正派。但他却始终未能阻止金卫绍王行恶，金宣宗即位后更提出南迁这一尽失人心的昏着，因此也并不是一名合格的宰相。

完颜匡：以诚信而显贵，因贪枉而失节

【人物简介】

完颜匡，原名撒速，生于 1152 年，卒于 1209 年，享年 58 岁，金章宗时任相。

【人物生平】

完颜匡是金始祖的九世孙，曾在豳王府中任教读，1179 年又被举荐给金显宗，负责教导金章宗读书。由于自己诚实不欺，金显宗对他也十分喜爱，并以他教授金章宗汉文、女真文。

一次金世宗出巡，金显宗与完颜匡一同跟随，其间又与其余大臣谈论仁义，因此落在队伍后面。等到显宗得知两人讨论的内容后，更对完颜匡十分称赞。1185 年完颜匡又考中进士。

金章宗即位之后，完颜匡曾奉命出使南宋，后来又被拜为左相。当时南宋正由韩侂胄掌权，积极准备对金用兵，金国许多大臣都不以为意，认为南宋无心北伐，只有完颜匡建议早做准备。1206 年南宋果然起兵伐金，完颜匡又上疏陈述应对策略，成功阻击了宋军。事后金国又迫使南宋以诛杀韩侂胄为代价，来换取两国议和。

1208 年金章宗病逝，完颜匡奉命与元妃李氏共同拥立金卫绍王，事后却将李氏构陷害死，同时又利用职权，做出许多贪赃枉法之事。次年完颜匡病逝，享年58 岁。

【人物评价】

完颜匡早年以诚实笃信、知书达理闻名，辅政期间也确实提出许多正确意见，可以说是股肱之臣。但在私德问题上，显贵后的完颜匡却并不值得恭维。

纥石烈执中：对敌无能有惧，事君有奸无忠

【人物简介】

纥石烈执中，原名胡沙虎，生年不详，卒于 1213 年，金宣宗时任相。

【人物生平】

纥石烈执中最初时担任宫廷侍卫，屡屡因犯事而受到问责。1197 年金章宗命令他跟随完颜襄出征，纥石烈执中竟以两人有私仇、恐遭暗害为由拒绝。金章宗因此大为恼怒。

后来纥石烈执中得到起用，却因嚣张跋扈而被弹劾，1206 年又带兵击退南宋入侵。金卫绍王登基之后，纥石烈执中受封世袭谋克，但却始终怀有异心。从 1211 年起，蒙古接连攻打金国，纥石烈执中却数次畏战脱逃，并为自己的行为狡辩。1213 年他干脆发动政变，将金卫绍王弑杀。

金卫绍王死后，纥石烈执中本打算自立，但在宰相徒单镒的劝阻下作罢，并迎立金宣宗即位。此后纥石烈执中凭借拥立之功而拜相，但却更加目中无人。当

时他的副将术虎高琪接连战败，纥石烈执中数次问责，术虎高琪因此十分畏惧，不久后干脆带兵将他诛杀，一如此前他弑杀卫绍王。纥石烈执中死后，金宣宗赦免了术虎高琪，又对所有参与诛杀的将士进行赏赐。

【人物评价】

纥石烈执中看似贪婪残暴，其实色厉内荏，因此对外抵御无能，对内却逞暴张扬，令人十分鄙夷。

完颜承晖：忠贞可惜生末世，死节终究难救亡

【人物简介】

完颜承晖，字维明，本名福兴，生于 1149 年，卒于 1215 年，享年 67 岁，金宣宗时任相。

【人物生平】

完颜承晖早年博通经史，后来又承袭谋克爵位，得以入朝为官。金世宗时，完颜承晖不断得到升迁，金章宗即位后又出任大名府知事。

金章宗即位后一度南下侵宋，其时完颜承晖也随同大军一起出征，并担任山东路统军使一职。等到两国战事平息，国中盗贼又起，官员为了尽快剿灭，又提出砍伐山中林木以便搜捕的请求。完颜承晖得知之后又予以坚决制止。

金宣宗登基之后，完颜承晖又被拜为平章政事，受封邹国公。当时蒙古已经崛起，金国屡次受到侵扰，等到中都被围困之后，完颜承晖又奉命出使蒙古议和。后来金宣宗因畏战而迁都，又以完颜承晖为右相，与太子共同留守中都。

1215 年中都被蒙古大军攻破，完颜承晖见大势已去，于是服毒自杀，享年 67 岁。完颜承晖死后得到追赠、追封。

【人物评价】

完颜承晖虽然忠正，但却并没有力挽狂澜的魄力和能力，因此最终只能以殉国明志，保全忠义臣节，却无法保住国家。

术虎高琪：逞威福以坏天下，行不法而亡身家

【人物简介】

术虎高琪，又名术虎高乞，生年不详，卒于 1219 年，金宣宗时任相。

【人物生平】

术虎高琪最初与纥石烈执中一样，均担任宫廷护卫，但比纥石烈执中却要多出几分勇武。1206 年南宋伐金，术虎高琪奋力杀敌，事后因功得到金章宗的褒奖

和重用。

1213 年纥石烈执中弑杀卫绍王，又因术虎高琪屡次战败而不满，术虎高琪为了自保，便带兵将纥石烈执中诛杀。金宣宗因此对术虎高琪大加赏赐，不久后干脆又将他拜为平章政事。

术虎高琪为人善辩，金宣宗每次询问都能应答如流，因此金宣宗对他更加信任。但术虎高琪却凭借着金宣宗的信任为非作歹，致使金国国政更加混乱。当时金国已经饱受蒙古侵扰，术虎高琪不仅不积极抵抗，反而又对南宋兴兵，终于将金国陷入两线作战的尴尬境地。因此南宋后来始终拒绝与金议和，更与蒙古联合灭宋，术虎高琪对此负有相当责任。

1219 年术虎高琪指使仆人杀掉妻子，又诬告仆人行凶，早就心怀不满的金宣宗得知之后，便以此为理由将术虎高琪诛杀。

【人物评价】

术虎高琪比纥石烈执中要多出一份勇猛，但品行也更为卑劣，掌权之后的种种为非作歹，也就并不令人意外。术虎高琪的种种恶行，使得金国更加动荡，但他自己也早在国亡之前便身死，可以说是咎由自取。

抹捻尽忠：弃城背恩，何来忠贞

【人物简介】

抹捻尽忠，本名象多，生卒年不详，金宣宗时任相。

【人物生平】

抹捻尽忠于 1188 年考中进士，最初在地方任职，后来又被征召入朝，并被御史台举为贤能。早在这一时期，抹捻尽忠就与后来的奸相术虎高琪产生矛盾，私下互相攻讦不休。

1211 年抹捻尽忠入朝，官拜右相，两年后又进拜左相。当时金宣宗南迁之后，便以抹捻尽忠与完颜承晖共同留守中都。然而 1215 年中都沦陷前夕，抹捻尽忠却不战而逃，迫使完颜承晖无奈自尽。抹捻尽忠又想尽办法，将跟随自己逃亡的宫妃撇下，并在事后得意扬扬，夸耀自己的聪明机智。

逃到南京之后，金宣宗没有对抹捻尽忠进行问责，反而依旧以他为相。此时术虎高琪专政，抹捻尽忠因此怀疑金宣宗并不信任自己，术虎高琪也趁机离间君臣二人。为了自保，抹捻尽忠私下与掌兵的兄长往来，金宣宗得知后十分愤怒，当即以之前弃城而逃的旧事为例问罪，感叹自己不负臣下，臣下却屡屡负君。不久后抹捻尽忠就被下狱处死。

【人物评价】

抹捻尽忠名为尽忠，但所作所为却无不是为一己之私考虑，毫无"尽忠"的表现。弃城逃亡时，抹捻尽忠更是表现得万分卑劣，嘴脸无耻令人鄙夷。

高汝砺：时近末世天不予，微小谨慎亦无功

【人物简介】

高汝砺，字岩夫，生于1154年，卒于1224年，享年71岁，金宣宗时任相。

【人物生平】

高汝砺于1179年考中进士，任官之后也以富有才干而著称。1194年金章宗意欲选拔有能官员，出任地方刺史要职，高汝砺也得到青睐，被任命为石州刺史。期满回朝之后，高汝砺始终谨守本分，从没有丝毫逾越，因此又得到褒奖。

1214年金宣宗南迁，高汝砺随同南下，被任命为参知政事，不久又先后担任左相、右相、平章政事。此后高汝砺始终身居相位，并提出许多革除积弊的建议，同时也不免与术虎高琪有所牵连。1224年高汝砺死于任上，享年71岁。

【人物评价】

高汝砺为人谨慎，并没有匡扶天下危亡的壮志，更没有力挽狂澜的能力，因此虽然拜相10年，所作所为却十分有限。

完颜赛不：善战不免有败，一败身死国衰

【人物简介】

完颜赛不，生年不详，卒于1233年，金宣宗时任相。

【人物生平】

完颜赛不为金章宗护卫出身，1190年时又得到青睐，出任宁化州刺史，并不断得到升迁。1206年时南宋北伐，完颜赛不又率领大军，于溱水之畔阻击宋军，最终将宋军击败，事后因功得到丰厚赏赐。

1216年完颜赛不数次击退西夏入侵，次年又因南宋不肯输送岁币而奉命讨伐。在短短的几个月内，完颜赛不连战连克，斩杀宋军上万，次年又再次击败宋军。

1220年完颜赛不奉命招降许多宋兵，次年又收复了先前的失地。1224年金哀宗又正式将他拜相。任相之后，完颜赛不多次劝谏金哀宗，后来又因担心出身草莽、无法胜任而请辞，改为出镇徐州。

1223年徐州被元军攻破，完颜赛不不肯投降，又担心被抓住，于是自杀而死。

【人物评价】

完颜赛不以武功见长，然而即便是英勇善战如他，也无法与当时横行一世的

蒙古铁骑抗衡，因此也就无力保住国祚。

完颜合达：无奈投敌未忘国，沙场战死憾恨多

【人物简介】

完颜合达，名瞻，字景山，生年不详，卒于 1232 年，金宣宗时任相。

【人物生平】

完颜合达出身军旅，十分英勇善战，并以重义轻财而受到时人称赞。金宣宗年间，完颜合达曾因护送公主有功，而被授予军职，后来却因不敌元军而被迫投降。

1216 年时，完颜合达才趁机带领旧部归国，金宣宗因此十分欣喜，当即对他委以要职。此后完颜合达接连击败南宋、西夏，后来又平定了国中的叛乱。

1227 年完颜合达又被拜为平章政事，受封芮国公。当时蒙古步步紧逼，完颜合达任相不久，就又再次率领大军出征。完颜合达虽然官位崇高，却从不以身份自居，入军营则体恤士卒，上战场则一骑当先，因此深得士兵爱戴。

由于蒙古大军攻势迅猛，完颜合达也无力抵御，因此最终不得不弃守关中，1232 年又被迫与蒙军战斗。同年完颜合达在钧州一役中战死。

【人物评价】

完颜合达死后，蒙古大军曾以他战死的消息震慑汴京，迫使金国投降，可见完颜合达在当时金国的威望。

完颜白撒：将门偏有犬子，亡国岂无昏臣

【人物简介】

完颜白撒，本名完颜承裔，生年不详，卒于 1233 年，金宣宗、金哀宗时任相。

【人物生平】

完颜白撒是金国名将完颜宗弼的曾孙，早年被授予军职后，屡次击败南宋大军，因此得到金宣宗的赏识。1222 年时，完颜白撒又统率大军征伐西夏，很快也取得了胜利。

金哀宗即位之后，金国的形势更加危急，因此金哀宗又于 1228 年将完颜白撒召回，并以他为右相、平章政事。然而完颜白撒本人并无政治才干，以往的胜利也多是倚仗麾下将士，完全不能与其曾祖相提并论。

1232 年元军远道而来、逼近汴京，完颜白撒不仅不趁机出击，反而派出士卒、

百姓挖掘壕沟，蒙古军趁机大肆屠杀、掳掠。同年蒙古军围困汴京，完颜白撒这才引咎辞职，受到军民的一致唾弃。

次年金哀宗听取官奴建议，命令完颜白撒主动出击，结果金军一败涂地。金哀宗得知之后十分震怒，当即将完颜白撒下狱。7天之后完颜白撒就在狱中饿死。

【人物评价】

完颜白撒虽是名将之后，却丝毫没有继承先祖的胆魄谋略，金哀宗以这样的人物作为依靠，金国的灭亡更加难以避免。

侯挚：国亡无人可久，时尽一肩难担

【人物简介】

侯挚，初名师尹，字莘卿，生年不详，卒于1233年，金哀宗时任相。

【人物生平】

侯挚于1191年考中进士入仕，做官之后积极施政，做出许多政绩，因此很快就得到起用。1216年侯挚又平定了国内的农民起义，其间又提出亦兵亦农的方针。

后来侯挚又提出一系列恤民养兵的政策，得到朝廷采纳，国中军民也因此十分振奋。1232年侯挚又被拜为平章政事。任相之后，侯挚屡次直言进谏、积极提拔贤才，但却无力应对日趋危亡的局面。次年蒙古军攻破边境，侯挚也力战不屈而死。

【人物评价】

侯挚深谙治军恤民之道，颇有几分儒将风范，拜相之后也不失贤良之风，在当时的金国实在难能可贵。只是限于当时情势，他的种种努力也终究难免落空，可见人力之有限。

完颜用安：跳梁小丑多作怪，偏被视为宰辅才

【人物简介】

完颜用安，先名安用，本名咬儿，生年不详，卒于1234年，金哀宗时任相。

【人物生平】

完颜用安本为汉人，最初时参加红袄军起义，被金军击败后又投降了蒙古。1232年完颜用安杀死蒙古将领投降金国，因此被赐姓完颜，又被任命为平章政事。

完颜用安本是市井无赖出身，任相后自然无所作为，后来更与其他将领产生

矛盾，一怒之下再次投降蒙古，不久后又转投南宋。1234 年完颜用安率军抵御蒙古，很快就被打败，于是只得投水自尽。

【人物评价】

完颜用安其实不过是乱世当中的无知小丑，一无才干、抱负和远见，可说鄙陋至极。然而就是这样一个小人物，却能被金国拜为宰相，不可不说是辛辣讽刺。

西夏

张元：平生落魄不得意，为遂壮志可投敌

【人物简介】

张元，生年不详，卒于 1044 年，一说字雷复，西夏景宗时任相。

【人物生平】

张元本是北宋人士，少年时就任侠放浪、才华横溢，偏偏始终没能考中科举，因此十分不得志。最初张元曾投奔边关将领，被遣送还乡后又受到当地县令责打，因此愤而转投西夏，成为一代"汉奸"。

当时与张元一起的还有一名好友吴昊，两人抵达西夏之后，很快就因触犯李元昊的名讳而被捕。然而张元却趁机博得了李元昊的赏识，并被授予要职，等到李元昊称帝自立，又被任命为中书令。1041 年张元又辅佐李元昊，在好水川一役中大败宋军，并写诗讥讽北宋名相韩琦等人。为了报复宋朝的冷遇，张元又竭力劝说李元昊对宋用兵，以至宋朝痛定思痛之下，不得不改变了当时末位淘汰的殿试录取制度。

1042 年张元又劝说李元昊夺取关中，然而这一次西夏大军竟全军覆灭。再加上李元昊始终不改游牧风俗，虽然攻城却不占地，只是掠夺财物，因此不仅没有扩大疆域，反而导致西夏财政更加枯竭。1044 年李元昊不听张元之言，最终与北宋议和，次年又与辽国爆发战争。

眼见自己的灭宋大计无法实现，张元心中十分郁结，很快就郁闷而死。

【人物评价】

张元曾写有"战罢玉龙三百万，败鳞残甲满天飞"的名句，但由于自己的投敌卖国行径，张元最终以"汉奸"的身份被世人唾弃，虽然看似可悯，却也并不值得同情。

没藏讹庞：外戚显贵犹不足，贪婪反将身家误

【人物简介】

没藏讹庞，生年不详，卒于 1061 年，西夏景宗、毅宗时任相。

【人物生平】

没藏讹庞的妹妹曾下嫁野利遇乞，等到野利遇乞被杀后，李元昊又将没藏讹庞的妹妹收入宫中，生下了后来的西夏毅宗。1047 年，也就是西夏毅宗出生的当年，李元昊又将没藏讹庞任命为国相。

次年没藏讹庞为了夺取大权，唆使李元昊太子宁令哥将李元昊弑杀，然后又将宁令哥处死。当时李元昊留下遗命，由自己的从弟继位，之后没藏讹庞却驳斥群臣，坚决拥立毅宗即位。当时西夏毅宗年幼，没藏讹庞趁机总揽了西夏朝政。

没藏讹庞主政之后，不仅采取严厉的刑罚对待百姓，同时又积极开疆拓土，为自己牟取私利。为了得到北宋领土，没藏讹庞先是致书北宋，要求重新划定疆界；等到被宋仁宗拒绝后，又悍然对北宋用兵。北宋朝廷见战事不利，便以关闭边境互市的方式作为回应，致使西夏国境内物议沸腾，人人心中愤恨。

1056 年没藏太后与情夫被刺杀，没藏讹庞因此更加肆无忌惮。为了进一步保证权势，他先是把自己的女儿嫁给西夏毅宗为后，后又将西夏毅宗的乳母等人杀害。西夏毅宗因此对没藏讹庞更加不满，同时又与没藏讹庞的儿媳梁氏私通。1061 年时，西夏毅宗抢先一步下手，趁着没藏讹庞入宫的机会将其刺杀，同时又将包括皇后在内的没藏氏族人全数赐死。

【人物评价】

自古许多外戚一旦显贵，都不免被权势迷惑，做出许多专擅之事，没藏讹庞虽为异族，却也不免如此。尽管生前一时显赫，没藏讹庞最终也不能避免身死家灭的下场，这也体现了他的愚昧和短视。

梁乙埋：幽禁君王揽权势，追逐名利乱国家

【人物简介】

梁乙埋，生年不详，卒于 1085 年，西夏惠宗时任相。

【人物生平】

梁乙埋的姐姐即西夏毅宗皇后，因此梁乙埋在西夏贵为外戚，身份十分显赫。梁乙埋虽然好武，却也精于算计，并非鲁莽匹夫一流。

最初时梁乙埋仅仅负责管理皇族事务，直到 1067 年毅宗病死，一切才有了改变。当时即位的西夏惠宗年幼，梁太后当即将国家政权交给梁乙埋执掌，从此梁乙埋便大力提拔自己的心腹亲近，形成了庙堂之上、梁氏专权的景象。就连西夏景宗李元昊的弟弟也因不肯依附而被贬官流放，其余大臣更是畏惧不已。

为了进一步巩固权势，梁乙埋于 1069 年宣布恢复番礼，同时又连年对北宋用兵，想要以战功来提高威望。1070 年时，梁太后更是亲自发动 30 万大军攻宋，却因吐蕃趁机攻打而作罢。次年西夏在辽国的援助下得以战胜北宋，又因连年征战而兵疲民乏，北宋也趁机停止了岁赐。

西夏惠宗亲政之后，立即着手恢复汉礼并与北宋建交，但梁乙埋却与太后将西夏惠宗软禁，致使国内一片动荡，后来就连辽国也开始插手，梁乙埋这才不得不将西夏惠宗复位，但却依旧掌控实权。1085 年梁乙埋病死，死后梁氏依旧掌握大权，这一局面直到西夏崇宗即位后才得以改变。

【人物评价】

梁乙埋虽然工于心计，精于庙堂斗争，但所作所为都局限于争权夺势，层次十分低下，因此也就无法给国家带来安定繁荣，徒然招致许多动荡。

任得敬：卖女求荣只畏死，背主叛国不得生

【人物简介】

任得敬，生年不详，卒于 1170 年，西夏仁宗时任相。

【人物生平】

任得敬原本是宋朝人士，曾在宋朝官居通判。1137 年西夏侵宋，任得敬见形势不妙，当即把自己的女儿献给西夏崇宗李乾顺，自己也归降了西夏王朝。

1138 年时，任得敬的女儿被封为皇后，任得敬的地位更加显赫。次年西夏崇宗病逝、西夏仁宗即位，虽然不是任氏所生，却依旧对任氏礼遇。1140 年西夏内乱，任得敬为了邀功便主动请求征讨，很快就平定了叛乱。此后任得敬又先后平定了几处农民起义，并开始积极染指国家大事。

1147 年时，朝中大臣曾竭力阻止任得敬入朝，但两年之后，任得敬还是成功当上国相。西夏仁宗鉴于当时情势，没有立即遏制任得敬，只是将其封为楚王以示退让，但任得敬却更加肆无忌惮。他甚至建议西夏仁宗废弃科举，以便于自己随心所欲安插亲信，但西夏仁宗没有答应。1170 年时，任得敬更进一步要求西夏仁宗分出半数国土，西夏仁宗迫于其权势也只得同意。

当时西夏向金称臣，任得敬又极力撺掇西夏仁宗，想要金国承认自己，金世宗却断然拒绝。任得敬为了自保，便又私下与南宋沟通，打算夹击金国。然而这

一阴谋很快就被揭露，西夏仁宗于是派人将任得敬杀死。

【人物评价】

任得敬心怀奸宄、首鼠两端，毫无臣节、气节可言。后期虽然有联合南宋伐金的举措，但也不过是为自己图谋，而非出自民族大义，因此并不值得称颂。

元

史天泽：临终犹知护百姓，全才可惜效异邦

【人物简介】

史天泽，字润甫，生于 1202 年，卒于 1275 年，享年 74 岁，元世祖时任相。

【人物生平】

史天泽出身金国富裕之家，从小又勤学好武，因此长大之后文武双全，成为当地极富名望的人士。1213 年蒙古南侵，史天泽的父亲当即率领着乡人投降，史天泽的兄长也被封为万户。

1225 年史天泽的兄长遇害，史天泽得知之后当即向蒙古求援，一举镇压了作乱的叛军，后来又将红袄军的首领击败。1230 年蒙古倾全力伐金，却一再遭遇金国顽抗，唯有史天泽统率的军队取得胜利。3 年后，史天泽又在蒲城将有名无实的金国将领完颜白撒击败，金国的 8 万大军也被全数斩杀。

1234 年金国灭亡后，蒙古又把矛头对准了南宋。但由于当时战火蔓延，蒙古大军所到之处，百姓都十分疲敝，根本无法按时缴纳赋税。史天泽此前以勇武见长，此时又表现出过人的政治智慧，当即上疏建议体恤百姓，准许以借贷的方式征税。后来史天泽更拿出全部家财，号召蒙古官员共同帮助百姓填补空缺，受到百姓欢迎。此外，史天泽又上疏要求约束军队、保护农业，使得中原部分地区的生产得以恢复、发展。

从 1235 年起，史天泽又跟随大军南下侵宋，数次大败宋军、取得胜利。1260 年忽必烈登基，次年又将史天泽拜为中书右丞相。拜相之后，史天泽提出种种治国策略，推行各种政治制度，使得蒙古汗国在中原的政权进一步巩固。1262 年史天泽平定了李檀之乱，随后又主动上疏，请求解除自家子弟的军权，因此受到忽必烈的褒奖。

1267 年史天泽改任左相，1273 年又随同大军攻破襄阳。1274 年史天泽因病返回，次年病死途中，享年 74 岁。死前史天泽还特意请求忽必烈不要大开杀戒，死后得到追赠、追谥。

【人物评价】

史天泽虽为汉人，却从小在金国长大，因此对于南宋正统，自然没有什么归属感。单就才干而言，史天泽确实称得上出类拔萃，所以才会成为当时蒙古的显贵汉人。

耶律铸：不羡权势羡方外，君王不信亦开怀

【人物简介】

耶律铸，字成仲，生于 1221 年，卒于 1285 年，享年 65 岁，元世祖时任相。

【人物生平】

耶律铸出自契丹族，其父即蒙古著名的政治家耶律楚材。在家学渊源的熏陶下，耶律铸很早就精通儒学和诗词歌赋，并对佛道学说十分欣慕。

1244 年耶律楚材病逝，此前担任的中书省事一职也被耶律铸继承。耶律铸任职之后，很快就提炼总结出数十条合于当下的历朝治民德政，并在跟随大汗蒙哥出征的途中，数次出谋划策，立下赫赫大功。1259 年蒙哥死后，耶律铸审时度势，毅然从漠北远投忽必烈，1261 年时又被忽必烈拜为左相。

同年忽必烈击败了其余争夺汗位的对手，这也证明了耶律铸的眼光确实精准。1264 年耶律铸又提出 37 条便利官民的政策法令，同年又与其他大臣积极推行新立条格，内容主要有并州县、定官数、均赋税、招流民、明诉讼、恤百姓、兴农桑等。

由于自己是先朝之臣，忽必烈虽然将耶律铸起用，却又屡屡将他罢免，因此耶律铸的相位并不稳当。耶律铸由于醉心佛道，也对这一情况浑不在意，只是对于朝中的奸佞如阿合马之流，依旧保持鲜明的反对立场。1283 年耶律铸因奏事不实而被免官，两年后因病去世，享年 65 岁。

【人物评价】

耶律铸身负治国之才，却又淡泊官场名利，再加上忽必烈心有猜疑，因此他的相位并不安稳。但即便如此，耶律铸依旧在拜相期间推行汉法，为元朝的制度建设做出了重要贡献。

阿合马：理财颇显才干，奸宄终致败亡

【人物简介】

阿合马，生年不详，卒于 1282 年，元世祖时任相。

【人物生平】

阿合马出身卑微，曾是忽必烈皇后之父的陪嫁奴隶，1262 年时得到起用，负责总理财政赋税事务。阿合马掌权之后，便推行了设置诸路转运司、兴办铁冶、清算钱谷、实行官俸、发行纸币等一系列经济政策，为当时蒙古的生产发展、国家稳定起到了一定的积极作用。

由于自己颇有政绩，忽必烈也对阿合马十分重视，1270 年更以他为平章政事。当时阿合马与史天泽、耶律铸、安童等人均有矛盾，但忽必烈却因其理财才能而有所偏袒，致使安童等人都遭到贬黜。阿合马在推行理财政策之余，也做出许多贪赃枉法、结党营私的事情，再加上自己的政策也出现了一些问题，因此许多人都对他十分厌恶。

1282 年时，千户王著因不满阿合马的恶行，便矫诏将阿合马骗入宫中，随后用铜锤将其击毙，其余几位朝官也受到牵连。最初得知阿合马的死讯后，忽必烈当即下令将王著处死；后来得知了阿合马的恶行，又下令将其开棺戮尸。

【人物评价】

元朝初年财政极为匮乏，这才有阿合马等人受宠的机会；客观来说，阿合马的财政政策也并非一无是处。但由于自己心怀异谋，所作所为又合于奸佞，因此阿合马最终被视为奸臣，受到历代唾弃。

王文统：立国曾有大计，未料异谋身死

【人物简介】

王文统，字以道，生年不详，卒于 1262 年，元世祖时任相。

【人物生平】

王文统曾考中金国进士，但在儒学之余又涉猎经术权谋，并非那种迂腐的读书人。当时正值乱世，王文统也与许多人一样择主而事，最终选择了归附蒙古的益都李璮，又将自己的女儿嫁给他。

1259 年忽必烈南侵，王文统受到他人举荐，1260 年又被忽必烈拜为平章政事。当时元朝制度不全，王文统当即制定了一系列政治、经济政策，以此革除国中积弊、健全政治、经济制度，为元朝制度的成形起到了巨大作用。由于自己政绩显赫，忽必烈一度想升任他为相，但却因其出身贫寒、缺乏威望而作罢。

1262 年李璮因叛乱而被处死，王文统也因此受到牵连，不久就被处死。

【人物评价】

王文统因参与李璮之乱而被问罪，但他所推行的一系列制度，却又实实在在

为元朝后来的立国产生了极为深远的影响，即便身死，他的这一功劳也不容否定。

安童：异族亦慕汉化，国主偏信奸邪

【人物简介】

安童，生于 1248 年，卒于 1293 年，享年 46 岁，元世祖时任相。

【人物生平】

安童的父亲曾为忽必烈争夺汗位出谋划策，深得忽必烈倚重，其父死后，安童也继续得到优待。1263 年忽必烈夺位成功，本欲诛杀对手党羽，年仅 16 岁却欣慕儒家学说的安童当即表示反对，建议忽必烈推恩立信，忽必烈因此对他十分看重。

当时史天泽担任右相，但忽必烈却因李璮之乱的缘故，对汉人官僚产生怀疑，又打算以蒙古官员制衡汉官。当时安童年仅 18 岁，忽必烈却毅然以他为左相，地位甚至还在史天泽之上。此后安童便极力拉拢汉族官员，并积极致力于推行汉法。

当时阿合马深得忽必烈信任，又对安童十分忌惮，便打算采取明升暗降的方法夺其权柄，朝中大臣却一致表示反对。阿合马见奸计不成，又故意在忽必烈面前进谗，使得安童被贬至西北，其间一度还被蒙古贵族掳走监禁。直到阿合马死后，安童才再次被召入朝中拜相。

当时忽必烈又以卢世荣推行财政改革，等到卢世荣被处死后，桑哥又继续推行理财政策。由于政策相互冲突，安童的汉法一度受到阻碍，后来又再次受到桑哥等人的排挤。桑哥死后，安童尽管声望犹在，忽必烈却力排众议，改任完泽为相，不再重用安童。

1293 年安童病逝，享年 46 岁。

【人物评价】

安童虽然出自异族，却极力推行汉化政策，由此可见其目光长远、明辨形势，不愧为贤相。但由于忽必烈对佞臣的信任，安童也无法彻底落实自己的政策，后来更被忽必烈疏远。

完泽：世受国恩当有报，托孤治政辅两朝

【人物简介】

完泽，生于 1246 年，卒于 1303 年，享年 58 岁，元世祖时任相。

【人物生平】

完泽的祖上曾跟随成吉思汗征战天下，等到完泽长大成人，又成为忽必烈的

帐下之臣。由于家族世代尽忠，忽必烈又以完泽为东宫僚属，完泽也因微小谨慎而深得太子器重。

由于太子早逝，皇孙铁穆耳曾亲自出镇北方、安抚士兵，完泽也先后两次跟随前往。1291年桑哥被处死后，忽必烈不欲以安童为相，于是改拜完泽为右相。完泽任相后，当即大刀阔斧进行整顿，革除桑哥任相以来的种种弊政，忽必烈死后又受命托孤，拥立铁穆耳即位，即元成宗。

为了缓解百姓疲敝，完泽又下令由国库散发粮食，百姓都对他感恩戴德。尽管元成宗对自己十分倚重，完泽却更加谦恭、谨慎，因此赢得了贤相之名。

1303年完泽病逝，享年58岁，死后得到追封、追谥。

【人物评价】

完泽世受国恩在前，辅佐两代在后，所作所为大多符合臣节义理，起到了十分积极的作用。

伯颜：一心唯系君王事，不计自身功与名

【人物简介】

伯颜，生于1236年，卒于1295年1月11日，享年60岁，元世祖时任相。

【人物生平】

伯颜出生于西亚，其家自其曾祖父时，就追随铁木真南征北战，因此得以显贵。伯颜从小就富有谋略，长大后又受到忽必烈的赏识，忽必烈甚至还将宰相安童的妹妹赐婚给他。

1265年时伯颜又被拜为左相，处理大小政务都得心应手，朝中百官无不信服。1274年时，伯颜又统率一支大军南下侵宋。当时南宋气数将近，因此蒙古大军战无不克、攻无不胜，1276年时又攻破了临安，俘虏了南宋恭帝和太后。等到天下大势基本稳定之后，元朝内部叛乱又起，因此伯颜再次跟随忽必烈出征平叛。由于朝中奸佞的构陷，伯颜于1292年被免去官职。

1294年忽必烈病死，死前又以伯颜为顾命大臣，拥立铁穆耳登基。当时铁穆耳身在异地，直至3个月后才抵达京城，其间伯颜总领政事，百官无不勤勉奉职，没有丝毫懈怠。同年底伯颜也因病去世，享年60岁。

【人物评价】

伯颜任官期间，多次辅佐忽必烈开疆拓土、弥平内乱，为元朝政局的统一和安定做出了巨大的贡献。不仅如此，伯颜为人也十分敦厚，虽因讥谗被贬也从无怨言，始终尽忠国事，体现出真正的贤相风范。

桑哥：理财未料贪财，事君岂敢欺君

【人物简介】

桑哥，又名桑葛，生年不详，卒于1291年，元世祖时任相。

【人物生平】

桑哥出自藏族，但他不仅熟悉藏文，更精通蒙古、汉、畏兀儿、藏等多种语言，因此还曾为蒙古著名的国师八思巴担任翻译。由于这一层关系，桑哥后来得以出任总制院官员，等到自己因罪下狱后，八思巴还为其求情。

八思巴死后，桑哥又奉命带兵平叛，因功得到忽必烈的赏识。当时元朝财政依旧匮乏，因此忽必烈在处死阿合马后，又以桑哥来总理财政事务。1287年时，忽必烈不顾宰相安童的劝阻，决意以桑哥为平章政事，同年又以他为右相。桑哥主政之后，推行了更定钞法、扩大税收等经济政策，但也因此触犯了蒙古权贵的利益。再加上自己行为不端、多有恶事，朝野上下很快就对桑哥产生不满，只是迫于忽必烈对他的信任而无可奈何。

1291年有大臣主动检举揭发，忽必烈最初时不肯相信，直到不忽木也出面附和，忽必烈这才下令彻查。很快桑哥的种种恶行就被揭发，忽必烈大怒之下便将桑哥处死。

【人物评价】

桑哥被查处时，从其家中抄出的珠宝财富甚至超过了忽必烈，其贪婪可见一斑。桑哥虽然得以显贵，却无非是倚仗忽必烈的信任；忽必烈一旦得知真相，他自然也难以保全了。

不忽木：慕汉化而行仁治，勤奉公而获众心

【人物简介】

不忽木，又名时用，字用臣，生于1255年，卒于1300年，享年46岁，元世祖、元成宗时任相。

【人物生平】

不忽木的父辈都是被铁木真所俘虏，但其父却意外受到铁木真的赏识。忽必烈即位后，不忽木也因聪慧文雅而深得信任，并奉命在东宫辅佐太子。

不忽木虽然出身异族，却因好学而汉化较深，为官之后也积极上疏，建议忽必烈兴办学校、推崇儒学。当时忽必烈因财政窘迫而重用阿合马等人，不忽木也极力表示反对。1290年时，不忽木又在忽必烈面前揭露桑哥的恶行，忽必烈因此

处死桑哥，又以不忽木为平章政事。

1292 年不忽木偶然读到张养浩的文章，对其才能十分欣赏，于是大力举荐其入朝为官，成为张养浩的业师。忽必烈病重后，不忽木经常随侍身侧，不敢有丝毫大意，元成宗即位后又继续勤勉治事。

不忽木虽然位高权重，却从不聚敛家财，家中没有仆人，以至连做饭这样的事情，都是由自己亲自动手。1300 年不忽木病逝，享年 46 岁，死后竟因家贫而无法下葬，最终还是朝廷赏赐钱财才得以安葬。

【人物评价】

不忽木出身异族，但由于欣慕中原文化，他本人已经彻底汉化，在治政思路上与汉人也几无分别。因此不忽木掌政之后，才能推行各种有利于国计民生的政策，表现出贤明仁厚之风。

阿忽台：庙堂风波古来恶，不退反进无奈何

【人物简介】

阿忽台，生年不详，卒于 1307 年，元成宗时任相。

【人物生平】

阿忽台的祖父曾跟随宪宗南征有功，因此他也得以凭借家族恩荫做官。1301 年时阿忽台已经成为元朝重臣，两年后又升任左相。

1307 年元成宗病逝，此前朝中势力已经分成两派，一派以太后卜鲁罕为首，一派以宰相哈剌哈孙为首。卜鲁罕想要暂时摄政，拥立忽必烈之孙阿难答为帝，而哈剌哈孙则建议由忽必烈曾孙海山即位。两派因此势成水火。

当时阿忽台依附于卜鲁罕，积极为其出谋划策，但最终仍是哈剌哈孙技高一筹，成功将海山的弟弟爱育黎拔力八达迎回。爱育黎拔力八达入京后，当即将卜鲁罕等人全数逮捕，同年又以"乱祖宗家法"的罪名将阿忽台处死。

【人物评价】

庙堂之争向来凶险，难有转圜余地，因此大部分人都力求远离旋涡，只有少数信奉"富贵险中求"的野心家才会不惜一切押注。阿忽台显然就是这样一个利令智昏、被权欲蒙蔽了双眼的可怜人。

哈剌哈孙：微才有幸蒙君用，不辞辛劳至最终

【人物简介】

哈剌哈孙，生于 1257 年，卒于 1308 年，享年 52 岁，元成宗时任相。

【人物生平】

哈剌哈孙不仅善于射御，同时又通晓蒙文，更对中原儒家学说有着浓厚的兴趣。就连忽必烈对他也十分赏识，曾表示日后一定要加以重用，甚至还嘱咐太子真金加以礼遇。

至元年间乃颜发起叛乱，哈剌哈孙带领着 300 士兵大破敌阵；桑哥当权时期，他又公正执法将其家仆处死，丝毫不惧桑哥权威。1291 年出镇湖广后，哈剌哈孙又极力推行各种善政，因此使得治下百姓安居乐业，官民无不敬服。

1298 年哈剌哈孙又被拜为左相，任相之后当即摒弃各种功利之言，倡导节俭、爱民之说。哈剌哈孙不仅大力整顿吏治风气，同时又极力主张开办学校，培养、选拔人才。1307 年元成宗死后，哈剌哈孙表面上对妄图夺权的阿忽台等人虚与委蛇，暗中却与原太子真金的后人海山联系，并成功帮助其登上皇位，即元武宗。

元武宗登基之后，哈剌哈孙一度因直言被贬，但此后元武宗对其信任如昔、优待依旧。1308 年哈剌哈孙因积劳成疾而死，享年 52 岁。

【人物评价】

哈剌哈孙既善治军、又善安民，断事则不避权贵，直言亦不畏君王，一身兼具能臣才智与诤臣风骨。

阿沙不花：运筹帷幄安天下，巧算无遗定君王

【人物简介】

阿沙不花，生于 1263 年，卒于 1309 年，享年 47 岁，元武宗时任相。

【人物生平】

阿沙不花全家是在其祖母的带领下，才投靠了蒙古汗国，阿沙不花 14 岁时，就已经入宫成为忽必烈的近侍。乃颜叛乱之时，阿沙不花主动向忽必烈献策，先安抚其余诸王以孤立乃颜，再一鼓作气发兵征讨，后来果然取得了胜利。

1293 年海都又发起叛乱，阿沙不花再次跟随元成宗一同出征，立下赫赫战功。时任怀王的元武宗曾向他询问贤才，阿沙不花便举荐了后来的良相康里脱脱。

1307 年元成宗病逝，一些大臣打算趁机改立新君、夺取大权，阿沙不花得知之后，便与哈剌哈孙进行商议，共同将元武宗、元仁宗兄弟迎回，更极力劝说哈剌哈孙先行下手，一举平定了庙堂争斗。元武宗即位之后，便以阿沙不花为右相、平章政事，总领一切军事。

1309 年阿沙不花病逝，享年 47 岁。

【人物评价】

阿沙不花富有韬略、善于决断，运筹帷幄无不合于实际情势，因此每次都能

取得成功。

康里脱脱：大才有待后用，四代无有不忠

【人物简介】

康里脱脱，生于 1272 年，卒于 1327 年，享年 56 岁，元武宗时任相。

【人物生平】

康里脱脱身形魁梧、气度不凡，就连忽必烈见到之后，也称赞他是大用之才。宰相伯颜见到他之后，也感叹自己已经年老，日后能够接替自己的，非康里脱脱莫属。

1301 年海都叛乱，康里脱脱跟随时为太子的元武宗平叛，并在战场上斩将杀敌，表现十分瞩目。当元武宗想要亲自作战时，康里脱脱又极力劝阻，即便元武宗用力鞭打也仍不退缩。元武宗知晓他是为自己安危考虑，因此事后并没有记恨他。

元武宗即位时，康里脱脱也立下大功，但他却从不以此自居，元武宗因此十分赞叹，更将他拜为宰相。任相之后，康里脱脱依旧直言进谏、毫无隐晦，因此当时朝野上下都将他视为贤相。

元仁宗即位后，对康里脱脱也十分礼遇，但元仁宗之子元英宗却对他十分忌惮，于是唆使他人进行弹劾，将康里脱脱贬至云南。1327 年康里脱脱病逝，享年56 岁。

【人物评价】

康里脱脱被许多人视为大才，事实上他也确实做到了不负所望。康里脱脱先后经历元世祖、元成宗、元武宗、元英宗四代君主，始终不改诤臣风骨，贤相二字当之无愧。

铁木迭儿：无善德易欺五代，有恶报难保一身

【人物简介】

铁木迭儿，生年不详，卒于 1320 年，元武宗时任相。

【人物生平】

铁木迭儿早在忽必烈时就入朝为官，等到元成宗即位之后，又负责主管后宫膳食事务。凭借着职权便利，铁木迭儿很快就得到武宗之母的宠信，1308 年时又被拜为宰相。

1310 年铁木迭儿擅离职守，因此受到弹劾，但太后却出面干预，此事最终不

了了之。元武宗死后，元仁宗尚未登上皇位，太后便匆忙将出镇的铁木迭儿召回并拜相。元仁宗即位之后，由于自己想违背约定、改立亲子，一度对铁木迭儿十分恭敬，即便自己所推行的汉法受到阻碍，也一再选择了忍让、退步。

当时元朝的财政问题依旧严重，铁木迭儿对此一窍不通，除了严格约束官员之外，便只能以搜刮民财作为缓解方案，甚至不惜毁坏坟墓扩大耕种土地，因此很快就招致朝野上下一片骂声。铁木迭儿对此却浑不在意，依旧在朝中作威作福，许多大臣更是敢怒而不敢言。

1320 年元仁宗病逝，元英宗即位，铁木迭儿趁机大肆诛杀异己，因此引起元英宗的不满。等到拜住任相之后，又多次上疏揭露铁木迭儿的罪行，元英宗趁机将铁木迭儿的亲信拔除。铁木迭儿因此感到忧惧，不久后就因病死去。

【人物评价】

铁木迭儿经历元朝五代君主，但却没有治政才干，更没有丝毫忠义正直，所作所为无不是为了牟取私利，实在是不折不扣的国蠹。

札剌亦儿·拜住：儒雅一如先祖风，可恨新政随命终

【人物简介】

札剌亦儿·拜住，生于 1298 年，卒于 1323 年，享年 26 岁，元英宗时任相。

【人物生平】

拜住的祖父即忽必烈时名相安童。拜住 5 岁时父母双亡，此后便由祖母教养，长大后也成为安童那样知书达理、欣慕儒学的贤明之士。元武宗即位后，拜住也接连得到升迁，1320 年元英宗即位之后，又将拜住任命为左相。

当时右相铁木迭儿祸乱朝纲，拜住当即数次上疏揭发其罪恶，元英宗趁机将其势力拔除。同年铁木迭儿忧惧而死，元英宗当即与拜住联手，推行新政改革。在拜住的倡导下，元英宗推行了包括重用汉臣、裁撤冗官、实行助役、减少征粮、颁行律法在内的种种政策。客观来说，这些新政都对当时的元朝起到了积极作用，但也因此触犯了贵族利益，引发了极大不满。

当时铁木迭儿虽死，其子铁失却没有被问罪，元英宗甚至将其委以重任，但铁失却并不领情。1323 年元英宗南巡，拜住也随同出行，铁失趁机在返途中发动叛乱，先后将拜住和元英宗杀死，拜住死时 26 岁。

【人物评价】

拜住继承了祖父安童的好学与儒雅，任相之后更是忠心事君、勤勉辅国，贡献十分突出。遗憾的是在推行新政的过程中，他与元英宗并未处理好朝堂之上的

矛盾，因此最终被守旧派杀害，改革也没能继续推行。

燕铁木儿：拥立新君得富贵，纵欲荒政无所成

【人物简介】

燕铁木儿，生年不详，卒于1333年，元文宗时任相。

【人物生平】

燕铁木儿很早就追随后来的武宗海山，担任其贴身护卫；等到元武宗即位为帝后，又被授予官职。此后燕铁木儿历经元武宗、元仁宗、元英宗三朝，等到元泰定帝自立后，地位仍旧十分显赫。

1328年泰定帝病重而死，此时掌握重兵的燕铁木儿当即发动政变，拥立武宗次子图帖睦尔即位，即元文宗。元文宗登基之后，国中拥护泰定帝太子的势力，又坚决站在元文宗的对立面，因此爆发了后来的两都之战。

两都之战最终以元文宗一方的胜利告终，不久后燕铁木儿又参与了旺忽察都之事（即元文宗害死受禅即位的元明宗）。此后元文宗对燕铁木儿更加信任，先是追封他的祖上为王，又以他为右相独揽大权。权势显赫之后，燕铁木儿干脆将泰定帝的妃子都纳入自己家中，极尽奢靡享乐。

1332年元文宗死后，燕铁木儿又以辅政大臣的身份总领朝政，先后拥立了元宁宗、元顺帝。1333年燕铁木儿因纵欲过度而死。

【人物评价】

燕铁木儿能够把握时机，成就拥立之功，可见其敏锐、善断；但在掌权之后，燕铁木儿也只是以个人享乐为上，并没有做出什么耀眼的政绩。

伯颜：空有名同志不同，无道君亲皆难容

【人物简介】

伯颜，生年不详，卒于1340年，元顺帝时任相。

【人物生平】

伯颜出自篾儿乞氏，与忽必烈时名相伯颜同名，但两者却并非一人。伯颜在15岁时就奉命护卫后来的元武宗，其间跟随元武宗出征，屡次立下战功。

元武宗即位后，伯颜接连得到提拔，1309年时已经官至平章政事。元仁宗、元泰定帝当朝时期，伯颜也依旧得到倚重。1328年元泰定帝病逝、燕铁木儿发动政变，伯颜也与之联合一气，共同拥立后来的元文宗即位。此后伯颜也在朝中得势，地位更是仅次于宰相燕铁木儿。

元顺帝即位之后，燕铁木儿已经死去，伯颜得以因拥立之功拜相，成为朝中头号权臣。然而伯颜掌权之后，却逐渐变得嚣张跋扈、排斥异己，因此引起元顺帝忌惮，就连其侄子脱脱也感到忧惧。为了保全家族利益，脱脱先是说服父亲，后来又取得元顺帝信任，打算寻找时机将伯颜罢官。

1340 年伯颜邀请顺帝一同外出打猎，元顺帝借口拒绝，伯颜于是自行出城。脱脱趁机关闭城门，以元顺帝名义下诏将伯颜罢相，并令其出镇河南。伯颜不得已只好赴任，同年就病死于途中。

【人物评价】

伯颜与忽必烈时名相伯颜同名，但两人的志趣、事迹却截然不同，因此身后名也表现得十分殊异。相对于那位勤勉治事、一心奉公的名臣，伯颜确实完全无法与之并论。

马札儿台：兄弟二人皆无道，唯有一子能灭亲

【人物简介】

马札儿台，生于 1285 年，卒于 1347 年，享年 63 岁，元顺帝时任相。

【人物生平】

马札儿台是宰相伯颜之弟、名相脱脱之父，早年与兄长共同侍奉元武宗，元仁宗、元泰定帝时期也得到元廷重用。

1327 年马札儿台出镇关中，恰逢当地发生饥荒，马札儿台当即拿出私财赈济灾民，因此博得赞誉，后来又被召入朝中。次年其兄伯颜因拥立元武宗而立下大功，马札儿台的整个家族都得以显赫。

伯颜任相之后多行不法，脱脱因此感到忧惧，便说服马札儿台大义灭亲，成功将伯颜驱逐。此后马札儿台接替兄长任相。然而马札儿台贪图敛财、无心治事，因此又被脱脱弹劾罢相，但依旧受到元廷礼遇。

1347 年别儿怯不元花向元顺帝进谗，使得马札儿台被贬西域，同年马札儿台就病逝于甘州，享年 63 岁。

【人物评价】

马札儿台初任官时虽有政绩，却又是一个胸无大志之人，因此拜相之后很快就原形毕露，令人失望。于他而言，儿子脱脱的弹劾或许反倒显得更为明智一些。

脱脱：躬身未料成弃子，命与国运俱成空

【人物简介】

脱脱，又名托克托、脱脱帖木儿，字大用，生于 1314 年，卒于 1356 年 1 月

10 日，享年 43 岁，元顺帝时任相。

【人物生平】

脱脱出自蒙古的显赫家族，其伯父即元顺帝时宰相伯颜，其父马札儿台又在伯颜罢相后接任宰相。脱脱从小被伯父抚养长大，具有很好的学问修养，更与当时许多名士有所往来。不仅如此，脱脱还拥有着过人的勇武和臂力，堪称文武全才。

元泰定帝自立为帝后，15 岁的脱脱就被选入朝中做官，元文宗即位后更加得到重用。1333 年元顺帝登基，脱脱伯父伯颜因拥立之功而官拜宰相，脱脱家族因此愈发显赫。但伯颜拜相之后，却在朝中大肆排斥异己、安插亲信，渐渐表露不臣之心，脱脱因此深感忧虑。为了保全家族，脱脱先是成功说服父亲，后又取得顺帝的信任，暗中计划铲除伯颜，因此还与自己的这位伯父交恶。1340 年脱脱趁着伯颜外出打猎的机会，关闭城门将伯颜驱逐出京，伯颜不久后就病死途中。

伯颜死后马札儿台任相，却依旧不称职，于是脱脱再次大义灭亲，指使大臣将父亲弹劾罢相，由自己接任。脱脱主政之后，当即大刀阔斧进行改革，将伯颜任相后的种种弊政全数废弃。此时元顺宗急于安定天下，也对脱脱十分信任、倚重，因此君臣二人的关系十分融洽。

脱脱主政之后，主要推行了重开科举、选拔儒生、恢复庙祭、安抚内部、减轻剥削、打击贪腐等一系列政策，以此来缓解当时日趋严重的社会矛盾、民族矛盾，同时又广召儒生，完成了对宋、辽、金三朝历史的编写。尽管自己推行的政策大多起到作用，但也有一些反而进一步激化了社会矛盾。脱脱曾下令挖掘金口河，本意是想趁机散财于民，孰料却引发了巨大的自然灾害。1344 年脱脱以病请辞，但 1349 年又再度任相。

脱脱第二次任相已是 5 年之后，此时元朝局势动荡、风雨飘摇，已经难以回天，但脱脱还是挺身而出，殚精竭虑进行挽救。为了解决财政危机，脱脱宣布变更钞法，推行新币、旧币并行的经济政策，但这一举措反而引起通货膨胀，使社会矛盾更加尖锐。鉴于当时黄河泛滥，脱脱又下决心治理黄河，但在治理黄河期间，许多百姓因不堪忍受官府压迫而造反，此局势因此更加难以收拾，元顺帝也开始产生不满。为了镇压此起彼伏的农民起义，脱脱又提出防范汉人、血腥镇压的应对方针，暂时取得了一些成效。

1353 年张士诚起兵后，脱脱再度率军征讨，一度将其击败。然而元顺宗却于此时听信谣言，下令免去脱脱的统帅之位。他的麾下力阻他接受诏令，脱脱却始终不肯违背君意，于是主动交出兵权。随着脱脱的离去，近百万元军也不战而败，元末农民起义就此出现转折。1356 年脱脱又被朝中奸佞矫诏鸩杀，享年 43 岁，直到 7 年后才被平反。

【人物评价】

脱脱被誉为元末第一贤相，但同时他也是元末的一大悲剧人物。在当时国家危亡、江山不保的情势下，脱脱为延续元朝国祚而殚精竭虑，做出了许多贡献，但到头来自己却沦为弃子，好不容易争取到的微小机会，也随之一并葬送。诚然，脱脱的政策也确实存在许多失误，但在当时的情况下，他仍不失为忠义之相。

阿鲁图：今日害人一时快，他日受害谁人哀

【人物简介】

阿鲁图，生卒年不详，元顺帝时任相。

【人物生平】

阿鲁图是元顺帝时期重臣，为人敦厚识大体，因此深得元顺帝信任。1344 年名相脱脱请辞，临行前又特意举荐阿鲁图，于是元顺帝便以阿鲁图为右相。

当时宋、辽、金三史尚未彻底修订完成，阿鲁图虽然不识汉字，却以都总裁的身份，在钱财、资料等方面予以大力支持，《宋史》部分更是在他主持下才得以完成。只是由于时间仓促，《宋史》一书纰漏太多，但却依旧为后世起到了许多参考、借鉴作用，位列二十四史之一。

脱脱复出之后，别儿怯不花私下拉拢阿鲁图，想要借机谋害脱脱，阿鲁图对此断然拒绝，并反问他今日如此构陷大臣，他日自己卸任又该如何自处？别儿怯不花因此十分记恨，又在元顺帝面前进谗将阿鲁图贬谪。当时幕僚都劝他入宫申冤，阿鲁图却表示自己并不贪图相位，只是不愿抵触上意，于是作罢。1351 年阿鲁图又被起用为太傅，直到病逝任上。

【人物评价】

阿鲁图秉性忠厚、宽容能忍，在当时的元廷不失为一股清流。但在当时的庙堂上，敦厚如他却依旧不能保全官位，就更无法匡扶时政了。

别儿怯不花：恤民不恤左右，仁下不仁朝堂

【人物简介】

别儿怯不花，字大用，生年不详，卒于 1350 年，元顺帝时任相。

【人物生平】

别儿怯不花家族世代为官，父亲阿忽台更一度出任丞相，但后来却因反对元武宗、权争失败而被诛杀。父亲死后，别儿怯不花先是进入国子学中，后来又出

镇为官，并凭借着自己的手段和祖辈的威望，受到治下官民的爱戴。

元泰定帝时期，别儿怯不花受召入朝，元顺帝即位后又被拜为平章政事。1342 年别儿怯不花奉命出镇江浙地区，恰好赶上杭州发生火灾，造成大量伤亡，他又为此仰天垂泪，哀哭百姓，并积极组织营救、抚恤、善后事宜。在他的请求下，元廷同意减征酒课、盐课，停征军械、漆器，因此当地妇孺百姓无不对他感恩戴德。

1344 年别儿怯不花受召入朝，官拜右相，3 年后又升任左相。拜相期间，别儿怯不花踏遍大漠，访查民间疾苦、探究地区弊政，并极力推行赈灾济民。但同时别儿怯不花又在私下排挤脱脱，为此还被另一宰相阿鲁图驳斥。

由于自己行为颇有不端，别儿怯不花在排挤阿鲁图，接任右相之后，很快就遭到御史弹劾，不久后就被贬出镇。1350 年别儿怯不花病逝，死后得到追赠、追封、追谥。

【人物评价】

别儿怯不花任职期间多有善政，值得称道；唯有排挤脱脱一事并不明智，也表现出他的嫉贤妒能。

铁木儿塔识：仁政可安百姓，早死不及救危

【人物简介】

铁木儿塔识，字九龄，生于 1302 年，卒于 1347 年，享年 46 岁，元顺帝时任相。

【人物生平】

铁木儿塔识曾在国子学中读书，元明宗时期就已经入仕，元文宗时期官至礼部尚书。元顺帝即位之后，又以铁木儿塔识为平章政事。

当时脱脱大义灭亲，将自己的伯父伯颜和父亲马札儿台弹劾，并在元顺帝的支持下推行新政，铁木儿塔识也予以全力支持。铁木儿塔识又为人宽厚，屡次劝谏元顺宗施行德政。有一次一批日本商人被高丽掠夺，不得已只好请求入朝为奴，铁木儿塔识当即反对，并劝说元顺宗将这批商人护送回国。当得知日本在中原派有密探后，铁木儿塔识认为这样正好可以震慑日本，于是也没有下令驱逐。鉴于当时犯罪动辄遭到株连，铁木儿塔识又搬出"父子罪不相及"的祖训，请求元顺宗减轻刑罚。

由于铁木儿塔识为人忠厚，深研儒学，1347 年元顺帝又以他为宰相。拜相之后，铁木儿塔识当即整饬朝纲、完善刑律、选拔官吏、设置粮仓，又对孔子后裔

授予公爵，以此来笼络天下士子。在他的努力下，这些政策仅仅不到半年就显示出成效。

然而同年铁木儿塔识就因病去世，享年 46 岁，死后得到追赠、追封、追谥。随着他的去世，生前的种种政策也被取缔，元朝也很快再次陷入危亡当中。

【人物评价】

铁木儿塔识受汉文化影响较深，因此为政之后能够体恤百姓、推行仁政，颇有可称道之处。但一来当时元朝积弊已深，二来他又早早病死，因此当时的元朝局势仍不可避免地走向了倾颓。

哈麻：负义在前犹无耻，惑君在后反忧国

【人物简介】

哈麻，字士廉，生年不详，卒于 1356 年，元顺帝时任相。

【人物生平】

哈麻的母亲曾是元宁宗的乳母，凭借着这一亲密关系，哈麻入朝之后也始终仕途风顺，一直做到礼部尚书。脱脱拜相之后推行新政，因此抵触了许多朝中权贵，哈麻又选择倒向脱脱，站在他这一边。

脱脱再度任相之前，哈麻曾有过帮助之恩，因此脱脱掌权后，出于投桃报李的心思，又将哈麻升任右丞。但为了继续推行新政，脱脱对汝中柏十分倚重，哈麻因此十分忌妒、不满，对脱脱也逐渐产生恨意。此后哈麻又将西域的媚术引进宫中，唆使元顺帝日夜宣淫，逐渐得到了元顺帝的信任。

1353 年脱脱率领大军镇压张士诚，哈麻却在元顺帝面前进谗，使元顺帝下令剥夺脱脱的军权。1355 年哈麻被拜为宰相，不久又矫诏将脱脱鸩杀。1356 年时，哈麻见妹夫秃鲁帖木儿也效仿自己逢迎元顺帝，担心会遭到天下士人的取笑，于是便打算将其驱逐。秃鲁帖木儿得知消息后，当即入宫向元顺帝告状，唆使元顺帝将哈麻及其弟弟一并处死。

【人物评价】

哈麻以忘恩负义、蛊惑君主而显贵，及至掌权后，反而心虚地担心庙堂混乱，天下耻笑，显然是为时已晚了。

孛罗帖木儿：有心识得大体，无命救得危局

【人物简介】

孛罗帖木儿，又名孛罗铁木儿，生年不详，卒于 1365 年，元顺帝时任相。

【人物生平】

孛罗帖木儿的父亲曾担任四川行省左丞，1355年又被调至河南平叛。当时孛罗帖木儿也跟随父亲一同出征，1358年又接替父亲统率了大军。

由于自己有勇有谋，孛罗帖木儿接管军队之后，接连数次击败农民起义军，因此得到元廷的重视。1360年元廷又以孛罗帖木儿为平章政事。当时扩廓帖木儿所统率的军队也被元廷视为倚仗，但孛罗帖木儿与扩廓帖木儿之间却水火不容。孛罗帖木儿依附元顺帝，扩廓帖木儿则偏向太子，因此双方的斗争不仅出自私仇，更隐隐牵涉皇权归属，致使元朝的统治更加动荡。

当时朱元璋与陈友谅正在江南地区争斗，孛罗帖木儿明辨利害，几番上疏请求南征，但元廷始终不予理会。拜相之后，孛罗帖木儿也推行了一些有利政策，但却始终无法改变局势。

1364年太子本打算先行下手，却被孛罗帖木儿击败。但此时元顺帝也对孛罗帖木儿产生不满，于1365年又派人将他刺杀。元廷最为英勇善战的一代蒙古贵族将领就此身死。

【人物评价】

孛罗帖木儿虽不及扩廓帖木儿出名，但比起拥兵自重的扩廓帖木儿，无疑更加识得大体、关心大局。但在当时昏聩的朝堂上，孛罗帖木儿只凭借一己之力，当然无法扭转必亡之局，至于因刺杀而死，就更是一场无妄之灾了。

扩廓帖木儿：不顾倾颓扶帝基，洪武遗憾亦称奇

【人物简介】

扩廓帖木儿，汉名王保保，生卒年不详，元顺帝、元昭宗时任相。

【人物生平】

扩廓帖木儿虽然是蒙古人，却又因世居中原而深受汉文化的熏陶，长大后更成为一名文武全才。当时正值元朝末年，农民起义不断，扩廓帖木儿又参与其父与养父组织的军队，不遗余力地镇压起义，因此引起元朝统治者的注意。

1362年扩廓帖木儿的养父被叛军害死，众人当即推举扩廓帖木儿为领袖，就连元廷也对他进行封赏，直接拜他为平章政事，总领河南、山东等地的军马。而扩廓帖木儿也确实不负众望，很快就将降而复叛的叛军首领擒获。经过这一役后，中原暂时得以安定，元朝朝廷因此对扩廓帖木儿更加倚重。

当时朱元璋和陈友谅正在江南地区互相争斗，按理说这是一个渔翁得利的大好机会，但扩廓帖木儿不仅没有趁机用兵，反而卷入了元廷复杂的庙堂斗争中。

除了扩廓帖木儿之外，当时元朝还有另一支由孛罗帖木儿率领的兵马，但双方之间并不和睦，经常产生争端。尽管元顺帝一再居中调停，双方的矛盾却愈演愈烈。不仅如此，扩廓帖木儿又在私下依附太子，因此更与孛罗帖木儿结怨。1364年太子被驱逐出京，本打算自立为帝，扩廓帖木儿却极力阻止，两人因此产生矛盾。次年孛罗帖木儿被杀后，扩廓帖木儿趁机护送太子回宫，尽管被任命为左相，却因先前的事情而被太子忌恨，又不得不主动请求带兵出征。

1366年时，朱元璋的势力已经开始崛起，扩廓帖木儿不仅没有进行遏制，反而积极蚕食元朝的其他军队，因此再度引发内部火并。不仅如此，扩廓帖木儿又做出许多违禁之事，逐渐展露出自己的野心。眼见情势如此，元顺帝更加愤怒，不仅下令将扩廓帖木儿的官职剥夺，又发动大军对其进行讨伐。

就在元廷内部乱得不可开交时，朱元璋已经派遣25万大军进行北伐，1368年又登基为帝，建立明朝政权。此时元顺帝才打算安抚扩廓帖木儿，却又为时已晚。同年明军攻入大都，元顺帝及太子仓皇而逃，元朝在中原地区的统治就此宣告终结。具有讽刺意味的是，此时的扩廓帖木儿才毅然举起反明旗号，并数次与明军作战。

朱元璋早就听说过扩廓帖木儿的大名，对这位异邦悍将也十分敬重，曾多次派遣使者进行招抚，但这些使者大多被扩廓帖木儿处死或重责。在扩廓帖木儿的率领下，元军数次大败明军，但终究无法扭转败局。1370年徐达亲自带兵出征，很快就将扩廓帖木儿击败，扩廓帖木儿仅仅带着妻儿仓皇逃走。

元顺帝死后，扩廓帖木儿又与太子爱猷识理达腊（即元昭宗）摒弃前嫌，元昭宗更以扩廓帖木儿为相，继续反击明军。1372年扩廓帖木儿大破明军，取得自己一生中最为辉煌的胜利，但始终无法发动全面攻击，只能在边境进行小规模骚扰。此后扩廓帖木儿的事迹不详，大致于1375年或1376年死去。

【人物评价】

扩廓帖木儿在当时大势已去的情况下，依旧数次大败明军，为元朝力挽狂澜，无怪乎能得到朱元璋的重视，更被誉为"天下奇男子"。但不论他多么富有传奇色彩，都已早早错过了最佳的战机，最后的坚决抵抗，也终究无法阻止明朝光复中原。

明

李善长：从龙收得河山在，无辜遭戮几多哀

【人物简介】

李善长，字百室，生于 1314 年，卒于 1390 年，享年 77 岁，明朝开国功臣之一，明太祖时任相。

【人物生平】

李善长从小就聪颖好学，善于谋划决断，尤好于法家学说。当时朱元璋已经起兵，等到攻下滁州之后，李善长便亲自前往拜见，并被朱元璋留任为官。当时朱元璋曾询问李善长如何平定天下，李善长当即以汉高祖为例说明，朱元璋因此十分欣喜。

从此李善长就得到朱元璋的信任，不仅负责出谋划策，参与大事讨论、决断，同时还负责在朱元璋出征时，打理后方钱粮、军械，一如汉高祖时萧何旧事。每逢有人慕名前来投奔，李善长又在私下考察他们的才能、品德，将这些信息一一汇报给朱元璋，并以朱元璋的名义来拉拢他们。朱元璋的队伍因此愈发壮大。

当时郭子兴一度因猜忌而将朱元璋的兵权剥夺，又打算将李善长收入麾下，但李善长始终不肯答应。有一次元军趁着朱元璋在外征战的时机，举兵偷袭朱元璋后方大本营，却被李善长以少胜多，打得大败而回。李善长不仅善于指挥，同时又能治理军队，因此朱元璋的队伍所过之处秋毫无犯，百姓都十分欢迎。在攻破镇江之后，当地百姓甚至连军队已经入城都不知道，可见李善长的治军才干。

1364 年朱元璋自称吴王，李善长被任命为右相国，不仅要坐镇后方，为前线将士提供军备，同时还要负责处理政务。此时天下尚未统一，李善长又在治下推行了一系列恢复生产、增加财富的政策，如专卖盐铁、设立茶法、恢复制钱、制定鱼税等，使得百姓生活逐渐富裕，国家也得已积累其庞大的财富。

1367 年朱元璋称帝，以李善长为左相国，并封其为宣国公、上柱国。在李善长的倡导下，明朝开始确立六部官制，其余制度建设也开始转向正轨。朱元璋因此对李善长更加器重，不仅予以大量封赏，甚至还赐给他免死铁券。

　　然而随着时间的推移，李善长却逐渐变得傲慢、骄横，开始在朝中排斥异己、提拔心腹，因此朱元璋也开始对他产生不满。再加上朱元璋帝王心术过重，始终对相权抱有猜忌，因此李善长看似显赫，实际处境却并不是那么美好。受李善长举荐的宰相胡惟庸，曾私下劝说李善长参与谋反，李善长虽然加以责备，却从不曾上报朱元璋，后来更说出"我已经老了，你们要好自为之"这样的话。

　　1390年李善长想要修缮住宅，便向将军汤和借兵，不料汤和反而将这一消息偷偷告诉朱元璋。与此同时，他与胡惟庸的对话也被检举揭发，朱元璋因此龙颜大怒。同年李善长一家70多口人就被全数杀死，李善长死时77岁。

　　【人物评价】

　　李善长谋反一事疑点重重，几无证据可以表明，因此他的死与其说是咎由自取，不如说是怀璧其罪。从朱元璋之后的废相举动来看，他其实并不希望相权坐大，因此李善长这位足以与萧何并称的名相，其实只不过是沦为朱元璋加强皇权的牺牲品和垫脚石罢了。

徐达：驱逐鞑虏平天下，收拾河山耀中华

　　【人物简介】

　　徐达，字天德，生于1332年，卒于1385年，享年54岁，明太祖时任相。

　　【人物生平】

　　徐达出自凤阳县一户普通农家，与朱元璋从小交好。虽然出身贫寒之家，徐达却从小就胸怀大志，并且练出一身不凡武艺。

　　1353年朱元璋在郭子兴的要求下回乡募兵，徐达当即投入其麾下。鉴于当时起义军内部矛盾重重、难成大事，朱元璋又主动带领着徐达等后来的二十四名将，在外进行征伐。此后徐达凭借着过人的武艺、杰出的才干，率领着军队连战连克，与另一位名将常遇春共同成为朱元璋的左膀右臂。徐达不仅善于指挥，治军也极其有方，麾下大军所过之处，总是秋毫无犯，因此朱元璋的威望更加深入人心。

　　等到朱元璋攻下应天后，又与陈友谅、张士诚形成三足鼎立的局面。最终朱元璋决定先征陈友谅。1359年徐达击败陈友谅麾下大将赵普胜，又用反间计将赵普胜除去，陈友谅因此受挫。从次年到1364年开始，徐达数次率领大军，与陈友谅展开大战，其间自己所乘的战舰也数次被火炮击中，却依旧亲自上阵、指挥战斗，表现出凶悍不畏死的作风。最终陈友谅的军队被明军的勇武所震慑，不得不暂时退却以避锋芒。

　　1363年陈友谅中箭身亡，但直到次年徐达才彻底剿灭其残余势力，此后又开始掉转枪头，与张士诚彼此攻伐。1364年徐达与李善长等人一起，共同拥立朱元

璋为吴王，随后又以总兵官的身份，执行朱元璋夺取淮东的第一步战略。1365 年时，朱元璋以徐达为大将军，对张士诚发起总攻。经过一番辛苦鏖战，明军终于将张士诚围困在平江城中。在经过几个月的负隅顽抗后，平江城最终还是被攻破，张士诚也被明军俘虏，不久后偷偷自缢而死。

击败陈友谅与张士诚后，明朝终于开始对元朝发起总攻。当时元朝的局势已经风雨飘摇，然而元顺帝却沉迷于声色享乐，毫无迎战准备。1367 年朱元璋以徐达为征虏大将军，率领 25 万士兵进行北伐，并打出了"驱除鞑虏、恢复中华"的口号。此后明军势如破竹，一路击败妄图阻击的元军，1368 年就打到大都，元顺帝不战而逃。元朝在中原的统治就此结束，幽云十六州也终于得以收复。

元朝灭亡之后，元相扩廓帖木儿依旧掌握着一支北元大军，屡次骚扰明朝边境，因此徐达又率领大军，与扩廓帖木儿展开激战。扩廓帖木儿虽是当时一代名将，但却无法与徐达相比，因此接连被明军打败。最终北元不得不退回大漠，再也无力与明朝抗争。徐达也因功官拜右相，并受封为魏国公。

1385 年徐达病逝，享年 54 岁，朱元璋因此大为悲恸，不仅将他列为开国第一功臣，又为其追封、追谥，他的三世子孙也被授予王爵。

【人物评价】

徐达武将出身，但却并非有勇无谋的莽夫，否则也不会成为大明开国第一功臣，受到朱元璋的极度礼遇。正是在徐达的统率下，朱元璋的明军才能先后击败各大割据势力，将蒙古驱逐出中原，恢复汉家河山，因此是一位当之无愧的民族英雄。

汪广洋：知政事不知趋避，免恶行不免株连

【人物简介】

汪广洋，字朝宗，生年不详，卒于 1379 年，明太祖时任相。

【人物生平】

汪广洋为人勤奋好学，通晓经史、精擅诗词，于书法也有极高的造诣，是当时的著名文士。1355 年时，正是汪广洋向朱元璋提出"高筑墙、广积粮、缓称王"的策略，使朱元璋得以避开元廷镇压农民起义的针芒，逐渐发展起自己的势力。

此后朱元璋对汪广洋愈发看重，又以他来辅佐名将常遇春，处理大小军务。1368 年朱元璋攻下山东，以汪广洋镇守当地安抚百姓，很快就赢得百姓的爱戴。此后汪广洋受到重视，1370 年又接替李善长，担任中书省左丞。

由于自己与右丞杨宪不和，杨宪又唆使心腹弹劾汪广洋，一度使其出镇，但同年杨宪就被李善长弹劾处死，汪广洋再度入朝并得到朱元璋的倚重，甚至还被

比作张良、孔明。待到李善长请辞、胡惟庸任相后，汪广洋尽管与他地位平等，却始终不肯提出自己的意见，只是一味附和、逢迎，因此朱元璋也开始心生不满。

1379 年时，朱元璋又向汪广洋询问胡惟庸毒杀刘基一事，汪广洋对此无法回答，朱元璋怒而将汪广洋贬官，同年又将他赐死于途中。

【人物评价】

汪广洋博学多才，善于治政，但却缺乏对庙堂之事的敏感和睿智，因此虽无奸恶行径，却也无法避开政治旋涡，最终还是难逃一死。

杨宪：祸福无门人有报，显赫得意又丢命

【人物简介】

杨宪，本名杨毕，字希武，生于 1321 年，卒于 1370 年，享年 50 岁，明太祖时任相。

【人物生平】

杨宪为人精明干练，办事能力极其突出，1356 年朱元璋进驻建康后，他当即前去投奔。此后杨宪多次以使者身份，出使张士诚、方国珍等割据势力，并因处事合宜而得到朱元璋的赏识。

1367 年朱元璋击败张士诚，以外甥李文忠镇守当地，又以杨宪作为属官，负责处理当地政务。等到明朝统一之后，庙堂之上党派逐渐林立，杨宪也依附于刘基的浙东集团。然而刘基早就看出杨宪气量狭小，因此尽管他对自己礼遇有加，却还是力劝朱元璋不要以他为相。

1369 年朱元璋仍旧以他作为右相，然而杨宪却利用职权，大肆安插亲信、排斥异己，就连左相汪广洋也一度遭到贬谪。后来杨宪又打算扳倒李善长，却以失败告终。朱元璋因此对杨宪产生不满，李善长又趁机上疏弹劾，最终朱元璋于1370 年时将他处死，杨宪死时 50 岁。

【人物评价】

关于朱元璋是以何罪名将杨宪诛杀，史书始终含糊其词，因此也留下不少疑点。但不论如何，杨宪的死必然都与他的得意忘形、不知进退有关，可见祸福无门，做人终究要以安分、守正为先。

胡惟庸：恃宠而骄行不法，犯上作乱止命途

【人物简介】

胡惟庸，生年不详，卒于 1380 年，明太祖时任相。

【人物生平】

胡惟庸于 1355 年投奔朱元璋，得到朱元璋的赏识，先后担任多种官职，1373

年又得到李善长的举荐，担任右相一职。此时杨宪已被朱元璋处死，朱元璋对胡惟庸愈发看重，1377 年时又以他为左相，成为满朝众臣之首。

鉴于杨宪被杀的旧例在前，这一时期胡惟庸处事十分谨慎，因此朱元璋也对他十分信任。得到朱元璋的信任后，胡惟庸这才逐步暴露出自己的真面目，做出种种不法之事。由于自己身居高位，胡惟庸得以轻易地将所有弹劾自己的奏章全数扣留不发，后来又利用职权收受贿赂，在朝中大肆结党。胡惟庸一度还将苗头对准徐达，但却没能得逞。

1375 年刘基病重，胡惟庸奉命前来探视，却趁机在御医的药中下毒，致使刘基病情日渐严重，很快就一命呜呼。为了巩固自己的地位，胡惟庸又将侄女嫁给李善长的儿子；从此两家结为姻亲，势力愈发膨胀。胡惟庸因此也逐渐生出异心。

胡惟庸曾就谋反一事与李善长商议，李善长初时坚决反对，但却没有将消息上报，后来又表示自己老了，希望他好自为之，胡惟庸因此大喜。为了进一步做好准备，胡惟庸又在私下与倭寇互通，甚至还命令元朝旧臣联系北元，做好多管齐下的准备。朱元璋对此自然也略有所知，只是一再冷眼旁观。直到胡惟庸的儿子坠马而死、胡惟庸怒杀马夫后，朱元璋才主动审问这一案件，并做出"杀人偿命"的表态，胡惟庸这才感到畏惧。

1379 年占城国遣使朝贺、进贡，胡惟庸却将消息隐瞒，朱元璋得知后大为震怒，不仅将宰相汪广洋处死，又趁机深入调查。很快胡惟庸的一些谋反事情就被揭发，朱元璋于是怒而将其诛杀。1390 年，也就是胡惟庸死后的 10 年，他的谋反事情才得以全数曝光，因此就连开国功臣李善长也受到株连。

【人物评价】

胡惟庸历来以乱臣贼子的形象示人，但也有学者经过分析，指出胡惟庸谋反不过是欲加之罪，联系朱元璋之后雷厉风行的废相举动，就更是不难看出其真正用心。但即便真相如此，也并不意味着胡惟庸真的一清二白，或许只是恰好被朱元璋顺理成章地利用了而已。

解缙：博学通晓无禁忌，满腹忠义雪掩空

【人物简介】

解缙，字大绅，一字缙绅，号春雨、喜易，生于 1369 年，卒于 1415 年，享年 47 岁，明惠帝、成祖时任相。

【人物生平】

解缙自小聪颖非凡，有着神童美誉，他的父母也都十分博学，因此他从小就受到悉心教导，长大后更是满腹诗书。1387 年解缙考中解元，次年又与兄长、妹

夫共同考中进士，一时传为美谈。

解缙入朝为官之后，很快就得到朱元璋的赏识，但由于自己脾气刚直，屡次触怒朝中权贵，朱元璋又认为他缺乏涵养和气度，应当继续磨炼。为此朱元璋于1391年将解缙遣送回家，表示只有经过10年砥砺，才会再次起用。但没等10年过去，朱元璋就于1398年驾崩。解缙因此入朝吊丧，却又被之前得罪的大臣进谗，因此遭到贬谪。

直到1402年明惠帝（即建文帝）才将解缙拜为内阁首辅，次元成祖朱棣即位之后，又组建文渊阁并安排解缙等人就职，就此确立了内阁制度。此后解缙主要负责编修《太祖实录》《列女传》，后来又编修了旷古烁今的《四库全书》。

当时朱棣有意以朱高煦为太子，解缙极力表示反对，最终朱棣同意立长子朱高炽，朱高煦却就此厌恶解缙。此后朱高煦利用朱棣对朱高炽的不满，多次进谗构陷解缙，使朱棣逐渐对解缙产生不满。1410年解缙又因觐见太子而被朱棣贬谪。

当时解缙虽遭贬谪，沿途仍然关心民生，又上疏建议开凿河道、引水溉田，不料正在气头上的朱棣更加震怒，反而将解缙关进诏狱。直到1415年冬天，也就是自己入狱5年之后，朱棣偶然翻阅囚犯名单，发现解缙名列其中，便说了一句"缙犹在耶？"不久后锦衣卫头目纪纲便将解缙灌醉，丢到大雪天中冻死了，解缙死时仅47岁。

【人物评价】

解缙的聪明才智、忠肝义胆无人能够否认，可惜的是他虽然通晓大义，却偏偏不曾想到"伴君如伴虎"这一警世良言。从其入朝后的种种表现来看，解缙无疑是一个缺乏政治头脑、不知趋利避害之人，这才是他生命悲剧的根源。

黄淮：温厚不欲争先，谦恭反得保全

【人物简介】

黄淮，字宗豫，号介庵，生于1367年，卒于1449年，享年83岁，明成祖时任相。

【人物生平】

黄淮于1395年时进入国子监，次年就考中举人，仅仅过了一年之后，又考中了状元。当时靖难之役刚刚结束，朱棣急于稳定朝堂，黄淮趁机陈述自己的意见，得到朱棣的赏识、采纳。等到朱棣建立内阁制度后，黄淮也与解缙等人一同入阁，成为朱棣的心腹之臣。

当时黄淮主要负责为朱棣草拟宣示、劝诫百官的制敕，与解缙共同成为朱棣的重臣。1414年时黄淮也因朱高煦的构陷而下狱，又与解缙同为沦落人。但比解缙幸运的是，黄淮虽然入狱长达 10 年，最终却于 1424 年被明仁宗释放、起用，而解缙则早在 1415 年就被锦衣卫害死。

明宣宗即位之后，黄淮依旧深受君恩，但他此时年事已高，1427 年又主动请辞。此后黄淮居于家乡，孝顺自己的老父，其间还三度赴京谢恩。直到 1449 年黄淮才病逝，享年 83 岁，死后得到追赠、追谥。

【人物评价】

黄淮与解缙同期、同朝为臣，但比起锋芒毕露的解缙，黄淮无疑要内敛许多。也正是由于这一缘故，黄淮才能够世历五君而安享天年，可以说是大智若愚。

胡广：猪命犹惜况人命，受君隆恩事新君

【人物简介】

胡广，又名靖，字光大，号晃庵，生于 1370 年，卒于 1418 年 6 月 11 日，享年 49 岁，明成祖时任相。

【人物生平】

胡广的祖上即南宋四名臣之一的胡铨（与李纲等人并列），他的父亲也在明太祖时任官，做出许多政绩。1400 年胡广参加殿试，被建文帝钦点为第一，并被引为心腹之臣。

1402 年朱棣兵临城下，胡广与解缙慷慨陈词，表示绝不屈服，唯有王艮默默流泪。不久后胡广又要求家人看好家中的猪，一旁的吴溥当即笑着对儿子说，胡广连一只猪都舍不得，又岂能慨然赴死？等到朱棣入城之后，王艮服毒而死，胡广果然出城投靠了朱棣。

胡广投诚后，很快就得到朱棣的赏识，得以进入内阁为官，又与解缙结为姻亲。不料解缙后来身死，其子也流放辽东，胡广又当即打算悔婚。面对这位贪生怕死、毫无信义的父亲，反倒是他的女儿毅然割耳，表示绝不改嫁，因此胡广也受到时人的诟病。

朱棣北伐期间，胡广一度随同出征，但却在途中漠视同侪、不肯援助，因此朱棣也对他的这一行为十分不屑。但除此之外，胡广做事谨慎严密、从不外泄，同时又识得大体、关注民生，因此他的建议大多被朱棣采纳。

1418 年胡广病逝，享年 49 岁，死后得到追赠、追谥。

【人物评价】

胡广为人贪生怕死、心性凉薄，臣节十分有亏，私德也实在令人不齿。但除此之外，他倒也不失为一位能臣，在辅助朱棣期间，也做出了许多贡献。

杨荣：居庙堂历经五代，事君主无非一忠

【人物简介】

杨荣，原名道应、子荣，字勉仁，生于 1371 年，卒于 1440 年 7 月 30 日，享年 70 岁，为明朝"三杨"之一，明成祖、仁宗、宣宗、英宗时任相。

【人物生平】

杨荣少时便学问渊博，17 岁时就被选入府学授课，1400 年又考中进士。1402 年成祖进京，杨荣趁机提醒他先去祭拜祖陵，因此被明成祖另眼相看。

同年杨荣就被选入内阁，多次准确预算、料定时势，因此明成祖对他愈发倚重。甚至当自己在气头上时，只要杨荣前来觐见，明成祖就会转怒为喜。1409 年蒙古脱脱不花请降，杨荣奉命前往边境，主持受降事宜，次年又随同明成祖一同出征蒙古。在班师途中，杨荣又巧使妙计，解决了明军粮饷不足的问题，明成祖因此十分欣喜。

1414 年明成祖再次北伐，其间还带上了皇太孙朱瞻基，杨荣再次奉命跟随。其间杨荣主要负责为朱瞻基讲解历史，以及执掌皇帝玉玺。1420 年杨荣正式进入内阁。

鉴于当时蒙古对中原的威胁依旧，明成祖打算迁都北京，杨荣也不遗余力地加以支持，迁都得以顺利进行。之后明成祖又接连进行了两次北伐，杨荣都被指定跟随，其间又受到明成祖的特别优待。1424 年成祖在第五次北伐班师时驾崩，杨荣为了稳定局势，便下令近侍秘不发丧，直至返京后才宣布噩耗，处理国丧，使明仁宗得以顺利即位。

明仁宗即位 1 年便驾崩，死后明宣宗即位，汉王朱高煦很快就发起叛乱。在杨荣等人的劝说下，明宣宗最终决定御驾亲征，不久成功平息了叛乱。事后杨荣因功得到赏赐。此外杨荣又极力劝说明宣宗放弃安南，以此换取边境安宁，后来又几次出巡边境，震慑四方诸邻。

1435 年明宣宗驾崩，临终前委托杨荣、杨溥、杨士奇三人共同辅政，即著名的明代"三杨"。正是在三人的努力下，这一时期明朝虽然皇帝年幼，军政事务却都得到妥善处理，庙堂之上也相对清明。

1440 年杨荣抱病回乡扫墓，同年就病逝于途中，享年 70 岁。明英宗得知后十分悲恸，宣布罢朝 1 日，并为其追赠、追谥。

【人物评价】

杨荣先后侍奉明惠帝、成祖、仁宗、宣宗、英宗五代君主，不仅资历十分出众，政绩也十分显赫。正是在他和其余几位重臣的努力下，这一时期的明朝得以始终处于强盛时期。

杨士奇：教君有成难教子，黜奸无力反黜身

【人物简介】

杨士奇，名寓，字士奇，号东里，生于 1366 年，卒于 1444 年，享年 79 岁，为明朝"三杨"之一，明成祖、仁宗、宣宗、英宗时任相。

【人物生平】

杨士奇早年丧父后随母改嫁，跟随继父改姓，后来却在祭祖当天偷偷祭拜杨氏先祖。继父看到后十分赞赏他的行为，于是又将他改回原姓。

明惠帝时杨士奇受到举荐，得以进入翰林院，参与《太祖实录》的编写；等到明成祖即位之后，很快就将他选入内阁，参与国家机要。杨士奇不仅在明成祖面前沉稳谨慎、应对合宜；出宫之后也再三缄默，从不吐露宫闱之事，因此受到成祖的器重。明仁宗以太子身份监国时，一度醉心于诗词歌赋，杨士奇又主动劝谏，建议明仁宗当以经史为根本，以诗赋为旁支。明仁宗也对他的看法十分赞同。

当时汉王朱高煦心怀异志，多次在朝中构陷明仁宗，杨士奇则屡次为明仁宗辩护，终于使明成祖坚定了决心。后来杨士奇又趁机提醒明成祖小心汉王，最终朱棣经过深思，拒绝了汉王留守南京的请求，并命令其尽快离开北京，前往藩地。

明仁宗即位之后，当即以杨士奇为大学士，总领朝中事务，对于他所提出的建议，明仁宗也经常采纳。等到明宣宗即位、平定汉王叛乱之后，许多人趁机提议铲除赵王朱高燧，杨士奇又极力反对。眼见内阁其余大臣也赞同杨士奇的观点，明宣宗也干脆作罢，赵王因此得以保全。鉴于明成祖以来，大明与交趾时时兴兵、边境不得安宁的现状，杨士奇干脆建议明宣宗放弃占领交趾，因此节省下一笔庞大的军费开支。

当时除了杨士奇以外，内阁中还有杨荣、杨溥两位杨姓大学士，三人俱是兢兢业业、勤勉忠君之辈，时人因此将他们并称为"三杨"。在杨士奇等人的辅佐下，明宣宗时政治较为清明，国家也较为安定，史称"仁宣之治"。

等到明宣宗驾崩、明英宗即位之后，宦官王振凭借着宠信，很快就趁势崛起，此时"三杨"年事已高，逐渐无力压制。1440 年杨荣病逝，两年后张太皇太后也病逝，从此杨士奇等人愈发势单力孤。

就在这个节骨眼上，杨士奇的儿子杨稷又目无王法，犯下杀人恶行，王振趁机鼓动心腹弹劾杨士奇，杨士奇因此受到双重打击，很快就忧愤成疾。1444 年杨士奇病逝，享年 79 岁，死后得到追赠、追谥。

【人物评价】

杨士奇身为"三杨"之一，竭尽心力辅佐几代君主，成就治世，可以说是一

代贤臣；但同时他却不是一个合格的父亲。最终他也因为教子无方而受到构陷，愈发无力遏制庙堂奸恶，这恐怕也是他始料未及的。

杨溥：身陷牢狱学不废，他日自有腾达时

【人物简介】

杨溥，字弘济，号澹庵，生于1372年，卒于1446年8月6日，享年75岁，为明朝"三杨"之一，明成祖、仁宗、宣宗、英宗时任相。

【人物生平】

杨溥于1400年考中进士，与杨荣乃是同年。入仕之后，杨溥先是在翰林院担任编修，后来又被选为太子洗马，专门负责教导太子。

1414年汉王朱高煦进谗，明成祖一怒之下，便将杨溥在内的东宫大臣关入诏狱，直到10年后才放出。其间杨溥等人始终处于朝不保夕的危险境地，就连家人的食物供应也数度断绝，但杨溥始终不为所动，只是一味勤学苦读。

1424年明仁宗登基，杨溥终于得到释放，并接连三次得到提拔。同年明仁宗驾崩，明宣宗登基，杨溥又被召入内阁问事。当时杨荣、杨士奇已经进入内阁，杨溥便与他们共同殚精竭虑、辅佐明宣宗，为"仁宣之治"的出现做出了重要贡献。

1435年明宣宗驾崩，明英宗即位，身为"三杨"之一的杨溥与杨荣、杨士奇共同辅佐幼主，并得到太皇太后的大力支持。1438年杨溥被拜为大学士，彻底与杨荣、杨士奇平起平坐。

明英宗初年时，三杨等人在太皇太后的支持下，竭力促成了庙堂的稳固和国家的兴盛；但随着时间的不断推移，三杨也开始变得有心无力。1440年杨荣病逝，1442年太皇太后病逝，1444年杨士奇也忧病而死。此时宦官王振趁势崛起，杨溥再也无力压制。杨溥因此一度请辞，但明英宗始终不肯应允，杨溥只得勉强留任。

1446年杨溥病逝，享年75岁，明英宗因此宣布罢朝1日，并为其追赠、追谥。3年之后土木堡之变爆发，许多人都因此怀念杨溥等人，认为倘若他们在世，这一悲剧断然不会出现。

【人物评价】

杨溥的才学略输其余二杨一筹，同时却以品德高尚而受到称誉，这也是"三杨"各自的人格魅力所在。正是在杨溥等人的努力下，当时的明朝才能够继续保持强盛，但随着他们的先后离去，大明王朝很快就在明英宗和王振等人的挥霍下，走向了截然相反的路途。

曹鼐：见色心动行不可，为国殉死又如何

【人物简介】

曹鼐，生于 1402 年，卒于 1449 年，享年 48 岁，明英宗时任相。

【人物生平】

曹鼐为人勤学刻苦、富有文采，1433 年时就高中状元。此后曹鼐先是任职地方，1441 年又被杨荣等人举荐入朝。

在任职地方期间，曹鼐曾抓捕了一名美貌女贼，因此十分心动。为了守住底线，他干脆在纸上写下"曹鼐不可"四个字，反复撕掉又再写，终于没有做出错事。等到自己入阁之后，曹鼐也谨守当年的一身正气，与权宦王振等人抗衡，但却由于明英宗的昏聩而成效不大。

1449 年曹鼐力劝明英宗未果，只得随其出征瓦剌，结果明军在土木堡之变中大败，曹鼐也死于乱军之中。直到明英宗复位之后，曹鼐才得到追赠。

【人物评价】

曹鼐身居相位 10 年，又逢权宦当朝的恶劣局势，但却始终没有改变早年的志向，明知事不可为亦敢于赴死，无愧为忠义之臣。

陈循：重国民而轻君事，近忠臣而远朝堂

【人物简介】

陈循，字德遵，生于 1385 年，卒于 1464 年，享年 70 岁，明代宗时任相。

【人物生平】

陈循少时生活清贫，但却以聪慧好学而闻名乡中，1415 年又考中状元。明宣宗年间，陈循逐渐得到重用，又多次直言上疏，劝谏明宣宗赦免进谏的大臣。

1449 年土木堡之变爆发，朝中围绕着立帝一时争执不休，但陈循却始终保持中立，因此明代宗对他十分赏识。明代宗在位期间，陈循曾特意上疏劝谏他效仿古代贤君，实行各种惠民仁政，大多被代宗采纳。

明英宗复辟之后，已经 70 多岁的陈循也因受于谦等人牵连而罢官，并被贬至铁岭。直到于谦等人获得平反后，陈循才得以一同昭雪，并被追复原职。

【人物评价】

陈循不涉庙堂之争，唯以国事、民事为念，在土木堡之变后，曾坚持主战立场，为保卫京城做出了重要贡献，这一点不容否定。

徐有贞：治事奉君多善政，构陷一人尽折毁

【人物简介】

徐有贞，原名珵，字元玉，又字元武，晚号天全翁，生于1407年，卒于1472年，享年66岁，明英宗时任相。

【人物生平】

徐有贞原名徐珵，于1433年考中进士。徐有贞不仅通晓儒家经典，对于阴阳、兵法也颇为通晓，曾在明英宗即位后提出边防五策，但并没有得到采纳。

1449年土木堡之变后，也先兵临北京城下，徐有贞因提出南迁，而遭到于谦的斥责，事后更被明代宗不屑。然而徐有贞却误以为是于谦暗中使绊，害得自己无法升迁，因此对于谦怀恨在心。从此徐有贞正式改名，以此来得到升迁，后来又成功治理黄河水患，因此受到明代宗褒奖。

1457年代宗病重，石亨等人趁机与徐有贞共谋，发动夺门之变，明英宗得以顺利复位，徐有贞也因功入阁。为了报复于谦，徐有贞又以"意欲"的罪名，极力唆使明英宗将于谦处死。不久后徐有贞正式升任内阁首辅，并与石亨等人产生矛盾。

在石亨等人的构陷下，徐有贞很快就被明英宗疏远，不久后又被贬官。尽管自己才学不凡，时人却都因他陷害于谦而感到厌恶，因此徐有贞再也没有得到起用。1472年徐有贞病死家中，享年66岁。

【人物评价】

客观来讲，徐有贞任官期间，还是做出了许多不斐政绩的，但他以"意欲"杀害于谦的做法，也实在是过于卑劣，堪比秦桧当年的"莫须有"，因此他最终还是被人们视为奸邪小人，只能说是咎由自取。

吕原：嫉恶不畏谗毁，至孝终至伤身

【人物简介】

吕原，字逢原，号介庵，生于1418年7月21日，卒于1462年12月18日，享年45岁，明英宗时任相。

【人物生平】

吕原早年家境贫寒，以至父兄死后都无法返乡安葬，但却因善于文辞而得到当地知府的赏识，得以被送入学。1442年吕原考中进士，明代宗即位后又因学问、见解精深而被提拔。

明英宗复辟后，受宠的徐有贞、李贤先后失势，吕原随后入阁。当时石亨等人掌握大权，唯独对吕原十分敬畏，但吕原却并不领情，后来更是当庭进言，揭

发石亨等人的罪行。等到李贤复出之后，吕原又尽心尽力辅助李贤，使当时庙堂风气有所好转。

1642 年吕原的母亲去世，吕原因此十分悲痛，原本肥胖的身躯也变得消瘦。同年吕原就因病去世，享年 45 岁，明英宗为之罢朝 1 日，同时追赠、追谥。

【人物评价】

吕原以谦恭、不争而享有美名，但当自己立于庙堂时，即便是面对穷凶巨恶，他也会断然出面、坚决抗争，表现出与众不同的作风。

李贤：治理庙堂进仁厚，辅佐君王黜佞臣

【人物简介】

李贤，字原德，生于 1409 年 1 月 1 日，卒于 1467 年 1 月 19 日，享年 59 岁，明英宗时任相。

【人物生平】

李贤于 1433 年考中进士，入仕后多次直言上疏、痛陈时弊，但英宗并未完全采纳。1449 年土木堡之变中，李贤顶替因病告假的同侪，随同明英宗一同出征，侥幸在战乱中逃得性命。

明代宗年间，李贤又提出整顿朝纲、增强国力的正本十策，因此得到明代宗的赏识和提拔。1457 年夺门之变后，明英宗听信谗言诛杀于谦等人，李贤却于同时被选入内阁。入阁之后，李贤始终与石亨、徐有贞等人保持界限，后来又借机劝说明英宗，使其疏远石亨等人。但同时李贤也做出一些排挤异己的事情，因此也招来一些人的反感。

明英宗晚年听信谗言，对太子产生误会，李贤又大胆直言进谏，终于使明英宗父子重归于好，1464 年明宪宗得以稳妥即位。李贤也因此深得明宪宗倚重。1467 年李贤病逝，享年 59 岁，明宪宗因此罢朝 1 日，又为其追赠、追谥。

【人物评价】

明英宗复辟之后，身边多是石亨、曹吉祥、徐有贞等奸佞之臣，幸亏还有李贤这样一位忠臣加以劝勉，这才在一定程度上挽回了局势。

许彬：穿针引线成复辟，所识非贤位难安

【人物简介】

许彬，字道中，号养浩，生于 1392 年，卒于 1467 年，享年 76 岁，明英宗时任相。

【人物生平】

许彬自幼天资聪颖，拥有一目十行之能，因此被乡人称为神童。1415 年许彬

考中进士，在明成祖、仁宗、宣宗时期均担任皇帝近侍职位。

1449 年许彬又受首辅曹鼐举荐，得到明英宗的任用和提拔；等到明代宗即位、明英宗被释后，他又主动出面迎接。1457 年夺门之变前夕，石亨正是在许彬的引见下，才得以与徐有贞结识，成功拥立明英宗复位，许彬也因此进入内阁，与徐有贞共同执掌大权。

后来徐有贞因与石亨等人生隙而罢相，许彬得以接替首辅之位，但不久后也被石亨等人弹劾罢职。同年许彬被贬陕西后主动辞官。1467 年许彬病逝，享年 76 岁。

【人物评价】

许彬在官场上成就有限，反倒是以诗文享誉，是当时馆阁体的代表人物。同时许彬为人坦率、豪爽，没有奸恶心思，因此虽与徐有贞、石亨等人结交，却并未因此蒙受骂名。

陈文：忘恩反咬一口，作恶岂有善称

【人物简介】

陈文，字安简，号聚斋，生于 1405 年，卒于 1468 年 5 月 19 日，享年 64 岁，明宪宗时任相。

【人物生平】

陈文于 1436 年考中进士，最初在翰林院任职，及至明代宗即位，又奉命出镇云南，做出许多惠民德政。1457 年明英宗复位后，陈文受到首辅李贤的举荐而入朝，因此得到明英宗的赏识。

然而陈文入朝之后，却始终与李贤作对，并打算在明英宗驾崩后，趁机夺取李贤的相位。但明宪宗对李贤始终信任有加，陈文及同党反而都遭到贬谪。此后陈文才改变态度，依附于李贤并帮其驱逐政敌，逐渐表现出卑鄙、凶戾的一面。

1466 年陈文暂时代替李贤为相，直到次年李贤病逝后，才正式担任首辅。此后陈文更加无所顾忌、为所欲为，基本再没有做出政绩。1468 年陈文病逝，享年 64 岁。

【人物评价】

陈文死后尽管得到追赠、追封，但由于自己口碑极差，朝臣甚至还一度要求明宪宗将其改谥，可见其不得人心。

彭时：荣辱不避为君事，生死寻常不问家

【人物简介】

彭时，字纯道，又字宏道，号可斋，生于 1416 年，卒于 1475 年 4 月 27 日，享年 60 岁，明代宗、宪宗时任相。

【人物生平】

彭时于1448年考中状元，土木堡之变爆发后，又进入内阁参与机要。但由于自己坚持为母守丧，彭时很快就触怒了明代宗，因此又被调离内阁。

1457年夺门之变时，彭时拒绝他人邀请不肯参与，但明英宗即位后，却对这位当初自己钦点的状元十分重视，首辅李贤也大力举荐。从此彭时与李贤一同得到明英宗的倚重，并屡次直言进谏，促使明英宗改变原有心意。

明宪宗即位后，彭时谨守大义名分，坚持将明宪宗生母和明英宗皇后并立为太后，明宪宗最终只得应允。1467年、1468年时，李贤、陈文相继病逝，彭时得以入阁为相。鉴于当时朝中弊政，彭时多次上疏直言，提出一系列革弊建议，大多都能切中时弊，因此得到明宪宗采纳。但由于自己的奏章经常被扣留，彭时经常郁闷不乐，再加上身体本来也不好，因此很快就患上疾病。

1475年彭时病逝，享年60岁，死前还表示生死有常，对家事也绝口不提。明宪宗得知后十分悲恸，为之罢朝1日并追赠、追谥。

【人物评价】

彭时入朝为官期间，始终坚守义理、不违本心，更不因君王权威而有所逢迎，有古之诤臣风度。

商辂：岂能屈从坏仁义，事君不以笔杀人

【人物简介】

商辂，字弘载，号素庵，生于1414年3月16日，卒于1486年8月17日，享年73岁，明代宗、宪宗时任相。

【人物生平】

商辂于1445年考中状元，就此成为明朝历史上唯一一个连中三元的士子（建文帝时的黄观被朱棣除名）。商辂不仅学问精深，为人也形貌俊伟，因此得到明英宗的赏识。

明代宗即位后，商辂因陈循等人的举荐入阁，同时入阁的还有另一贤相彭时。明英宗复位后，商辂奉命起草诏书，但却不肯听从石亨等人之言，坚持将宽赦之意写入条款，因此又被进谗贬职。

明宪宗即位后，商辂才再次得到起用，任官后屡次直言进谏，劝说明宪宗体恤百姓、厉行节俭，明宪宗都予以采纳。正是在商辂的一再努力下，后来的明孝宗朱祐樘才得以被立为太子，明代宗也被追复王位和封号。但当时汪直正得宠信，商辂屡次与其抗争都无可奈何，于是只得无奈请辞。

1486年商辂病逝，享年73岁，死后得到追赠、追谥。

【人物评价】

即便是历史上著名的贤相，也难免有一些排斥异己的官场做法，然而商辂任官多年，却始终不曾以笔杀人，即便遭受权贵逼迫，一言一行仍无不合于义理，因此受到时人称赞。

薛瑄：驳斥权宦力有尽，未若辞君与天通

【人物简介】

薛瑄，字德温，号敬轩，生于 1389 年 8 月 20 日，卒于 1464 年 7 月 19 日，享年 76 岁，明英宗时任相。

【人物生平】

薛瑄祖上世代以教授为业，因此薛瑄自小受到家风熏陶，学识十分出众。但直到自己快 30 岁时，薛瑄仍在跟随父亲求学，1420 年时才参加科考并考中进士。

入仕之后，薛瑄大部分时间都担任执法官员，并因断案严明、刚直不阿而受到称誉，就连当时的首辅也对薛瑄十分重视。等到明英宗即位后，宦官王振也逐渐显赫，朝中群臣对他无不敬畏，只有薛瑄拒绝其拉拢，见面也只是拱手行礼，不像其余大臣那样跪拜。后来薛瑄因秉公断案而触怒王振，因此被下狱问斩，坐牢期间仍旧手捧经史、苦读不辍，被时人誉为铁汉。得知薛瑄要被问死后，就连王振家的老仆人也痛哭流涕，庙堂、民间的反对声浪可想而知。最后就连王振也不得不做出退让，薛瑄因此得以保全。

明代宗年间薛瑄多次上疏，请求朝廷体恤百姓疾苦；明英宗复辟后又将其召入内阁。然而薛瑄很快就发现明英宗昏聩，于是彻底失望，不久后就主动请辞。

1464 年薛瑄自觉大限已到，当即整理往日书稿，然后又写下"土炕羊褥纸屏风，睡觉东窗日影红。七十六年无一事，此心唯觉性天通"一诗。最后一字尚未写完，薛瑄就悄然辞世，享年 76 岁，死后得到追赠、追谥。

【人物评价】

薛瑄身处昏暗庙堂，虽不能彻底完成罢黜权宦、拨乱反正的壮举，但也已经以凛然风骨，做出了最大限度的抗争。眼见事不可为，薛瑄又能不慕权势、悠然离去，这又体现了他的旷达。

刘定之：读书万卷笔有神，勤恳治政岂无仁

【人物简介】

刘定之，字主静，号呆斋，生于 1409 年，卒于 1469 年 9 月 15 日，享年 61 岁，明宪宗时任相。

【人物生平】

刘定之从小就在父亲的逼迫下读书万卷，下笔作文也相当惊艳，因此被其父视为伟器。1436年刘定之果然高中探花，一时得到世人瞩目。

1449年刘定之因故受到牵连，一度被抓捕下狱，被释放后又接连上疏，陈述治国良策，受到明代宗的赏识。明英宗复辟之后，刘定之也始终担任近臣，但并没有任何显耀之事。

直到明宪宗即位之后，刘定之才得到提拔，1466年又入阁参与机要。入阁之后，刘定之多次上疏，建议明宪宗体恤百姓，施行惠民仁政，同时又与彭时、商辂等贤臣站在同一阵线，坚守义理规劝明宪宗。

1469年刘定之病逝任上，享年61岁，死后得到追赠、追谥。

【人物评价】

刘定之不仅文采惊艳，为当时一代文宗；任官之后也谨慎臣节大义，庙堂应对无不合于义理，是一位值得称道的贤良之臣。

万安：奸猾巧借枕边风，一朝得势庙堂中

【人物简介】

万安，字循吉，生年不详，卒于1488年，明宪宗时任相。

【人物生平】

万安于1448年考中进士，明宪宗即位后官至吏部侍郎，1469年时又进入内阁。

当时万贵妃深受明宪宗宠幸，因此万安主动依附于万贵妃，并以侄辈自居，因此很快就赢得了万贵妃的信任，更加受到明宪宗信任。还有一种更不堪的说法，说万安是由于向明宪宗进献媚药才得以显贵，因此还得到了一个极其不雅的外号——洗屌相公。

万安虽然身居相位，但却几无任何政绩，因此又被时人讥讽为"万岁阁老""纸糊阁老"。但除此之外，万安倒也没有做出什么太过伤天害理的恶事，甚至还顺应当时形势，主动请求撤掉西厂机构。

1488年万安病逝，死后得到追赠、追谥。

【人物评价】

万安虽然没有大奸大恶的行径，但任相之后不能选贤举能、整顿朝纲，反而做出许多排斥异己的事情，因此名声依旧不好。

刘吉：处事昏昏不惧弹，明君临朝把事担

【人物简介】

刘吉，字祐之，生卒年不详，明孝宗时任相。

【人物生平】

刘吉于 1448 年考中进士，与有着"洗屇相公"之称的万安同年。入仕之后，刘吉的仕途一帆风顺，1475 年时又进入了内阁。

当时正值明宪宗年间，吏治十分败坏，刘吉虽然身为内阁大学士，却也与万安等人一样，只知排挤异己、阿谀逢迎，此外一无可称之处，因此被人们列入"纸糊三阁老"之一。由于自己从不在意言官弹劾，人们又称他为"刘棉花"，意思是不怕弹。

直到明孝宗朱祐樘即位，有心整顿吏治、安定百姓，刘吉这才改头换面，多次上疏论述军国大事，表现出可用之才，因此明孝宗也继续将他留在内阁。刘吉曾不费一兵一卒，就解决了当时困扰明孝宗的哈密问题，这也成为他最显著的政绩。

1492 年明孝宗想要封赏皇后之弟，刘吉却表示应该先封太后亲戚，明孝宗因此感到不悦，同年就派人暗示他致仕。刘吉后来病逝于家中，死后得到追赠、追谥。

【人物评价】

刘吉在明宪宗朝时浑浑噩噩，明孝宗朝时又表现得精明强干，颇有几分困则善身、达则济民的风采，也确实做出了一些贡献。但他主事内阁期间，也有过排斥异己、结党营私的行径，因此并不能算作良臣。

刘健：殚虑一生犹不足，临死尚有千言书

【人物简介】

刘健，字希贤，号晦庵，生于 1433 年 2 月 27 日，卒于 1526 年 12 月 9 日，享年 94 岁，明孝宗时任相。

【人物生平】

刘健曾拜在宰相薛瑄门下，1460 年时又考中进士。此后刘健进入翰林院，却始终紧闭大门、埋头苦读，从不与人交往，因此被人们称为"木头"。

明宪宗登基后，刘健又升任东宫讲官，与后来的明孝宗关系十分融洽。1488 年明孝宗即位，便以刘健为内阁学士，1498 年时又成为内阁首辅。

明孝宗即位后一心革弊、重振社稷，刘健也竭力辅佐明孝宗，终于促成了后来的"弘治中兴"。当时有人弹劾他阻塞贤路，刘健不仅不计较，反而主动请求明孝宗赦免他。再加上他的建议往往能够切中时弊、卓有成效，因此不仅朝中大臣钦佩他的为人，就连明孝宗也对他十分尊重。

明武宗即位后，大肆宠信刘瑾等人，刘健屡次劝阻无果，只得主动请辞。1522 年世宗即位，又派人专程前来探视，并对刘健予以褒奖、赏赐。1526 年刘健以 94 岁高龄病逝，死前还留下数千字的劝谏奏疏，明世宗因此大为悲恸，特意罢

朝并为其追赠、追谥。

【人物评价】

刘健自入仕至病逝，始终念念不忘国事，可谓是活到老、忠到老、忧到老，满腔赤诚令人钦佩。

李东阳：善政显于天子，柔顺容于佞臣

【人物简介】

李东阳，字宾之，号西涯，生于 1447 年 7 月 21 日，卒于 1516 年 8 月 17 日，享年 70 岁，明孝宗时任相。

【人物生平】

李东阳 4 岁习书法、6 岁知《尚书》，甚至就连当时的明代宗皇帝，都将他召入宫中讲学，对他十分称奇。1455 年时，年仅 8 岁的李东阳就进入顺天府学习，1464 年又考中进士。

明宪宗在位期间，李东阳的亲人屡屡病逝，因此李东阳虽然任官，却也无暇做出太多政绩，直到 1487 年明孝宗即位，这才开始得到重用。1495 年李东阳以礼部尚书的职位进入内阁，与刘健、谢迁共同辅政，为弘治中兴做出了巨大贡献。等到明武宗即位、刘瑾专权后，李东阳与刘健、谢迁等人一同请辞，却单独被朝廷留任。

此后李东阳继续辅政，其间还极力居中斡旋，保护刘健、谢迁等人不受刘瑾加害，更因平叛之功而被加勋晋爵。1516 年李东阳病逝，享年 70 岁，死后得到追赠、追谥。

【人物评价】

李东阳满腔忠贞、尽心国事，但同时又更加谦恭、忍让，因此当刘健、谢迁等人纷纷被贬谪时，只有他能够继续留任，并以此保全了这几位同僚。尽管也有人因此讥讽他过于柔弱，但他为弘治中兴所做出的贡献却不容否定。

谢迁：促成中兴逆权宦，七十入阁有回还

【人物简介】

谢迁，字于乔，号木斋，生于 1449 年，卒于 1531 年，享年 83 岁，明孝宗、明世宗时任相。

【人物生平】

谢迁于 1475 年考中状元，等到明孝宗即位后，又以讲官的身份辅佐明孝宗，屡次借机传授明君之道。因此明孝宗对谢迁十分重视，1495 年时又下诏以他入内阁。

明孝宗即位后，始终致力于中兴明朝，谢迁也与李东阳、刘健一起辅佐孝宗，

大力整顿吏治、革除旧弊，因此被时人并称为贤相。明武宗即位后，宦官刘瑾很快得势，谢迁与刘健等人均因不肯屈从而被罢官。当时刘瑾一再逼迫谢迁，时人都为他感到担忧，但谢迁始终镇定自若。

明世宗即位后，也对谢迁十分重视，甚至下令将已经70岁的谢迁再次调入内阁。谢迁屡次推辞均不被准许，只得无奈赴任，直到次年才得以致仕。谢迁虽然返乡，却始终忧心国事，明世宗也年年派人前去探视他。

1531年谢迁病逝，享年83岁，死后得到追赠、追谥。

【人物评价】

谢迁为弘治中兴的出现做出了许多贡献，之后也始终不畏强权、关心国事，是一位不可多得的有道贤相。

焦芳：莫笑南人难为相，有才无德亦空囊

【人物简介】

焦芳，字孟阳，生于1434年，卒于1517年，享年84岁，明武宗时任相。

【人物生平】

焦芳于1464年考中进士，始终得到朝廷的重用，但却被时人认为是不学无术。当时的内阁大学士万安原本对他十分不屑，焦芳却扬言如果自己不能入阁，就要刺杀万安的心腹，因此万安不得不将他举荐入阁。

焦芳入阁之后，很快就选择了依附刘瑾，同时为了报复之前压制自己的大臣，又在朝中极力排挤南方人士。他甚至还写了一篇《南人不可为相图》，以此攻击南方人士；每当朝中的南方官员被贬，他都要拍手称快。因此当时的南方人都对他十分厌恶。

随着时间的推移，刘瑾对焦芳开始产生厌烦，恰好焦芳也做了一些触怒刘瑾的事情，因畏惧而不得不主动请辞。1517年焦芳病逝，享年84岁。

【人物评价】

焦芳身为庙堂重臣，偏偏又心胸狭窄，就算不学无术是假，他仍旧没有任相的品德和胸襟。

王鏊：朝堂昏暗难纠治，心灰意懒不再期

【人物简介】

王鏊，字济之，号守溪，晚号拙叟，又称震泽先生，生于1450年9月22日，卒于1524年4月14日，享年75岁，明武宗时任相。

【人物生平】

王鏊自幼聪颖伶俐，12岁时便已通晓经史、擅长诗赋，1474年又考中解元。

次年王鏊又考中会元、探花，进入翰林院任编修，深受时人瞩目。

明孝宗时期，王鏊主要负责讲课、修书，等到明武宗即位之后，他又积极建议明武宗诛杀刘瑾等人。然而很快就连刘健、谢迁等人也被刘瑾贬谪，王鏊因此又被举荐入阁。此后王鏊数次规劝刘瑾，但成效却十分有限。眼见庙堂之上乌烟瘴气，王鏊干脆于1509年上疏请辞，终其一生再未涉足官场。

明世宗即位之后，又对王鏊加以抚恤，王鏊也将自己的著述上呈。1524年王鏊病逝，享年75岁，死后世宗罢朝并为其追赠、追谥。

【人物评价】

王鏊不仅不畏权贵，敢于阻止、劝说，同时在文坛也颇有建树，是当时一位文学大家，甚至对后世文风都有着极大影响。

杨廷和：人伦亲缘早有定，何必费力忤君王

【人物简介】

杨廷和，字介夫，号石斋，生于1459年10月15日，卒于1529年7月25日，享年71岁，明武宗时任相。

【人物生平】

杨廷和于1478年考中进士，得以进入翰林院任官，彼时仅有19岁。由于自己风度翩翩、学问精深、体恤百姓，时人都对他评价很高，称他将来一定能够官居宰辅。

1491年杨廷和升任东宫讲官，负责为时为太子的武宗讲学，1507年又被已经登基的武宗任命为东阁大学士。尽管刘瑾一度因其触怒自己而将之贬谪，明武宗却很快又将杨廷和召回，并正式以他进入内阁问政。但此时刘瑾权势膨胀、如日中天，因此杨廷和虽然有心匡扶时弊，却也处处受到限制，并没能做出太多成绩。

1510年安化王朱寘鐇和流民先后发动叛乱，杨廷和等人积极调兵遣将、平定叛乱，其间刘瑾也被另一名权宦张永揭发下狱，朝政因此略显清明。1512年李东阳卸任，杨廷和正式接过首辅重任。担任首辅之后，杨廷和对宦官张永等人，采取坚持立场、绝不妥协的凛然态度，同时又积极劝诫明武宗收敛荒唐举止、多多关心国事。这一时期明武宗对杨廷和的建议，大多是不理不睬，杨廷和也只能坚持己见，摆出绝不妥协的姿态表示抗议。因此，庙堂之上很快就再次涌现出谷大勇、钱宁、江彬等一批佞臣，杨廷和也只能眼睁睁地看着，却无力进行遏制。

1521年明武宗驾崩，杨廷和先是设计诛杀江彬，后又援引明朝祖训，建议由武宗堂弟朱厚熜即位，即明世宗。初时明世宗也对杨廷和十分看重，但不久就因大礼议一事而产生嫌隙。眼见明世宗态度坚定、不为所动，杨廷和一派大臣终究

无可奈何，最终杨廷和只得无奈请辞。1528 年杨廷和被削职为民，次年就在家中病逝，享年 71 岁，直到明穆宗即位后才得到追赠、追谥。

【人物评价】

以今日观点来看，杨廷和等人在大礼议一事上的态度，显得过于苛刻而不近人情，但在当时的时代背景下，也很难就将其归于错误。除此之外，杨廷和更是竭尽心力，为大明王朝的正常运转殚精竭虑，实在是劳苦功高。

梁储：高才显赫耀星斗，才能不足亮乾坤

【人物简介】

梁储，字叔厚，号厚斋，别号郁洲居士，生于 1451 年，卒于 1527 年，享年 77 岁，明武宗时任相。

【人物生平】

梁储自幼聪慧，六七岁时就留下"跌倒小书生；扶起大学士""晚浴池塘，涌动一天星斗；早登台阁，挽回三代乾坤"等绝世佳对，同时也展露出不凡志向。1478 年梁储考中进士，担任庶吉士一职，就此成为宰相候选人。

当时正值明宪宗时期，梁储主要负责讲学、编书，其间还曾出使安南，从事外交工作。1506 年梁储又被明武宗选入内阁。1516 年内阁首辅杨廷和居丧，明武宗又以梁储接任内阁首辅。明武宗为人雄才睿智，但又十分顽劣，梁储因此多次哭泣劝谏，在一定程度上遏止了武宗的放纵。

1521 年梁储辞官，明世宗念在其往日功勋，对他多有礼遇。1527 年梁储病逝，享年 77 岁，死后得到追赠、追谥。

【人物评价】

梁储于明武宗年间入阁为相，当时正值刘瑾擅权、祸乱朝纲，梁储对此未能进行有效阻止，只是独善其身，因此也并不显得十分称职。但他在执掌内阁时期，也对明武宗进行了力所能及的规劝，并未同流合污、迫害忠良，还是有可称之处的。

费宏：一门几进士，满堂尽忠贞

【人物简介】

费宏，字子充，号健斋，又号鹅湖、湖东野老，生于 1468 年，卒于 1535 年，享年 68 岁，明孝宗、武宗时任相。

【人物生平】

费宏曾先后考中文元、解元、状元，其伯父、胞弟、儿子也先后考中进士，家族一时显赫，时人因此引为美谈。此后费宏先后三次进入内阁，深得明孝宗

重视。

等到明武宗即位、刘瑾显赫后，朝中大部分官员都对其畏惧、屈服，只有少数几人不为所动，费宏也是其中之一。在杨廷和的举荐下，费宏很快也进入内阁，等到刘瑾伏诛后，又积极主持恢复先前被废弃的法度、规章。

当时宁王朱宸濠野心勃勃，费宏劝谏明武宗小心提防，反而被朱宸濠的同党构陷；等到自己辞官回乡，宁王的数次加害更使其九死一生，其兄长也惨遭不幸。等到宁王正式造反，费宏不仅不躲藏，反而主动组织义兵镇压叛乱。明世宗登基后，又以费宏为内阁首辅。

由于张璁等人的构陷，费宏一度请辞，但后来随着张璁等人失势，明世宗又再次将他起用。1535年费宏病逝于任上，享年68岁，死后明世宗以重礼将其安葬。

【人物评价】

费宏为人宽厚、提携后进，但面对弄权奸宦却毫不退缩、坚守正义，在这两种截然不同的态度之后，体现出他的一身凛然正气。

杨一清：文德武功两相称，生荣死辱俱存身

【人物简介】

杨一清，字应宁，号邃庵，别号石淙，生于1454年，卒于1530年，享年77岁，明世宗时任相。

【人物生平】

杨一清幼时就有神童美誉，14岁时考中秀才，18岁时就又考中进士。入仕之后，杨一清先是担任中书舍人，后来又出镇陕西边境，直到8年后才被征召入朝。

1502年杨一清再次被举荐出镇陕西，其间曾在孤立无援的情况下，亲自带兵击退蒙古进犯，并努力修筑边防工事，受到明武宗的欣赏。但由于自己不肯依附奸宦刘瑾，杨一清一度被构陷下狱，险些遭到杀害，最终还是李东阳等人努力将他救出。

杨廷和出狱后便选择致仕，直到1510年安化王朱寘鐇叛乱，才再次得到起用。平定叛乱之后，杨一清果断与宦官张永合谋，以谋反的罪名将刘瑾扳倒。此后杨一清升任吏部尚书，趁机积极恢复之前被刘瑾废弃的法度、起用因故遭到构陷、贬谪的良臣，朝政一时有所起色。

江彬等人得势之后，杨一清又遭到贬谪，但他又趁着明武宗南下的机会进行劝说，成功使得明武宗改变心意。等到明世宗即位之后，早就仰慕杨一清的大名，于是又将他征召入朝，拜为内阁首辅。在大礼议一事中，杨一清也对张璁等人的观点十分欣赏，因此又被张璁等人举荐。但杨一清任官之后，始终保持客观立场，对于张璁等人的一些过激举动也屡次进行劝阻，因此很快又被张璁等人疏远、排

挤、构陷。1530 年杨一清因忧愤而死，享年 77 岁，数年后才得到追赠、追谥。

【人物评价】

杨一清不仅文治突出，武功也十分显赫，在当时被誉为"出将入相，文德武功"，可以说是丝毫不为过。但他的高风亮节，最终却败于张璁等人的斤斤计较，不可不说是一种遗憾。

蒋冕：义之所在无须避，乌纱不保亦不惜

【人物简介】

蒋冕，字敬之，一字敬所，号湘皋，生于 1462 年，卒于 1532 年，享年 71 岁，明武宗、世宗时任相。

【人物生平】

蒋冕自幼就有神童的美誉，15 岁时就考中解元，受到当时内阁大臣的重视。1487 年蒋冕又考中进士，进入翰林院担任庶吉士。

弘治年间，蒋冕正式担任翰林院编修，等到明武宗即位后，又被选入内阁，成为大学士之一。1524 年时，首辅杨廷和因反对明世宗立生父为皇考（即大礼议），不得不辞去相位，蒋冕顺理成章接任首辅一职。然而蒋冕在明世宗追立生父的问题上，却与杨廷和等人的立场一致，因此很快就被罢官。

之后明世宗还不解气，干脆将他们彻底贬为庶民，1532 年蒋冕病逝，享年 71 岁。明穆宗即位后，才对蒋冕等人平反，同时又为其追赠、追谥。

【人物评价】

大礼议历来被视为一群人吃饱了没事干的瞎计较，但除此之外，蒋冕还做出了一些实实在在的大政绩，比如诛杀江彬保卫政权、阻止明世宗盘剥百姓等，并非是空谈义理、不知国事民生的迂腐书生。

毛纪：安庙堂奸佞可诛，持义理君王亦驳

【人物简介】

毛纪，字维之，号鳌峰逸叟，生于 1463 年，卒于 1545 年，享年 83 岁，明世宗时任相。

【人物生平】

毛纪出自东莱崇儒毛氏，自幼勤奋好学，1486 年又考中进士，任职于翰林院中。明孝宗即位后，又以毛纪为太子讲官。

1515 年明武宗将毛纪选入内阁。当时明武宗为人荒诞、崇信佛教，打算以100 万两白银迎接乌斯藏活佛，大臣们都极力反对。明武宗初时坚持己见、一意孤

行，但毛纪却竭力反对，最终迫使明武宗收回成命。

明武宗病重后，心腹江彬手握重兵、虎视眈眈，毛纪又与蒋冕等人合谋将他除去。明武宗驾崩后，明世宗即位，杨廷和、蒋冕等人先后因大礼议罢相，毛纪得以接替他们成为首辅。然而毛纪却继续坚持杨、蒋等人的立场，因此又引起明世宗不满。3 个月后毛纪主动请辞。

1545 年毛纪病逝，享年 83 岁，明世宗得知后又为其追赠、追谥。

【人物评价】

毛纪虽然名声不彰，但却实实在在是当时大明王朝的一根顶梁柱，为明朝政权的巩固、庙堂的安稳做出巨大贡献。同时毛纪又是一位风骨凛然的诤臣，坚持己见、不避帝王权威，实在是难能可贵。

翟銮：受谗陷君恩不再，毁清誉官名两失

【人物简介】

翟銮，字仲鸣，生于 1478 年，卒于 1547 年，享年 70 岁，明世宗时任相。

【人物生平】

翟銮于 1505 年考中进士，被明孝宗选入翰林院任庶吉士；明武宗时又累迁至侍读。及至明世宗登基，翟銮终于出人头地，进入内阁，甚至还得到明世宗赠予的"清谨学士"银章。

1542 年首辅夏言被罢免，翟銮又接任首辅一职，但不久就被严嵩构陷，被朝廷下令削职为民。而自己此前好不容易积累的名声，也在自己任首辅前，因贿赂宦官而消耗殆尽。1547 年翟銮病逝，享年 70 岁。

【人物评价】

翟銮初任官时，就连明世宗也对其青睐有加；等到自己被奸佞构陷丢官，清名却更早一步被自己丢弃，到头来正是两手空空，一无所得。

张璁：忤逆忠良非奸佞，逢迎君意亦坚贞

【人物简介】

张璁，字秉用，号罗峰，生于 1475 年，卒于 1539 年，享年 65 岁，明世宗时任相。

【人物生平】

张璁少时便对儒家经典颇多涉猎、掌握，但直到 1521 年才考中进士，相对要晚一些。同年正值明武宗驾崩、明世宗即位，朝野上下围绕着大礼议的问题争执不断，张璁果断站在了明世宗一边。

大礼议最终以明世宗的胜利告终，张璁于此可说功不可没，因此很快就得到世宗的赏识，官至内阁首辅。当时明朝内部弊政四起，张璁又当仁不让地肩负起改革重任。为了扭转当时的昏暗局势，张璁果断提出整顿吏治、改革权宦、拓宽门径等改革方案，以此打击贪腐、限制奸佞、选拔贤才，为此甚至不惜触怒皇亲贵族。同时他又对自己的家族子弟严加约束，严厉禁止他们倚仗权势、行为不端，因此受到时人的称赞。

由于自己忧心国事、勤勉不辍，张璁最终染上疾病，甚至有一次直接昏倒在朝房，明世宗不得已之下只好允许他致仕。1539 年张璁病逝，享年 65 岁，明世宗因此大为悲恸，又为其追赠、追谥。

【人物评价】

由于在大礼议中支持明世宗，张璁饱受杨廷和一派的斥责、贬低，但却不能就此将他视为阿谀逢迎的奸佞之臣。担任首辅之后，张璁更以自己的实际行动，展现了自己的忠正和才干，正是所谓的日久见人心。

桂萼：奉承君意得宠幸，革除旧弊启后来

【人物简介】

桂萼，字子实，号见山，生年不详，卒于 1531 年，明世宗时任相。

【人物生平】

桂萼于 1511 年考中进士，初时担任各地县令，均做出许多政绩，因此得以入朝为官。入朝之后，桂萼又与张璁一道，成为在大礼议中为数不多的明世宗支持者，因此受到明世宗的赏识。

由于杨廷和一派大臣的抵制，桂萼初入朝时仕途并不顺利，甚至一度被贬出京；但在自己和张璁的努力，以及明世宗强有力的支持下，杨廷和一派最终不得不认输，桂萼由此在朝中树立起自己的权威，1528 年又被选入内阁问事。

由于多年任官基层，桂萼对民间疾苦十分了解，因此进入内阁之后，很快就提出了改革赋税的一条鞭法，后来张居正也正是在他的基础上，继续推行了这一经济政策。此外桂萼还与张璁联手，共同革除庙堂积弊，为此还触怒了许多朝中权贵。

由于自己一再打击王守仁的心学，桂萼又遭到杨廷和一党反扑，一度罢相出阁，后来又被明世宗再次召回。1531 年桂萼病逝任上，死后得到追赠、追谥。

【人物评价】

桂萼因在大礼议中支持明世宗而发家，为此遭受许多非议，最终却与张璁一样，凭借着突出的表现证明了自己，更为后世张居正的改革提供了蓝图和借鉴。

李时：两不相帮一任事，无为换得清名来

【人物简介】

李时，字宗易，号序菴，生于 1471 年，卒于 1539 年 1 月 5 日，享年 69 岁，明世宗时任相。

【人物生平】

李时的父亲即是进士出身，李时本人也在 1502 年时考中进士。入仕之后，李时先后经历明孝宗、武宗、世宗三朝，官至礼部尚书。

当时朝中君臣围绕大礼议之事纷争不断，李时则采取两不相帮的方法，把朝中所有建议统统摊开来，由明世宗亲自进行选择，因此被明世宗认为忠厚恭敬，1531 年又被选入内阁。入阁之后，李时不论居于人后，还是担任首辅，始终不改和颜悦色，从不得罪他人，以清静无为之道处理国事，因此朝野上下都对他十分称赞。

1539 年李时病逝，享年 69 岁，死后得到追赠、追谥。

【人物评价】

李时秉持无为之道，不争功劳、不得罪人、不妄作为，却以此使得朝堂和睦、自身安稳，可谓以拙胜巧，大智若愚。

夏言：胸怀大志得君信，不避小节误身家

【人物简介】

夏言，字公谨，生于 1482 年 7 月 14 日，卒于 1548 年 11 月 1 日，享年 67 岁，明世宗时任相。

【人物生平】

夏言于 1517 年考中进士，后来又被任命为谏官。夏言心忧国民、胸怀天下，经常对明世宗进行劝谏，因此得到明世宗的赏识。

在夏言的努力下，嘉靖初年的吏治风气相对较好，许多在明武宗时被废黜的制度，也再次得到恢复。明世宗因此愈发器重夏言，1528 年又被调入吏部为官。入阁之后，夏言很快就因脾气刚直，而与首辅张璁等人产生矛盾，但却始终不肯屈服、妥协。明世宗为了安抚夏言，也对其多有偏袒。尽管与张璁彼此不睦，夏言对其他同僚却极为友善，甚至不惜触怒明世宗来为他们求情，因此受到朝臣的敬重。

明世宗后期，武定侯郭勋、礼部尚书严嵩先后得宠，二人都在明世宗面前构陷进谗，明世宗因此对夏言产生不满。再加上夏言有时过于强势、傲慢，明世宗身边的宦官也都对他十分不满。当时夏言每次见到明世宗近侍，都会摆出严厉的面孔，而严嵩等人则是极尽礼遇。从此这些近侍也开始在明世宗面前诋毁夏言。

后来夏言先后几次都犯下过错，明世宗因此更加恼怒。早年严嵩曾因故与夏言结怨，此时更是趁机落井下石，最终明世宗下令将夏言罢官。此后严嵩还不解气，又私下诬告夏言勾结皇宫侍卫。夏言因此感到惊恐，又向明世宗上疏申冤，但明世宗却并不相信。1548 年夏言被当街斩首，享年 67 岁，直到明穆宗即位后才被平反。

【人物评价】

夏言为人善于雄辩、精于政务，同时又独善其身，从不结党攀附，一心为国事奉献心力，是明世宗朝难得的一位贤相。但由于严嵩过于狡诈，自己也过于轻忽大意，夏言最终在庙堂之争中惨败，令人唏嘘、同情。

顾鼎臣：身世不幸多折辱，青词拜相第一人

【人物简介】

顾鼎臣，本名全，字九和，号未斋，生于 1473 年，卒于 1540 年，享年 68 岁，明世宗时任相。

【人物生平】

顾鼎臣是其父与婢女所生，从小就被赶出家门，多年不得与生母相见，身世十分坎坷。但同时顾鼎臣也勤于治学，1505 年时又考中了进士。

顾鼎臣入仕之后，累迁至礼部尚书，同时又因善写青词而得到明世宗赏识，得以入阁问事，成为以青词得宠的第一人。但顾鼎臣在入阁之后，更多的是依从首辅夏言之意，除了主张在昆山筑城，抵御了日后的倭寇入侵外，便没有什么显赫的政绩。

1540 年顾鼎臣病逝，享年 68 岁，死后得到朝廷追赠、追谥。

【人物评价】

顾鼎臣以文才见长，任官之后政绩反而并不显耀。但他也至少做到了事君主而不谄，居高位而不佞，在当时的时代背景下，倒也称得上良善。

严嵩：生前楼起复楼塌，死后何曾见荣华

【人物简介】

严嵩，字惟中，号勉庵、介溪、分宜，生于 1480 年，卒于 1567 年，享年 88 岁，明世宗时任相。

【人物生平】

严嵩自幼受到权欲熏心的父亲教诲，成长为一名心机深沉、善于钻营的弄权高手，同时又受到良好的知识文化教育。1505 年严嵩考中进士，却因病而居家 10

年，正好与后来同样恶名昭彰的宦官刘瑾擦身而过。

刘瑾死后严嵩复官，很快就崭露头角，并与自己的同乡、身居首辅之位的贤相夏言结识。夏言对严嵩十分器重，严嵩也趁机巴结、讨好夏言。此后严嵩凭借着过人的才干、夏言的倚重，在朝中不断得到升迁。1538 年严嵩眼见明世宗不悦，当即改变口风，赞同其为生父立庙号，由此在大礼议中脱颖而出。

当时夏言因过于刚直而被明世宗疏远，严嵩趁机指使心腹弹劾夏言，又对宫廷近侍极尽礼遇，明世宗因此愈发喜爱严嵩，而对夏言感到厌恶。1548 年严嵩利用谣言，将夏言构陷下狱，不久后又蛊惑明世宗将其处死。另一名重臣仇鸾也在与严嵩的斗争中失势，严嵩从此独得明世宗赏识。

明世宗登基之后，很快就沉溺于修炼道术、追求长生，严嵩对此处处逢迎，又绞尽脑汁撰写祷告所用的青词，明世宗对他更加赏识、信任。然而明世宗同时又十分猜忌大臣，因此严嵩也不得不小心翼翼地侍奉明世宗，同时又利用这份猜忌，大肆打击、贬谪、迫害异己。著名的谏臣杨继盛也因上疏揭露严嵩罪行而下狱，在狱中受尽折磨，最后更被当街处死。

1593 年严嵩入阁担任首辅后，凭借着自己和其子严世蕃的权谋，很快就独揽朝中大权，时人分别称他们父子为"大丞相""小丞相"。严世蕃比起自己的父亲更为毒辣、奸猾，因此尽管朝中不断有人挺身而出，却始终无法扳倒严嵩父子，自己反而招来杀身之祸。

明世宗虽然看似昏聩，却对朝堂之事十分了解，随着严嵩愈发专横，明世宗也逐渐不满。此时严嵩也已年老，无法把握明世宗的心思，儿子严世蕃也被禁止问政。早已不满严嵩父子的徐阶，趁机将道士蓝道行引荐给世宗，并借助其力量排挤严嵩父子。在徐阶等人的努力下，明世宗最终于 1565 年，以勾结倭寇的罪名将严世蕃处斩，严嵩也被罢官抄家。2 年之后严嵩在孤苦无依中病死，享年 88 岁。

【人物评价】

严嵩一生构陷忠良、残害仁义，做出无数祸国殃民之事，因此位列明代六大奸臣，可以说是"实至名归"。尽管他任相期间，也曾有过知人善任、勤于问事的一些善举，却仍旧不足以抹杀他的滔天罪恶。

徐阶：忠臣何必以方死，奸猾亦可清庙堂

【人物简介】

徐阶，字子升，号少湖、存斋，生于 1503 年 10 月 20 日，卒于 1583 年 6 月 7 日，享年 81 岁，明世宗时任相。

【人物生平】

徐阶于 1523 年考中探花，进入翰林院中任职，并表现得十分刚正。当时首辅

张璁提议废除孔子王号、降低祭祀标准，朝中大臣都对此噤若寒蝉，唯有徐阶坚决反对。张璁因此指责徐阶背叛自己，徐阶却表示自己本就不曾依附，背叛更是无从谈起。

由于忤逆张璁的心意，徐阶很快就被贬谪，后来才再度被召入朝。不论是在地方还是朝中，徐阶始终知人善任、举荐贤良，因此受到时人的爱戴。

1548 年首辅夏言被严嵩构陷而死，徐阶因此十分激愤，多次与严嵩进行斗争。很快徐阶就意识到时机未到，于是转而讨好严嵩，甚至还与其结为姻亲。不仅如此，徐阶还一改以往的耿直作风，竭力揣摩明世宗的心思，以此讨好明世宗，很快就赢得了明世宗的赏识。最终徐阶成功进入内阁，羽翼愈发丰满。

1562 年严嵩被罢官，徐阶接替首辅一职。为了让严嵩放松警惕，徐阶反而主动登门拜见，表示要在明世宗面前为他求情。回到家之后，徐阶又痛骂建议自己弹劾严嵩的儿子，表示自己绝不恩将仇报。严嵩得知之后果然放下心来，此时徐阶却在暗中劝阻明世宗起用严嵩，并积极谋划扳倒严嵩父子。

1565 年徐阶以勾结倭寇之罪弹劾严世蕃，成功挑动明世宗的敏感神经，严世蕃很快就被问罪处死，严嵩也被罢官抄家，两年后孤苦而死。至此徐阶终于铲除了庙堂毒瘤，也为之前被冤杀的夏言报了大仇。此后徐阶凭借着自己的眼光和智慧，大力提拔张居正、高拱等名臣，又数次劝说明世宗宽赦大臣，其中就包括后来处死自己儿子的著名清官海瑞。

1567 年明世宗驾崩，徐阶当即为之前在大礼议中获罪的官员平反，同时又革除前朝弊政，推行了许多惠民政策，受到官民的一致爱戴。此后徐阶因对明穆宗感到无奈而请辞。

由于自己对子弟疏于教导，徐阶的儿子在乡间横行无忌，他的家仆也做出许多不法之事。为了保护自己的家人，徐阶花费大量黄金买通官员，又通过张居正等人将海瑞罢官。此后徐阶的名声也受到损害，更有人将他称为"奸相"。

1583 年徐阶病逝，享年 81 岁，此前明穆宗还在其八十大寿时特意派人慰问，此后更为其追赠、追谥。

【人物评价】

徐阶为人精于权谋，甚至比严嵩这位奸相还要奸猾，然而他却又实实在在是一位忠贞大臣。有道是君子可欺之以方，历朝历代也不乏因耿直而死的忠义之士，相比之下徐阶的做法虽然失于方正，但却更加能够起到除奸的作用。

郭朴：直臣愿救忠义，奈何不容强辅

【人物简介】

郭朴，字质夫，号东野先生，生于 1511 年，卒于 1593 年，享年 83 岁，明世宗时任相。

【人物生平】

郭朴于1533年考中进士，此后逐渐得到提拔、升迁，1561年官至吏部尚书。由于自己素来廉明，明世宗对他也十分信任，甚至连他的居丧请求都不予准许，以此留任他继续担任官职。

郭朴不仅为官廉明，为人也十分正派。1565年清官海瑞因上疏而下狱，明世宗为此十分为难，次年又特意召郭朴入宫询问。郭朴趁机为海瑞说好话，使明世宗最终下定心意，赦免了海瑞之罪。不久后明世宗又以郭朴为内阁大学士。

同年明世宗驾崩、明穆宗即位，由于首辅徐阶为人强势，郭朴感到十分不满，次年就主动辞官返乡，过起了清贫的生活。1593年郭朴病逝，享年83岁，死后得到追赠、追谥。

【人物评价】

郭朴为人刚正，眼中揉不得沙子，因此对冒失的海瑞能够做到竭力营救，对于身怀大才而为人强势的徐阶，却不能认同、依附，由此也可见这位老臣的脾性。

袁炜：一笔青词惊君主，两目慧光识良才

【人物简介】

袁炜，字懋中，号元峰，生于1507年，卒于1565年，享年59岁，明世宗时任相。

【人物生平】

袁炜自幼聪慧不凡，是明朝少见的神童，1538年殿试时，又一度被明世宗钦点为第一。由于自己擅写青词，明世宗对袁炜十分重视，就连他的各种乖张行径，也一再予以容忍。

1561年袁炜又被选入内阁，与李春芳、严讷、郭朴等人共同问事，被时人称为"青词宰相"。由于自己性情自负、文采不凡，袁炜曾多次怒斥他人的作品，就连自己的得意门生申时行、余有丁、王锡爵这三位后来的名相，也没少被他刁难。

1565年袁炜病逝，享年59岁，死后得到朝廷追赠、追谥。

【人物评价】

袁炜为人自负才华，性情乖张而又跋扈，但不可否认的是，他也确实有着不凡的见识。后来的申时行等人，也正是由于他的选拔而得以入仕，后来皆成为庙堂良相，令人不得不佩服他的眼光。

严讷：妙笔君王有幸，勤勉贤才无失

【人物简介】

严讷，字敏卿，号养斋，生于1511年，卒于1584年，享年74岁，明世宗时

任相。

【人物生平】

严讷于 1541 年考中进士，很快就以庶吉士的身份进入翰林院任职。当时严讷就曾直言上疏，请求朝廷减免受灾地区的赋税，表现出宽仁爱民之风。

由于自己擅写青词，严讷更加得到明世宗青睐，1561 年时又与袁炜、郭朴等人一道入阁，被称为"青词宰相"。入阁之后，严讷始终勤于本职、大力举贤，使当时的吏治开始有所好转。

1584 年严讷病逝，享年 74 岁，死后得到追赠、追谥。

【人物评价】

严讷虽以青词而受宠，却与结党营私、迫害忠良的大奸臣严嵩截然相反，为官期间颇有可称之处。

陈以勤：帝师愿护帝子，名臣难容名相

【人物简介】

陈以勤，字逸甫，号松谷，别号青居山人，生于 1511 年，卒于 1586 年，享年 76 岁，明穆宗时任相。

【人物生平】

陈以勤的祖上即北宋仁宗时宰相陈尧佐。陈以勤于 1541 年考中进士后，很快就被任命为太子（即明穆宗）讲官，任职一连 9 年，其间多次抵触严嵩，维护了明穆宗的安全。

1567 年明穆宗即位，也对陈以勤这位帝师十分信任，很快就将他调入内阁，参与国家机要。入阁之后，陈以勤接连上呈《谨始十事》《励精修政》等奏疏，其间又主持了《永乐大帝》的重录，在一定程度上避免了日后的文化损失。

但由于与高拱意见不合，陈以勤于 1571 年主动请辞，此后就致力于家乡的公益事业，修桥铺路，立庙修寺。1586 年陈以勤病逝，享年 76 岁，死后得到明神宗的追赠和追谥。

【人物评价】

陈以勤曾凭借自己与明穆宗的亲近关系，多次直言进谏，尽管与高拱难以相融，仍旧是一位不可多得的贤相，因此就连后来的明神宗也对他极为礼遇。

李春芳：庙堂党争不容吾，辞官还乡好奉亲

【人物简介】

李春芳，字子实，号石麓，生于 1510 年 1 月 14 日，卒于 1584 年 4 月 18 日，

享年 75 岁，明世宗、明穆宗时任相。

【人物生平】

李春芳为人勤学，先后从师于理学、心学两派名家，1547 年又考中状元。由于自己擅写青词，李春芳很快就得到世宗的赏识，入仕后不断得到升迁，官至礼部尚书、太子太保。

1565 年李春芳入阁，1568 年正式接替徐阶为首辅。由于自己最初以青词显赫，时人又将他与严讷、郭朴、袁炜并称为"青词宰相"。虽然为官十分清廉，李春芳却也无奈卷入徐阶、高拱两派之间的攻讦，最终不得不于 1571 年主动请辞。

1584 年李春芳病逝，享年 75 岁，死后得到追赠、追谥。

【人物评价】

李春芳为人清廉、正直，因此得以身居相位，但在当时党争激烈的情况下，却无异于怀璧其罪。所幸的是李春芳为人豁达，能够急流勇退，因此最终安享天年，倒也称得上圆满。

高拱：受命托孤真重辅，偏因意气毁仕途

【人物简介】

高拱，字肃卿，号中玄，生于 1513 年，卒于 1578 年，享年 66 岁，明神宗时任相。

【人物生平】

高拱家族世代为官，因此他从小就受到家族的良好教育，学问十分精深。但或许是沉溺学习之故，高拱直到 1541 年才考中进士，时年 28 岁，比起其余入朝拜相的名臣，要晚了好几年。

1552 年明世宗为太子开邸授经，高拱很快就因学问精深而被任用，成为明穆宗的讲官。当时庙堂之上，严嵩与徐阶两大巨头互相争斗，群臣莫不退避三舍，唯有高拱从不畏惧，严嵩和徐阶也因其身份，对其多有礼让。

1566 年高拱经徐阶举荐入阁，但很快就与徐阶产生矛盾，因此被逼请辞；等到徐阶致仕之后，这才再次得到起用。当时的首辅李春芳为人忠厚但善弱，因此高拱实质上承担了更多政务。正是在他的努力倡导下，明朝最终与蒙古俺答汗议和并开放互市，以此实现了边境安宁。

然而高拱为人强势，与同僚之间屡屡产生矛盾，因此朝臣大多对他不满。1570年，内阁大臣陈以勤因与高拱意见不合而请辞，次年李春芳也因惶恐而请辞。此后高拱正式担任首辅，更加颐指气使，不可一世，内阁中很快就只剩下他和张居正两人。

1572 年明穆宗驾崩，年仅 10 岁的明神宗即位，高拱无意间感叹"10 岁太子，

如何治天下"。冯保等人得知之后，当即篡改为"10 岁孩子，如何作人主"，以此将高拱问罪罢官。此后高拱一直赋闲在家，直到 1578 年病逝，享年 66 岁。高拱死前还曾撰书，斥责张居正暗中构陷自己，明神宗后期又得到追赠、追谥。

【人物评价】

高拱在短暂的辅政生涯中，为大明王朝的改革、发展做出了重大贡献，堪称明代最负魄力和见识的贤相。然而由于自身的性格问题，高拱没能继续发挥自己的才干，等他卸职之后，大明王朝便开始由张居正接掌、引导。

张居正：居位不失其正，改革一心求仁

【人物简介】

张居正，本名张白圭，字叔大，号太岳，生于 1525 年，卒于 1582 年，享年 58 岁，明神宗时任相。

【人物生平】

张居正原名张白圭，12 岁时因参加童试，被恰好遇见的知府改名居正，次年又被巡抚故意阻挠、意图砥砺而落第。3 年后张居正考中举人，受到巡抚鼓励，1547 年又考中进士。

张居正考中进士后，就被任命为庶吉士，很快就又受到徐阶的教导。这一时期张居正亲眼看到首辅夏言被严嵩谗杀，自己上呈的奏疏也被忽视，从此便在暗中韬光养晦，不再积极过问政事。1567 年张居正以明穆宗旧臣的身份入阁，同年又被任命为武英殿大学士，终于开始崭露头角。

1572 年明穆宗驾崩。徐阶早在此前就病逝，高拱成为内阁首辅。然而高拱为人强势，又与秉笔太监冯保不和，因此很快就被太后罢黜。与此同时，张居正却因形貌丰伟、风度谦和而得到太后青睐，得以接任内阁首辅。

早在自己低调韬晦期间，张居正就已经对国计民生问题，进行了详尽的了解、探讨，等到自己成为首辅，大明王朝的社会矛盾也已极为突出，于是张居正当仁不让，一肩担起了革除积弊、振兴王朝的重任。为了挽回危亡局势，张居正在政治、经济、军事等方面推行了一系列改革政策，其中有许多都为后世起到了深远影响。

在政治上，张居正主要推行的是考成法。当时朝中吏治混乱，许多官僚都玩忽职守、目无法纪，或者倾轧下属、瞒报坏事，致使朝野上下人心不稳、动荡迭出。在张居正的大力打击下，这些现象很快就得到扭转。

在军事上，张居正大力起用戚继光、李成梁等名将，以他们来镇守边关、抵御蒙古，同时又实行互市政策，保持经济贸易，以此实现了边境的安定。

在经济上，鉴于当时赋税名目繁多、百姓深受其害，张居正延续桂萼的经济

政策，大力推行一条鞭法，将所有赋税并在一起，同时又下令清查全国土地。但在当时土地兼并日趋严重的背景下，这一举措成效有限，实质上并未能够彻底解决晚明的经济问题。

由于自己夙兴夜寐地处理国事，张居正很快就积劳成疾，1582 年张居正病逝，享年 58 岁。张居正死后很快就遭到弹劾，明神宗也因多年受制，下令追回此前授予的殊荣，张居正的家人门生也遭到迫害。直到 1522 年时，张居正才得到明熹宗的追复。

【人物评价】

尽管自己也有一些不法之事，张居正在中国历史上仍旧是一位不可多得的优秀政治家、改革家，比起北宋时的王安石还要更胜一筹。尽管他的改革成果有限，并未能彻底挽回大明王朝的气数，但正所谓谋事在人、成事在天，张居正本人已经做到了自己的极致，可以无愧于心了。

赵贞吉：只因性情多乖张，难与贤臣共庙堂

【人物简介】

赵贞吉，字孟静，号大洲，生于 1508 年 12 月 16 日，卒于 1576 年 4 月 13 日，享年 69 岁，明穆宗时任相。

【人物生平】

赵贞吉的祖上即是南宋孝宗时宰相赵雄，赵贞吉自幼就受到父辈的悉心教导。然而赵贞吉为人"离经叛道"，先是欣慕王守仁的心学学说，后来又在寺庙中静修多年，直到 1535 年才在父亲的逼迫下参加科考，并于同年考中进士。

赵贞吉入朝后不久，就因直言上疏触怒明世宗，直到 1550 年庚戌之变，蒙古首领俺答汗兵临城下，赵贞吉力排众议、主张迎战，这才得到明世宗的赏识。然而后来赵贞吉却因忤逆严嵩而被构陷，被迫罢官返乡。

明穆宗即位后，赵贞吉再次得到起用，得以入阁问事，后来又极力赞同张居正等人，促成隆庆和议。1576 年赵贞吉病逝，享年 69 岁，已经登基的明神宗为之罢朝并追赠、追谥。

【人物评价】

赵贞吉为人颇有才干，遭逢大事也总能提出正确意见，只是由于脾气不好，始终经受各种挫折，后来也受到张居正等人排挤，仕途并不顺利。

张四维：良臣因实顺势，贤相以时应人

【人物简介】

张四维，字子维，号凤磐，生于 1526 年，卒于 1585 年，享年 60 岁，明神宗

时任相。

【人物生平】

张四维从小受到担任兵部尚书的舅父王崇古的影响，熟稔边防军务之事，1553 年又考中进士，成为排名第一的庶吉士。在翰林院期间，张四维曾参与《永乐大典》的重录，又极力支持张居正、高拱同蒙古议和的主张。

1572 年高拱担任首辅，对张四维十分器重，1575 年又被张居正举荐入阁。鉴于当时国家昏弱，张四维竭力支持张居正，帮助其推行改革政策；等到 1582 年张居正病逝，又接替其担任首辅。任首辅期间，张四维为了笼络人心、缓解矛盾，又适当扶持张居正时遭到贬谪的势力，在一定程度上缓和了庙堂气氛。

这一时期宦官冯保得势，张四维多次与其抗争，最终明神宗将冯保势力逐出庙堂。张四维又多次对明神宗提出劝阻，这些建议均被采纳。不仅如此，明神宗还将弹劾张四维的官员纷纷贬职，以此表明对张四维的信任。

1585 年张四维的父亲、后母、两弟先后病逝，张四维也因悲痛过度而死，享年 60 岁。明神宗得知后十分悲恸，下令罢朝一日、派官治丧，更为其追赠、追谥。

【人物评价】

张四维深谙张弛有道之术，能够根据庙堂情势，适当改弦更张、笼络人心，以此来安定大局，于当时情势而言，可以说是一位手腕高明的优秀政治家。

马自强：暮年有幸入阁，所待无非出者

【人物简介】

马自强，字体乾，号乾庵，生于 1513 年，卒于 1578 年，享年 66 岁，明神宗时任相。

【人物生平】

马自强于 1553 年考中进士，明穆宗即位后，又被任命为东宫讲官，深得时为太子的明神宗信任。明神宗即位后，马自强接连得到提拔，官至礼部尚书。

1578 年张居正丁忧返乡，考虑到朝中的斗争形势，最终举荐由马自强和申时行代替自己，马自强于是入阁问事。但马自强虽然为人清正廉明，却也没有做出什么政绩。同年张居正还朝不久，马自强就因病去世，享年 66 岁，死后得到追赠、追谥。

【人物评价】

马自强以年高老迈身居相位，本就是用作"霸占"位置、以求过渡，他本人虽然为人廉明，却也并没有为相才干。

申时行：宽仁无力阻争端，黯然辞别求偏安

【人物简介】

申时行，字汝默，号瑶泉，晚号休休居士，生于 1535 年，卒于 1614 年，享年 80 岁，明神宗时任相。

【人物生平】

申时行幼时曾过继于舅父徐家，直到 1562 年高中状元后，才被舅父改回徐姓，并进入翰林院任官。等到明世宗、明穆宗先后驾崩，明神宗即位为帝，申时行又受到座师张居正的提拔，并因事事依从而得到张居正的赏识。

1577 年张居正返乡居丧，临行前向明神宗举荐两人，其一为马自强，另一人即申时行。等到张居正、张四维、马自强等人先后病逝，原本排名最末的申时行也骤然显赫，成为内阁首辅重臣。

成为首辅之后，申时行的同年王锡爵、余有丁等人也接连入阁，申时行一时大权在握，便开始按照自己的意愿进行治政。但由于朝中派系林立，申时行不久后就被迫卷入庙堂之争，甚至因此与言官交恶。

当时明神宗不喜长子朱常洛，有意立福王朱常洵为太子，群臣对此极力反对，明神宗十分不悦。申时行夹在大臣与皇帝之间，不得不首鼠两端、虚与委蛇，因此受到群臣的指责、弹劾。眼见群情激愤、情势不妙，申时行只得主动请辞。1614 年申时行病逝于家乡，享年 80 岁，死后得到追赠、追谥。

【人物评价】

申时行看似无所作为，其实是以无为来化解庙堂之争的恶果，在一定程度上也确实收到成效。但在当时的时代背景下，即便是明神宗皇帝本人也无力解开这个死结，申时行自然也就显得不是那么出彩了。

余有丁：计较小利非良相，明辨大义岂白丁

【人物简介】

余有丁，生于 1526 年，卒于 1584 年，享年 59 岁，明神宗时任相。

【人物生平】

余有丁于 1562 年考中殿试第二名榜眼，与申时行乃是同年，后来也与他一起被青词宰相袁炜相中，经常出入其私宅进行代笔，为此受尽各种刁难。甚至有一次袁炜还指着他的鼻子，辱骂他应当改名"白丁"，而非"有丁"。

1572 年明神宗即位，此后余有丁才逐渐得到起用，1582 年更被张居正举荐入阁。当时申时行担任首辅，余有丁始终与其和睦相处、互相扶持，私下从无半点

算计。

1584 年余有丁病逝，享年 59 岁，死后得到朝廷追谥。

【人物评价】

余有丁早年为权相所压迫、欺侮，但之后始终不改清正为官本色；入阁之后，更与同年风雨同舟，撑起大明社稷，始终没有辜负张居正的期望。

王锡爵：不畏权贵不从众，一身唯有一念诚

【人物简介】

王锡爵，字元驭，号荆石，生于 1534 年 8 月 30 日，卒于 1611 年 2 月 11 日，享年 78 岁，明神宗时任相。

【人物生平】

王锡爵于 1562 年考中榜眼，任翰林院编修，后来又改任讲官。由于自己讲解精深，王锡爵很快就得到赏识，接连得到朝廷提拔。

明神宗即位初年张居正辅政，王锡爵从不依附；等到张居正死后，群臣纷纷落井下石，王锡爵又上疏为其辩护，指明张居正的功绩。1584 年入阁之后，王锡爵多次就立国本等大事，对明神宗提出劝谏，1593 年王锡爵又接任首辅。主政期间，王锡爵极力主张抗击倭寇，以此平息边境战乱，粉碎倭寇入侵中华的意图，同时又极力劝说明神宗体恤百姓。鉴于当时朝政混乱、政事荒废，王锡爵又提出一系列改革方案，但却由于明神宗和大臣的忽视、误会而未能推行。

后来王锡爵因朝臣误会而请辞，从此赋闲在家，即便明神宗有意起用也坚决推辞。1611 年王锡爵病逝，享年 78 岁，死后得到追赠、追谥。

【人物评价】

王锡爵为人正气凛然、是非分明，同时又富有朝气、锐意改革进取，是明神宗朝时不可多得的几位贤良大臣之一。可惜的是明神宗最终没有采纳、支持他的政策，致使贤才终被埋没。

王家屏：愿以仕途唤天子，忠义仍旧付东流

【人物简介】

王家屏，字忠伯，号对南，生于 1535 年，卒于 1603 年，享年 69 岁，明神宗时任相。

【人物生平】

王家屏于 1568 年考中进士，任翰林院编修，后来又负责编修《世宗实录》。王家屏为人不畏权贵、客观求实，曾拒绝首辅高拱的请求，将其兄贪污行贿的恶

事写入史书，因此被同僚称为"良史"。

张居正在世时，朝臣大多阿谀逢迎，唯有王家屏从不巴结奉承；等到张居正死后，群臣纷纷落井下石，反倒是王家屏主动出面辩护。1584年入阁之后，王家屏始终与申时行等同僚和睦相处，1591年正式接任首辅。

当时明神宗不问政事，王家屏为此数度进谏，更采取主动请辞的方法来激励明神宗，然而并没有起到作用。1952年王家屏又以辞职为条件，迫使明神宗立定太子，因此被明神宗罢官，再没有得到起用。1603年王家屏病逝，享年69岁，死后得到追封、追谥。

【人物评价】

王家屏为人耿直，每逢大事便以请辞来"要挟"明神宗，最终甚至因此断送仕途，代价不可谓不大。只是面对早已厌恶朝政的明神宗，这一举动成效也几乎为零。

赵志皋：权轻岂是罪，人善反受欺

【人物简介】

赵志皋，字汝迈，生于1524年，卒于1601年10月8日，享年78岁，明神宗时任相。

【人物生平】

赵志皋早年曾求教于心学大家王守仁和钱德洪，1568年又考中进士。由于忤逆首辅张居正之意，赵志皋一度被贬出京，直到1591年才进入内阁，次年又暂时代替王家屏，担任内阁首辅一职。

1594年首辅王锡爵被罢官，赵志皋再次担任首辅，此后10年一直总领内阁事务。赵志皋为人忠厚笃实，不结党、不营私，对同僚也极尽友善，但却因过于善懦而屡次受到指责。赵志皋因此十分气愤，屡次请辞却又不被准许，只得继续留任朝廷。

1601年赵志皋病逝，享年78岁，得到朝廷追赠、追谥。赵志皋死前仍然多次上疏，请求改革赋税、立定太子等。

【人物评价】

赵志皋为人忠厚仁爱，比起强势的张居正、圆滑的申时行等人，显得格外平易近人，但在明末欺软怕硬的言官眼中，却被视为可以欺凌、刁难之人。面对这样一群朝官，赵志皋自然是处处受气，也就难以施展所学了。

沈一贯：生前清名不保，死后辱及家乡

【人物简介】

沈一贯，字肩吾，又字不疑、子唯，生于1531年，卒于1615年，享年85岁，

明神宗时任相。

【人物生平】

沈一贯于 1568 年考中进士，先后担任庶吉士、翰林院编修、讲官等职，其间却因受张居正误会而被闲置。直到 1582 年张居正病逝，沈一贯才得到神宗的赏识、提拔，1595 年又被选入内阁。

1601 年沈一贯正式担任首辅。次年明神宗一时病重，便下令将矿税免去，第二天却又感到反悔，下令追回诏书。沈一贯无奈之下，只好选择屈从，为此还遭到司礼太监田义的指责。

此后沈一贯在楚太子案和妖书谜案中，都犯下偏袒不公、滥施刑罚的过错，虽然明神宗不予追究，舆论却十分不满。再加上自己成立浙党，选择亲近阉党、攻击东林党，沈一贯的形象愈发不堪。1606 年沈一贯被迫请辞，此前还在明神宗面前进谗，使其将素来刚正的沈鲤一同免官。

1615 年沈一贯在人们不依不饶的批判中病逝，享年 85 岁，死后得到追赠、追谥。

【人物评价】

沈一贯担任首辅之后，始终大权独揽、恣意骄纵，大肆排斥异己，因此不仅自己口碑极差，就连自己的家乡也一并遭到时人鄙夷。

沈鲤：一身正气难俯首，在位谋事不妄求

【人物简介】

沈鲤，生于 1531 年，卒于 1615 年，享年 85 岁，明神宗时任相。

【人物生平】

沈鲤于 1565 年考中进士，初任庶吉士，后来又改任东宫讲官。等到明神宗即位后，对自己的这位老师也十分欣赏，屡次对其予以提拔。

沈鲤为人光明磊落、坦荡正直，曾多次针对时弊上疏劝谏，并且从不依附权贵，因此自从 1584 年自己入阁之后，申时行、沈一贯等内阁重臣都对沈鲤十分怨恨。1606 年沈一贯被弹劾请辞，明神宗因嫌沈鲤过于刚正耿直，便下令将二人同时致仕。

1615 年沈鲤病逝，享年 85 岁，明神宗因此万分悲恸，为其追赠、追谥，又在祭文中对他予以极高的褒奖。

【人物评价】

沈鲤虽然脾气耿直、从不低头，一度惹得明神宗不快，但到头来明神宗仍不得不敬重自己的这位老师，更称赞他是"乾坤正气，伊洛真儒"。

朱赓：得信不得用，忧愤至命终

【人物简介】

朱赓，字少钦，号金庭，生于 1535 年 8 月 12 日，卒于 1609 年 1 月 4 日，享年 75 岁，明神宗时任相。

【人物生平】

朱赓于 1568 年考中进士，最初在翰林院任官，后来又改任日讲官。明神宗即位后大兴土木、生活奢侈，朱赓趁机以讲官的身份，为明神宗讲述北宋花石纲的旧事，明神宗因此有所改变。

1601 年首辅赵志皋病逝，明神宗为了平衡庙堂，便以朱赓入阁问事，1606 年沈鲤被免官后，朱赓又主动上书劝谏明神宗。但神宗对此无动于衷，只是以朱赓来接任首辅一职。

此后朱赓多次上疏劝谏明神宗，明神宗也多次予以褒奖，但却并不采纳。朱赓因此十分忧虑，数次请辞也依旧得不到准许。1609 年朱赓病逝于任上，享年 75 岁，死后得到追赠、追谥。

【人物评价】

朱赓任首辅后，言官们曾多次进行弹劾，但明神宗始终不为所动，反而对言官进行惩处，可见对朱赓的信任。但朱赓始终得信而不得用，因此终其一生都对此耿耿于怀。

李廷机：一人难敌众口，勤臣偏遇懒君

【人物简介】

李廷机，字尔张，号九我，生于 1542 年，卒于 1616 年，享年 75 岁，明神宗时任相。

【人物生平】

李廷机于 1583 年考中榜眼，此后便赶赴南京任职。任官期间，李廷机始终保持严明作风，大力打击营私舞弊，同时又致力于推行各种惠民政策。

1606 年李廷机因勤勉治政，受到明神宗的青睐，得以进入内阁问事，但很快就遭到言官的弹劾。不仅如此，当时明神宗已经多年不上朝，整个朝廷的机构已经难以运转，甚至连官员都缺了一大半，李廷机只得无奈请辞。为此李廷机甚至不惜卖掉房子，住在寺庙当中，以此表明自己的决心。

然而直到 5 年之后，李廷机的上百封辞职信都石沉大海、毫无回应，自己反而被调侃为"庙祝阁老"。眼见明神宗如此怠政，李廷机干脆自作主张返回老家，

所幸明神宗对此也没有进行追究。1616 年李廷机病逝，享年 75 岁，明神宗这才为其追赠、追谥。

【人物评价】

李廷机为人执法严明、清正廉洁，以至辞官返乡后家徒四壁，令人唏嘘不已。

叶向高：君心已定难再改，转向朝堂抚众臣

【人物简介】

叶向高，字进卿，号台山、福庐山人，生于 1559 年，卒于 1627 年，享年 69 岁，明神宗时任相。

【人物生平】

叶向高于 1583 年考中进士，不久调任南京，1598 年才被召入朝中任官。针对神宗朝时的矿税政策，叶向高曾多次上疏劝阻，虽然没有得到回应，官职却不断被提升。

由于触怒首辅沈一贯，叶向高接连 9 年都没有得到提升，直到 1606 年沈一贯、沈鲤同时罢官，叶向高这才得以入阁。两年之后朱赓病逝，叶向高又接替他成为首辅。

当时明神宗因赌气而不肯上朝，叶向高因此数度进言献策，但明神宗只是对他加以礼遇，却很少采纳建议。这一时期朝中大臣也开始结党，齐、楚、浙、东林四党也正是在这一时期形成。为了维护庙堂稳定，叶向高极力寻求党派平衡，并在东林党受到其余三党攻讦时，主动出面维护。为此叶向高还在后来被阉党指为东林党党魁。

及至明熹宗即位，已经请辞的叶向高又被召回，再次担任首辅。然而熹宗不辨忠奸，宠信魏忠贤和客氏，朝政很快就再次走向昏乱。叶向高为人刚正凛然，很快就与魏忠贤结怨，并受到许多排挤。从 1612 年开始，叶向高数十次上疏请辞，直到 1624 年才获得准许。尽管魏忠贤十分怨恨，却又迫于其名望而不敢加害，明熹宗也对已经致仕的叶向高予以各种优待。

1627 年熹宗驾崩，叶向高也于同年病逝，享年 69 岁，死后得到追赠、追谥。

【人物评价】

叶向高为人聪颖善断，任首辅时虽然不能改变明神宗心意，却依旧在定立国本、调和君臣、遏制阉党等方面，做出了许多杰出贡献。

韩爌：事君遭贬寻常事，唯独不肯屈从贼

【人物简介】

韩爌，字象云，生于 1564 年，卒于 1644 年，享年 81 岁，明光宗、熹宗、思

宗时任相。

【人物生平】

韩爌于 1592 年考中进士，入仕后主要负责编修史书，1620 年明光宗即位后，又以大学士的身份入阁问事。

同年明光宗驾崩，以韩爌和刘一燝等人辅政，两人于是共同拥立明熹宗即位。最初时明熹宗对二人言听计从，但很快就在客氏和魏忠贤等人的蛊惑下，疏远了韩爌等人。韩爌也因此愤而辞职，直到明思宗即位后，韩爌才于 1628 年再次担任首辅，并参与审理阉党一事。

袁崇焕被处死后，韩爌因是袁崇焕的座师而受到牵连，不得不主动请辞，思宗也因其曾提出迁都建议而有所轻视。1644 年李自成攻破北京，并以韩爌的孙子作为威胁，逼迫其谒见自己，韩爌不得不选择屈从。很快韩爌就因忧愤而死，享年 81 岁。

【人物评价】

韩爌在任官期间，多次为匡扶时弊、排斥奸佞做出贡献，因此受到时人称赞，被誉为贤相。

方从哲：几头受气难讨好，跳出当局做旁人

【人物简介】

方从哲，字中涵，生年不详，卒于 1628 年，明神宗时任相。

【人物生平】

方从哲于 1683 年考中进士，入仕之后却因不肯附和东林党、浙党，以及忤逆秉笔太监田义而主动请辞。此后方从哲在家赋闲 15 年，1613 年被明神宗起用后，很快又因言官反对而饱经风波。

同年首辅叶向高请辞，方从哲本打算推举沈鲤，却意外被明神宗委任为首辅，此后 7 年始终独自身居内阁，竭力维持国家机器的运转。鉴于当时明朝内忧外患渐起，方从哲曾数次上疏，建议明神宗勤勉治政、关心国事，但却始终没有得到回应。

正是在这一时期，辽东努尔哈赤宣布起兵反明，朝堂内部的党争也变得愈发激烈。方从哲为此疲于奔命，却始终无法扭转局势，此时他的儿子又涉入案件，致使方从哲声望大跌。1617 年方从哲为了稳定大局，不得不采取雷霆手段，将东林党逐出朝堂，然而东林党人却又凭借着"三大案"再次翻身。眼见庙堂政局混乱，方从哲只得无奈请辞。

此后方从哲便置身事外，冷眼旁观朝堂斗争，直到 1628 年去世，死后得到追

赠、追谥。

【人物评价】

方从哲之所以能够出任首辅，本就是当时朝中党派彼此妥协的结果，因此也就不难想象他的为难和无奈。尽管自己最终无力平衡庙堂，方从哲也已经在自己力所能及的范围内，尽到了最大的努力。

刘一燝：昏主不辨奸佞，贤臣难望中兴

【人物简介】

刘一燝，字季晦，生于 1567 年，卒于 1635 年，享年 69 岁，明熹宗时任相。

【人物生平】

刘一燝于 1595 年考中进士，任翰林院庶吉士，明光宗即位后又被选入内阁，与方从哲、韩爌一同成为顾命大臣。明光宗驾崩后，刘一燝又联合其他大臣，从乾清宫中将受制的熹宗带出，拥立其登上了皇位。

明熹宗登基后，方从哲很快就被罢官，刘一燝于是接任首辅，做出许多革除积弊的善政。然而魏忠贤等人却对刘一燝大肆攻讦，并凭借着明熹宗的信任，大肆排挤刘一燝的亲信，使刘一燝愈发孤立无援。刘一燝一怒之下便主动请辞，时为 1622 年。

明思宗登基后，以魏忠贤为首的阉党受到严重打击，刘一燝这才官复原职。1635 年刘一燝病逝，享年 69 岁，死后得到追赠。

【人物评价】

刘一燝在担任首辅的短暂时期内，做出了许多有利于国家的政绩，一时使朝中人人振奋，展现出中兴之兆。但在明熹宗和魏忠贤等人的主政下，这一中兴苗头很快就被拔除，刘一燝最终以失败告终。

顾秉谦：老丈犹认少父，乡邻不容奸宄

【人物简介】

顾秉谦，字益庵，生于 1550 年，卒年不详，明熹宗时任相。

【人物生平】

顾秉谦于 1595 年考中进士，初任翰林院编修，1623 年又被明熹宗选入内阁。当时首辅叶向高和韩爌先后罢官，顾秉谦又接任内阁首辅。

顾秉谦为人奸猾，任首辅后便与阉党骨干魏广微联合，在朝中大肆排斥、迫害异己，更对权宦魏忠贤阿谀逢迎，极尽巴结之能。最无耻的是，他当时已经年逾七十，却毅然地将自己的儿子认作魏忠贤孙子，以此向比自己还年轻的魏忠贤

摇尾乞怜。1627 年顾秉谦才致仕还乡。

由于自己名声不佳，顾秉谦的同乡都对他十分厌恶，1629 年更是一齐冲入他家纵火、抢夺，顾秉谦只得仓皇逃入一艘渔船，这才得以保全。此后顾秉谦被迫逃往他乡，直至客死当地。

【人物评价】

顾秉谦虽然荣登首辅高位，但却没有丝毫与之相称的风骨、气节，是明末乃至中国历史上都罕见的"无耻"宰相。

朱国祯：登台不及斗奸宦，致仕有闲恤乡民

【人物简介】

朱国祯，字文宇，号平涵，又号叫庵居士、守愚子，生于 1558 年，卒于 1632 年，享年 75 岁，明熹宗时任相。

【人物生平】

朱国祯于 1589 年考中进士，入仕后屡次被朝廷提拔，却都拒辞不肯赴任。1623 年明熹宗又以朱国祯入阁问事，次年正式以他为武英殿大学士。

当时内阁首辅由叶向高担任，朱国祯则负责从旁协助，等到叶向高、韩爌先后罢官，朱国祯又接任内阁首辅。此时魏忠贤权势滔天，朱国祯很快就接连遭到弹劾。念在他为人忠厚，不曾得罪自己，一向残害忠良的魏忠贤，还破天荒地对朱国祯予以善待，使其以太子太师的身份致仕返乡。

返乡之后，朱国祯依旧关心局势，曾多次上疏当地长官，请求重改赋税、赈济灾民，受到时人称赞。1632 年朱国祯病逝，享年 75 岁，死后得到追赠、追谥。

【人物评价】

朱国祯入阁之后，更多是负责从旁协助，及至自己担任首辅，也很快就被阉党弹劾下台，并未做出什么匡扶时弊的大事。但在家乡赋闲时，他也做出了许多有益乡民之事，足见其正直忠厚。

黄立极：黑白清秽难为证，荣辱是非两不知

【人物简介】

黄立极，字石笥，又字中五，号我范，生于 1568 年，卒于 1637 年，享年 70 岁，明熹宗时任相。

【人物生平】

黄立极于 1604 年考中进士，官至礼部侍郎，及至明熹宗登基，又因与魏忠贤是同乡而选择依附阉党。正是在他的劝说下，魏忠贤最终杀掉了熊廷弼，黄立极

也于 1625 年正式入阁。

在魏忠贤的授意下，黄立极竭力打击东林党人势力，1626 年又接任首辅。次年明熹宗驾崩、明思宗即位，黄立极正是最早提出拥立明思宗、改年号为"崇祯"的大臣。

明思宗早在即位之前，就对阉党十分厌恶，登基后更是大力削弱阉党势力，黄立极首当其冲被迫致仕，后来又被问罪革职。1637 年黄立极病逝，享年 70 岁。

【人物评价】

黄立极曾以"夜半片纸了当之"为理由，帮助阉党诛杀熊廷弼，是一个不折不扣的奸徒；但在另一些史料之中，也有他反对阉党、据理力争、拥立明思宗的许多正义行为，其中孰是孰非、孰真孰假，也就难以说清了。

李标：治乱皆问己，兴亡不由人

【人物简介】

李标，生于 1582 年，卒于 1644 年，享年 62 岁，明思宗时任相。

【人物生平】

李标于 1607 年考中进士，任翰林院庶吉士，此后在朝中不断升迁。李标为人耿直守礼，忧心国事，为此常常直言进谏，不避个人荣辱。

当时正值明朝末年，明朝庙堂之上党争不断，国家陷入严重的内耗，李标因此十分忧虑，多次上疏劝说明思宗。1627 年李标入阁，1630 年又正式担任首辅。此后李标多次就国计民生提出建议，表露出自己的一片忧心。

由于当时的庙堂斗争激烈，李标先后两度被贬，也未能从根本上挽救明朝危机，1638 年李标主动请辞。1644 年李标病逝，享年 62 岁。

【人物评价】

尽管明朝的灭亡无可挽回，李标仍旧在任官期间做出了平定谋逆、保护忠良、体恤百姓等一系列善政，可谓劳苦功高，足以受到后世称赞。

钱龙锡：治逆未料结怨，举贤奈何受牵

【人物简介】

钱龙锡，字稚文，生于 1579 年，卒于 1645 年，享年 67 岁，明思宗时任相。

【人物生平】

钱龙锡于 1607 年考中进士，与后来的首辅李标为同年。由于得罪了阉党魏忠贤，钱龙锡入仕不久就被构陷、革职，直到明思宗即位后才被起用。

明思宗即位后，以抽签的方式选中李标、钱龙锡等人入阁，其中李标为首辅，

钱龙锡等人则负责协助。钱龙锡入阁之后，主要负责审理阉党谋逆一案，因此也与许多阉党余孽结怨。

1629年袁崇焕杀毛文龙，钱龙锡因曾举荐袁崇焕而受到攻击，被迫请辞返乡；次年袁崇焕也被处死，阉党余孽趁机攻讦钱龙锡，明思宗一怒之下险些将他处死，后来又发配边境。1645年钱龙锡在返乡不久后就病逝，享年67岁。

【人物评价】

钱龙锡得罪阉党在先，举荐失当在后，虽然入阁也难免受到牵连、构陷，一生仕途可谓几经波折。

周延儒：欺上惑下俱无用，文治武功两不成

【人物简介】

周延儒，字玉绳，号挹斋，生于1593年，卒于1643年，享年51岁，明思宗时任相。

【人物生平】

周延儒于1614年考中状元，进入翰林院任修撰，当时年仅21岁。明思宗登基后，周延儒很快就得到赏识，1629年又在明思宗的支持下进入内阁。

次年温体仁入阁，周延儒也担任首辅一职。然而温体仁表面忠厚，暗中却觊觎首辅之位，不断指使言官进行弹劾，最终周延儒不得不于1633年主动请辞。直到1638年温体仁罢相，周延儒才再次得到起用。此时崇祯对周延儒愈发重视，但周延儒却并不能提出任何有效建议。1643年清军逼近北京，周延儒被迫领军出征，却在得知清军准备撤退后，屡次谎报军情、以此居功，明思宗得知真相后十分震怒。

同年明思宗就将周延儒赐死，周延儒死时51岁。两个月后北京即被清军攻破，明思宗本人也自缢而死，明朝宣告灭亡。

【人物评价】

周延儒虽是高中榜首的状元郎，却对政务、军事一窍不通，因此先是受排挤于庙堂，后又避战事于前线，只能靠着谎报军情蒙混过关，最终事败身死。

何如宠：心谙辽东忠魂在，不惧众议护遗孤

【人物简介】

何如宠，生于1569年，卒于1642年，享年74岁，明思宗时任相。

【人物生平】

何如宠于1598年考中进士，初时任翰林院编修，却因与名臣左光斗交好，而

被魏忠贤为首的阉党构陷、罢职。

1627 年明思宗登基，何如宠也得到起用，官拜礼部尚书，赴任后始终勤勉办公，并多次劝说明思宗宽赦大臣。1629 年何如宠正式入阁。

当时袁崇焕因受谗而下狱，最终被思宗问罪处死，他的家人也因此陷入危机。何如宠力排众议，顶住巨大压力，终于保全了袁氏一族近 300 多人。1642 年何如宠病逝，享年 74 岁，死后得到追赠、追谥。

【人物评价】

何如宠品行高尚，从不与人争执，因此在当时享有极高声望，是明末的一代名臣。

温体仁：一心所虑皆私利，半点不曾谋国家

【人物简介】

温体仁，字长卿，号园峤，生于 1573 年，卒于 1639 年，享年 67 岁，明思宗时任相。

【人物生平】

温体仁于 1598 年考中进士，从翰林院编修做起，一直做到礼部侍郎。温体仁虽然熟读圣贤书，为人却奸猾狡诈、喜好权术，只知争权夺利而不分是非。

1628 年温体仁为了入阁，便故意将钱谦益之前的舞弊之事抖出，以此将钱谦益扳倒，但自己也不免受到朝臣指责。入阁之后，温体仁更是屡次指使言官，对首辅周延儒进行弹劾。1631 年周延儒在担任首辅 4 个月后，就被明思宗免官，此后温体仁正式担任首辅。

担任首辅之后，温体仁便开始一门心思地汲汲钻营，但其所思所虑却都是出自私利，与国家大事没有丝毫关系。由于自己太过狡诈，就连明思宗也没有察觉他的险恶用心，反而顺着他的思路，动辄惩处、贬谪其余大臣。温体仁因此得以稳固自身的地位，并愈发受到明思宗的信任。

此后温体仁一连 8 年担任首辅，创下明思宗朝之最，然而却始终没能提出任何有效建议，致使国势愈发危急。1637 年温体仁指使心腹，再次构陷钱谦益和太监曹化淳，不料明思宗反而命令曹化淳审理案情，真相很快就水落石出。温体仁眼见情势不妙，只得装病以求宽赦，不料明思宗却下令将他罢职。1639 年温体仁病逝，享年 67 岁，死后得到追赠、追谥。

【人物评价】

温体仁在明思宗朝任首辅 8 年，始终兢兢业业、夙兴夜寐，可惜做的却都是构陷他人、争名夺利之事，没有半点于国有益、于民有利的行为，倒也称得上

"一心一意"。然而正是他的这份"坚持",使本就风雨飘摇的大明王朝愈发倾颓,最终无力回天。

吴宗达:时不我与势已颓,怅恨唯有寄山水

【人物简介】

吴宗达,字上于,号青门,生于 1575 年,卒于 1635 年,享年 61 岁,明思宗时任相。

【人物生平】

吴宗达于 1604 年考中探花,初任翰林院编修,后来逐步得到升迁。明思宗即位后,吴宗达被举荐进入内阁,与温体仁共同辅政。

温体仁为人奸猾、手腕高明,喜好玩弄权术,吴宗达因此受到压制,无法施展个人能力。但吴宗达生性善良,乐于扶助,因此深得朝臣爱戴,名声比起温体仁要好出许多。由于积劳成疾,吴宗达于 1635 年病逝,享年 61 岁,死后得到朝廷追谥。

【人物评价】

吴宗达有心匡扶时弊,但却受限于当时的情势,始终无法发挥才华,留下终身憾恨。在他的一些诗作中,也都或多或少表现出他的这一情感。

徐光启:政务兵事皆通晓,天文地理尽入怀

【人物简介】

徐光启,字子先,号玄扈,生于 1562 年 4 月 24 日,卒于 1633 年 11 月 8 日,享年 72 岁,明思宗时任相。

【人物生平】

徐光启早年因家道中落之故,不得不以教授为生,后来又偕同朋友远游求学、参加考试。这一时期徐光启考运不佳,反倒是意外与西方天主教结缘,1603 年甚至接受洗礼,成为一名天主教徒。

次年徐光启考中进士,担任庶吉士,任官之后更多是把精力放在科研方面。从 1606 年开始,徐光启先是与利玛窦共同翻译了 36 卷《几何原本》《测量法义》,后来又结合中外研究成果,编著了《测量异同》《勾股义》等书。此外,徐光启还著有论述农事的《甘薯疏》《芜菁疏》《吉贝疏》《种棉花法》和《代园种竹图说》,以及研究天文知识的《简平仪说》《平浑图说》《日晷图说》和《夜晷图说》。

1616 年有大臣上疏,建议驱逐天主教,徐光启为此上疏辩护。由于与大臣意见不合,徐光启先后数次主动请辞,1624 年被起用后,又因不肯依附魏忠贤而拒

不就任，为此还遭到阉党弹劾。徐光启对此浑不在意，返回上海之后，又努力编著了农科巨著《农政全书》。

1628 年徐光启再度被明思宗起用，负责编修新历，1632 年正式入阁。次年徐光启加授文渊阁大学士，同年就病逝于任上，享年 72 岁，死后得到朝廷追谥。

【人物评价】

徐光启虽然身居庙堂，但贡献大多在农学、天文学等科研领域，政绩反而不甚显著，这不得不说是一个例外。其实徐光启在任官期间，也曾多次对军事、政事提出自己的看法，并且言之有物，值得采纳，可见他其实远比世人所知的更要渊博。

钱士升：国运一去难再挽，看破红尘做头陀

【人物简介】

钱士升，字抑之，号御冷，晚号塞庵，生于 1574 年，卒于 1652 年，享年 79 岁，明思宗时任相。

【人物生平】

钱士升于 1616 年考中状元，此后便一直在翰林院任职。当时魏忠贤大肆迫害朝中忠良，钱士升因此不惜耗尽家产，抚恤忠良遗孤，因此受到东林党人的称赞和举荐。

1633 年钱士升入阁，次年又被拜为文渊阁大学士，正式参与国家机要。然而明思宗为人急躁，钱士升的建议却以宽、简、虚、平为主旨，因此明思宗逐渐对他不满。再加上奸相温体仁从旁构陷，钱士升最终于 1636 年请辞。

明朝灭亡后，钱士升一度举起反清复明的大旗，但最终无力回天，从此便落发为僧，不再过问世事。1652 年钱士升病逝，享年 79 岁。

【人物评价】

尽管无法符合明思宗的心意，钱士升在明亡之后，依旧毅然举起义旗，为大明王朝做到了尽心尽力，庶几无愧。

张至发：外官入内颇显赫，治事平平不得称

【人物简介】

张至发，生于 1573 年，卒于 1642 年，享年 70 岁，明思宗时任相。

【人物生平】

张至发于 1601 年考中进士，入仕后逐渐官至礼部左侍郎。1631 年张至发代替温体仁成为内阁大学士，这也是明代历史上的第一次外僚入阁。

张至发入阁期间，大体上延续了温体仁的政策，没有太大作为。再加上他喜好排斥异己，又不能保守内阁机密，明思宗也对他产生了不满，很快又将他调出内阁。1642 年张至发病逝，享年 70 岁，死后得到追赠。

【人物评价】

张至发任官期间，也曾针对时弊上疏劝谏，但并没有得到采纳；拜相之后也始终碌碌无为，没有值得称赞的贡献。

贺逢圣：庙堂一哭辞天子，他日殉国奉忠贞

【人物简介】

贺逢圣，字克繇，一字对扬，生于 1587 年，卒于 1643 年，享年 57 岁，明思宗时任相。

【人物生平】

贺逢圣于 1616 年高中榜眼，担任翰林院编修，明熹宗时又改任洗马。当时魏忠贤权势滔天，贺逢圣却毫不畏惧，更出言进行讥讽，因此被魏忠贤削职为民。

明思宗即位后，贺逢圣再次得到起用，1636 年又被选入内阁问事。然而明思宗性格急躁、急欲有成，生性淡泊、谨慎的贺逢圣始终没能提出有用建议，因此又被明思宗罢官。致仕之时，贺逢圣在大殿上哭泣不止，感谢明思宗的礼遇，就连明思宗也因此动容。

1643 年张献忠攻陷武昌，贺逢圣怒斥贼兵，迫使其释放自己，随后便投水自尽而死，享年 57 岁。

【人物评价】

贺逢圣才干有限，不足以匡扶时弊，但后来的庙堂之哭、投水之殉，却充分表明了这位明廷老臣的满腔赤诚。

薛国观：为害庙堂多祸乱，受死他罪少冤屈

【人物简介】

薛国观，字家相，又字宾廷，生年不详，卒于 1641 年，明思宗时任相。

【人物生平】

薛国观于 1619 年考中进士，入仕后很快就投靠阉党，大肆攻击东林党人。明思宗即位之后清算阉党，薛国观侥幸漏网，干脆又投靠了仇视东林党人的奸相温体仁。

此后薛国观便为虎作伥，多次帮助温体仁打击政敌，温体仁罢官前又特意举荐他接替自己。入阁之后，薛国观也与温体仁一样，整日只知汲汲钻营、打击异

已，对国家大事毫不上心，致使庙堂更加混乱。

鉴于当时战事频频，杨嗣昌提出征费于地方的建议，薛国观对此极力反对，并提出以京城权贵助饷的方法，可惜因阻力太大而未能施行。不久之后薛国观更因收受贿赂、干预人事变动而被明思宗罢官。

此时薛国观不但不低调自省，反而披金戴银、高调返乡，锦衣卫于是又以贪污罪名将他抓捕。入狱之后，薛国观依旧心存侥幸，直至接到明思宗的赐死诏书，这才吓得瘫软在地。1641 年薛国观自缢而死，其家人直到两天后才得到殓尸恩准。

【人物评价】

薛国观的贪污罪名其实颇多不实，但结合他入阁之后的种种举措，仍然称得上是死有余辜。

程国祥：只因受辱苦读书，为官清廉立正途

【人物简介】

程国祥，字仲若，号我旋，生卒年不详，明思宗时任相。

【人物生平】

程国祥自幼家贫，初时曾以当街贩卖发簪谋生。有一次因不及回避，程国祥无意间触怒县令，受到责罚后便发愤读书，并受到塾师的鼓励、支持。1604 年程国祥成功考中进士。

明思宗即位后，程国祥官至户部尚书。杨嗣昌提出从地方征收军费的建议后，程国祥也表示反对，并提出在都城租赁屋舍的方法。凭借这一方法，明廷成功筹集出 13 万两白银，程国祥也因此受到赏识，得以进入内阁为官。

当时内阁中以薛国观、杨嗣昌等人最为强势，程国祥因受制而难有作为，只能严格自律、谨守清廉。很快程国祥就因难有进言而被问责，于是主动请辞。

此后程国祥便退隐家乡，直至病逝。由于自己生前清廉，他家中竟无丝毫余财，以至家人都难以生存。

【人物评价】

程国祥因一时受辱而发愤读书，最终高居庙堂为相，可以说是天道酬勤、苦心不负。尽管自己才干有限，不足以匡扶时弊，程国祥依旧不失清正廉明的官风，是一位值得称颂的贤臣。

杨嗣昌：满腹韬略难施展，吾身死后更无人

【人物简介】

杨嗣昌，字文弱，一字子微，自号肥翁、肥居士，晚年号苦庵，生于 1588

年，卒于 1641 年，享年 54 岁，明思宗时任相。

【人物生平】

杨嗣昌于 1610 年考中进士，仕途始终一帆风顺，直到明熹宗即位、魏忠贤得势之后，才暂时选择辞官退隐。1627 年明思宗即位、阉党倒台，杨嗣昌这才得到起用。

当时正值明朝末年，外有满清来势汹汹，内有民变此起彼伏，明思宗因此深感忧虑，便大力起用杨嗣昌为将。杨嗣昌受到委任之后，当即提出攘外必先安内、足食然后足兵、保民方能荡寇的三大要点，并提出"四正六隅、十面张网"的用兵策略。然而由于明思宗轻信大臣，杨嗣昌在大败张献忠后，又不得不接受其投降，致使战事功亏一篑。后来张献忠果然再次反叛，满清也趁机发起攻击。杨嗣昌虽然有心议和，以此换取战机，却又遭到大多数朝臣的反对。最终明思宗也不得不倾向其他大臣，杨嗣昌只好亲自领军镇压张献忠。

自从张献忠复叛、议和受阻之后，杨嗣昌的大计就已经彻底崩毁，所谓的抗击也就沦为临死挣扎。1641 年，杨嗣昌因内部矛盾而屡次受挫，张献忠趁机攻破襄阳，襄王朱翊铭也被杀死。杨嗣昌因此深受打击，很快就忧愤而死，享年 54 岁。杨嗣昌死后，明思宗为其撰文、追赠，并感叹此后明廷再无能够平叛之将。

【人物评价】

杨嗣昌历来受到文人的指责、贬斥，被描述成秦桧一类奸相，事实上他却是明朝末年难得一见的务实求真、胸怀韬略之人，对挽救当时的明朝有着巨大作用。但可惜的是，当时的明廷内部混乱，阻力太过庞大，杨嗣昌虽然有心平定，却也无力回天了。

范复粹：无功旧朝非我愿，不仕新朝鉴我心

【人物简介】

范复粹，生于 1580 年，卒于 1658 年，享年 79 岁，明思宗时任相。

【人物生平】

范复粹于 1619 年考中进士，最初在河南开封任官，明思宗即位后逐渐官至御史。范复粹为人忠正刚直，曾竭力为袁崇焕辩护，后来又被选入内阁问事。

1640 年范复粹接替薛国观为首辅，然而却因自身年高老迈、朝廷局势倾颓而难以回天，因此无可奈何。最终范复粹只得趁着明思宗大赦的机会，救出一大批被囚禁的官员，随后就告退还乡。

明朝覆灭之后，清廷有意征他做官，范复粹却断然拒绝，从此隐居在家。1658 年范复粹病逝，享年 79 岁。

【人物评价】

范复粹任官后虽无作为，国亡后也不曾以身相殉，但却以终身不仕来尽忠明廷，仍旧不失孤臣气节。

陈演：临死惜财何用，命途不免到终

【人物简介】

陈演，生年不详，卒于 1644 年，明思宗时任相。

【人物生平】

陈演于 1622 年考中进士此后仕途一帆风顺，明思宗即位后官至礼部侍郎。当时陈演经常通过宫廷近侍，私下打听明思宗所在意的事情，因此总能在第二日早朝时准确应对，并受到明思宗赏识，得以进入内阁为官。

1643 年周延儒被罢官，陈演接任首辅。但此后陈演却凭借权势，大肆排斥朝中异己，并在重大问题上屡屡犯浑。同年陈演就因阻止吴三桂而贻误战机，致使宣城失陷，明思宗因此怒斥他死有余辜，又免去他的官职。

次年北京城破、明思宗自缢，陈演因家财太多而不肯逃走，便主动献出 4 万两白银讨好李自成。不久后他的家仆就举报他还藏有大量金银，陈演畏惧之下，只好又献出全部家财求生。然而仅仅过了 4 天，李自成就处死了一大批明朝官员，陈演也位列其中。

【人物评价】

陈演入阁后一无善政，只是积累起庞大的财富，足见利欲熏心。讽刺的是，这些财富最终却无法保全他自己的性命，到头来只能财命两失。

蒋德璟：蒙隆恩无以为报，抛性命聊表忠贞

【人物简介】

蒋德璟，字中葆，号八公，又号若椰，生于 1593 年，卒于 1646 年，享年 54 岁，明思宗时任相。

【人物生平】

蒋德璟于 1622 年考中进士，担任庶吉士，然而不久之后就因触怒魏忠贤而丢官。直到明思宗即位之后，蒋德璟才得到起用，1643 年官至文渊阁大学士。

明朝末年吏治腐败、民生疲敝，明思宗为此苦心孤诣、寻求救国之路，蒋德璟也多次提出切中时弊、可供实施的策略，明思宗因此十分赞同。但即便是明思宗本人，也无力驾驭腐败的朝堂，因此这些建议始终没能得到采纳。1644 年蒋德璟更与明思宗当庭辩论，不久后就引罪请辞。

同年北京沦陷、明思宗自缢，福王朱由崧建立南明政权。当时朱由崧想要征召他入朝，蒋德璟却因愧疚而辞谢，直到次年才投奔至隆武帝帐下。但仅仅过了一年，蒋德璟就因足疾而不得不引退。同年隆武帝兵败后绝食而死，蒋德璟得知噩耗后，也以绝食明志而死，享年 54 岁。

【人物评价】

蒋德璟在明思宗朝时，多次提出正确建议，推行有益百姓的仁政，积极理财治军，为朝廷举荐贤才，贡献十分突出。当国家败亡之后，蒋德璟更不惜以身殉国，一生可谓唯系于国。

吴甡：临危难胜大任，著书颇有小成

【人物简介】

吴甡，字鹿友，号柴庵，生于 1589 年，卒于 1670 年，享年 82 岁，明思宗时任相。

【人物生平】

吴甡于 1613 年考中进士，明熹宗时已经官至御史。由于自己刚直不阿，吴甡很快就触怒了魏忠贤，为此还丢了官职。

直到明思宗即位之后，吴甡才再次得到起用，先后担任河南、陕西、山西等地大员，1642 年又入阁为相。当时对方首辅周延儒与吴甡不和，两人因此各成一党，彼此对立，但却都对时事束手无策。1643 年吴甡奉命督军，阻击李自成的进犯，但却连军队都无法阻止，次年更被明思宗削职充军。

同年李自成攻破北京，明思宗自缢，福王朱由崧建立南明政权，吴甡得以赦免。此时吴甡已对仕途彻底失望，从此闭门著书，不再过问世事。1670 年吴甡病逝，享年 82 岁。

【人物评价】

吴甡任相之后虽然无所作为，但却并非奸佞之徒，只是才干实在有限，不足以担当大任。退隐之后，吴甡也写下许多针砭时弊、论述政事的著作，其中许多观点都值得后人重视。

魏藻德：昏臣犹奢重用，惜财难买生途

【人物简介】

魏藻德，字师令（一作恩令），号清躬，生于 1605 年，卒于 1644 年，享年 40 岁，明思宗时任相。

【人物生平】

魏藻德于 1640 年考中进士，入仕之后由于能够揣摩上意、善于迎合，很快就得到

明思宗信任，官至大学士。1643 年首辅陈演被罢官后，魏藻德又接替成为首辅。

当时明朝既有内忧，又有外患，明思宗为了挽回局势，提出由官员"助饷"的意见，然而魏藻德却因惜财而率先反对，此事最终不了了之。担任首辅之后，魏藻德始终无法提出任何建议，明思宗因此气急败坏。

1644 年李自成攻破北京，明思宗自缢身亡，魏藻德也被质问为何不肯殉国。魏藻德认为自己还有用处，便极力表示自己想要效力新朝。然而李自成却对他十分不屑，当即下令将他关押，并提出与明思宗同样的捐钱要求。直到自己饱经酷刑，魏藻德才答应捐出数万白银，并后悔自己之前不肯为国效力。

不久后魏藻德就死于狱中，享年 40 岁，他的二儿子也被李自成处死。

【人物评价】

魏藻德生前重财轻国，国亡之后自己却身陷牢狱，连生命都无法保住，实在是一种辛辣讽刺。

范景文：灭贼无果心有恨，满腔赤诚付九幽

【人物简介】

范景文，字梦章，号思仁，别号质公，生于 1587 年，卒于 1644 年，享年 58 岁，明思宗时任相。

【人物生平】

范景文少时便胸怀大志，为人慷慨激昂，1613 年考中进士入仕后，更是严格约束自己和僚属，为此还被时人誉为"不二公"。

入仕之后，范景文致力于平反冤狱、推行仁政，使治下一片安居乐业，他本人也因此得到提拔。然而明光宗即位后，范景文却因举荐前朝元老而受到猜忌，因此干脆自行请辞。

1625 年范景文被明熹宗起用，然而以魏忠贤为首的阉党横行无忌，他的种种建议均未能得到采纳。明思宗即位后，范景文继续得到提拔，1644 年终于进入内阁。然而此时大明王朝气数已尽，范景文尽管百般努力，也无法挽回局势，只能暗自垂泪。

同年李自成攻破北京，明思宗离开皇宫，自缢于宫后煤山，范景文得知后也留下遗书，表示"身为大臣，不能灭贼雪耻，死有余恨"，随即投井而死，享年 58 岁。

【人物评价】

范景文虽有壮志却生不逢时，无力挽回倾颓败局。但同时他也以自己的实际行动表明了自己的忠贞，比起明末诸多毫无风骨气节的亡国之臣，显然要高出许多。

清

瓜尔佳·刚林：庙堂权争由来险，易进难出少周全

【人物简介】

瓜尔佳·刚林，字公茂，生年不详，卒于 1651 年，清崇德帝时任相。

【人物生平】

刚林出自满洲正黄旗，后来又归属于正蓝旗。刚林虽是满人却通晓汉字，初时负责翻译文字，后来又考中举人。

1636 年刚林被任命为国史院大学士，与范文程等人共同议政，所推行的定官、考试法律，均得到清崇德帝采纳。清顺治帝即位后，刚林逐步得到提拔。然而刚林却在暗中依附于睿亲王多尔衮，甚至不惜篡改《太祖实录》，夸大多尔衮的功勋，隐匿其种种过错。

1650 年多尔衮病逝，刚林次年就遭到清算，被清世祖下令处死。

【人物评价】

刚林在清朝初期以忠贞、勤勉著称，并在编修《太祖实录》时立有大功。然而后期他却因依附权贵、卷入斗争而死，实在是不智之举。

范文程：本朝落魄不得志，为利驱动投异邦

【人物简介】

范文程，字宪斗，号辉岳，生于 1597 年，卒于 1666 年，享年 70 岁，清崇德帝时任相。

【人物生平】

范文程为辽东沈阳人士，自小勤奋好学，1615 年时考中秀才。当时努尔哈赤已经起兵，范文程干脆与兄长一同投靠后金，受到努尔哈赤的器重。

1629 年崇德帝南下伐明，范文程也以文官的身份亲自上阵，在战场上不畏生

死、奋勇向前，同时又积极出谋划策，成功击败了明军。由于自己战功显赫，清崇德帝更授予他世袭的游击将军一职。

此后范文程又先后数次在战场上立功，并积极劝降明朝将领。1636 年清国设立国史院、内秘书院、内弘文院，即内三院，范文程也被任命为内秘书院大学士，受到清崇德帝的青睐、信任。正是在范文程的努力下，满清逐步改变了国家官制、法度，为进一步取得中原地区奠定了基础。

1643 年清崇德帝病逝，顺治帝即位，各怀鬼胎的满清皇族蠢蠢欲动，很快就产生内部纷争。等这一动荡过去，范文程的妻子又被亲王多铎夺走。按照当时的满清法律，身为一旗之主的多铎，确实拥有夺取他人妻子的权力，然而范文程虽为汉人，却为满清做出了许多贡献，发挥着巨大的作用。为了安抚范文程，清廷最终惩处了多铎，范文程这才稍微放心。

1644 年，睿亲王多尔衮依照范文程的策略，成功击败明军、攻破北京，实现了入主中原的野心，清顺治帝也因此成为首位进入北京的清朝皇帝。此时清朝尚未平定天下，原本的制度也已经显得不合时宜，因此范文程夙兴夜寐，为稳定清廷局势、建立成形官制、笼络中原民心做出了许多贡献。在他的建议下，清廷为明思宗发表并以帝礼下葬，同时又号令天下人为其服表 3 日。这一举动使得清廷在一定程度上得到了民心。

就在此时，入主中原的多尔衮野心愈发膨胀，清廷内部再次开始出现权力争夺，范文程对此十分忌讳，干脆以病请辞，多尔衮因此十分记恨。多尔衮死后，刚林等人因篡改《太祖实录》而被问罪处死，范文程也险些被问罪，好在顺治帝亲自下令予以宽赦。

1666 年范文程病逝，享年 70 岁，死后得到清廷追谥。

【人物评价】

范文程为满清入关做出了巨大贡献，堪称满清文臣之首，称得上是一位杰出的政治家；但对于明朝而言，他也是一个为了私利而不顾大节、做出叛国投敌之事的千古罪人。

洪承畴：惜命所爱唯一己，新主凉薄枉贰臣

【人物简介】

洪承畴，字彦演，号亨九，生于 1593 年 10 月 16 日，卒于 1665 年 4 月 3 日，享年 73 岁，清崇德帝时任相。

【人物生平】

洪承畴自幼天资聪颖。勤学好问，因此还留下许多逸事典故。1616 年洪承畴

考中进士，入仕之后多次为朝廷举贤，不断得到升迁。

1629 年洪承畴任陕西参政时，农民起义军不断逼近，洪承畴于是自行带领士兵出击，斩杀 300 多人，因此崭露头角，得到明廷的重视。次年洪承畴升任巡抚，以雷霆手段镇压农民起义军，甚至连俘虏也一并杀害。当时李自成、张献忠等人曾多次假降复叛，为明军的平叛带来巨大困扰，因此他的这一手段虽然凶戾血腥，却又实实在在富有远见。从这一年开始到 1639 年，洪承畴先后击败张献忠、李自成等起义势力，此后又开始转向对付清军。

1638 年清军南下，明廷当即委任洪承畴为统帅，次年又升任他为蓟辽总督。洪承畴鉴于当前形势，本打算采取守为主、攻为辅的战略，然而明思宗过于心急，兵部也一再催促他迎战。最终洪承畴在 1641 年的松锦之战中惨败，次年又被清军俘虏。此后明朝其余边关将领也纷纷投降，松锦防线从此名存实亡。

被俘之后，洪承畴始终大骂使者、拒不投降，甚至绝食明志，清廷名臣范文程于是亲自前往试探。谈话之时，洪承畴不断掸掉衣服上的灰尘，范文程因此断定他必然贪生。不久之后洪承畴就被庄妃打动，正式投降清朝，被任命为内秘书院大学士。

明廷一直以为洪承畴早已殉国，因此还为其举哀，然而此时洪承畴却开始积极为清廷出谋划策，清崇德帝、多尔衮和顺治帝也对他的意见十分重视。然而事实上，洪承畴却从未得到清朝统治者的真心信任，明朝官民更对他十分唾弃、仇视。

1644 年清军入关，清廷又以洪承畴为将领，讨伐南明政权。正是在这一时期，洪承畴受到著名民族英雄夏完淳的讥讽。但在清军攻下江南之后，洪承畴也曾极力安抚百姓，尽可能缓和民族矛盾，更积极推行汉化政策，以此淡化满汉两族之间的差异。但随着清朝统治者的汉化，中原儒家的忠孝观念也得到吸收、采纳，洪承畴本人反而显得愈发尴尬。不仅如此，就连他的老母和兄弟也对他十分不齿，最后干脆泛舟隐居。

1661 年康熙帝即位，洪承畴以年老请辞，事后仅仅得到轻车都尉这样的微小赠官。1665 年洪承畴病逝，享年 73 岁，乾隆帝时又被编入《贰臣传》。

【人物评价】

洪承畴的战败在很大程度上，应该归咎于明廷的失误，但降清这一叛国举动，仍旧是他无法洗清的罪名。尽管自己为清廷立下汗马功劳，到头来却依旧得不到承认，洪承畴的一生可谓可怜、可恨，充满讽刺意味。

赫舍里·希福：无辜遭谗幸不死，来日依旧受君恩

【人物简介】

赫舍里·希福，生于 1589 年，卒于 1653 年，享年 65 岁，清崇德帝时任相。

【人物生平】

1599 年时，希福所在的哈达部被努尔哈赤吞并，希福就此归入正黄旗下。1628 年希福因伐明有功而升任游击将军。

由于自己精通汉、满、蒙三族文字，崇德帝于 1636 年将希福任命为弘文馆大学士，负责协助范文程建立官制、旗制。1644 年希福完成辽、金、元三史的编修，不久就被人构陷罢官、抄家。

1651 年顺治帝亲政后，希福才被平反并复官，1653 年病逝于任上，享年 65 岁，死后得到追赠、追谥。

【人物评价】

希福本人通晓多族文字，又在清初的建立官制、编修史书中，做出了许多不容忽视的贡献。

宁完我：忠勤侍两代，恩荫及子孙

【人物简介】

宁完我，字公甫，生于 1593 年，卒于 1665 年，享年 73 岁，清崇德帝时任相。

【人物生平】

宁完我本是明朝边关人士，却在努尔哈赤建立后金后，背叛明朝投入后金，归入汉正红旗。由于自己精通文史，宁完我很快就得到崇德帝的重用，受到提拔后又大力举荐贤才入朝。

后来宁完我又积极为清朝的官制建设出谋划策，其他关于用兵、治政的建议也大多得到采纳。1644 年顺治帝定都北京，宁完我也得到重用，次年又被任命为弘文院大学士。由于自己对刚林篡改史实一事知情不报，宁完我一度被问罪贬官，后来又继续得到朝廷任用。

1665 年宁完我病逝，享年 73 岁，死后得到追谥，他的子孙也因恩荫入仕。

【人物评价】

宁完我的才干虽然不及范文程、洪承畴等人，却也在投入满清之后做出了许多政绩，因此就连后来的清圣祖都对他十分优待。

李建泰：志大奈何才小，临死犹问生人

【人物简介】

李建泰，字复余，号括苍，生年不详，卒于1649年，清顺治帝时任相。

【人物生平】

李建泰于1625年考中进士，最初在明朝任官，受到明思宗的重用。1644年李自成逼近山西，李建泰为了保护家乡，便主动请求带兵出征，并拿出自己的家资招募军队。

然而此后李建泰却出师不利，途中又遭到当地官员的阻挠，为此甚至不得不指挥军队攻打自家城池，成为一时笑谈。同年李自成攻破曲沃，李建泰当即惊惧得病。他的下属纷纷投降李自成，李建泰也因失败而被俘。1644年清军入关，顺治帝又以李建泰为内院大学士，但不久就将他罢官。

1649年明将姜瓖举起义旗，李建泰当即响应，却很快就被击败。李建泰因此对众多妻妾感叹自己必死，并反问她们可愿为自己赴死。不久之后李建泰就被捕杀。

【人物评价】

李建泰虽然胸怀大志，却又志大才疏，更缺乏基本的统兵才干，因此不论是镇压农民起义，还是起兵举义，都不免以失败告终。

马佳·图海：敦厚不善智谋，唯以踏实趋求

【人物简介】

马佳·图海，字麟洲，生年不详，卒于1681年，清顺治帝时任相。

【人物生平】

图海于1645年进入国史院侍读，同年又参与编修明史。由于自己性情敦厚，为人谨慎，顺治帝对他十分赏识，于是故意以惩罚他为借口，将他提拔为内秘书院学士。

1653年图海又改任弘文院大学士，参与国家机要事务，同时又兼管刑部。图海在主管刑部期间，以断案公正、严明而享誉一时，但后来却被顺治帝冤枉、罢官。

康熙帝即位后，遵照顺治帝遗嘱再次起用图海，1662年图海又率领大军，击败大顺义军残部。1674年康熙帝竭力平定三藩叛乱，此时察哈尔叛乱又起。在孝庄太皇太后的举荐下，康熙帝以图海为统帅，而图海则以准许士兵劫掠的方式，成功镇压了叛乱。待到平定察哈尔后，图海又奉命征讨吴三桂等人，最终攻占了

汉中、兴安等地。

1681 年图海病逝，死后得到追谥和两次追赠。

【人物评价】

图海为人稳重、谨慎，没有过人才干，只是凭借着脚踏实地来解决各种事务，以此也取得了成功，因此才能得到清朝统治者的嘉奖。

刘正宗：得志忘慎，难做君臣

【人物简介】

刘正宗，字可宗，号宪石、中轩，生于 1594 年，卒于 1661 年，享年 68 岁，清顺治帝时任相。

【人物生平】

刘正宗于 1628 年考中进士，最初在明廷做官，1644 年清兵入关后，举家南迁以避战乱。1646 年刘正宗又接受清朝征召，官至弘文院大学士。

1658 年清廷设立内阁，刘正宗又担任文华殿大学士，至此身居宰辅之位，更被顺治帝视为文坛好友，权势一时显赫。顺治帝后期沉溺佛学，刘正宗对此屡次劝阻，更在朝堂上竭力争执、大失风度，最终触怒清世祖，1660 年又被罢官，一半家财也被抄走。

经此打击之后，刘正宗很快就染上重病，次年就因病而死，享年 68 岁，直到乾隆帝时才得以平反。

【人物评价】

自古伴君如伴虎，容不得半点差池，刘正宗却自恃宠信，一再忤逆君意，受挫自然在情理之中。

金之俊：授异族以善政，奉君王而蒙恩

【人物简介】

金之俊，字岂凡、彦章，号息庵，生于 1593 年，卒于 1670 年，享年 78 岁，清顺治帝时任相。

【人物生平】

金之俊于 1619 年考中明廷进士，官至兵部侍郎，1644 年清军入关后，他也再次得到清廷起用。在金之俊的建议下，清廷果断采取了减免田租以争取人心的方法，同时又对渎职、贪腐官员进行惩处。

金之俊因此得到多尔衮的赏识，先后担任各种要职，1653 年更被顺治帝任命为国史院大学士。顺治帝对金之俊十分倚重，以至 1655 年金之俊请辞时，顺治帝

不但不准许，更派人登门临摹其画像，以示自己的期望。此后金之俊又改任中和殿大学士。

1660 年金之俊主动请辞返乡，此后一直赋闲在家，清廷直到两年后才正式允许他致仕。1670 年金之俊病逝，享年 78 岁，死后得到追谥。

【人物评价】

金之俊较之于范文程、洪承畴等人，名声并不显赫，但在清朝初年稳固政权的过程中，也同样发挥了很大的作用。

傅以渐：以学入仕立銮下，以正服人享盛名

【人物简介】

傅以渐，字于磐，号星岩，生于 1609 年，卒于 1665 年，享年 57 岁，清康熙帝时任相。

【人物生平】

傅以渐于 1646 年参加清廷第一次殿试，更在此次考试中高中状元，成为清朝历史上的第一位状元。傅以渐因此得到清廷的赏识和提拔，1654 年时已经升任秘书院大学士。

次年傅以渐因上疏陈述治民之要，而被改任为国史院大学士，1657 年又在短短 3 日内，处理完因故积压的 800 多道奏章，因此顺治帝对他更加看重。任官期间，傅以渐始终勤勉、廉洁，未尝有一日懈怠、丝毫渎职，在朝中口碑极佳。

1661 年傅以渐请辞，4 年后因病去世，享年 57 岁。

【人物评价】

单凭清朝首位状元的身份，傅以渐就足以享有盛名，为官之后的端正言行，更是为他加分不少，因此当时清廷的众臣都对他十分称赞。

卫周祚：惠民仁及当下，修志引领后来

【人物简介】

卫周祚，字文锡，号闻石，生于 1611 年，卒于 1675 年，享年 65 岁，清康熙帝时任相。

【人物生平】

卫周祚于 1637 年考中进士，在明廷官至户部郎中，1644 年明亡后又退出庙堂隐居。不久后清廷开始大力寻访明朝贤才，卫周祚身为前朝大臣，自然也被征召。

最初卫周祚以原职入仕，此后不断得到提拔，1658 年更成为文渊阁大学士，参与《大清律》的校订工作。康熙帝即位后，卫周祚一度因病致仕，但后来却再

次被康熙帝征召入朝，参与过问、决策当时的种种大事。

1675 年卫周祚病重去世，享年 65 岁，死后得到追谥。

【人物评价】

卫周祚为人体恤百姓，曾针对当时刑狱弊病，提出种种整饬方案，极大缓解了百姓疾苦。后来在编修地方志时，他又提出了修志三长（正、虚、公）的观点，对后世修志也产生了极其深远的影响。

孙廷铨：官场显赫无所用，闭门著述有后泽

【人物简介】

孙廷铨，原名廷铉，字枚先，生于 1613 年，卒于 1674 年，享年 62 岁，清康熙帝时任相。

【人物生平】

孙廷铨于 1640 年考中进士，在明廷历任三部尚书，1644 年清兵入关后，又继续为清廷效力。

及至 1662 年时，孙廷铨已经官至秘书院大学士，再加上此前在明廷担任三部尚书，声名十分显赫，在家乡当地更被尊称为"国老"。但在入阁一年多以后，孙廷铨就因年老而请辞。

返乡之后，孙廷铨便闭门谢客，埋头著书，写出记载家乡风土的《颜神杂记》，其中的《琉璃志》更是全面记述了当时的琉璃工艺技术，为后世留下了珍贵的研究史料。1674 年孙廷铨病逝，享年 62 岁。

【人物评价】

孙廷铨仕途显赫但政绩平平，反倒是《琉璃志》这一著述意义十分重大。

魏裔介：自居学问后世耻，有益朝廷当时称

【人物简介】

魏裔介，字石生，号贞庵，又号昆林，生于 1616 年，卒于 1686 年，享年 71 岁，清康熙帝时任相。

【人物生平】

魏裔介于 1646 年考中进士，彼时正值清朝入关初年，清廷对人才十分重视。魏裔介因此得到清廷的赏识和提拔，入仕后不断得到升迁，后来更被任命为保和殿大学士。

由于自己入阁时才 40 多岁，时人都称他为"乌头宰相"。入阁之后，魏裔介在政治、经济、军务等方面，都提出了许多建议和策略，深得清朝统治者的赏识。

但同时魏裔介也借助程朱理学讨好清廷，以宋学名家自居，被后世引为耻笑。

1686 年魏裔介病逝，享年 71 岁，死后得到清廷追谥。

【人物评价】

魏裔介身处明亡清兴、百废待兴的时期，本人也颇具见识、才干，因此在入仕清朝之后，也做出了许多政绩。

索额图：生前一步踏错，身后功名全无

【人物简介】

索额图，生于 1636 年，卒于 1703 年，享年 68 岁，清康熙帝时任相。

【人物生平】

索额图是康熙初年辅政大臣索尼之子，其家族在祖父时，就追随努尔哈赤起兵，其叔祖正是崇德帝时期的大学士希福。1667 年索尼病逝，索额图这一时期正担任康熙帝的侍卫。正是在索额图的献策下，康熙帝成功翦除了鳌拜的势力，索额图的女儿更早在 1665 年就被立为皇后。

鳌拜伏法之后，索额图很快就被任命为国史院大学士，不久后清廷恢复内阁，索额图又改任保和殿大学士。当时吴三桂等人因削藩而发起叛乱，索额图初时不明康熙帝心意，因此受到责罚，后来又积极出谋献策，为平定三藩之乱立下大功。这一时期索额图的权势愈发显赫，更与纳兰明珠并称为"索相""明相"。

任大学士期间，索额图又与著名的理学家熊赐履结为莫逆之交，虽曾在断案时秉公执法，免掉其大学士职位，事后两人却依旧和睦，彼此更互相举荐。但同时索额图也做出许多结党营私之事，因此为后来悲剧埋下了伏笔。

1689 年时，清朝与沙俄的边境战事告一段落，清廷当即以索额图等人远赴尼布楚，签订了划分边境的《尼布楚条约》；次年索额图又跟随大军远征准噶尔。其间索额图因没有及时追击败军而被问罪，但事后依旧立下大功，因此得以官复原职。

此时索额图与明珠的斗争已经趋于白热化，再加上自己秘密支持太子胤礽，康熙帝也开始对索额图有所不满。1703 年康熙帝不再容忍，断然将索额图圈禁问罪，索额图不久后就饿死于宗人府中，享年 68 岁，生前的种种功绩也大多被否定。

【人物评价】

索额图虽以恩荫入仕，但更多是凭借自我的奋斗来成就功名，这一点毋庸置疑。只是索额图在权势显赫之后，很快就忘记了历史上的诸多教训，犯下最受帝王猜忌的致命错误，这是导致他晚年悲剧的最大原因。

熊赐履：倡导儒学斥权贵，拟定大计启后来

【人物简介】

熊赐履，字敬修、青岳，号素九，别号愚斋，生于 1635 年，卒于 1709 年，享年 75 岁，清康熙帝时任相。

【人物生平】

熊赐履之父曾在明廷做官，后来死于流寇之手，熊赐履和母亲侥幸逃过一劫。1658 年熊赐履考中进士，此时已是顺治年间，熊赐履就此成为清廷之臣。

1667 年熊赐履写成《闲道录》，同时又向康熙帝上呈了一篇《万言疏》。在自己的著作和奏章中，熊赐履极力劝谏康熙帝加强文化修养、注重儒门理学，康熙帝因此对他十分赏识。三藩之乱爆发后，熊赐履又积极协助朝廷平定叛乱，通过安抚百姓的方法来孤立吴三桂，等到叛乱平定，熊赐履又被任命为武英殿大学士。

1676 年熊赐履因掩饰过错而被罢官，此后赋闲在家，由于自己素来清廉，生活十分贫困。1688 年熊赐履再次被起用，但此时年事已高，于是又改为卸任留京，担当顾问，1706 年才致仕还乡。3 年后熊赐履病逝家中，享年 75 岁，死后得到追谥。

【人物评价】

康熙初年时，鳌拜等四大臣受命辅政，满汉文化冲突十分尖锐。熊赐履的《闲道录》和《万言疏》正是针对这一时弊而发，后来也确实起到了作用，引领了整个清王朝的政治方向。

纳兰明珠：权倾不知有所忌，失势君王难再期

【人物简介】

纳兰明珠，字端范，生于 1635 年，卒于 1708 年，享年 74 岁，清康熙帝时任相。

【人物生平】

纳兰明珠祖父的妹妹曾嫁给努尔哈赤为妃，纳兰明珠本人也迎娶了亲王阿济格之女，因此纳兰明珠家族贵为清朝国戚，地位十分显赫。康熙帝初即位时，纳兰明珠也与索额图一样，担任宫廷侍卫，后来又升任内务府总管。

1666 年纳兰明珠又被任命为弘文阁大学士，参与国家机要，两年后又在治理黄河中立下大功。此后纳兰明珠先后担任刑部、兵部尚书，并因治军严明而受到康熙帝褒奖。三藩叛乱后，索额图曾建议杀掉建议撤藩之人，纳兰明珠却持相反意见，最终康熙帝训斥了索额图，更在平叛之后对纳兰明珠进行褒奖。

1676 年纳兰明珠升任武英殿大学士，权势愈发显赫，同时与索额图的矛盾也更加激化。由于他的阻碍，廉吏于成龙的治河请求迟迟得不到批准，为此耽误整整两年，给黄河下游沿岸百姓带来许多困扰。但同时纳兰明珠也在郑经死后，极力建议康熙帝攻占台湾，这一建议最终得到采纳。不仅如此，康熙帝还接受其建议，起用一些能力突出的台湾官员，后来清廷更在台湾设省。

当时清朝与沙俄在边境问题上产生冲突，康熙帝因此于 1682 年开始巡边，纳兰明珠作为御前红人自然也一同跟随。其间纳兰明珠又奉命与沙俄使者谈判，在席间据理力争，驳斥了沙俄的无理要求，为日后索额图与沙俄签订《尼布楚条约》，起到了很大的作用。

由于自己私下与余国柱等人卖官鬻爵、打击异己，朝中许多大臣都对纳兰明珠十分记恨，1687 年小于成龙（非著名廉吏于成龙）更上疏直言，揭露纳兰明珠罪行，康熙帝于是将纳兰明珠罢官。此后纳兰明珠虽因清廷远征噶尔丹而复官，却再也没有得到康熙帝的倚重。

1708 年纳兰明珠病逝，享年 74 岁。

【人物评价】

纳兰明珠与索额图身为康熙朝时两大权臣，彼此之间互相斗争、倾轧，做出许多不法之事，但两人的功绩也都不容否认。比起索额图的下狱身死、功绩被抹，纳兰明珠更要显得幸运许多。

吴正治：废除苛刑恤百姓，驳斥恶法逆达官

【人物简介】

吴正治，字当世，号赓庵，生于 1618 年，卒于 1691 年，享年 74 岁，清康熙帝时任相。

【人物生平】

吴正治从小就十分聪慧，13 岁时曾夺得童子试首名，1649 年又考中进士。进入翰林院任庶吉士。

之后不久吴正治就得到顺治帝的赏识，并被外任为地方要员，借此历练和积累政绩。鉴于当时百姓皆为连坐法所苦，吴正治极力劝说清廷废除连坐法，最终说服了清廷。吴正治也因此享有盛誉。鉴于当时圈地所造成的弊端，吴正治又不惜触怒满族权贵，上疏竭力陈述其害，康熙帝因此十分器重他。

1681 年吴正治正式进入内阁，参与国家机要事务，同时又主持编撰了 5 部清史，因此被誉为"修史宰相"。入阁 7 年之后，吴正治最终因年老而请辞，此后一直赋闲在家。

4 年后吴正治病逝，享年 74 岁，死后得到清廷追谥。

【人物评价】

吴正治虽为汉人，却敢于向朝中的满族得势权贵叫板，所思所虑无不出于恤民、爱民，是一位具有仁者之风的贤臣。

余国柱：勤勉治事有君幸，附势弄权葬清名

【人物简介】

余国柱，字两石，生于 1625 年，卒于 1698 年，享年 74 岁，清康熙帝时任相。

【人物生平】

余国柱于 1652 年考中进士，进入翰林院后，又参与编修各种典籍。由于自己勤勉努力，精于吏治，余国柱很快就得到提拔，同时又逐渐依附于权相纳兰明珠。

凭借着明珠的关照，余国柱更加顺风顺水，后来更官至户部尚书。1687 年余国柱正式担任武英殿大学士，参与国家机要，私下却与明珠更加亲近。由于自己党同伐异，大肆排斥异己官员，时人都对他十分不屑，甚至称其为"余秦桧"。

1688 年明珠因被弹劾而罢官，余国柱不久后也一同失势。1698 年余国柱病逝，享年 74 岁。

【人物评价】

余国柱在从政前期，为清廷立下汗马功劳，但随着时间的不断推移，他也逐渐走向堕落，最后更是惨淡收场，可谓是虽有善始，却以恶终。

徐元文：才高足以掩小过，持正不需畏恶行

【人物简介】

徐元文，字公肃，号立斋，生于 1634 年，卒于 1691 年，享年 58 岁，清康熙帝时任相。

【人物生平】

徐元文自幼勤学，14 岁时就成为生员，1659 年又高中状元。入仕之后，徐元文也很快就得到顺治帝赏识，因此就算自己犯下一些过错，顺治帝也表现得十分宽宏。

1669 年徐元文担任江西考官，其间大力提拔下层贫寒士子，因此甚至促成了当地的好学风气。次年升任国子监祭酒后，徐元文更是大力倡导发展教育，使当时的学风也有所改变。1674 年康熙帝正式以他为内阁学士，并以他来为自己讲述历代帝王治政得失。此外，徐元文又经常无所禁忌地进谏，大力打击当时官场的不正之风。在编写明史期间，徐元文又不避忌讳，竭力主张将南明历史一并录入，

最终被清廷准许。

1691 年徐元文被弹劾罢官，不久后惊悸而死，享年 58 岁。

【人物评价】

徐元文不仅学问精深，治政也十分勤勉、持正，因此先后受到顺治、康熙两代清朝君主的赏识，同时也在选拔贤才、促进教育等方面做出了许多贡献。

张玉书：生前智虑赢君主，死后殊荣泽后人

【人物简介】

张玉书，字素存，号润甫，生于 1642 年 7 月 22 日，卒于 1711 年 7 月 3 日，享年 70 岁，清康熙帝时任相。

【人物生平】

张玉书于 1661 年考中进士，入仕不久就因学问精深而得到赏识。任官期间，张玉书不避权贵、秉公处事，同时又能根据实情，拟订最佳策略方案，因此康熙帝对他十分器重。

1690 年张玉书升任文华殿大学士，就此成为权势炙手可热的权臣，此后却始终不改勤勉、端正、廉洁之风，受到朝廷上下的称赞。至 1710 年时，张玉书已经任相 20 载，但康熙帝始终不允许他致仕。

次年康熙帝又以他随同前往热河，不料张玉书却因发病而死，享年 70 岁。康熙帝因此十分遗憾，不仅为其追赠、追谥，又以极高的规格将其沿途护送回乡安葬。

【人物评价】

张玉书身居相位 20 余年，始终深得康熙帝的信任，为当时各项大政方针的拟定、实行做出了巨大贡献。不仅张玉书本人声名显赫，他的家族也因他死后的殊荣而一举跃起，可谓是福泽后人。

李天馥：雷池不容宵小越，正气凛然朝天阙

【人物简介】

李天馥，字湘北，号容斋，生于 1635 年，卒于 1699 年，享年 65 岁，清康熙帝时任相。

【人物生平】

李天馥祖上在明太祖年间，就已经世袭卫所军职，自李天馥时已经历经 7 代。李天馥出生时正值张献忠起义，不得不举家逃亡，及至清朝建立，李天馥又于 1658 年考中进士。

入仕之后，李天馥的仕途十分顺利，后来更先后在礼部、户部、吏部、工部担任要职。当时人们都以户部、吏部为肥差，但李天馥在赴任之后，却始终保持严明、廉洁的作风，并怒斥不法下属和行贿之人，使治下官风一新。1692年李天馥又被任命为武英殿大学士，康熙帝对他十分倚重。

1699年李天馥病重，康熙帝甚至因近侍汇报太晚而予以责备，同时又派遣御医紧急前往探视。同年李天馥就因病重去世，享年65岁，死后得到追谥。

【人物评价】

李天馥为人笃实、谨慎，却又不吝以雷霆手段震慑不法，表现出不容置疑的坚定立场，因此被康熙帝视为是"得政体、培国脉"的贤臣。

张英：为人不贪三尺，入仕当重学识

【人物简介】

张英，字敦复，号乐圃，又号倦圃翁，生于1637年，卒于1708年，享年72岁，清康熙帝时任相。

【人物生平】

张英于1667年考中进士，进入翰林院中学习，1672年又在康熙帝亲自主持的考试中得到赏识，从此脱颖而出。1677年进入南书房后，张英一度担任太子讲师，两年后又升任侍读学士。

此后张英一直受到康熙帝和清廷重视，除了其间为父守丧、暂时卸任外，大部分时间都被清廷委以重要官职，但在1690年时，也一度因审查祭文疏漏而被贬谪。此后张英又先后主持编撰了《国史》《一统志》《渊鉴类函》、《政治典训》《平定朔漠方略》等书，1699年又升任文华殿大学士。

1708年张英病逝，享年72岁，后来其子也在清廷更加显贵，即一代名臣张廷玉。

【人物评价】

世人对张英并不陌生，这在很大程度上是源于著名的"六尺巷"故事；而他之所以在清廷受到统治者的青睐，却与他的学识密不可分。

富察·马齐：继承祖志勤为本，福泽后世恩荫长

【人物简介】

富察·马齐，生于1652年，卒于1739年，享年88岁，清康熙帝时任相。

【人物生平】

马齐出自清朝贵族，家族自祖父时起，就在清廷担任官职，等到其父因积劳

死于任上，他又凭借着余荫入仕。1687 年马齐因秉公断案、不避权贵而声名大噪，就此得到康熙帝的青睐。

1688 年时，马齐曾奉命参与与沙俄议定边界的外交大事，意见大多得到采纳，1699 年又升任武英殿大学士。1709 年时，马齐因不明上意、一意拥立八阿哥为皇储，而受到康熙帝的斥责，不久后就被免去官职。但很快就因满族官员无人而再次将他起用。

1722 年马齐又受到康熙帝的褒奖，更被恢复世职。雍正帝即位后，马齐再次与沙俄议定边界，但其间也曾做出泄露消息、换取贿赂的丑事。1735 年马齐请辞，4 年后病逝家中，享年 88 岁，死后得到乾隆帝的追谥和高度评价，其家族子弟如福康安等，也在后来继续得到优待。

【人物评价】

马齐虽是清朝贵族，却自小深受汉文化的熏陶，这也是他能够久立庙堂、得到汉人官员信服的原因所在。

陈廷敬：老臣怀忠亦有畏，所幸君王是戏言

【人物简介】

陈廷敬，原名敬，字子端，号说岩，晚号午亭，生于 1639 年，卒于 1712 年，享年 74 岁，清康熙帝时任相。

【人物生平】

陈廷敬于 1658 年考中进士，因为与他人同名，当时在位的顺治帝特意为他赐名"廷敬"，并以他为翰林院庶吉士。

1661 年康熙帝即位，陈廷敬担任宫廷讲官，同时又兼任户部尚书，负责打理国家财政。当时康熙帝年幼，曾因陈廷敬拒绝自己从国库取钱，而威胁他亲政之后，一定要追究其责任，陈廷敬因此十分畏惧，更在康熙掌权后数次请辞。然而康熙帝却对此哈哈大笑，表示是自己当时年幼无知。

管理户部期间，陈廷敬鉴于世人毁钱炼铜，致使钱币锐减的事实，果断提出改革钱制、开放铜禁等建议，得到清廷采纳，这些举措使币制再次稳定。同时陈廷敬又大力打击贪污不法、推行吏治改革，使朝中官风一时清明。

此后陈廷敬愈发得到康熙帝的重视，官至文渊阁大学士，其间更主持编撰了著名的《康熙字典》。1712 年陈廷敬病逝，享年 74 岁，康熙亲自写诗凭吊并追谥。

【人物评价】

陈廷敬少时深受程朱理学熏陶，这在很大程度上影响了他的为政作风，因此也造就了一代名臣。陈廷敬不仅有功于庙堂，在文坛方面也有许多建树。

李光地：事君从无二心志，平乱却有卖友嫌

【人物简介】

李光地，字晋卿，号厚庵，别号榕村，生于 1642 年，卒于 1718 年，享年 77 岁，清康熙帝时任相。

【人物生平】

李光地于 1670 年考中进士，进入翰林院任官，3 年后又因故回家省亲。次年耿精忠恰好发动叛乱，李光地只得与家人藏匿于深山之中，后来又拒绝耿精忠的招抚，并派人送密信至京城，康熙帝因此十分感动。

直到 1677 年清廷收复泉州，李光地这才得以还朝，不久就被任命为侍读学士，后来又因平定农民起义而升任翰林学士、永州总兵。1680 年李光地向清廷举荐了名将施琅，施琅最终不负所望，攻下台湾，此后李光地又私下与耿精忠辖下的官员联系，制定出平叛策略。

此后李光地在清廷愈发得到赏识，1698 年任直隶总督期间，又因治水之功而升任吏部尚书。任官吏部期间，李光地在兵制、官俸等方面均提出许多建议，1705 年又升任文渊阁大学士。

从 1711 年开始，李光地数次请求致仕，均不被康熙帝准许，为了表示安抚，康熙帝又准许他返乡两年处理家务。1718 年李光地病逝于任上，享年 77 岁，死后得到追赠、追谥。

【人物评价】

李光地的个人生活作风不佳，在平定耿精忠叛乱之后，也有卖友求荣、见死不救之嫌，但对于清廷来说，他也确实是一位立下许多汗马功劳的名臣。

张廷玉：夙兴夜寐辅三代，太庙汉臣唯一人

【人物简介】

张廷玉，字衡臣，号砚斋，生于 1672 年，卒于 1755 年，享年 84 岁，清康熙帝时任相。

【人物生平】

张廷玉是康熙朝时大学士张英之子，1700 年时考中进士，从此进入朝廷任官。此时张英已经官居大学士，深得康熙帝倚重，爱屋及乌之下，康熙对于张廷玉也十分赏识。

从 1705 年开始，张廷玉先后数次跟随康熙帝出巡，1716 年又升任内阁学士、经筵讲官。5 年以后，张廷玉又远赴山东，成功解决了当地盐贩聚众劫掠的案件，

从此开始崭露头角。

1722年雍正帝即位，对张廷玉这位前朝旧臣十分重视，于是将他作为自己的助手加以重用。雍正初年政务繁忙，宫中一日之内，往往要下达数十道诏令，这些诏令无一不是经过张廷玉之笔。因此，张廷玉很快就进入南书房，1728年又升任保和殿大学士。

早在康熙末年，张廷玉就致力于整顿吏治，雍正帝即位后，他又在奏章制度等方面加以规范。1730年军机房设立后，张廷玉理所当然成为军机大臣，此后又在安抚流民、宽免赋税、整顿刑律等方面做出许多政绩。

1735年雍正帝在临终前，下诏以张廷玉、鄂尔泰等人共同辅政，并嘱托来日以张廷玉配享太庙，可见对其重视。然而乾隆帝即位后，张廷玉却逐渐因年高老迈、激动固执而与乾隆帝疏远。但在这一时期张廷玉依旧参与国家机要，并在政治、文化等方面留下许多建树。

1748年张廷玉主动请辞不被准许，次年再次提出请辞，不料却因要求乾隆保证之前殊荣、获准许后不曾亲自入宫拜谢等微小失误，一再触怒乾隆帝，因此又被削去官职、爵位。1750年皇子永璜病逝，张廷玉又在此时请辞，乾隆帝震怒之下，便在庙堂上当众质问，指责他不配享有先帝赐予的殊荣。1755年张廷玉病逝，享年84岁，死后乾隆最终依从雍正遗诏，将他配享太庙并进行追谥。

【人物评价】

张廷玉在雍正即位之初，就不遗余力进行支持、辅佐，成功帮助雍正稳定了当时局势，更为后来的革除积弊做出了巨大的贡献。清朝虽然对汉官多有倚重，却又始终加以提防，因此张廷玉作为清朝唯一一位配享太庙的汉人官员，愈发显得其贡献巨大。

张鹏翮：吾志无非廉与正，愿祈关圣为证明

【人物简介】

张鹏翮，字运青，号宽宇、信阳子，生于1649年，卒于1725年，享年77岁，清雍正帝时任相。

【人物生平】

张鹏翮于1670年考中进士，最初在朝中任官，后来又被外放至兖州。担任兖州知府的3年期间，张鹏翮大力平反冤案、劝课农桑、兴办教育，使治下百姓安居乐业，尽享太平。

此后张鹏翮又转任各地要职，始终不改惠民本色，1700年任河道总督时，又花费8年时间，成功治理了黄河泛滥、实现了漕运通达，使黄淮之地的百姓深得

其利。1713 年张鹏翮又被召入朝中，担任吏部尚书。当时为了打消旁人的行贿念头，他甚至特意在官邸树立起一尊关圣雕像，以示绝不徇私，果然震慑了所有僚属和亲友。

1688 年张鹏翮又不辞艰辛和风险，千里迢迢赶赴边境与沙俄议定边界，做出了重要贡献。1723 年雍正帝即位后，又以他为文华殿大学士。1725 年张鹏翮病逝，享年 77 岁，死后得到追谥，雍正帝更亲自为他撰写碑文。

【人物评价】

世人皆知于成龙被康熙帝誉为"天下第一廉吏"，鲜有人知张鹏翮这位后辈，他同样被后世誉为是"清代第一清官"。张鹏翮不仅是一位廉正之官，同时也是一位杰出的治河官员，在整个清朝的四川官员中，也是当之无愧的第一人。

朱轼：圣主不可无教，尧纣因此有别

【人物简介】

朱轼，字若瞻、伯苏，号可亭，生于 1665 年，卒于 1736 年，享年 62 岁，清雍正帝时任相。

【人物生平】

朱轼少时仰慕北宋苏轼，因此改名为轼，1694 年考中进士，进入翰林院不久后，就被外放至潜江担任知县，任官期间做出许多政绩。此后朱轼接连得到清廷重视和提拔，雍正帝即位后更被任命为文华殿大学士。

此后雍正帝又以朱轼为太子太傅、太子太保，参与国家机要之余，又兼任太子的讲师，地位十分尊崇。朱轼教育太子十分严厉，以至雍正帝都觉得过分，朱轼却坚定地表示"教则为尧舜，不教则为桀纣"，雍正由是赞同。

由于自己刚正不阿、清廉自守，乾隆帝即位后，也对这位老师十分敬重。1736 年朱轼病逝，享年 62 岁，乾隆帝更称赞他为"帝师元老"。

【人物评价】

朱轼入朝为官期间，不仅做出许多政绩，更为培养乾隆帝而付出无数苦心，实在是劳苦功高。他的那句"教则为尧舜，不教则为桀纣"，更是堪称经典之言。

西林觉罗·鄂尔泰：改土归流促一统，伪饰祥瑞尊君王

【人物简介】

西林觉罗·鄂尔泰，字毅庵，生于 1677 年，卒于 1745 年，享年 69 岁，清雍正帝时任相。

【人物生平】

鄂尔泰自幼学习儒家典籍，1690 年又考中举人。此后鄂尔泰没有继续专攻学

业，而是凭借着祖上的恩荫，直接进入庙堂为臣。

鄂尔泰虽然得以入朝，仕途却始终暗淡，直到 42 岁时仍旧声名不显，为此还一度苦恼。然而等到雍正帝即位后，鄂尔泰先是被越级擢升为江苏布政使，1725 年又升任云南巡抚，成为云南、广西、贵州三省的总督。当时清廷正为是否在云贵之地推行"改土归流"而争议，鄂尔泰到任之后，详细考察当地实际情况，指出"改土归流"的必要性和实施方针。雍正帝在看到奏疏之后，最终坚定了决心推行"改土归流"。

次年鄂尔泰正式升任总督，此后便开始动用武力，征讨一切敢于反抗清廷的土司，同时又采取怀柔手段，招抚拥护清廷、赞同"改土归流"的当地势力。在这一期间，鄂尔泰又力排众议，驳斥认为"改土归流"不当的官员，最终使苗疆、湖川之地的流官制度都得以确立。

鄂尔泰不仅为清廷的"改土归流"做出了巨大贡献，同时也在治水、边贸等方面做出了许多政绩，1732 年升任保和殿大学士，正式成为内阁首辅。但为了讨好雍正帝，他又大搞封建迷信、伪造祥瑞，更与另一名著名汉臣张廷玉彼此不合、互相攻讦。

1745 年鄂尔泰病逝，享年 69 岁，死后乾隆帝亲自凭吊并为其追谥。

【人物评价】

鄂尔泰最大的贡献就是结束了当时血腥、残酷的土司制度，为清廷在边境设置流官、加强统治、促进经济文化发展起到了巨大的意义。晚年的鄂尔泰虽然谄媚君主，但其实更多的是为了维护皇权，而非以此邀功谋私，因此仍然是一位忠臣。

高斌：初以裙底显赫，继以治河扬名

【人物简介】

高斌，字右文，号东轩，生于 1683 年，卒于 1755 年，享年 63 岁，清雍正帝时任相。

【人物生平】

高斌最初在清廷内务府为仆，后来逐渐得到提拔，在雍正年间历任各地要职，1734 年其女又被选为宝亲王（即乾隆帝）的福晋。高斌因此一跃成为皇族外戚，更改姓为满族高佳氏。

乾隆即位初年恰逢黄河暴涨，高斌于是奉命治理。经过一番辛苦调查，高斌最终依据实情，提出多条治河策略，都得到乾隆帝的采纳。最终高斌成功治理了黄河水患，1747 年又被改任为文渊阁大学士。

1748 年高斌先后两次在断案时徇私，因此被罢官下狱；1753 年又被押赴刑场陪斩，受到许多惊吓。1755 年高斌病逝于治河工地，享年 63 岁，死后得到追赠、追谥。

【人物评价】

高斌虽然以裙带关系显贵，但本人也富有实际才干，因此在任地方期间，治河成绩十分显著，成为清朝又一治河名臣。

蒋溥：安民有赖仁政，循引当启文风

【人物简介】

蒋溥，字质甫，号恒轩，生于 1708 年，卒于 1761 年，享年 54 岁，清雍正帝时任相。

【人物生平】

蒋溥于 1730 年考中进士，先后在翰林院担任各种职务，1739 年又在担任主考期间，被乾隆帝任命为大学士。

1742 年蒋溥出任湖南巡抚，在任期间做出许多政绩。当时湖南境内野蚕数量繁多，而当地人却不知养蚕之法，蒋溥当即将养蚕之法广泛传授，第二年湖南的养蚕业就走向兴盛。鉴于当地官钱稀缺，民间私钱泛滥，蒋溥又四处寻访铜矿，奏请清廷开局铸币并以私换官，成功抑制了铸造私钱的风气。这一时期蒋溥还大力重整当地书院，延请国内名士讲学授课，使当地文风逐渐兴盛。

1744 年蒋溥再次入朝，1759 年又被任命为大学士。两年后蒋溥病逝于任上，享年 54 岁，死后得到追赠、追谥。

【人物评价】

蒋溥任官之后，始终体恤民情、推行仁政，受到时人赞誉。不仅如此，他还是当时一位著名画家，尤以善绘花卉闻名。

章佳·尹继善：侥幸博得君王睐，生前殊荣死后哀

【人物简介】

章佳·尹继善，字元长，号望山，生于 1695 年，卒于 1771 年，享年 77 岁，清雍正帝时任相。

【人物生平】

尹继善于 1723 年考中进士，但在此前雍正帝已经对他有所听闻。同年尹继善得到召见后，雍正帝果然对他十分器重，尹继善因此得以显贵。

由于自己才华横溢，雍正帝很快就对尹继善委以重任，入仕仅仅 6 年之后，

尹继善就官居巡抚；再过 2 年又升任地方总督。此后尹继善始终出任清廷封疆大吏，并在赈灾恤民、直言进谏、统一新疆等方面做出了巨大贡献。

1765 年尹继善被征召还朝，继续得到乾隆帝的赏识，但很快就因沽名钓誉、玩弄权术而受到斥责。尽管如此，尹继善却依旧勤勉问事，因此晚年又受到乾隆帝的褒奖。1771 年尹继善病逝，享年 77 岁，死后得到追谥和高度评价。

【人物评价】

尹继善仕途之顺，实在是太过博人眼球，这固然是清廷的优待，但也更多取决于他个人的才干和魅力。尽管晚年因久居官场而染上一些毛病，尹继善的辉煌依旧无法被掩盖。

富察·傅恒：军门幸出虎子，名将惨遭恶亡

【人物简介】

富察·傅恒，字春和，生年不详，卒于 1770 年，清乾隆帝时任相。

【人物生平】

傅恒一家自努尔哈赤时，就已经归附满洲，家族祖辈都为清廷立下汗马功劳。凭借着祖上的恩荫，傅恒于 1740 年入宫担任侍卫后，又接连担任各大要职，1745 年又成为军机大臣。

1747 年金川发生叛乱，两名奉命前往镇压的大臣都因事败而被处斩，傅恒于是主动请缨，因此被任命为保和殿大学士。赶赴前线不久后，清廷就收获到傅恒传来的捷报，乾隆帝因此龙心大悦，又封他为一等忠勇公。

1754 年准噶尔内乱后，朝中大臣大多不看好战事，唯有傅恒力排众议、主张用兵，次年战事果然平定；1769 年傅恒又在已有三人被罚的情形下，远赴云贵抗击缅甸。然而同年清军就因水土不服而陷入苦战，包括傅恒在内的大多将领都身染恶性重疾，清廷只得趁着缅甸议和的机会撤军。

次年傅恒班师还朝，然而疾病却日趋严重，两个月后傅恒就病发身亡。傅恒死后，乾隆亲自前往吊祭，并为其追谥、写诗追悼。

【人物评价】

傅恒祖上就在清初从龙时，立下赫赫战功，傅恒本人也在后来多次立功，无愧为将门之后。

陈大受：知晓利害非善事，仁政惠民方为贤

【人物简介】

陈大受，字占咸，号可斋，生于 1702 年，卒于 1751 年，享年 50 岁，清乾隆

帝时任相。

【人物生平】

陈大受于 1733 年考中进士，入翰林院任庶吉士，1736 年又在御试中夺得第一，因此担任乾隆帝的侍读，成为其贴身近臣。

此后陈大受接连被清廷委以重任，历任各地巡抚之职。1745 年任江苏巡抚时，陈大受大力重建紫阳书院，改任福建巡抚后，又上疏请求免除内地对台湾省的征粮，以此保证台湾在日后为国屏障。1748 年陈大受升任大学士、军机大臣。

1751 年陈大受因积劳成疾，死于两广总督任上，享年 50 岁。死后清廷为其追谥，并连升军功三级。

【人物评价】

陈大受在地方任官期间，始终以仁政爱民为第一要务，对自身反而从不计较，甚至以知晓利害为忧，可见其高风亮节。

刘统勋：位卑不惧权势，忧劳至死方休

【人物简介】

刘统勋，字延清，号尔钝，生于 1698 年，卒于 1773 年，享年 76 岁，清乾隆帝时任相。

【人物生平】

刘统勋出身书香门第，其祖父、父亲都曾考中进士入仕，因此刘统勋从小就得到很好的教养。1724 年刘统勋考中进士，进入翰林院任编修，随后又在南书房、上书房担任官职。1736 年刘统勋又被乾隆帝擢升为内阁学士，次年又以刑部侍郎的身份留任浙江，学习治水之方。

当时老臣张廷玉权势滔天、性情激烈，又与朝中重臣联姻，刘统勋因此上疏直言，建议乾隆帝短期内不要起用张廷玉，乾隆帝于是将张廷玉罢官。1746 年刘统勋升任漕运总督，其间不仅致力于治理水患，同时还大力打击河道官员贪赃枉法、中饱私囊等恶行。由于自己才干出众，乾隆年间刘统勋先后数次奉命治水，均取得很大成绩。

1752 年刘统勋升任军机处行走，开始跻身于核心权力机构，4 年后又远赴天山，为清廷编写《西域图志》做出了巨大贡献。1761 年刘统勋正式升任东阁大学士。

1773 年刘统勋成为《四库全书》的总裁官，同年就在上朝途中与世长辞，享年 76 岁。乾隆得知后，痛惜自己丧失股肱之臣，不仅为其追赠、追谥，更亲自写挽联和诗以示悼念。

【人物评价】

刘统勋为官近 50 年，不仅在漕运、治水等攸关国家经济命脉的领域，为清廷做出许多贡献，同时还恪守臣节、清正廉明，因此死后得到历朝历代最高的谥号"文正"，可谓相得益彰。

于敏中：肩负两朝重用，贪毁一身清名

【人物简介】

于敏中，字叔子、重棠，号耐圃，生于 1714 年，卒于 1780 年 1 月 14 日，享年 67 岁，清乾隆帝时任相。

【人物生平】

于敏中出身书香门第，祖上自明神宗时就考中进士入仕，祖父和父亲也都在清廷担任官职。1724 年于敏中考中进士，1737 年又考中恩科状元，因此雍正、乾隆两代君主都对他十分赏识。

1775 年于敏中在回答乾隆帝时，指出培养人才是治国要事，因此得到乾隆帝的赞许，逐渐升任内阁学士。1760 年乾隆帝又以于敏中为军机大臣，参与国家机要。1773 年改任文华殿大学士后，于敏中更是成为乾隆帝身边炙手可热的大权臣，次年又力排众议，并奉命主持编撰《四库全书》。

1778 年于敏中在平定大小金川之乱中立功，事后得到嘉奖和赏赐，但在两年后就因病逝世，享年 67 岁。于敏中死后，先是得到清廷的追谥，后来又因一些不法事情暴露而受到批驳。

【人物评价】

于敏中学问精深、富有才干，入仕之后数次做出显著政绩，但他的为人也并非正派。在乾隆朝时的几大贪污案中，也经常出现于敏中的身影，甚至在他死后，都留下了 200 万两白银的财富。因此乾隆晚年才会对他下诏指责。

章佳·阿桂：戎马征战惯倥偬，换得一统天下功

【人物简介】

章佳·阿桂，字广廷，号云崖，生于 1717 年 9 月 7 日，卒于 1797 年 10 月 10 日，享年 81 岁，清乾隆帝时任相。

【人物生平】

阿桂于 1732 年进入官学读书，1738 年又考中举人。此前阿桂已经承袭父位，担任大理寺丞，1743 年又升任军机章京。

然而在接下来的几年后，阿桂却先后因卷入各种案件，为此还差点被处斩，

直到 1753 年升任内阁学士后，才逐渐崭露头角。1755 年乾隆帝决定趁机攻打准噶尔，阿桂也随同大军出征。最初阿桂只是在后方负责文书传递等后勤事宜，后来逐渐被委任要职。在他的统率下，清军最终平定了新疆地区，此后阿桂又奉命留驻伊犁，负责屯田事宜。在阿桂的努力下，原本骚乱不止的伊犁地区，先后营建起两座新城，并在当时成为当地的商贸中心。

1763 年阿桂奉诏返京，受到乾隆帝的褒奖和重赏，同时又升任军机大臣。此后阿桂又先后经历两次挫折，一次是平定南疆百姓因不堪压迫而起义的叛乱失败，另一次则是镇压缅甸起义惨遭失败。阿桂因此数度遭到乾隆帝的责备、罢官。

就在此时，数年内不得安宁的金川地区叛乱又起，阿桂因此得到起用，奉命平定大小金川。由于将帅不服命令，清兵一度失利，但在刘统勋等人的出谋划策下，阿桂最终取得胜利。凭借着这一军功，阿桂在朝中的声望顿时倍涨，1777 年正式升任武英殿大学士。此后阿桂更多的是四处奔走，解决国内的水利、军事问题，同时又因才干出众、为人刚正而与和珅结怨。

1789 年阿桂终于返京，此时朝中大权尽入和珅之手，但阿桂始终不肯与之同流。1797 年阿桂病逝，享年 81 岁，死后得到追谥、追赠。

【人物评价】

阿桂一生戎马征战，为清廷的统一大计做出杰出贡献，是乾隆朝的一位重臣。不仅如此，出身军旅的阿桂对于政务也同样熟稔，同时又品行高洁、疾恶如仇，较之当时的奸臣和珅，更是形成鲜明对比。

章佳·庆桂：恩荫显贵当下，端行享誉一生

【人物简介】

章佳·庆桂，字树斋，生于 1737 年，卒于 1816 年，享年 80 岁，清乾隆帝时任相。

【人物生平】

庆桂是大学士尹继善之子，祖上几代均在清廷任官，1755 年他本人也凭借祖荫，出任户部员外郎。

尹继善一生虽有过错，也一度为乾隆所恶，但更多的是得到赏识，因此庆桂子凭父贵，同样得到乾隆厚待。此后庆桂先后担任内阁学士、军机大臣、兵部尚书、1792 年又在平定廓尔喀之乱中立下大功。

嘉庆帝即位后，对庆桂依旧十分重视，1799 年又以他为文渊阁大学士。1816年庆桂病逝，享年 80 岁，死后得到朝廷追谥。

【人物评价】

庆桂最初凭借恩荫入仕，但本人却并非不学无术、倚仗权势的纨绔子弟，反

而以为人谨慎著称。

富察·福康安：镇内乱而御外侮，擅兵戈而通文治

【人物简介】

富察·福康安，字瑶林，号敬斋，生于1754年，卒于1796年，享年43岁，清乾隆帝时任相。

【人物生平】

福康安的祖父和父亲都在清廷担任大官，乾隆帝的原配皇后更是自己的姑母，因此福康安一家在清廷贵为外戚，身份十分显贵。等到两名爱子先后早逝，乾隆帝又在福康安身上看到爱子的身影，于是又将他接入宫中，亲自悉心教导。

从1767年起，福康安开始担任宫廷侍卫，屡次得到擢级，1771年阿桂远征大小金川，福康安也于同一时期奉命前往，审讯之前平叛不力的将官。此后福康安更亲自率领一路大军，先后数次击败当地土司，事后得到乾隆帝的嘉奖和封赏。

此后福康安逐渐崭露头角，出镇地方之后，又在清缴匪徒、开采铜矿等方面立下许多大功。乾隆因此更加赏识福康安，多次下诏为其进官，1784年又升任他为内务府大臣。1784年甘肃爆发回乱，奉命镇压的清军全数被杀，清廷又以福康安奉命清剿。福康安赴任之后，不局限于采用雷霆手段镇压叛乱，同时又上疏朝廷，在当地开办学堂、教授文化，以此推行文治、抑制野蛮残暴。

甘肃回乱平定之后，台湾百姓又因不堪压迫而起义，西藏边境也受到廓尔喀的侵扰。为此福康安先后转战东南、西南，最终将战事彻底结束。由于自己军功彪炳，乾隆帝于1791年正式升任福康安为武英殿大学士。

福康安为清廷的稳定做出了巨大贡献，但多年的军旅生涯，也严重摧残了他的身体健康。1796年福康安病逝于军中，时年43岁，死后得到追封、追谥。

【人物评价】

银幕中的福康安素来以奸臣形象示人，但历史中真实的福康安，不仅与和珅站在对立一面，还是一位军功卓著的著名将领。除了善于治军以外，福康安对于安抚百姓、治理地方也有着许多心得，堪称乾隆朝时一代能臣。

和珅：倾尽身家八亿两，难换权臣一日生

【人物简介】

和珅，本名善保，字致斋，自号嘉乐堂、十笏园、绿野亭主人，生于1750年5月28日，卒于1799年2月22日，享年50岁，清乾隆帝时任相。

【人物生平】

和珅3岁丧母、9岁丧父，后来又受到宗族的刁难，身世十分坎坷。然而和珅

始终勤于学习，年纪轻轻就精通汉、满、蒙、藏四族文字，对儒家的经典也有很深的理解体会。

1769年和珅参加科举落第，但却承袭了父亲的官职，后来又入宫担任侍卫。其间和珅很快就展露才华，受到乾隆帝的赏识，1773年时，年仅23岁的和珅更是一跃成为管库大臣。此后和珅充分发挥自己的理财能力，使府库内的钱财日益增多，乾隆因此龙心大悦。

1776年和珅升任军机大臣、总管内务府大臣，此后成为庙堂之上炙手可热的大权臣，朝中百官大多为之屈服。初任官时，和珅也保持着清正廉明之风，但在尝到权力的甜头后，他很快就腐化堕落，并在朝中大肆结党、营私舞弊。

由于自己曾受到文官弹劾，和珅心中十分记恨，显贵之后便极力迎合乾隆帝，大兴文字狱，以此来报复当年得罪自己的文官，许多大臣因此无辜下狱，落得个悲惨结局。当时名将福康安与自己不睦，和珅便采取一石二鸟之计，故意举荐福康安镇压各地叛乱，以此彰显自己举贤不避仇，其实是便于自己寻找机会，构陷福康安。所幸的是福康安最终成功平定叛乱。

1781年甘肃回乱爆发后，清廷最初以和珅为钦差督军，然而战事并不顺利，清廷于是改以阿桂为统兵大将。阿桂抵达前线之后，和珅又将罪责推脱给下属，两人因此很快产生矛盾。此后和珅为了泄恨，又在朝中大肆诋毁阿桂。

在乾隆帝南巡期间，和珅先后两次跟随身侧，其间更因筹备得当而受到嘉奖，1786年和珅正式升任文化殿大学士。尽管朝中还有以阿桂、福康安、刘墉、钱沣等人为首的几大派，却都无力压制和珅，和珅因此成为当时清廷最为显赫的权臣。凭借着自己的滔天权势，和珅在私下疯狂敛财，甚至连皇宫内院都不放过，他的珍藏甚至比皇室府库还要富有、珍贵。

1796年嘉庆帝登基，此时乾隆依旧掌政，和珅更被人们私下称为"二皇帝"，嘉庆帝对此也只能一再隐忍。4年之后乾隆病逝，嘉庆帝当即宣布和珅的20条大罪，并下令将其抄家赐死。当时在和珅家中抄出8亿多两白银，相当于当时清廷10年的赋税，因此人们私下都称为"和珅跌倒，嘉庆吃饱"。同年和珅在家中自缢，享年50岁。

【人物评价】

和珅是清廷第一巨贪，更被列入中国历史上的十大奸臣，这是板上钉钉、无可辩驳的事实。但除此以外，和珅也是当时清廷的一大能臣，否则也不足以身居相位，成为一人之下、万人之上的"二皇帝"。早年的和珅并不如后来那般腐化，但最终却无法阻止自己走向堕落，因此还是无法避免身败名裂。

王杰：圣贤道统今在吾，他日庙堂黜奸臣

【人物简介】

王杰，字伟人，号惺国，生于 1725 年，卒于 1805 年 2 月 9 日，享年 81 岁，清乾隆帝时任相。

【人物生平】

王杰自幼家贫却十分好学，乾隆帝时期又高中探花。更加幸运的是，当时乾隆帝致力于在北地取贤，恰好王杰又字迹清秀，乾隆帝于是干脆将他拔为头名状元。王杰也因此成为清朝第一位陕西状元。

当时山东学士对此不服，曾出"孔子圣，孟子贤，自古文章出齐鲁"一联比试，王杰当即以"文王昭，武王穆，而今道统在西秦"为对，赢得当时学子的敬重。此后王杰先后担任军机大臣、东阁大学士等要职，其间更多次与和珅展开争斗。嘉庆帝即位后，王杰更是参与了对和珅的审理，为清廷拔除这一奸臣做出了巨大贡献。

嘉庆时期清朝逐渐衰败，国中又爆发白莲教起义，声势十分浩大。王杰从实际情况出发，指出百姓起义大多源自官府压迫，并建议朝廷采取安抚、招募的政策。1805 年王杰病逝，享年 81 岁，死后嘉庆帝为之赐银治丧、追赠追谥。

【人物评价】

乾隆年间和珅势大，许多大臣都不得不屈服或依附，但时任大学士的王杰却敢当面与之翻脸，堪称一股庙堂清流。

玛拉特·松筠：微寒亦有大智，事君几经浮沉

【人物简介】

玛拉特·松筠，字湘圃，生于 1752 年，卒于 1835 年，享年 84 岁，清乾隆帝时任相。

【人物生平】

松筠最初因通晓满、汉文字，而被任命为低级翻译官员，后来由于为人干练而得到乾隆帝的关注。松筠的仕途也就此开启，1783 年时已经升任内阁学士。

当时沙俄与清廷的边境贸易因故受阻，松筠又于 1785 年前往边境，积极斡旋、磋商解决贸易纠纷。松筠一方面严格管理，一方面又严禁扰民，因此问题最终得到成功解决，松筠还朝后又升任军机大臣。

当时朝中和珅势大，因此松筠处处受掣，更被贬至藏地 5 年，直到和珅倒台才得以还朝。1802 年松筠又升任伊犁将军。这一时期松筠在治下大力垦荒，开垦

良田 6 万多亩，还朝后又加东阁大学士、武英殿大学士。

1820 年道光帝登基，再次起用之前因故被贬的松筠，此后松筠或升或贬，仕途依旧波折。1835 年松筠病逝，享年 84 岁，死后得到追赠、追谥。

【人物评价】

松筠出身微寒，并不像大多数宰相那样学问精深、考中进士，但比起治事的才干，却并不显得逊色，为官期间的政绩也十分显赫。

章佳·那彦成：将门虎子庶无愧，转战天下多有功

【人物简介】

章佳·那彦成，字绎堂，号韶九、东甫，生于 1763 年，卒于 1833 年，享年 71 岁，清乾隆帝时任相。

【人物生平】

那彦成的祖父即乾隆朝时宰相阿桂，深得清廷敬重，1789 年时那彦成又考中进士。仅仅过了 5 年后，那彦成就被乾隆帝任命为内阁学士。

嘉庆帝即位后，清朝逐渐衰败，白莲教趁势发动起义，清廷屡屡镇压却均以失败告终。为此清廷又于 1799 年起用那彦成，不久就击败白莲教领袖张汉潮。然而此后那彦成却因抱持悲观态度而被贬职，直到 3 年后才再次被起用。此时白莲教依旧势大，1813 年其分支天理教又发动起义。同年那彦成又率领清军，渡过黄河击败天理教势力，因此受到褒奖。

1816 年那彦成因罪下狱，险些遭到处死，1827 年又因熟稔军务，而被道光帝委任为钦差，督办镇压新疆张格尔叛乱之事。然而 1831 年时叛乱又起，那彦成因此受到追究并被罢官。

1833 年那彦成病逝，享年 71 岁，死后得到追赠、追谥。

【人物评价】

那彦成的祖父阿桂即清廷一地名将，纵观那彦成一生的累累战功，可说是无愧于自己的先祖，也无愧于国家了。

勒保：人和有赖敛锋锐，立功无不靠众心

【人物简介】

勒保，费莫氏，字宜轩，生于 1739 年，卒于 1819 年，享年 81 岁，清嘉庆帝时任相。

【人物生平】

勒保最初在中书科担任笔吏，后来又因父辈恩荫和自身才干而得到提拔，充

任军机章京，得到乾隆帝的赏识。

1791 年清廷派兵镇压廓尔喀之乱，勒保也随同大军出征，并负责主管西路军的后勤事宜。此时正值乾隆后期，全国各地纷纷开始涌现起义，勒保又奉命清剿白莲教势力，很快就立下战功。

此后苗疆、四川和川东等地都爆发起义，勒保因此接连得到重用，负责平叛事宜。鉴于早年其父因刚愎自用而惨败，勒保一改父亲作风、礼贤下士、优待僚属，因此部下人人戮力向前，叛乱最终都得到平定。之后勒保继续负责安抚、善后，使叛乱之地很快得以安宁。

1810 来勒保入京，次年就被任命为武英殿大学士，两年后又兼任军机大臣。1819 年勒保病逝，享年 81 岁，死后得到追赠、追谥。

【人物评价】

勒保汲取其父的教训，在自己领兵后始终关爱、信任下属，表现出名将风范，这在很大程度上起到了聚拢人心的作用，更为他之后的数次平叛奠定了人和基础。

曹振镛：唯以正念取士，忠明足堪代君

【人物简介】

曹振镛，字俪生，号怿嘉，生于 1755 年，卒于 1835 年，享年 81 岁，清嘉庆帝、道光帝时任相。

【人物生平】

曹振镛为魏武帝曹操之后，其父官至户部尚书，1781 年时他又考中进士。此后曹振镛逐渐得到乾隆帝赏识，官至侍读学士。

嘉庆帝即位后，也对曹振镛的才能十分看重，1813 年时又升任他为体仁阁大学士。一次嘉庆帝出巡，更以曹振镛"代君"三月，可见对他的信任和倚重。1820 年道光帝即位后，曹振镛又及时上疏，指明遗诏中的失误，道光帝因此擢升他为军机大臣，同年又改任为武英殿大学士。

1834 年曹振镛病逝于任上，享年 81 岁，在清廷任官更是长达 50 多年。曹振镛死后，道光帝亲自前往吊祭，并为其追赠、追谥。

【人物评价】

曹振镛为官长达半个世纪，却始终恪尽职守、言行端正，更极力为国家举贤，培养了后来的潘世恩、林则徐等名臣，可谓劳苦功高。

索绰络·英和：只因才干微末，不免挫折风波

【人物简介】

索绰络·英和，本名石桐，字树琴、定圃，号煦斋，生于 1771 年，卒于 1840

年，享年 70 岁，清嘉庆帝、道光帝时任相。

【人物生平】

英和于 1793 年考中进士，其父曾官至礼部尚书，并拒绝过权臣和珅的联姻之请。因此嘉庆帝亲政后，便对英和另眼相看，又升任他为内阁学士。

然而英和在逐步显赫的同时，也接连在庙堂上犯下错误，因此先后数次遭到问责、贬谪。道光帝即位后，英和先是被任命为军机大臣、户部尚书，后来又兼任大学士。1821 年英和也参与负责修建东陵，及至东陵渗水一事后，英和更是首当其冲，受到道光帝的愤怒问责。最初刑部本欲处死应和，但却没有发现他的贪污证据，于是改为流放黑龙江。

在黑龙江流放期间，英和又走遍当地，研究风土人情，更将了解到的内容汇集成书。1831 年英和遇赦返京，死后又得到朝廷追赠。

【人物评价】

英和因父荫而显贵，但本人却才干平庸、几无可称之处，为官期间更是屡次犯下错误，因此才会招来许多波折。

戴衢亨：承前代之恩遇，启后来之贤良

【人物简介】

戴衢亨，字荷之，号莲士，生于 1755 年，卒于 1811 年，享年 57 岁，清嘉庆帝时任相。

【人物生平】

戴衢亨出身书香门第，父亲、叔父、兄长均以进士身份入仕，戴衢亨也从小就受到熏陶。1776 年时，戴衢亨又意外受到乾隆帝赏识，受召参加科举，两年后更在机缘巧合之下高中状元。

入仕之后，戴衢亨又先后数次担任考官，在各地选拔贤才，因此受到嘉庆帝的嘉奖，1805 年又升任体仁阁大学士。戴衢亨为人谨慎敦厚、清正廉明，因此深得嘉庆帝的倚重，成为当时的朝中重臣。

1811 年戴衢亨病逝，享年 57 岁，死后得到追赠、追谥。

【人物评价】

戴衢亨以科举入仕，做官后更是饮水思源，通过主持科举大力举贤，可谓是承前启后、继往开来。

戴均元：一门四人进士，叔侄两朝名辅

【人物简介】

戴均元，字修原，号可亭，生于 1746 年，卒于 1840 年，享年 95 岁，清道光

帝时任相。

【人物生平】

戴均元的先祖曾显赫于南唐，其兄也在清廷官至少卿。然而戴均元不仅没有借助兄长之力，反而隐居山寺勤学经史，最终学有所成，1775 年成功考中进士。

入仕之后，戴均元先后历任翰林院编修、光禄寺少卿、内阁学士和多部尚书，1821 年又升任文渊阁大学士。同年道光帝修建东陵，戴均元也与众多满族官员一同参与，可见其在道光帝心中的分量。1825 年戴均元以 79 岁高龄致仕，道光帝更以隆重礼节送别。

1828 年时东陵意外出现渗水，就连已下葬的皇后棺椁也被渗湿，道光帝大怒之下，便将所有曾参与修陵的官员问罪，戴均元也未能幸免。所幸的是他此时年事已高，抄家时也没有发现太多余财，道光帝这才网开一面。

1840 年戴均元以 95 岁高龄寿终正寝，可谓圆满。

【人物评价】

戴均元即戴衢亨的叔父，其兄戴第元、其侄戴心亨（戴衢亨之兄）均为进士出身，因此在当时享有盛誉，被称为"西江四戴"。

王鼎：生不能谏犹可死，亡不能救如何存

【人物简介】

王鼎，字定九，号省厓，生于 1768 年，卒于 1842 年，享年 76 岁，清嘉庆帝时任相。

【人物生平】

王鼎自幼家贫却不改勤学本色，1796 年成功考中进士。入仕之后，王鼎凭借着自己的努力不断得到升迁，更在平反冤狱、整顿盐政、治理河道中数次做出瞩目政绩。

1840 年鸦片战争爆发后，王鼎不仅极力主战、反对割让领土香港，同时又想尽一切办法，竭力挽留因虎门销烟，而被西方列强刁难的林则徐。为此王鼎多次上疏，请求留下林则徐治理河道，但最终道光帝还是在工程结束后，再次将林则徐发配至新疆。

为了劝阻道光帝，王鼎痛陈割让领土之弊，更拉着道光帝的衣袖哭诉请求，但道光帝仍旧不为所动。眼见情势如此，绝望的王鼎干脆在圆明园中自缢，以此死谏君主，时年 76 岁，死后更留下"条约不可轻许、恶例不可轻开、穆不可任、林不可弃"的遗书。然而清廷却掩盖王鼎死亡真相，按照既定方针将香港割让。香港就此成为外国殖民地，直到 155 年之后才被收回。

【人物评价】

王鼎不惜一死也要劝谏君主，行为足以明鉴天地，可惜在腐朽的清廷看来，却并不值得动容。但即便身死于当时，王鼎的美名却足以流传后世，与懦弱的清朝统治者形成鲜明对比。

祁寯藻：入庙堂循引三代，立文坛开创一支

【人物简介】

祁寯藻，字叔颖，一字淳甫、实甫，号春圃、息翁，生于1793年，卒于1866年，享年74岁，清咸丰帝时任相。

【人物生平】

祁寯藻之父曾官至户部郎中，1814年时祁寯藻又考中进士。为父守丧3年之后，祁寯藻继续入仕做官，并逐步得到升迁。

1820年道光帝即位，祁寯藻继续受到青睐，1832年时又改任侍讲学士，负责为道光帝讲授经书。针对当时江苏士子重文辞而轻义理，他又特意编写、推广《说文系传》《朱子小学》《圣谕广训》等书，以此改善当时文风。

1842年祁寯藻改任经筵讲官，负责为道光帝讲史，1850年咸丰帝即位后，又被任命为体仁阁大学士。此后祁寯藻继续兼任讲官，为咸丰帝讲授治国、用人之道。1860年咸丰帝不听祁寯藻劝阻，最终选择逃往热河，一年后就病逝于此，死后同治帝继承皇位。已经致仕的祁寯藻也再次被起用，并在两宫太后的授意下，继续为同治帝讲学。

此时祁寯藻已经经历四代君主，更为三代皇帝讲学，堪称"三代帝师"，名望一时无人能比。1866年祁寯藻病逝，享年74岁，死后得到清廷追谥。

【人物评价】

祁寯藻学问精深、通达义理，因此以他为帝王授课，显然是再为合适不过。除此之外，祁寯藻也凭借着自己的影响力，对当时的文坛起到了很大的引导作用，是当之无愧的一代文宗。

卢荫溥：高才不因卑位隐，恪职终有出头时

【人物简介】

卢荫溥，字霖生，号南石，生于1760年，卒于1839年，享年80岁，清道光帝时任相。

【人物生平】

卢荫溥于1781年考中进士，进入翰林院后很快就受到阿桂的赏识。1791年卢

荫溥改任礼部主事，阿贵认为大材小用，乾隆帝却解释这正是为了发挥他的才干。

嘉庆帝即位后，卢荫溥依旧得到重用，1181年大学生戴衢亨病逝后，嘉庆帝又以他接任军机大臣，参与国家机要。此后卢荫溥又不断升迁，先后担任了通政司副使、光禄寺卿、内阁学士等要职。

1830年道光帝为示礼遇，又以卢荫溥为体仁阁大学士，主管刑部事务，3年后卢荫溥主动请辞。1839年卢荫溥病逝，享年80岁，死后得到追赠、追谥。

【人物评价】

卢荫溥为人老成持重、人情练达，同时又始终勤勉不辍，因此被清廷视为股肱之臣。

蒋攸铦：才位不符当早退，不误后来治安生

【人物简介】

蒋攸铦，字颖芳，号砺堂，生于1766年，卒于1830年，享年65岁，清道光帝时任相。

【人物生平】

蒋攸铦于1784年考中进士，彼时年仅19岁。入仕之后，蒋攸铦始终不改勤勉本分，因此逐步得到升迁，1798年升任御史后，更因直言进谏而得到嘉庆帝的赏识。

1803年蒋攸铦击败广昌县义军，此后历任各地要职，所思所虑无不以政务为先，1809年更因不善治水之故，主动请辞河道总督之位。1816年英国入侵后，时任两广总督的蒋攸铦果断下令，停止与英国的贸易活动，因此受到英国人的不满。

次年蒋攸铦调任四川，在任期间约束百姓、倡导教育，道光帝即位后也对他予以褒奖。1825年道光帝又以他为体仁阁大学士，并因平叛新疆之功而封他为太子太保。

1830年蒋攸铦在办案时更改判决结果，因此受到责备，同年又死于改任途中，享年65岁，死后得到追谥和优待。

【人物评价】

蒋攸铦不仅治事勤勉，同时又先国后己，眼见无法胜任则干脆请辞，丝毫不留恋权柄，可见其高风亮节。

郭佳·穆彰阿：阿谀侥幸中意，乱政难免遭弃

【人物简介】

郭佳·穆彰阿，字子朴，号鹤舫，别号云浆山人，生于1782年，卒于1856

年，享年 75 岁，清道光帝时任相。

【人物生平】

穆彰阿于 1805 年考中进士，先后担任庶吉士、少詹事、礼部侍郎，1815 年又改任刑部侍郎。其间穆彰阿在一日之内，接连上呈 20 多个死刑奏章，因此被视为玩忽职守、积压案件而遭到贬谪。

1821 年穆彰阿在历任各部侍郎后，终于升任总管内务府大臣，1837 年又被选入军机处。此后穆彰阿在官场风生水起，先后升任武英殿大学士、文华殿大学士。

鸦片战争爆发后，穆彰阿摸透了道光帝的畏战心理，极力主张对英国议和，林则徐因此被罢免，宰相王鼎也正是在此时以死进谏。然而道光帝却对穆彰阿十分信任，更让他负责与英国的议和事宜。尽管舆论都对他十分不满，穆彰阿却凭借着道光帝的袒护，得以平安无事。

1850 年咸丰帝即位后，对这位阿谀逢迎的佞臣愈发看不过眼，很快就将他削职罢录，时人无不感到快意。1856 年穆彰阿病死，享年 75 岁。

【人物评价】

穆彰阿为人怠忿、怯懦，毫无国之重臣的风骨、气魄，仅仅凭借着善于揣摩上意而显贵，这样的地位就如无根之草，被罢免也就不值得称奇了。

潘世恩：历仕四世代享誉，福泽三百年第一

【人物简介】

潘世恩，原名世辅，字槐堂、槐庭，小字日麟，号芝轩、思补老人，生于 1769 年，卒于 1854 年，享年 86 岁，清道光帝时任相。

【人物生平】

潘世恩于 1793 年考中进士，此后仕途一帆风顺，官至内阁学士；嘉庆帝即位后，更是亲手写下"切勿恣志，前程远大"的批语以示激励。乾隆时期，潘世恩曾随同纪晓岚，共同编撰《四库全书》，嘉庆帝时更是成为《四库全书》的总裁。

由于自己想要辞官侍奉老父，潘世恩一度受到斥责、贬官，直至 1827 年守丧期满后，才得到道光帝的起用。1833 年潘世恩升任内阁大学士，次年道光帝更将圆明园中的一间屋宅赏赐给他。1838 年潘世恩又晋升武英殿大学士。这一时期潘世恩极力支持林则徐的销烟之举，更上疏建议清廷重视甘肃、新疆等西北地区的开发。

1854 年潘世恩病逝，享年 86 岁，死后不仅自己得到追谥，三个孙子也被赐予进士、侍读、举人身份，殊荣十分显赫。

【人物评价】

潘世恩不仅一生仕途顺利，他的子孙也都凭借着他的声望而显贵，因此有人

曾称赞他是清朝 300 年间，福泽最为深厚之人。

巴鲁特·柏葰：身虽正不敌邪佞，心怀忠难遏奸邪徒

【人物简介】

巴鲁特·柏葰，原名松葰，字静涛，生年不详，卒于 1859 年，清咸丰帝时任相。

【人物生平】

柏葰于 1826 年考中进士，最初在翰林院任官，后来逐渐迁至内阁学士。

1858 年柏葰升任文渊阁大学士，任官之后始终行端坐正，未曾有丝毫渎职，不想却与肃顺等人产生不和。同年在主持考试期间，有考生和其他官员营私舞弊，咸丰帝得知后当即命令进行调查。柏葰因此牵连其中，更被肃顺等人趁机构陷。

咸丰帝曾有意宽赦其罪，但在肃顺等人的强势要求下，最终不得不将其问斩。柏葰因此成为历史上因科场案而死的官员中职位最高的一人。

【人物评价】

柏葰为人品行端正，却又不幸身处正不胜邪的时代，他的死亡完完全全就是一个悲剧。

瓜尔佳·文祥：治国当循先进，势难义不容辞

【人物简介】

瓜尔佳·文祥，字博川，号文山，生于 1818 年，卒于 1876 年，享年 59 岁，清咸丰帝时任相。

【人物生平】

文祥于 1845 年考中进士，最初在工部任职，1858 年又升任内阁学士。次年文祥正式被任命为军机大臣，并先后兼任各部官职。

1860 年英法联军进攻北京，文祥力劝咸丰帝留守京城安定人心，但咸丰帝最终逃至热河，并以文祥与恭亲王一同留京议和。次年在文祥等人的建议下，清廷开设总理各国事务衙门，文祥更出任总理大臣。尽管早前不听文祥之言，咸丰帝却对他十分重视，死前更写下他的名字昭示慈禧太后，以示对他的器重。

有感于西方列强带来的伤痛，文祥开始倡导洋务和民主新政，成为为数不多的满族洋务官员之一，1872 年又被同治帝任命为体仁阁大学士。3 年之后文祥因病请辞，但却对左宗棠等人予以大力支持。

1876 年文祥病逝，享年 59 岁，死后清廷赏赐钱财为其治丧，又为其追加谥号。

【人物评价】

文祥虽为满族官员，却因出身贫寒而不曾沾染堕落恶习，更重要的是思想观念开放，知晓学习西方先进文化的必要性，在当时而言实在是难能可贵。

索绰络·宝鋆：忠言反遭罢斥，功高格外得恩

【人物简介】

索绰络·宝鋆，字佩蘅，生于 1807 年，卒于 1891 年，享年 85 岁，清同治帝时任相。

【人物生平】

宝鋆于 1838 年考中进士，最初在礼部任官，直至 1860 年时又升任总管内务府大臣。

1860 年，咸丰帝为了躲避英法联军而逃至热河，又打算大肆兴建行宫，宝鋆当即表示反对。恰好此时宝鋆所辖之地被英法联军洗劫，心怀不满的咸丰帝便以此为借口将其贬谪。

次年咸丰帝病死热河，同治帝即位后，又以宝鋆为军机大臣上行走、总理各国事务衙门大臣。此后宝鋆平步青云，1874 年至 1877 年时，又分别改任体仁阁大学士、武英殿大学士。

1884 年清廷下令，罢免恭亲王以外的所有军机大臣，宝鋆因年老有功而得到开恩，被准以原职致仕。1891 年宝鋆病逝，享年 85 岁，死后得到追赠、追谥。

【人物评价】

宝鋆为人明智通达，曾与恭亲王奕䜣等人共同造就"同治中兴"，可谓是晚清一代重臣。

阎敬铭：清廉赢得贤臣举，直言换来庙堂谪

【人物简介】

阎敬铭，字丹初，生于 1817 年，卒于 1892 年，享年 76 岁，清道光帝时任相。

【人物生平】

阎敬铭于 1845 年考中进士，任官之后很快就以清正廉洁闻名，就连晚清名臣胡林翼也对他十分赏识，1859 年更将他调至自己辖下。此后阎敬铭先后得到胡林翼、严树森两任湖北巡抚的褒奖、举荐。

1863 年阎敬铭在镇压黑旗军起义中立下大功，次年升任山东巡抚。一年之后，名将僧格林沁兵败战死，阎敬铭又与名臣曾国藩共同磋商平乱事宜。1877 年，早已以病请辞的阎敬铭又被光绪帝起用，此后接连数次直言上疏，弹劾不法官吏，

因此得到光绪帝的倚重。1883 年阎敬铭升任军机大臣，两年后又兼任东阁大学士。

由于反对重修圆明园，阎敬铭一度被革职，1887 年复职不久后又主动请辞。1892 年阎敬铭病逝，享年 76 岁，死后得到追赠、追谥。

【人物评价】

阎敬铭为官 40 多年，始终不改清正廉明之风，同时又一心恢复君权、有所建树。但在当时慈禧太后掌政的情势下，他的这一期望最终还是落空。

沈桂芬：恤民生不废刑令，行谨慎委曲求全

【人物简介】

沈桂芬，字经笙、小山，生于 1818 年，卒于 1880 年，享年 63 岁，清道光帝时任相。

【人物生平】

沈桂芬于 1847 年考中进士，初时任官于翰林院，咸丰帝时官至内阁学士。同治帝时沈桂芬又出任山西巡抚。

当时山西民生疲敝，境内百姓为了谋生不惜违禁私种罂粟，沈桂芬到任之后当即严厉禁止。任官 4 年之后，沈桂芬又于 1866 年入宫任经筵讲官、军机大臣等职。

1875 年时京城附近大旱，有人援引汉代的"天人感应说"上疏，同年兼任大学士的沈桂芬因此被罢官，但很快就官复原职。当时清朝与日本、沙俄均产生边境摩擦，沈桂芬由于为人谨慎，多次明确表示反对，私下更委曲求全寻求和议，因此受到舆论轻视。

1880 年沈桂芬病逝，享年 63 岁，死后得到追赠、追谥。

【人物评价】

沈桂芬在清朝同治前期的历史上，扮演着十分重要的角色，后人甚至将同治前期看作是他与另一名相文祥的时期。

爱新觉罗·奕䜣：满腹经纶终湮灭，千般意气任消磨

【人物简介】

爱新觉罗·奕䜣，号乐道堂主人，生于 1833 年 1 月 11 日，卒于 1898 年 5 月 29 日，享年 66 岁，清咸丰帝时任相。

【人物生平】

奕䜣是咸丰帝的异母兄弟，自幼才华出众且勤于读书，因此受到道光帝的喜爱。但最终道光帝却选择了以"仁厚"示人的四子作为储君，而将奕䜣封为亲王。

1850 年咸丰帝即位，尽管此前兄弟两人已有些许不睦，咸丰依旧对奕䜣加以优待，不但将和珅的旧宅赏赐给他，还特许他参与军机事务，打破此前清朝皇族子弟不得干预军机的祖制。由于自己坚持立生母为皇太后，奕䜣一度被免去官职，但此后依旧在朝中担任要职。

1860 年咸丰帝逃往热河，奕䜣奉命驻守京城与洋人议和，等到咸丰帝死后，又与慈禧太后等人联手，一举铲除了肃顺等辅政大臣。这一时期在奕䜣的建议下，清廷成立了总理各国事务衙门，奕䜣也凭借自己的表现，赢得了洋人的支持和慈禧的倚重。

同治帝即位后，奕䜣极力满足西方列强的要求，但同时也对李鸿章、左宗棠等人予以大力支持，希望通过洋务运动来增强国力、抵御外辱。在他的举荐下，清廷最终以曾国藩镇压了太平天国运动，奕䜣也被誉为"贤王"。在与洋人交涉的过程中，奕䜣始终曲意逢迎，更向沙俄割让大片领土，因此又遭到皇室的不满。此时慈禧也因奕䜣名望隆重而心生猜忌，处处对其进行打压，导致奕䜣的仕途一再浮沉。

1881 年慈安太后去世后，奕䜣的处境愈发孤立，1884 年时更被免去一切职务，他的派系也遭到贬谪。维新运动期间，已被再次起用的奕䜣极力反对变法，并对支持变法的翁同龢进行阻碍、指责。1898 年奕䜣病逝，享年 66 岁。

【人物评价】

奕䜣作为清朝末年最为显眼的皇族成员和清廷大臣，在当时的政治舞台上十分活跃，在清廷制定各种政策期间，更是起到了主心骨的作用。但奕䜣自从与皇位失之交臂后，始终受到宫内掣肘，晚年更是消磨尽意气，导致自己再也没有任何建树。

瓜尔佳·桂良：得官虽有不正，问事素来有能

【人物简介】

瓜尔佳·桂良，字燕山，生于 1785 年，卒于 1862 年，享年 78 岁，清咸丰帝时任相。

【人物生平】

桂良最初以秀才身份进入国子监，此后也没有埋头耕读，而是选择了一条更为便捷的入仕渠道——捐官。1808 年桂良被任命为礼部主事，此后仕途始终顺利，更先后担任各地大员。

任官地方期间，桂良在平定太平天国起义中立下大功，同时更与恭亲王奕䜣结为姻亲，身份愈发显赫。1856 年桂良更因平乱之功升任东阁大学士。从 1858 年

开始，清朝先后经历英法联军两次侵略，桂良因此又多次奉命担任使者，与英、法、美、俄等国磋商议和。清廷正是在这一时期先后签订了《天津条约》《通商章程善后条约》《北京条约》。1861 年清廷开设总理各国事务衙门，桂良也以大臣的身份，继续从旁辅助恭亲王奕䜣，同时又兼任军机大臣。

次年桂良因病逝世，享年 78 岁，死后得到追谥。

【人物评价】

桂良虽然"得官不正"，但入朝之后始终勤劳奉职，更在内政、外交等方面，为当时的清廷做出了许多贡献，倒也称得上是一位能吏。

阿鲁特·赛尚阿：文士不通军务，有心不免难为

【人物简介】

阿鲁特·赛尚阿，字鹤汀，生于 1794 年，卒于 1875 年，享年 82 岁，清咸丰帝时任相。

【人物生平】

1816 年时，赛尚阿以举人的身份进入理藩院，担任低级文吏，此后却接连得到提拔，官至侍读学士、户部尚书。从 1831 年起，赛尚阿又奉命出巡各地，大力打击贪污不法，平反冤狱冤案，更因办事认真、严明而受到褒奖和提拔。

第一次鸦片战争时期，赛尚阿赶赴山海关部署防御，受到道光帝褒奖，次年又赶赴江浙督办海防。返京之后，赛尚阿于 1851 年升任文华殿大学士、首席军机大臣，并先后两次以钦差的身份，赶赴前线镇压太平天国起义。但由于太平天国起义势大，赛尚阿并未取得成功，因此一再遭到贬谪，三个儿子也被革职处罚。

由于正值多事之秋，清廷最终赦免了他的罪过，此后赛尚阿便跟随名将僧格林沁四处征战，1861 年又以功抵罪，被清廷赐予官爵。1875 年赛尚阿病逝，享年 82 年。

【人物评价】

赛尚阿精于政务而疏于军务，何况当时太平天国运动正处于鼎盛时期，清廷以赛尚阿为平乱大将，显然是有病急乱投医之嫌，失败也就不显得意外了。

李鸿藻：心怀乾坤难有用，满腹经纶易成空

【人物简介】

李鸿藻，字兰荪，号石孙、砚斋，生于 1820 年 2 月 14 日，卒于 1897 年 7 月 24 日，享年 78 岁，清同治帝时任相。

【人物生平】

李鸿藻出自仕宦世家，祖上在明熹宗时就官至尚书，其父也在清朝时担任知

县。1852 年李鸿藻考中进士，1860 年又被举荐为太子载淳（即同治帝）的讲师。

同治帝即位后，李鸿藻愈发得到慈禧和同治的赏识，很快就官至内阁学士。1868 年捻军进逼北京，李鸿藻先是上疏建议派遣亲王，随后又举荐李鸿章、左宗棠、丁宝桢等人。当时慈禧太后有意重修圆明园，李鸿藻屡次委婉反对均无效，干脆当面直接劝阻，最终迫使慈禧太后收回成命。国内发生灾荒后，他又带头捐助银两、发动百官，因此受到后世称誉。

1876 年李鸿藻改任总理各国事务衙门大臣，两年后又上疏弹劾李鸿章，最终使清廷与沙俄更改条约，保住了边境上万平方公里的土地。不仅如此，他又极力举荐曾纪泽出使沙俄，签订《中俄伊犁条约》，进一步挽回了之前的领土损失。后来李鸿藻又被任命为协办大学士。

甲午战争爆发后，李鸿藻极力反对议和，无奈独木难支，清廷最终与日本签订了屈辱的《马关条约》。1897 年李鸿藻病逝，享年 78 岁，死后得到追赠、追谥。

【人物评价】

李鸿藻身为清末重臣，几次在关键时刻挺身而出、陈辞献策，可惜当时的清廷实在太过腐朽，没能完全采纳他的建议。然而李鸿藻的忧国忧民之心却从未因此动摇，甲午之战后，更因此承受了许多痛苦、不甘和煎熬。

王文韶：早年意气风发尽，老来膝盖亦软屈

【人物简介】

王文韶，字夔石，号耕娱、庚虞、退圃，生于 1830 年，卒于 1908 年，享年 79 岁，清同治帝时任相。

【人物生平】

王文韶于 1852 年考中进士，最初在户部任官，1864 年又出任湖北。这一时期王文韶先后得到左宗棠、李鸿章等人的举荐，此后逐渐开始显赫，先后在湖北、湖南担任地方要职。

1889 年王文韶升任云贵总督，其间大力镇压农民、苗民起义，甲午战争后又奉旨入京，参与协办洋务事宜。这一时期王文韶在军事和外交方面，屡次对朝廷上疏陈策，并保持主战立场，反对割让领土以求和。

1898 年王文韶进入军机处，戊戌变法时更积极支持维新运动，但最终因受阻而作罢；1900 年八国联军侵华以后，王文韶逐渐改变立场，开始主张求和，并被任命为体仁阁大学士。此后王文韶先后改任文渊阁大学生、武英殿大学士，直至 1908 年去世，享年 79 岁，死后得到追赠、追谥。

【人物评价】

王文韶早年曾以强硬态度对待中日之战，积极支持变法维新，但却都被清廷

阻挠，始终不得其志，较之晚年的妥协求和，也就不难让人理解了。

曾国藩：以勤补拙担国事，不见昔日梁上人

【人物简介】

曾国藩，原名子城，字伯涵，号涤生，生于 1811 年 11 月 26 日，卒于 1872 年 3 月 12 日，享年 62 岁，清同治帝时任相。

【人物生平】

曾国藩出自平常家庭，但由于家境比较宽裕，从小就进入学堂读书。早年的曾国藩天资并不突出，一次夜晚背书时，还受到梁上小偷的耻笑。但曾国藩却能以勤补拙，1838 年在经历两次落第后，成功考中进士。

入仕之后，曾国藩先后在翰林院、詹事府等处任官，1847 年正式升任内阁学士。1851 年金田起义之后，曾国藩当即上疏陈述策略，并直指咸丰帝往日的过失，咸丰因此十分愤怒。但咸丰帝最终还是采纳了他的建议，次年又派他出镇地方办理团练。

正是在这一时期，曾国藩成功训练出著名的湘军，1854 年正式投入与太平天国的战斗。为了名正言顺，曾国藩站在读书人的道德制高点上，对太平天国予以极力批判、诋毁。由于战事不利，曾国藩一度气愤投水，却被自己的僚属救起，事后更被清廷追究责任，革除一切官职。但经历了这一次失败之后，曾国藩反而知耻后勇，最终接连取得胜利，更得到清廷的不吝赏赐。

1864 年时，湘军终于一鼓作气攻破南京，由于自己御下不严，湘军在南京城中大肆屠杀，许多无辜百姓都被杀害，因此民间又将曾国藩兄弟称为"曾剃头""曾屠户"。但在清廷眼中，曾国藩却是一名实实在在的有功之臣，因此又封他为太子太保、世袭罔替一等侯爵。

从 1867 年起，曾国藩开始督办洋务，同年升任体仁阁大学士，次年又改为武英殿大学士。由于在天津教案后屈从法国意愿，曾国藩不得不请辞，1870 年又起用为两江总督。

1872 年曾国藩病逝，享年 62 岁，清廷因此罢朝 3 日，更为其追赠、追谥。

【人物评价】

曾国藩位列"晚清中兴四大名臣"之一，为官期间在政治、军事、文化等方面均有建树，镇压太平天国更是他最为辉煌的一大功绩。曾国藩不仅学问精深，更把学问真真正正用在了实践当中，因此后人又将他与王阳明并称。

李鸿章：人力有尽吴钩断，再造玄黄成笑谈

【人物简介】

李鸿章，本名章铜，字渐甫、子黻，号少荃（泉）、仪叟，别号省心，世称李中堂、李合肥，生于1823年2月15日，卒于1901年11月7日，享年79岁，清同治帝时任相。

【人物生平】

李鸿章于1840年考中秀才，后来又赶赴京城求学，其间还写下"丈夫只手把吴钩，意气高于百尺楼。一万年来谁著史，三千里外觅封侯"的传世名句，受到曾国藩、潘世恩、翁心存等人的深刻影响。正是在这一时期，李鸿章受到曾国藩的称赞，1847年时又考中进士。

1853年太平天国声势愈发浩大，李鸿章极力怂恿工部侍郎吕基贤上疏领兵，事后更与其一同赶赴安徽督办团练。尽管自己平叛有功，李鸿章却受到当时舆论的恶意猜测，不得不转投至曾国藩门下。曾国藩对他十分器重，因此想尽一切办法，磨砺李鸿章的锐气，更以身作则来教导李鸿章改变缺点。在曾国藩的悉心教导下，李鸿章最终青出于蓝，成为比恩师更具才干的一代名臣。

1861年李鸿章开始组建自己的核心武装淮军，曾国藩对此大力支持，次年淮军正式宣告成立。此后淮军接连数次击败太平天国军队，更开始采用西式武装和训练方式。太平天国灭亡后，曾国藩为了避免猜忌而请裁湘军，李鸿章却极力保留了淮军编制，为日后的抵御外辱积极准备。

由于平定捻军有功，李鸿章被升任协办大学士，1865年正式发起洋务运动。在他和左宗棠、张之洞等人的倡导下，清末的中国涌现出一大批近代军事、民用企业，促进了中国民族资本主义的产生、发展，以及教育和国防事业的近代化。

1894年甲午战争爆发，北洋水师在战斗中全军覆灭，洋务运动就此宣告失败，李鸿章不得不赶赴日本议和，其间还受到刺客暗杀。《马关条约》签订后，李鸿章受到舆论的一致谴责，更被清廷免去一切职务。1900年八国联军攻入北京，已经病重的李鸿章又得到起用，奉命与联军议和。

次年李鸿章在咯血不止的情况下，成功迫使八国降低赔款金额，签订了《辛丑条约》，不久后李鸿章就因病重逝世。鉴于其对清室的功勋，慈禧褒奖李鸿章是"再造玄黄之人"，为其追赠、追谥，更特别允许在京城为其建立祠堂。

【人物评价】

李鸿章身为清末名臣之一，不仅眼界极为长远，而且手腕十分高明，因此得到清廷的倚重，更与俾斯麦、伊藤博文并称。但当时的清廷实在太过腐朽，李鸿

章也无法发挥自己的才能。而且李鸿章在为官期间，也确实犯下许多决策失误，其中许多更被后人诟病。

左宗棠：铁蹄铮铮踏玉关，万里征得河山还

【人物简介】

左宗棠，字季高、朴存，号湘上农人，生于1812年11月10日，卒于1885年9月5日，享年74岁，清同治帝时任相。

【人物生平】

左宗棠自小就胸怀大志，学习期间不仅研读"四书五经"，更广泛涉猎那些有助于经世致用的学问，为自己后来的发展起到了巨大作用。但或许是自己太过分心，左宗棠于1832年中举后，接连3次参加会试均以落第告终。

虽然没能学而优则仕，左宗棠却受到当时许多名臣的关注，林则徐更将他视为日后代替自己、平定新疆的不二人选，因此还把自己多年整理出来的资料相赠。1852年左宗棠出山之后，很快就帮助清军抵御了太平军的进攻，因此得以崭露头角，更被一些人追捧为"天下不可一日无湖南，湖南不可一日无左宗棠"。

就连清廷重臣曾国藩也对左宗棠十分看重、大力举荐，1862年左宗棠组建"常捷军"，数次击败太平军。等到太平天国运动被镇压后，左宗棠又极力主张兴办洋务、求富图强。

就在"常捷军"组建的同一年，同治回乱（亦称陕甘回乱）爆发，此时左宗棠忙于清剿太平天国，直到1864年才腾出手来镇压叛乱。1873年回乱得以平定后，左宗棠又率兵讨伐占据新疆的阿古柏，以及依附阿古柏的回乱首领白彦虎等人。其间清廷一度因军费开支高昂而下令罢兵，左宗棠对此全然不服，上疏力争，最终慈禧采纳了他的意见。

当时沙俄曾趁机占据伊犁，并假惺惺地表示是自己为了稳定局势，等清廷收复乌鲁木齐后便会归还，左宗棠趁机利用这一机会要求沙俄归还领土。此时沙俄因陷入俄土战争而元气大伤，又担心开战会引发太多变数，于是不得不选择让步。在左宗棠的一再建议下，清廷最终于1884年在新疆设省，左宗棠也官至东阁大学士、军机大臣。

同年左宗棠赶赴福州，督办中法军事，清军一再取得胜利，但次年清廷却以李鸿章与法国议和，承认之前放弃对越宗主权，左宗棠因此痛斥李鸿章。李鸿章恼怒之下，便对左宗棠及其麾下大加排挤，左宗棠于是主动请辞。

1885年左宗棠病逝于福州，享年74岁，死后得到追赠、追谥。

【人物评价】

左宗棠一生战功显赫，为维护国家统一和安定做出了巨大贡献，同时个人品行端正，比起当时的李鸿章、翁同龢等人，更显得高风亮节。左宗棠不仅为清廷效忠，同时也维护了民族利益，是当之无愧的民族英雄。

觉尔察·额勒和布：末世贵族多浑噩，吾身独自向清明

【人物简介】

觉尔察·额勒和布，字筱山，生年不详，卒于1900年，清光绪帝时任相。

【人物生平】

额勒和布于1852年考中进士，从户部累迁至理藩院任官。当时满族权贵腐化堕落，屡屡做出不法之事，额勒和布对此秉公处理、毫不徇私，因此受到清廷褒奖。

当时正值清朝晚期，国中民变四起，额勒和布奉命督办军队后勤，为清兵剿灭起义立下大功，因此升任乌里雅苏台将军，屡次率军击败贼寇。1877年请辞后，光绪帝又于1880年再次将他起用，5年后又升任体仁阁大学士、武英殿大学士。这一时期额勒和布先后建议清廷开放边界矿务、免除积欠漕钱，均得到清廷采纳。

1896年额勒和布再次致仕，4年后病逝家中，死后得到追谥。

【人物评价】

额勒和布任官时期，满清贵族逐渐腐化堕落，在朝廷任官者更是多行不法，但额勒和布却始终恪尽职守、廉洁奉公，因此在当时享有较好的声誉。

翁同龢：两代帝师殊荣多，偏逞私怨误军国

【人物简介】

翁同龢，字叔平，号松禅，别署均斋、瓶笙、瓶庐居士、并眉居士，别号天放闲人、瓶庵居士，生于1830年，卒于1904年，享年75岁，清光绪帝时任相。

【人物生平】

翁同龢自幼勤奋好学，1856年时又高中状元，进入翰林院任官。此后咸丰帝破格委任他担任考官，外放陕西等地，直至1859年才再次返京。

1862年翁同龢又得到两宫太后的赏识，因此升任内阁学士，等到清廷因修建圆明园而引发争议后，他又极力上疏请求暂停工程。从1865年开始，翁同龢正式担任帝师，负责为同治帝讲授，光绪帝即位后仍旧以讲官的身份授课、问政。

1882年翁同龢进入军机处，参与各项重大事务，但同时也与李鸿章结怨，因此后来处处为难北洋军队。正是在他的上疏阻挠下，清廷没能及时添购两艘快船，

其中之一即后来在甲午海战中扬名的"吉野号"。

中日交战期间，翁同龢始终坚定站在主战派一边，清廷战败后又与李鸿藻竭力反对割地，可惜清廷并未采纳。此后翁同龢先后改任总理各国事务大臣、协办大学士，1898 年又被革职罢录。

1904 年翁同龢病逝，享年 75 岁，死后得到追谥。

【人物评价】

翁同龢为官清廉、勤勉，晚年之时更曾极力主张改制，为维新派的上位起到了巨大作用，这一点鲜有人知。但翁同龢的挟私报复，也在很大程度上造成了甲午海战的失败，对此他应负有一定责任。

瓜尔佳·荣禄：积习难改当以缓，历行变法非所宜

【人物简介】

瓜尔佳·荣禄，字仲华，号略园，生于 1836 年，卒于 1903 年，享年 68 岁，清光绪帝时任相。

【人物生平】

荣禄最初因祖荫而入仕，担任工部主事，后来又晋升员外郎。由于自己机敏干练，荣禄很快就得到清廷赏识，官至总管内务府大臣。

由于在任官期间贪污不法，荣禄一度被下狱问罪，后来又想尽办法打通关节，这才侥幸免除死罪。光绪帝即位后，荣禄官至工部尚书，但很快就因得罪权贵而被罢官，直到甲午海战后恭亲王复出，荣禄才再次受到举荐。此后荣禄又将袁世凯举荐给清廷，清廷于是以袁世凯来督练新军。

当时光绪帝为了图强，重用康有为等维新派人士，荣禄却竭力反对变法，更在 1898 年时私下告密，促使慈禧太后囚禁光绪、捕杀变法人士。八国联军入侵之后，荣禄又不惜一切代价，劝说八国放弃追究慈禧宣战责任、促使慈禧归政光绪的要求，因此得到慈禧的器重。

1902 年荣禄升任文华殿大学士，同年又在慈禧的安排下，嫁女于醇亲王载沣，日后的末帝溥仪正是其外孙。次年荣禄因病去世，享年 68 岁，死后得到追谥、加爵。

【人物评价】

荣禄虽然是奸诈的一个政治投机分子，但也并非顽固守旧愚昧人士，他对维新派的反对和打击，很大程度上也只是对具体的变法策略不满，并非反对变法图强。但对于变法人士来说，荣禄又确确实实是一个手上沾满了维新志士鲜血的"刽子手"。

世续：风水轮流命有定，帝室已衰当顺情

【人物简介】

世续，字伯轩，生于 1852 年，卒于 1921 年，享年 70 岁，清光绪帝时任相。

【人物生平】

世续于 1875 年以举人身份入仕，最初在内务府任官，后来逐渐得到提拔，1896 年升任总管内务府大臣。1900 年八国联军入侵后，世续奉命留守京城，与英法联军联络、沟通，事后得到清廷褒奖和赏赐。

1906 年起，世续先后担任军机大臣、文华殿大学士，光绪帝死后又积极主张迎立年长君主，但没有得到采纳。1911 年辛亥革命爆发，世续知晓清朝天命已尽，于是最先表示支持宣统逊位。7 年后张勋复辟，世续始终无法劝阻，最后干脆穿着丧服跟随，所幸的是后来得以保全。

1921 年世续病逝，享年 70 岁，死后得到清廷追赠、追谥。

【人物评价】

世续虽为满族官员，却也明辨天下局势，因此对权柄和家族荣誉没有丝毫留恋，更能主动表明立场，表现出自身的睿智和达观。

张之洞：庙堂唯知有兵在，不悟失民即失国

【人物简介】

张之洞，字孝达，号香涛，生于 1837 年，卒于 1909 年，享年 73 岁，清光绪帝时任相。

【人物生平】

张之洞 5 岁时就进入私塾学习，受到家庭和老师的良好教育，在学完儒家经典之后，张之洞又接着学习了《孙子兵法》《六韬》等兵家谋略。甚至在自己 12 岁时，张之洞就已经出版了自己的诗集。

不到 14 岁时，张之洞就考中第一名秀才，两年后又考中举人。但由于家族事务繁多，张之洞直到 27 岁时才考中进士。1864 年张之洞又在殿试中考中第三名，担任翰林院编修。

1879 年清廷派完颜崇厚出使沙俄，崇厚于同年签订了《里瓦几亚条约》，张之洞得知后立即上疏痛陈利弊，因此受到两宫太后的重视，从此崭露头角。由于自己直言敢谏，张之洞在朝中的威望日渐隆重，后来更成为朝中清流派的核心人物。1881 年张之洞改任内阁学士、山西巡抚，出镇之后当即大力整顿吏治、杜绝鸦片种植，并在当地训练军队、开办学堂。

1883 年中法战争爆发后，张之洞又奉命赶赴广州督办军务，初时战事一再失利，张之洞也因此被问责。1885 年张之洞又举荐老将冯子材，一举扭转战局，法国的茹费理内阁也因此垮台。由于清廷一味议和，张之洞心中十分不满，为此还遭到李鸿章的训斥。

1886 年起，张之洞开始大力兴办洋务，兴建了汉阳铁厂、湖北织布局等军工、民用企业，同时还创立了三江师范学堂，即后来的南京大学。甲午海战爆发后，张之洞对局势极为忧心，数次致电李鸿章等人建议支援，但却始终没能得到回应。

中国战败之后，康有为等维新派人士开始崛起，张之洞也对变法十分赞同，因此受到维新派人士的拥护。不仅如此，张之洞还利用职权，为维新派大开方便之门，日本首相伊藤博文也称赞他是中国唯一的办事大臣。

1900 年义和团运动兴起之后，张之洞采取强硬手段，极力镇压义和团士兵，因此为清廷立下大功，官至军机大臣、体仁阁大学士。当时清廷为了杜绝悠悠众口，决定推行"预备立宪"，张之洞对此深表怀疑。等到宣统帝即位后，袁世凯受到清廷迫害，张之洞又极力反对。

1909 年张之洞病重，病逝当天摄政王载沣也亲自前往探视。当时张之洞又劝说载沣体恤百姓，载沣却得意地表示"有兵在"。张之洞因此不再进言，只是哀叹"国运尽矣"而逝，享年 73 岁，死后得到清廷追赠、追谥。

【人物评价】

张之洞是清末时期少有的务实、开明大臣，更位列"晚清四大中兴名臣"之一，观其一生作为，堪称实至名归。在洋务运动期间，张之洞最大的贡献就是在教育和民族重工业方面，这一点也得到后世的承认和褒奖。

鹿传霖：眼界开明知世变，倡导科文引后来

【人物简介】

鹿传霖，字润万、滋（芝）轩，号迂叟，生于 1836 年，卒于 1910 年，享年 75 岁，清宣统帝时任相。

【人物生平】

鹿传霖于 1862 年考中进士，进入翰林院后，又参加了镇压捻军的军事活动。此后鹿传霖又先后在广西、广东、福建、四川、河南、陕西等地担任大小官职。

任官期间，鹿传霖大力倡导洋务运动，为川粤之地做出了重要贡献，因此时人又将他与张之洞并列。除此之外，鹿传霖在平定边乱、赈灾济民、治理黄河、稳定治安等方面，也都做出了许多政绩，在四川任官期间，更上疏建议清政府修建了中国历史上高等学府——四川中西学堂。

由于得罪恭亲王奕䜣，鹿传霖一度被免职，后来又得到荣禄等人举荐，升任两江总督。宣统帝即位后，鹿传霖又与醇亲王共同接受遗命，成为托孤重臣，并升任东阁大学士。

1910 年鹿传霖因病请辞，同年就与世长辞，享年 75 岁，死后得到清廷追赠。

【人物评价】

鹿传霖身为晚清汉族官员，眼界比起满族权贵自然更加开明，因此任官期间大力支持洋务，为近代中国的科学、文化发展都做出了巨大贡献。

爱新觉罗·奕劻：一时贤明皆引憾，无能偏偏倾帝基

【人物简介】

爱新觉罗·奕劻，生于 1838 年 3 月 24 日，卒于 1917 年 1 月 29 日，享年 80 岁，为清朝皇室宗室，清宣统帝时任相。

【人物生平】

奕劻为乾隆帝曾孙，1850 年承袭祖爵，成为辅国将军，咸丰帝即位后，又先后受封为贝子、贝勒。当时奕劻经常为慈禧太后代笔写家信，因此受到慈禧太后的赏识。

1872 年时，奕劻又趁着同治帝大婚的机会，升任御前大臣；1884 年又被慈禧太后委任为总理各国事务衙门大臣，受封庆郡王。此后奕劻接连被清廷委以要务，1894 年又晋封秦亲王，然而奕劻才干平平，几无政绩。

1901 年奕劻代表清政府，与八国联军签订《辛丑条约》，公元 1903 年起又接任军机大臣。奕劻虽然无能治政，敛财手段却十分高明，这一时期清廷大量卖官鬻爵，奕劻也因此受到时人讥讽。

1911 年清廷宣布改制，建立了著名的"皇族内阁"，奕劻继续身居高位，担任内阁总理。同年辛亥革命爆发后，奕劻又举荐袁世凯接任总理，自己则改任弼德院总裁。次年在奕劻等人的极力主张下，宣统帝最终宣布逊位，为此自己还遭到其余皇族子弟的批驳。

1917 年奕劻病逝，享年 80 岁。死后溥仪为其选定了四大恶谥，但最终还是在宗室子弟的劝阻下，改谥奕劻为"密"。

【人物评价】

奕劻才干平庸，也更多的是因此受到慈禧提拔，作为便于操控的棋子来稳定朝堂，因此也就不能寄望于他能有所作为。

叶赫那拉·那桐：睹末世之难挽，尽一己之绵薄

【人物简介】

叶赫那拉·那桐，字琴轩、凤楼，生于 1856 年，卒于 1925 年，享年 70 岁，清宣统帝时任相。

【人物生平】

那桐于公元 1885 年得到户部力保，以举人的身份入仕为官，官居鸿胪寺卿，后来又升任内阁学士，并兼任总理各国事务衙门、理藩院等部门要职。

为了躲避义和团的锋芒，慈禧太后和光绪先后逃出京城，那桐则奉命留守京城，同一时期协助李鸿章等人对外议和，签订《辛丑条约》；1901 年又奉命出使日本，考察日本的各项政务。返国之后，那桐又借鉴日本经验，为清廷当时的新政做出了许多贡献。

从 1905 年起，那桐先后担任体仁阁大学士、军机大臣等职，后来又担任内阁总理协臣。1925 年那桐病逝，享年 70 岁。

【人物评价】

那桐活跃于清末的政治舞台，因此比起旁人而言，他更近距离地目睹了清朝的衰亡。同时他也是晚清著名文士，位列"旗下三才子"之一。